도시의 승리

도시의 승리

TRIUMPH OF THE CITY

도시는
어떻게 인간을
더 풍요롭고 더 행복하게
만들었나?

에드워드 글레이저(하버드 대학교 경제학과 교수) 지음

이진원 옮김

해냄

전 세계 학계와 언론이 극찬한 화제의 책
도시와 도시 인류에 대한 최고의 대중 경제서

"에드워드 글레이저는 논쟁을 즐기며, 그 논쟁 속으로 우리를 멋지게
끌어들인다. 『도시의 승리』는 놀라운 통찰과 정책적 제안으로 가득 차
있다. 하지만 교외지역으로의 폭발적인 스프롤 현상에 대한 비판 등 다
소 도발적인 생각과 마주칠지도 모른다. 그러나 당신은 눈부신 도시의
위대함에 빠져들고, 저자의 빈틈없는 논리와 분석에 금세 매료될 것이다."

—《뉴욕타임스》

"에드워드 글레이저는 '도시는 인류의 위대한 발명품'이라고 한다. 도
시의 인접성은 사람들을 창의적·생산적으로 만든다. 그는 도시 생활에
대한 세밀한 관찰자로서 방대하고 강력한 사례를 통해 도시의 주택 정책
등을 설명한다. 무엇보다 방대한 통계자료를 자유로이 넘나들면서도 재
미있고, 알기 쉽게 썼다. 도시에 대한 최고의 대중 경제서이다."

—《이코노미스트》

4

"에드워드 글레이저는 도시 생활의 중요성을 산업과 혁신에 두고, 가장 중요한 투자는 인적 자본에 대한 투자라고 제안한다. 인간의 본질적 특성상 사람은 서로에게 배우며 살아가는데 인접성을 통해 이러한 현상을 극대화하며 도시는 인간을 더욱 인간답게 만든다. 이 책에서 그는 한 곳에 모인 사람들이 마법 같은 영향력을 발휘함으로써 혁신의 돌파구가 될 수 있다는 사실을 설득력 있게 주장한다." —《비즈니스위크》

"에드워드 글레이저는 세계적으로 유명한 경제학자이고, 그가 쓴 『도시의 승리』는 단연 걸작이다. 그는 경제학과 역사를 매끈하게 연결하며 도시가 '우리 인류의 가장 위대한 발명품'인 이유가 무엇인지를 설명하고 있다. 아름답게 씌어진 이 책은 현대 기술이 우리의 물리적 장소를 덜 중요하게 만들어놓은 것 같은 지금, 도시들이 어떻게 생존하고 번성해 왔는지를 분명히 보여주고 있다." —스티븐 D. 레빗 | 시카고 대학 경제학과 교수, 『괴짜경제학』 저자

"도시가 운용되는 방법과 원리에 대한 세계적인 책. 포괄적인 연구에 눈을 뗄 수 없다. 자신 있게 권한다."

—팀 하포드 | 《파이낸셜 타임스》 칼럼니스트, 『경제학 콘서트』 저자

"슬럼가를 개선하고 싶다면, 빈곤을 번영으로 바꾸고 싶거나 도시의 스프롤 현상을 억제하고 싶다면, 친절하고 시사하는 바가 많은 이 책을 읽어라." —시몬 존슨 | MIT 슬론 비즈니스 스쿨 교수, 『13 Bankers』 저자

"당신이 도시에 산다면, 도시에 살 계획이라면, 도시에 살았던 적이 있었다면, 이 책은 당신에게 무엇을 해야 할지 친절히 알려준다. 대단한 책이다!" —존 스튜어드 | 〈데일리 쇼〉 진행자

서울은 혁신의 집합소이다

한국은 제2차 세계대전 이후 세계에서 가장 위대한 성공담을 쓴 국가 중에 하나이다. 외세의 점령으로 인해서 상처를 입었고, 전쟁으로 인해 찢겨졌던 한국은 이제 세계적인 경제 대국으로 부상했다. 번영의 길을 걷고 있는 한국 경제는 전 세계 소비자들을 상대로 최고의 품질을 자랑하는 혁신 제품을 팔고 있다. 50년 전만 해도 한국보다 부유했던 다른 많은 국가들에 비해서 한국이 지금과 같은 눈부신 경제적 성공을 거둘 수 있었던 이유는 무엇일까?

19세기에만 해도 한 국가의 성공 여부는 풍요로운 농지나 석탄 광산에서 나오는 원자재에 달려 있었다. 그러나 오늘날의 경제적 성공은 국가가 '똑똑한가'의 여부에 달려 있다. 혁신과 고품질 생산은 제품의 가치를 높인다. 인적 자본, 다시 말해 우리가 가진 기술과 지식은 한국뿐 아니라 최근 수십 년 동안 고도성장을 구가해 온 대부분의 국가들이 이룬 성공의 단초 역할을 했다.

인적 자본은 학교와 대학을 토대로 만들어지며 한국은 뛰어난 교육

시스템으로부터 혜택을 입었다. 그러나 지식이 교실에서만 습득되는 것은 아니다. 학습에서 중요한 많은 부분은 학교를 졸업한 후 오랜 시간이 흐른 후에 얻게 된다. 우리는 일하면서 친구들과 동료 직원들과 다른 회사 사람들로부터도 배운다. 우리는 그들이 겪은 성공과 실패로부터 배운다. 우리는 우리의 고객들이 원하는 것, 그리고 우리의 경쟁자들이 가진 장점으로부터 배운다.

도시는 이러한 학습 과정을 도와주고 있으며, 그렇기 때문에 오늘날 세계에서 그토록 중요한 가치를 갖는 것이다. 도시는 사람들을 한곳에 모으고 경제 성장에 도움이 되는 협력적 생산 활동을 할 수 있게 해준다. 혼잡한 도시는 고객과 납품업자, 근로자와 기업, 기업인과 금융인들을 연결해 준다. 무엇보다 중요한 것은 도시는 그리스 아테네의 철학에서부터 지금의 페이스북에 이르기까지 우리 문화의 근간을 이룬 혁신적인 발명을 가능하게 해준다는 것이다.

혁신과 학습을 조장하는 데 있어 도시가 가진 우위는 한국이 이룬 성공을 설명하는 데도 유용하다. 서울은 수십 년 동안 전국 각지에서 많은 인재들을 끌어오며 번영한 도시로서 위상을 높였다. 서울의 크기와 범위는 서울을 위대한 혁신의 집합소로 만들었다. 상경한 근로자들은 농촌 공동체에서 고립된 생활을 접고 세계 경제의 일부가 될 수 있었다.

서울은 한국인들만을 서로 연결해 주는 것은 아니다. 서울은 오랫동안 한국과 세계 국가들 사이의 연결고리 역할을 해왔다. 서울은 한국과 아시아 국가들, 그리고 유럽과 미국을 연결하는 관문이다. 서울의 교통 인프라는 사람들뿐 아니라 그들의 머릿속에 담긴 아이디어가 한국의 안팎으로 흐를 수 있게 해준다.

한국의 앞날에는 많은 도전들이 놓여 있으며, 한국의 도시들은 그러한 도전들을 극복해 내는 것을 도와줄 것이다. 이제 한국은 전 세계 기술 혁신의 최전선에 서 있으며, 지속 성장을 위해서 지식의 한계를 더욱 확장해야 한다. 한국은 최대한 혁신을 추구해야 하며, 한국의 위대한 도시들은 그러한 추구 과정의 일부가 될 것이다.

세상은 변하고 있으며, 앞으로 미국과 일본이 세계 경제에서 차지하는 역할이 점점 더 줄어들 것이다. 이제 전 세계적으로 번영이 더욱 보편화될 것이다. 그러기 위해서는 미국의 생산자들뿐만 아니라 전통적으로 미국인들을 대상으로 상품을 팔아왔던 기업들은 보다 세계적인 차원에 초점을 맞춰야 한다. 한국의 도시들은 세계의 국가들을 연결해주는 역할을 통해 한국이 지금보다 더 세계화되는 데 계속해서 도움을 줄 수 있다.

나는 한국은 물론 전 세계의 미래가 성공적이리라 낙관하고 있다. 물론 지금 우리에게 닥친 도전들을 간과하는 것은 아니다. 그러한 도전들을 직시하고 있다. 끝으로 나는 서울과 같은 도시들이 인류를 더 번영하게 만들면서 지금까지 이뤄왔던 놀라운 성과들에 다시 한 번 경의를 표한다.

2011년 6월
에드워드 글레이저

| 차례 |

1장_ 그들은 방갈로르에서 무엇을 만드는가?

2장_ 도시는 왜 쇠퇴하는가?

3장_ 가난한 도시에도 희망은 있다

일러두기: 본문 아래 '*, **, ***'는 역자 주입니다.

진정한 도시의 힘은 사람으로부터 나온다

미국 국토 넓이의 3퍼센트에 해당하는 도시에 2억 4,300만 명에 이르는 미국인이 살고 있다.[1] 세계에서 가장 생산적인 대도시인 도쿄와 그 주변에는 3,600만 명이 살고 있다.[2] 인도 뭄바이 중심에는 1,200만 명이 거주하고 있으며, 상하이의 규모도 뭄바이 못지않게 크다.[3] 전 세계 인구가 각자 개인용 단독주택을 갖고 미국 텍사스 주에 모여 살 수 있을 만큼 엄청나게 넓은 이 지구상에서 우리는 도시를 선택한다.[4]

예전보다 더 저렴하게 장거리 여행을 가거나 미국 중부의 미주리 주에서 카스피 해 서부 연안에 있는 나라인 아제르바이잔까지 장거리전화를 걸 수 있게 됐지만 점점 더 많은 사람들이 대도시에 더 가까운 곳에 밀집해서 살고 있다. 매달 500만 명이 넘는 사람들이 개발도상국의 도시들에 모여들고 있으며, 2011년 현재 전 세계 인구의 절반 이상은 도시에 산다.[5]

지구상 곳곳에 점점이 퍼져 있는 혼잡한 집합체, 도시는 고대 그리스의 플라톤과 소크라테스가 아테네 시장에서 논쟁을 벌이던 시기부터 혁신의 엔진 역할을 해왔다. 이탈리아 피렌체의 거리들은 우리에게 르네상스를 선물했고, 영국 버밍엄의 거리들은 우리에게 산업혁명을 가져다주었다. 현대 런던과 방갈로르, 도쿄가 이룩한 위대한 번영은 새로운 사고를 생산할 수 있는 능력에서 비롯됐다. 인도의 자갈길을 걷든, 격자무늬로 잘린 교차로를 걷든, 로터리 주변이나 고속도로 아래를 주행하든 이런 도시들을 돌아다니는 것은 인간의 발전을 연구하는 것이나 다름없다.

부유한 서방 국가들에서 도시는 격동적인 산업 시대가 종말을 고한 후에도 살아남았고, 지금은 과거 어느 때보다 더 부유하고, 더 건강하고, 더 매력적으로 변했다. 세계의 가난한 지역에서 도시는 엄청난 속도로 팽창하고 있다. 도시의 밀집된 인구가 가난으로부터 번영으로 가는 가장 깔끔한 길을 제공해주기 때문이다. 교통 및 통신수단의 발달로 '거리'의 개념이 사라지는 추세임에도 불구하고 전 세계에는 아직 포장이 되지 않은 도로가 많다.

지금까지 도시는 승리했다. 그러나 우리 중 다수가 개인적 경험을 통해서 알고 있듯이 도시의 도로가 간혹 지옥까지 포장되어 있을 때도 있다. 도시는 승리할지 모르지만, 도시민들은 지나칠 정도로 자주 실패를 맛보는 것 같다. 사람으로 따져서 아동기에 해당하는 시기에는 어떤 도시나 사람들이 겪는 특별한 경험에 의해서 만들어진다.

사춘기 직전에, 처음으로 혼자서 지하철을 타고 돌아다니면서 받는 '뭔가 힘을 갖게 됐다는 느낌'처럼 어떤 경험은 달콤하지만, 반대로 처음 겪은 도시의 총격전(그것은 지금으로부터 35년 전, 내가 어렸을 때 뉴욕 시에서 겪었던 결코 잊을 수 없는 경험이다)처럼 달콤하지 않은 경험도 있다. 모든 번화가에는 뭄바이의 슬럼가 같은 곳이 있고, 모든 소르

본 대학에는 워싱턴 D.C.에 있는 고등학교처럼 금속 탐지기가 설치되어 있다.

사실상 많은 사람들에게 20세기 후반(산업 시대의 종말)은 도시의 훌륭함이 아니라 도시의 누추함을 배운 시기였다. 우리가 사는 도시들이 우리에게 가르쳐주는 교훈들로부터 우리가 얼마나 잘 배울지가 도시 인류가 도시의 새로운 황금시대라 할 수 있는 시기에 번창할지 여부를 결정할 것이다.

도시 세계에 대한 나의 열정은 에드 코크(미국 변호사이자 정치가이자 정치 논평가), 서먼 먼슨(미국 프로야구 선수), 레너드 번스타인이 살았던 뉴욕과 함께 시작됐다. 대도시에서 보낸 어린 시절로부터 영감을 얻은 나는 도시 연구에 평생을 바쳤다. 나의 연구는 경제 이론과 데이터에 뿌리를 두고 있으나 모스크바·상파울루·뭄바이의 거리들, 부산한 대도시의 역사, 그리고 도시에 살면서 일하는 사람들의 일상적 이야기들을 두루 거닐어왔다.

도시는 흥미롭고 중요하며 때로는 까다로운 질문들을 던져주기 때문에 도시 연구는 중독성이 강하다. 세상에서 가장 부유한 사람들과 가장 가난한 사람들이 그토록 가깝게 붙어서 사는 일이 자주 생기는 이유는 무엇일까? 과거에 강력한 힘을 가졌던 도시들은 어떻게 절망의 나락으로 빠져든 걸까? 왜 어떤 도시들은 극적으로 회생하는 걸까? 왜 그토록 많은 예술 운동들이 특정한 시기에 특정한 도시들에서만 그렇게 빨리 일어났을까? 왜 그렇게 많은 똑똑한 사람들이 그렇게 많은 멍청한 도시 정책들을 만들고 있을까?

이런 질문들에 대해서 고민하기에는 많은 사람들이 도시의 전형이라고 생각하는 뉴욕만큼 좋은 장소가 없다. 나 같은 뉴욕 토박이들은 뉴욕의 중요성에 대해서 다소 과장된 시각을 갖고 있을 때가 종종 있을지도 모르지만, 그럼에도 불구하고 뉴욕은 '세련된 도시풍'의 전형인 장소이기 때문에 전 세계 도시들에 대한 여행을 시작하기에 적절한 곳이다. 뉴욕 이야기는 도시의 과거와 현재 그리고 미래를 압축적으로 보여주는 한편, 앞으로 소개될 내용과 장소들로부터 나올 주제들 중 다수로 뛰어오를 발판 구실을 한다.

몰락한 제조업의 메카에서
세계중심지로 부활한 뉴욕

수요일 오후에 뉴욕의 47번가나 5번가에 서 있다면 엄청나게 많은 사람들에게 포위될 것이다. 어떤 사람은 회의에 참석하기 위해서 서둘러 시 외곽으로 빠져나가고 있고, 또 어떤 사람은 술을 한잔 걸치기 위해서 시내로 들어가고 있다. 또 어떤 사람은 세계 어느 지하철역보다 플랫폼 수가 많은 그랜드 센트럴 역[6]의 초대형 지하 동굴로 들어가려고 동쪽으로 걸어가고 있다. 어떤 사람은 약혼반지를 사려고 하고 있을지도 모른다. 어쨌든 47번가는 미국 제1의 보석 시장이다.[7]

랜드마크 건물들을 구경하면서 시선을 위로 향하고 있는 사람도 있을지 모른다(그런 사람들은 분명 난생 처음 뉴욕에 온 게 틀림없다. 뉴욕 시민들은 그렇게 하늘을 쳐다보는 법이 없기 때문이다). 여러분이 여행객을 흉내 내 하늘을 쳐다본다면 5번가에 희미하게 빛나는 계곡 모양을 한 두 개의 우뚝 솟은 대형 고층건물을 보게 될 것이다.

30년 전에 뉴욕 시의 미래는 지금보다 훨씬 덜 밝았다. 거의 모든 춥고 오래된 도시들이 그렇듯이 뉴욕 시는 공룡 같았다. 시의 지하철과

16

버스들은 자동차를 중심으로 다시 세워지고 있는 도시에서 낡은 유물처럼 느껴졌다. 한때 동쪽 해안 지방의 영광이었던 시의 항구는 시에 어울리지 않는 것으로 전락했다.

존 린세이와 에이브 빔 시장 시절에 뉴욕 시 정부는 미국에서 가장 많은 세금을 걷기도 했지만 파산 일보 직전까지 가기도 했다. 파산에 이른 뉴욕 시의 빚을 갚기 위해 세금 인상을 허락했던 미국 38대 대통령 제럴드 포드뿐만 아니라 역사 자체도 뉴욕 시에게 급사(急死)를 지시하는 것 같았다.[8]

뉴욕, 좀 더 적절히 말해서 뉴암스테르담(뉴욕의 옛 이름)은 세계화의 초창기에 네덜란드 서인도회사의 원거리 전초기지로 세워졌다. 뉴욕은 각양각색의 모험가들이 구슬과 모피를 교환하면서 돈을 벌기 위해서 모인 무역촌이었다. 무역을 업으로 삼았던 네덜란드 정착민들은 함께 모여 살았는데, 가까이 살수록 상품과 아이디어 교환이 쉬웠고, 시의 보호벽 뒤(현재 월스트리트)는 안전했다.[9]

18세기에 뉴욕은 보스턴을 제치고 영국의 식민지들 중에서 가장 중요한 항구로 떠올랐다.[10] 뉴욕은 설탕과 담배를 재배하는 식민지들에 공급할 밀과 밀가루를 남쪽으로 보내는 일을 전문으로 했다. 19세기 전반 경제가 호황을 이루자 뉴욕의 인구는 6만 명에서 80만 명으로 늘어났고, 뉴욕은 미국에서 중요한 거대도시로 변신했다.

뉴욕의 인구가 폭발적으로 증가한 일부 이유는 운송 기술의 변화에서 찾을 수 있다. 19세기 초에는 배의 규모가 일반적으로 작았다. 300톤짜리 선박이 일반적이었다. 그리고 오늘날 소형 비행기들처럼 리버풀에서 찰스타운이나 보스턴에서 글래스고 같은 단거리 이동에 이상적이었다. 1800~1850년에 기술과 금융의 발달로 인해서 더 빠르고 저렴하게 더 낮은 비용으로 더 많은 짐을 운반할 수 있는 더 큰 배들이 탄생했다.[11]

도시는 기념비적 성격을 띠기 때문에 우리는 도시가 얼마나 빨리 망하고 흥할 수 있는지를 쉽게 잊어버린다. 1970년대에 뉴욕이 파산 일보 직전까지 내몰리자 포드 대통령은 구제금융을 거부했고(왼쪽 사진), 카터 대통령은 사우스 브롱크스의 황량한 폐허지대를 순시했다. 이러한 상징적인 이미지들이 등장하기 30년 전에 고담은 도시의 귀감으로 인정받고 있었고 그로부터 30년이 지난 지금의 상황도 역시 마찬가지이다.

(왼쪽: 《뉴욕 데일리 뉴스》 / 게티 이미지 제공)

(위쪽: 테레사 자발라 / 《뉴욕 타임 뉴스》 / 리덕스 픽처스 제공)

그런데 이러한 특대형 쾌속 범선을 미국 해안을 따라 퍼져 있는 모든 지점에 운항하게 하면 이익이 남지 않았다. 오늘날 주요 허브 공항까지만 보잉 747기 점보 여객기를 운행하고 그곳부터 최종 목적지까지는 승객들을 소형 비행기로 실어 나르는 것처럼 중심 항구까지만 대형 쾌속 범선을 운항한 다음에 소형 선박에 화물을 옮겨 실어 동쪽 해안 상하류 지역으로 수송했다.

뉴욕 시는 미국의 초대형 항구였는데, 이곳은 중심 지역의 수심이 깊고 안전한 항구와 함께 내륙 지역 깊숙이 접근할 수 있는 강물이 흐르고 있다. 미국이 대도시 터미널 집중 방식인 일명 허브-앤-스포크(hub-and-spoke) 출하 시스템을 도입하기 시작하자 뉴욕은 자연스럽게 허브 도시로 발돋움했다.[12] 수로들이 만들어지고 맨해튼에서 뉴올리언스까지 중서부 지역을 관통하는 거대한 수로의 동쪽에 해당하는 도시가 되면서 뉴욕의 입지는 더욱 튼튼해졌다.

해상 운송은 뉴욕 경제의 핵심이었지만 뉴요커들은 항구를 중심으로 번창한 설탕 정제, 의류 생산, 출판 같은 제조업 분야에서 일하는 경우가 더 많았다.[13] 루스벨트 가족처럼 설탕 생산업자들은 대형 항구도시에서 활동했다. 업체들의 경우 도시 규모가 되어야 고가의 대형 정제기에 드는 고정비용을 감당할 수 있고, 정제 설탕 결정체들이 장시간 더운 지역에서 운반되는 도중에 녹아서 뭉치지 않게 하려면 소비자들과 지리적으로 충분히 가까운 곳에서 영업을 해야 했다.[14]

마찬가지로 의류 산업이 뉴욕에 밀집된 이유도 뉴욕으로 많은 양의 목화와 직물 화물들이 유입됐고, 선원들 사이에서 기성복 수요가 많았기 때문이다.

뉴욕의 출판 산업이 두각을 나타냈다는 것은 궁극적으로 뉴욕이 대서양을 횡단하는 무역 루트의 중심지였음을 보여준다. 19세기 출판 시장에서는 주로 영국 소설의 불법 복제판을 가장 먼저 내는 곳이 큰돈을 벌었기 때문이다. 하퍼 형제들은 영국의 역사 소설가이자 시인인 월터 스콧이 쓴 『페버럴 오브 더 피크(*Peveril of the Peak*)』 3권이 우편선에 실려 뉴욕에 도착한 후 21시간 만에 출간함으로써 필라델피아에 있는 경쟁자들을 누르고 본격적인 출판업자로서의 삶을 시작했다.[15]

그러나 20세기가 되면서 거리의 의미가 없어지자 뉴욕을 초대형 제조업 도시로 만들어줬던 운송비의 이점이 사라졌다. 중국의 인건비가 크게 저렴해진 이상 헤스터 거리에서 치마 재봉을 할 이유가 없었다. 세계화는 태평양을 가로질러 쉽게 운송할 수 있는 것은 무엇이나 만들 수 있는 기업과 도시들 사이의 치열한 경쟁을 일으켰다. 20세기 중반 뉴욕 경제의 쇠퇴는 19세기 이점들이 이제 점점 더 부적절해졌다는 것을 보여주는 결과였다.[16]

그러나 물론 5번가에 서 있어본 사람이라면 누구나 눈치채겠지만 거기서 이야기가 끝난 것은 아니었다. 뉴욕은 죽지 않았다. 오늘날 맨해튼의 41번가와 59번가 사이를 차지하고 있는 다섯 자리의 우편번호를 쓰는 지역에는 60만 명의 근로자들(뉴햄프셔 주나 메인 주에서 일하는 근로자들 숫자보다 많은)이 일하고 있는데, 그들은 그 작은 지역 내에서 매년 1인당 평균 10만 달러 이상의 소득을 올리며, 오리건 주나 네바다 주에서 일하는 근로자들에 비해서 더 많은 돈을 벌고 있다.[17]

세계화가 제조업 허브로서 뉴욕이 가진 이점을 앗아갔지만 그것은 뉴욕의 아이디어에 기반한 생산성 우위를 끌어올려 주기도 했다. 뉴욕에서 봉제 산업은 많이 쇠락했지만 여전히 캘빈 클라인과 도나 카란 같은 브랜드들이 다수 활동하면서 지구 반대편까지 날아가서 유행하는 디자인들을 만들고 있다.

일본의 혼다 자동차가 디트로이트의 자동차 빅3 업체들에게 심적 고통을 쳤을지 모르지만 국제 금융 흐름을 관리하면서 뉴욕에서 활동하는 은행가들은 거액의 돈을 벌고 있다. 보다 많이 연결된 세상은 이제 수익을 좇아 전 세계를 누빌 수 있는 좋은 아이디어를 내는 기업인들에게 막대한 이익을 안겨준다.[18]

암울했던 1970년대에 금융 개혁가 무리들이 상대방으로부터 배우면서 서로 연결된 일련의 아이디어들을 생산하기 시작하자 뉴욕은 변신에 성공했다. 위험과 이익을 맞바꾸는 문제에 대한 학계의 지식이 늘면서 마이클 밀켄이 개발한 고수익 채권, 즉 일명 정크본드 같은 위험 자산의 평가와 판매가 용이하게 되었다.[19] 헨리 크래비스는 이런 고수익 채권들을 갖고 LBO(차입금에 의한 기업인수)를 통해서 부진한 성과를 내는 기업들로부터 가치를 뽑아낼 수 있었다.[20] 이 당시 위대한 혁신가들 중에서 다수는 정식 훈련이 아니라 몸소 체험하면서 지식을 쌓았다. 『라이어스 포커(Liar's Poker)』에도 나왔던 살로몬 브라더스의 우편물실에서 출발해서 명성을 쌓았던 모기지 담보부 증권(MBS) 분야의 거물 루이스 라니에리 같은 사람이 그랬다.[21]

오늘날 맨해튼에서 지급되는 임금의 40퍼센트는 금융 서비스 산업에서 나가고 있다.[22] 이곳은 북적대면서도 여전히 번성하고 있는 도시의 마지막 보루이다. 그리고 이런 분야에서 일하는 금융 전문가들 중 일부는 대침체를 일으킨 주범이지만, 그들에게 거처를 제공한 도시는 그런 폭풍을 견뎌냈다.

2009~2010년 미국 경제가 침체에 빠진 시기에도 맨해튼의 임금 상승률은 다른 어느 도시보다도 높은 11.9퍼센트였다.[23] 2010년 맨해튼의 평균 주급은 2,404달러였는데, 이것은 미국 근로자 평균보다 170퍼센트, 그리고 실리콘밸리의 산실로서 위대한 뉴욕 밖에서 가장 높은 임금을 지불한 산타클라라 카운티보다 45퍼센트가 높은 수준이었다.

도시화는 번영과
행복의 열쇠다

뉴욕의 부흥과 쇠퇴 그리
고 새로운 부흥은 우리에게 현대 대도시의 핵심적인 역설이 무엇인지
를 알려준다. 그것은 장거리를 연결하는 비용은 떨어졌지만 인접성의
가치는 더욱 커졌다는 사실이다. 뉴욕 이야기는 그 극적인 웅장함 면에
서 특별하지만, 뉴욕의 극적인 부흥과 쇠퇴 그리고 놀라운 부활을 이끈
핵심적 요소들은 시카고, 런던, 밀라노 같은 전 세계 대도시들에서도
마찬가지로 찾을 수 있다.

이 책에서 우리는 도시들을 인류의 가장 위대한 발명품으로 만든 것
이 무엇인지를 꼼꼼히 살펴볼 것이다. 우리는 또한 도시들의 파란만장
한 역사도 파헤칠 것이다. 오늘날 개발도상국의 너무나도 많은 도시들
이 과거 샌프란시스코, 파리, 싱가포르 같은 오늘날의 위대한 도시들이
큰 피해를 입었던 것과 똑같은 도전에 맞서 싸우고 있다는 점에서 이런
노력은 적절하다. 그리고 겨울 날씨를 비롯해 인터넷과 위장된 환경보
호주의에 이르기까지 오늘날 도시들의 성공에 영향을 미치는 놀라운
요인들을 검토해 볼 것이다.

도시에는 사람과 기업들 사이의 물리적 공간이 없다. 도시는 인접성,
혼잡성, 친밀성을 특징으로 한다. 도시는 우리가 함께 일하고 놀게 해
주고, 도시의 성공 여부는 물리적 연결 수요 정도에 따라서 달라진다.
20세기 중반에 운송 기술이 발달함에 따라서 혼잡한 도시에 공장을 짓
는 것의 이점이 줄어들자 뉴욕을 비롯한 많은 도시들은 쇠퇴하기 시작
했다. 그리고 지난 30년 동안 이런 도시들 중에 일부는 회생했고, 또다
른 더 새로운 도시들은 기술 변화로 인해서 다른 사람들과 인접한 거리
에 있게 된 사람들이 가장 잘 생산하는 지식에 높은 보상을 해줬기 때

문에 성장했다.

미국 내에서 대도시들이 몰려 있는 메트로폴리탄 지역에서 일하는 근로자들은 메트로폴리탄 지역에서 일하지 않는 근로자들에 비해서 소득이 30퍼센트 더 높다. 이러한 고임금은 높은 생활비로 인해서 상쇄되지만, 그렇다고 해서 높은 임금이 높은 생산성을 반영한다는 사실이 바뀌는 것은 아니다.[24] 기업들이 도시에 머물면서 비싼 인건비와 토지비를 감당하려는 유일한 이유는 도시가 그런 비용을 상쇄하는 생산성의 이점들을 만들어주기 때문이다.

인구 100만 명 이상이 모여 사는 메트로폴리탄 지역에 거주하는 미국인은 소규모 메트로폴리탄 지역에 거주하는 미국인에 비해서 평균 50퍼센트 이상 생산성이 높다. 이런 관계는 우리가 근로자들의 교육, 경험, 종사 산업을 따져봤을 때도 똑같다. 개별 근로자들의 지능지수(IQ)를 따져봐도 마찬가지이다. 도시와 시골 지역 사이의 소득 격차는 다른 선진국들에서도 마찬가지로 큰데, 가난한 국가들에서는 이 격차가 더욱 크다.[25]

미국과 유럽에서 도시는 똑똑한 거주민들을 서로 연결시킴으로써 혁신의 속도를 끌어올리지만 개발도상국 세계에서 도시는 이보다 더 중요한 역할을 한다. 다시 말해서 도시는 시장과 문화를 연결하는 '관문'으로서의 역할을 한다. 19세기에 뭄바이(당시에는 봄베이라고 불렸다)는 목화가 통과하는 관문이었다. 21세기에 방갈로르는 아이디어가 지나가는 관문이다.

1990년에 일반 미국인이나 유럽인들 앞에서 인도를 언급하면 아마도 그들은 십중팔구 제3세계의 비극적 가난에 대해서 불편한 심기를 토로했을 것이다. 오늘날 똑같은 사람들이 인도라는 말을 들으면, 자신의 일자리가 방갈로르에 아웃소싱될 위험에 대해서 불편한 심기를 토로할 가능성이 높다.

인도는 여전히 가난하지만 엄청난 속도로 성장하고 있으며, 인도의 다섯 번째 대도시인 방갈로르[26]는 인도에서 매우 큰 성공을 거둔 도시들 중의 하나이다. 방갈로르의 부(富)는 산업의 힘(그 힘이 여전히 많은 직물들을 생산하고 있긴 하지만)이 아니라 아이디어 도시로서 갖는 힘으로부터 나오는 것일지 모른다. 한 장소에서 그토록 많은 인재를 집중적으로 모아놓음으로써 방갈로르는 인재들이 쉽게 스스로 학습하고, 싱가포르나 실리콘밸리 출신의 외부인들이 인도의 인적 자본과 더 쉽게 연결될 수 있게 만들고 있다.

과거 오랫동안 지속된 반도시화 운동의 목소리를 높이면서 마하트마 간디는 "진정한 인도는 몇몇 도시들이 아니라 70만 개의 마을 속에 세워져야 한다. 국가의 성장은 도시가 아닌 마을에 달려 있다"라고 주장했다.[27] 하지만 위대한 간디도 틀렸다. 인도의 성장은 인도의 도시들에 거의 전적으로 의존하고 있다.[28] 어느 나라든지 도시화와 번영 사이에는 완벽할 정도의 상관관계가 존재한다. 평균적으로 봤을 때 어떤 국가건 도시 인구의 비중이 10퍼센트 늘어날 때마다 그 나라의 1인당 생산성은 30퍼센트가 향상된다. 1인당 국민소득은 국민의 과반수 이상이 시골 지역에 사는 국가들보다는 도시 지역에 사는 국가들에서 네 배 가까이 더 높다.[29]

도시가 부를 증대시키지만 도시가 여전히 사람들을 초라하게 만든다는 신화도 존재한다. 그러나 도시화가 더 많이 진행된 국가에 사는 사람들이 더 행복을 느낀다고 말한다. 인구의 절반 이상이 도시에 거주하는 국가들에서 국민의 30퍼센트는 자신이 매우 행복하다고 말하며, 17퍼센트만이 매우 또는 전혀 행복하지 않다고 대답한다. 인구의 절반 이상이 시골에 거주하는 나라들에서는 국민의 25퍼센트는 매우 행복하다고 말하는 반면, 22퍼센트는 불행하다고 말한다. 어느 나라나 상관없이 생활의 만족도는 도시에 살고 있는 인구 비중이 높을수록 함께 높아진다. 국가의 소득과 교육을 통제할 때도 그렇다.[30]

따라서 뭄바이와 콜카타, 방갈로르 같은 인도의 도시들은 인도의 경제뿐만 아니라 경제 분위기도 향상시킨다. 그리고 분명히 말하지만 뉴욕이 미국적인 것처럼 이들 도시들은 인도적이다. 이 도시들은 그토록 많은 면에서 그들 국가의 천재성이 가장 잘 발휘되는 장소이다.

도시가 협력 작업을 통해서 뛰어난 재기(才氣)를 발휘할 수 있는 능력을 갖는다는 것은 새로운 일이 아니다. 지난 수세기 동안에 혁신은 번잡한 도시 거리들을 가로질러 사람과 사람 사이로 확산됐다. 이탈리아 르네상스 시대에 천재 예술가들이 크게 늘어난 현상은 15세기 피렌체의 화가 필리포 브루넬레스키가 선원근법(linear perspective : 르네상스 이후 보편화된 시각 원리로서, 화면에 있는 모든 것들이 소실점으로 수렴되는 것)의 기하학을 발견하면서 시작됐다. 그는 자신이 깨달은 지식을 친구인 도나텔로에게 전수했고, 도나텔로는 얕은 돋을새김으로 만든 조각상에 선원근법을 도입했다. 두 사람의 친구인 마사초는 선원근법을 그림에 도입했다. 피렌체의 예술적 혁신들은 도시 집중화가 가져온 영광스런 부대 효과였다.

도시는 주로 은행업과 의류 제조업처럼 보다 평범한 일들을 하면서 돈을 벌고 있었다. 그러나 오늘날 방갈로르와 뉴욕과 런던은 모두 혁신 능력에 '의존'하고 있다. 엔지니어와 디자이너와 중개인들 사이에서 일어나는 지식의 전파는 화가들 사이에서 일어났던 아이디어의 전파와 동일하며, 도시의 인접성은 오랫동안 그런 과정에서 중심적 역할을 해왔다.[31]

뉴욕과 방갈로르는 생기 넘치는 도시지만, 그렇다고 그런 모든 도시들이 그렇게 성공하는 것은 아니다. 1950년에 디트로이트는 미국에서 다섯 번째로 큰 도시였으며, 185만 명의 인구가 살고 있었다. 2008년 디트로이트에는 예전에 비해서 절반 이상 줄어든 77만 7,000명만이 살고 있고, 이곳의 인구는 계속 감소 추세이다. 1950년에 미국 최대 도시였던 10곳 중에 8곳의 인구는 이후 최소 20퍼센트가 줄었다. 디트로이트와 다른 많은 산업 도시들의 몰락은 전체 도시의 취약성까지는 아니더라도 도시 재건의 필수적 요소들을 잃어버린 도시는 생기를 잃게 된다는 것을 보여주고 있다.[32]

도시는 소규모 기업들과 숙련된 시민들이 많을 때 번성한다. 디트로이트는 서로 연결된 소규모 발명가들이 왕성하게 활동하던 공간이었으며, 그런 재능 있는 기업인들 중의 한 사람이 헨리 포드였다. 그러나 포드가 대형 아이디어로 화려한 성공을 거두자 그러한 질서, 즉 보다 혁신적인 도시가 파괴되었다.

20세기 디트로이트가 성장하자 교육 수준이 떨어지는 수십만 명의 근로자들이 수많은 공장들로 몰려들었고, 공장들은 도시와 세계로부터 격리된 요새로 변했다. 산업의 다양성, 기업가 정신, 그리고 교육은 혁신을 만들지만 디트로이트 모델은 도시의 쇠퇴로 이어졌다. 산업 도시의 시대는 적어도 서양에서는 끝났다.

'건물'이 아닌 '인간' 중심의
도시 개혁

문제가 많은 도시에는 새로운 스타디움이나 경전철 시스템, 컨벤션 센터, 주택 사업 같은 대규모 건설 사업을 추진하면 도시가 예전의 영광을 되찾을 수 있다는 그릇

된 상상을 하는 관리들이 너무나 많다. 거의 예외 없이 어떤 공공 정책도 해일처럼 몰려오며 도시를 변화시키는 힘을 막을 수 없다. 우리는 러스트 벨트(Rust Belt: 미국 동북부의 사양화된 산업 지대)에 사는 가난한 사람들의 욕구를 무시해서는 안 되지만, 공공 정책은 가난한 '장소'가 아닌 가난한 '사람'을 도와야 한다.

휘황찬란한 새 건물은 쇠퇴하는 도시의 미관을 멋있어 보이게 만들수 있을지는 몰라도 도시의 근본 문제를 치유하지는 못한다. 쇠퇴하는 도시의 대표적 특징은 경제 규모에 비해서 주택과 인프라가 과도하게 많다는 점이다. 주택과 인프라 공급은 많은데 수요는 거의 없는 상황에서 더 많은 건물을 짓기 위해서 공적 자금을 투입하는 것은 비합리적이다. 건물 중심으로 도시를 개편하려는 어리석은 행동은 도시는 구조물이 아니라 사람이라는 교훈을 우리에게 상기시켜 준다.

허리케인 카트리나가 휩쓸고 지나간 후 건설업계 관계자들은 뉴올리언스 재건에 수천 억 달러를 투입하기를 바랐다. 하지만 그곳에 살던 사람들에게 총 2,000억 달러를 줬다면 1인당 이사나 교육, 혹은 다른 곳에서 더 나은 주거지를 얻는 데 쓸 수 있는 돈 40만 달러씩을 받게 됐을 것이다.[33]

홍수가 일어나기 전에도 뉴올리언스는 가난한 사람들을 위한 일자리를 마련하는 데 미온적인 태도를 보였다. 뉴올리언스의 아이들 교육을 지원하는 데 그토록 절실히 돈이 필요한 상황에서 연방 정부가 도시의 인프라 구축에 수십억 달러를 쓴다는 것이 과연 정말로 합리적이었을까? 뉴올리언스의 위대함은 항상 건물이 아닌 그곳의 사람들로부터 나왔다. 카트리나의 희생자들이 다른 곳에 이주하더라도 그들의 삶의 질 개선을 위해서 연방 정부 예산을 어떻게 쓰면 좋을지 따져보는 것이 더 합리적이지 않았을까?

궁극적으로 도시의 정부가 해야 할 일은 비용조차 감당하기 힘든 건물이나 도로망을 구축하는 것이 아닌 도시민들을 돌보기 위한 자금 지원이다. 도시 아이들이 지구 반대편에서 좋은 기회를 찾을 수 있게 그들에게 더 좋은 교육 기회를 제공해 줄 수 있는 시장은 그가 통치하는 시의 규모가 점점 더 줄어들더라도 성공하는 것이다.

디트로이트나 그와 유사한 도시들을 끊임없이 괴롭히고 있는 가난은 분명 도시가 처한 고충을 드러내지만 모든 도시의 가난이 나쁜 것만은 아니다. 콜카타의 슬럼가를 방문한 사람이 대규모 도시화의 지혜에 대해 고민하면서 간디와 같은 생각을 하는 이유는 이해하기 쉽다. 그러나 도시의 빈곤에 대해서 긍정적으로 생각해 볼 점도 많이 있다. 도시는 사람들을 가난하게 만들지 않는다. 즉 도시는 가난한 사람들을 끌어들인다. 혜택을 받지 못한 사람들이 리우데자네이루에서 로테르담으로 몰려드는 현상은 도시가 가진 약점이 아닌 강점이다.

도시 구조물은 수십 년을 버틸 수 있을지 모르지만, 도시 인구는 유동적이다. 맨해튼 거주민들 중 4분의 1 이상은 5년 전에 그곳에 살지 않았다.[34] 가난한 사람들이 계속해서 더 나은 무엇을 찾기 위해서 뉴욕과 상파울루, 뭄바이로 몰려온다. 이것은 축하 받아야 할 도시 생활의 한 가지 사실이다.

도시의 가난은 도시의 부가 아니라 시골의 부와 비교해서 평가를 받아야 한다. 리우데자네이루에 있는 판자촌이 부유한 시카고의 교외 지역과 비교해 봤을 때는 끔찍해 보일지 몰라도 그곳의 빈곤율은 브라질 동북쪽 시골의 그것에 비해서는 훨씬 낮다.[35] 가난한 사람들이 빨리 부자가 될 수 있는 길은 없지만 그들이 도시와 시골 중에서 선택할 수 있다면 다수는 분별 있게 도시를 선택한다.

부자와 가난한 사람들이 흘러 들어오면서 도시는 역동적으로 변하지만, 가난의 집중화로 인한 비용을 간과하기는 어렵다. 인접성은 아이디어와 상품 교환을 용이하게 해주지만 박테리아나 소매치기의 전파 역시 훨씬 더 쉽게 만들어준다. 세계의 모든 유서 깊은 도시들은 질병, 범죄, 혼잡 같은 도시 생활의 거대한 재앙들로 고통 받았다. 그리고 이러한 재앙들에 맞선 싸움은 현실을 있는 그대로 수동적으로 수용하거나 아무 생각 없이 자유 시장에 의존해서는 결코 이긴 적이 없었다.

20세기 초 미국 도시들은 연방 정부가 군대와 우편 서비스를 제외한 모든 것에 쓰는 돈만큼 많은 돈을 수질 오염 개선에 쓰고 있었기 때문에 지금보다 훨씬 더 건강했다.[36] 유럽과 미국 도시들이 이루어낸 도약은 21세기 개발도상국 도시들에서 재연될 소지가 높으며, 그로 인해서 세계는 더욱 도시화될 것이다. 1901년에 출생한 소년들의 기대 수명이 미국 다른 곳에서 출생한 같은 또래 소년들의 기대 수명에 비해서 7년 더 짧았던 뉴욕은 이제 미국 내 어느 곳보다 훨씬 더 건강해졌다.[37]

범죄와 질병에 맞선 도시의 승리는 도시가 생산성과 즐거움이 풍부한 장소로서 번성할 수 있는 가능성을 열어주었다. 도시의 규모는 극장, 박물관, 레스토랑에 들어가는 고정비용을 감당할 수 있게 해주었다. 박물관은 많은 비용이 드는 전시물과 매력적이면서 종종 값비싼 구조물을 필요로 한다. 극장은 무대, 조명, 음향 장비, 그리고 넓은 연습 공간을 필요로 한다. 도시는 이러한 고정비용을 감당할 수 있다. 그런 비용을 수천 명에 달하는 박물관과 극장 관람객들이 분담하기 때문이다.

역사적으로 봤을 때 대부분의 사람들은 엔터테인먼트 취향에 따라서 거주지를 선택할 수 있기에는 너무나 심각하게 가난했고, 도시는 즐거움을 주는 장소와는 거리가 멀었다. 그러나 사람들이 점점 더 부유해지면서 점점 더 라이프스타일에 따라서 도시를 선택하게 됐고, 그 결과로 소비 도시(consumer city: 도시의 경제 구조에서 서비스 산업의 비중이 큰 도시)가 생겨났다.

20세기 상당 기간 동안 로스앤젤레스 같은 소비 도시의 성장은 런던과 뉴욕 같은 다른 도시들을 위협하는 또다른 힘처럼 보였다. 그러나 오래된 도시들이 더 안전하고 건강해지면서 그들 역시 레스토랑, 극장, 코미디 클럽, 바, 그리고 인접성의 즐거움을 느끼며 소비 도시로 되살아나게 되었다.

지난 30년 동안 런던과 샌프란시스코, 파리는 모두 활황을 누렸는데, 사람들이 즐겁게 살 수 있는 장소들을 찾는 경향이 점점 더 늘어난데서 일부 원인을 찾을 수 있다. 이러한 메트로폴리스에서는 세계 최고 권위의 식당 및 여행 가이드 시리즈인 《미슐랭 가이드》가 별 세 개를 준 음식처럼 고가의 접대 음식을 맛볼 수도 있지만, 샌프란시스코에 있는 금문교나 파리에 있는 개선문의 모습에 감탄하면서 가볍게 커피 한 잔을 마시거나, 나무로 벽면을 장식한 술집에서 에일 맥주를 한 잔 마시는 것처럼 적당한 가격을 지불하고 즐거운 시간을 보낼 수도 있다.

도시는 우리가 같은 관심을 가진 친구들을 찾을 수 있게 해준다. 또한 밀집된 도시에서 불균형적으로 미혼 인구가 많은 곳은 더 쉽게 짝을 찾게 해주는 결혼 시장이 된다. 오늘날 오래됐건 아니건, 성공한 도시들은 일종의 도시 테마파크로 변신함으로써 똑똑한 기업인들을 끌어들인다.

도시에서 교외로 나가는 역방향 통근의 유행은 성공한 소비 도시의 가장 눈에 띄는 특징일지도 모른다. 1970년대의 암울한 시절에는 맨해튼에서 일하지 않는 한 그곳에 거주하려는 사람들은 거의 없었다. 오늘날은 맨해튼에 살면서 외곽으로 출퇴근하는 사람들만 수천 명에 이른다. 중동 지역의 백만장자들만 런던과 뉴욕에 임시 거처를 마련해서 사는 것은 아니다. 마이애미는 남미 부자들에게 주말이나 휴가 때를 즐길 수 있는 세컨드 하우스를 파는 데 좋은 수완을 보여주었다.

도시 발전에 따른
개발과 확장의 몸살

경제 활황과 도시가 주는 즐거움 때문에 생겨난 많은 수요는 매력적인 도시의 물가가 왜 그토록 꾸준히 상승해 왔는지를 설명하는 데 유용한 이유로 제기될 수 있지만 공간의 공급 역시도 물가 상승의 중요한 이유이다. 뉴욕, 런던, 파리는 새로운 건설 활동을 점점 더 제한하고 있고, 그로 인해서 이들 도시에서 건물을 지을 공간을 구하기가 더욱더 힘들어졌다.

이 책에 제시된 많은 생각들은 위대한 도시 계획 전문가인 제인 제이콥스의 지혜로부터 얻은 것이다.[38] 그녀는 도시의 정신을 느끼기 위해서는 도시의 거리들을 걸어봐야 한다는 사실을 알았다. 그녀는 또 도시를 창조적으로 만드는 사람들에게는 적정한 가격의 부동산이 필요하다는 것을 이해했다. 그러나 그녀는 지반고(地盤高)*에 대한 시각에 과도하게 집착했다. 그래서 전체 도시 시스템을 종합적으로 고려하는 데 필요한 개념적 도구를 사용하지 않은 탓에 많은 실수를 저질렀다.

그녀는 오래되고 낮은 건물의 가격이 더 싸다는 것을 알았기 때문에 고도를 제한하고 예전 이웃들을 보존하면 사람들이 적정한 가격으로 주택을 구입할 수 있게 되리라고 믿었다. 하지만 그것은 틀렸다. 수급 원리는 그런 식으로 작동하지 않는다. 도시에 대한 수요가 늘어나면 더

---

* 구조물의 토대를 이루는 땅의 높이로 표준해수면에서 수직고로 표시됨.

많은 집이 지어지지 않는 한 주택 가격은 상승할 것이다. 도시가 신규 건축을 제한할 경우 집값은 더욱 비싸진다.

보존이 항상 틀린 것만은 아니다. 우리 도시들을 보존하는 것도 많은 가치가 있다. 그러나 보존에는 항상 대가가 따른다. 파리의 질서 정연한 아름다움에 대해서 생각해 보자. 파리의 정결하면서 매력적인 가로수 길들은 넓고 곧게 뻗어 있으며 양옆으로는 우아한 19세기 건물들이 늘어서 있다. 인근 건물들에 가려져 있지 않기 때문에 우리는 파리의 위대한 기념상들의 향취를 느낄 수 있다. 그런 시각선(sight line)이 조성될 수 있었던 중대한 이유는 파리에서는 뭔가를 지으려고 하면 보존을 우선시하는 복잡하고 미묘한 절차를 밟아야 하기 때문이다. 그런데 이와 같은 신축 건물 제한 때문에 과거 배고픈 예술가들을 환대한 것으로 유명했던 파리는 이제 부자들이나 살 수 있는 도시가 됐다.[39]

파리와 마찬가지로 런던은 19세기에 지어진 건물들에 대해 강한 애착을 갖고 있다. 영국의 왕세자는 세인트 폴 대성당의 곧게 뻗은 시각선을 해칠 수 있는 현대화된 고층 건물들을 세우는 데 강력히 반대해 왔다.[40] 그리고 영국은 인도에도 높이에 대한 이런 반감을 수출했던 것 같다. 그러나 인도에서는 건물 신축 제한이 정당하기보다는 오히려 해롭다고 할 수 있다.

뭄바이는 개발도상국가들 중에서 가장 극단적인 토지 이용 규제를 실시하고 있다. 뭄바이의 최근 역사에서 상당 기간 도시 중심의 신축 건물의 높이는 평균 1과 3분의 1층 미만이었다.[41] 정말 말도 안 되지 않는가? 복닥거리는 인도의 허브인 도시 중심에 교외의 밀도 기준을 강제하고 있었다. 이와 같은 자기 파괴적인 행동은 실질적으로 과도하게 높은 가격, 과도하게 비좁은 아파트, 혼잡함, 스프롤 현상(sprawl: 도시의 급격한 발전과 땅값 상승으로 인해서 도시 주변이 무질서하게 확대되는 현상), 슬럼가, 부패 등으로 이어진다.

중국의 상하이는 뭄바이보다 경제 성장 열기가 더 뜨겁지만 주거 비용이 훨씬 덜 든다. 그 이유는 수요에 따라 공급이 계속 늘고 있기 때문이다.[42] 네부카드네자르(Nebuchadnezzar)*로부터 나폴레옹 3세에 이르는 친성장주의 정책을 편 다른 전제 군주들과 마찬가지로 중국의 지도자들 역시 건축을 좋아한다.

21세기가 열릴 무렵 프리츠 랑(Fritz Lang)**처럼 비전을 가진 사람들은 거리가 거대한 타워의 그림자에 의해서 어두워지는 수직적 도시들이 점점 더 늘어나는 세상을 상상했다.

윌리엄 반 앨런 같은 뛰어난 건축가들은 뉴욕을 대표하는 크라이슬러 빌딩***처럼 위대한 마천루를 설계했으며, 프랑스의 위대한 건축가이자 이론가인 르 코르뷔제 같은 사람들은 놀라운 높이로 지어진 세상을 계획했다. 그러나 20세기 도시 미국은 마천루보다는 자동차들로 더 북적였다.

운송 기술은 항상 도시의 형식을 결정해 왔다. 피렌체 중심부나 예루살렘 구시가지처럼 보행 도시(walking city)의 길들은 좁고, 구불구불하며, 상점들이 빼곡히 들어차 있다. 걸어서 돌아다녀야 하던 시절에는 사람들은 다른 사람들뿐만 아니라 도시 안팎으로 향하는 가장 빠른 길

---

* 재위 BC 604~562. 신(新)바빌로니아 제국 제2대 왕. 유대를 멸망시키고 그들을 강제로 이주시켰다. 또한 수도 바빌론을 정비해 성벽을 쌓고 성문을 단단히 구축했다.

** 1890~1976. 독일 무성영화 시대의 표현주의 거장으로 누아르에 지대한 영향을 끼쳤다. 독일 건축가 안톤 랑의 아들로 태어나 빈 공대에 입학했다가 회화로 전향, 뮌헨과 파리에서 미술 수업을 받았고, 이후 영화계에 발을 들여놓은 후 무성영화 제작에 참여했다.

*** 1930년에 완공되었으며, 맨해튼 동부 42번가와 렉싱턴 가 교차점에 있다. 높이 319.4미터로 이듬해 엠파이어 스테이트 빌딩이 102층 381미터로 완공되기 전까지 세계에서 가장 높은 건물이었다.

을 제공해 주는 수로들과 최대한 가깝게 다니려고 애썼다.

미드타운 맨해튼과 시카고 루프(Chicago Loop: 시카고의 다운타운 2.5제곱킬로미터가량의 한 구획)처럼 기차와 엘리베이터를 중심으로 조성된 지역들에는 간혹 격자 모양으로 정리된 넓은 도로들이 깔려 있다. 이런 도로들 위에도 상점들이 세워져 있지만, 대부분의 사무실 공간은 지상으로부터 훨씬 더 떨어져 있다.

로스앤젤레스와 피닉스, 휴스턴의 상당한 지역이 그렇듯이 자동차를 중심으로 설계된 도시들에는 거대하고 완만하게 구부러진 도로들만 있고 인도가 부족할 때가 종종 있다. 이런 장소들에는 매장과 보행자들이 도로가 아닌 쇼핑몰에 들어가 있다. 예전 도시들에는 일반적으로 이전에 건설된 항구나 기차역으로 표시되는 분명한 중심지가 있지만, 자동차 도시들은 그렇지 않다. 자동차 도시들은 그냥 아무런 구분 없이 쭉쭉 뻗은 도로들을 특징으로 하고 있다.

애틀랜타와 휴스턴 같은 도시들은 우리에게 초고밀도의 홍콩과 시골풍의 서스캐처원(캐나다 서부에 있는 주) 중간에 놓인 장소들이 있다는 것을 상기시켜 준다. 자동차 중심의 실리콘밸리에서 일하면서 살면 적어도 컴퓨터 산업에서 활동하는 사람들과 아주 가깝게 붙어서 살 수 있다. 이러한 장소들이 전통적 도시에 가하고 있는 위협은, 그들이 많은 땅과 어디든 운전해서 갈 수 있는 능력과 함께 도시의 인접성 때문에 생긴 과거의 이점들을 일부 제공해 준다는 사실을 반영한다.

자동차에 기반한 생활의 등장이 예전 도시들에게는 나쁜 일이지만 모든 사람들에게 나쁜 것만은 아니었다. 준(準)교외(교외보다 더 떨어져 있는 반전원의 고급 주택지)에 대한 혹평은 사람들 사이에 인기 있는

---

* 미국 남부 15개 주에 걸쳐 있는 지역. 과거 농업이 주산업인 낙후 지역이었다.

지적 오락의 성격을 띠었지만, 교외로 이주한 사람들이 그렇게 바보는 아니었다. 도시에 사는 그들의 친구들은 선벨트 지대(Sun belt area)* 거주민들을 아무 생각 없이 폄하하기보다는 선벨트 스프롤 현상으로부터 배우는 것이 더 현명할 것이다.

속도와 공간은 자동차 위주의 생활이 갖는 두 가지 대표적 이점이다. 미국에서 대중교통을 이용한 출퇴근 시간은 평균 48분이다. 반면 자동차를 이용한 출퇴근 시간은 평균 24분이다.[43] 대량 생산된 자동차는 거주지의 인구밀도를 적절하게 만들어 평범한 미국인들이 세계적 기준에서 봤을 때는 엄청나게 호사스런 생활 양식을 유지하게 해준다.

그러나 스프롤 현상의 장점을 인정한다고 해서 이것이 좋다거나 그런 현상을 권장하는 미국의 정책이 현명하다는 뜻은 아니다. 스프롤 현상이 초래하는 환경 비용은 정부로 하여금 자동차 위주의 생활에 브레이크를 걸게 만들어야 하지만, 미국의 정책은 사람들을 도시 변두리로 밀어내고 있다. 간디만큼이나 도시를 좋아하지 않았던 토머스 제퍼슨의 정신이 주택 소유권과 고속도로를 보조하는 정책들 속에 정정하게 살아남아서 미국인에게 도시를 포기할 것을 암묵적으로 권장한다.

진정한 환경운동은 '친환경' 도시화다

스프롤 현상 지원 정책이 가진 문제점은 자동차 위주의 생활이 지구 전체에 환경 비용을 전가한다는 데 있다. 미국 환경보호 운동의 수호자 역할을 했던 사상가 겸 문학자인 헨리 데이비드 소로도 반도시주의자였다. 미국 매사추세츠 주

북동부의 월든 연못에서 그는 "너무나도 달콤하고 자비로운 자연 속의 사회를 갑자기 지각하게" 되면서 "인간 이웃이 줄 것이라는 상상 속의 이점들이 무가치하게 변했다"라고 말했다.[44] 유명한 건축 비평가이자 도시 역사가인 루이스 뭄포드는 교외의 '공원 같은 분위기'를 호평하면서, 도시로 인한 '환경의 악화'를[45] 비난했다.[46]

우리는 환경운동가들의 이해력이 뒤떨어졌다는 것을 알고 있다. 맨해튼과 런던과 상하이 시내는 교외 주택지가 아니지만 진정한 환경의 친구이다. 내가 37년 동안 거의 전적으로 도시에서만 살다가 무모하게 교외 생활을 시험해 본 후 고통스럽게 깨달은 것은 나무와 풀에 둘러싸여 살면서 자연을 사랑하는 사람들이 도시에서 살면서 자연을 사랑하는 사람들에 비해서 훨씬 더 많은 에너지를 소비한다는 사실이다.

일반 교외 주택지의 환경 발자국(탄소 발자국)이 300밀리미터의 하이킹 신발이라면, 뉴욕 아파트의 환경 발자국은 지미추(구두 브랜드)에서 나온 230밀리미터의 스파이크힐(아주 가늘고 높은 굽) 구두에 불과하다. 전통적인 도시에서는 운전을 많이 할 필요가 없기 때문에 탄소 배출량이 더 적다. 뉴요커들 중 3분의 1 미만이 자동차를 이용해서 출퇴근하는 반면, 미국 전체적으로 봤을 때 출퇴근하는 사람들의 86퍼센트가 자동차를 이용한다. 미국에서 대중교통을 이용해서 출퇴근을 하는 사람들의 86퍼센트가 뉴욕의 5개 자치구에 거주한다.

뉴욕은 아주 현격한 차이로 미국 메트로폴리탄 지역 가운데에서 1인당 가스 소비량이 가장 적은 도시이다. 미국 에너지부에서 발표한 자료를 보면 뉴욕 주의 1인당 에너지 소비량이 미국에서 끝에서 두 번째인데 이런 사실은 주로 뉴욕 시에서 대중교통 사용량이 많다는 것을 보여준다.[47]

"세계적으로 생각하고 지역적으로 행동하라"라는 환경 운동가들의 슬로건만큼 멍청한 슬로건은 별로 없다. 좋은 환경보호 운동에는 범세계적 차원의 시각과 행동이 필요하지, 건설업체들을 몰아내려는 편협한 지역주의가 필요한 것은 아니다. 건물 신축을 막음으로써 한 지역을 더 푸르게 만들려고 애쓰다가 새로운 개발 계획을 환경적으로 훨씬 덜 우호적인 어딘가로 밀어냄으로써 환경을 더 오염시킬 수 있다.

캘리포니아 해안 지대에서 활동하는 환경보호 운동가들은 그들이 사는 지역은 더 쾌적하게 만들었을지 몰라도 온화한 기후와 대중교통 접근성이 좋은 버클리 교외 지역으로부터 이미 자동차와 에어컨들로 가득 찬 라스베이거스 교외 지역으로 신축 건물을 몰아냄으로써 환경을 파괴하고 있다. 도시 패턴들이 훨씬 덜 정형화되고 환경보호 운동가들의 숫자가 훨씬 더 많은 개발도상국가들에서 이런 일이 벌어질 가능성이 특히 더 높다.

오늘날 대부분의 인도인들과 중국인들은 여전히 자동차 위주의 생활을 하기에는 너무나 가난하다. 미국에서 가장 푸른 메트로폴리탄 지역에서 운전과 주택 에너지 사용으로 인해서 배출되는 평균 탄소량은 여전히 중국 메트로폴리탄 지역에서 배출되는 평균 탄소량에 비해서 10배나 더 많다.[48]

그러나 인도와 중국이 점점 더 부유해지면서 그곳 사람들은 전 세계 사람들의 삶에 극적인 영향을 미칠 수 있는 선택에 직면할 것이다. 그들이 미국을 따라서 자동차 위주의 준교외 지역으로 움직일까, 아니면 훨씬 더 친환경적인 복잡한 도시 환경 속에 계속 머물러 살까?

중국과 인도의 1인당 탄소 배출량이 미국의 1인당 탄소 배출량 수준으로 높아진다면 전 세계 탄소 배출량은 139퍼센트 늘어날 것이다. 만일 그들의 탄소 배출량이 프랑스 수준에서 멈춘다면, 전 세계 탄소 배출량은 불과 30퍼센트만 늘어날 것이다.[49] 당연히 중국과 인도 등의 국가들에서 운전과 도시화 패턴은 21세기에 가장 중요한 환경 문제가 될 것이다.

실제로 유럽과 미국이 '친환경' 주택을 지으려고 하는 가장 중요한 이유는 스스로 개혁하지 않고서는 인도와 중국에게 탄소를 덜 사용하라고 설득하기가 끔찍할 정도로 어려울 것이기 때문이다. 좋은 환경보호 운동은 생태학적으로 가장 적은 해를 입힐 공간에 건물을 짓는 것을 의미한다. 이는 다시 말해서 우리가 도시에서 높은 건물들을 짓기 위해서 낮은 건물들을 철거하는 것을 용납하되, 탄소 배출을 줄이는 도시 성장에 반대하는 환경보호 운동가들을 더욱더 용납하지 말아야 한다는 것을 의미한다.

정부는 주택 구입자들이 교외 주택지에서 대형 맥맨션(McMansion: 화려하게 지은 건물)을 사도록 유도하기보다는 적당한 크기와 높이를 가진 도시 지역에 살도록 권장해야 한다. 아이디어가 우리가 사는 시대에 통용되는 화폐라면, 그러한 아이디어에 맞춰 적절한 집을 짓는 것이 우리의 집단적 운명을 결정할 것이다.

인간의 협력을 통해서 나오는 힘은 문명의 발전을 가져온 가장 중요한 진실이자 도시가 존재하는 주된 이유이다. 우리의 도시를 이해하고, 도시에 대해서 무엇을 할 수 있을지 이해하기 위해서 우리는 그러한 진실에 집착하고 해로운 신화를 배격해야 한다.

우리는 환경보호 운동이 나무들 주위에서 살자는 것이고 도시인들은 항상 도시의 물리적 과거를 보존하기 위해서 싸워야 한다는 관점을 배격해야 한다. 우리는 고층 아파트보다 교외 규격형 주택(tract home: 한 지역에 비슷한 형태로 들어서 있는 많은 주택들)을 선호하는 주택 소유의 우상화 활동과 함께 시골 마을을 낭만적으로 묘사하는 짓을 중단해야 한다. 우리는 장거리 커뮤니케이션의 발달로 인해서 서로 지척에 머물고 싶은 우리의 바람과 욕구가 약화될 것이라는 단순한 시각을 버려야 한다. 특히 우리는 도시를 도시에 있는 건물로만 보려는 경향에서 벗어나고, 진정한 도시는 콘크리트가 아니라 인간의 체취로 이루어져 있음을 명심해야 한다.

그들은 방갈로르에서 무엇을 만드는가?

1장

방갈로르 같은 곳이 이룬 성공이 국제적인 지적 교류의 결과로만 가능했던 것은 아니다. 이런 도시에서는, 고용주들은 잠재 근로자들로 이루어진 대규모 풀(pool)에 매력을 느끼고, 근로자들은 풍부한 잠재 고용주들에 의해서 일자리를 얻는 선순환이 이루어진다. 따라서 기업들은 엔지니어들을 찾으려고 방갈로르에 오고, 엔지니어들은 회사들을 찾아 나선다. 도시 규모 역시 근로자들의 이직을 훨씬 더 쉽게 만든다.

높은 관목 울타리가 방갈로르 복합 상업 지구인 글로벌 빌리지에 있는 컨설팅 회사 마인드트리의 구내를 감싸고 있다. 무성한 관목 울타리 밖 거리들은 행상인들과 릭샤(경삼륜차)들, 그리고 복잡한 도시 생활의 에너지로 들끓고 있다. 울타리 안에는 깔끔하게 정돈된 정원에 우아한 자태를 한 건물들이 세워져 있고 야자수, 유리, 멋진 회색 돌 사이로 평화가 깃들고 있다.

마인드트리는 방갈로르에서 활동하는 다수의 성공한 정보 기술 기업들 중 한 곳이며, 주로 깔끔한 아이보리색 스니커즈 운동화와 폴로셔츠 차림으로 구내를 자주 배회하는 수브로토 바그치가 공동 창업했다. 바그치는 실리콘밸리 거물처럼 생겼고, 경영의 구루(guru)처럼 말하며, 싱가포르 투자자든 인도의 최빈 지역 출신 엔지니어든 사회성이 부족한 하버드 대학 교수든 간에 누구를 만나도 똑같이 편하게 느끼는 것 같다.

바그치의 이런 개방성은 기업 내 장애물을 없애서 직원들 간의 교류를 장려하겠다는 그의 계획을 통해서도 드러난다. 모든 직원들은 서로 어울려 옥상에 차려진 뷔페 점심을 먹고, 아시아에서 가장 생산적인 도시 중 하나인 방갈로르의 스프롤 현상을 생각해 본다.

마인드트리보다 규모가 작은 방갈로르의 신생기업들은 번잡한 지역

방갈로르에 있는 컨설팅 회사 마인드트리의 사내는 인도와 전 세계의 똑똑한 사람들을
연결해서 번창하는 깨끗하고 우아하고 평평한 세계를 보여준다.

에 있는 오래된 건물의 비좁은 아파트처럼 비교적 덜 깨끗한 장소에 위치해 있다. 이처럼 격식을 갖추지 못한 공간에는 여기저기 컴퓨터가 놓여 있고, 야근하는 사람들을 위한 매트리스가 놓여 있는 경우도 있다. 그러나 공간 차이에 상관없이 소규모 자본을 갖고 창업한 신생기업과 기존 IT 기업은 놀라운 에너지와 그들이 만든 제품을 전 세계에 팔겠다는 의지를 공유한다.

인도는 열악한 도로와 취약한 전력망 때문에 대형 제조업체들의 경영 활동이 어려워서 농업에서 IT 산업으로 곧장 도약한 것처럼 보인다. 대형 공장을 지어 비숙련 근로자들을 고용하는 사람이라면 누구나 인도의 강력한 노조[1]들과 싸워야 한다. IT 산업은 그러한 제약들의 구속을 덜 받는 편이다. IT 분야에는 노조가 거의 없고, 아이디어들은 대륙 횡단을 위한 도로를 필요로 하지 않으며, 성공한 인터넷 기업은 백업용 발전기를 구매할 능력이 있다.

오늘날 인도 시골 지역에서는 여전히 많은 사람들이 굶주리고 있는 가운데 한 소프트웨어 기업인은 굶주린 소작농과 인도의 전형적인 카스트 계급제도 중 최고 카스트인 브라만 사람들을 연결했다. 방갈로르의 인터넷 기업인 루반 푸칸이 그 주인공이다. 그가 걸어온 길은 방갈로르가 젊은 인재들을 어떻게 교육시키고 그들에게 어떻게 권한을 부여하는지를 잘 보여준다.

푸칸은 방갈로르에서 멀리 떨어진 인도 동쪽 구와하티에서 성장해서 카르나타카 지역공과대학에 입학했다. 2001년에 그는 야후! 방갈로르 법인에 15번째 직원으로 입사해서 라이벌 인터넷 검색엔진들을 연구했다. 야후!에서 그는 사업 파트너를 만났고, 야후!의 스톡옵션은 그가 기업가로 변신하는 데 충분한 자금줄이 되었다.

2005년에 그는 몬스터닷컴 같은 여러 사이트로부터 얻은 정보를 모

방갈로르의 시장은 깨끗하거나 우아하지는 않지만 인간의 에너지가 흥미롭게 폭발하는 곳이다. (저작권 : 루반 푸칸 제공)

은 인도의 일자리 검색엔진인 빅시닷컴(bixee.com, 발음이 영어의 'big sea'처럼 들린다)을 설립했다. 푸칸은 파트너들과 함께 저예산으로 개발한 소프트웨어를 방갈로르 기준에서 거액을 받고 MIH 홀딩스에 매각했다.[2] 한 인터넷 순위 제공 대행사는 2010년에 빅시에 매일 10만 명 이상이 방문한다고 추정했다.[3]

MIH에서 푸칸은 보통사람들이 자신의 재능을 펼쳐 보일 수 있고 발리우드(Bollywood: 인도 영화산업) 영화 제작자들이 직접 만든 영화를 선보일 수 있는 소셜 네트워킹 및 비디오 공유 사이트인 이비보닷컴(ibibo.com)을 개발하기 위해서 애썼다. 이후 그는 MIH를 떠나서 새로운 소셜 미디어 소프트웨어를 개발했다.[4]

19세기 부에노스아이레스와 시카고 같은 도시들은 대륙과 대륙 사이에 소고기와 곡물의 전달 통로 역할을 했다. 오늘날 방갈로르는 아이디어의 전달 통로 역할을 한다. 이곳은 민간기업들이 푸칸 같은 수천 명의 인도 젊은이들을 훈련시키는 도시 교육의 허브이다. 신기술의 출현으로 야후!의 실리콘밸리 본사와 방갈로르의 지사 사이의 연결은 쉬워졌지만 쉬워진 국제적 연결이 인도를 평준화한 것은 아니었다. 세계화는 방갈로르 같은 일부 도시들을 다른 도시들에 비해서 훨씬 더 중요하고 성공한 곳으로 만들었다. 푸칸이 구와하티에만 머물렀더라면 그는 소프트웨어 기업가가 되지 못했을 것이다.

지식의 진입 항구, 아테네

루반 푸칸이 방갈로르 야후!에서 일을 시작하기 2,500여 년 전에 도시는 문화들 사이에 놓인 관문이었다. 진주만의 항구들, 실크로드의 도시들, 그리고 다른 고대 제국주의 시대의 수출입항들은 모두 세계 여행객들이 만나서 아이디어를 교환할 수 있게 장려했다. 지식이 동에서 서로 다시 서에서 동으로 움직이면서 춤추는 듯 펼쳐진 위대한 문명의 공연은 주로 도시에서 펼쳐졌다. 방갈로르는 그저 그런 오래된 춤을 출 수 있는 최신의 장소이다.

기원전 6세기경에 아테네는 세계 지식의 중심지와는 거리가 멀었다. 가장 흥미로운 그리스의 사상가들은 소아시아의 그리스 집단 이주민 거주지 변방에서 살았다.[5] 거기서 그들은 근동의 예전 문명으로부터 배웠다.[6] 터키 서쪽의 목화 제조 항구인 밀레토스는 최초의 철학자인 탈레스와 유럽 도시계획의 아버지인 히포다무스를 배출했다.[7] 히포다무스가 창안한 격자형 도로 패턴은 로마를 비롯해서 이후의 무수한 도시들의 모델이 되었다.[8]

아테네는 와인, 올리브유, 향신료, 파피루스 종이를 거래하면서 성장했다.[9] 아테네는 이미 밀레토스 같은 지역들을 약탈했던 페르시아군의 침공에 대항해 그리스의 저항을 이끌면서 세력을 공고히 다졌다.[10] 부유하고 풍족하고 사기 충전한 제2차 세계대전 이후의 뉴욕이 전쟁으로 상처 받은 유럽의 작가들과 화가들을 불러 모은 것처럼 기원전 5세기 아테네로도 전쟁으로 상처를 입은 소아시아 국가의 최고 지성들이 몰려들었다.[11]

히포다무스는 아테네 항구 설계를 위해서 밀레토스로부터 왔다. 다른 사람들은 부유한 아테네인들을 가르치기 위해서 왔다.[12] 아테네의 1세대 학자들은 아테네의 장군이자 정치가인 페리클레스와 소크라테스 등 그들의 친구이자 학생들에게 영향을 주었다. 소크라테스는 혁신적인 교육법을 직접 개발한 후 플라톤을 가르쳤고, 플라톤은 아리스토텔

레스를 가르쳤다.

이런 놀라운 시기에 지중해 전역으로부터 예술가와 학자들이 자유롭게 자신들의 생각을 공유할 수 있는 유일한 장소인 아테네로 몰려들면서 서양 철학과 함께 드라마와 역사가 탄생했다.[13] 아테네는 작은 사건들이 도시 내에서 상호작용을 통해서 증폭되면서 번영을 누렸다. 이를 테면 한 똑똑한 사람이 다른 똑똑한 사람을 만나서 새로운 아이디어를 떠올렸다. 이 아이디어는 또다른 사람에게 영감을 주었고, 갑자기 정말로 중요한 일이 벌어졌다.

아테네가 성공하게 된 궁극적인 이유는 베일에 가려져 있는 것처럼 보일지 몰라도 그런 성공의 과정은 분명하다. 아이디어들은 혼잡한 도시 공간 속에서 사람과 사람 사이로 전파되며, 이런 교환은 이따금 인간의 창조성에 힘입은 기적들을 창조한다.

그리스의 지식은 알렉산드리아, 로마, 밀라노뿐만 아니라 알렉산더 대왕의 후계자들이 헬레니즘 국가들을 세웠던 페르시아와 인도 북부 도시들처럼 고전적인 세계의 허브에서 1,000년 가까이 보존되고 확대됐다. 런던, 마르세유, 트리어, 타라고나 같은 서유럽의 로마 도시들은 과거 야만적 장소들에 문명을 선보인 시대가 낳은 경이로운 결과물들이었다. 로마의 공학 기술은 도시의 위대한 필수품인 깨끗한 물을 제공함으로써 여러 도시의 탄생을 가능하게 해주었다.

그러나 로마제국은 오랫동안(대영제국이나 미국 공화국보다 훨씬 더 오랫동안) 유지되다가 쇠퇴했고, 결국은 일련의 외부 침략 앞에 무릎을 꿇고 말았다. 5세기까지만 해도 로마를 정복한 야만인들은 로마의 도시 지역들을 그대로 내버려둘 것 같았다. 동고트족의 테오도리크 왕처럼 정복자들 중 다수는 이탈리아 동북부에 있는 라벤나 같은 도시들이 가진 이점을 간파했다.[14] 그러나 고트족과 훈족, 반달족, 부르군트족들은 로마제국을 무너뜨릴 정도로 강했지만, 로마제국의 도로와 인프라를 유지·보존할 정도로 충분히 강하지는 못했다.[15] 그리고 도시는 음식과 물을 공급하는 운송 네트워크 없이는 굶주릴 수밖에 없다.

그토록 많은 문화와 기술을 생산했던 로마제국의 도시 세계는 침체된 시골처럼 바뀌었다. 도시들이 사라지자 지식 자체도 후퇴했다. 로마 시민들은 기술을 귀하게 여겼지만, 시골 전사들과 농부들로 이루어진 세계는 훈련 받은 머리보다는 강력한 팔을 더 귀하게 여겼다. 로마의 권력이 정점에 이르렀던 시기에 유럽은 세계 기술의 선구자였으며, 중국과 인도의 선진화된 사회와 경쟁할 정도로 충분한 역량을 갖추고 있었다. 그러나 로마가 무너진 후 몇 세기 동안 유럽은 더 이상 과거의 명성을 내세울 수 없었다.

8세기에 유럽의 정복자 샤를마뉴(Charlemagne)* 왕은 페르시아 압바스 왕조(750~1258)의 5대 왕인 하룬 알 라시드 왕과 교류했다.[16] 샤를마뉴는 반(半)문맹의 군주였지만, 라시드 왕은 정교한 문명을 다스리던 세련된 지도자였다. 아시아의 위대한 메트로폴리스에서 도시의 인접성은 인류의 발전을 도모한 반면, 시골 같은 유럽은 정체 상태에 머물렀다.

지금으로부터 1,000년 전 유럽에는 불과 4개 도시에 5만 명 남짓한 사람들이 살았을 뿐이고, 그 도시 중 한 곳이 바로 로마 권력의 마지막 흔적이 남아 있던 콘스탄티노플이다.[17] 나머지 세 도시(세비아, 팔레르모, 코르도바)는 모두 이슬람 도시였다.[18] 이슬람의 칼리프(이슬람 제국의 주권자)들은 페르시아로부터 포르투갈에 이르는 광범위한 지역을 가로질러 상품과 아이디어를 교환하는 새로운 무역 네트워크를 창조했

---

* 재위 742~814. 카롤링거 왕조의 제2대 프랑크 국왕.

주로 유럽의 시골 암흑 시대와 이슬람의 도시 전성기 때 동(東)과 서(西)가 만난다. 이 그림에서 아랍 세계의 지도자인 하룬 알 라시드(압바스 왕조의 제5대 칼리프)가 보낸 특사들이 물시계 제작 기술을 갖고 있지 못했던 샤를마뉴 왕에게 세련된 물시계를 진상하고 있다.

(〈칼리프 하룬 알 라시드가 샤를마뉴에게 보내는 경의〉, J. 요르단스(1593~1678)와 A. 위트레흐트(1599~1652) / 브리지먼 예술 도서관 제공)

고, 강력한 왕들과 칼리프들의 보호 하에 위대한 도시들이 등장했다.[19]

그들의 보호 속에 이탈리아가 아닌 아랍 도시들에서 1,200년 전 르네상스가 시작됐다. 그리스와 인도, 중국의 지식까지도 이슬람 학자들에게 전파됐다. 후에 이러한 장소들은 그들이 가진 지식을 다시 서양에 전해주었다.

바그다드 '지혜의 집'

기원전 5세기 아테네와 21세기 뉴욕에서는 독립적 사상가들이 자유로운 아이디어 교환 시장에서 경쟁하고 협력하면서 혁신들을 창조했다. 그러나 이슬람 세계에서는 통치자들이 황제의 지시에 의해 지적 유대감을 만들었다. 압바스 왕조의 칼리프들은 고대 바빌론 북쪽 약 80킬로미터 떨어진 바그다드에 수도를 세웠다.[20] 그들은 물리적으로나 인적으로나 경이로운 것들로 새 도시를 치장하기를 원했다. 그들은 마치 소중한 보석을 수집하듯이 학자들을 수집했고, 결국 '지혜의 집'에 그러한 학자들을 결집시켰다.[21]

'지혜의 집'은 일종의 연구 기관으로, 이곳의 첫 번째 임무는 세계의 지식을 수입한 후 그것을 아랍어로 번역하는 것이었다.[22] 그곳에 모인 학자들은 수많은 작품들 중에서 히포크라테스의 『아포리즘』, 플라톤의 『공화국』, 아리스토텔레스의 『물리학』, 『구약성경』, 그리고 인도의 수학 지식 개요서인 『신드힌드』 등을 번역했다.

19세기 초, 이슬람의 수학자인 무하마드 알 콰리즈미는 『신드힌드』를 기초로 해서 대수학(algebra)을 개발했다.[23] '대수학'은 그가 직접 지은 이름이다. 알 콰리즈미는 또한 아랍 세계에 인도 숫자를 수입했다.[24] 철학자 야쿱 알 킨디는 환경보호 운동을 주제로 한 최초의 논문 중 한 편을 썼으며, 그리스 철학과 이슬람 신학의 융합을 도모했다. 의학 지식은 페르시아로부터 바그다드로 전해졌고,[25] 제지 기술은 중국의 전쟁 포로들에 의해서 바그다드로 전해졌다.[26] 이 60여 년의 황금 같은 기간에 달성된 빛나는 성취들은 바그다드를 중동과 어쩌면 세계의 지성의 중심으로 만들었다.

중세시대에 동양의 지식은 유럽 도시들을 통해서 서양으로 흘러들어왔다. 이탈리아의 가장 큰 동쪽 항구인 베네치아는 중세시대 내내 향료와 아이디어가 지나가는 관문 역할을 했다.[27] 1085년에 스페인이 톨레도(스페인 수도 마드리드 남서쪽 70킬로미터 지점에 위치한 관광 도시)를 다시 차지했을 때 그곳의 도서관을 이용할 수 있었던 기독교 학자들은 도서관에 소장되어 있던 고전들을 라틴어로 번역했다.[28] 그로부터 13년 뒤에 십자군이 고대 시리아의 수도인 안티오크를 점령한 후 유럽 번역가들에게 그곳에 있던 아랍의 의학과 과학 서적들을 번역할 수 있는 기회가 주어졌다.[29]

서유럽에서 가장 큰 도시 지역에 해당하던 스페인의 이슬람 도시들에서 고전 서적들이 재발견되고 재번역되어 전 세계 기독교 국가들로 전달됐다.[30] 그러한 서적들은 이탈리아 동북부 도시 파도바와 파리에 새로 개교한 대학들로도 보내졌고, 그곳에선 독일의 스콜라 철학자인 알베르투스 마그누스와 그의 제자 토마스 아퀴나스 등 점점 더 많은 유럽 학자들이 그리스와 이슬람 철학을 연구했다.[31]

유럽은 더디게나마 더 안전해지고 더 많은 번영을 누렸으며, 유럽의 도시들은 다시 한 번 꾸준히 성장하기 시작했다. 유럽이 새롭게 도시화되면서 중세시대의 지성들은 서로 연결되었고, 유럽의 혁신 속도는 빨라졌다. 수도원에서 베네딕토 수도회의 수도사들은 지적 접근성이 주는 이점들을 재발견했다.[32] 그들은 고전 서적들을 재발굴하고, 수차(水車) 같은 농업 분야의 혁신들을 실험했다. 상인들은 무역박람회에 모였고, 그곳에선 고정적이고 취약한 인프라 없이도 도시의 인접성이 주는 몇 가지 이점들을 누릴 수 있었다.[33] 결과적으로 벨기에 서북부 도시 브뤼헤와 이탈리아 피렌체처럼 에너지가 넘치는 도시들이 생겨났고,[34] 무장한 수공업자나 상인들의 보호를 받으면서 기술과 상거래의 중심지로서 성장했다.[35]

지속적인 전쟁을 통한 무용(武勇)과 기술의 발달, 수십 년 동안 피해를 겪으면서 고통스럽게 얻은 전염성 질병에 대한 면역력, 강력한 민족국가들의 통합 등 많은 요인들이 서양의 부흥을 설명하는 데 도움이 되지만 그보다는 이탈리아, 잉글랜드, 저지대 국가들(Low Countries : 유럽 북해 연안의 벨기에, 네덜란드, 룩셈부르크를 아우르는 지역)의 상업 도시들의 성장이 미친 영향이 더 컸다. 상인들이 통치하는 도시의 성장세가 왕과 귀족들이 이끄는 도시의 성장세보다 훨씬 더 강력했다.

이처럼 사람들이 밀집된 장소들은 혁신의 안식처였으며, 동양의 지식을 수입하는 전 세계 무역 네트워크들이 만나는 교점(交點)이었다.[36] 이런 상업 도시들은 오늘날까지 우리의 지침 역할을 하는 개인 부동산과 상거래 관련 법규를 개발했다.[37] 저지대 국가들의 무역과 모직 제조 전문 도시들로부터 시작된 '대반란(Great Revolt)'은 네덜란드에 최초의 근대 공화국을 탄생시켰다.[38]

상업 도시와 무역회사들은 1204년 콘스탄티노플 몰락으로부터 553년 뒤에 일어난 플라시 전투(Battle of Plassey : 1757년 인도에서 영국의 동인도회사 군대와 벵골의 태수인 시라지 웃다울라 군대가 벌인 싸움)에 이르기까지 많은 군사적 승리를 거두는 데 직접적인 영향을 미쳤다. 이런 승리들은 서유럽이 나머지 세계에 대한 헤게모니를 거머쥘 수 있게 만들어주었다.

인쇄와 화약처럼 중국에서 최초로 개발된 아이디어들을 더욱 발전시키는 능력에 있어서는 궁극적으로 서양인들이 동양인들보다 앞섰다. 18세기 무렵 서양의 기술과 사상이 세계를 지배하기에 이르렀다. 이제 다시 유럽의 지식이 점차 동양으로 이동하기 시작했고, 도시는 또다시 지식이 통과하는 지점이 되었다.

상품과 지식의 출입 항구
나가사키의 교훈

19세기 중반까지는 유럽의 군대가 대부분의 아시아 국가의 군대들보다 기술적으로 우위에 있었다는 것을 증명해 보일 수 있었을지 모르지만, 한 나라, 바로 일본은 유럽의 지배로부터 거의 전적으로 독립적인 상태를 유지했다. 1853년에 미국의 배들이 출현한 후 일본은 시장 개방에 합의했지만 그럼에도 불구하고 손해를 본 것은 아니었고,[39] 그로부터 40년 내에 일본은 서양 방식을 철저히 섭렵한 후 세계 무대에서 가공할 만한 힘을 갖게 됐다.

1894~1910년에 일본은 유럽의 식민 강대국처럼 중국을 침공했고, 러시아를 무찔렀으며, 한국을 지배했다.[40] 20세기 중반이 되자 일본 기업들은 미국 기업들만큼, 그리고 때로는 미국 기업들보다 더 능숙하게 배와 비행기를 만들었다.[41] 어떻게 일본이 서양 국가들을 그토록 빨리 따라잡을 수 있었던 것일까?

이 질문에 대한 한 가지 대답은 나가사키란 도시에서 찾을 수 있다.

나가사키를 통해 네덜란드인들과 접촉하면서 일본은 아시아 이웃 국가들에 비해서 상당한 우위를 얻게 되었다. 일본군은 19세기 네덜란드인들이 준 이 배를 사용해서 유럽의 해군력에 맞설 수 있는 기술을 개발했다. (로테르담 해양박물관 제공)

일본과 서양의 접촉은 1543년에 포르투갈 배들이 나가사키 인근 '다네가시마'라는 섬에 도착하면서 시작됐다.[42] 그로부터 300년 동안 나가사키는 일본으로 들어오는 모든 서양 기술의 통로가 되었다.[43] 외국인 혐오증이 있던 일본인들은 외국인들을 한 장소에 몰아넣는 정책을 실시했는데, 그후로 서양의 지식을 배우기가 더욱 쉬워졌다.

1590년 포르투갈 예수회 사람들이 나가사키에 동아시아 최초의 금속 인쇄소를 차렸다.[44] 그로부터 46년 후에 그들은 정치 개입과 개종 문제로 일본에서 퇴출당했고, 네덜란드 동인도회사가 그 자리를 대신했다. 이 회사는 수익을 낼 수 있는 무역 기회를 놓치지 않으려고 그런 문제들이 개입하지 않게 했다.

그러나 네덜란드인들은 얼마 후 일본인들에게 단순히 상거래 이상의 혜택을 주기 시작했다.[45] 에도 막부의 고위 관리들뿐만 아니라 심지어 쇼군(과거 막부 정권의 최고 통치자)까지도 동인도회사 소속 의사의 치료를 받으려고 하면서 1640년대에 서양 의약품이 일본으로 들어왔다.[46] 곧바로 일본 학생들은 나가사키에서 유럽 의학 기술을 도입하는 훈련과 인증을 받았다.[47]

19세기가 시작될 무렵에 한 일본 의사는 전신마취 하에서 세계 최초로 유방절제술을 시도해서 성공했다. 유럽 의사들은 이 일본 의사가 환자의 마취를 위해서 동양의 허브들을 섞어서 사용했다는 것만 빼고 그의 수술법을 따라했다.[48] 동서양의 지식을 접목시킴으로써 일본인들은 의학 분야에서 앞서 나갔다. 유럽인들이 그들을 따라잡기까지 40년의 시간이 필요할 것이다.

서양 의약품 말고도 네덜란드인들은 망원경, 기압계, 암상자(초창기 카메라), 환등기 그리고 심지어 선글라스까지 나가사키를 통해서 일본에 들여왔다.[49] 1720년이 되자 호기심 많은 쇼군 한 사람이 일본에 서양 도서의 수입을 허용했다.[50] 서양에 대한 그의 관심은 또한 "에도(현재의 도쿄)가 네덜란드 연구의 새로운 본거지로 점차 부상하게" 만들었다. 1853년에 미국의 군함들이 들이닥쳤을 때 일본에는 '네덜란드 연구'를 하면서 훈련된 많은 엔지니어들이 있었기 때문에 일본인들은 재빨리 자신들이 처한 새로운 역경을 극복할 수 있었다.[51]

1855년에 네덜란드인들은 일본인들에게 최초의 증기선을 주었는데, 이 배는 현재 새로 지은 나가사키 해군훈련소에 전시되어 있다.[52] 일본인들이 유럽의 군사 기술들을 공격적으로 모방하기 시작한 가운데 나가사키는 상품과 지식이 출입하는 항구 역할을 계속했다. 그러한 군사적·기술적 노하우는 100년 만에 일본이 아시아의 많은 지역을 점령하고 진주만에서 미해군을 놀라게 만드는 힘을 갖게 해주었다.

인도의 방갈로르는 어떻게 신흥도시가 될 수 있었나

고대 아테네에서 18세기 바그다드와 나가사키에 이르기까지 도시들은 항상 문명들 사이에 지식을 전달하는 가장 효과적인 통로였다. 이런 일이 그냥 우연히 일어나지는 않는다. 도시의 인접성은 전달되는 정보의 양이 늘어날수록 이해하기 힘든 메시지가 늘어날 가능성이 커지면서 생기는 커뮤니케이션의 복잡성을 해소한다. 이를 통해 여러 문화 간의 연결을 가능하게 해준다. 누군가에게 간단한 긍정이나 부정을 이해시키기는 쉽지만, 천체물리학이나 그와 관련된 경제 이론을 가르치기는 이보다 훨씬 더 어려운 법이다.

다문화 사이의 커뮤니케이션은 항상 복잡한 성격을 띤다. 그렇다 보니 번역 도중에 늘 뭔가가 빠진다. 여러 다른 대륙들로부터 온 새로운 아이디어들이 현재 우리가 갖고 있는 지식과 너무 달라서 엄청난 지적 도약이 요구되는데, 그럴 경우 우리는 반드시 많은 지도를 받아야 한다. 우리가 사는 사회에서 나온 생각은 그 맥락을 이해할 수 있어도 유클리드 기하학을 이해하지 못한 『신드힌드』 번역자들처럼 완전히 다른 사회로부터 나온 생각들을 접했을 때 우리는 종종 헤맨다.

도시와 그곳에서 이루어지는 대면접촉은 복잡한 커뮤니케이션이 씌워놓은 저주를 푸는 데 필요한 도구이다. 사람들은 대화 상대방과 장시간을 함께 보내면 올바로 커뮤니케이션을 했다는 확신을 가질 수 있다. 잘못해서 다른 문화 출신의 사람들에게 불쾌감을 주기는 쉽지만 분노의 이메일 교환으로 이어질 수 있는 갈등을 따뜻한 미소를 보내며 사전에 무마시킬 수도 있다.

나가사키나 바그다드, 방갈로르처럼 국제적 교류를 전문으로 하는 도시들은 정보 수입에 능숙한 커뮤니케이션 전문가들을 육성한다. 그런 도시에선 외국인들이 그곳 사회의 과학, 예술, 상거래의 샘플을 얻기에 편리하며 그 반대도 역시 성립한다.

방갈로르 같은 곳들이 이룬 성공이 국제적인 지적 교류의 결과로만 가능했던 것은 아니다. 이런 도시에서는, 고용주들은 잠재 근로자들로 이루어진 대규모 풀(pool)에 매력을 느끼고, 근로자들은 풍부한 잠재 고용주들에 의해서 일자리를 얻는 선순환이 이루어진다. 따라서 기업들은 엔지니어들을 찾으려고 방갈로르에 오고, 엔지니어들은 회사들을 찾아 나선다. 도시 규모 역시 근로자들의 이직을 훨씬 더 쉽게 만든다.

고도의 기업가적 산업에서는 근로자들이 이리저리 회사를 옮겨 다니면서 발전한다. 젊은이들은 고용주들을 바꾸고 새로운 기술을 익히면서 생산을 높여 더 좋은 임금을 받게 된다. 함께 일하는 직원 수가 많으면 특정 신생 기업의 파산에 대비한 암묵적 보험을 드는 것과 같은 효과를 얻는다. 방갈로르에는 항상 또다른 소프트웨어 회사가 생길 것이다. 아울러 기업가로서 재능을 가진 사람들이 몰리면서 실리콘밸리 인근에서 일하는 벤처 자본회사들처럼 관련 업계의 성장도 장려할 것이다.

사람들을 한 도시에 집중적으로 몰리게 만드는 힘은 분명 있지만, 그것이 어떤 특정 도시가 정보 전달의 허브로 부상해야 하는 이유는 아니다. 그 많은 인도 도시들 중에서 왜 하필 방갈로르가 지금과 같은 상태가 된 것일까? 방갈로르의 기후는 비교적 온난하며, 뭄바이보다 더 건조하고 델리보다 덜 후텁지근하다.[53] 그러나 지리가 아닌 기술이 방갈로르가 가진 힘의 원천이다. 처음 이곳에 엔지니어링 분야 전문 지식을 가진 사람들이 모이자 인포시스 같은 기업들이 진출하면서 선순환 고리가 생겨났고, 이제는 똑똑한 기업들과 똑똑한 근로자들은 가까이 모여 있기 위해서 방갈로르로 몰려들고 있다.[54]

인포시스의 세 억만장자만큼 방갈로르의 인접성 때문에 혜택을 본 사람도 드물다. 인포시스는 1981년에 설립됐고, 1983년에 방갈로르로 이전했다. 2008년 여름 현재 이 회사에는 약 10만 명의 직원이 일하고 있으며, 회사의 시가 총액은 300억 달러가 넘는다. 오늘날 인포시스는 소프트웨어, 은행 서비스, 컨설팅 등 다양한 분야에서 활동하고 있는 '평평한 세계(연결되고 수평적인 세계)' 현상을 보여주는 전형이다.

인포시스는 인간이나 기계가 제공하는 어떤 지식이라도 상관없이 번개 같은 속도로 전 세계에서 얻은 지식을 팔며, 직원들의 기술이 중요하다고 판단하고 매년 수천 명의 직원들을 마이소르에 있는 훈련 센터에서 교육시킨다. 인포시스의 입사 지원자들 중에서 불과 2퍼센트 미만이 그 훈련 센터에서 교육 받을 수 있기 때문에 이곳에 들어가려면

아이비리그 대학에 들어갈 때보다 더 치열한 경쟁을 뚫어야 한다.[55]

인포시스 창립자 중 한 사람인 나라야나 무르티는 마이소르 대학과 인도 동북부 칸푸르에 있는 인도 공과대학에서 엔지니어링을 전공해서 학위를 받았다. 그러나 그는 1970년대에 패트니 컴퓨터스에서 일하면서 가장 중요한 기술들을 배웠을지 모른다. 패트니는 초창기 미국과 인도를 연결하던 일종의 다리 회사로서, 이 회사의 인도 창립자들은 앞서 미국에 살았던 경험이 있었다. 그들은 인도 소프트웨어 시장에서 기회를 보았고, 푸네에 사무실을 차렸다. 무르티는 그곳에서 인포시스의 다른 6명의 창업자들과 함께 일하면서 인도의 인재들과 미국 시장을 연결하는 방법을 배웠다.

1981년에 그들은 패트니를 떠나서 외국 고객들에게 소프트웨어를 파는 회사를 직접 세웠다. 무르티는 비용을 충당하기 위해서 아내로부터 250달러를 빌렸다. 1982년에 그들은 첫 번째 미국 고객을 확보했는데, 그곳은 소프트웨어 회사였다. 1983년에 그들은 독일 점화 플러그 제조업체에게 소프트웨어를 제공하기 위해서 방갈로르로 이전했다. 이 독일 업체는 1954년부터 방갈로르에서 사업을 하고 있었는데, 원활한 정보 교류를 위해서 인포시스가 가까이 와서 일해주기를 바랐다. 인포시스 쪽에서도 근처에 일류 엔지니어링 학교들이 있는 방갈로르가 마음에 들었다.

지난 25년 동안 인포시스는 미국, 캐나다, 남미, 유럽 등지에 사무실을 열었지만, 여전히 방갈로르에 본사를 두고 있다. 인포시스의 성장은 거리(距離)의 의미가 없어졌다는 것을 암시하는 것일지도 모르지만, 반면에 인접성이 과거 어느 때보다 더 중요해졌다는 것을 보여주는 증거로도 아주 간단히 해석할 수 있다.

한 장소에서 그토록 많은 인재들을 집중함으로써 방갈로르는 세인트

루이스든 상하이든 출신 지역을 불문하고 외부인들이 인도 기업인들과 더 쉽게 사업할 수 있도록 만들어주고 있다. 방갈로르는 다른 인도 도시들보다 운이 더 좋았을지도 모르지만 스스로 운을 만들었기 때문에 가능했다. 현재 많은 엔지니어들이 방갈로르에서 활동한다는 사실은 오래 전 그곳의 지도자들과 마이소르의 마하라자(군주)들 및 장관들이 내린 결정의 영향이 크다.

마이소르는 오래 전부터 신기술을 포용하는 전통을 갖고 있었다. 18세기에 마이소르의 술탄(왕)은 수입 선원들이 조종하는 수입 대포들을 이용해 영국에게 무시무시한 패배를 안겨준 적이 있다. 영국의 인도 통치 기간 내내 마이소르는 내재적 역량을 통해서 웅장한 주들 중에서 두각을 나타냈다. 특히 그곳의 지도자들 중에서도 가장 똑똑했던 사람은 20세기 초에 마이소르의 총리를 지냈으며 'MV 경'이라는 약칭으로 불리기도 했던 모크샤군담 비스베스바라야 경이었다.

MV 경은 방갈로르에서 약 56킬로미터 떨어진 곳에서 태어나서 고등학교에 입학하기 위해 방갈로르로 왔다. 이후 다른 곳에서 민간 엔지니어로서 활동하며 두각을 나타내다가 다시 방갈로르로 돌아왔고, 1908년에는 마이소르의 총리 자리에 올랐다.

엄청나게 부유하고 놀라울 정도로 진보적인 마하라자와 함께 MV 경은 댐, 수력 전기, 제강 공장, 그리고 무엇보다도 학교를 포함한 전반적인 근대화 프로그램을 추진했다. MV 경이 내세운 모토는 "산업화에 실패하면 소멸한다"였지만, 그는 단순히 대형 건설 프로젝트들만을 추진하기보다 효율적으로 프로젝트를 구축하는 데 필요한 교육을 강조했다. 인프라는 종국에는 쓸모없게 되지만 교육은 한 똑똑한 세대가 다음 똑똑한 세대를 가르치면서 영속성을 갖는다는 것이 그의 논리였다.

미국과 유럽에서 산업화가 교육을 장려한 사례는 드물다. 소유자와 근로자 모두에게 공장이 주는 매력은 그것이 숙련된 장인이 아닌 비숙련 노동자에게 일자리를 제공한다는 점이었다. 그러나 MV 경에게 산업화란 자신이 과거 그랬던 것처럼 서양으로부터 기술을 수입할 수 있는 엔지니어들을 훈련시키는 것을 의미했다. 그는 마이소르 대학과 방갈로르 공과대학을 세웠는데, 현재 후자에는 그의 이름이 달려 있다. 이 두 대학은 오늘날까지 명맥을 유지하고 있는 엔지니어 집합소를 최초로 만들었다.

20세기 중엽이 되자 마이소르는 완전히 산업화되었다. 그곳의 친기업 성향 정부는 방갈로르에 힌두스탄 항공우주사, 힌두스탄 머신 툴스(기계장비 제조회사), 바랏 헤비 일렉트리컬스(전기 회사), 인디언 텔레폰 인더스트리즈 등을 끌고 왔다. 정부는 또한 나중에 인포시스를 데리고 오게 되는 독일 점화 플러그 제조업체를 끌고 왔다. 방갈로르의 미래가 중공업에 달려 있었고(예전에는 그렇지 않았다), 방갈로르가 많은 엔지니어들을 육성했기 때문에 이들 초창기 기업들은 중요했다. 나아가 1976년부터 방갈로르는 도로, 전기와 함께 세계적 IT 기업들을 유치하기 위한 공공시설 개선을 목표로 광범위한 프로그램을 출범하면서 IT 분야의 우위를 점하기 위한 토대를 닦았다.

인적 자본은
성공하는 도시의 핵심이다

물리적 인프라보다 인적 자본이 어떤 도시들이 성공하는지를 훨씬 더 잘 설명해 준다. 일반적으로 미국에서는 특정 장소의 기술 수준을 평가할 때 대졸 이상의 학력을 가진 인구 비율을 기준 자료로 사용한다. 인정하건대 이것은 개인 차원에서 따져보면 불완전한 기준이다. 대졸 학위를 측정 기준으로 삼는다면 세계적으로 매우 숙련된 사람 중 한 명임이 분명한 빌 게이츠는 '비숙련자'로 분류된다.

그러나 이런 부정확성에도 불구하고 최근 도시의 번영을 설명하는 데 이보다 나은 방법은 없다. 1980년에는 특정 지역에서 대졸 이상 학력을 가진 성인 인구가 10퍼센트 늘어나면 1980년과 2000년 사이에 소득이 6퍼센트 이상 늘어날 것으로 예상했다.[56] 대졸 이상 학력을 가진 인구 비중이 10퍼센트 늘어날 때마다 메트로폴리탄 1인당 총생산은 22퍼센트 증가한다.[57]

사람들은 더 높은 소득을 노리고 숙련된 지역으로 몰려왔고, 1970년도에 교육은 더 오래되고 추운 미국 도시들 중에서 어떤 도시들이 성공적인 변신이 가능했는지를 인상적으로 설명해 주고 있다. 1970~2000년에 성인 인구 중 학사 학위 소지자가 10퍼센트 이상인 카운티의 인구는 72퍼센트 늘어난 반면, 학사 학위 소지자의 비중이 5퍼센트도 채 안 되는 카운티의 인구는 37퍼센트 늘어나는 데 그쳤다.[58]

우리는 소득과 지식이 밀접하게 관련된 전문 지식의 시대에 살고 있다. 개별 근로자가 학교를 1년 더 다닐 때마다 일반적으로 소득은 8퍼센트 더 높아진다.[59] 평균적으로 봤을 때 어떤 국가의 전체 인구의 교육 기간이 1년이 더 늘어나면 1인당 국내총생산(GDP)은 30퍼센트 이상 늘어난다.[60]

교육과 국가 GDP 사이의 이런 놀라운 상관관계를 경제학자들은 이른바 '인적 자본의 외부효과(human capital externalities)'라고 부른다. 이것은 사람들이 다른 숙련된 사람들과 같이 일할 때 훨씬 더 생산적으로 변한다는 것을 설명하는 용어이다. 교육 수준이 높아질수록 사람들은 그들 자신이 추가로 배운 교육에서 얻는 직접적 혜택에 더해 주위의 더 숙련된 사람들로부터 얻는 혜택들을 경험한다.

도시의 기술과 생산성 사이의 연관성은 1970년대 이후 선진국 전반에 걸쳐서 점점 더 강해졌다.[61] 그 당시 아주 높은 임금을 받고 노조에 속한 공장 근로자들로 가득 찬 비숙련 지역들은 보다 숙련된 지역들에 비해서 임금이 더 높을 때가 종종 있었다. 1970년에는 클리블랜드와 디트로이트 같은 산업 지역들의 1인당 소득이 보스턴과 미니애폴리스처럼 더 좋은 교육을 받은 메트로폴리탄 지역들의 그것에 비해서 높았다.

그러나 지난 30년 동안에 비숙련 제조 도시들은 쇠퇴한 반면, 더 숙련된 아이디어 생산 도시들은 번창했다. 1980년에 4년제 대학 교육을 받은 사람들은 고등학교만 졸업한 사람들에 비해서 약 33퍼센트 이상 소득이 더 높았지만, 1990년대 중반에는 이 두 집단의 소득 격차가 70퍼센트 가까운 수준으로 벌어졌다.[62] 지난 30년 동안 미국 사회는 더 불평등해졌는데, 그런 이유 중 일부는 시장이 더 숙련된 사람들에게 점점 더 많은 보상을 해주고 있기 때문이다.

기술의 가치가 크게 증가했다는 것을 트집 잡는 사람은 없지만 왜 기술이 더 가치 있게 됐는지 그 이유에 대해서는 여러 가지 경쟁적 이론이 존재한다. 한 학파는 기술 변화를 강조한다. 그들에 따르면 컴퓨터 같은 몇몇 신기술들은 더 나은 교육을 받는 데 따른 이익을 높여줬다. 자동차 공장의 로봇처럼 또다른 신기술들이 비숙련 노동의 필요성을 줄여놓았다.[63]

기술 그 자체뿐만 아니라 기술적 변화율 역시 숙련된 사람들이 있어야 더 높아진다. 숙련된 사람들이 유전자 변형 옥수수와 컴퓨터 도입 같은 새로운 환경에 더 잘 적응하고 있다.[64] 숙련된 사람들과 마찬가지로 숙련된 도시들 역시 변동성이 큰 시대에 변신 능력이 뛰어난 것 같다.

또다른 학파는 국제 무역과 세계화를 강조한다. 그들에 따르면 운송 비용의 하락으로 인해서 덜 숙련된 노동력이 담당하던 일을 외주로 돌리는 것이 가능해졌다.[65] 디트로이트의 자동차 제조업체들은 미국 자동차 구매 시장에서 사실상 독점적 지위를 유지해 왔지만 오늘날 그런 회사들은 한국, 유럽, 일본 자동차 회사들로부터 강력한 도전을 받고 있기 때문에 비숙련 근로자들에게 계속해서 높은 임금을 지불하기가 훨씬 더 어려워졌다.

물론 보다 숙련된 일자리들조차 아웃소싱되고 있다. 방갈로르가 성공한 이유 중 하나도 그것 때문이다. 그러나 지금까지는 적어도 숙련된 미국인들과 유럽인들은 다른 국가 사람들과 경쟁하면서 잃은 것보다 세계 시장에서 활동할 수 있는 능력으로부터 얻은 것이 더 많아 보인다. 부유한 국가들에서 가장 숙련된 사람들은 그들의 아이디어를 세상에 팔고 좀 더 저렴한 가격에 혁신적 제품을 생산할 수 있는 범세계적 차원의 노동력을 이용함으로써 번성해 왔다. 방갈로르에서 활동하는 소프트웨어 생산업체들은 실리콘밸리를 없애지는 못했다. 그보다 그들은 실리콘밸리 회사들이 더 적은 비용으로 더 쉽게 소프트웨어를 개발할 수 있게 해주었다.

기술과 아이디어 허브, 실리콘밸리의 부상

미국에서 가장 위대한 정보 기술 허브는 캘리포니아 주에 있는 많은 사람들이 '실리콘밸리'란 이름으로 더 잘 알고 있는 산타클라라 카운티이다. 방갈로르와 마찬가지로 실리콘밸리는 교육에 운명을 맡기면서 지금의 자리에 올랐다. 100년 전, 뉴욕과 나가사키의 예전 도시 시절에는 컴퓨터가 존재하지 않았고, 산타클라라 카운티는 과수원과 농장으로 뒤덮여 있었다.[66]

그런데 철도왕이자 미국 상원의원을 지낸 르랜드 스탠포드가 자신이 갖고 있던 324헥타르의 말 농장에 대학을 설립하기로 결정하자 이 농업 지역은 세계 최첨단 기술의 수도가 되었다.

대학 설립은 말 사육과 마찬가지로 19세기 백만장자들이 남은 돈을 쓰는 한 방법이었다. 내 모교인 시카고 대학 졸업장에는 적당한 색깔의 금빛 문자로 도금시대(Gilded Age: 남북전쟁 이후 미국)의 대학 창립자인 존 D. 록펠러의 이름이 적혀 있다.

그러나 록펠러가 침례교도 학교를 꿈꾸면서 고대 그리스·로마 연구자를 총장으로 임명했지만, 르랜드 스탠포드는 "인생은 결국 실용적이다. 여러분은 유용한 경력을 준비하기 위해 이곳에 입학했다"라고 선포하면서 스탠포드 대학을 개교했다.[67] 그는 실제 세상, 미국 서부 개발, 그리고 유용한 지식 전파에 관심이 있는 리더들을 원했다.

스탠포드 대학이 배출한 최초의 주요 최첨단 신생 기업은, 스탠포드 상원의원의 마부의 아들로서 정규 교육을 받지 않았던 프랜시스 매카티의 천재성에 그 기원을 두었다.[68] 매카티는 12세에 학교를 중퇴하고 견습 전기공으로 일했다. 1904년 16세의 나이로 그는 물 위에서 목소리를 약 11킬로미터 보낼 수 있는 일명 '스파크 전화기(spark telephone)'라는 것을 만들었다. 매카티가 최초로 무선 메시지를 전달한 것은 아니었지만, 그는 거의 최초에 가까웠고 뛰어난 머리를 이용해서 많은 돈을 벌었다. 그런데 1906년에 안타깝게도 매카티는 교통사고로 전신주에 머리를 박고 숨을 거두었다. 18세도 채 되지 않은 나이였다.

그러나 그의 후원자들은 무선 기술에 대한 관심을 버리지 않았고, 그들은 스탠포드 공과대학 교수에게 매카티를 대체할 수 있는 적당한 인물을 추천해 줄 것을 부탁했다.[69] 교수는 그들에게 전기 용광법에 대한 논문을 썼던 똑똑한 스탠포드 재학생 시릴 엘웰을 소개해 주었다. 엘웰은 그 선택이 탁월한 것이었음을 입증했다. 그는 매카티의 디자인을 기초로 1년 동안 연구한 끝에 그것이 신뢰할 만한 무선 서비스를 제공할 수 없다는 결론을 내렸다.

그러나 엘웰은 포기하지 않고 더 새로운 기술을 써보기로 결심했다. 그것은 덴마크의 전기공학자인 발데마르 포울센이 만든 아크(arc: 2개의 전극 간에 생기는 호 모양의 전광) 트랜스미터였다. 엘웰은 배를 타고 코펜하겐으로 가서 포울센이 개발한 트랜스미터를 들고 팔로알토로 돌아왔다. 스탠포드 총장의 재정적 지원을 등에 업고 엘웰은 포울센 무선 전신전화 회사를 차렸다. 이 회사는 이후 곧바로 연방전신사(FTC: Federal Telegraph Corporation)로 개명됐다.[70]

FTC는 실리콘밸리 무선 산업 분야의 선구적 기업으로서 인재를 모으고 지사들을 설립했다. 오디언(audion: 3극 진공관) 트랜스미터를 개발한 리 디포리스트도 1910년 경영하던 회사가 부도 나자 FTC에 합류했다.[71] 그곳에서 그는 1947년에 윌리엄 B. 쇼클리가 발명한 트랜지스터에 의해서 대체될 때까지 무선 기술에서 결정적인 역할을 했던 최초의 진공관을 개발했다.[72] 디포리스트가 떠난 후에도 FTC는 해군과의 계약과 스탠포드의 재능 있는 학생들의 도움을 받아서 번창했다.[73] 스탠포드 대학 최초의 전기공학 분야 박사 학위는 FTC에서 한 일을 근거로 수여되었다.[74]

나중에는 실리콘밸리 회사들처럼 FTC는 뛰어난 후진들을 배출했다. 포울센의 아크 트랜스미터 개발을 돕기 위해 팔로알토에 왔던 2명의 덴마크인은 FTC를 떠나 마그나복스라는 회사를 설립했다.[75] 그리고 또다른 FTC의 직원은 최초의 금속 감지기를 개발했고, 피셔 조사 연구 실험실을 열었다.[76] 제2차 세계대전 당시 군대에 납품할 진공관을 생산하면서 성장한 리턴 인더스트리스 역시 FTC가 배출한 또다른 기업이다.[77]

그러나 어린 시절부터 FTC와 인연을 맺었고, 대학 재학 중 여름방학을 이용해서 FTC에서 일한 적이 있던 프레데릭 터만만큼 지금의 실리콘밸리를 만드는 데 더 많은 기여를 한 사람은 없었다.[78] 터만의 아버지는 아들 터만 같은 영재 연구를 전문적으로 했던 스탠포드 대학 교수였다. 아버지 터만은 프랑스 심리학자인 알프레드 비네와 함께 스탠포드-비네 IQ 테스트를 개발해서 유명해졌다. 아들 터만은 팔로알토 고등학교와 스탠포드 대학을 나온 후 1924년에 MIT에서 전기공학 박사 학위를 받으려고 동부 지역으로 향했다. 그는 스탠포드에서 40년 동안 교수, 공과대학 학장, 교무처장 등을 지내면서 유명 인물이 되었지만, 그가 가진 최고의 재능은 팔로알토를 컴퓨터 산업의 중심으로 바꿔놓은 것이었다.

과수원들로 둘러싸인 대학이 누리는 한 가지 이점은 쓸 수 있는 토지가 풍부하다는 것이다. 터만은 스탠포드 바로 옆에 공업 단지를 조성하기로 마음먹었다. 방갈로르뿐 아니라 전 세계 기술 집약적인 클러스터들에게 영감을 주게 될 그의 비전은 기술 기업들이 밀집한 공간을 창조하자는 것이었다.

그의 제자들인 데이비드 팩커드와 윌리엄 휴렛은 터만이 만든 공업 단지의 초창기 임차인이었지만 그는 제자들에게 전적으로 의존하는 것만으로는 자신의 꿈을 이룰 수 없었다. 그래서 그는 록히드, 제너럴 일렉트릭, 웨스팅하우스(종합 전기기기 제조회사) 같은 회사들을 끌어들이기 위해서 노력했다. 무엇보다 중요한 사실은 신생 쇼클리 반도체 연구소가 실리콘밸리로 들어오도록 설득했다는 것이다.

윌리엄 쇼클리는 이미 1950년대 중반에 전설로 통했다. 터만과 마찬가지로 그의 아버지도 스탠포드 교수였다. 아들 쇼클리는 터만의 아버지가 개발한 IQ 테스트에서 낮은 점수를 받았다. IQ 테스트가 얼마나 오류가 많은지를 보여주는 사례였다.

쇼클리는 MIT에서 수학한 다음에 뉴저지 주에 있는 벨 연구소에서 근무했다. U보트(제1·2차 세계대전 당시 대서양과 태평양에서 활동한 독일의 잠수함)에 맞서 싸우기 위한 기술을 개발한 공로를 인정받아 메달을 받은 후 쇼클리는 벨 연구소의 새로운 고체물리학 연구소 소장을 맡게 됐다. 이 연구소 연구원들은 협심해서 트랜지스터를 개발했고, 1956년에 쇼클리와 연구원 2명은 노벨 물리학상을 공동 수상했다.[79]

이 무렵 쇼클리는 벨 연구소를 떠나서 캘리포니아로 향했다. 그곳에서 그가 가진 엄청난 능력과 치명적 결함이 모두 드러났고 동시에 그것들은 실리콘밸리의 성공에도 모두 기여했다. 고대 아테네의 정치가 페리클레스와 압바스 왕조의 칼리프와 마찬가지로 쇼클리도 천재들을 끌어들이는 희귀한 능력을 갖고 있었다. 실리콘밸리로 진출한 후 처음 몇 년 동안 그는 미국 대학 캠퍼스들을 돌아다니면서 실리콘밸리에서 노벨상 수상자와 일하고 싶어 안달이 난 뛰어난 젊은이들을 끌어오는 데 성공했다. 그러나 쇼클리는 자신이 데리고 온 인재들을 계속 데리고 있지 못하는 변덕스럽고도 독재적인 성격의 관리자였다.

한 악명 높은 사건을 예로 들어보면, 그의 비서가 핀에 손을 찔렸는데 사건의 원인이 누구에게 있는지 알아보기 위해서 직원들을 상대로 거짓말 탐지기 시험을 하기도 했다.[80] 쇼클리는 인재들을 실리콘밸리로 데려와서는 결국 내침으로써 그들로 하여금 참으면서 그와 같이 일하기보다는 개인 회사를 차리는 것이 낫다는 생각을 갖게 만들었다.

그가 데리고 있던 최고의 젊은 과학자들 중 8명이 동시에 연구소를 떠난 경우도 있었다. 카메라를 제작하던 셔먼 페어차일드라는 갑부가 그들을 재정적으로 후원했고, 그래서 탄생한 것이 바로 페어차일드 반도체였다. 이 회사는 실리콘밸리에 머물렀다. 왜 '8명의 변절자'는 터만이 훈련시킨 엔지니어들로 붐볐던 천국 같은 곳을 떠나고 싶어했을까?

1959년에 페어차일드 반도체는 최초의 집적회로 특허를 따내는 데 성공했다. 나중에 8명의 인재는 페어차일드의 경영진에게도 질리고 말았다.[81] 그래서 그들 중 2명은 1968년 페어차일드를 떠나서 인텔을 설립했다. 또 1명은 실리콘밸리의 차세대 혁신가들 중 다수를 재정적으로 지원한 대형 벤처캐피탈 클라이너 퍼킨스를 세우게 된다.[82]

페어차일드를 나온 8명은 실리콘밸리에서 새로운 회사를 차렸고, 그들 외에 다른 사람들도 다니던 기업에서 나와 회사를 차렸다. 스탠포드 인근에 세워진 인텔, 시스코, 선마이크로시스템스 등 다수의 회사들은 하드웨어에 집중했다. 실리콘밸리의 아마추어 컴퓨터 동호회인 홈브루 컴퓨터 클럽 회원이었던 두 전직 휴렛팩커드 직원은 애플 컴퓨터를 설립하면서 하드웨어와 소프트웨어 혁신을 결합했다.[83] 전 애플 직원은 실리콘밸리가 인터넷을 선도하는 장소가 되었던 1990년대에 이베이를 시작했다.[84] 야후!와 구글은 스탠포드 대학에서 멀지 않은 곳에 터를 잡았는데 설립자들은 그 대학 졸업생들이었다.[85]

어떤 면에서 실리콘밸리는 원활하게 기능하는 전통 도시와 같다. 이곳은 똑똑한 사람들을 유인한 다음에 그들을 연결시킨다. 월터스 웨건 힐이란 술집은 똑똑한 기업인들이 다양한 일상 업무의 제약에서 벗어나서 서로 아이디어를 공유할 수 있는 장소로서 전설적인 역할을 했다.

실리콘밸리의 집중화는 복잡한 메시지를 전달하면서 생길 수 있는 문제를 해결하기 위한 대응 방법이다. 그곳에서 나오는 모든 첨단 기술은 상당히 복잡할 수 있기 때문에, 지리적 인접성이 원활한 정보의 흐름을 도와준다. 오늘날에 성공한 모든 도시들이 그렇듯이 실리콘밸리의 강점은 스탠포드 대학에 의한 육성과 경제적 기회나 즐거운 연구 환경에 이끌려서 온 인적 자원에 있다.

그러나 어떤 면에서 실리콘밸리는 다른 예전 도시들과는 완전히 달라 보인다. 이곳은 거의 전적으로 자동차를 중심으로 세워졌다. 특히 팔로알토 시내처럼 쾌적한 몇 블록만 걸으면 아이스크림이나 책을 살 수 있는 지역도 몇 곳 있지만 실리콘밸리에서는 한 회사에서 다른 회사로 이동하는 데 보통 발이 필요 없다. 구글처럼 자체 셔틀버스를 운행하는 기업도 몇 곳 있지만, 대중교통이 제대로 갖춰지지 않았다.[86]

산타클라라 카운티에 살고 있는 사람들 중에 불과 3.7퍼센트만이 대중교통을 이용해서 출퇴근한다. 자동차 위주의 생활을 하므로 이곳의 인구밀도는 낮다. 산타클라라 카운티에는 4,046제곱미터당 2.14명 정도만이 살고 있다. 실리콘밸리에서는 많은 일들이 벌어지지만 그런 일들을 찾아보기 위해서는 자동차를 타고 다녀야 한다.

산타클라라 카운티의 경제에는 가난하면서도 숙련이 덜 된 사람들이 들어설 공간이 거의 없다. 부동산 거품이 꺼진 이후에도 새너제이 메트로폴리탄 지역의 평균 집값은 55만 달러를 넘었기 때문에, 성공한 컴퓨터 전문가가 아니라면 그곳에서 주택을 구입하기란 여간 힘든 일이 아니다.[87] 실리콘밸리에서 가장 매력적인 장소들 중 몇 곳은 집값이 터무니없이 비싸서 기술이 부족한 사람들과 그들을 고용한 회사들이 감당할 수 없는 수준이다. 만 25세 이상의 팔로알토 거주민들 중 불과 22.2퍼센트만이 고졸 이하 학력이다.[88]

실리콘밸리가 가진 또다른 중요한 단점은, 이곳이 단일 산업 도시라는 점이다.[89] 다시 말해서 산타클라라 카운티에서는 제조업, 정보, 그리고 심지어 도매업처럼 수출과 관련된 분야 임금의 절반 이상이 컴퓨터 관련 기업들로부터 나오는 듯하다.

전통적으로 봤을 때 디트로이트와 맨체스터처럼 단일 산업 도시들은 그들 산업의 단일 문화들이 새로운 아이디어와 기업들의 성장을 막는 다는 점에서 장기적으로 바람직하게 성장하지는 못했다.[90] 제인 제이콥 스는 "낡은 아이디어들과 결합했을 때 새로운 아이디어들이 생성된다" 고 지적하면서 이런 문제점을 지적했다.[91] IT 분야의 경우도 지난 30년 동안에 가장 성공한 기업인들 중 일부는 다양한 산업에서 얻은 아이디 어들을 통합한 이른바 '잡종' 기업인들이었다.

예를 들어 마이클 블룸버그는 월스트리트 중개인들이 알고 싶은 것 이 무엇이고 기술이 그들에게 어떤 도움을 줄 수 있는지를 정확히 알았 기 때문에 큰 성공을 거둔 IT 회사를 세울 수 있었다.[92] 페이스북은 대 학 캠퍼스에서 시작됐고, 그 창립자들은 대학생들이 어떤 종류의 정보 를 공유하고 싶어하는지를 알고 있었다.[93] 고객이나 관련 산업과의 인 접성은 혁신의 원천이 될 수 있는 소중한 정보를 제공해 준다.

고객 기반을 확충하고 싶었을 때 이베이는 프록터 앤 갬블(P&G), 스트라이드 라이트(아동화 브랜드), 월트 디즈니, 하스브로(완구업체) 에서 미국 소비자들을 상대로 물건을 팔아본 경험이 있던 맥 휘트먼을 찾기 위해서 실리콘밸리 밖으로 나가야 했다.[94]

실리콘밸리의 소프트웨어 전문가들이 이렇게 가끔씩 똑똑하고 노련 한 외부인들을 불러옴으로써 미국의 다른 산업들로부터의 고립 현상을 극복할 수 있을까? 실리콘밸리는 더욱더 빠른 반도체를 개발하기에는 위대한 장소지만, 기술과 다른 비즈니스들을 연결시키기에는 최적의 장소가 아닐지 모른다.

그러나 어쩌면 그러한 연결이 반드시 필요한 것은 아닐지 모른다. 인 터넷 혁명의 목적은 평범한 미국인들도 기술을 이용할 수 있도록 만들 자는 것이었다. 이제 그들은 구글을 통해서 인터넷 검색을 하거나, 이

메일을 사용하거나, 이베이에서 매매를 할 수 있다. 소프트웨어 엔지니어들도 사람이며, 그들은 보통사람들의 욕구와 바람을 이해하기 위해 페이스북 창립자들이 그랬던 것처럼 그들의 가족과 친구들로부터 도움을 구할 수 있다.

장기적으로 봤을 때 실리콘밸리는 단일 산업에 과도하게 집중하고 혁신가들에게 과도하게 많은 공간을 허용함으로써 상처를 받을 가능성이 있다. 그러나 디트로이트 같은 단일 산업 도시들이 과거에 좋지 못한 기록을 남겼음에도 불구하고 실리콘밸리의 미래에 대해서 낙관할 만한 충분한 이유들이 존재한다. 디트로이트와 달리 실리콘밸리는 몇몇 대형 회사들에 집중되어 있지 않은데, 그것이 실리콘밸리의 기업가 정신이 유지되는 기능을 한다.

실리콘밸리에는 뛰어난 교육기관들이 존재하며, 학교와 대학들에 계속해서 투자하고 있다. 논란이 있을 수 있겠지만 실리콘밸리는 미국에서 가장 좋은 기후를 자랑하며, 그런 요인들은 세계에서 가장 혁신적인 많은 기업들에 둘러싸인 환경에서 살기 위해서 미국 최고의 집값을 지불할 의사가 있는 부유하고 똑똑한 사람들을 실리콘밸리로 계속해서 끌어들일 것이다.

정보 기술 시대
도시는 무엇으로 움직이는가

실리콘밸리와 방갈로르는 우리에게 전화나 이메일 같은 전자적 교류가 얼굴을 맞대고 하는 직접적 접촉을 완전히 없애버리지 못한다는 사실을 상기시켜 준다. 다른 어떤 분야보다도 컴퓨터 산업은 원격 커뮤니케이션이 얼굴을 맞대고 하는 회의를 대체할 수 있을 것이라는 기대를 갖게 해주는 분야이다. 컴퓨터 회사들은 최고의 화상 회의 수단과 최고의 인터넷 애플리케이션과 멀리 떨어진 협력 업체들에 대한 최고의 연결 수단들을 갖고 있다.

그러나 이처럼 원거리 소통 능력을 갖고 있음에도 불구하고 컴퓨터 산업은 지리적 집중화가 주는 혜택이 무엇인지 보여주는 세상에서 가장 유명한 사례가 되었다. 전자적으로 쉽게 연결이 가능한 기술 혁신가들도 직접 사람을 만나서 얻는 혜택 때문에 미국에서 가장 비싼 부동산을 구입하는 데 돈을 쓴다.

수많은 조사 결과들이 직접적 접촉의 중요성을 확인시켜 준다. 미시건 대학 소속의 두 연구원은 학생들을 6명씩 짝지어 협력해서 돈을 버는 게임을 실험 삼아 해봤다.[95] 한 그룹의 학생들은 게임 전 직접 만나서 10분 동안 게임 전략을 논의했다. 또다른 그룹의 학생들은 30분 동안 전자적으로 서로 의견을 교환했다.

직접 만난 그룹 내 학생들은 잘 협력했고, 더 많은 돈을 벌었다. 전자적으로만 연결됐던 그룹 내 학생들은 그룹의 이익보다는 개인의 이익을 앞세우는 바람에 결집이 되지 않았다. 이런 실험 결과는 다른 많은 실험 결과들과 마찬가지로 직접 접촉이 다른 어떤 종류의 상호 교류에 비해서 더 많은 신뢰와 관용 및 협력으로 이어진다는 것을 보여준다.

사회 심리학 분야에서는 인디애나 대학의 심리학자가 이와 유사한 실험을 최초로 실시했다. 자전거 애호가였던 그 심리학자는 (자전거) 경주에 참가한 사람들이 경쟁자들과 같이 달리면서 페이스를 조절하면 1.6킬로미터를 달릴 때마다 20~30초 시간을 단축시킬 수 있다는 걸 알아냈다.[96]

인접성의 가치를 엄격히 실험해 보기 위해서 그는 아이들 40명을 데리고 낚시용 릴을 돌려 줄을 빨리 당기는 경쟁을 시켜보았다.[97] 예외 없이 아이들은 최대한 빨리 릴을 돌릴 것으로 예상되었는데, 대부분의 아이들, 특히 다른 아이들에 비해서 돌리는 속도가 더딘 아이들은 다른 아이들과 짝을 지어줬을 때 훨씬 더 빨리 릴을 돌렸다.

최신 통계 결과들을 살펴보면, 오늘날 젊은 전문가들은 자기 직업 분야에서 많은 경쟁자들이 있는 메트로폴리탄 지역에 거주할 때 더 오랜 시간 일하는 경향을 보이고 있다.[98]

슈퍼마켓 계산대는 인접성이 갖는 힘을 놀라우리만큼 잘 보여주는 특별한 사례이다. 식료품 매장에 가본 사람이라면 누구나 알겠지만 계산대 점원들은 속도와 능력 면에서 서로 큰 차이를 보인다. 한 유명 체인점에서는 각기 능력이 다른 점원들을 무작위로 섞어 일을 시키는데, 두 경제학자는 그곳의 사례를 통해서 생산적 동료들이 미치는 영향을 자세히 알아볼 수 있게 되었다.[99]

결과적으로 점원들이 교대로 일할 때 일을 아주 잘하는 점원들과 함께 일하면 점원들의 평균 생산성이 크게 높아졌다. 그리고 똑같은 점원들이 평균 수준을 밑도는 점원들과 같이 일하게 될 때 평균 생산성은 악화됐다.

통계적 증거를 봐도 전자적 상호 교류와 직접 접촉을 통한 상호 교류는 상호보완적임을 알 수 있다. 경제학 용어를 빌리자면 그들은 '대체재'라기보다는 '보완재'에 해당한다. 지리상 가까운 곳에 있는 사람들 사이의 전화 통화량이 훨씬 더 많은데, 아마도 직접적 관계가 전화 통화 욕구를 더 높이기 때문인지도 모른다.[100] 그리고 도시화가 더 많이 진행될수록 국가들은 더 많은 전자적 커뮤니케이션에 몰두한다.[101]

분명 아직도 도시로부터 멀리 떨어진 어떤 장소에서 전화로 고객들의 불만이나 항공 예약 업무를 처리하면서 혼자 일하는 사람들도 있을 것이다. 그러나 그러한 일들 대부분은 낮은 숙련도만 있으면 되기 때문에 임금이 낮다.

4,000제곱미터당 1명 미만의 인구가 사는 미국 카운티 평균을 보면, 성인들 중 15.8퍼센트가 대졸 이상의 학력을 갖고 있다.[102] 4,000제곱미터당 2명이 넘는 사람이 살고 있는 카운티의 경우 평균적으로 성인 30.6퍼센트가 대졸 이상의 학력 소지자이다. 인터넷과 장거리 통화로 인해서 집에서도 기본적인 업무 처리가 가능해졌지만, 혼자서 일하는 경우 실제로 가장 중요한 형식의 인적 자본을 축적하기가 어렵다.

혁신은 실리콘밸리 같은 장소들에 집중된다. 아이디어들은 대륙과 바다보다 복도와 거리를 더 쉽게 가로질러 가기 때문이다.[103] 특허 인용 건수도 인접성이 가진 지리적 이점을 입증해 준다. 1993년에 세 사람의 경제학자는 특허들은 지리적으로 가까운 곳에서 등록된 다른 특허들을 훨씬 더 자주 인용하는 경향이 있다는 것을 알아냈다.[104]

전체 기업의 특허 인용 건수의 20퍼센트 이상은 같은 메트로폴리탄 지역에서 나온 예전 특허들과 관련이 있었다. 또한 이렇게 인용된 특허들 중 4분의 1 이상이 같은 주에서 등록된 특허들이었다. 사람들이 같은 회사에서 나온 특허들을 인용하는 경향이 있다는 점을 감안하고 보더라도, 같은 메트로폴리탄 지역에서 나온 특허들을 인용하려는 경향은 운에 의해서 인용이 결정되어 인용됐을 때보다 두 배가 더 강했다.

오래된 특허일수록 지리적 관련성이 더 낮아지는데, 그 이유는 아이디어들이 궁극적으로는 공간을 가로질러서 퍼지긴 해도 우리가 사는 정보화 사회에서조차 아이디어들이 처음 생긴 지역에 그대로 머물기 때문이다.[105] 최근에 나온 연구 결과들은 지리적으로 창조적 행동이 일어나는 중심 산업지 근처에서 활동하는 기업들의 생산성이 훨씬 더 높다는 것을 보여주고 있다.[106] 인접성은 가장 중요한 발명품들의 확산

속도를 높여주는 한편, 초보자를 전문가로 바꿔주는 보다 평범한 학습도 가능하게 해준다.

지금으로부터 100여 년 전에 위대한 영국의 경제학자인 알프레드 마셜은 사람들이 많이 몰려 있는 곳에선 "무역과 관련한 미스터리들은 미스터리가 아니라 그저 불확실한 일 정도에 불과하다"라고 말했다. 나이가 많은 성공한 엔지니어들 주변을 배회하면 젊은 엔지니어들은 성공하는 데 더 많은 도움을 받는다.

데이터 역시 마셜의 주장을 뒷받침한다. 대도시에서 일하는 근로자들은 도시 외 지역에서 일하는 근로자들에 비해서 30퍼센트 정도를 더 벌지만, 도시에 진출한 사람들이 하루아침에 임금이 오르는 것은 아니다. 도시 근로자들은 성공에 필요한 기술을 더 많이 축적함으로써 해가 갈수록 점점 더 높은 임금을 받게 된다. 보다 숙련된 근로자들이 일하는 도시의 임금 인상률이 특히 더 높다.

미국에서는 메트로폴리탄 지역이 아닌 지역과 비교했을 때 일한 경력이 20년 더 많으면 숙련된 메트로폴리탄 지역들에서는 임금이 10퍼센트 더 오르지만, 숙련이 덜 된 메트로폴리탄 지역들에서는 임금이 3퍼센트 더 상승할 뿐이다.

지난 1세기 동안에 전문가들은 새로운 커뮤니케이션 형식이 도시 생활을 불필요하게 만들 것으로 예상했다. 지금으로부터 100년 전에 전화기로 인해 도시는 불필요해질 것이라고 예상되었다. 그러나 그런 일은 일어나지 않았다. 최근에는 팩스, 이메일, 화상회의는 모두 직접 대면 회의의 필요성을 없애줄 것으로 생각되었지만,[107] 오히려 지난 20년 동안 출장 횟수는 크게 늘어났다.[108]

우리의 기술 천재들이 인간의 직접적 접촉의 욕구를 없애기 위해서는 우리를 옆 사람으로부터 배우는 기계로 만들어준 수백만 년 동안 이어진 인간의 역사와 싸워 이겨야 할 것이다.

　더 나은 음질과 더 높은 해상도를 가진 스크린들은 화상회의를 실제로 만나서 대화하는 것 같은 느낌이 들게 만들어준 것 같지만, 기술이 과연 실제 회의를 효과적으로 만드는 데 도움이 되는 시선의 마주침, 후각적 단서, 악수가 주는 따뜻함 같은 다양한 범위의 감각적 정보를 제공할 수 있을까? 사람들이 밀집한 근무 환경이 만들어내는 가치의 상당 부분은 우연한 만남과 주변 사람들의 임의적인 행동을 관찰하는 데서 나온다. 멋진 화상회의는 신참 직원에게 결코 성공한 멘토의 일상을 관찰함으로써 배울 수 있는 기회를 제공하지 못할 것이다.

　페이스북은 직접적 접촉을 보다 가치가 있고 효과적으로 만들어주는 또다른 인터넷 기술이다.[109] 여러 연구 결과들을 보면 페이스북은 일반적으로 파티나 같은 학급에서 개인적으로 만난 사람들을 연결해 주며, 그런 페이스북은 실제 대화가 능통한 사람들이 압도적으로 많이 사용하고 있다.[110] 아울러 인터넷 소셜 네트워크에 대한 최초의 발상은 똑똑하고 야심에 찬 하버드 학생들이 만든 실제 라이브 네트워크에 참가한 회원들끼리 몰래 가진 일련의 회의들에서 나온 것이다.[111]

　오늘날 정보 기술은 세상을 더 아이디어 집중적이고, 더 잘 연결되고, 궁극적으로 도시화를 더 진전시키면서 세상을 변화시키고 있다. 정보 기술의 발달은 직접적 연결의 가치를 줄였다기보다는 오히려 늘렸다. 19세기 영국의 경제학자인 윌리엄 스탠리 제번스는 연료 효율성이 더 높은 증기 엔진들이 반드시 석탄을 더 적게 소비하는 것은 아니라는 사실을 깨달았다. 더 나은 엔진들은 에너지를 효율적으로 이용해 더 적은 비용으로 사용할 수 있게 해주면서, 세상을 석탄에 의해서 움직이는 산업 시대로 이동하게 도와줬다.

　이런 '제번스의 역설(Jevons's Paradox)'은 효율성의 개선이 소비 축소가 아닌 소비 확대로 이어지는 모든 상황에 들어맞는다. 이 역설은 칼로리가 낮은 과자들이 허리둘레를 더 두껍게 만들고, 연료 효율이 높은 자동차들이 더 많은 기름을 소비하는 이유를 설명해 준다. 정보 기술 분야에서 제번스의 역설은, 이메일이나 스카이프처럼 더 효과적인 정보 전송 방법을 얻게 될수록 우리가 정보 전송에 더 많은 시간을 쓰게 되는 현상에도 적용된다.

어떤 사람들은 정보 기술의 발달이 도시에서 직접 만나서 하는 회의처럼 다른 사람, 출처에서 배워야 할 필요성을 줄여줄 것이라고 생각할지 모른다. 그러나 제번스의 역설을 통해서 자연스럽게 추정해 보면 정보 기술의 발달로 직접적인 접촉의 필요성이 오히려 더 늘어날 수 있다. 얼굴을 맞대고 보내는 시간이 전자적으로 커뮤니케이션하면서 보내는 시간을 보완해 주기 때문이다. 제번스는 이런 현상을 '상보적 결과(Complementarity Corollary)'라고 불렀다.

실제로 증기 엔진의 발달이 석탄 집약적인 경제의 밑바탕이 됐듯이 모든 전자적 상호 교류는 보다 관계 집약적인 세계를 창조하고 있다. 또한 그러한 관계들은 이메일과 대인 접촉을 함께 필요로 한다. 사람들 사이의 관계가 개선되면 무역과 상거래 분야에서 훨씬 더 광범위한 기회들이 창조된다.

책과 인터넷,
도시화를 가속화한 기술의 발전

책에서 인터넷에 이르기까지 정보 기술은 인간이 가진 지식의 범위를 크게 늘려놓아 결과적으로 그것을 정복하기가 더욱 어렵게 되었다. 정보 기술의 발달은 세상을 더욱 정보 집약적으로 만들어놓았고, 그로 인해서 지식의 가치는 과거 어느 때보다 더욱 커졌으며, 결과적으로 도시에 있는 다른 사람들로부터 배우는 학습의 가치가 더욱더 높아졌다.

신기술이 앞으로 얼마나 지대한 시스템적 영향을 미칠지를 확인하기까지는 시간이 걸리기 때문에 먼저 긴 역사 과정을 살펴보는 것이 합리적이다. 그동안 장거리 커뮤니케이션의 능력 확대는 일반적으로 도시들을 더욱 중요하게 만들었다. 어떤 근대의 혁신도 장거리 커뮤니케이션에 미치는 영향 면에선 인쇄기를 따라올 수가 없다. 저렴하면서도 많은 양의 글자를 종이에 기록할 수 있는 능력은 같은 방에 있지 않은 사람들과 커뮤니케이션할 수 있는 인류의 능력에 일대 변화를 가져왔다. 그러나 책이 도시를 해친다고 생각할 하등의 이유는 없는 반면, 인쇄기가 도시화된 세계를 창조하는 데 도움을 줬다고 믿을 만한 충분한 이유는 존재한다.

책이 도시에 도움을 주게 된 가장 분명한 이유는 인쇄 기술이 도시에서 개발됐고, 도시가 자연스럽게 인쇄의 중심지가 됐다는 사실에서 찾을 수 있다. 15세기 초에 성장한 구텐베르크는 연금술사의 비밀 공간에서 인쇄기 개발을 시도했지만, 사실상 인쇄기처럼 대단하면서도 비싼 기계가 한 사람의 천재에 의해서 창조된다는 것은 불가능했다. 따라서 구텐베르크에게는 재정적 후원자와 조수들이 필요했는데, 그는 그들을 도시에서 찾았다.

그의 획기적 발명품 이후 곧바로 이동 가능한 형태의 인쇄 기술이 보부상들에 의해서 여러 도시들로 퍼져나갔다. 그리고 1480년대가 되자 베네치아는 세계 인쇄의 중심지로 발돋움했다.[112] 인쇄 같은 기술이 인쇄기처럼 고가의 인프라에 의존해야 할 때 도시는 언제나 우위를 갖는다. 도시의 대형 시장들은 신기술 개발에 드는 고정비용을 충당하기 쉽게 만들어주는데, 이것이 인쇄된 책뿐만 아니라 전화기와 광대역 기술이 도시에서 가장 먼저 개발된 중요한 이유이다.

부유하면서도 읽고 쓸 줄 아는 도시의 인구는 책 수요의 강력한 원천역할을 했지만 베네치아는 인쇄 가치가 있는 소재들을 기꺼이 공급할 준비가 되어 있었기 때문에 번성했다.[113] 동서양의 교차로로서 갖는 위치 때문에 1453년에 콘스탄티노플이 오스만 제국의 손에 넘어간 후 베네치아로 도망쳐와 그곳에 나온 인쇄물 번역을 시작했던 비잔틴 사람들처럼 많은 학자들이 공급되었다. 그 후로 몇 세기 동안 항구로 영국 소설 해적판들이 들어오고 수많은 작가와 예술가들이 몰려들면서 뉴욕이 미국 인쇄 산업을 지배할 수 있었다.[114]

그러나 책은 그저 인쇄 산업을 부흥시키는 정도로만 도시에 도움을 준 것은 아니었다. 인쇄된 단어는 미묘하면서도 심오한 방식으로 세상을 더더욱 도시적으로 만들었다. 인쇄기의 발명에 따른 한 가지 직접적인 영향은 멀리 떨어져 있는 농부들이 성경책을 읽을 수 있게 된 것이다. 그러나 간접적으로 인쇄기는 세상을 더 지식 집약적이고, 더 민주적이고, 더 상업적이며, 궁극적으로는 더 도시적으로 만드는 데 도움을 주었다.

마틴 루터는 인쇄기를 "가장 고귀하면서도 가장 극단적인 하느님의 은총"이라고 말했다.[115] 루터 자신이 독일어로 번역한 성경책은 가톨릭 전통 외의 다른 종교적 권위의 출처가 되었으며 종교개혁에도 중대한 역할을 했다. 1517~1520년에 루터가 발간한 30종의 출판물은 아마도 30만 부 이상 팔렸을 것이다.[116] 종교적 사상의 확산이란 측면에서 종합적으로 따져봤을 때 인쇄 기술의 중요성은 실로 어마어마하다고 할 수 있다. 그 당시 종교개혁은 도시 내 상거래를 더욱 매력적으로 보이게 만드는 경제적, 정치적, 사회적 변화들을 지지했다.

막스 베버는 프로테스탄티즘을 자본주의 정신 및 도시 상인과 예술가들의 윤리적 가치들과 결합시킨 것으로 유명하다. 나는 프로테스탄티즘이 도시나 무역이나 민주주의를 지지하는 데 본질적으로 어떤 우위를 갖는다고 생각하지는 않는다. 이 세 가지는 많은 가톨릭 국가들에서도 번성하고 있다. 그보다 나는 종교개혁 이후 도시, 무역, 민주주의의 성장은 종교적 경쟁이 주는 가치를 보여준다고 믿는다. 종교적 경쟁이 벌어지면서 종교의 규칙과 원칙에 대해서 더 많은 선택이 가능해졌고, 고리대금법 금지처럼 전 세계 상거래 활동의 부흥에 도움을 준 개혁들로 이어졌다.[117]

인쇄기는 또한 종교개혁을 통해서 직간접적으로 더 도시적이고 공화당 성향에 치우친 유럽을 만든 혁명을 지원했다. 위대한 네덜란드 혁명은 1566년에 한 칼뱅파 무리가 지역 가톨릭 교회에 있는 동상들을 파괴하자 북부 의류 생산 도시인 스틴부르드 인근에서 처음 시작됐다.[118] 1581년에 네덜란드인들은 후에 영국, 미국, 프랑스에서 일어난 혁명에서 사용된 것과 유사한 표현을 사용하면서 스페인의 펠리페 왕이 불법적으로 행동했기 때문에 네덜란드를 통치할 수 있는 권한을 잃었다고 주장했다.[119] 반(反)스페인 운동을 독려하기 위해서 1581년 공표된 '혁명적인 철회 선언(Act of Abjuration)'이 인쇄되어 저지대 국가들에서 광범위하게 게재되었다.[120]

거의 7년 동안 이어진 투쟁 끝에 네덜란드는 독립 공화국이자 유럽에서 가장 도시화된 국가가 되었으며, 동쪽으로 저 멀리 일본 나가사키까지 서쪽으로 저 멀리 맨해튼 섬까지 이르는 전 세계 무역 네트워크의 중심이 되었다.

대중을 위한 최초의 정보 기술 형식인 책은 도시에 해를 끼치지 않았다. 지난 2세기 동안 책은 종교와 정치 분야에서 세상을 더 가깝게 연결시키고 더 상업적으로 만들면서, 궁극적으로 더 도시적으로 만든 혁명적인 변화를 일으키는 데 도움을 주었다. 세계화와 기술의 현대적 변화역시 같은 효과를 낼 것이라고 생각할 수 있는 이유는 충분하다.

방갈로르, 샌프란시스코, 싱가포르 같은 도시들은 점점 더 세계화되어 가는 세계를 연결하는 교점이다. 아테네와 바그다드 같은 도시 지역들이 그런 역할을 해왔지만 세상이 점점 더 촘촘하게 연결될수록 도시의 중요성은 더욱 커지고 있다.

실리콘밸리는 토박이 엔지니어들과 야후!와 구글 창립자들처럼 똑똑한 이민자들을 함께 데려온 다음에 그들을 방갈로르처럼 다른 우수한엔지니어링 분야 허브들과 연결시켜 주고 있다. 전 세계 시장에서 차지하는 몫이 점점 더 줄어들수록 미국은 중국과 인도는 물론 지식 전파여부에 따라서 성공과 빈곤으로 운명이 갈리는 다른 나라들의 성장하는 경제들과 연결해 주는 도시의 기능에 더 크게 의존할 것이다.

그러나 어떤 도시들은 뒤처질 것이다. 모든 도시가 성공하는 것은 아니기 때문이다. 아이디어가 궁극적으로 부의 창조자 역할을 하는 정보화 시대에 모든 도시들이 잘 적응해 온 것은 아니기 때문이다. 어떤 역사적인 메트로폴리스들은 계속해서 성공의 원천 역할을 해주는 연결과상거래 기능을 전문으로 해왔지만, 또 어떤 도시 지역들은 재화의 대량생산을 위한 광범위한 중심으로 성장했다. 이런 장소들은 도시 기업인들의 똑똑한 아이디어들 덕에 생겨났지만, 그들은 전문화와 규모의 경제학을 통해서 비용을 낮춤으로써 번성하며 진화했다.

산업 도시라는 이례적 시대는 끝났다. 적어도 서양에서는 그렇다. 그리고 우리는 새로운 시대에 스스로 변화해서 새롭게 탄생할 수 없었던과거의 대형 제조업체들이 가진 문제들만 떠안게 되었다.

TRIUMPH OF THE CITY

도시는 왜 쇠퇴하는가?

2장

인간을 광범위한 산업체의 톱니바퀴로 만듦으로써 포드는 모든 것을 많이 알지 않아도 고도로 생산적으로 변할 수 있게 만들었다. 그러나 사람들이 조금만 알아도 된다면 지식을 확산시키는 도시들에 대한 필요성도 그만큼 줄어들 것이다. 도시가 지식을 파괴하겠다는 강력한 생각을 한다면, 그것은 자기 파괴를 준비하는 것이다.

디트로이트의 엘름허스트 거리와 로사 공원 대로 사이에 있는 교차로는 미국의 도시 공간이 그렇듯이 뉴욕 5번가와는 동떨어진 느낌을 준다. 이 교차로는 디트로이트 중심부에 있지만, 인근 지역의 상당 부분은 빈터이다. 예전에 건물과 상점들이 서 있던 곳에는 지금 풀만 자라고 있다. 교차로에 있는 유일한 건물은 성경 공동체 침례교회이다. 교회 창문들이 판자로 막혀 있고 전화번호가 불통인 사실로 미루어서 이 교회에는 신자가 많지 않는 것 같다.

엘름허스트를 따라서 내려가다 보면 11채의 단층 주택을 볼 수 있다. 이 중 4곳은 비어 있다. 아파트 건물도 2동 있는데, 한 동의 입주 세대 수는 3분의 1도 안 되고, 다른 한 동은 텅텅 비어 있다. 그 외에도 10여 곳 정도의 빈터와 주차장, 예전에 주택과 아파트 건물들이 있었던 빈 공간 등이 나온다.

폐허 같은 분위기에도 불구하고 위협을 줄 정도로 충분히 많은 사람들이 살지 않기 때문에 그런지 이곳은 아주 안전하게 느껴진다. 이처럼 텅 빈 공간은 과거 디트로이트에 살았던 정령들이 이곳에 사는 이웃들에게 과거 미국에서 네 번째로 큰 도시였던 디트로이트의 몰락을 한탄하는 유령 도시 같다는 느낌을 준다.[1]

1950~2008년에 디트로이트는 전체 인구의 58퍼센트에 해당하는 100

만 명 이상을 잃었다. 오늘날 이곳에 사는 시민 3명 중에 1명은 가난하다. 디트로이트 가구의 연평균 소득은 3만 3,000달러로 미국 전체 가구 평균 소득의 절반 정도에 그친다.[2] 2009년 현재 이곳의 실업률은 25퍼센트로서 다른 어떤 대도시와 비교해도 9퍼센트 포인트 높았고, 미국 전체 평균보다 2.5배 이상 높았다.[3] 2008년에 디트로이트의 범죄율은 뉴욕의 10배가 넘어서 미국에서 범죄율이 가장 높은 도시들 중에 하나였다.[4]

많은 미국 도시들은 2006~2008년의 주택 가격 붕괴를 버텨냈지만, 디트로이트는 유일하게 21세기 초 주택 호황기에는 제외됐음에도 주택 거품이 꺼진 이후로 집값이 25퍼센트나 급락하며 고통 받았다.[5]

디트로이트는 극단적으로 몰락했지만 이곳만이 예외적으로 그랬던 것은 아니다. 미국 10대 대도시 중 8곳의 인구가 1950년도 이후 적어도 6분의 1이 줄었다. 같은 시기에 16대 대도시 중 6곳(버펄로, 클리블랜드, 디트로이트, 뉴올리언스, 피츠버그, 세인트루이스)의 인구는 절반 이상 줄었다.[6] 유럽에선 리버풀, 글래스고, 로테르담, 브레멘, 빌니우스(리투아니아 공화국 수도) 같은 도시들이 예전에 비해서 인구가 줄었다.

적어도 서양에서는 산업 도시의 시대는 끝났고, 다시 돌아오지 않을 것이다. 과거 제조업 도시들 중 일부는 제조업 의존도를 낮추고 혁신 사업으로 전향하는 데 어느 정도 성공을 거두었지만, 여전히 더디게나마 계속해서 쇠퇴의 길을 걷고 있다

그러나 미국의 러스트 벨트 탈출 현상을 도시 생활의 폐단을 보여주는 증거로 간주해서는 안 된다. 제조업 도시들은 도시 생활에서 가장 중요한 특징들을 포기했기 때문에 무너졌다. 버밍엄과 뉴욕 등 과거의 상업 도시들은 기술, 중소기업 육성, 그리고 외부 세계와의 강력한 유대에 뛰어났다. 오늘날 도시 번영의 원동력 역할을 하는 이런 요인들

은 최초의 직물 한 필이 맨체스터 직물 공장에서 나오기 전부터, 혹은 최초의 자동차가 디트로이트의 조립 공장에서 제조되어 나오기 훨씬 이전부터 이미 도시들을 성공적으로 만들었다.

산업 도시는 과거의 상업 도시들이나 현대의 정보 시대의 수도들과는 달랐다. 산업 도시의 거대한 공장들은 비교적 숙련도가 낮은 근로자들을 수십만 명 채용했다. 이 공장들은 자기 충족적이었기 때문에 엄청난 양의 똑같은 제품들을 저렴하게 제공할 때를 제외하고는 외부 세계로부터 단절되어 있었다.

그러한 산업 모델은 약 1세기 동안 서양의 발전에 극단적일 정도로 이바지했다. 디트로이트의 자동차 공장들은 수십만 명의 근로자들에게 좋은 임금을 지급했지만, 지난 50년 동안 중소기업들이 많은 지역들은 대기업들이 지배하던 지역들보다 훨씬 더 빨리 성장했다. 숙련된 도시들은 교육을 덜 받은 도시들에 비해서 더 성공했는데,[7] 디트로이트에 거주하는 성인들 중 불과 11퍼센트만이 대졸 이상의 학력을 갖고 있었다.[8]

사람들과 기업들은 쌀쌀한 중서부 지역을 떠나서 더 따뜻한 지역으로 이동했다. 중서부 지역에 있는 수로(水路)는 처음에는 현재 러스트 벨트를 이루고 있는 도시들의 성장을 도왔다.[9] 산업의 다양성은 제조업의 단일 문화들에 비해서 성장에 더 적합했다. 또한 디트로이트는 실질적으로 단일 산업 도시의 전형이었다.

이러한 지역들이 가진 문제점들 중 다수를 정치 탓으로 돌리는 것은 잘못이지만 정치적 실수가 러스트 벨트의 몰락을 초래한 원인으로 거론될 때도 종종 있다. 아마도 가장 일반적인 실수는 이러한 도시들이 주택 프로젝트, 대규모 오피스 타워, 혹은 멋진 최첨단 운송 시스템들을 갖추면 다시 성공 가도를 달릴 수 있을 것이라고 착각한 것이다. 이러한 착각은 연결된 인류의 집합체인 도시와 도시의 구조들을 혼동하다 비일비재하게 일어나는 실수의 결과이다.

이런 도시들을 회생시키기 위해서는 뱀이 허물을 벗듯 구식 산업 모델을 완전히 털어내야 한다. 도시가 기존의 모습을 성공적으로 털어냈을 때 너무 완벽하게 변화가 진행된 탓에 우리는 종종 그곳이 예전에 강력한 산업 허브였다는 사실조차 망각하곤 한다. 가장 최근의 그런 사례를 들자면, 1950년대에 뉴욕의 의류 산업은 미국 최대의 제조업 클러스터였다.[10] 이곳은 디트로이트 자동차 산업보다 50퍼센트가 더 많은 근로자를 고용했다.

미국의 산업혁명은 실질적으로 뉴욕보다 큰 보스턴에서 시작됐지만 이제는 누구도 옛날에 보스턴에 공장 굴뚝들이 있었다고 생각하지 않는다. 이런 장소들은 과거 산업 시대 이전의 상업, 기술, 기업가적 혁신의 뿌리로 되돌아감으로써 스스로 재건에 성공했다.

디트로이트나 그와 유사한 도시들의 회생은 위대한 산업화 이전 및 이후 도시들이 가진 경쟁, 연결, 인적 자본 같은 미덕들을 포용해야만 비로소 가능할 것이다. 러스트 벨트는 수요는 거의 없는 상태에서 크게 늘어난 주택 재고, 몇몇 대기업들이 독점하는 주요 단일 산업, 그리고 문제 많은 현지 정치 등으로 인해 고통 받는 최근의 상황으로부터 벗어날 수 있어야만 비로소 활기를 되찾을 것이다.

이런 도시들의 최근 역사 뒤에는 재건의 토대를 재공해 주는 연결과 창의성에 얽힌 교훈적인 옛이야기가 놓여 있다. 디트로이트가 빠진 곤경과 그 잠재력을 이해하기 위해서 우리는 이 도시의 위대하고도 비극적인 역사와, 산업의 몰락을 성공적으로 극복해 낸 뉴욕 같은 다른 도시들의 역사를 비교해 봐야 한다.

교통 네트워크의 중심지에서
발원한 러스트 벨트

디트로이트는 프랑스어로 '곤경'을 뜻한다. 그리고 뉴욕과 시카고처럼 디트로이트는 해상 무역의 중심지로 출발했다. 1990년에 미국에서 가장 큰 도시 20곳은 모두 주요 수로를 끼고 있었다.[11] 물은 저항을 줄여주는데, 이 말은 지난 수천 년 동안 배가 한 장소에서 다른 장소로 재화를 실어 나르는 최고의 수단이었음을 의미한다. 과거에는 뉴욕의 존재 자체가 동쪽 해안 지방 중심에 있는 깊고 긴 강과 연결된 훌륭한 항구라는 자연이 준 선물에 의존한 적도 있었다.

디트로이트는 프랑스 요새로 처음 건립됐는데, 고도가 높아서 이리 호(Lake Erie)를 서쪽의 오대호(Great Lakes)에 연결해 주는 강의 가장 좁은 구역을 내려다볼 수 있었다. 그 때문에 프랑스 사령관인 앙투안 캐딜락이 이끄는 군대는 강의 통행을 통제할 수 있었고, 디트로이트는 후에 해적판 위스키 등을 배에 싣고 캐나다와 미국 사이에 놓인 물의 장벽을 관통해서 지나가기에 이상적인 장소가 되었다.[12]

19세기 해상 무역의 발달(당시의 세계화)은 디트로이트, 뉴욕, 시카고 같은 도시들의 성장 속도에 박차를 가했다. 1816년에는 재화를 약 48킬로미터 육로 운반하는 데 드는 비용이 대서양을 배로 횡단하는 데 드는 비용과 맞먹었다.[13] 물에서 48킬로미터 떨어진 곳에서 재화를 운반한 후 구(舊)세계(Old World: 유럽, 아시아, 아프리카)와 무역할 경우 수송비가 두 배로 늘어나기 때문에 미국인들은 보스턴에서 서배너(미국 조지아 주 남동부 서배너 강 하구의 항구도시)에 이르기까지 항구 주위에 몰려서 살았다. 18세기에 대서양은 미국의 고속도로였다. 즉, 미국인들에게는 유럽과 카리브 해 지역 시장과 무역을 하는 데 필요한 생명선이었다.

미국을 건국한 사람들은 여러 주들 사이를 사람과 재화가 손쉽게 이동할 수 있다면 미국이 응집력 강한 국가로 발전할 수 있다는 것을 알았다. 미국 초대 대통령 자리에 오르기 전에 조지 워싱턴은 포토맥 수로 회사 사장이었다.[14] 그는 렉싱턴과 콩코드 전투*가 벌어지기 전에 이미 포토맥과 오하이오 강들을 연결하는 꿈을 품었다.

그런데 불행하게도 18세기 미국에는 규모가 크고 시간이 오래 걸리며 위험성이 큰 광대한 수로 건설 사업을 벌일 정도로 충분한 자금을 확보할 수 있는 민간 기업이 없었다. 또한 워싱턴은 수로보다는 대포를 갖고 더 성공할 수 있다는 것을 보여줬다.[15]

위대한 수상 고속도로인 이리 운하(Erie Canal)는 뉴요커들에 의해서 더 북쪽에 만들어졌고, 그것은 허드슨 강과 오대호를 연결해 주었다. 뉴욕이 이룬 승리는 지리적 이점과 함께 그곳 정부가 운하에 엄청난 공적 자금을 투입할 의지가 있어 가능했다. 그들의 도박은 옳았다. 운하는 동서 간의 엄청난 운송 수요로 인해서 건설되자마자 곧바로 흑자를 냈다.[16]

이리 운하 길을 따라서 곧바로 도시들이 생겨나면서 농부들이 서쪽으로 이동할 수 있는 길을 열어준 무역 네트워크가 만들어졌다. 뉴욕주 중부 도시인 시러큐스는 처음에는 근처 소금 수송을 전문으로 했고, 서부 도시인 로체스터는 미국의 밀가루 도시가 되어, 인근 농부들이 생산한 밀을 가공해서 운하를 통해서 내보냈다. 또한 버펄로는 수로의 서쪽 종착지였는데, 이곳에서 재화는 오대호를 횡단하는 대형 선박과 운

---

* 1775년 미국 독립전쟁 당시 렉싱턴과 콩코드에서 미국 민병대와 영국군 사이에 벌어진 최초의 전투.

하를 가득 채운 평저선으로 옮겨졌다.[17] 버펄로와 시카고, 뉴욕 같은 미국 도시들은 한 운송 수단에서 다른 수단으로 재화를 옮겨 싣는 지점으로부터 성장했다. 그런 모든 재화들을 배에 실어야 했던 한 버펄로 상인이 엘리베이터를 사용하기 시작했는데, 이것은 나중에 도시를 바꾼 기술이 된다.[18]

두 번째 수로인 일리노이와 미시건 운하는 세인트루이스, 시카고, 디트로이트, 버펄로를 경유해서 뉴올리언스에서 뉴욕까지를 완전히 이어주는 거대한 원을 완성했다. 1850~1970년에 미국 최대 도시 10곳 중 적어도 5곳은 이 경로상에 있었다.[19]

시카고의 투기 세력들은 일리노이와 미시건 운하가 시카고를 원의 중심, 즉 시카고 강을 따라서 움직이는 운하 선박들이 오대호에 도달하는 지점으로 만들 것임을 깨달았다. 결국 운하가 건설되고 있던 1830년대에 시카고의 토지 시장은 폭등했다.[20] 1850~1900년에 수로에 이어 철도가 들어서자 3만 명도 되지 않던 시카고의 인구는 150만 명 이상으로 50배가 늘었다.[21]

미국의 19세기 교통 네트워크상의 교점들로 성장한 도시들은 수많은 사람들이 미국 내륙 지역의 부에 접근할 수 있게 만들어주었다. 지금도 그렇지만 그 당시 아이오와 주의 비옥한 갈색 토양은 그곳을 농부들이 꿈꾸는 도시로 만들었다.

1889년에 아이오와의 옥수수 생산량은 켄터키 같은 다른 오래된 지역들의 생산량에 비해서 50퍼센트가 더 많았다.[22] 옥수수는 서쪽 지방에서 재배하기가 더 쉬웠을지도 모르지만, 톤당 가격이 낮았기 때문에 상대적으로 운송 비용이 많이 드는 것처럼 느껴졌다.

운하용 보트들과 궤도차들은 옥수수를 서쪽으로 운반하는 데 중요한 역할을 했지만, 도시들 역시 옥수수 선적을 용이하게 만드는 것을 도우면서 마찬가지 역할을 했다.

오하이오와 이리 운하가 생기기 전에는 곡물 운반에 드는 높은 비용 때문에 농부들은 그것을 더 오래 보관할 수 있고 날옥수수에 비해서 온 스당 두 배가 넘는 칼로리를 갖고 있어 칼로리당 무게는 더 가벼우면서 혹자는 맛도 더 좋다고 말할지 모르는 위스키로 바꿔놓아야 했다. 운하 와 철도가 건설되면서 운송비가 떨어지자 햄으로 만들어서 운반하는 것이 비용 면에서 더 효율적이게 되었다. 햄은 온스당 칼로리와 지속성 두 가지 차원에서 옥수수와 위스키 사이에 위치하기 때문이다.

신시내티와 시카고처럼 돼지고기 정육업의 중심지로 유명해 '돼지고 기의 도시'라는 뜻의 '포코폴리스(Porkopolis)'로 불린 도시들은 인근 농부들이 그곳에 보내온 동물들을 도살하고 염장하는 일을 전문적으로 했다.[23]

1870년대 후반 육류 포장업자인 구스타부스 스위프트가 소고기가 운 송 중에 부패하는 것을 막을 수 있는 냉장 열차를 도입한 후 시카고의 가축 시장에는 돼지가 아닌 소가 들어왔다. 다른 많은 중요 혁신들과 마찬가지로 스위프트가 찾아낸 위대한 아이디어는 이제야 정말로 그 진가가 느껴진다. 그는 바닥이 아니라 위쪽에 얼음을 넣었기 때문에 쇠 고기 옆쪽으로 얼음이 흘러내리면서 쇠고기의 온도를 차갑게 유지해 주었다.[24]

시카고와 마찬가지로 디트로이트도 헨리 포드가 그의 첫 번째 자동 차인 모델 T를 개발하기 훨씬 전부터 위대한 철도와 수로 네트워크의 접점으로서 성장했다. 1850~1890년 디트로이트의 인구는 2만 1,000명 에서 20만 6,000명으로 열 배가 늘어났다.[25]

디트로이트의 성장 역시 수로인 디트로이트 강과 밀접하게 연관되어 있었다. 디트로이트 강은 아이오와의 농지로부터 뉴욕의 식탁으로 이어진 경로의 일부였다. 1907년이 되자 6,700만 톤의 재화가 디트로이트 강을 따라서 이동했는데, 이는 뉴욕이나 런던의 항구들을 통해서 이동 하는 전체 재화의 양에 비해서 세 배 이상 많은 수준이었다.[26]

유럽에서도 역시 수로를 따라서 산업 도시들이 성장했다. 독일 내륙 의 산업 도시인 루르는 탄광 지대로서 그곳에 흐르는 강의 이름을 따서 이름 지어졌다. 리버풀과 맨체스터 등 위대한 영국의 산업 도시들은 머 지 강과 18세기에 건설된 수로들에 의해서 함께 묶여 있었다.[27]

조지 왕조 시대(1714~1830)에 건설된 운하는 마찬가지로 영국 중부 산업 도시인 버밍엄을 서부의 브리스틀 항구와 연결시켰다.[28] 1830년 대에 철도는 수로를 보완하는 한편, 이런 산업 도시들이 다른 공업 도 시와 전 세계 시장에 보다 쉽게 접근할 수 있게 해주었다.[29]

뉴욕과 시카고, 디트로이트로 항구와 다른 제조업체들과 도시 소비자 들에게 접근하려는 기업인들이 몰려들었다. 기업이 다른 기업이나 소비 자 가까이에 위치함으로써 발생하는 운송비 절감은 기업과 소비 활동의 집결을 통한 비용 감소의 긍정적인 효과, 즉 '집적 경제(agglomeration economies)'의 혜택에 해당한다.

성장하는 도시의 대규모 주택 시장과 해상 운송을 통한 다른 고객들 과의 접촉은 또한 기업인들에게 경제학자들이 말하는 '규모에 대한 수 확(returns to scale)' 효과를 유리하게 이용할 수 있게 해주었다. 예컨 대 대규모 설탕 정제소나 자동차 공장처럼 더 많은 단위를 생산하는 더 큰 공장들은 단위 비용을 더 낮출 수 있다는 말이다.

헨리 포드와 디트로이트의
자동차 산업

'디트로이트 드라이 독'처럼 디트로이트에서 가장 규모가 크고, 가장 성공한 몇몇 기업들은 디트로이트 인근을 항해하는 엄청난 숫자의 배들과 직접 거래했다.[30] 디트로이트 드라이 독은 1872년 설립되었고, 이후 30년 동안 그곳의 기관 제조 공장은 오대호에서 가장 중요한 조선업체 중 하나였다.

1880년에 헨리 포드는 디트로이트 드라이 독에 입사했다. 포드는 앞서 그보다 작은 회사에서 기계 제작 기술자로 일한 전력이 있었다. 포드의 전기를 썼던 앨런 네빈스는 "그 작은 회사는 포드에게 대부분의 대형 공장들보다 더 나은 종합 훈련을 받을 수 있는 기회를 제공해 주었을지 모른다"라고 말했지만, 드라이 독에서 포드는 기술적으로 복잡한 엔진 생산 업무를 처음으로 접하게 되었다.

디트로이트에서는 나무와 철광석을 쉽게 구할 수 있었고, 그곳의 조선소들은 오대호 시스템의 중심에 있었다. 그러므로 디트로이트가 선박 엔진 제조를 전문으로 하게 된 것은 당연했고, 엔진 제작과 수리에 관한 전문 지식은 디트로이트를 자동차 제조에 최적의 장소로 만들어 줬다.[31]

자동차는 마차와 엔진이라는 두 가지 낡은 아이디어를 결합한 새로운 아이디어였다. 이미 디트로이트에서는 오래 전부터 마차와 엔진을 생산해 왔다. 제작된 엔진은 오대호를 운항하는 배에 납품되었으며, 마차들은 미시건 숲에서 풍부하게 구할 수 있는 목재로 제작되었다. 헨리 포드는 엔진 기업에서 처음으로 경력을 쌓은 반면, 제너럴 모터스를 설립한 빌리 듀런트는 인근 공업 도시인 플린트에서 말이 모는 마차를 만들면서 경력을 쌓기 시작했다.[32]

19세기 말 디트로이트는 1960~1970년대의 실리콘밸리와 흡사했다. 자동차 도시 디트로이트는 소규모 혁신가들의 온상으로 번창했다. 이들 중 다수는 완전히 새로운 것, 즉 자동차 개발에 집중했다. 자동차의 기초과학은 1880년대 독일에서 처음 연구되었으나 독일의 혁신가들은 미국에서는 그들이 개발한 특허의 보호를 받지 못했다. 결과적으로 미국인들은 성능 좋은 자동차를 대규모로 생산하는 방법을 알아내기 위해서 치열한 경쟁을 펼쳤다.[33] 일반적으로 봤을 때 중소기업들의 존재와 나중에 지역의 성장 간에는 강력한 상관관계가 존재한다.[34] 사람들 사이의 경쟁은 경제적 성공을 창조하는 것 같다.

1882년에 디트로이트 드라이 독을 떠난 포드는 그의 가족 농장으로 돌아가서 계속해서 엔진 실험에 몰두했다.[35] 그는 이웃이 갖고 있던 웨스팅하우스 탈곡기를 조작하면서 많은 경험을 쌓았고,[36] 엔진을 개발 중이던 웨스팅하우스에서 일자리를 얻기 위해서 갖고 있던 전문 지식을 동원했다.[37] 한편 자유 시간에는 증기 엔진을 갖고 실험했으며, 심지어 최초의 트랙터를 만들기도 했다.[38]

1891년에 포드는 웨스팅하우스를 그만두고 그 최대 경쟁사인 에디슨 조명 회사에 들어갔다.[39] 1893년에 그는 디트로이트 공장의 선임 엔지니어로 승진했다.[40] 당시 포드가 위대한 발명가 에디슨에게 자동차에 대한 그의 생각을 설명했다면 에디슨은 "젊은이, 바로 그거야!" 하고 대답했을 것이다.[41]

포드는 에디슨에서 얻은 경험과 전문 지식을 활용해서 자동차 개발에 착수했다. 1896년에 집 뒤편 작업장에서 2년 동안 고생한 끝에 그는 포드 쿼드리사이클(Ford Quadricycle)을 만들었다.[42] 쿼드리사이클은 자전거 타이어들을 장착해서 움직이는 간단한 탈 것이었지만, 시속 32킬로미터라는 최고 속도는 1899년 거물급 자본가가 포드의 첫 번째 자동차 회사에 자금 지원을 해줄 만큼 강한 인상을 주기에는 충분했다.[43] 그런데 포드가 처음 개발한 차량들은 고가이면서도 성능이 떨어져 경쟁력이 없었다.[44]

결국 포드는 1901년에 자신이 설립한 회사를 떠났다. 그러나 거물급 자본가는 자신의 꿈을 그렇게 쉽게 포기하지 않았다. 그는 또다른 엔지니어를 데려와 디트로이트의 창건자 이름을 따서 회사 이름을 캐딜락이라고 지었다.[45]

1900년에 뉴욕 시가 실제로 디트로이트보다 자동차 생산 대수 면에서 더 큰 비중을 차지하고 있었으나, 1900년대 초 디트로이트에는 자동차 기업들이 폭발적으로 늘어났다. 디트로이트 거리 귀퉁이마다 신예 자동차 천재가 존재하는 것 같았다. 포드, 랜섬 올즈(올즈모빌 설립자), 닷지 형제들, 데이비드 던바 뷰익(뷰익 자동차 설립자), 그리고 피셔 형제들은 모두 자동차 도시 디트로이트에서 일했다.[46]

이들 중 몇몇은 자동차를 만들었고 피셔 형제들처럼 신생 기업에 부품을 납품하는 독자적인 제조업자들도 많았다. 포드는 엔진과 새시 부품들을 만든 닷지 형제들로부터 도움을 받아 새로운 회사를 열 수 있었다. 닷지 형제들은 포드에게 돈과 부품을 모두 지원했다.[47]

포드가 만든 자동차들은 점점 더 저렴해지고 빨라졌다. 1906년에 포드는 모델 N을 생산했다. 무게 476킬로그램의 이 차를 포드는 500달러라는 저렴한 가격에 팔았는데, 정말로 많은 차들을 팔면서(8,500대 이상) 자동차 업계의 유명 인사로 도약할 수 있었다.[48] 1908년에 포드는 825달러라는 저렴한 가격(2010년 화폐 가치 기준으로 약 1만 9,000달러)에 모델 T를 출시했다.[49]

그로부터 5년 뒤에 이동 조립 라인에서 모델 T를 생산하기 시작했는데, 이로 인해 그의 공장의 가동 속도와 효율성이 높아졌다. 물론 복잡한 제조 공정들을 소규모의 간단한 작업들로 나누는 대량 산업화 과정은 포드 시대보다 훨씬 더 이전에 착안되었다. 1776년에 애덤 스미스는 핀 공장에서 분업의 효율성을 칭찬한 바 있다. 포드는 기계들을 사용해서 부품들을 같이 이동시키고 작업자들이 하는 일이 완벽하게 조화를 이루게 만드는 식으로 분업 공정을 한 걸음 더 발전시켰을 뿐이다.[50]

앞서 제번스의 '상보적 결과'에 대해서 설명했는데, 제번스에 따르면 보다 효율적인 정보 기술은 직접적 접촉을 통해서 배운 정보를 더욱 소중하게 만들어주지만, 모든 새로운 기술들이 지식으로부터 얻는 혜택을 높여주는 것은 아니다. 헨리 포드의 조립 라인은 그런 낯선 피조물, 즉 지식이 파괴하는 생각이 무엇인지를 보여주는 사례이다.

정보 기술은 똑똑하게 됨으로써 얻는 혜택을 늘려주는 것 같지만, 인간이 가진 천재성에 대한 필요성을 감소시키는 기계들은 정보 기술과는 반대 방향으로 움직인다. 인간을 광범위한 산업체의 톱니바퀴로 만듦으로써 포드는 모든 것을 많이 알지 않아도 고도로 생산적으로 변할 수 있게 만들었다. 그러나 사람들이 조금만 알아도 된다면 지식을 확산시키는 도시들에 대한 필요성도 그만큼 줄어들 것이다. 도시가 지식을 파괴하겠다는 강력한 생각을 한다면, 그것은 자기 파괴를 준비하는 것이다.

디트로이트가 처한 상황의 아이러니이자 궁극적으로 비극이라고 말할 수 있는 것은, 그곳의 작으면서 역동적인 기업들과 독자적인 부품 제작업체들이 모든 것이 완전히 통합된 거대한 자동차 회사들로 성장했다는 사실이다. 그들은 이어 '침체'와 동의어가 되었다.

포드는 엄청난 규모가 자동차를 더 저렴하게 만들 수 있게 해주었지만, 자족적 기능을 하는 초대형 공장들이 경쟁과 연결이라는 도시의 미덕들에 적대적이라는 것도 깨달았다. 포드는 제대로 교육 받지 못한 미국인들의 재능을 활용할 수 있는 조립 라인을 만드는 방법을 알아냈지만 디트로이트를 덜 숙련된 도시로 만듦으로써 장기적으로는 경제에 피해를 주었다.

성공한 자동차 회사들은 그들의 경쟁사들과 그들에게 부품을 납품하던 '피셔 보디' 같은 업체들을 인수했다. 1930년대가 되자 가장 무모하면서도 돈이 엄청나게 많은 사업가 정도나 감히 제너럴 모터스와 포드에게 맞설 수 있었다. 독립적인 도시 기업인들로 이루어졌던 지적으로 비옥한 세계가 이제는 극단적 실험으로부터 잃을 것만 많고 얻을 것은 거의 없는 몇몇 대기업들에 의해서 대체되었다.

산업의 쇠퇴가 불러온
제조업 도시의 몰락

혁신을 버리고 대량생산에 몰두하면서 자동차 회사들은 더 이상 도시에 머무르는 데 대한 아무런 이점을 찾지 못했다. 복잡한 도시의 중심지들은 새로운 아이디어를 찾아내기에 이상적인 장소지만, 수백만 대의 모델 T를 생산하기에는 이상적인 장소가 아니다. 포드의 대규모 생산 욕구를 충족시키기 위해서는 어떤 도시도 수용하기에 벅찬 큰 공장을 필요로 했다.

1917년이 되자 포드는 디트로이트 남서쪽 외곽 도시인 디어본에 리버 루지 공장을 세우기 시작했다.[51] 리버 루지에서 그는 65만 제곱미터의 작업장이 딸린 93개 건물로 이루어진 복합 단지를 건설했다.[52] 리버 루지 안에는 부두와 철도, 발전소가 있었다. 한 공장 안에서 원자재가 자동차로 제작될 수 있었다.[53]

포드의 리버 루지 공장은 20세기까지 계속된 제조업의 교외 이전 과정의 첫 시작에 해당했다. 자동차는 도시에서 태어났을지 모르지만, 결국 도시의 엄청난 반항아가 되고 말았다. 자동차는 미국인들이 시내 전차와 인도로부터 멀리 떨어진 교외 지역에 살 수 있게 만들어주었다. 트럭은 공장들이 철도로부터 아주 멀리 떨어진 곳에 위치해도 되게 만들어주었다. 자동차와 트럭은 모두 공간에 굶주린 사람들과 회사들이 복잡한 도시 지역을 떠날 수 있게 해주었다.

1950년대가 되자 다른 지역들도 세계 시장에 쉽게 접근할 수 있게 되면서 항구와 철도 때문에 얻었던 이점들이 예전보다 덜 중요해지자, 뉴욕과 디트로이트는 쇠퇴하기 시작했다.[54] 1890년과 오늘날을 비교하면 철도를 이용해서 1톤을 1.6킬로미터 옮기는 데 드는 실제 비용이 20센트에서 2센트로 줄어들었기 때문에 공장이 교통 허브에 가까이 있는지 여부가 예전만큼 중요하지 않게 되었다.[55]

제2차 세계대전 이전만 해도 기업들은 운송 네트워크가 갖춰져 있어서 원자재 구입과 완제품 출하가 훨씬 더 용이한 북부 도시들에 머물면서 높은 인건비를 감수했다. 그러나 운송비가 크게 떨어지자 리버 루지 같은 교외의 공장들, 노동권법을 제정하고 있던 남부의 주*들, 그리고 중국처럼 저렴한 공간으로 옮기는 것이 비용 면에서 효율적이게 되었다. 이와 동시에 자동차 보급이 확대되면서 기차와 엘리베이터를 중심으로 세워진 낡은 도시들은 쓸모가 없어 보였다.

미국의 노조 운동은 이런 더 오래된 도시들에서 확산됐다. 미국 노동

---

* 노동권법은 취업 후 특정 기한 안에 반드시 노동조합에 가입해야 하는 유니언숍 제도를 금지하는 미국의 주(州)법으로, 1960년대만 해도 소규모 사업주들이 강력히 지지한 이 법을 제정하고 있던 주들은 주로 남부와 서부에 몰려 있었다. 주요 공업 주는 하나도 없었다.

총연맹의 창시자인 새뮤얼 곰퍼스[56]는 뉴욕 시 담배 제조업자였다.[57] 수만 명에 이르는 뉴욕 의류 근로자들이 자체적으로 노조를 결성했고, 1910년 대반란 같은 대규모 파업을 통해서 고용주들에게 임금 인상과 작업 환경 개선을 요구했다.[58]

이로부터 얼마 후에 연방 정부는 노조가 힘을 키우는 데 도움을 주었다. 1935년에 통과된 전국노동관계법(Nationl Labor Relations Act)[59]은 파업 근로자 해고를 더욱 어렵게 했고, 이는 일명 클로즈드숍 제도(closed shop : 고용주가 노동자를 채용할 때 노동조합의 조합원이어야만 채용 가능하고, 노조가 제명하거나 노조로부터 탈퇴한 자는 해고해야 하는 노사 관계 유형)가 탄생하는 계기가 되었다. 노조와 기업들은 특정 공장에 있는 모든 근로자들을 노조에 가입시키기로 합의했다. 이런 클로즈드숍 제도로 인해서 비노조원인 파업 방해자를 채용하기가 불가능해졌기 때문에 근로자들은 제조업체들에게 자신들의 요구를 강요할 수 있는 더 큰 힘을 얻게 되었다.

고정 인프라에 수백만 내지는 수십억 달러를 투자한 회사는 근로자들이 인금 인상이나 복지 혜택 확대, 근무시간 단축 또는 기타 양보안들을 요구할 경우 쉽게 거부할 수가 없다. 파업 근로자들이 농성 파업을 할 때 자주 그렇게 하듯이 공장의 소중한 인프라를 장악할 경우 공장에 막대한 경제적 피해를 끼치므로 경영진은 종종 굴복하게 된다. 단기적으로 노조가 힘을 가짐으로써 뉴욕의 의류 근로자들과 디트로이트의 자동차 근로자들은 임금 인상의 수혜를 누리게 됐지만, 그렇게 늘어난 임금 부담은 결과적으로 제조업체들이 그 도시들을 떠날 수밖에 없게 만들었다.

선벨트 지역의 산업화가 가능했던 것은 1947년 제정된 노사관계법인 태프트-하틀리 법(Taft-Hartley Act)의 도움이 컸다(반면 디트로이트와 뉴욕 같은 북부 도시들은 타격을 받았다).[60] 이 법의 제정으로 미국의 주들은 클로즈드숍 제도를 금지하는 노동권법을 제정하는 것이 가능해졌다.[61] 주로 남부 지역에 몰려 있던 노동권법을 제정한 주들에서는 기업들이 비노조원 근로자들에게 의존할 수 있었기 때문에 노조의 교섭력이 크게 떨어졌다.

당연한 결과겠지만 제조업체들은 미국의 예전 산업 지역들에서 벗어나서 노동권법을 제정한 주들로 점차 이동했다. 노동권법의 유무에 따라서 인접 카운티들 간의 공장 내 일자리가 어떤 영향을 받았는지를 비교한 고전적 논문도 등장했다.[62] 이 논문에 따르면, 이 법을 시행하며 반노조적 성향을 보인 곳은 제조업 활동이 1947~1992년에 23.1퍼센트나 더 빨리 성장했다.

제2차 세계대전 후 10년 동안은 높은 노조 임금이 디트로이트에 그렇게 큰 부담을 준 것 같지는 않다. 전미 자동차 노조(UAW)가 빅3 자동차 기업들의 임금 인상 경쟁을 유도했을 때 비용 상승은 주로 소비자에게 전가됐다. 자동차 제조사들은 막대한 흑자를 냈기 때문에 지구상 가장 높은 인건비도 일부 감당해 낼 수 있었다. 물론 자동차 회사들이 인건비가 낮은 지역에 공장을 열려고 하지 않은 것은 아니었다. 그렇기 때문에 디트로이트는 자동차 산업이 쇠퇴하기 전부터 이미 인력 유출을 경험하고 있었다.[63]

산업의 쇠퇴는 결과적으로 모든 오래된 도시들에게 타격을 주었다. 19세기 상반기에 쾌속 범선을 이용한 중국과의 무역으로 크게 성장했던 보스턴의 조선 산업은 증기선의 등장으로 허물어졌다.[64] 뉴욕의 의류 산업은 1960년대 후반과 1970년대 사이에 붕괴됐으며,[65] 1967~1977년에 뉴욕의 제조업 분야에서는 30만 개가 넘는 일자리가 사라졌다.[66] 도시에서 제조업이 빠져나가는 현상은 본질적으로 나쁜 일만은 아니었지만(땅값이 싼 장소에서 서민들이 덜 부담을 느끼며 살 수 있는 제품을 만들었기 때문에), 그것은 세계 산업 도시들에게는 치명적 도전으로 간주되었다.

미국의 제조업 도시를 붕괴시킨 것과 똑같은 힘이 유럽에서 유사한 러스트 벨트를 만들었다. 가수 존 레논이 태어나기 3년 전인 1937년에 리버풀의 인구는 86만 7,000명이었다.[67] 리버풀은 그 전에도 그랬지만 지금도 잉글랜드와 다른 세상을 연결해 주는 위대한 항구이다. 맨체스터의 대형 직물 공장에서 사용되는 실면(實綿)은 리버풀로 출하됐고, 완성된 옷감은 똑같은 항구를 통해서 잉글랜드를 떠났다. 뉴욕에서와 마찬가지로 그리고 똑같은 이유로 설탕 정제도 리버풀에서 활황 산업이었다.

그러나 1937년 이후로는 디트로이트에서 그랬던 것처럼 인구의 절반가량이 리버풀을 떠났다.[68] 컨테이너 수송 같은 노동력 절감 기술들은 수천 명의 항만 노동자들을 길거리로 몰아냈다.[69] 운송비가 낮아지자 업계는 운영 비용이 덜 비싼 지역으로 이동할 수 있었다. 영국의 노조는 미국의 UAW보다도 더 강성이었으며, 그곳에서 공장을 운영하는 데 드는 비용은 중국에서 공장을 운영할 때 드는 비용보다 훨씬 더 비쌌다. 런던은 금융 같은 아이디어 집약적인 분야의 도움으로 변신에 성공했지만, 리버풀과 잉글랜드의 예전 북쪽 산업 지대처럼 상품 생산을 위주로 하는 지역들에게는 어려운 상황이 지속됐다.

수세기 동안 시골의 정체된 상태에 빠져 있던 스페인은 유럽 국가들 중에서 가장 늦게 산업화에 나섰지만, 그곳에서조차 산업 도시의 시대는 막을 내렸다. 1959년에 프랑코 총통은 뒤늦게 스페인 경제의 문호를 개방한 기술 관료적 성격을 띤 새 경제팀에게 실권을 주었다.[70]

1960~1975년에 스페인은 빠르게 도시화되었고, 국내총생산(GDP)

은 일본을 제외하고 세계 어떤 나라들보다도 더 빨리 성장했다.[71] 저임금과 유럽 시장과의 인접성은 빌바오 같은 스페인 항구들을 중공업에 적합한 장소로 만들었다.[72] 그러나 디트로이트와 마찬가지로 빌바오 역시 유가가 급등하고, 세계 경제가 침체에 빠지고, 다른 저비용 국가들이 스페인의 산업들과 경쟁하기 시작하던 1970년대에 어려움을 겪었다. 빌바오의 인구는 1981~1995년 사이에 14퍼센트가 감소했다.[73]

디트로이트에
폭동이 일어난 이유

경기가 둔화되면 일자리가 줄고 임금은 하락하기 때문에 도시는 직접적으로 영향을 받는다. 그러나 이런 부정적인 충격들은 또한 경기 둔화 못지않게 위해한 사회 봉기와 세수 감소 같은 간접적인 결과들을 일으킨다. 산업 도시의 몰락은 1960년대에 범죄와 폭동이 잇따르고 파산만 면하려고 발버둥 치며 점점 더 무기력해지는 공공 부문이 생기게 된 배경이었다. 1960년대 초 밝고 낙관적이었던 시기에 많은 미국 도시들은 구시대적인 기구 정치인들(machine politicians: 조직의 힘으로 선거의 승리나 입법을 도모하는 정치인들)이 아닌 젊고 카리스마 넘치는 지도자들을 선호했다.

디트로이트와 뉴욕은 진보주의자들과 아프리카계 미국인들이 힘을 합쳐 제롬 캐버너와 존 린세이를 각각 시장으로 뽑았다. 전임 시장들은 경찰의 만행을 교사했다는 의심을 받았지만 캐버너는 공정한 법 집행을 약속했다. 그는 소수집단 우대 정책(affirmative action: 소수집단에 대한 차별을 시정하기 위한 미국의 적극적 정책)을 펼쳤고, 마틴 루터 킹

주니어와 함께 행진했다. 존 린세이 역시 경찰의 만행에 맞서 싸우면서 소수집단 우대 정책을 지지했다. 린세이의 전성기는 킹 목사가 암살된 직후였을지 모른다. 그는 할렘 거리를 걸으면서 슬픔에 잠긴 사람들의 마음을 따스함과 동정심으로 어루만졌다.

그러나 궁극적으로 두 시장 중 누구도 그들이 통치하는 시를 뒤흔들고 있던 힘을 통제할 수는 없었다. 그래서 누구도 그들의 도시에서 제조업의 탈출을 저지하지 못했다는 이유로 책임 추궁을 당할 수 없다. 경제적 역풍이 너무 거셌을 뿐이다. 또한 누구도 경기 둔화, 높아지되 충족은 되지 않는 기대치, 그리고 전통적인 사회 통제 방식의 붕괴로 인해 1960년대 미국 여러 도시에서 일어났던 사회 불안에 대해서 비난받아서는 안 된다. 그러나 두 시장 모두 그들이 통치하는 시들이 겪은 고통을 증폭시킨 잘못을 저지른 것은 사실이다.

린세이란 이름에 꼬리표처럼 붙어 다니는 죄는 강성 노조와 운송 파업에 맞서 비용 억제를 하지 못한 무능력이다. 본래 공화당 의원 출신인 린세이는 노조의 임금 인상 요구를 억누를 수 있을 것으로 기대되었지만 맨해튼의 부유한 지역 출신이라는 배경 때문에 운송 근로자들과 잔인한 시가전에서 승리할 준비가 되어 있지 않았다. 결국 그는 파업보다는 임금 인상을 선택했다. 그로 인해서 시 정부의 비용이 증가했지만 분식회계를 동원해서 그 사실을 숨겼고, 결국 뉴욕 시는 1975년에 파산 일보 직전에 이르렀다.

캐버너의 치명적인 오류는 슬럼가를 없애고 연방 도시 재개발 자금을 갖고 고층 건물을 짓는 데만 열을 올렸다는 점이다. 디트로이트의 주택 가격은 1950년대에 최고점을 찍고 하락하던 중이었기 때문에 캐버너가 시장에 올랐을 때는 이미 주택 시장은 침체 상태였다. 디트로이트의 인구는 줄고 있었지만 집은 많았다.

일반적으로 더 많은 건물을 짓기 위해서 보조금을 지급하는 이유는 무엇일까? 성공한 도시들은 점점 더 늘어나는 공간에 대한 요구를 수용하기 위해서 더 많은 건물을 지어야 한다. 그러나 그렇다고 건물이 도시의 성공을 만들어준다는 것은 아니다.

디트로이트와 뉴욕에서 도시 재개발로 인해 흉물스런 슬럼가가 멋진 신축 건물들로 바뀌었을지는 모르지만, 그것이 도시의 쇠퇴를 막는 데는 별다른 역할을 하지 못했다. 그런 멋진 신축 건물들은 사실 정치인들에게 성공한 도시를 만든 것 같은 이미지를 주기 위해서 세워진 '속 빈 강정'에 불과했다. 이런 건물들은 미국 전역에서 목격된다.

그러나 디트로이트에는 진작부터 그런 건물들이 많았기 때문에 더 지을 필요가 없었다. 디트로이트에 필요했던 것은 인적 자본, 즉 쇼클리와 페어칠드런(Fairchildren: 반도체 산업의 발전에 큰 영향을 끼친 우수한 인재들을 일컫는 말)이 실리콘밸리에서 그렇게 했듯이 위대한 새 산업을 창조할 수 있는 포드와 듀런트와 닷지 형제들 같은 새로운 세대의 기업인들이었다. 부동산 가격이 이미 떨어질 대로 떨어진 곳에서 사람 대신 건물에 투자하는 건 지난 60년 동안 도시 정책의 가장 큰 실수였을지도 모른다.

두 시장은 또한 범죄와의 전쟁에서도 실패했다. 1960~1975년에 뉴욕의 살인률은 4배가 높아졌고, 디트로이트도 그와 유사한 충격적인 추세를 경험했다.[74] 그러나 두 도시의 인종차별주의와 경찰의 만행은 두 시장이 강제적인 법 집행보다는 책임감을 강조하게 만들었다. 아프리카계 미국인들은 경찰복을 입고 있건 없건 상관없이 더 이상 백인 폭력배들로부터 고초를 당할 의사가 없었다.

디트로이트에서는 경찰의 93퍼센트가 백인이었지만 이들은 인구 절반이 흑인인 도시를 완전히 통합하지 못했다. 나중에 뉴욕 시장이 된

1967년 디트로이트에서 일어난 폭동으로 2,000동이 넘는 건물들이 파괴되었다. 이 폭동은 한때 위대한 도시의 몰락을 상징했다. (롤스 프레스 / 게티 이미지 제공)

루돌프 줄리아니 같은 사람들은 엄중한 치안 활동을 통해서 범죄를 줄이지만 1960년대에만 해도 공격적인 법 집행이 평화 유지를 보장하지는 않았다.

엘름허스트 거리로부터 로사 공원 대로를 따라서 2킬로미터 약간 못되게 내려오면 클레어마운트 거리 귀퉁이에 허물어져가는 공원이 하나 보인다. 이곳은 사건이 일어난 지 50년 가까이 지난 후에도 디트로이트가 벗어나지 못하는 끔찍한 사건이 일어났던 곳이다.

1968년 7월 23일 일요일 오전 새벽 시간에 귀퉁이에 있던 클럽에서는 귀향 군인들을 위한 파티가 열리고 있었는데, 갑자기 디트로이트 경찰이 그곳을 급습했다. 흑인 거주민들을 상대로 한 만행으로 악명이 높았던 경찰 풍기 사범 단속반원들은 잠시 후 파티장에 있던 85명을 연행해 갔다. 이 장면을 보고 조롱하던 약 200명의 군중들이 모여서 경찰을 향해서 병을 던지기 시작했고, 경찰들은 도망갔다. 군중 수는 점점 더 늘었고, 곧바로 디트로이트는 불길에 휩싸였다.[75]

디트로이트에는 1,000명이 넘는 경찰관이 있었지만 방화하고 약탈하는 수천 명의 폭도를 통제하지 못했다.[76] 캐버너는 완전히 시의 통제력을 상실했다. 폭동은 제82 · 제101 공수사단 소속의 군인 수천 명이 장갑차들과 함께 등장한 화요일 이후까지도 이어졌다.[77] 군인들이 폭동 진압을 완료할 때까지 43명이 숨졌고, 1,400동의 건물이 불탔으며, 1,700개 상점이 약탈을 당했고, 7,000명이 체포됐다.[78]

디트로이트의 아프리카계 미국인들이 폭동을 일으키게 된 이유는 간단하다. 그들은 남부 출신 백인들로만 가득한 경찰들로부터 잔인하게 학대당해 왔기 때문이다. 그들은 수십 년 동안 자동차 산업에서 백인들의 일자리로부터 조직적으로 배제되었다. 그리고 그들이 얻은 일자리들은 일반적으로 임금이 낮거나 작업 환경이 좋지 않았다. 통계적으로 봤을 때 디트로이트가 이런 식으로 흑인들의 분노를 불러일으킨 유일한 도시는 결코 아니었다. 폭동은 젊지만 일자리를 구하지 못한 아프리카계 미국인들의 숫자가 많은 도시들에서 가장 빈번하게 일어났다.

경찰 수가 더 많은 도시들은 사실 폭동 건수도 더 적었다.[79] 불행하게도 일단 폭동이 시작되면 폭동을 진압하는 유일하게 효과적인 방법은 가혹한 법 집행이었던 것 같다. 위대한 사회 불안 전문가 세 사람은 연구 끝에 독재와 폭동의 관계를 '억압이 통한다'라는 애처로운 문구로 요약했다.[80] 폭동을 무자비하게 진압하는 잔인한 정권에서는 폭동이 적게 일어나는데, 이것은 독재국가에 비해서 민주주의 국가에서 폭동이 더 많이 일어나는 이유를 설명해 줄지도 모른다.

그러나 스틴부르드 인근에서 일어난 폭동은 유럽 최초의 근대 공화국 탄생으로 이어진 네덜란드 혁명의 시작을 알렸고, 보스턴에서 일어난 군중 봉기는 미국이 혁명과 공화국으로 나아가는 과정에서 중요한 역할을 했다. 토머스 제퍼슨은 "나는 위대한 도시들은 인간의 도덕과 건강과 자유에 해롭다고 생각한다"라고 말했지만, 현실은 이와 다르다. 제퍼슨 자신이 얻은 자유는 보스턴의 항구가 군중 선동을 가능하게 해준 덕분에 잉글랜드와 성공적으로 갈등을 일으킬 수 있었던 샘 애덤스와 존 핸콕 같은 도시 선동가들의 노력 때문이었다.

조지 3세(1738~1820) 시절과 마찬가지로 1960년대 미국의 도시들은 폭동에 2가지 합리적인 대응 방법을 갖고 있었다. 그 중 한 방법은 법 집행을 강화해서 사람들을 구속시켜 안전한 거리를 만드는 것이었다. 또다른 방법은 폭도들의 주장을 수긍하고 보다 공정한 사회를 만들기 위해서 노력하는 것이었다.

두 번째 방법과 관련해서는 할 말이 많을 수 있는데, 린세이와 캐버너는 이 방법에 관심을 가졌다. 1960~1970년대에 많은 개혁적 성향의 지도자들은 그들이 통치하는 도시들의 인종적·사회적 평등성을 높이기 위해서 부단히 애썼다. 그러나 불행하게도 그러한 지도자들은 도시 차원에서 거대한 사회 문제들을 올바로 고친다는 것이 얼마나 힘든지를 보여줬을 뿐이다.

미국의 인종차별주의를 둘러싼 끔찍한 역사는 1960년대에 왜 그토록 많은 아프리카계 미국인들이 폭동을 일으키고 싶어했는지 설명하는 데는 도움을 주지만 그런 폭동들이 미국 도시들, 특히 아프리카계 미국인들이 거주 지역에 엄청난 피해를 주었다는 사실을 바꾸지는 못한다.

결과적으로 폭도들은 부유한 백인들이 모여 사는 교외 지역의 집들을 불태우지는 않았다. 폭동과 범죄율의 상승은 도시가 야만적으로 변했다는 느낌을 불러일으켰고, 그 결과로 디트로이트를 떠날 능력이 됐던 많은 사람들이 실제로 그곳을 떠났다.

뉴욕의 부활
디트로이트의 몰락

1970년대에 모든 예전 산업 도시들은 거의 다 비슷한 운명에 처한 것처럼 보였다. 뉴욕과 디트로이트는 모두 기존 핵심 산업의 몰락으로 인해 비틀거리고 있었고, 뉴욕의 상황 역시 자동차 산업 상황이 예전보다 훨씬 악화된 것처럼 보였다. 의류 산업이 뉴욕에 미친 영향보다는 자동차 산업이 디트로이트에 미친 영향이 훨씬 더 컸기 때문이다.

1977년에 디트로이트가 속해 있는 미시건 주 웨인 카운티의 근로자들은 맨해튼 근로자들보다 더 높은 임금을 받았다.[81] 뉴욕 시 정부는 디트로이트 시 정부에 비해서 상황이 전혀 나아 보이지 않았다. 1975년에 뉴욕 주는 뉴욕 시의 재정을 인도받고, 시가 파산하는 것을 막기 위해서 지방 지원 공사를 설립했다. 미국 내에서 가장 많은 세금을 걷고 있었지만 뉴욕의 사정은 그랬다.[82]

그러나 디트로이트는 계속해서 쇠퇴했지만 뉴욕은 회복했다.

뉴욕의 부활에는 많은 이유가 있다. 뉴욕 양키스 팬들은 레지 잭슨의 홈런이 시의 마력을 되돌려놓았다고 생각한다. 히피족 도시 계획 전문가들은 앤디 워홀과 예술품 덕분이라고 여겼다.[83] 줄리아니 시장은 자기 덕분이라고 주장했다. 이런 시각들 모두 조금씩은 옳지만, 뉴욕의 부활은 주로 금융 서비스 분야에서의 기업가 정신의 폭발적 확산과 관련이 있었다.

2008년에 미국 인구 조사국의 조사 결과, 이른바 유가증권, 상품 계약, 그리고 기타 금융 투자 상품 및 관련 행동들이라고 부르는 업종에 종사하는 근로자들은 총 786억 달러 이상의 임금을 받았다.[84] 이 액수에는 금융 회사를 소유하고 있는 사람들에게 지급된 정말로 엄청난 임금은 포함되지 않았다.

지금으로부터 60년 전 이미 뉴욕의 회생은 수수께끼 같은 것이었고, 당시 경제학자인 벤저민 치니츠는 뉴욕은 의류 산업에 종사하는 소규모 기업들이 키워놓은 기업가 정신의 전통 때문에 강력해졌다고 주장했다.[85] 치니츠는 "피츠버그에 있는 대형 철강 회사에서 일하는 임금 근로자들은 아이들에게 상사에게 복종하고 점잖게 행동하라고 말했지만, 뉴욕의 의류 제조업자들은 아이들에게 위험을 감수하라고 말했다"라고 주장했다. 씨티그룹의 CEO를 지냈던 억만장자 금융 자본가인 샌디 웨일의 아버지(그는 재봉사로 시작해서 철강 수입업으로 전업했다)는 다른 사람 밑에서 일하기보다는 회사를 경영하는 것을 더 편하게 여기

도록 아들을 길렀다.[86]

도시는 오랫동안 한 가지 똑똑한 아이디어가 다른 똑똑한 아이디어들을 생산하는 지적 폭발을 창조했다. 피렌체의 예술적 르네상스가 바로 그런 지적 폭발이었다. 버밍엄과 맨체스터에서 일어난 산업혁명은 또다른 폭발이었다.

20세기 말 뉴욕에서 금융업의 성장은 그러한 혁신, 즉 위험과 보상의 맞교환을 계량화할 수 있는 능력에 의해 장려되었다. 그러한 능력은 투자자들이 정크본드에서 모기지 담보부 증권에 이르기까지 위험 자산들을 더 쉽게 팔 수 있고,[87] 그로 인해서 RJR/나비스코처럼 실적이 부진한 기업들을 대상으로 위험성은 높지만 고소득을 올릴 수 있는 LBO류의 모험을 걸어볼 수 있게 해주었다. 오늘날 헤지펀드 억만장자들은 길게 이어진 혁신가들의 체인에서 가장 최근에 연결된 고리들이다.[88]

뉴욕에서 일어난 모든 금융 혁명들을 의심의 눈으로 쳐다보고 있는 전 세계 수백만 명의 사람들이라도 똑똑한 트레이더였다가 다른 분야의 기업가로 변신한 마이클 블룸버그의 이야기는 쉽게 인정할지 모른다. 1970년대에 블룸버그는 살로몬 브라더스에서 회사의 트레이딩팀을 운영하면서 한마디로 잘 나가고 있었다. 1981년에 해고 직전 시스템 개발팀이란 그가 보기에 괴상한 세계로 추방당하기 전까지는 그랬다. 블룸버그는 살로몬을 나온 후 정보 기술 분야로 뛰어들었고, 이후 30년 동안 그는 점점 더 계량화되어 가는 월스트리트 트레이더들이 원하는 전문어 없는 키보드와 지속적으로 업데이트되는 광대한 양의 정보 흐름을 제공함으로써 자신의 이름을 딴 회사를 거대 조직체로 키웠다.[89]

전자 정보 제공 분야에 뛰어들어서 거금을 벌었지만 블룸버그는 직접 얼굴을 맞대고 일하는 것의 가치를 알고 있다. 그는 살로몬에서 자신이 운영했던 것과 같은 월스트리트 거래소 모양을 본떠서 '건물 내부

마이클 블룸버그 뉴욕 시장은 월스트리트의 경험을 바탕으로 일대일 접촉의 가치를
깨달았고, 시청을 빠른 정보 흐름이 가능하게 벽이 없는 툭 트인 공간으로 만들었다.
(뉴욕 시 제공)

를 벽으로 나누지 않은' 사무실을 만들었고, 회사 내 막히지 않는 정보의 흐름은 그의 성공을 도왔다.

대부분의 세계에서 부자들은 대형 사무실과 치장된 벽들로 둘러싸인 공간에서 지내지만, 거래소에서는 세계에서 가장 부유한 사람들조차 옆에 앉아서 일한다. 부자 트레이더들이라도 가까이 앉아 있는 사람들로부터 나오는 지식을 얻기 위해서 프라이버시를 포기한다. 어떤 면에서 거래소는 도시의 축소판 같다. 블룸버그가 2002년에 다시 경력을 바꿔 뉴욕 시장이 되었을 때 그는 시청에서도 그렇게 벽이 없는 사무실을 만들어서 사용했다.

뉴욕이 금융 불사조처럼 떠오르고 있는 동안, 디트로이트는 계속해서 거침없는 쇠퇴의 길을 걸었다. 자동차 도시의 몰락은 많은 면에서 헨리 포드의 성공이 남긴 유산이었다. 도시의 재건은 19세기 디트로이트에서 찾을 수 있던 전통적 도시의 미덕에 의해서 가능하다. 그런 미덕은 교육받은 근로자들, 소규모 기업인들, 그리고 상이한 산업들 사이의 창조적 상호작용을 말한다. 디트로이트는 3개의 수직적으로 통합된 방대한 회사들에서 일하는 수십만 명의 미숙련 근로자들을 고용한 하나의 산업에 의해서 지배되었다. 이보다 더 해로운 조합이 있을까?

대기업들이 포진해 있는 디트로이트 같은 도시들은 소규모 회사들이 더 많은 도시들에 비해서 고용 성장세가 더뎠다. 메트로폴리탄 지역에서는 1977년에 근로자 1인당 회사 수가 10퍼센트 증가하면 1977~2000년 사이에 취업자 수가 9퍼센트 더 늘어나는 결과를 가져왔다.[90] 이런 관계는 어떤 종류의 산업이 관련됐건, 기업의 역사가 얼마나 오래됐건, 도시의 크기가 얼마나 크건 상관없이 유효하다.

크고 수직적으로 통합된 기업들은 단기적으로는 생산적일 수 있어도, 도시의 장기적 성공에 필요한 역동적인 경쟁과 새로운 아이디어를 창조

하지는 못한다. 제아무리 풍부한 경험과 존 드로이언(John DeLorean)*
의 위풍당당함을 가졌더라도 소규모 회사의 기업인은 빅3 자동차 회사
들과 성공적으로 경쟁할 수는 없었다. 디트로이트는 성장을 장려하는
다양성과 경쟁을 질식시켰다. 더군다나 자동차 조립 라인으로 유명한
디트로이트는 보스턴, 밀라노, 뉴욕처럼 더 다양한 도시들의 회생에 밑
거름 역할을 해주었던 교육 제도에 투자한 적이 단 한 번도 없었다.

한편 운송비가 하락하면서 유럽과 일본의 경쟁사들은 미국 시장에서
자동차를 팔기가 더욱 쉬워졌다. 디트로이트의 빅3가 급진적인 위험 투
자 성향을 잃어버린 지 오래됐지만 혼다 소이치로는 연비가 좋은 소형차
를 만들고 있었다. 디트로이트의 자동차 산업은 미니밴과 SUV 같은 간
헐적으로 등장한 혁신 제품에 의해서 겨우 연명하고 있었고 결국 그들이
지배하던 시기는 막을 내리고 말았다. 1970년대에 휘발유 가격이 오르면
서 캐딜락 엘도라도스와 크라이슬러 임페리얼스 같은 대형차에 대한 미
국인들의 관심이 식을 대로 식자 디트로이트는 한마디로 진퇴양난에 빠
졌다. 자동차 산업이 쇠퇴하자 디트로이트는 더욱더 몰락했다. 방대한
공장들과 강력한 노조들이 활동하던 산업 도시의 시대는 끝났다.

디트로이트 시장
콜맨 영의 합당한 분노

디트로이트의 몰락은 정치
보다는 경제 논리와 더 많은 관련성을 맺고 있다. 하지만 시의 몰락에

---

* 자동차 생산업자로 아름다운 스포츠카를 만드는 것을 꿈꿨다.

대한 정치권의 대응 방식은 사태를 오히려 더욱 악화시켰다. 1970년대 위기를 맞았을 때 뉴욕은 지역적 차원에서 사회적 부당함을 종식시키겠다는 꿈을 버리고, 그 대신 뉴욕을 고용주와 중산층 모두에게 가장 매력적인 도시로 만들겠다는 결의로 가득 찬 코크, 딘킨스, 줄리아니, 블룸버그 같은 중도·실용 노선을 표방한 시장들을 뽑았다. 반면 디트로이트는 시에는 도움이 되지 않았던 열정적인 운동가 콜맨 영의 통치를 받았다.

영의 집안은 1920년대에 앨라배마에서 디트로이트로 이주했다.[91] 그는 포드 자동차 회사에서 일자리를 구했으나,[92] 노동과 시민권 운동에 개입했다는 이유로 자동차 업계의 블랙리스트에 이름이 올라 있었다.[93] 제2차 세계대전 당시 영은 앨라배마 주 동부 터스키기에 있는 공군 부대에서 폭격수로 근무했다.[94] 전원이 흑인들로만 이루어진 이 부대는 아프리카계 미국인들에게 미국을 위해서 비행할 수 있는 최초의 기회를 제공했다.

1943년에 디트로이트에서 들끓기 시작하던 인종차별주의에 대한 반감은 대규모 시위를 통해 폭발했다. 시위 도중 백인 경찰관들의 발포로 17명의 흑인이 숨졌지만, 백인들은 아무런 피해를 입지 않았다.[95] 연방 정부는 디트로이트 외곽에 주둔 중이던 영이 속한 흑인 폭격 부대를 1차적으로 켄터키 주로 이동시킨 후 다시 인디애나 주 프리먼 필드로 이동시키는 것이 현명하다고 생각했다.

프리먼 필드에는 백인 교관들과 흑인 훈련병들이 따로 드나드는 2개의 군인 클럽이 있었는데, 두 클럽은 거리상 서로 떨어져 있었고 시설 수준도 달랐다. 영은 디트로이트의 거리에서 배운 노조 조직원으로서의 기술을 발휘해서 이 두 클럽의 통합 작업을 시작했다. 그러다가 흑인 장교들이 집단으로 백인 클럽에 들어갔다가 체포되었다. 결국 아프리카계 미국인 집단들의 압력에 그들은 풀려난 후 켄터키 주로 다시 이송되었다. 거기서도 장교용 클럽은 흑백 모든 장교들에게 개방되어 있었지만, 백인 장교들은 포트 녹스에 있는 또다른 클럽도 사용할 수 있었다.[96]

전쟁이 끝난 후 18년 동안 영은 디트로이트에서 정치인으로서 성공하기 위해서 노력했다. 1951년에 그는 전국 흑인 노동자 회의[97]라는 노동조합을 결성했고, 그곳은 급진주의 때문에 매카시(McCarthy)* 시대에 하원 반미(反美) 활동 조사위원회의 감시를 받았다.[98]

마침내 1963년 시대가 그의 급진주의를 따라잡기 시작했고, 그는 주상원의원으로 당선됐다.[99] 그로부터 3년 뒤에 그는 상원의 소수당 지도자가 되었다.[100] 그는 주거에 있어 인종·종교·성별에 따른 차별을 금지하는 주거개방제도(open-housing law) 추진을 위해서 노력했고,[101] 디트로이트 최초의 소득세[102] 통과를 지원했다.

지방 소득세는 도시별로 공정한 사회를 만들려고 애쓸 때 생기는 문제가 무엇인지를 잘 보여준다. 영이 추진한 소득세는 부자들로부터 돈을 걷어서 가난한 사람들을 돕는 서비스에 돈을 지원하는 직접적 효과를 거두었다. 그러나 그와 같은 지방 소득세의 간접적 영향은 부자 시민들과 기업인들의 이탈을 조장한다는 데 있다.

4명의 경제학자들이 실시한 연구 결과, 4곳의 대도시 중 3곳에서 세율 인상에도 불구하고 세수는 거의 늘어나지 않은 것으로 나타났다.[103] 그 이유는 세율 인상으로 인해서 경제 활동이 급격히 위축되기 때문이다. 디트로이트처럼 쇠퇴하는 도시의 경우 지역 사회의 재분배라는 좋

---

* 미국 상원의원으로 1953년 반미 활동 조사위원회를 이끌며 미국 전역에 이른바 '매카시즘' 이란 반공주의 열풍을 일으킨 주인공이다.

은 의도를 갖고 추진한 정책들이 부유한 기업인과 시민들의 탈출 속도를 가속화하는 부작용을 일으킬 수 있다. 그럴 경우 가난한 사람들은 더욱 고립되게 된다.

폭동으로 시장직 수행이 어려워진 제롬 캐버너는 은퇴했고, 디트로이트 인구 중에서 흑인들이 차지하는 비중이 계속해서 늘면서 마침내 1973년에 영이 새로운 시장으로 선출됐다.[104] 그는 거침없는 말투로 오랫동안 좌절되었던 디트로이트 흑인 사회의 희망을 토로했으며, 1970년에 인구 55.5퍼센트가 백인이었던 이 도시는 2008년에 인구 11.1퍼센트가 백인인 도시로 변화하면서[105] 영은 이후 네 차례 시장 선거에서도 쉽게 당선될 수 있었다.[106]

자신감 넘치는 스타일 때문에 20년 동안 시장으로 일하는 동안 영은 늘 신문 머리기사를 장식했다. 그는 불경스런 말이 필요하다고 생각했다. 그는 "적절하게 사용된 저주의 말로 훨씬 더 직접적으로, 훨씬 더 정확하게, 훨씬 더 간략하게 자신을 표현할 수 있다"라고 말했다.[107] 그는 백인은 인종차별 정도에 대해서도 잘 모른다고 주장했다. 그는 "인종차별주의의 희생자는 당신이 실제보다 더 인종차별주의자인지 아닌지 여부를 말해줄 수 있는 훨씬 더 좋은 위치에 있다"라고[108] 말했다.

어떤 사람들은 영이 범죄자들을 방문해서 "디트로이트를 떠나라"라거나 디트로이트를 북쪽 교외 거주 지역과 분리하는 고속도로인 "8마일 도로를 걸어라"라고[109] 말했을 때 그가 교외 이주를 종용하고 있다고 생각했다. 영은 분명 그의 적들까지 신경 쓸 시간이 없었고, 그들이 떠나는 모습을 보고 행복해했다.

영의 호전성을 본 그의 많은 지지자들은 시청에서 그들을 대변해서 싸워줄 수 있는 용감한 수호자를 얻게 됐다는 느낌을 받았다. 과거 오랫동안 2류 시민 취급을 당하던 아프리카계 미국인들은 이제 얼굴을

들고 다닐 수 있게 됐다. 영은 인종차별주의 때문에 겪었던 쓰라린 경험 때문에 시의 백인들을 감언이설로 현혹할 생각이 없었다. 더군다나 그는 디트로이트로부터 백인들의 탈출이 지속되어야만 정치적으로 더 많은 이익을 누릴 수 있었다.

도시 정책과 '컬리 효과'

경제학자들은 '분명한 반대 의사를 표현하는' 시민들의 능력이 지방 정부들 사이에 경쟁을 유도한다는 주장을 오랫동안 펼쳐왔다. 특히 그들은 이때의 경쟁이 기업들 간의 경쟁이 주는 것과 같은 혜택을 준다고 강조한다. 그러나 그러한 낭만적 그림에는 실제로 한계가 있다. 콜맨 영과 디트로이트에 얽힌 이야기가 보여주듯이 어떤 경우 유권자들 사이에서 있을 수 있는 다툼이 정부를 더 나쁘게 만드는 비뚤어진 정치적 인센티브를 조장할 수 있다. 나는 이런 현상을 파란만장했던 보스턴의 전 시장 제임스 마이클 컬리의 이름에서 따서 '컬리 효과(Curley Effect)'라고[110] 부르겠다.

컬리는 영과 많은 면에서 공통점이 있었다. 그리고 어떤 면에서 봤을 때 그는 더 따지기를 좋아했다. 컬리는 가난한 소수민족 집단(아일랜드인)의 대변자임을 자처하면서, 과거의 잘못된 것들을 바로잡겠다는 공약을 내걸어 시장 선거에서 승리했다.[111]

컬리는 잉글랜드인들을 조상으로 둔 앵글로색슨인들을 '낯설고 멍청한 종(種)'이라고 부르는 등 보스턴 상류층 사람들을 분노하게 하는 표현을 자주 쓰곤 했다.[112] 그는 영의 5선에는 못 미치는 보스턴의 4선 시장이었지만 주지사로도 재임했다.[113] 그리고 영과 달리 컬리는 우편 사기와 다른 사람을 위해서 공무원 시험지를 빼돌린 혐의로 형을 선고받아 두 차례 수감된 전력이 있다.[114]

시장으로서 컬리의 첫 번째 임기 때인 1916년에 영국의 징병관이 컬리에게 제1차 세계대전 도중에 영국 편에서 싸울 수 있게 영국 출신의 보스턴 시민들을 징집해 갈 수 있는지를 물었다. 그러자 컬리는 "마음대로 하시오. 대령. 아무나 잡아 데려가도 좋소"라고 말했다.[115] 결국 영국 출신의 신교도 보스턴 시민들은 압도적으로 컬리를 반대했다. 그리고 보스턴이 점점 더 가난한 아일랜드 사람들의 도시가 되어가자 제임스 마이클 컬리의 재선 가능성은 그만큼 더 높아졌다.

컬리 효과는 특히 탈출이 쉬운 도시에서 인종 정치가 가진 위험성을 잘 보여주는 사례에 해당한다. 만일 부유한 영국 출신의 보스턴 시민들이 도시에 그냥 머물러 있었더라면 보스턴 경제는 혜택을 볼 수 있었겠지만 컬리는 그들을 제거하기 위해서 온갖 노력을 기울였다. 마찬가지로 디트로이트 경제 역시 부유한 백인들의 광범위한 탈출로 인해서 피해를 입었다.

영은 그들에게 떠나라는 말을 공공연히 하지는 않았을지 몰라도 그는 그들이 머물도록 장려하는 일도 거의 하지 않았다. 그가 당했던 부당한 피해를 생각하면 그의 분노에 공감하지 않기도 어렵지만, 도덕적으로 올바른 분노가 현명한 정책으로 이어지는 경우는 드물다.

부자들의 이동은 어떤 정부에게나 로빈 후드 역할을 할 수 있는 능력을 제한한다. 부자들은 비교적 쉽게 쇠퇴하는 암울한 도시를 걸어서 떠날 수 있다. 디트로이트의 중산 계층은 교외 지역으로 이동하면서 콜맨 영으로부터 벗어났다.

거대 건축 지향주의

영은 디트로이트를 살리기 위한 경제 전략을 갖고 있었지만, 그 전략은 잘못된 목표를 추구했다. 똑똑하고 부유한 기업인들을 끌고 오기 위해서 노력하기보다는 영은 조작된 도시를 실제 도시로 착각하고 제롬 캐버너가 저지른 실수를 되풀이하면서 대형 건물들을 짓기 시작했다. 지난 수 세기 동안에 지도자들은 자신들이 통치하는 도시가 성공했다는 이미지를 주기 위해서 신축 건물들을 지어댔다.

1세기에 로마를 통치했던 베스파시아누스 황제는 콜로세움 같은 대형 건축 프로젝트들을 추진하는 것이 합리적이라는 분위기를 조성했다.[116] 전설에 따르면 그로부터 1,700년 뒤에 러시아의 그리고리 포템킨 장군은 예카테리나 대제를 감명시키기 위해서 부유해 보이는 가짜 마을을 만들었다고 한다.[117]

오늘날 도시의 지도자들은 그들이 통치하는 도시의 번영을 증명해 보여주는 것 같은 대형 건물들의 준공식에 참가해서 포즈를 취하는 것을 좋아한다. 지난 수십 년 동안 미국의 연방 정부는 건축과 교통 분야에는 수십억 달러를 투자하면서, 학교와 안전에는 그보다 훨씬 더 적은 돈을 투자함으로써 이런 경향을 더욱 심화시켰다.

도시에 거대한 건축물들을 지으면 쇠퇴로부터 벗어날 수 있다고 생각하는 착각이 바로 '거대 건축 지향주의'의 사례이다. 이것은 근사해 보이는 신축 건물이 도시의 성공으로 이어진다는 생각이다. 일반적으로 성공한 도시들은 열심히 뭔가를 짓는다. 경제활동이 활발해지면 사람들은 기꺼이 돈을 내고 더 넓은 공간에서 생활하기를 원하고, 건축업자들은 행복하게 공간을 제공한다. 그러나 건축은 성공의 원인이 아니라 결과일 따름이다. 이미 필요 이상으로 건물들이 많은 쇠퇴하는 도시에 계속해서 많은 건물을 짓는 것은 바보 같은 행위이다.

1970년대에 디트로이트 레드 윙스 하키팀은 영에게 교외 지역으로 떠나겠다고 위협했다. 영은 5,700만 달러(2010년 가치로 환산했을 때 2억 500만 달러)를 들여 조 루이스 아레나(Joe Louis Arena)를 지어서 그것을 디트로이트 레드 윙스가 특별한 가격에 임대해서 홈구장으로 쓸 수 있게 했다.[118] 디트로이트는 스포츠팀을 지켜냈지만, 엄청난 비용을 지불해야 했다.

1987년에 디트로이트는 2억 달러(2010년 가치로 환산했을 때 4억 2,500만 달러)가 넘는 돈을 들여서 모노레일 시스템인 피플 무버(People Mover)를 개통했다.[119] 4.8킬로미터를 운행하는 이 모노레일은 매일 약 6,500명의 사람들을 태우며, 1년에 운영 비용으로만 850만 달러가 소요된다. 이것은 아마도 미국 역사상 단일 사업으로는 가장 황당한 대중교통 프로젝트일지 모른다.[120]

처음에는 아주 낙관적인 이용자 수 추정치를 내놓으며 사람들의 호응을 얻었지만, 실제 이용자 수는 좌석을 아주 일부만 채울 정도로 매우 적었다. 디트로이트에는 새로운 대중교통 시스템이 필요하지 않았다. 피플 무버 아래 거리들도 보통 때는 텅텅 비어 있었기 때문에, 버스들이 더 늘어나도 감당하는 데 무리가 없었다.

1970년대에 위대한 희망은 르네상스 센터였다. 이곳은 세제 혜택과 함께 캐버너와 영 두 사람으로부터 열광적인 지지를 받았지만, 실제로는 공적이 아닌 사적인 우둔한 행동을 보여주는 사례였다.[121] 헨리 포드 2세는 여하튼 수백만 제곱미터의 새로운 사무실 공간을 가진 이 거대한 건물이 디트로이트를 구원할 수 있을 것이라고 생각했다. 그런데 불행하게도 당시에 디트로이트에는 새로운 공간이 필요가 없었다. 르네상스 센터의 건축 비용은 3억 5,000만 달러였지만, 1996년에 1억 달러 미만에 제너럴 모터스에 매각됐다.[122] 제너럴 모터스는 현재 헨리 포드 2세의 돈 먹는 코끼리를 소유하고 있다.

1981년에 콜맨 영과 제너럴 모터스는 또다른 건설 프로젝트 추진을 위해서 손을 맞잡았다. 수용권(정부가 공공 사용을 위해 보상을 해주고 사유 재산을 수용하는 권리)을 동원해서 디트로이트 동쪽 폴타운[123] 내 소수 민족 거주 지역에 있던 1,400채의 주택을 허물었다. 거주민들의 권익 보호 운동가들은 즉각 반발해서, 본 사건을 미시건 대법원까지 끌고 갔다.

그러나 영은 여전히 토지를 소유했고, 도시 구역 내에 새로운 최첨단 공장을 세우기 위해서 그것을 제너럴 모터스에 넘겼다.[124] 공장은 188 헥타르의 부지에 약 1,300명의 사람들을 고용한 채 지금도 돌아가고 있지만, 도시 경계 내에 그러한 토지 집약적 회사를 짓기 위해서 4,000명 이상의 사람들을 이주시킴으로써 얻은 혜택을 찾기는 어렵다.[125]

디트로이트의 건축 프로젝트들은 분명 도시의 모습을 바꿔놓았다. 르네상스 센터는 스카이라인을 지배한다. 피플 무버를 타면 디즈니 월드를 여행하는 것 같은 기분이 느껴진다. 디즈니 월드가 절박한 상황의 도시 한가운데에 있다면 그렇다.

그러나 다른 쇠퇴하는 도시들이 그렇듯이 필요하지도 않은 인프라에 수십억 달러의 돈을 낭비했다. 놀랄 것도 없겠지만 이미 사용하는 사람들이 없는 건물들로 가득 차 있는 곳에 더 많은 건물들을 공급해 봤자 아무런 도움이 안 됐다. 이러한 도시 재건의 실패는 정부가 모든 차원에서 건물이 아닌 사람들이 정말로 도시의 성공을 결정한다는 사실을 인식하지 못했다는 것을 보여준다.

어떤 다른 공공 정책으로 디트로이트를 살릴 수 있었을까? 영이 시장으로 선출됐을 당시 디트로이트는 완전히 한물 간 상태였기 때문에

디트로이트는 바보처럼 피플 무버 같은 데 투자하면서 쇠퇴를 막기 위해서 안간힘을
썼다. 사실상 텅 빈 거리 위를 움직이는 피플 무버의 모습. (데니스 맥도날드 / 월드
오브 스톡 제공)

아무리 좋은 정책이라도 도시가 겪는 고통을 완화하는 정도에 그치지 않았을까 생각한다. 그러나 훨씬 더 부유했던 수십 년 전에 그런 정책이 취해졌다면 디트로이트는 다른 길을 걸었으리라고 상상하는 것도 가능하다. 아마도 디트로이트가 잘 나가던 1920년대에 그 부와 정치적 영향력을 교육 전반에 투자했다면 산업화 이후 도시들에게 생존의 원천이었던 인적 자원을 개발할 수 있었을 것이다.

그래도 몰락한 도시에 남아 있는 이유

산업화의 몰락과 정치적 실패가 몰고 온 가혹한 현실은 2008년 현재 디트로이트 시민의 1인당 소득이 1만 4,976달러로 미국 국민 소득 평균의 54.3퍼센트에 불과하다는 것이다.[126] 경기 침체가 닥치기 전인 2006년에도 디트로이트의 실업률은 13.7퍼센트에 달했다.[127] 이것은 디트로이트 다음으로 큰 도시의 실업률과 비교해서 훨씬 더 높은 수준이었다.

디트로이트의 겨울은 잔혹한데(1월 평균 기온은 섭씨 영하 4도이다), 미국인들은 따뜻한 날씨를 좋아한다.[128] 지난 1세기 동안에 온화한 겨울만큼 도시의 성장을 더 잘 예측할 수 있게 해준 변수는 없었다. 이러한 추위와 가난이란 기본 요소들을 고려할 때 우리는 디트로이트의 실패 이유를 물어서는 안 된다. 아마도 우리는 왜 2008년 현재까지 77만 7,000명의 사람들이 아직도 그곳에 남아 있는지를 물어야 할 것이다.[129]

디트로이트에 남아 있는 사람들만큼이나 이 질문에 대해서는 많은 다른 대답들이 나올 수 있다. 그리고 그런 제각각의 대답은 디트로이트에서 중요한 가치를 두는 것이 뭔지를 말해줄 수 있다. 그러나 그들 대다수가 디트로이트에 남아 있는 이유를 설명하는 데 도움이 되는 한 가지가 있는데, 그것은 바로 저렴하고 내구성이 강한 집이다.

어떤 장소에 사는 인구건 그 장소의 주택 숫자와 밀접하게 연결되어 있으며, 집은 하루아침에 사라지지 않는다.[130] 집은 또한 당장 포기하기에는 너무 가치가 크다. 집값이 곤두박질치더라도 종종 사람들은 수십 년씩 같은 집에 머문다. 인구 조사국 조사에 따르면 디트로이트 중심지에 있는 보유 주택의 86퍼센트는 1960년 전에 지어진 것이다. 디트로이트의 평균 집값은 8만 2,000달러인데 이는 새로 짓는 비용보다 훨씬 더 싸다.[131]

도시가 잘 나갈 때 새로운 거주자들을 수용할 만큼 집이 빨리 지어지는 한 도시는 매우 빠르게 성장할 수 있다. 도시가 쇠퇴할 때는 사람들이 집처럼 가치 있는 것을 포기하기를 꺼리기 때문에 매우 느리게 쇠퇴한다.

어떤 면에서 주택 공급이 지속된다는 것은 사람들에게 축복이다. 집은 재원이 거의 없는 사람들에게 저렴한 공간을 제공해 주기 때문이다. 저렴한 주택 공급으로 인해서 생기가 유지되는 도시들의 문제는 도시들에 가난한 사람들이 지나치게 많이 몰리는 나머지 사회 정의를 부르짖는 극단적 빈곤의 중심지가 생길 수 있다는 데 있다.

'위대한 파괴'와 도시 재생

전 세계적으로 디트로이트와 유사한 운명을 경험한 도시들이 많이 있다. 또한 정치인들은 도시의 쇠퇴를 막기 위해서 많은 조치들을 취해왔다. 미국의 도시들은 주로 건설에 기대서 쇠퇴로부터 벗어나기 위해서 애썼다. 스페인은 더 빈곤한 지역들의 경제 성장을 부추기는 차원에서 초고속 철도 건설에 수백억 달러를 투자하는 등 교통 인프라에 눈을 돌렸다.[132]

이탈리아의 경우는 더 가난한 지역으로 기업을 유치하고자 거액의 조세 혜택을 제공했다. 많은 유럽 도시들은 빌바오에 있는 구겐하임 미술관처럼 문화적 전략을 동원했다. 리버풀에는 유럽의 문화 수도가 된 지 1주년을 기념해서 새로운 건물들을 잇달아 지었다.[133] 이러한 전략들 중에 어떤 것이 실제로 도시의 쇠퇴 흐름을 되돌려놓을 수 있을까? 어떤 전략들이 들인 비용만큼의 혜택을 줄까?

19세기에 상품 운반에 거액의 비용이 들었을 때는 뉴욕이나 리버풀처럼 좋은 교통 연결 수단을 갖고 있는 장소들은 상당한 우위가 있었다. 오늘날 상품과 사람들을 이동시키는 데 드는 비용은 거의 어디서나 매우 싸졌기 때문에 운송 분야가 더 개선되더라도 예전보다 훨씬 더 적은 우위만이 생긴다.

운송 투자는 가난한 지역이 호황을 맞아 공간이 부족한 메트로폴리스에 접근할 수 있는 속도를 극단적으로 향상시킬 수 있을 때 가장 효과적이다. 스페인에서는 초고속 철도에 거액의 돈을 퍼부은 결과로 마드리드와 바르셀로나와 시우다드 레알 같은 다른 도시들 사이의 이동 시간이 크게 줄었다.

초고속 철도 연결망은 본래 140분 걸리던 마드리드와 시우다드 레알 사이의 이동 시간을 50분으로 단축시켰고, 곧바로 사람들은 시우다드 레알에서 살면서 스페인의 최대 도시인 마드리드로 출근했다. 초고속 철도망이 연결된 이후 시우다드 레알의 인구는 늘어난 것 같다.[134] 교통망이 촘촘한 잉글랜드의 경우 버밍엄, 맨체스터, 리버풀과 같은 도시들은 런던으로 이어지는 극도로 빠른 철도 연결망이 생기면 매우 빨리 성장할 수 있을 것이다.

그러나 시우다드 레알이 초고속 철도로부터 혜택을 얻게 도와주었던 요소들이 미국의 러스트 벨트 대부분의 지역에는 없다. 비행기를 타고 버펄로나 클리블랜드나 디트로이트로부터 뉴욕으로 이동하는 것이 기차를 타고 이동하는 것보다 항상 더 빠를 것이다. 뉴욕과 이들 도시 사이에는 빈 공간이 많다. 그런데 왜 이처럼 어느 정도만 거리가 떨어진 도시들에 자연스럽게 지원 업무처들이 몰리는 것일까? 뉴욕으로의 연결 시간이 단축되면 분명 필라델피아나 뉴헤이븐 같은 인근 지역들이 혜택을 볼 수 있을 것이다. 그러나 미국은 국토가 너무 넓기 때문에 아무리 육상 교통 속도가 빨라졌다고 해도 이보다 더 먼 거리들을 부활시키기에는 역부족이다.

도시들을 살리는 또다른 방법은 기업들이 사업에 불리한 지역에 위치해 있을 때 그들에게 세금을 깎아주는 것이다. 연구 결과, 세제 혜택은 문제가 많은 지역들의 일자리 수를 크게 늘리는 효과를 거둔 것으로 나타났지만, 일자리 하나를 만드는 데 드는 비용이 10만 달러에 이르렀다.[135] 그러나 이런 비용에도 불구하고 국가 정부는 경제 활동을 되살리기 위해서 세법에 손을 대야 하는 걸까? 매사추세츠 주 세일럼의 인구 증가세를 유지하기 위해서 19세기 시카고나 디트로이트에 세금을 부과하는 것이 합리적이었을까? 왜 국가 정책은 기업들에게 비생산적인 지역으로 이동하라고 권유하는가?

국가 정책은 사람들에게 어떤 특정 장소에 가서 살라고 압력을 가하기보다는 모든 사람들이 부유하고, 힘을 가질 수 있게 만들어야 한다. 연방 정부는 로키 산맥의 작은 언덕 지역의 경제 발전을 도모하기 위해서 애써서는 안 된다. 그리고 사람들에게 정치적으로 선호되는 지역들로 이주하게 만들려고 수십억 달러의 돈을 써야 할 명분을 찾기도 어렵다. 도시 재건을 위한 값비싼 노력들은 종종 쇠퇴하는 지역에 살고 있는 가난한 사람들보다는 잘 연결되어 있는 기업들에게 더 많은 혜택을 준다. 낙후된 이웃에 도서관을 지으면 부동산 가치가 올라가고 예술 애호가들의 방문이 줄을 잇겠지만, 그것이 예술에는 전혀 관심이 없고 아파트 월세를 더 내야 하는 세입자들에게는 도움이 되지 않을 것이다.

빌바오에 있는 구겐하임 미술관이 성공하자 문화 시설들이 성공적인 도시 부활 전략이 될 수 있다는 시각이 더욱 힘을 얻게 되었다. 프랭크 게리가 설계한 이 상징적 건물을 보기 위해서 관광객들이 몰렸다. 1994년 빌바오를 찾은 관광객 수는 140만 명에 불과했지만 2005년에는 이 숫자가 380만 명으로 늘어났다.[136] 미술관을 찾는 관광객 수만 매년 100만 명에 이른다.[137]

그러나 분명 빌바오에 회의적인 시선을 던지는 사람들도 있다. 한 연구 결과는 미술관 때문에 생긴 신규 일자리 수는 900개 정도에 불과하며,[138] 미술관 프로젝트로 인해서 바스크 재정은 2억 4,000만 달러 감소했다고 주장했다.[139] 그러나 빌바오로부터 교훈을 이끌어낼 때 이보다 더 큰 문제는 그곳이 겪은 경험이 표준과는 거리가 멀다는 데 있다.

구겐하임 같은 미술관이 하나 성공할 때, 매년 40만 명의 신규 관광객을 유치할 수 있을 것이란 희망을 갖고 잉글랜드 셰필드에 세워진 전국 대중문화 센터처럼 값비싼 대가를 치르고 실패한 곳들이 수십 곳이 생긴다. 1999년 문을 열었을 때 이 센터를 찾은 관광객 수는 예상치의 4분의 1에 불과했고, 결국 같은 해에 센터는 문을 닫았다.[140] 독일 중동부에 있는 도시 라이프치히에도 아름다운 예술 박물관이 있지만 이 박물관이 지어진 후 숙박 요금이 천정부지로 치솟자 안타깝게도 박물관 관광객 수는 급감했다.

라이프치히는 그곳이 추진했던 문화적 전략보다는 도시의 쇠퇴를 받아들이고 빈 주택 재고를 줄이는 단호한 정책 때문에 모방의 가치가 있다. 2000년에 라이프치히의 전체 주택 중 20퍼센트에 해당하는 총 6만 2,500채는 주인을 찾지 못했다.[141] 지난 수십 년 동안에 쇠퇴의 현실을 받아들이길 거부했던 시 정부는 마침내 빈집들이 결코 주인을 찾지 못할 것이며, 빈집들을 철거한 후 생긴 공간을 녹지 공간으로 대체하는 것이 더 합리적임을 인정했다. 빈집들을 철거하면 도시 서비스 비용이 감소하고, 안전 위험이 사라지며, 흉물스럽게 썩어가는 공간을 유용한 공간으로 전환시킬 수 있다. 라이프치히는 빈집 2만 채를 철거하기로 목표를 세웠다.

미국에서는 1970년과 비교해서 인구가 절반 이상 감소한 오하이오 주 영스타운 역시 이처럼 '위대한 파괴(shrinking to greatness)'라는 비전을 받아들였다.[142] 2005년도에 새로 선출된 영스타운 시장은 즉시 버려진 주택 철거 예산을 배정했다. 이런 집들 중에 다수가 지금도 철거되고 있다.[143] 공원, 개방 공간, 그리고 대형 주차장들이 과거 인구 밀집 지역들을 대체할 것이다. 이런 전략을 쓰더라도 영스타운의 인구가 다시 늘어나지는 않겠지만, 도시를 더 매력적이고, 덜 위험하고, 더 저렴하게 유지할 수 있도록 만들 것이다.

그리고 마침내 디트로이트는 사람들이 돌아오지 않으며 빈집들을 보다 합리적으로 활용할 수 있는 공간으로 대체해야 한다는 것을 이해하는 시장을 찾아냈다.[144] 그의 이름은 데이비드 빙이다. 빙 시장은 동정심이 부족한 것은 아니지만 그 역시 거대 건축 지향주의의 문제를 이해하고 있다. 그는 건물 수가 줄어들더라도 사람들을 잘 보살피면 디트로이트는 위대한 도시로 도약할 수 있다는 걸 알고 있다.

미술관과 교통 및 예술품들은 장소 형성에 정말로 중요한 역할을 한다. 그러나 기획자들은 현실적이 되어 엄청난 성공보다는 적당한 성공을 기대해야 한다. 현실적으로는 엄청난 돈이 드는 도박에 도시의 미래를 걸기보다는 소규모의 합리적 프로젝트들을 추진하는 것이 맞다. 생활 편의시설에 대한 이러한 투자의 실질적인 성과는 관광객 수가 얼마나 늘었느냐가 아니라, 세계 경제와 연결되었을 경우에 진정 도시를 부활시킬 수 있는 숙련된 거주민들을 데려올 수 있느냐로 가늠된다.

쇠퇴하는 산업 도시들을 부활로 이끄는 길은 멀고도 험하다. 앞으로 수십 년 동안 이들 도시들은 거대한 공장과 중공업이 가져왔던 저주 받은 전설에서 벗어나야 한다. 그들은 소규모 창업과 상거래 장소로 출발했던 때로 되돌아가야 한다. 교육에 투자하고 적절한 세금과 규정을 통해서 핵심 공공서비스를 유지하는 것 외에는 이런 과정을 빨리 추진하기 위해 정부가 할 수 있는 일은 거의 없다. 모든 도시가 회생하지는 않겠지만 인간의 창조성은 특히 도시의 밀도에 의해서 강화될 때 더욱 강력해진다.

도시가 쇠퇴하면 저렴하게 집을 구하려는 가난한 사람들이 몰려오기 때문에 사람들의 머릿속에는 빈곤과 도시의 실패가 종종 연관되지만, 본질적으로 도시의 빈곤에는 아무런 문제가 없다. 실제로 우리가 다음 장에서 살펴보겠지만 빈곤은 일반적으로 도시가 성공했다는 것을 보여주는 신호이다.

TRIUMPH OF THE CITY

가난한 도시에도 희망은 있다

3장

어떤 힘이 가난한 사람들을 도시로 끌어오는 것일까? 무엇보다도 그들은 일자리를 얻기 위해서 도시로 향한다. 도시의 높은 인구밀도는 거래를 용이하게 해준다. 즉 시장을 만들 수 있게 해준다. 세계에서 가장 중요한 시장은 노동시장이다. 이곳에서 사람들은 금융 자본을 가진 사람들에게 자신이 가진 인적 자본을 빌려준다. 그러나 도시가 단순히 노동자와 자본가에게 상호 교류의 장만 마련해 주는 것은 아니다. 도시는 종종 수천 종에 달하는 광범위한 일자리를 제공한다. 대도시는 고용주들로 짜여 있는 분산 포트폴리오인 셈이다.

해질녘에 리우데자네이루 이파네마 해변에서 시원하고 저렴한 맥주를 플라스틱 컵에 담아 마시는 것보다 더 소박하면서도 순수한 즐거움을 찾기는 어렵다.

리우데자네이루의 해변은 도시 공간들 중에서 가장 쾌락적인 곳에 속한다. 일반적으로 날씨는 감탄이 나올 정도로 좋다. 보통 때 해변은 아름다운 사람들로 수놓여 있다. 동쪽으로 눈을 돌려 바다를 바라보면 슈가 러프 언덕으로 꾸며진 멋진 해안선이 눈에 들어온다. 내륙 쪽을 바라보면 바다를 전망으로 한 인상적인 건물들이 줄지어 늘어서 있는 광경이 보인다.

리우데자네이루가 브라질의 수도 자리를 내놓은 지도 어언 40년, 그동안 정치적·경제적 중요성이 약화되긴 했지만 이곳은 여전히 즐거운 국가 브라질에서 가장 즐거운 장소로 남아 있다. 아름다운 옛 건물들과 위대한 자연의 아름다움은 리우데자네이루의 토착민인 카리오카인들이 흥미로운 도시 공간을 만든 물리적 뼈대 역할을 했다. 이 공간은 여행객들의 메카지만 카리오카인들이 외국인들보다도 더 즐거움을 느끼면서 사는 것 같다.

이파네마 해변에서 눈을 돌려 언덕 쪽을 바라보면 코르코바도 언덕 위에 세워져 있는 거대한 그리스도상에 눈길이 갈 것이다. 그러나 유심

대부분의 사람들은 리우데자네이루의 빈민촌 호싱야(Rocinha)를 고난의 장소로 여기 겠지만 이곳에서는 사실 도시의 생기가 느껴진다. 이곳에 정착하는 사람들은 브라질 내륙 지역에 사는 사람들에 비해서 더 많은 기회와 더 나은 서비스를 얻는다. (이보 곤잘레스 / 아젠치아 오 글로보 제공)

히 살펴보면, 이 목가적이면서 이상적인 도시에 오점이 하나 보일 것이다. 즉 리우데자네이루를 둘러싸고 있는 언덕들을 빼곡히 메운 전기나 하수 처리 시설이 부족한 빈민가(브라질 빈민촌은 파벨라(favela)라고도 불린다) 판자촌이 그것이다. 이 언덕들 위에 있는 빈민가는 보는 이들을 어리둥절하게 만든다. 또 이 빈민가의 모습은 주변과 조화를 이루지 못하는 것 같다.

리우데자네이루의 언덕들은 세계에서 가장 전망이 좋은 곳 중의 하나지만 그런 곳을 제대로 된 인프라만큼이나 드물게 법규가 적용되는 부스스한 판자촌들이 점령하고 있는 이유는 무엇일까? 이런 빈민가의 모습은 해수욕을 즐기는 사람들에게 리우데자네이루는 부유한 사람들을 위한 놀이터임과 동시에 100만 명이 넘는 가난한 사람들이 허물어져가는 슬럼가로 몰려드는 도시임을 상기시켜 준다.

지금으로부터 2,500년 전에 플라톤은 "아무리 작아도 어떤 도시나 사실상 2가지 도시, 즉 빈자들이 사는 도시와 부자들이 사는 도시로 분리된다"라고 말했다.[1] 모든 개발도상국들에 있는 거의 모든 도시에는 가난한 사람들이 모여 사는 슬럼가가 있다. 콜카타나 라고스 같은 곳에는 고통 받고 사는 사람들의 범위가 너무 광범위하고 극단적이기 때문에 그곳을 살펴본 사람은 도시 전체가 지옥 같다고 생각하지 않을 수 없다.

선진국 세계에서조차 도시의 가난은 불균형하게 분포되어 있다. 미국에서 도시 내 빈곤율은 17.7퍼센트이고, 교외의 빈곤율은 9.8퍼센트에 이른다.[2]

도시는 새로운 기회의 땅

끔찍할 정도로 만연한 도시의 빈곤 현상은 도시를 불평등과 박탈의 장소로 낙인찍히게 만드는 것 같다. 많은 도시 분석가들은 메가시티의 문제로부터 거대한 위기를 목격한다. 이 위기는 보통 뭄바이나 멕시코시티에 사는 엄청난 숫자의 가난한 사람들과 관련된다. 많은 사람들의 눈에는 혼잡하고 불결한 공간 속에서 수백만 명의 사람들이 막다른 삶을 살고 있는 이런 메가시티들의 성장을 제한하는 것이 현명해 보인다. 선진국 세계에서는 아늑하고 동질화된 교외 지역이 5번가의 억만장자를 슬럼가 아이로부터 분리시키는 특별한 차이를 두는 도시보다 훨씬 더 평등해 보일 수 있다.

그러나 방금 설명한 이야기는 비합리적인 내용으로 가득 차 있다. 리우데자네이루에서 로테르담에 이르기까지 도시에 존재하는 가난은 도시의 약점이 아니라 강점을 드러내준다. 메가시티는 과도하게 크지 않다. 메가시티의 성장을 제한할 경우 얻는 것보다 더 심각할 정도로 많은 고초를 떠안게 될 것이다. 또한 도시의 성장은 시골의 가난을 줄이는 효과적인 방법이다. 사회 전체 차원에서 봤을 때, 평등해 보이는 교외 지역은 그곳의 즐거움을 누릴 능력이 안 되는 사람들에게는 많은 면에서 불평등한 도시 세계보다 더 문제이다.

사람들을 가난하게 만들어서가 아니라, 인생이 나아질 것이라는 기대를 가진 가난한 사람들을 끌어들이기 때문에 도시는 가난한 사람들로 가득 차 있다. 최근 대도시로 들어온 사람들의 빈곤율은 장기 도시 거주자들의 그것에 비해서 더 높다.[3] 이는 뒤집어 생각하면, 시간이 지나면 새로 도시로 이주한 사람들의 재산이 크게 늘어날 수 있다는 의미이기도 하다. 다른 장소들로부터 도시로 들어온 가난한 사람들은 미쳤거나 오판한 것이 아니다. 그들은 도시가 그들이 예전에 살던 집에서는 구할 수 없었던 이점들을 제공해 준다고 보기 때문에 도시로 몰려든다. 도시 슬럼화의 가장 큰 문제는 도시에 사는 사람들의 수가 너무 많다는 것이 아니라 도시 거주민들이 메트로폴리스의 경제 중심으로부터 단절되는 경우가 너무 잦다는 것이다.

대규모 도시 빈민 문제는 반드시 해결되어야 한다. 다음 장의 주제지만, 도시가 수백만 명의 가난한 시골 사람들을 추가로 수용할 수 있는 세계를 꿈꾸는 것이 그러한 잠재적 이주자들이 농촌에서 고립된 상태로 살다가 최후를 맞기를 바라는 것보다 훨씬 낫다.

리우데자네이루의 슬럼가가 사람들로 붐비는 이유는 그곳의 생활이 변화 없는 시골의 가난한 생활보다 낫기 때문이다. 리우데자네이루는 오랫동안 브라질 내륙 지역에 있는 황량한 장소들에 비해서 더 많은 경제적 기회와 공공서비스와 즐거움을 제공해 주었다. 미국의 슬럼가는 집단 학살이나 가난을 피해서 찾아든 이민자들 및 흑인 차별법이 존재하던 남부에서 고된 농사일을 못 버티고 도망친 흑인들로 붐볐다. 19세기의 위대한 경제 엔진인 맨체스터에는 그곳이 실패하고 있어서가 아니라 그곳의 공장들이 일자리를 구하는 시골 사람들을 끌어들였기 때문에 가난한 사람 수가 엄청나게 많았다. 사실상 우리는 가난이 눈에 잘 안 띄는 장소들을 더 걱정해야 한다. 무슨 이유로 그런 곳들은 불행한 상황의 사람들을 끌어들이지 못하는 것일까?

자유 사회에서 사람들은 드러내놓고 다른 곳으로 이주하거나, 암묵적으로 자신이 태어난 곳에 머무는 식으로 각자 살 곳을 정한다. 도시 인구는 도시가 무엇을 제공하는지를 말해 준다. 미국 유타 주 주도인 솔트레이크시티는 모르몬교도가 되기에 적합한 장소이기 때문에 모르몬교도들로 가득하다. 런던은 돈을 운용하기에 좋은 장소이기 때문에 많은 은행원들이 그곳에서 활동한다. 리우데자네이루 같은 도시들은 가난하게 살기에 비교적 좋은 장소이기 때문에 가난한 사람들로 북적 댄다. 결국 돈 한 푼 없더라도 이파네마 해변을 즐기면서 살 수는 있다.

사람들이 자유롭게 이동할 수 있다는 것은 특정 유형의 도시가 이룬 성공이 어떤 장소를 더 가난하게 만들 수 있다는 것을 의미한다. 이때 경제학에서는 인센티브가 가진 힘을 중시한다. 즉 뭔가를 함으로써 얻게 되는 대가가 올라갈 경우 그 일을 하는 사람들은 더 늘어난다. 어떤 지역에 가난한 사람들이 없다는 것은 그곳에 적정한 가격의 주택이나 대중교통이나 비숙련공들을 위한 일자리 같은 뭔가 중요한 것이 결핍되어 있다는 것을 보여주는 신호이다.

도시 빈곤의 위대한 역설은, 어떤 도시가 공립학교나 대중교통 시스템을 개선함으로써 현재 그곳에 살고 있는 가난한 사람들의 삶을 개선해 준다면 그 도시에는 더 많은 가난한 사람들이 몰린다는 점이다.

미국의 도시들이 지난 30년 동안에 고속전철 역사(驛舍)를 세웠을 때 일반적으로 그 역사들 인근 지역의 빈곤율은 높아졌다.[4] 그렇다고 해서 이러한 사실이 대중교통이 사람들을 더 가난하게 만든다는 뜻은 아니며, 그보다는 가난한 사람들은 자동차 없이 돌아다닐 수 있는 것을 중시한다는 뜻으로 해석해야 한다. 대중교통이 주로 가난한 사람들을 이동시키고 유인한다는 사실은 대중교통이 가진 결함이 아니라 대중교통이 주는 혜택이다.

어떤 힘이 가난한 사람들을 도시로 끌어오는 것일까? 무엇보다도 그들은 일자리를 얻기 위해서 도시로 향한다. 도시의 높은 인구밀도는 거래를 용이하게 해준다. 즉 시장을 만들 수 있게 해준다. 세계에서 가장 중요한 시장은 노동시장이다.

이곳에서 사람들은 금융 자본을 가진 사람들에게 자신이 가진 인적 자본을 빌려준다. 그러나 도시가 단순히 노동자와 자본가에게 상호 교

140

류의 장만 마련해 주는 것은 아니다. 도시는 종종 수천 종에 달하는 광범위한 일자리를 제공한다. 대도시는 고용주들로 짜여 있는 분산 포트폴리오인 셈이다.

도시에는 한 고용주가 파산할 경우 그를 대체할 또다른 고용주(2명일 수도 있고, 10명일 수도 있다)가 존재한다. 이런 고용주들의 혼재가 심각한 경기 둔화로 인한 글로벌 경제의 붕괴에 대비한 보험 노릇을 해주지는 못하지만 시장의 일상적인 변동성을 완화하는 역할을 하는 것은 틀림없다.

펜실베이니아 주 허쉬처럼 하나의 기업만이 활동하는 도시는 한 사람의 고용주에 의존해야 하므로 근로자들의 삶은 그 고용주가 흥하느냐 망하느냐에 달려 있다. 그러나 여러 산업에 속한 많은 공장들이 돌아가는 뉴욕이나 리우데자네이루의 사정은 그렇지 않다. 두 사람의 경제학자가 실시한 한 고전적 연구 결과를 보면 1970~1980년대 경기 하강 시 실업률은 고용주들의 범위가 다양하지 못한 장소에서 3퍼센트 가까이 더 높았다.

도시 일자리의 종류가 다양하기만 해도 사람들에게는 자신이 잘할 수 있는 일과 잘할 수 없는 일을 구분할 수 있는 기회가 생긴다. 지난 수천 년 동안 대부분의 사람들은 땅을 경작하는 일이 적성에 맞건 맞지 않건 상관없이 농장에서 일했다. 그러나 도시에서 사람들은 이 회사 저 회사로, 이 산업 저 산업으로 옮겨 다닐 수가 있다. 일자리를 옮겨 다니면서 사람들은 적성에 맞는 일과 잘할 수 있는 일이 뭔지 알 수 있다. 토머스 에디슨이나 헨리 포드가 하루 종일 농사만 지어야 했다면 이 세상은 얼마나 많은 것을 잃었겠는가?

도시의 빈곤과 시골의 빈곤

리우데자네이루 빈민가 판자촌은 19세기 말 브라질이 준(準)봉건주의 과거로부터 벗어나고 있을 당시부터 조성되기 시작했다. 1870~1880년대에 아르헨티나와 미국 같은 다른 신세계 국가들이 투표로 통치자를 뽑을 때 브라질은 포르투갈의 유서 깊은 브라간자 왕가 자손인 황제에 의해서 통치됐고, 노예제도는 여전히 합법이었다.[5]

19세기 중반 리우데자네이루 인구의 약 40퍼센트인 8만 명 정도는 노예였다.[6] 노예제도 폐지론이 정치적인 힘을 얻게 되자 점점 더 많은 수의 노예들이 플랜테이션(대규모 농장)의 삶에서 벗어나기 위해서 도시로 도망쳤다. 리우데자네이루에서 도망친 노예들은 19세기에 일명 킬롬보(quilombo)라는 판자촌을 조성했다. 이것이 빈민가의 시초였다.[7]

황제 페드로 2세는 노예제도를 싫어했지만, 정치적 후폭풍의 두려움 때문에 나머지 지역을 해방시키려고 애쓰지 않은 것인지 모른다.[8] 그러나 1888년 페드로 2세가 유럽 여행 중이었을 때 섭정을 맡았던 그의 딸이 노예제도 폐지 선언에 서명함으로써[9] 마침내 남북아메리카에서 맨 마지막으로 브라질의 노예제도는 종식되었다.[10] 그러나 후폭풍에 대한 페드로 2세의 예측은 적중했다. 그 다음 해에 재산의 일부로 간주되던 노예들을 잃게 돼 분노한 집권층의 후원을 받은 군사 쿠데타가 일어나서 브라간자 왕조를 무너뜨렸다.[11]

최초의 진정한 빈민가는 리우데자네이루가 아니라 브라질 동북부 지역의 가난한 시골 지역에 조성되었다. 그곳에서 순회 설교자와 노예제도 폐지를 주장한 이력이 있는 참사관 안토니오는 주로 과거 노예들로 이루어진 카누도스라는 소도시를 세운 후 납세 거부 운동을 시작했다.[12] 1895년이 되자 카누도스의 인구는 3만 명으로 불어났다. 참사관이 주동이 된 납세 거부는 이른바 위스키 폭동(whiskey rebellion: 미국에서 1791년에 위스키 양조 농민들이 위스키 세금 부과에 항의하기 위해서 일으킨 폭동)과는 성격이 달랐다.[13] 1896년이 되자 전쟁이 발발했고, 정부는 카누도스 접수를 위해서 수천 명의 군인을 파견했다.[14] 마침내 카누도스가 붕괴되자 약 1만 5,000명의 사람들이 살해되었다.[15]

브라질 군대가 승리를 거뒀지만 극도로 인색한 정부는 군인들에게 보수를 지불하지 않기로 결정했다. 그러자 군인들은 리우데자네이루 외곽 언덕에 그들이 얼마 전에 무찌른 참사관을 무의식적으로 모방해서 자기들끼리만 모여서 살 마을을 만들면서 대응했다. 이후 70년 동안 수십만 명의 가난한 농부들(그들 중 다수는 풀려난 노예들이었다)이 리우데자네이루로 몰려들었다.[16] 그 황폐한 주거지가 대단해 보이지는 않았을지 몰라도, 그들 입장에서는 전 주인을 위해 플랜테이션으로 돌아가는 것보다는 그곳에 사는 것이 더 나았다. 20세기 미국 도시들을 채웠던 해방 노예들과 마찬가지로 풀려난 브라질 노예들은 시골의 가난보다는 도시의 약속을 선택했다.

일반적으로 외국 투자자들은 리우데자네이루의 가난한 사람들을 보면 자신들이 익히 보아온 다른 사람들, 이를테면 그들보다 사정이 나은 미국 빈민가의 가난한 사람들과 그들을 비교하는 경향을 보이는데 그것은 잘못이다. 브라질의 빈민가 거주민들은 로스앤젤레스에서 살 수 있는 선택권을 갖고 있지 않기 때문에 외국인들의 눈에는 잘 안 띄는 브라질의 가난한 시골 지역에서 살고 있는 사람들과 비교돼야 마땅하다. 리우데자네이루는 상당히 가난하지만, 그곳은 브라질의 동북부 시골 지역과는 비교가 되지 않는다.

최근 한 연구 결과를 보면, 리우데자네이루의 거주민 중 90퍼센트는

1996년에 한 달에 85달러 이상을 벌었으나 브라질 동북부 시골 지역 거주민들 중에서는 불과 30퍼센트만이 빈곤선(poverty line: 육체적 능률을 유지하는 데 필요한 최소한의 생활수준) 위에서 생활하고 있었다.[17]

가장 끔찍한 도시의 빈곤과 비교해 보더라도 시골 지역의 상황이 일반적으로 더 나쁘다. 나이지리아의 라고스는 종종 심각한 박탈감에 시달리는 도시로 묘사되지만, 사실상 그곳의 높은 물가를 감안해서 조정해 봤을 때 라고스의 극단적 빈곤율은 나이지리아 시골 지역의 극단적 빈곤율의 절반 미만이다.[18] 라고스 거주민들 중 약 4분의 3이 안전한 식수를 마시고 있는데, 이는 끔찍할 정도로 낮은 수준이긴 하지만 일반적으로 30퍼센트 미만만이 그런 안전한 식수를 마실 수 있는 나이지리아의 다른 어떤 장소와 비교해 봐도 훨씬 더 높은 수준이다.[19] 콜카타역시 엄청난 박탈감에 시달리는 도시로 간주되지만, 그곳의 빈곤율은 11퍼센트인 반면 인도 동부 시골 서(西)벵골의 빈곤율은 24퍼센트이다.[20] 최근 몇 년 동안에 서벵골 거주민의 10퍼센트 이상이 식품 부족 문제로 시달려온 반면, 도시 거주민들 중에서 같은 문제로 시달려온 사람의 비율은 1퍼센트 미만이다.[21]

도시와 도시화가 더 위대한 물질적 번영만을 선사하는 것은 아니다. 가난한 국가에서는 도시에 사는 사람들이 자신이 더 행복하다고 느낀다. 내가 입수한 1인당 GDP 1만 달러 미만의 25개 빈국에서 실시된 도시와 비도시 지역 거주민들이 직접 밝힌 행복 수준 표본 조사 결과를 보면, 도시 인구 중에서 자신이 매우 행복하다고 느끼는 사람의 비율은 18개 국가에서 더 높게 나타난 반면, 7개 국가에서는 더 낮게 나타났다. 비도시 지역에서 자신이 전혀 행복하지 않다고 말한 사람의 비율은 16개 국에서 더 높았고, 9개국에서 더 낮았다.

그리고 내륙 지역과 달리 도시 슬럼가는 부유한 중산 계층으로 올라갈 수 있는 도약대 역할을 할 때가 종종 있다. 예를 들어 맨해튼의 로어이스트사이드(Lower East Side : 낮은 건물이 조밀하게 모여 있어 이런 이름이 붙었다)는 높은 빈곤 수준에도 불구하고 일련의 눈부신 성공을 거두었다. 이곳에 정착한 유대인들은 오랫동안 교육에 대단한 열의를 가진 문화권 출신이었으며, 학교 교육에 대한 관심을 빠르게 키우고 있는 국가에서 살았다. 브라질 노예와 그 후손들이 처한 상황은 그보다는 전망이 좋지 못했다. 그들은 수세기 동안 학교도 없이 살았고, 브라질은 인적 자본에 대한 투자에 서툴렀다.[22] 그렇지만 빈민가는 몇몇 뛰어난 성공담을 만들었다.

리우데자네이루의 슬럼가에서 수위의 딸로 자란 레일라 벨레즈는 14세 때 맥도날드에서 일하고 있었다. 그때 그녀는 미용사로 일하고 있던 남편의 여동생과 의기투합해서 곱슬머리를 펼 수 있는 방법을 찾아보기로 결심했다. 그들은 곱슬머리를 펴주는 제품이 시장성이 있다고 판단했다. 그들 주변에 곧바로 스트레이트 머리를 원하는 사람들이 몰려들었다. 이 두 풋내기 기업가는 아무런 과학적 배경을 갖고 있지 않았지만, 벨레즈의 남편은 아내와 여동생이 자신의 머리카락을 갖고 온갖 낯선 헤어스타일을 시험할 수 있게 허락했다. 그는 여러 차례 대머리가 되었지만 결과적으로 그들은 시행착오를 겪으면서 효과 좋은 머리카락 펴는 약품 개발에 성공했다.

벨레즈는 새 조제물의 특허권을 획득했고, 미용실 개업 자금 마련을 위해서 그동안 타고 다니던 폴크스바겐 비틀을 3,000달러를 받고 팔았다. 그들은 고객이 누군지 잘 알고 있었고, 제품은 잘 팔렸다. 벨레즈는 예전 고객을 종업원으로 고용하면서 미용실 숫자를 불려나갔다.[23] 그녀가 세운 회사는 현재 연간 3,000만 달러어치의 미용 상품을 팔고 있다.[24] 어떤 면에서 그녀는 20세기 초에 멋진 발모제를 개발해서 가난에서 벗어난 후 가장 성공한 흑인 기업인이자 당시 세계에서 가장 성공한 여성 기업인 명단에 이름을 올린 마담 C. J. 워커의 현대 판이다.[25]

가끔씩 이런 성공담이 나온다고 해서 도시의 가난이 끔찍하지 않다는 말이 아니다. 도시의 가난은 끔찍하다. 이 책을 읽는 독자들 중 빈민가에서 평생은커녕 일주일이라도 보내고 싶은 사람은 거의 없을 것이다. 그러나 그 끔찍함에도 불구하고 도시의 가난은 가난한 사람들과 국가 전체에 번영에 이르는 길을 제시할 수 있다. 향후 50년 동안에 브라질, 중국, 인도는 지금보다 훨씬 더 부유해질 공산이 크다. 또한 시골 지역에 고립되어 있지 않고 세계 나머지 지역들과 연결되어 있는 도시들에서 부(富)가 창조될 것이다.

더 가난한 메가시티가 갖고 있는 정말로 중요한 문제들을 보면 사람들이 시골로 되돌아가야 한다고 생각할 수도 있겠지만, 농장이 아닌 도시가 개발도상국 세계를 구원해 줄 것이다. 많은 가난한 국가들이 열악한 토질로 인해서 고통을 받기 때문에[26](그것은 그들이 가난한 한 가지 이유이다), 그들이 전 세계 농업 분야에서 리더가 될 가능성은 낮다. 농업 생산성을 개선하기 위해서는 일반적으로 농장에서 일하는 사람들의 숫자를 줄여주는 신기술이 필요하지만 신기술 하나만 있다고 해서 농사가 더 잘 돼서 광범위한 차원에서 번영이 이루어질 가능성은 낮다. 그리고 가난한 국가들이 시골 지역을 개발하기란 본래 어렵다. 넓은 지역을 망라하는 인프라를 제공하는 데 너무 많은 비용이 들기 때문이다.

가난한 시골 마을은 수천 년 동안 거의 변화를 겪지 않은 먼 과거로 통하는 창문처럼 보일 수 있다. 도시는 계속해서 변하면서 누군가에게는 부를, 누군가에게는 고통을 안겨주는 수많은 일들이 정신없이 일어나는 역동적인 공간이다. 도시는 상처를 줄지도 모르지만, 지구의 다른 곳들과 연결되어 있음으로써 생길 수 있는 더 부유하고 건강하고 밝은 인생을 살 수 있는 기회도 준다.

시골 마을의 삶이 도시 빈민가의 삶보다 더 안전할지 모르지만, 그것은 수세대 동안 끊임없이 지속되어 온 가난 속에서 느끼는 안전일 뿐이다. 세계에서 가장 빈곤한 장소들의 현재 상태는 끔찍하다. 그렇기 때문에 급변하는 도시가 줄 수 있는 것이 더 많은 것이다. 특히 도시는 국가들이 글로벌 경제에 참가하는 데 필요한 지식을 전달해 줄 수 있기 때문에 더욱 그렇다.

엄청난 수의 사람들이 도시로 몰려들면서 분명 도시 인프라에 부담이 가해지고 있다. 이것이 메가시티의 성장을 허용하지 말자고 말할 때 드는 낯익은 논리 중 하나이다. 그러나 새로운 이주자들의 유입으로 도시에서 오랫동안 거주했던 사람들에게 필요한 도로와 물의 질이 떨어지긴 하지만, 새로 도시로 온 사람들은 사실상 아무런 인프라가 없던 곳에서 살다가 이제는 훌륭한 교통과 공공시설을 이용할 수 있게 됨으로써 많은 이점을 누리게 된다. 사람들이 그런 인프라를 누리지 못하게 막음으로써 도시 인프라의 질을 높게 유지하겠다는 생각은 옳지 않다. 더 많은 사람들에게 수혜가 돌아갈 수 있도록 도시 인프라에 대한 투자를 늘려나가는 것이 더 윤리적이며, 경제적 차원에서 봤을 때도 국가 전체에 더 많은 혜택을 준다.

전통적으로 봤을 때 정부는 시골의 가난보다는 도시의 가난 문제를 해결하기 위해서 더 많은 노력을 기울였지만, 그런 노력이 항상 충분한 것만은 아니었다. 이런 패턴은 지난 1세기 이상 브라질에서도 마찬가지였다. 결과적으로 리우데자네이루는 1960년까지 브라질 수도였으며,[27] 이곳의 빈민가는 여전히 국가 엘리트들이 거주하는 맨션들 인근에 있다. 1900년대 초부터 브라질은 리우데자네이루의 빈민가를 더 건강하게 만들기 위한 공공 건강 캠페인을 시작했다.[28]

브라질 정부는 백신 접종 캠페인부터 시작해서 빈민가에 학교 교육과 의료 서비스를 공급해 나갔다. 리우데자네이루의 가난을 다룬 동명의 영화*에 영감을 주었던 '신의 도시(City of God)'는 빈민가 거주민들의 주택의 질을 개선하기 위한 정부의 시도였다.[29]

경찰 치안은 매우 까다로운 문제지만, 적어도 빈민가의 범죄는 정부가 해결해야 할 국가적 차원의 문제로 간주되는 것이 맞다.[30] 결과적으로 도시 빈민의 생활 수준 개선을 목적으로 한 재원이 마련될 경우에 눈에 덜 띄는 시골 빈민은 혜택을 덜 받는다.

리우데자네이루의 가난한 사람들의 삶을 개선하기 위한 시도가 낳은 아이러니한 결과는 더 많은 가난한 사람들이 빈민가로 몰려들게 되었다는 사실이다. 그것은 도시의 가난이 갖는 역설을 드러낸다. 정부가 교육과 의료 서비스를 도시에만 제공하고 시골에는 제공하지 않는다면, 그러한 서비스의 차이는 더 많은 가난한 사람들을 도시 지역으로 불러들일 것이다. 한 도시의 빈곤 수준을 낮추려는 어떤 시도도 역효과를 내고 더 많은 가난한 사람들을 끌어들임으로써 도시의 가난 수준은 더 높아질 수밖에 없다.

---

* 2002년 작. 우리나라에서는 〈시티 오브 갓〉이라는 제목으로 상영되었다. 브라질 빈민가에서 태어나서 절도와 살인을 밥 먹듯이 하던 아이들이 전설적인 마약상으로 성장하는 내용이다.

가난한 이민자들의
신분 상승을 가능케 한 도시

브라질 빈민가의 불결함에 충격을 받는 미국인들은 과거 그들이 살았던 도시를 망각하고 있는 것이다. 그러한 부와 가난의 극단적 모습은 19세기 미국 도시들에서 일반적으로 목격됐다. 굶주림으로부터 도망쳐 온 아일랜드 이민자들은 종종 34번가에서 59번가에 걸친 맨해튼 맨 서쪽 지역인 뉴욕 '헬스 키친(Hell's Kitchen)' 같은 판자촌에 살았다.[31] 그후 이곳은 유행에 앞서 가는 많은 사람들이 찾는 장소로 변신했다. 59번가에서 5번가와 이스트강 사이 96번가까지 뻗어 있는 맨해튼의 어퍼 이스트사이드(Upper East Side)는 현재 부유층 거주지이나 19세기에는 이곳 역시 아일랜드 사람들이 사는 판잣집들로 가득했다.[32] 어퍼 이스트사이드 아모리*는 뉴욕의 번화가이자 유행의 중심지인 파크 애비뉴에 있는 멋진 아파트 건물들로 둘러싸인 채 부조화스런 분위기를 연출한다. 이곳의 부르주아 군인들은 본래부터 다루기 힘든 이민자들로부터 도시 엘리트들을 보호하는 임무를 맡았었다.[33]

보스턴은 뉴욕보다 더 아일랜드 출신 미국인들의 모도시(母都市)로 간주된다. 사실상 1840년대에는 뉴욕이 보스턴보다 더 많은 아일랜드 이민자들을 수용했지만, 뉴욕의 아일랜드인들은 나중에 동유럽과 기타 지역에서 몰려든 엄청난 수의 이민자들에 의해서 수적으로 압도당했다.[34] 1845 ~ 1847년에는 아일랜드에서 감자 기근을 피해 수천 명이 보스턴으로 쏟아져 들어왔지만, 나중에 이민자들의 주를 차지했던 다른 민족 사람들의 숫자보다는 훨씬 적었다.

---

* 이곳은 과거 병기고였으나 현재는 패션쇼 등 다채로운 문화 행사들이 열리고 있다.

보스턴의 아일랜드적 성격은 본질적으로 항해 시대에 그것이 가진 강점이 가져다준 선물이다. 1840년대 기근 시절에는 뉴욕보다 보스턴으로 들어가는 것이 비용이 더 싸거나 시간이 덜 걸렸다. 식량이 부족한 가난한 아일랜드 가족이라면 보스턴으로 가서 그곳에 머무는 것이 종종 합리적일 때가 있었다. 그로부터 30년 뒤에 증기선이 범선을 대체했을 때 비교적 적은 숫자의 배들만 보스턴으로 들어왔고, 19세기 말이 되자 뉴욕을 통해서 들어오는 이민자들의 숫자가 압도적으로 더 많았다.[35] 보스턴에 이런 이민자들의 유입이 줄어들자 이후 수십 년 동안 양키들과 아일랜드인들 사이의 갈등이 심해졌다.

아일랜드계 미국인들이 사는 도시로서 보스턴이 쌓은 명성은 특히 케네디 가문과 관련이 깊다. 케네디 가문에 얽힌 이야기는 도시의 가난이 어떻게 기회를 낳을 수 있는지를 보여준다. 패트릭 케네디는 1823년에 아일랜드의 카운티 웩스포드에서 태어났다. 그는 학교 교육을 거의 받지 못했다. 보통 가난한 시골 지역에서는 교육을 받기 힘들었으며, 그가 태어났을 때 아일랜드에서는 가톨릭 교육을 금지하는 규칙이 여전히 강제되고 있었다. 어린 케네디는 형의 농장에서 일하면서 감자를 재배하고 곡물을 수확했다. 그가 익힌 농사와 관계 없는 한 가지 기술은 그보다는 도시 경험이 있는 친구 패트릭 배론으로부터 얻은 것이다. 양조장에서 일했던 배론은 케네디에게 대형 통을 만드는 기술을 가르쳐주었다.

감자 기근은 케네디의 영세한 농장에 큰 타격을 주었다.[36] 굶어죽을 위기에 몰린 패트릭 케네디는 배론을 따라서 보스턴으로 향했고, 동(東) 보스턴에서 통 제조 기술자로 일하기 시작했다.[37] 보스턴에는 자본을 가진 고용주에게 그의 노동력을 팔 수 있는 시장이 있었기 때문에 그곳은 케네디에게 경제적 기회를 제공해 주었다. 보스턴은 운송과 더 불어 본래부터 양조 중심지로 유명했기 때문에 그곳에는 큰 통을 거래할 수 있는 기존의 시장이 만들어져 있었다.

브라질 리우데자네이루의 빈민가와 마찬가지로 동 보스턴에서도 높은 인구밀도는 가난한 사람들이 그들의 노동력을 팔 수 있는 기회를 주었지만, 다른 한편으로는 세균 감염의 위험도 높았다. 패트릭 케네디는 콜레라에 걸려서 숨졌다. 그러나 이름이 같은 그의 아들 패트릭 케네디는 번성했다. 그는 부두에서 일해서 술집을 살 수 있을 정도로 충분히 많은 돈을 벌었다.[38] 그는 곧바로 술집 수를 늘려나가는 한편 부유한 보스턴 사람들을 상대로 점점 더 많은 술을 팔았다. 그는 위스키 수입을 통해서 사업을 수직적으로 통합했다.

패트릭 케네디는 전 매사추세츠 주지사인 샘 애덤스를 본받아서 술과 정치학을 결합했다. 그는 1884년에 투표를 통해 처음으로 매사추세츠 입법 기관에 입성해서 주 대표로 몇 차례 임기를 보낸 후 상원의원에 당선됐다. 1888년에 이 가난한 이민자의 아들은 민주당 전당대회에서 연설할 만큼 성공했다. 재산이 불어나면서 그는 똑똑한 아들 조셉을 하버드 대학에 진학시킬 수 있었다. 패트릭 케네디의 정치적 인맥 덕택에 아들 조셉은 보스턴 시장인 존 F. '허니 피츠' 피츠제럴드의 아름다운 딸과 결혼에 골인했다.[39] 조셉 케네디는 은행 감독관으로 정부를 위해 일하기 시작했고, 이어 그의 아버지가 상당한 지분을 보유하고 있던 은행을 인수했다.[40] 그는 1920년대에 그럭저럭 괜찮은 방법을 통해서 월스트리트에서 돈을 벌었다.[41] 그리고 이에 못지않게 중요한 사실은, 그가 때를 잘 맞춰서 부동산 투자와 영국 술 수입 같은 다른 수지맞는 사업 아이템들을 찾아냈다는 사실이다. 그의 아들들은 물론 미국의 위대한 정치 가문을 이루었다.

도시는 패트릭 케네디 같은 이민자들을 계속해서 끌어들였다. 2008년 기준으로 뉴요커들 중 36퍼센트는 외국 출생이며,[42] 48퍼센트는 집에서 영어 외의 다른 언어를 사용했다. 미국 전체와 비교해 볼 경우 각각의 비율은 13퍼센트와 20퍼센트이다. 도시가 이민자들에게 좋은 만큼 이민자들도 도시에 좋다.

뉴욕이 철강 재벌 앤드류 카네기로부터 배우 알 졸슨과 지휘자 주빈 메타에 이르기까지 많은 이민자들의 신세를 진 것처럼 보스턴 역시 케네디 가문에 많은 신세를 지고 있다. 실제로 1891~2009년 사이 118년 동안 12년을 제외하고는 외국 태생 지휘자들이[43] 뉴욕 필하모닉의 지휘를 맡았다. 말할 필요도 없이 베이글과 피자와 쿵파오 치킨처럼 뉴욕 문화에서 보다 대중적인 인기를 불러 모은 요소들 역시 이민자들이 준 선물이다.

미국과 미국의 도시들은 이민자 출신 인재들의 유입 덕분에 엄청난 혜택을 입었다. 미국의 34대 대통령인 드와이트 아이젠하워와 해군 제독 체스터 니미츠 같은 독일계 미국인들은 독일과 일본에 맞선 전쟁을 이끌었다. 앤드류 카네기와 은행가 앤드류 멜론 같은 스코틀랜드계 미국인들은 미국의 산업을 일으키는 데 일조했다. 케네디 가와 정치인 알 스미스와 시카고 데일리 시장* 같은 아일랜드계 미국인들은 중요한 정치 지도자였다.

케냐인의 아들(버락 오바마 대통령)은 현재 미국 대통령 집무실에 앉아 있다. 미국은 앵글로색슨 국가가 아니라 주로 우리의 대도시 지역에 기여해 온 세계 각국 출신의 사람들이 모인 집합체이다.

---

* 리처드 J. 데일리는 1976년 작고할 때까지 6차례에 걸쳐 연임하면서 21년간 시카고 시장을 지냈고, 마찬가지로 그의 아들 리처드 M. 데일리도 1989년 시카고 시장 자리에 올라 6번을 연임하면서 22년간 시장으로 재직했다.

또한 미국은 이민자들이 부자가 된 유일한 국가는 결코 아니다. 로버트 케인과 그의 가족은 그가 어릴 때 아일랜드의 가난을 벗어나 리버풀로 향했다. 그는 젊은 시절 통 제조 기술자로 일하면서 바다로 나갔다. 1840년대에 그는 리버풀에 정착해서 저축한 돈으로 평범한 양조장을 열어 수백만 달러를 벌었고, 그의 아들은 상원의원 자리까지 올랐다.[44] 세계 최고 부자일지 모르는 카를로스 슬림은 멕시코시티로 건너온 레바논 이민자의 아들이었다. 그는 포목점을 운영하면서 시작했다.[45]

그 밖에 다른 많은 사례들이 증명해 주듯이 도시는 어디서나 사람들이 빈곤에서 벗어나서 엄청난 부를 챙기게 해준다. 또 빈곤과 부 사이에 다른 많은 유망한 기회들도 제공한다.

도시의 노동시장은 오랫동안 농장이나 동물이나 장비 없이도 일하기 쉽게 만들어주었다. 케네디 가는 노동시장의 매수자와 매도자 양쪽을 모두 경험했다. 무일푼의 패트릭 케네디는 리버풀에 도착했을 때 자본가들에게 그의 노동력을 팔 수 있었다. 그의 아들도 젊었을 때는 아버지와 처지가 같았지만, 나이가 들면서 돈을 벌자 고용자 위치로 옮겨갈 수 있었다. 자본가와 노동자들은 예를 들어 파업 도중에는 적이 되기도 한다. 그러나 보다 일반적으로 봤을 때 자본은 노동자들에게 돌아가는 소득을 늘려주며, 도시를 부자들을 끌어들이는 자석처럼 만든 것도 도시의 자본이다.

도시가 자본 없는 근로자들을 자본이 풍부한 고용주들과 연결시켜주는 역할만 하는 것은 아니다. 도시는 가난한 사람들(실제로 모든 사람들)이 다른 통로를 통해서는 자신이 갖고 있다는 것조차 깨닫지 못했을 재능을 발견할 수 있는 엄청나게 다양한 취업 기회들을 제공한다. 시카고 대학의 위대한 경제학자인 조지 스티글러는 과거 "무지로 가득 찬 체제[46] 속에서 살았다면 엔리코 페르미(Enrico Fermi)*는 정원사, 폰 노이만(von Neumann)**은 약국의 계산대 점원이 됐을 것이다"라고 말했다.

21세기 최고의 지성 두 사람이 아무런 발전이나 성공 가망이 없는 일을 하며 살았을지 모른다는 스티글러의 말은 듣기만 해도 끔찍하다. 다행스럽게도 두 사람은 대도시에서 자랐고, 비교적 기득권층 출신이었으며, 그들의 과학과 수학 재능은 젊었을 때 감지되었다. 이와 마찬가지로 보스턴은 시골 아일랜드는 할 수 없었던 방식으로 패트릭 케네디의 재능을 발산시켰다.

리처드 라이트의 도시 탈출

주로 흑인들과 가난한 사람들이 모여 사는 미국 도시의 넓은 지역들은, 이웃들이 도시의 경제적 중심으로부터 차단될 때 무엇이 잘못될 수 있는지를 잘 보여준다. 그러나 그러한 이웃들조차 남부 시골에서 인내하며 사는 더 심각한 수준의 삶이 있다는 각도에서 바라봐야 한다.

위대한 아프리카 출신 미국 작가인 리처드 라이트(Richard Wright)는 미시시피 주 서쪽 도시인 나체즈에서 태어났다. 그는 어머니와 함께 북쪽으로 이사했고, 처음에는 멤피스에서 살다가 이후 시카고로 옮기면서 경제적 기회를 찾는 것만큼이나 흑인 차별법에서 벗어나기 위해서 애썼

---

* 1901~1954. 이탈리아 물리학자로 상대성 이론과 원자의 양자론, 분광학 등을 연구했다.
** 수학을 비롯해 컴퓨터공학, 경제학, 물리학, 생물학 등 여러 분야에서 업적을 남긴 천재 수학자.

다.[47] 라이트는 자전적인 소설 『흑인 소년(*Black Boy*)』에서 "나는 위엄 있는 삶을 살 수 있고, 다른 사람의 인격을 침해하는 게 금지되고, 사람들이 공포나 두려움 없이 다른 사람을 대면할 수 있고, 이 세상에 살면서 운이 좋다면 여기 별빛 아래에서 몸부림치고 고통당하는 걸 보상받을 정도의 의미를 찾을 수 있을지 모른다는 막연한 기대감으로 가득 찬 채 북쪽으로 향했다"라고 썼다.[48]

라이트는 북쪽으로 탈출함으로써 미시시피 주의 가혹한 인종 차별법으로부터는 벗어날 수 있었을지 모르지만 그렇다고 해서 그가 곧바로 그동안 겪은 것을 '보상받을 수 있을 만큼의 의미'를 찾은 것은 아니었다. 시카고에서 그는 수위부터 시작해서 사환, 접시 닦이 등 여러 가지 일을 했다. 그 당시 콜맨 영을 비롯해서 수천 명의 다른 재능 있는 흑인들과 마찬가지로 라이트도 우체국에서 일하면서 더 나은 삶을 꿈꿨지만, 영양실조로 인해서 그의 몸무게는 정부 권장 최소 몸무게인 57킬로그램에도 못 미쳤다. 그러다 결국 1929년 봄에 다시 몸무게가 늘었고, 그는 당시 세계 최대 우체국인 시카고 중앙 우체국에 정직원으로 채용돼 야간 교대 근무를 하기 시작했다.

글을 쓸 수 있는 여유를 얻게 됐다는 점에서 그것은 그에게 좋은 일이었다.[49] 이보다 더 중요한 사실은 그 일을 통해 좌파 문학 클럽과 선이 닿게 됐다는 것이다. 그는 당시 상황을 토론하기 위해서 시카고 사우스 사이드에서 모임을 열던 클럽에 가입했다. 클럽의 회원 수는 10명이었다. 라이트가 나중에 재미있고 멋진 회고록에서 "나는 공산주의자가 되려고 노력했다"라고 썼듯이 그는 회원들 중 다수가 공산당에 가입해 있는 것을 보고 크게 놀랐다. 곧바로 동료 '솔'은 라이트에게 모스크바와 연계된 존 리드 클럽(John Reed Club) 회의에 나와달라고 부탁했다. 라이트는 약간 냉소적으로 "나는 단체에 소속되는 게 싫다"라고 대답했다. 솔은 라이트가 이 세상에서 가장 간절히 원하던 미끼를 던졌다. 그것은 "당신이 글 쓰는 걸 그들이 도울 수 있다"는 말이었다.[50]

대공황이 일어나면서 시카고 우체국에서 할 일이 크게 줄어들자 라이트는 해고됐고, 그는 닥치는 대로 이 일 저 일을 하기 시작했다. 그는 수수료를 받고 생명보험을 팔기도 했고, 거리 청소와 배수로를 파는 일도 했으며, 결국에는 마이클 리스 병원에서 일하게 되었다. 그가 그 일을 붙잡은 것은 당시 위대한 도시 사회학자인 루이스 워스 부인의 눈에 들었기 때문이었다.[51] 그녀는 또한 라이트에게 뉴딜 공공사업 진흥국(WPA)을 위해 일리노이 역사를 쓰는 일을 맡겼다.[52] 라이트는 대도시 생활을 멋지게 묘사한 WPA의 간행물인 《뉴욕 파노라마(*New York Panorama*)》 관련 작업 때문에 1937년에 뉴욕으로 이사했다.[53]

뉴욕으로 온 다음 해인 1938년에 라이트는 단편소설을 써서 500달러의 상금을 받았다. 남부의 인종 편견을 그린 처녀 단편집 『톰 아저씨의 아이들(*Uncle Tom's Children*)』은 하퍼 앤 컴퍼니 출판사에서 출간됐다.[54] 그는 구겐하임 펠로십(Guggenheim Fellowship)을 수상했고,[55] 이에 힘을 얻어 소설 『네이티브 선(*Native Son*)』을 써서 유명 작가 반열에 올랐다. 대공황의 골이 깊던 19년 동안 시카고와 뉴욕은 생존을 위해서 짐꾼으로 일하던 라이트를 성공한 작가로 바꿔놓았다. 그의 재능과 그 재능을 키울 수 있는 도시의 능력이 만들어준 결과였다.

많은 흑인들이 흑인 차별법을 피해서 북쪽으로 이동했고, 리처드 라이트도 그중 한 명이었다. 북쪽으로 이주함으로써 얻게 된 경제적 이점은 상당했다. 1920년대의 남부 소작인은 운이 좋아 봤자 1년 수입이 고작 445달러였다.[56] 헨리 포드 공장에서 일하는 흑인 노동자는 하루에 5달러를 받았다.[57] 남부 소작인의 수입과 비교했을 때 3배 이상이 더 많았다. 그러나 리처드 라이트처럼 북쪽으로 도망 온 흑인들은 더 많은 소득만을 원한 건 아니었다. 그들은 자유를 원했다.

할렘 르네상스*가 시작되자 랭스턴 휴즈, 조라 닐 허스톤 같은 작가들과 엘라 피츠제럴드와 빌리 홀리데이 같은 가수들이 어지러울 정도로 많이 뉴욕으로 몰려왔다. 스윙 재즈의 거장 듀크 엘링턴 같은 흑인 연예인들이 백인 세계로 밀려들면서 모든 미국인이 수혜자가 되었다. 도시의 높은 인구밀도는 이런 유명 인사들을 비롯해서 수백만 명에 달하는 무명의 흑인들의 경제적 지위 상승을 가능하게 해주었다.

이러한 역사는 장소가 그곳에 있는 가난이 아니라 가난한 사람들의 신분 상승을 도와준 과거 이력에 따라서 판단되어야 한다는 걸 암시한다. 어떤 도시가 불행한 사람들을 지속적으로 받아들여 그들의 성공을 돕고, 지켜보고, 사회적 혜택을 받지 못한 불행한 이민자들을 끌어들인다면 그 도시는 사회에서 가장 중요한 기능 중 하나를 성공적으로 수행하고 있는 것이다. 어떤 장소가 빈곤을 벗어나지 못하는 가난한 사람들의 파산 장소가 되었다면 그곳은 실패하고 있는 것이다.

미국 빈민가의 흥망

흑인들의 북부로의 이동은 미국이 경험한 역사만큼이나 위대한 서사시이다. 20세기 초만 해도 북부 도시에서는 흑인을 보기 힘들었다. 1900년에는 뉴욕 인구의 2퍼센트와 시카고 인구의 1.8퍼센트만이 흑인이었다.[58] 그로부터 수십 년이 흐르고 흑인들이 기회를 찾아 도시로 모여들면서 이 비율은 높아졌다.

---

* 1920년대 뉴욕의 할렘에서 개화한 흑인 문학 및 음악 문화의 부흥.

그들은 자유를 누리고 돈을 벌기 위해서 북쪽으로 왔지만, 막상 도착해 보니 남쪽만큼 분명하게 보이지는 않더라도 여전히 끔찍하다고 말할 만한 인종 장벽이 있음을 깨달았다. 공장을 짓는 것과 마찬가지로 법률 제정에도 고정비용이 들기 때문에 북부의 인종 차별주의자들은 도시에 흑인들이 소수에 불과했을 때는 굳이 법률을 제정하는 수고를 하지 않았다. 그러나 흑인들의 숫자가 늘어나자 북부 도시들은 흑인들을 고립시킬 수 있는 방법 찾기에 나섰고 인종 간 차별적인 입법 조치도 늘어났다.

조지 W. F. 맥메켄은 20세기 초에 가장 극단적으로 신분 상승을 이루어낸 흑인처럼 보인다. 그는 모건 칼리지와 예일대 법대를 졸업한 후 볼티모어로 와서 또다른 흑인인 W. 애시비 호킨스와 함께 성공적인 법률 서비스 회사를 개업했다. 맥메켄은 당시 압도적으로 백인들이 많았던 볼티모어의 한 부촌에서 살고 싶었다. 1910년에 호킨스는 맥컬로 거리 1834번지에 집을 한 채 사서, 그것을 맥메켄에게 임대했다.

그러자 백인들이 일제히 들고 일어났다. 동네 아이들은 맥메켄의 집 창문으로 벽돌을 던지기도 했다. 맥메켄을 쫓아내는 것이 유일한 목적인 동네 개선협의회라는 게 만들어졌다. 백인들은 맥메켄의 파트너인 호킨스로부터 문제의 집을 사려고 애썼고, 호킨스는 본인의 구매 가격의 3배를 달라고 요구했다.

백인 이웃들은 한 발 물러나서 대신 법을 개정하기로 결정했다. 맥메켄의 이웃 한 사람은 변호사였다. 《뉴욕타임스》에 따르면 '저명한' 변호사였고, 호킨스에 따르면 '인기 없는' 변호사였다. 문제의 변호사는 볼티모어 시 헌장 사본을 뒤진 끝에, 시민들에게 인종에 기초한 용도 지역 조례를 통과시킬 권리가 있다는 결론을 내렸다. 그는 법 초안을 작성해 아무 문제없이 시의회를 통과시키고 시장 서명을 받는 데 성공했다. 시장은 "법의 지지자들은 흑인들의 가장 좋은 친구들이다"라는 납득하기 힘든 말을 하며 발표했다.[59]

곧바로 리치몬드, 애틀랜타, 루이빌과 다른 남부 도시들에서 이와 유사한 조치들이 통과됐다.[60] 그러나 많은 남부 지역에서 인종 차별법이 통과됐음에도 불구하고 인종에 따른 거주 구역 분리 문제의 합법성에 대해서는 여전히 논란이 많았다. 맥메켄은 "그것은 흑인들을 겨냥한 헌법에 위배되는 부당하면서 차별적인 법"이라고 주장했다.[61] 호킨스는 볼티모어를 상대로 소송을 걸어서 승소했고, 주 법원에선 인종 차별법의 효력을 무효화했다.[62] 마침내 1917년에 대법원이 인종에 따른 거주 구역 분리를 불법이라고 판결함으로써 미국 흑인 지위 향상 협회(NAACP)는 최초로 위대한 승리를 거두었다. 이는 그 당시까지 미국의 흑인들에게 가장 위대한 법정 승리였을지도 모른다.[63]

그러나 대법원의 판결로도 흑인들을 격리시키려는 백인들의 욕망은 좀처럼 꺾이지 않았다. 애틀랜타와 시카고 등 일부 도시에서는 폭도들이 백인 지역으로 들어온 흑인들에게 테러를 가했다.[64] 여러 가지 행위 제한 규약들은 바람직하지 못한 것으로 여겨지는 계급의 사람들의 부동산 매매를 방해했다. 1947년 실시된 연구 결과를 보면 제1·2차 세계 대전 기간 동안에 뉴욕의 개발 중 72퍼센트에 이르는 지역에 인종에 따른 행위 제한 규제들이 존재했다.[65]

이런 규제들로 인해서 흑인들은 고립된 지역에서 따로 살았을 뿐만 아니라 가끔은 더 높은 주거비를 지불할 때도 있었다. 지금으로부터 근 40년 전에 경제학자인 존 케인과 존 퀴글리가 실시한 연구 결과를 보면 흑인들은 세인트루이스에서 비슷한 수준의 주거지를 마련하는 데 백인들보다 더 많은 돈을 지불했다.[66] 이 결과는 "시카고의 흑인 지역 거주민들은 1세제곱미터의 방 공간당 레이크사이드 드라이브에 거주하는 부자들이 같은 공간에 대해 지불하는 만큼의 돈을 지불했다"는 것으로, 앞서 나온 주장들과 일치했다.[67] 20세기 내내 흑인들은 차별이 더 심한 도시에서 백인들과 비교해서 더 많은 돈을 주고 살았다.[68]

그러나 도시는 또한 서서히 빈민가 장벽을 허문 법의 수호자들을 생산했다. 볼티모어 변호사인 서굿 마셜과 필립 펠만이 행위 제한 규제에 맞서 싸우기 위해 힘을 합쳤다. 두 사람 중 전자는 흑인이고 후자는 백인이며, 전자는 NAACP를 대표하고 후자는 미국 정부를 대표했다.[69] 마침내 1948년에 그들의 주장에 설득당한 대법원은 인종에 따른 행위 제한 규제가 금지되지는 않지만 그것을 강제하는 데 주 권력을 사용할 수 없다면서 사실상 규제의 유용성을 효과적으로 무력화시켰다.[70]

여기에는 아이러니가 존재한다. 다시 말해서 한 급진적 성향의 법원은 정부에게 행동에 나서지 말 것을 요구하면서 인종 평등을 '조장'했다. 그로부터 10년 뒤에 뉴욕에서는 흑인, 유대인, 기타 인종으로 구성된 강력한 연합체가 사적 거주지에서 종교나 인종에 의거한 차별을 금지하는 공정주택거래법(fair-housing law) 제정에 앞장섰다. 뉴욕이 시작하자 다른 지역들도 뒤따랐고, 그로부터 10년 후 마틴 루터 킹 목사가 살해되고 일주일 뒤에 미국 의회는 모든 미국의 주거지에서 차별을 금지하는 1968년 인권법을 통과시켰다.[71]

이러한 법적 승리로 인해서 경제적 신분 상승을 이룬 흑인들은 빈민가를 벗어나서 과거 백인 거주지로 이사했다. 1970~2000년 사이에 미국 내 거의 모든 지역에서 인종 차별 사례가 감소했는데, 그 주된 원인은 과거 완전히 백인들만 모여 살던 지역들로 몇몇 아주 부유한 흑인들이 진입했기 때문이다.[72] 1970~1990년 사이에 흑인 대학 졸업생들의 차별 수준은 약 25퍼센트 하락했고, 고등학교 중퇴자들의 차별 수준은 10퍼센트만큼 하락했다.[73]

인종 차별의 성격도 바뀌었다. 1960년대 이전에 그것은 흑인 이동성을 가로막는 단단한 장애물이었고, 흑인들의 주거지 선택을 제한했으며, 그들이 보다 고립된 도시에서 더 많은 돈을 주고 주거지를 얻게끔 만들었다.

오늘날 인종 차별은 자유 주택 시장의 메커니즘을 더 반영하는 것 같다. 즉 백인들은 많은 흑인들에 비해서 주로 백인들이 모여 사는 곳에 살기 위해서 웃돈을 지불할 의사를 보일 때가 많다. 결과적으로 오늘날 보다 격리된 지역에서는 흑인들이 지불해야 하는 주거비가 특히 더 싸다. 이는 50년 전과 정반대의 현상이다.[74]

인종 차별을 강제하는 법의 종말은 미국 사회의 승리였지만 여전히 인종 차별은 계속되고 있다. 또한 비극적으로 들리겠지만 사회 통합의 승리는 오히려 인종 차별 상황을 더욱더 악화시켜 놓은 것 같다. 1960～1970년대 연구 결과들을 보면 더 격리된 도시에서 성장한 흑인들과 덜 격리된 도시에서 자란 흑인들 사이에는 소득 격차가 거의 없었다. 그러나 부유한 흑인들 중에서 빈민가를 떠나는 사람 수가 늘자 변화가 생겼다. 1990년이 되자 더 격리된 도시에서 성장한 20～24세 흑인들은 덜 격리된 도시에서 자란 같은 또래의 흑인들에 비해서 고등학교 졸업장을 따는 수가 5.5퍼센트 적었고, 학교를 중퇴하고 직장을 그만두는 수는 6.2퍼센트 더 많았다.[75] 덜 격리된 지역에서 자란 흑인들은 소득도 17퍼센트 더 높았다. 메트로폴리탄 지역에 사는 백인들 사이에서는 격리 유무에 따라서 이런 식의 큰 차이가 나지 않았다. 젊은 흑인 여성들은 더 격리된 도시에서 싱글맘이 될 확률이 3.2퍼센트 더 높았다.[76]

지금으로부터 30년 전에 인종과 빈민 분야에서 뛰어난 학자로 평가받던 윌리엄 줄리어스 윌슨은 격리된 커뮤니티에서는 가장 좋은 교육을 받은 흑인들이 전체 커뮤니티에서 역할 모델과 리더 역할을 수행했다고 주장했다. 그러나 그들이 떠나자 커뮤니티는 대혼란에 빠졌다.[77] 이후로도 윌슨의 주장을 뒷받침하는 증거들이 많이 나왔다.

우리는 사회학자인 로버트 머튼의 '의도하지 않는 결과' 법칙에서 지혜를 찾는다. 우리는 가장 선의의 공적 행동에서조차 이런 결과를 얻을 때가 있다. 머튼은 사회의 복잡성과 함께 공적 행동이 예상 밖의 바람직하지 못한 결과를 가져올 수 있다는 사실을 이해했다. 백인 거주지로 이주한 흑인들은 살해 위협을 받는 세계로 되돌아가고 싶어하지 않고, 숙련된 소수가 탈출함으로써 흑인 빈민가는 뒤에 남은 아이들에게는 더 열악한 장소로 변하고 말았다. 슬픈 사실은 격리된 도시들 중 너무 많은 수가 경제적 신분 상승이 가능한 장소로부터 영원한 가난의 장소로 변했다는 것이다.

빈곤과 도심 지역의 교통

미국 도시들에 남아 있는 끔찍한 차별주의에 맞선 싸움은 매우 힘든데, 그 이유 중 하나는 부자와 빈자를 서로 떼어내려는 경제적 힘 때문이다. 가난한 사람들이 미국 도시의 물리적 중심지에 살려는 경향으로부터 비롯된 가난의 집중화 현상 뒤에는 감춰진 논리가 존재한다. 그러한 경향은 도시를 형성하는 교통이 가진 힘을 보여주기도 한다.

모든 종류의 교통수단에는 2가지 종류의 비용이 수반된다. 즉 돈과 시간이다. 출퇴근에 드는 현금 비용은 부자와 빈자가 똑같지만, 고임금을 받는 부자들은 출퇴근에 더 많은 시간을 쓰고 일에 더 적은 시간을 쓰면 그 시간 동안 벌 수 있는 소득을 포기하는 것이 된다. 결과적으로 부자들은 일반적으로 돈을 더 지불하고서라도 출근 시간을 줄이려고 한다. 맨해튼과 리우데자네이루의 중심 지역들이 중심지에서 더 먼 지역들에 비해서 부유한 이유는 무엇일까? 부자들은 출근 시간 단축의 특권을 누리기 위해서 더 많은 돈을 지불할 수 있다.

그러나 대부분의 미국 도시에서는 빈자들이 부자들에 비해서 도시 중심에 더 가깝게 사는 반대 현상도 나타난다. 자가용 운전이나 지하철 이용 같은 한 가지 교통수단이 주류를 이룰 때 부자들은 도시에 더 가깝게 살고, 빈자들은 도시로부터 더 멀리 떨어져 산다.[78]

그러나 다양한 교통수단이 존재할 때 빈자들은 종종 대중교통을 더 쉽게 이용할 수 있게 도시 중심에 가깝게 산다. 2009년 기준 미국 4인 가족의 빈곤선은 2만 2,050달러였다.[79] 2008년에 일반적인 비도시 가구는 자동차 관련 교통비로 9,000달러를 지출했다.[80] 그렇다면 부부 합산 소득이 2만 2,000달러 정도에 불과한 가구가 과연 2대의 차량을 유지할 수 있을까?

뉴욕, 보스턴, 필라델피아에는 교통과 소득의 차이에 따라 4가지 지역이 존재한다. 첫 번째 지역은 부자들이 도보나 대중교통을 이용해서 출퇴근하는 맨해튼 중심부나 비컨 힐 같은 도심 지역이다. 두 번째 지역은 빈자들이 대중교통을 이용해서 출퇴근하는 뉴욕 교외 자치구 변두리나 보스턴의 록스베리이다. 세 번째 지역은 부자들이 자동차를 이용해서 출퇴근하는 웨스트체스터 카운티나 웰즐리이다. 그리고 마지막으로 덜 부유한 사람들이 운전해서 출퇴근하는 원거리 외곽 지역이다. 파리 역시 훌륭한 대중교통 시스템이 마련되어 있어서 결과적으로 부자들이 지하철이나 도보로 출퇴근 가능한 도심 지역과, 가난한 사람들이 살고 기차로 도시와 연결되는 원거리 지역으로 구분된다.

상대적으로 로스앤젤레스 같은 신생 도시들은 대중교통 구비 성향이 강하지 않기 때문에 결과적으로 도심 인도나 대중교통 환승 지역 같은 곳이 없다. 부자들은 모두 자가용을 이용하기 때문에 이곳에는 단지 3가지 지역만 존재한다. 첫째는 로스앤젤레스 시내 남동과 남서 지역처럼 빈자들이 대중교통을 이용하는 도심 지역, 둘째는 베벌리 힐스처럼 부자들이 운전하고 다니는 중간 지역, 그리고 끝으로 덜 부유한 사람들이 끔찍할 정도로 고생하면서 출퇴근하는 외부 지역이다.

교통이 가난한 사람들을 미국 도시의 중심으로 끌어오는 유일한 힘은 아니다. 결국 부자 부모들은 더 나은 교육 서비스를 위해서 교외 지역으로 이주한다. 중심 지역에는 종종 역사적으로 중요하기 때문에 질적으로나 가격적으로 가치가 떨어지는 오래된 집들이 많이 있다. 부자들이 새 차를 사서 몰다가 덜 부유한 사람들에게 파는 것처럼 일반적으로 새 집은 더 부유한 사람들을 위해서 지어지고, 집이 낡으면 덜 부유한 사람들이 사서 거주하게 된다.

저렴한 중고차가 많으면 가난한 사람들에게 좋듯이 디트로이트나 세인트루이스 같은 곳에서는 전에 누군가가 살았던 저렴한 집들이 많으면 가난한 사람들에게 도움이 된다.

빈곤과 도심 지역 교통의 관계는, 어떤 장소들은 이유가 있어서 가난하기 때문에 그곳들이 빠르게 부유해지리라 기대해서는 안 된다는 사실을 상기시켜 준다. 어떤 지역이 가난한 사람들이 특히 많은 가치를 두는 대중교통이나 저렴한 집 같은 생활 편의 시설들을 제공하면, 그 지역은 계속해서 가난하게 남을 가능성이 크다.

가난을 심화시키는 정부 정책

지난 수십 년 동안 공공 정책들은 인종차별주의로 인해 생긴 비용을 경감하기 위해서 애써왔다. 그러나 이런 좋은 의도를 가진 개입들 중 다수는 도시의 고통을 개선해 주기보다는 정부의 약점을 증명해 주었을 뿐이다. 첫 번째 공격 대상은 미국에서는 권한 부여 지구(Empowerment Zone)로, 영국에서는 기업 지구(Enterprise Zone)로 각각 불리는 발전이 더딘 지역으로 이전하는 기업들에게 주는 세제 혜택이다. 앞 장에서도 살펴봤듯이 자치 지구는 가난한 지역들에 일자리를 선사하지만, 그러려면 높은 비용이 든다. 예를 들어 일자리 하나를 만드는 데 10만 달러 정도의 세제 혜택을 줘야 한다. 아울러 우리는 그런 일자리들이 과연 자치 지구에서 자라는 아이들의 장기적 성공으로 이어질지는 아직까지 알지 못한다.

이와 반대되는 시각은 내 동료인 존 케인이 예전에 말했듯이 그런 접근법은 단지 "빈민가 위에서 맴돌 뿐"이라고 본다. 이 시각에 따르면 주택 바우처 제도*에 의한 이동성 확대만이 유일하게 차별의 고통을 경감해 줄 수 있다.[81] 1990년대에 미국의 주택도시개발부는 일명 '새로운 기회를 찾아 떠나는 이주(Moving to Opportunity)'라는 사회적 실험을 시도했다.[82] 이것은 간절히 도움을 원하는 편부모 세대에게 무작위로 바우처를 나눠주는 실험이었다.

실험 참가 세대들 중 3분의 1은 아무것도 받지 못했다. 그들은 통제

---

* 주거비 지불 능력이 부족한 가구에게 정부가 임차비의 일부를 쿠폰(바우처) 형태로 보조하는 제도. 정부가 집주인(임대인)에게 곧바로 현금처럼 지불하는 방법, 정부가 세입자(임차인)에게 쿠폰을 주면 집주인이 세입자에게서 받은 쿠폰을 공공기관에서 돈으로 바꾸는 방법 등이 있다.

집단(실험 조사에서 실험 요인을 적용한 집단과 비교하기 위해서 설정하는 집단)이었다. 3분의 1은 도시 어디서나 주거비 지불이 가능한 표준형 바우처를 받았다. 나머지 3분의 1은 빈곤 정도가 낮은 지역에서만 사용할 수 있는 바우처를 받았다. 이렇게 바우처 사용처에 제한을 둔 것은 가난한 사람들을 부유한 지역에 집어넣고서 그 지역이 가난한 사람들에게 미치는 영향을 알아보기 위해서였다. 통제 집단과 바우처를 가진 집단의 비교를 통해서 다양한 거주지들이 부모와 아이들에게 미치는 영향을 추정하는 것이 가능했다.

결과는 놀라울 정도로 혼란스러웠다.[83] 바우처로 인해서 덜 가난한 지역으로 이사할 수 있었던 부모들은 더 행복하고 건강했고, 범죄의 희생자가 될 확률도 줄어들었다. 그러나 그들은 경제적으로는 전혀 나아지지 않았다. 예전에 살던 빈민가는 실제로 일자리와 거리상 아주 가까웠다. 아이들의 성취도에 미치는 영향도 상당히 혼란스러웠다. 소녀들은 학업 성취도가 훨씬 더 좋았고 새로운 환경에 잘 적응해 가는 것처럼 보였다. 반면 소년들은 학업적으로 잘 적응하지 못했다. 그들은 덜 가난한 지역으로 이사했을 때 더 많은 행동 장애를 드러냈다.

이는 사회 정책을 시행할 때 빈번히 일어나는, 예상하지 못한 결과를 보여주는 또다른 사례에 속한다. 소녀들과 소년들 사이의 이런 엇갈린 결과들은 지난 30년 동안에 나타났던 보다 광범위한 패턴을 그대로 보여주고 있다. 즉 흑인 여성들이 흑인 남성들에 비해서 훨씬 더 많이 성공을 거두어왔다.

주택 바우처 제도는 공적 자금을 활용해서 가난한 사람들이 보다 나은 집에서 살 수 있게 해주자는 본래 목적을 잘 수행하고 있다. 건설업자들의 호주머니만 채워주는 돈 먹는 코끼리 같은 건물들을 짓는 대신 재정 지원이 필요한 사람들에게 혜택이 돌아갈 수 있게 해주었다. 그러나 이 제도가 도시의 더 큰 사회적 문제를 해결해 주지는 못한다. '새로운 기회를 찾아 떠나는 이주'의 연구 결과는 사람들에게 더 부유한 지역에 가서 살 수 있게 돈만 주어서는 도시의 빈곤 문제를 해결할 수 없다는 것을 보여준다.

나쁜 정책은 사람들을 지원하는 것보다 장소를 여러 가지 것들로 채우는 것을 중시한다. 그러나 어떤 경우 사회적 기업가들은 단지 한 장소에만 집중함으로써 위대한 선행을 베풀 수 있다. 비영리단체(NGO)인 할렘 칠드런스 존(Harlem Children's Zone)은 근 40년 동안 맨해튼에서 가장 유명한 흑인 커뮤니티에 사는 아이들을 위해서 애써왔다. 이 NGO는 학업 성과를 높이고 범죄를 줄일 목적으로 부모가 되는 기술을 가르치는 베이비 칼리지(Baby College) 같은 촘촘한 사회 활동망을 만들었다.[84] 어떤 면에서 그들도 '빈민가 위에서 맴돌 뿐'일지도 모르지만 또다른 면에서는 할렘 아이들에게 부를 성취하는 기술들, 원할 경우 할렘을 떠나는 데 필요한 기술들까지 가르쳐주고 있다.

2004년에 뉴욕이 학교 교육에서 보다 많은 실험을 용인하기 시작하면서 할렘 칠드런스 존은 프로미스 아카데미(Promise Academy)라는 차터스쿨(charter school: 미국의 각 주 정부 예산으로 설립되지만 학교에게 독립적 권한을 주어 자율적으로 운영되는 공립학교)을 열었다. 이 학교의 커리큘럼은 매우 빡빡하기 때문에 아이들은 장시간 동안 학교에 남아 공부해야 한다. 또한 학교는 학생들에게 성공에 대한 경제적 인센티브를 제공한다. 이 학교의 지도자들은 가능한 한 최고의 교사들을 구하기 위해서 적극적으로 애썼고, 개교 첫해에만 50퍼센트 가까운 부적격 교사들을 해임했다.[85]

이 학교의 입학은 추첨에 의해서 결정되는데,[86] 이에 착안해서 내 동료 롤랜드 프라이어는 유사한 추첨 당첨자들과 탈락자들을 비교하는 정말로 자연스러운 실험을 실시했다.[87] 실험 결과 그와 그의 공동 저자는 차터스쿨이 학생들에게 강력하면서도 긍정적인 영향을 주었다는 걸 알아냈다. 즉 프로미스 아카데미는 수학에서 백인과 흑인 사이의 성취도 차이를 없앴다. 교사들은 특히 소년들의 학업 성취도를 끌어올리는 데 성공했는데, 이는 매우 이례적이고도 놀라운 일이 아닐 수 없다.[88]

할렘 칠드런스 존은 경기장이나 모노레일이 아니라 아이들을 대상으로 할 경우에 차별 지역 투자가 성과를 거둘 수 있다는 것을 증명해 준다. 그러나 이 같은 성공은 오바마 대통령이 2007년에 "내가 대통령이 되면, 도시 빈곤과 맞서 싸우기 위한 첫 번째 계획으로 미국 내 20개 도시에 할렘 칠드런스 존과 똑같은 학교들을 세울 것이다"라고[89] 약속한 것이 옳았다는 것을 의미할까? 연방 정부는 뉴욕에서 생겨난 사회적 기업가 정신을 성공적으로 복제할 수 있을까? 다른 도시들도 정부가 정해놓은 규칙에 따라서 움직여야 하는데, 뉴욕의 할렘 칠드런스 존의 경우와 마찬가지로 놀라울 정도로 많은 지도자와 교사와 후원자들을 끌어모을 수 있을까? 개인적으로 그럴 수 있기를 바란다.

그러나 할렘 칠드런스 존의 성공과는 달리 범국가적 차원에서 이루어진 대부분의 개입이 실패로 끝났다는 사실은, 도시 문제의 해결책이 연방 정부 정책보다는 지역의 이니셔티브로부터 나와야 한다는 것을 암시하는 건 아닌지 우려된다. 도시가 충분히 숙련된 사람들을 유인할 때 그들 중 일부는 기꺼이 도시 문제를 연구하고 아주 까다로워 보이는 도시 문제의 해결책을 찾아낼 것이다.

정부 자체에 의해서 만들어진 부자와 빈자 사이의 인위적 분리를 줄여줄 때 연방 정부는 가장 강력한 행동 명분을 갖는다. 공공서비스가 두 인접 지역에서 극단적으로 다를 때 그런 차이는 사람들의 거주 장소 선택에 영향을 줄 것이다. 간단한 예를 들자면, 한 교외 학교 축구팀이 이웃 학교의 축구팀보다 실력이 좋으면 운동에 관심이 많은 부모들을 유인할지 모른다. 그러나 학교의 수준 차이가 가난한 사람들의 고립을 야기한다면 이는 충분히 걱정해야 할 문제이다.

이스트세인트루이스는 도시 가난이 가진 역설을 극단적으로 보여주는 사례이다. 한 지역에서 가난한 사람들을 돕는 공공 정책이 가난의 대규모 집중화 현상을 불러일으킬 수 있다는 것이다. 이스트세인트루이스는 미주리 주 세인트루이스에서 시작해서 일리노이 주 미주리 강 건너까지 이어진 지역이다. 1989년에 연간 자녀 부양 지원비는 미주리보다 일리노이가 20퍼센트 더 많았다.[90] 만일 여러분이 실직자였다면 일리노이로 이사 가는 것이 합리적이었다는 말이다.

따라서 1990년에 이스트세인트루이스의 빈곤율은 43퍼센트로, 세인트루이스나 버펄로나 디트로이트나 그 밖의 어떤 러스트 벨트 도시들보다 높았다.[91] 1996년 복지 제도 개편 이후 복지금의 격차는 사실상 사라졌고, 세인트루이스와 이스트세인트루이스 사이의 빈곤율 격차는 상당히 줄어들었다.[92]

복지의 차이는 줄어들었지만 학교 '질'의 차이는 여전한데, 이런 차이는 왜 디트로이트 같은 일부 중심 도시들이 가난한 반면 파리 같은 다른 도시들은 가난하지 않은지 그 이유를 설명하는 데 도움을 준다. 파리에는 세계 최상의 공립 고등학교들이 여러 곳 있다. 또한 부유한 파리 거주 부모들은 자녀들을 앙리 4세와 루이 드 그랑 같은 명문 국립 고등학교에 입학시키기를 꿈꾼다.[93]

그러나 미국에서의 공립학교의 독점은 중심 도시들의 학교 지구가 제대로 기능하지 못한다는 것을 확인시켜 준다. 교외 지역은 점점 더 작아지고 점점 더 경쟁력을 확보하면서 더 부유한 부모들을 유인하고 있다.

버스 통학이란 괴상한 사례만큼 인종차별을 유발하는 학교의 힘을 분명하게 보여준 것도 없을 것이다. 1964년에 공민권법(흑인보호법)이 통과된 이후 연방과 주 정부는 각 학교 지구 내 흑인과 백인 비율을 일정하게 유지하기 위해서 지구 내 버스 통학을 요구하기 시작했다. 버스 통학 옹호자들은 그것을 빈민가의 지적 고립을 허물고 흑인들에게 기회를 확대해 주는 수단으로 간주했다.[94] 미국 국민 90퍼센트 이상을 포함한 버스 통학 반대론자들은 그것을 인근 학교들을 파괴하고 아이들에게 장거리 통학을 강제하는 사생활 침해 행위로 간주했다.[95]

두 주장 모두를 동정하기는 쉽지만 버스 통학을 학교 지구 경계 내까지로 제한한 밀리켄 대 브래들리(Milliken v. Bradley)[96] 사건에 대한 대법원의 판결에서는 어떤 지혜도 찾아보기가 힘들다. 이 판결은 결과적으로 도시 안에 사는 사람들은 공립학교를 억지로 통합시켜야 하는 반면 교외 지역 아이들은 예외임을 의미했다. 백인 이웃들은 보스턴 같은 도시들을 대거 떠나서 학교 지구 경계 밖에 있는 시추에이트 같은 교외 지역으로 향했다. 그들은 자신의 아이들이 버스 통학을 하게 만들고 싶지 않았는데, 대법원은 도시를 떠나기만 하면 모든 문제를 피할 수 있게 만들어놓았던 것이다. 결과적으로 도시의 가난한 사람들은 더욱더 고립되었다.

이상한 일은 미국의 학교 시스템이 사회주의적 좌파나 자유시장주의적 우파 중 하나로 일방적으로 움직일 때 인종차별이 줄어들 수 있다는 사실이다. 미국이 유럽 사회주의의 가장 좋은 면을 본받아 공립학교의 수준을 높이는 데 충분히 투자한다면 부자들이 더 나은 교육을 받기 위해서 도시를 떠날 이유는 거의 없을 것이다. 미국이 도시 학교 지구에서 더 많은 경쟁을 조장하는 바우처 제도나 차터스쿨을 허용한다면 학교들의 질이 올라가면서 부유한 부모들을 끌어오게 될지 모른다. 미국의 지방 공립학교 독점 시스템은 도시들에게 별 도움을 주지 못한 반면, 도시들이 필요 이상으로 가난해지게 만드는 데는 많은 도움을 주었다.

도시의 가난이 아름답지는 않지만(모든 가난이 그렇듯이) 리우데자네이루, 뭄바이, 시카고의 빈민가는 오랫동안 가난한 사람들에게 극빈 상태로부터 벗어날 수 있는 길을 제공해 주었다. 경제적 신분 상승의 꿈이 실현되지 않는 경우도 있지만, 그렇기 때문에 우리는 특히 개발도상국에서 우리의 희망을 시골의 삶 속에 묻어두지 않고 도시를 위한 싸움을 계속하고 있는 것이다. 시골이면서 가난한 세계에 속한 부분은 빙하처럼 천천히 움직이지만(간혹 기근이나 내전 아니면 정말로 드물게 녹색혁명(Green Revolution)*처럼 도움이 되는 어떤 급격한 계기에 의해서), 도시이면서 가난한 세계에 속한 부분은 빠르게 변화하고 있다. 변화 속에 기회가 있다.

그러나 사람들이 도시가 가난한 사람들에게는 나쁘다는 믿음을 퍼뜨리는 이유가 있다. 수백만 명의 인구가 도시로 유입된다는 것은 그들이 도시에서 희망을 찾고 있다는 신호일지 모른다. 그러나 그런 인구 유입이 이미 도시에 살고 있는 중산층 사람들의 삶의 질을 개선해 주는 것은 아니다. 뭄바이의 엄격한 건축 제한처럼 도시로의 이주를 제한할 목적으로 마련된 정책들은 과밀과 혼잡에 불편함을 느끼는 현재 도시 거주자들에게 호소한다. 높은 인구밀도는 혜택만큼이나 비용 부담을 선사한다.

도시가 인구밀도 상승으로 인해서 생기는 온갖 심각한 문제들을 더잘 해결할 때 모든 사람들은 도시의 성장에 만족해할 것이다. 지난 3세

---

* 개발도상국의 식량 생산 능력의 급속한 증가 내지는 농업 분야의 여러 가지 개혁을 일컫는 말.

기 동안 부유한 국가들은 도시의 질병 및 범죄와 싸우기 위해서 수십억 달러를 지출했다. 개발도상국 세계의 도시들은 아직까지 이 싸움에서 승리하지 못했다. 다음 장에서 이 문제를 자세히 살펴보기로 하겠다.

아프고 혼잡한 도시 어떻게 치료할 것인가?

4장

개발도상국의 도시들은 19세기와 20세기 초에 서양의 도시들이 했던 일을 해야 한다. 즉 인간이 버린 쓰레기를 안전하게 제거하는 한편 깨끗한 물을 제공해야 한다. 시 정부들은 빈민가를 안전하게 만들어야 한다. 심지어는 너무나 많은 미국 도시들이 하지 못했던 일, 즉 대부분의 사람들이 대도시에 살면서 얻는 이점들을 가난한 아이들로부터 빼앗아갈 수 있는 고립 문제들을 없애야 한다. 지난 2세기 동안 도시에 발생한 질병, 부패, 범죄, 고립과 맞선 서양의 싸움은 오늘날 개발도상국들에게 많은 교훈을 주겠지만 불행하게도 그 교훈들 중 하나는 이런 싸움이 결코 쉽지만은 않다는 것이다.

　세계 최대 빈민가인 뭄바이 다라비 지역에는 2.14제곱킬로미터 정도
의 공간에 60만에서 100만 명의 사람들이 살고 있다.[1] 이곳은 인류애와
기업가 정신이 넘치는 집단 공간이다. 사람들이 〈누가 백만장자가 되고
싶은가?〉라는 텔레비전 게임쇼에 출연할 기회를 기다리면서 다라비 주
변을 서성거리는 것은 아니다.

　먼지가 가득하고 창문도 없는 좁은 방 한 칸에 두 명의 남자가 마분
지 상자를 재활용 중이다. 그들은 상자를 찢어서 열고 뒤집은 다음에
인쇄된 부분이 안쪽으로 가도록 스테이플러로 다시 고정하고 있다. 낡
은 상자는 적절한 휴식처도 되기 때문에 이 공간은 숙소 역할도 겸한
다. 문 바로 옆에 또다른 두 명의 재단사들이 브래지어를 만들고 있다.
마치 1세기 전 맨해튼의 로어 이스트사이드를 연상시키는 장면이다.

　인근에는 수십 명의 짐꾼들이 비포장 도로 옆에 있는 어두침침한 방
에서 일하고 있다. 그들은 방금 배달된 진흙으로 도기를 만들고 있다.
제작된 도기는 밖에 있는 연기가 펄펄 나는 대형 가마로 보내져 구워진
다. 또다른 방에서는 7~8명의 여성들이 이미 사용한 적이 있는 플라스
틱 주사기들을 자세히 살펴보고 있다.

　이 모든 재활용 활동은 다라비를 정말로 푸른 도시처럼 느껴지게 만
들지만 내 생각에는 아무리 열정적인 환경운동가라도 주사기를 재활용

한 남성이 뭄바이 다라비 빈민촌에서 사람들로 북적대고 악취가 풍기는 거리 사이로 아이들을 태워 가고 있다. 이와 같은 지역의 생활 여건은 19세기 파리, 런던, 뉴욕 및 다른 대도시에 살던 많은 거주민들이 겪었던 것과 비슷하다. (프라샨스 비시와나탄 / 블룸버그 / 게티 이미지 제공)

하면서까지 큰 즐거움을 느낄 것 같지는 않다.

도시인을 재앙으로 내모는
무능한 정책

다라비의 기업가 에너지는
도시의 빈곤이 갖고 있는 긍정적인 면을 잘 드러내준다. 즉 야망이 있
는 사람들은 열심히 일하고, 도시의 고객과 자원이 가까이 있기 때문에
덕을 본다. 물론 이 지역의 더러운 공기와 오염된 물은 도시 집중화로
인해 생긴 문제점을 확실히 보여준다. 거리는 포장되어 있지 않고, 하
수관을 따라 흐르는 물은 종종 넘쳐흐른다. 화장실 한 곳을 1,000명이
넘는 사람들이 함께 사용하는 것으로 추측되는 만큼 사람들이 길거리
에서 대변을 보는 광경이 흔하게 목격된다.[2]

이런 환경에서는 질병을 피할 수 없어 가난한 인도인들이 질병으로
숨지는 경우가 매우 많다. 한 연구 결과에 따르면 폐렴은 뭄바이에서
두 번째로 대표적인 사망 원인이며, 뭄바이 인구의 평균 수명은 인도의
다른 지역과 비교해서 7년이 짧다.[3]

1962년 동물심리학자인 존 B. 칼훈은 과학 잡지《사이언티픽 아메리
칸》에 극도로 혼잡한 공간에 쥐들을 모여 살게 했을 때 생긴 끔찍한 결
과를 담은 논문을 발표했다. 쥐들에게서는 새끼 사망률 상승, 동종 포
식, 광적인 과민 반응, 그리고 병적인 금단현상 등의 문제들이 발견되
었다. 과밀 공간에서 보인 이 쥐들의 행동은 도시 내 인간의 삶에 대해
서도 많은 것을 시사하는 것이 아니냐는 의심을 불러일으킬 수 있다.

하지만 붉은털원숭이 같은 다른 종류의 동물들을 대상으로 한 실험

은 거주 밀도가 높을 경우 동종 포식보다는 상호 배려하는 문화가 연출될 수 있다는 전혀 다른 결과를 보여주고 있다. 그럼에도 불구하고 칼훈의 연구는 우리에게 높은 거주 밀도는 심각한 부작용을 초래할 수 있다는 것을 일깨워주는 경고이다.

뭄바이의 교통 체증은 더할 나위 없이 심각하다. 택시들은 소가 끄는 수레 뒤에서 옴짝달싹 못한다. 이웃끼리 서로 잘 보살펴주는 사회 시스템 덕분에 다라비는 상당히 안전하지만4 뭄바이는 일반적으로 발리우드 스타들을 뜯어먹는 악명 높은 갱 등이 저지르는 범죄가 많이 일어난다. 이런 문제들은 뭄바이나 인도에서만 일어나는 것은 아니다. 오래된 도시는 대부분 질병과 범죄라는 재앙과 싸워왔다. 사람들로 붐비는 모든 도시는 잠재적으로 혼잡 문제에 직면해 있다. 아이디어를 확산시키는 높은 인구밀도는 질병도 확산시킬 수 있다.

이런 문제들이 해결할 수 없는 것은 아니지만 그러기 위해서는 적극적이고 심지어 공격적인 공공 부문의 개입이 필요할 때가 있다. 공공 부문의 무능력은 시골의 가난이 더 낫다는 근거로 거론되는 경우가 종종 있는데, 예를 들어 도시가 깨끗하지 않기 때문에 사람들이 농촌의 오두막에 머물러야 한다는 것은 정말로 끔찍한 논리이다. 이것은 도덕적인 이유와 실질적인 이유 모든 면에서 잘못됐다.

개발도상국의 도시들은 19세기와 20세기 초에 서양의 도시들이 했던 일을 해야 한다. 즉 인간이 버린 쓰레기를 안전하게 제거하는 한편 깨끗한 물을 제공해야 한다. 시 정부들은 빈민가를 안전하게 만들어야 한다. 심지어는 너무나 많은 미국 도시들이 하지 못했던 일, 즉 대부분의 사람들이 대도시에 살면서 얻는 이점들을 가난한 아이들로부터 빼앗아 갈 수 있는 고립 문제들을 없애야 한다. 지난 2세기 동안 도시에 발생한 질병, 부패, 범죄, 고립과 맞선 서양의 싸움은 오늘날 개발도상국들에게 많은 교훈을 주겠지만 불행하게도 그 교훈들 중 하나는 이런 싸움이 결코 쉽지만은 않다는 것이다.

다라비의 빈민가는 인도 국민들의 위대한 점과 마하라슈트라 주 정부의 부패한 점을 동시에 보여주고 있다. 다라비가 가진 문제가 나처럼 자유시장을 좋아하는 사람들을 불안하게 만들지 몰라도 그것의 해법은 정부를 사라지게 만드는 것이 아니다. 사실상 토지 사용 규제와 영업 허가권처럼 인도 정부가 덜 개입할 수 있고 또 그렇게 해야만 하는 영역들이 많이 존재하지만 다라비 같은 빈민가들이 부딪힌 거대한 도시 문제들을 해결할 자유시장 해법은 존재하지 않는다. 도시들은 깨끗한 물과 안전한 치안과 빠르게 이동할 수 있는 도로를 제공하는 강력하고 능력 있는 정부를 절실히 요구한다.

민주주의를 이상화하기는 쉽지만 효과적인 시 정부는 일반적으로 견제와 균형의 방해를 받지 않고 불만을 가진 모든 시민들의 요구에 주의를 기울일 필요도 없이 강력한 지배력을 갖고 통치하는 리더들을 필요로 한다.

뉴욕 시의 범죄와의 전쟁을 설명하면서 시어도어 루스벨트는 "대부분의 경우에 (연방과 주의) 권력 분립 이론은 순전히 피해만 준다"라고 말했다.[5] 권력 분리가 나쁜 리더들의 권력을 억제하는 데 매우 유용할 수 있다는 점에서 그렇게까지 심하게 말하고 싶지는 않지만, 부패를 추방하려는 루스벨트의 시도는 분명 그의 행동에 반대하는 시 경찰국장들의 권한 때문에 방해를 받은 것이 분명하다. 시어도어 루스벨트가 내세웠던 '제약 없는 개혁'은 개혁을 반대하는 기득권자들을 억누르는 데 분리되지 않은 권력이 도움을 준다는 의미이다.

전쟁이 발발했을 때 우리의 리더들에게 더 많은 권한을 부여하듯이 도로가 안전하지 못하거나 물 한 모금 마실 때마다 질병에 걸리는 상황이라면 우리는 그들을 더 신뢰해야 할지 모른다.

나는 세계의 빈국들 사이에서는 찾아보기 힘든 인도의 놀라운 민주적 제도에 정말로 경의를 표하지만, 다양한 색깔의 선거구들을 가진 강력한 민주주의는 도시 생활을 크게 개선하기 위해서 반드시 취해야 하는 강력한 행동을 방해할 때가 종종 있다. 인도 민주주의의 가장 나쁜면 중 하나는 권력이 시가 아닌 주에 있을 때가 종종 있으며, 주는 미국의 상원과 마찬가지로 1인당 훨씬 더 많은 대표성을 갖고 있는 시골 유권자들에 의해서 지배될 때가 종종 있다는 것이다. 인도의 도시들은 자신의 운명을 더 많이 통제할 수 있어야 한다.

'세계에서 가장 무서운 도시' 킨샤사가 처한 곤경

인도 다라비가 역경에 굴복하지 않고 그것을 이겨내는 인간 능력의 본보기라면 아프리카 콩고 민주공화국의 수도 킨샤사는 전혀 제 기능을 하지 못해서 사람답게 살아보려는 그 어떤 노력마저 좌절시키고 있는 것 같다. 수백만 명의 사람들이 한 곳의 메트로폴리스에 운집해 살면서 생기는 문제들을 공공부문이 해결할 수 없을 때 도시는 범죄와 질병이 자유롭게 활개치는 끔찍한 장소로 변할 수 있다.

이런 실패는 도시가 가진 본연의 목적을 성취하지 못하게 막고, 인재들이 자기들끼리 또는 외부 세계와만 서로 연결되게 만듦으로써 국가적 차원에서도 피해를 준다. 정말로 헌신적인 인도주의자가 아니라면 과연 누가 보상은 없고 위험만 잔뜩 있는 곳에 와서 살고 싶겠는가?

킨샤사는 시작부터 좋지 않았다.[6] 모험가인 헨리 모튼 스탠리는 1881년에 킨샤사를 처음 발견해서 레오폴드빌이라는 이름을 붙인 후 벨기에의 레오폴드 왕에게 교역소로 제공했다. 레오폴드 왕은 아프리카의 노동력을 강제로 동원해서 엄청난 자원을 착취하는 한편 통제 수단으로 대량 학살을 서슴지 않았다. 그리하여 그의 이름은 잔인한 식민주의와 동의어처럼 되어버렸다.[7] 시간이 지나면서 벨기에 정부의 태도가 개선되자 1950년대에 이르러 킨샤사는 즐거움이 넘치는 도시로 변했으나 독립 이후 다시 상황이 크게 나빠졌다.

1965년 쿠데타로 정권을 장악한 모부투 세세 세코는 32년 동안 대통령으로서 절대 권력을 휘두르면서 산업을 국유화하고, 도전 세력을 물리치기 위해서 서방 강대국들을 이용하고, 인적·물적 자원 투자에 실패함으로써 콩고(모부투는 콩고를 자이르(Zaire)라고 불렀다)를 더욱 가난하게 만들었다. 부패가 난무하는 정권을 이끈 모부투는 루스벨트가 주창한 '제약 없는 개혁'의 중요한 단점들이 무엇인지를 상기시켜 준다. 그것은 분리되지 않은 권력은 권력이 적절한 지도자의 손에 들어갔을 때만 좋으며, 그것이 절대적으로 보장되는 것은 아니라는 사실이다. 모부투가 추방된 후 몇 년이 지났어도 콩고(이후 다시 콩고로 불리게 된다)의 사정은 거의 나아지지 않았다. 수십만 명이 전쟁 중에 숨졌고, 부패는 줄어들지 않고 계속됐다.[8]

장기화된 콩고의 불안한 정세 속에서, 여러 가지 문제들을 해결해 주는 시 정부의 기능이 제대로 작동하지 않았음에도 불구하고 킨샤사는 급성장했다. 1960년 이후 킨샤사는 인구 44만 6,000명의 도시에서 인구 1,040만 명이 밀집한 도시로 성장했다.[9]

1인 지배 체제의 특징은 권력이 독재자로부터 나오기 때문에 그 수도들이 안정된 민주주의 체제 하의 수도들에 비해서 평균 30퍼센트 이상 더 크다는 것이다.[10] 인도네시아의 부패를 주제로 한 연구 결과를 보면,[11] 인도네시아의 독재자와 같이 찍은 사진에서 독재자와 가장 가까이 서 있는 사람들이 경영하는 회사의 주가는 그 독재자가 병들어 쓰러졌을 때 가장 많이 하락한 것으로 나타났다. 여러분이 자이르의 이른바 도둑 정치(권력자가 막대한 부를 독점하는 정치 체제)에서 지분을 얻기를 원했다면 킨샤사에 와서 모부투와 가깝게 지내야 했을 것이다.

몇몇 연구 결과, 킨샤사에 거주하는 아이들 중 3분의 1 이상이 말라리아 원충에 감염되어 있는 것으로 나타났다.[12] 2004~2005년에 발병한 장티푸스로 인해서 수백 명이 숨지고 수천 명이 감염됐다.[13] 킨샤사가 가진 다른 무엇보다 더 중요한 문제는 이곳이 오랫동안 후천성 면역결핍증, 즉 에이즈(AIDS)의 진원지 역할을 해왔다는 사실이다. 초기 인간 면역결핍 바이러스(HIV) 양성 혈액 샘플[14]은 1959년 레오폴드빌 거주민으로부터 나왔다. 1985년 무작위 샘플 조사 결과 인구의 5퍼센트가 HIV에 감염되어 있는 것으로 나타났다.[15] CNN은 최근 킨샤사를 세계에서 가장 무서운 10대 도시 목록에 올려놓았다.

킨샤사가 처한 상황은 끔찍하지만 콩고의 나머지 지역 상황은 이보다 더 끔찍한 경우도 많았다. 미국 국무부는 킨샤사 여행에 대해 "낮 시간대에는 일반적으로 안전하지만 원거리 지역 여행은 높은 범죄 발생률 때문에 안전하지 않다"라고 경고했다.[16] 1996~2003년 사이에 중앙아프리카 내륙지역에서 전쟁이 이어지자 수많은 사람들이 비교적 안전한 콩고의 수도로 몰려들었다.[17]

킨샤사에서 태어난 아이 1,000명 중 73명이 첫돌이 되기 전에 숨진다.[18] 이는 미국 평균 영아 사망률에 비해서 10배 정도 높은 수치지만, 콩고 시골 지방의 영아 사망률에 비해서는 낮은 수준이다.[19] 2001년 조사 결과를 보면 킨샤사 일부 지역에 사는 아이들 중 10퍼센트 이상이

영양실조로 고통받고 있었다. 이것은 심각한 상황처럼 보이지만 킨샤
사 외의 다른 지역에서는 영양실조로 고통받는 아이들의 비율이 30퍼
센트가 넘을 때도 있었다.[20] 국영 수자원관리국은 깨끗한 물을 제대로
제공하지 못하고 있다. 콩고 도시 거주민 10명 중 3명꼴로 음료수를 구
하기 위해서 30분 넘게 이동해야 하지만[21] 그럼에도 불구하고 이것이
콩고 내륙 지역으로부터의 인구 유입을 막지는 못하고 있다.

잔인한 식민 정권과 뒤이은 악독한 독재자의 통치를 받으면서 킨샤
사는 끔찍한 피해를 입었다. 이곳이 가진 문제들은 오늘날 런던이나
뉴욕의 관점에서도 해결이 불가능할지 모르지만 과거 런던과 뉴욕도
킨샤사가 겪었던 유사한 문제들을 해결해야 했다. 세계의 옛 도시들
은 모두 과거에는 질병과 폭력이라는 전염병과 맞서 싸워야 했다. 이
처럼 힘겨운 전투의 궁극적인 승리는 킨샤사에게도 희망을 가져올 것
이다.

민간은 깨끗한 물을
공급할 수 있을까

기원전 430년에 동남부
피레우스 항구를 통해서 아테네로 전염병이 들어왔고,[22] 그로 인해
서 아테네 인구의 25퍼센트가 숨졌을지 모른다. 당시 아테네의 지도
자인 페리클레스 역시 희생자 중 한 명이었다. 그로부터 약 970년 뒤
에 콘스탄티노플에서도 전염병이 창궐했는데,[23] 역사가인 프로코피
우스에 따르면 전염병이 절정이었을 때는 매일 1만 명 이상이 사망했
다고 한다.

1350년 이후 3세기가 넘는 시간[24] 동안에 전염병은 정기적으로 서유럽의 도시 거주자들을 공격했다. 17세기에는 영국 시골 지역의 사망률보다 도시 지역의 사망률이 훨씬 더 높았다.[25] 18세기 초 유럽에서는 (아시아는 아니지만) 전염병이 사라졌지만[26] 황열병이 도래했고, 콜레라도 1830년까지 서유럽 도시들에 엄청난 피해를 주었다.[27]

초기 질병을 막기 위한 공중 보건 조치들은 주로 격리로 한정됐지만 존 스노(John Snow)처럼 지적인 도시인들은 전염병 확산을 막는 데 필요한 지식을 점점 더 많이 습득하기 시작했다. 스노는 요크셔에서 탄광 근로자의 아들로 태어났고, 14세부터 증기 기관차 발명가인 조지 스티븐슨의 의사 밑에서 견습생으로 일했다. 그로부터 9년 뒤에 그는 혼자 320킬로미터를 걸어서 런던으로 가서 외과의사가 되는 데 필요한 기술을 습득했다.[28] 그리고 다시 2년 뒤에 의사 자격증을 받고서 성공한 의사이자 의학 연구원이 돼서 주위 도시들로부터 많은 것을 배웠다. 그가 이룬 최고의 업적은 1854년 콜레라가 창궐했을 때 콜레라로 인한 사망 패턴을 관찰한 것이었다.

런던은 스노의 실험실이었으며, 현지 목사의 도움을 받아 거주자들과 인터뷰를 한 다음에 놀랄 만한 콜레라 발병 지도를 만들어냈다.[29] 이것은 거리와 사례별로 콜레라 발생지를 정리한 지도였다. 콜레라 발생 지점들을 연구한 끝에 스노는 특정 물 펌프[30]가 있는 곳에서 콜레라가 발생한다는 것을 알아냈다.

그는 여러 사람들과 인터뷰한 끝에 "앞서 말한 물 펌프의 물을 자주 마시던 사람들을 제외하고는 이 지역에서 콜레라가 특별히 발병하거나 퍼진 사례가 없었다"는 결론을 내렸다.[31] 맥주를 자주 마시는 인근 지역 사람들은 건강한 상태를 유지했다. 즉, 수인성 박테리아를 죽일 수 있는 알코올의 기능은 오랫동안 도시 거주자들이 콜레라에 걸리지 않

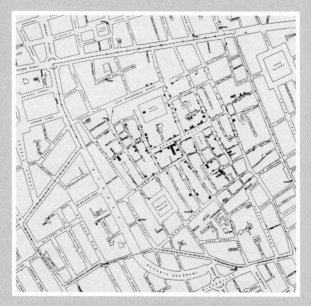

존 스노가 1854년에 그린 콜레라 지도를 바탕으로 펌프 우물이 런던에서 발생한 콜레라의 원인이라는 결론을 내릴 수 있었다. (위키미디어 커먼스 제공)

도록 도와왔다.

문제의 우물은 오염된 배설물이 든 인근의 오물통에 의해서 오염된 것처럼 보였다. 스노가 물 펌프를 사용하지 못하게 막자 콜레라 발생 건수가 줄어들었다. 스노는 콜레라 박테리아가 생기는 원인에 대해서는 잘 이해하지 못했지만 콜레라가 오염된 물에 의해서 확산되고 있다고 믿었다.

스노의 연구는 이제는 분명해 보이는 한 가지 사실에 대한 초기 증거역할을 했는데, 그것은 도시들은 시의 건강을 유지하기 위해서 무엇보다 깨끗한 물을 공급해야 한다는 것이다. 스노는 또한 '자신을 보호하는 도시의 혁신', 다시 말해서 도시는 자체 문제 해결에 필요한 정보를 생산해 낼 수 있다는 것을 보여주었다.

19세기가 시작할 무렵 미국의 시 정부들은 스노의 과학보다는 직관에 의해서 깨끗한 물을 공급하는 엄청나게 힘든 일을 시작했다. 어쨌든 그들은 더러운 물이 질병 발생의 원인임을 인지했고, 오랫동안 깨끗한 물을 공급하기 위해서 싸웠다. 1793년과 1798년에 미국 여러 도시에서 황열병이 발생하자 필라델피아와 뉴욕은 시민들에게 인근 오수 구덩이로 인해서 오염되지 않은 물을 제공하기로 결정했다. 영국의 건축가이자 엔지니어인 벤자민 라트로브의 지도 하에 필라델피아는 공공사업을 벌이기 시작했다.[32] 건설과 운영 경비는 라트로브가 원래 추정했던 것보다 훨씬 더 늘어났지만 궁극적으로 필라델피아는 스퀼킬 강 상류로부터 물을 끌어와서 공급하는 훌륭한 공공 시스템을 갖추게 되었다.

뉴욕은 민자 사업을 통해서[33] 돈을 절약하면서 시민들에게 깨끗한 물을 공급하기 위해서 노력했지만 깨끗한 물이 맨해튼에 공급되기까지 수십 년의 시간이 걸렸다. 황열병이 발생하자 시 의회는 처음에는 공공 시스템을 제안했지만 주 의회 하원의원이자 실패한 부통령 후보인 애런 버*는 다른 계획을 갖고 있었다.

버는 자신의 정치적 적들인 주 의회의 연방제 지지자들을 뒤흔들기 위해서 정적(政敵)이면서 자칭 미스터 연방주의로 불렸던 알렉산더 해밀턴을 우군으로 포섭했다. 해밀턴은 공공 시스템 자금 마련을 위한 '무거운' 세금에 반대하면서[34] 시 의회에게 버가 내세운 민간 물 공급 프로젝트를 수용해 줄 것을 설득했다.

버는 이어 주의 입법부를 통해서 새로운 민간 물 공급회사 인가증을 내주기 위해서 엄청난 정치적 수완을 발휘했다. 인가증의 핵심 조항[35]은 기업이 200만 달러의 자금을 조달하고 남은 돈이 있다면 그것으로 '헌법과 주법에 위배되지 않은 범위 내에서 금전적 거래'를[36] 할 수 있게 허용했다. 이처럼 겉보기에는 아무런 문제가 없을 것 같았던 조항을 통해서 버는 물을 생산하는 한 기업과 함께 자기가 원하는 모든 일을 할 수 있었다. 그는 물 조항보다는 은행업에서 더 많은 경제적·정치적 이윤을 노렸다. 해밀턴은 부지불식간에 자신이 소유하고 있던 '뱅크 오브 뉴욕'의 경쟁사를 만들어준 꼴이었다. 버가 만든 '뱅크 오브 더 맨해튼'은 2세기가 넘는 시간 동안 견실하게 성장하다가 나중에 체이스 맨해튼으로 개명한 다음에 2000년에 JP모건과 합병해 지금은 JP모건 체이스가 되었다. 그러나 이 은행은 분명 뉴욕의 물 문제를 해결하지 못했다.

버가 은행 경영을 위해서 간절히 원했던 자금 마련을 위해서 뱅크 오브 더 맨해튼은 예전 우물을 사용했고 소형 급수장을 지었다. 이 은

---

* Aaron Burr. 미국 정치가. 1801~1805년 T. 제퍼슨 행정부의 부통령이 되었지만 1804년에 뉴욕 주지사 자리를 둘러싸고 알렉산더 해밀턴과 결투 끝에 그를 죽이고 도망쳐 정치 생명이 끝났다.

행은 브롱크스로부터 깨끗하고 신선한 물을 끌어오겠다는 약속을 어겼고, 그 대신 물 탱크들을 출처를 알 수 없는 미심쩍은 물로 가득 채웠다.

민간의 물 공급 계획이 성공한 곳도 많지만 이것은 두 가지 문제의 소지가 있다. 우선 소비자들은 수질을 쉽게 검증할 수 없다. 다시 말해서 물 공급업자들은 수익을 잃지 않은 상태에서 원칙을 무시하고 일할 수 있다. 또한 민간 공급업자가 깨끗한 물을 보증할 수 있더라도 고객들이 항상 공급업자가 수익을 낼 수 있을 만큼 충분한 돈을 쓸 의사나 능력이 있는 것은 아니다. 이 두 가지 문제는 모든 사람이 물을 마시는 대가로 계속 많은 돈을 낼 수 있고, 일반적으로 물 공급업자가 약속을 어길 경우에 감당해야 하는 법적 소송 때문이라도 건강한 물을 제공하는 부유한 경제에서는 사라질 것이다.

그러나 해밀턴과 버가 살던 시대에는 부유한 시민들은 깨끗한 물을 구하러 시 외곽으로 하인들을 보낼 수는 있었지만 가난한 지역에 사는 사람들은 시내로 공급되는 싸고 더러운 물을 쓰고 있었다. 그러나 그 부유한 시민이 아무리 미리부터 조심한다고 해도 가난한 지역에서 발생한 전염병이 값싸고 더러운 물을 통해서 시 전역으로 확산될 수 있었기 때문에 나쁜 물은 여전히 부유한 시민과 그 가족을 죽일 수 있었다.

이것이 경제학자들이 말하는 이른바 '외부 효과(externality)'라는 것인데, 외부 효과란 어떤 개인이나 기업과 같은 경제주체의 행위가 수요·공급과 같은 가격 결정 과정을 거치지 않고 다른 경제주체에 영향을 미치는 것을 말한다. 1세기가 넘는 시간 동안 경제학자들은 외부 효과에 대해서는 어떤 형식으로든 국가의 개입이 필요하다고 주장해 왔는데, 물 역시 마찬가지였다.

뱅크 오브 더 맨해튼이 뉴욕의 물 문제를 해결하지 못한 탓에 그후로도 수인성 전염병은 계속해서 일어났다. 뉴욕 시는 특정 연도에는 전염병 때문에 인구의 0.5퍼센트 이상을 잃기도 했고[37] 1832년 콜레라가 전염됐을 때처럼 보통 해에도 사망률이 두 배가 올라갔다.

마침내 뉴욕 시는 필라델피아를 본떠서 해밀턴이 경고했던 대로 수백만 달러의 공공 물 공급 프로젝트에 투자했다. 약 900만 달러(2010년 가치로 환산했을 때 약 1억 7,000만 달러)를 들여서 건설한 크로톤 수도교는 1842년 이후 뉴욕에 깨끗한 물을 공급해 주었고,[38] 그러자 곧바로 효과가 나타났다. 1860년 이후 사망률은 무려 60년 동안 하락했다.[39] 남북전쟁이 끝날 무렵만 해도 1,000명당 30명 이상이 숨졌지만 1920년대에는 1,000명당 사망자 수는 10명 정도에 불과했다.

1896년이 되자 미국에는 1,700개의 공공 물 공급 시스템이 갖춰졌고,[40] 시 정부들은 연방 정부가 군대와 우편 서비스를 제외한 모든 부문에 쓰는 돈만큼을 물에 투자했다.[41] 파리에서는 조르주 외젠 오스만 남작이 나폴레옹 3세의 대리인으로서 가진 사실상의 무한 권력을 활용해서 하수 처리 터널을 만들었다. 이 터널은 지금까지 파리의 하수를 처리하면서 많은 관광객들을 끌어모으고 있다.

경제 역사가인 베르너 트로에스켄[42]은 엄청난 연구 끝에 시의 급수 시설 투자가 황열병 등 여러 질병들로 인한 사망자 수를 크게 줄여준 사실을 알아냈다. 깨끗한 물은 심지어 물로 인해서 전염되지 않는 질병으로 인한 사망자까지도 줄여주었다. 매사추세츠에서 깨끗한 물이 미치는 영향에 대한 1세기 전 연구를 되풀이하듯이, 트로에스켄과 조셉 페리에는 1850년부터 시카고에서 황열병 발병률이 하락하자 다른 질병들의 발병률이 더 크게 하락했다는 사실을 발견했다.[43]

수인성 질병이 다른 질병으로 오인되거나 아니면 수인성 질병으로 인해 면역 체계가 약화되면서 다른 병들로 인한 사망자 수도 줄어들었을지 모른다. 이유야 어쨌든 간에 페리에와 트로에스켄은 "순수한 물 공급이[44] 1850~1925년 사이에 시카고의 사망자 수 감소 원인의 30~50퍼센트를 차지한다"고 믿었다.

깨끗한 물 공급은 인프라에 대규모 공적 자금 투자가 이루어졌기에 가능했다. 파리의 거리에서처럼 다라비의 빈민가에서도 수인성 질병을 없애기 위해서는 정부나 혹은 적절한 보조금을 받고 규제를 받는 민간 기업들 중 하나의 노력이 필요할 것이다.

거리 청소와 권력의 부패

깨끗한 물이 공급되자 질병이 크게 줄었지만 1901년까지만 해도 특히 감염성 질병이 만연했기 때문에 뉴욕에서 태어난 아기들의 기대 수명은 미국 내 다른 주 아기들의 기대 수명보다 7년이 더 짧았다.[45] 지금으로부터 1세기 전의 미국은 오늘날의 많은 개발도상국들만큼 부패했다. 오늘날 권력 부패가 개발도상국들의 공공서비스의 효율성에 제약을 가하듯이 19세기의 권력 부패는 미국 도시들을 훨씬 덜 건강하게 만들었다.

뉴욕은 악명 높았던 태머니 홀(Tammany Hall : 19~20세기 초까지 뉴욕에서 강력한 영향력을 행사하던 부정한 정치 조직)의 권력을 일시적으로나마 빼앗은 경찰 스캔들 덕분에 거리가 깨끗해졌다. 지방에 실권을 거의 주지 않는 정치적 시스템이 못마땅하게 여겨질 때도 많지만 그렇다고 해서 지방 정부에 완전한 자치권을 주는 것도 올바른 해답은 아니다. 일이 제대로 돌아갈 때 연방, 주, 시 등의 다양한 정부들은 상호 견제할 수 있다. 특히 각 정부에서 권력을 잡고 있는 정당들이 다를 때 더욱 그렇다. 남부 지방의 아프리카계 미국인들은 연방 정부가 주 정부의 일에 개입하지 않았다면 시민권을 얻지 못했을 것이며, 뉴욕 시는 한 공화당 상원의원이 민주당이 장악한 시 정부의 경찰서를 조사했기 때문에 깨끗한 거리를 얻게 되었다.

상원의원이 작성한 1만 쪽 분량의 보고서에 자세히 기술되어 있는 걷잡을 수 없이 만연된 부패상은 매사에 시큰둥한 독자들마저 아연실색하게 만들 정도이다. 조사관들이 악명 높은 경찰관 클러버 윌리엄스에게 경찰관 월급으로 어떻게 뉴욕의 타운하우스와 코네티컷의 별장과 요트를 마련할 수 있었는지 묻자 윌리엄스는 "내가 일본에서 산 부동산 가치가 올랐기 때문이다"라고[46] 대답했다. 이 보고서는 1894년 뉴욕 시장 선거의[47] 이슈였으며 선거 결과 태머니 홀은 퇴출됐고, 기업인 출신 공화당 후보인 윌리엄 L. 스트롱이 시장 자리에 올랐다.

스트롱은 원래 시어도어 루스벨트에게 거리 청소 임무를 맡기고 싶었지만 루스벨트는 그보다 시 경찰국장이 되기를 원했다. 따라서 스트롱은 루스벨트가 보기 드물게 겸손한 말투로 "맡은 일에 적격인 사람"이라고[48] 했던 조지 워링 대령을 기용했다. 분명 워링은 루스벨트와 '제약 없는 개혁'에 대한 열정을 공유했다. 워링은 약관의 나이로 센트럴파크 배수 시설 관장 업무를 맡으며 위생 관리 분야에서 첫 경력을 쌓기 시작했다. 그는 남북전쟁 때 북군을 위해서 6개의 기병 연대를 만들었고, 미국에 저지 품종 젖소를 처음 소개했으며, 화장실 개발을 도왔고, 수인성 전염병이 확산되면서 뉴욕이 전국적 질병의 진원지가 되자 멤피스에 하수구 시스템을 만들었다. 엔지니어이자 농사꾼이자 일류 말 사육사이기도 한 워닝은 1895년에 뉴욕의 거리 청소 임무를 책임졌다.[49]

그리고 그는 곧바로 비판의 대상이 되었다. 그는 거리 청소를 맡은 후 첫해에 예산을 25퍼센트 초과해서 사용했다.[50] 워링이 남북전쟁에서

조지 워링을 비롯한 위생 문제 해결의 선구자들은 조직적 체계가 없었던 뉴욕의 도시
청소부들(위쪽, 1868년)을 잘 조직된 효율적인 세력으로 전환시켰다(아래쪽, 1920년).
(픽처 컬렉션스 제공)

종군한 미국 육해군인회를 "빌어먹을 술꾼들 천지"라고 부르자 정치적인 후폭풍이 거세게 불었다.[51] 이는 오늘날 전미 퇴직자 협회(AARP)를 "게으른 복지 사기꾼 집단"이라고 부르는 것과 별반 다름없는 상황이다. 워링은 미국에서 가장 강력한 로비 단체를 "연금으로만 먹고사는 게으름뱅이들"이라고 부른 것에 불과하다면서, 뉴욕 주 의회가 그의 사임을 요구한 뒤에도 자신은 잘못이 없다며 물러나지 않았다.[52]

그는 뉴욕 시 거리에 그냥 세워둔 차량들을 압류하겠다고 밝혔고, 그로 인해서 트럭을 압류하려고 나간 시 청소부들과 트럭 압류를 막기 위해서 안간힘을 쓴 이탈리아 마피아들 사이에 일명 '모트 가(街)의 폭동'이 일어났다.[53] 그는 눈보라에 대비한 부서 차원의 계획을 세우기 위해서 몇 날 며칠을 뜬눈으로 새우기도 했다. 워링 때문에 많은 소란이 있었음에도 불구하고《뉴욕타임스》는 그가 도시 청소를 맡은 후 첫 7개월 동안 "시의 위생 상태에 경이로운 일들이 일어났다"라고 보도했다.[54]

대중은 워링의 에너지, 정직함, 유능함에 매료돼 그를 폄하하는 사람들을 아연실색하게 만들 정도로 그에게 지지를 보냈다. 워링은 또한 아스팔트라는 새로운 기술[55]이 주는 혜택을 누렸다. 1880년대 뉴욕의 거리들은 일반적으로 자갈밭 위에 길쭉한 화강암 블록으로 포장됐다.[56] 그렇게 포장된 거리를 청소하는 것은 자갈들을 깨끗하게 유지하는 것보다 훨씬 더 쉬웠지만 거리들은 여전히 온통 먼지로 뒤덮였다. 그후 점차 아스팔트가 도로 포장에 도입되기 시작했다.

1860년대에 파리 전역에 웅장한 대로를 건설했을 때 오스만 남작은 아스팔트의 표면이 매끈하고 관리가 용이하다는 것을 알았다. 1890년대가 되자 뉴욕 시 역시 아스팔트 포장으로 전환했다. 태머니 홀과 민간 아스팔트 회사들 사이에 숱한 비리 의혹이 제기되었지만 거리는 매끈하게 포장되었고, 워링이 거느린 청소부들로서는 거리 청소가 한결 더 쉬워졌다.

워링은 미국-스페인 전쟁*이 끝날 무렵 쿠바의 위생 상태를 개선하기 위해서 1898년 사임했다가 쿠바에서 황열병에 걸려서 숨졌지만 깨끗하고 건강한 도시를 유산으로 남겼다.

1901~1910년 사이에 뉴욕 남성들의 기대 수명은[57] 4.7년이 늘어났으며 전국 평균 기대 수명 사이와의 격차도 절반이 줄어들었다. 기대 수명이 늘어난 가장 큰 이유는 영아 사망자 수가 감소했기 때문인데, 이렇게 된 데에는 의학 지식의 보급과 위생 상태 및 병원 시설의 개선이 중요한 영향을 미쳤다.

스트롱 시장이 이끄는 정부는 뉴욕의 도시 부패를 척결하지는 못했다. 스트롱은 결국 뉴욕에서 얼음 독점 사업을[58] 하면서 돈을 번 태머니 쪽 사람에 의해서 밀려났다. 그러나 시민들이 더 많은 교육을 받고 더 정치적으로 변하면서 시의 부패는 태머니 홀의 지도자인 보스 트위드가 주름잡던 시절에 비해서 줄어들었다. 일반적으로 봤을 때 시민들의 교육 수준이 올라가면 부패는 줄어든다.[59] 시민들이 조직 두목들이 제공하는 비공식적 안전망에 덜 의존하게 되고, 부패에 대해 더 조직적으로 반대할 수 있게 되기 때문이다.

그러나 뉴딜 정책으로 인해서 사회보장제도가 개선될 때까지 대부분의 미국 도시에서 이른바 조직 정치학은 약화되지 않았는데, 이 같은 사실은 정부 내 다양한 층들이 긍정적인 효과를 낼 수 있다는 것을 다시금 확인시켜 준다.

조직 정치학의 예전 모델은 지역 조직의 두목(정치인)들이 표를 얻는 대신에 유권자들에게 일자리와 특혜를 베푸는 것이었다. 조직을 후원

---

* 쿠바 섬의 이해관계를 둘러싸고 1898년 4월부터 8월까지 미국과 스페인 사이에 벌어진 전쟁.

한 이민자 가족은 젊은 가족 구성원이 해고를 당할 경우 조직으로부터 일자리나 도움을 받거나 아니면 추수감사절 때 칠면조를 받을 수도 있었다. 이런 서비스들은 지역 조직의 정치인들이 감독하는 시의 곳간으로부터 나왔다.

뉴딜은 연방 안전망을 대폭적으로 강화하는 한편 지역 정치인들이 주기적인 선심성 행위를 통해서 지지를 얻을 수 있는 힘을 약화시켰다. 지역 정치인들은 돈을 구하기 위해서 자신들의 현금 흐름을 문서로 꼼꼼하게 기록해 둬야 했다. 두목의 시대는 관료의 시대로 변했고, 관료들 중 다수는 조지 워링 대령 같은 전문 관료로서의 길을 걸었다.

도로가 늘어나면
덜 혼잡해질까?

전염병은 사람들 사이를 연결해 주는 도시가 가진 위대한 장점을 사망의 원인으로 바꿔버린다. 혼잡한 교통도 사람들이 도시에서 돌아다니기 너무 힘들게 만들어버림으로써 도시의 장점을 완전히 없애버린다. 쓰레기가 지나치게 많을 경우 도시의 거리는 건강을 위협하는 공간으로 바뀐다. 많은 운전자들은 도시의 도로를 주차장으로 만들어놓는다. 깨끗한 물을 공급하기 위해서는 공학 기술이 필요하지만 도로의 혼잡도를 낮추기 위해서는 단순한 기술적 노하우 이상의 뭔가가 요구된다.

우리의 도로는 사람들이 과용하지 않을 때만 쓸모가 있으며, 그러기 위해서는 경제학자가 쓰는 도구가 동원돼야 한다. 운전은 부정적인 외부 효과를 일으킨다. 일반적으로 운전자들은 자신에게만 해당되는 비용과 혜택을 생각하기 때문이다. 운전자들은 자신이 차를 몰면 다른 사람들의 이동 속도가 늦어진다는 사실을 고려하지 않는다. 이런 외부 효과를 고치는 최상의 방법은 사람들에게 도로를 사용하는 데 따른 비용을 부과하는 것이다.

도시에 물을 공급하고 하수를 빼내기가 상당히 힘들었기 때문에 그 것은 공학 기술이 가진 노하우의 한계를 시험했다. 교통 혼잡 역시 공학적 도전임과 동시에 심리적 도전이기도 하다. 왜냐하면 교통 혼잡과 관련해서 하나씩 개선이 이루어질 때마다 그런 개선을 사실상 무력화시키는 방식으로 운전자들의 행동이 변하기 때문이다.

예를 들어 지난 수십 년 동안 우리는 많은 차량들로 인한 과도한 도로 혼잡 문제를 해결하기 위해서 더 많은 도로를 건설해 왔지만 고속도로나 다리를 새로 건설할 때마다 더 많은 차량이 쏟아져 나오고 있다.[60] 경제학자인 질레스 듀란튼과 매튜 터너는 자동차의 주행 거리가 새로 개통한 고속도로의 킬로미터 수와 일대일 비율로 더 늘어난다는 사실을 발견한 후에 이런 현상을 '도로 혼잡의 기본 법칙'이라고 불렀다.[61]

교통 문제는 사실상 공짜면 뭐든지 좋다고 몰리는 수요를 전부 충족시켜주기는 불가능하다는 것을 보여준다. 도로는 건설하는 데 많은 돈이 들고 사용 가치가 높지만 대부분의 운전자들은 공짜로 운전할 권리가 권리장전에 의해 보장된다고 생각하는 것 같다. 옛 소련이 과거 인위적으로 소비재 가격을 끌어내리자 결과적으로 소비재가 부족해지고 사람들은 길게 줄을 서서 기다리며 소비재를 구해야 하는 사태가 발생했다. 사람들이 공짜로 도시의 거리를 운전하고 돌아다닐 수 있게 허용하는 한 기본적으로 이와 똑같은 일이 일어나게 된다.

교통 혼잡을 줄이는 가장 좋은 방법은[62] 캐나다 태생의 경제학자로 노벨 경제학상을 수상한 윌리엄 비크리가 생각해 냈다. 비크리는 1951년에 뉴욕의 재정 문제를 개선하기 위해 만들어진 시장 직속 위원회에 합류한 후 대중교통에 얽힌 수수께끼를 처음으로 고민해 보기 시작했다. 그는 지하철 요금 정책 문제를 맡았는데, "자가용과 개인택시와 함께 대체로 버스 이용자들은 자신이 차량을 이용함으로써 발생하는 비용의 증가에 상응하는 비용을 내려고 하지 않는다"는 것을 알아냈다.[63]

예를 들어 운전할 때 우리는 자신이 쓰는 시간, 기름, 자동차 감가상각비 등을 생각하지만 일반적으로 우리가 다른 운전자들에게 유발하는 비용, 즉 그들이 우리 때문에 손해를 본 시간은 고려하지 않는다. 우리는 우리 때문에 생긴 혼잡 문제에 신경을 쓰지 않기 때문에 결과적으로 고속도로를 과도하게 이용한다.

이런 문제를 해결하기 위해 경제학자들이 자연스럽게 찾아낸 방법은 운전자들에게 그들의 운전 때문에 생긴 모든 비용을 부과하는 것이다. 다시 말해서 차량이 도로에 미치는 영향에 대해서 운전자들에게 비용을 청구하는 것이다.

비크리는 1950년대 후반 워싱턴 D.C. 버스 시스템을 주제로 쓴 보고서에서 자신의 핵심적 통찰을 더욱 발전시켰다. 논문에서 그는 최초로 운전자들에게 혼잡 유발 비용을 청구하는 정책을 주장했다. 주변 시의 상황에서 영감을 받은 비크리의 통찰은 자기 보호 성향을 가진 도시 혁신의 또다른 사례에 해당한다. 고속도로에서 통행세를 지불할 때 쓰이는 일종의 직불카드인 E-Z 패스가 등장하기 수십 년 전에 이미 비크리는 이런 혼잡세를 부과하는 전자 시스템을 제안했다. 그는 혼잡도가 심한 출퇴근 시간에는 비용을 인상할 것을 주장했다.

이후 수십 년 동안 일어난 일들은 비크리의 주장이 옳았음을 증명해 주었다. 도로를 더 건설해 봤자 교통 혼잡 문제는 거의 해결되지 않지만 혼잡세는 그런 문제 해결에 도움이 된다.[64] 싱가포르는 1975년에 도시 중심부로 차를 몰고 들어오는 운전자들에게 더 많은 혼잡세를 징수하는 간단한 형식의 정책을 도입했다. 이제 이 시스템은 전자 기술 덕분에 더욱 편리하게 운용되고 있으며, 도시 교통 혼잡을 줄이는 데 일익을 담당하고 있다. 런던은 2003년부터 자체적으로 혼잡세를 부과하기 시작했고, 현재 런던의 차량 통행량은 크게 감소했다.[65]

그렇다면 왜 미국에서는 혼잡세를 부과하는 사례가 그토록 드문 것일까? 정치 논리가 경제 논리보다 우위에 있기 때문이다. 수천 명의 운전자들에게 새로운 비용을 부과하는 것은 인기가 없는 정책이기 때문이다. 결과적으로 운전자들은 교통 체증 때문에 도로 위에서 수백 만 시간을 낭비하고 있다. 비크리는 늦은 밤 학술회의에 참석하기 위해 보스턴으로 가던 중 자동차 운전석에서 심장마비를 일으켜 사망했다. 나는 그가 항상 혼잡을 피하기 위해서 그 시간에 운전하는 모습을 상상해 봤다.

미국에서는 혼잡으로 수십억 달러 가치의 시간이 낭비되지만, 과밀 정도가 훨씬 더 심하면서 일반적으로 지하철 같은 대체 교통수단이 제대로 갖춰지지 않은 개발도상국 도시들의 혼잡은 훨씬 더 심각한 결과를 초래할 수 있을 것 같다. 개발도상국 도시들에 세워진 건물들은 높이가 더 낮고 결과적으로 더 넓게 퍼져 있기 때문에 보도 상태도 끔찍할 뿐 아니라 보행자들이 비실용적인 선택을 하게 만든다. 뭄바이 같은 도시에서는 혼잡함이 도시 생활을 마비시킬 수 있으며, 따라서 혼잡과의 싸움은 단순한 편리성 확보를 위한 싸움이 아니라 도시가 사람들을 모으는 가장 기본적인 기능을 수행할 수 있게 만들기 위한 싸움이 된다.

안전한 도시 만들기

사람들을 연결시키는 데 있어 도시가 갖는 우위는 혼잡만큼이나 범죄 때문에 퇴색할 수 있다. 두려움은 사람들을 도시 생활이 주는 이점에서 소외된 상태로 잠긴 문 뒤에서 나오지 않게 만든다. 공포는 또한 수천 명의 사람들이 혼잡한 도시 속에 함께 모여 살면서 너무나 일상적으로 겪는 일이다. 도시의 인접성은 아이디어와 질병의 확산을 가능하게 해주는 것과 동시에 범죄의 확산도 가능하게 해준다.

지난 수세기 동안 도시의 무질서가 주는 위협 때문에 시민들은 세금을 내고, 안전을 찾아서 자유를 희생할 수밖에 없었다. 최초의 근대적 개념의 경찰은[66] 루이 14세(1638~1715년) 통치 시대에 파리에서 만들어졌는데 당시의 파리는 아마도 유럽 최대 도시이면서 분명 폭력적 무질서로 가득했을 가능성이 높다.[67] 실제로 파리가 '빛의 도시'라는 이름을 얻게 된 것은 17세기였는데, 그때 파리 경찰 총장은 밤에 파리를 덜 위험하게 만들고자 길거리에 조명을 밝히는 계획에 착수했다.[68]

1920~1930년대 악명 높았던 은행털이범 윌리 서튼은 "돈이 그곳에 있기 때문에"[69] 은행을 털었다고 말했지만, 대부분의 경우 범죄는 가난한 사람들이 다른 가난한 사람들의 돈을 훔치면서 일어난다. 범죄 희생자는 범죄를 저지르는 사람과 마찬가지로 가난하고 나이 어린 남성일 가능성이 더 높다. 사람들이 범죄 집단에 들어가는 한 가지 중요한 이유는 다른 범죄로부터 보호받을 수 있기 때문이다.

이 세상 어디서건 범죄는 도시에서 발생하는 경우가 압도적으로 많다. 1989년에 실시된 조사에서는 인구 100만 명 이상의 대도시 거주민들 중 20퍼센트 이상이 전년에 범죄를 겪어봤다고[70] 대답한 반면 인구 1만 명 이상의 소도시 거주민들 중 같은 대답을 한 사람의 비율은 10퍼센트도 되지 않았다. 이에 앞선 1986년 조사에서는 도시 인구가 두 배로 늘어나면 살인율은 평균 25퍼센트 늘어나는 것으로 나타났다.[71]

도시는 주로 도시로 오는 가난한 사람들이 가난에 따른 사회적 문제들을 그대로 갖고 오기 때문에 범죄에 더 취약하다. 또한 도시에는 잠재적 희생자들이 밀집해 있기 때문에 범죄를 장려한다. 주위에 아무것도 없는 시골 도로에서 도둑질을 하면서 생계를 꾸려가기는 힘들지 몰라도 사람들로 붐비는 지하철에서는 소매치기 대상을 얼마든지 물색할 수 있다. 예전에 추산해 보았는데, 메트로폴리탄 지역 안이 지역 바깥에 비해서 평균 범죄 수입이 약 20퍼센트 더 많았다.[72]

도시와 범죄의 연관성은 또한 규모가 크더라도 종종 익명으로 모든 일이 돌아가는 도시에서 법 집행이 어렵다는 사실을 보여준다. 보드게임인 클루(Clue)를 할 때 플레이어들은 용의자들을 하나하나 없애나가는 식으로 살인 사건을 해결한다. 실제 경찰들도 종종 똑같이 사건을 해결하지만 이 과정에서는 고려해야 할 용의자들의 수가 훨씬 더 많기 때문에 도시에서 사건을 해결하기란 훨씬 더 어렵다. 결과적으로 도시 인구가 두 배로 늘어나면 특정 범죄를 저지른 범인이 검거될 확률은 약 8퍼센트 하락한다.

도시 규모와 범죄율은 상관관계를 보여왔지만, 도시 간 범죄율 차이나 시간에 따른 범죄율 차이는 종종 법 집행 강도나 소득이나 다른 평가 가능한 수단과는 사실상 관련이 없다. 브라질 리우데자네이루의 빈민가는 걸핏하면 총질을 해대는 난폭한 갱들로 악명 높지만 뭄바이의 빈민가는 일반적으로 상당히 안전한 편에 속한다.

2009년에 나온 영화 〈슬럼독 밀리어네어〉에는 뭄바이에서 일어나는 범죄들이 많이 나오지만 뭄바이의 전체 범죄율은 인도 도시 지역들의 그것과 비교해서 전반적으로 훨씬 더 낮다.[73] 뭄바이의 빈민가에서는 내가 리우데자네이루의 빈민가나 1980년대 뉴욕의 가난한 지역에서 가졌던 위험하다는 느낌이 덜 든다. 이런 차이는 뭄바이 경찰의 치안 능력이 아주 뛰어나고 뭄바이가 리우데자네이루보다 가난하기 때문에 생기는 것은 아니다.

뭄바이의 빈민가가 안전한 이유는 이런 장소들이 비록 가난하지만 50년 전에 제인 제이콥스가 그의 명저 『미국 대도시의 죽음과 삶(*The Death and Life of Great American Cities*)』에서 설명했던 그리니치빌리지(Greenwich Village: 뉴욕 맨해튼 남부에 있는 예술가 거주 지역)처럼 원활히 기능하는 사회적 공간이기 때문이다. 이런 지역에서는 거주민들이 도로와 골목들을 늘 지켜보고 있기 때문에 잘못된 행동은 경찰뿐만 아니라 지역 주민들에 의해서 재빨리 발각되어 그에 상응한 조치가 취해진다.

도시 내에서도 가늠하기 힘든 여러 가지 이유 때문에 범죄율이 오르락내리락 한다. 치안 상황의 장기적인 변화를 평가하는 데 신뢰성 있게 사용될 수 있는 유일한 지표는 살인율이다. 다른 범죄들은 종종 다양한 이유 때문에 제대로 신고가 되지 않기 때문이다. 경찰이 특히 무능하거나 타락했을 때 사실 공식적인 범죄율은 하락할 수 있다. 사람들이 대부분의 범죄들을 제대로 신고하지 않기 때문이다.

범죄 역사가인 에릭 몬코넨은 지난 200여 년 동안 뉴욕에서 일어난 살인 사건의 데이터를 취합했다.[74] 살인 건수는 1800~1830년에 감소하다가 다시 증가하더니 남북전쟁 당시에 정점에 도달했다.[75] 도시의 갱들이 이민자들을 상대로 권력을 휘두르고 뉴욕 경찰이 부패한 것으로 악명 높았던 19세기에는 매년 뉴요커 10만 명당 3~6명 정도가 살해됐다.[76] 부패와 살인의 연관성은 낮아 보인다.[77] 1865~1961년 태머니홀이 권력을 잡았을 때는 개혁 정부가 권력을 잡았을 때에 비해서 살인 사건이 12퍼센트 정도 더 늘었다.

살인 피해자 수는 19세기 후반에 줄다가 1900년도 이후에 다시 늘어 일명 '광란의 20년대(Roaring Twenties: 1920~1929년 사람들이 활기와 자신감에 넘치던 시기)'에[78] 인구 10만 명당 5.4명으로 정점에 이른 후 1950년대에 또다시 10만 명당 4.1명까지 떨어졌다. 전국적인 살인율도 1939~1959년 사이에 약 29퍼센트 하락했다.[79] 1960~1975년 사이에는 1930~1960년에 이룬 모든 성과들이 날아가 버렸고, 도시들은 과거 어느 때보다도 무법천지로 변해 버렸다.[80] 뉴욕의 살인율은 네 배가 높아져서 1975년에는 인구 10만 명당 22명이 살해됐다.

범죄율이 이처럼 급격히 변하는 확실한 이유는 없다. 미국과 뉴욕은 이 모든 시기 동안에 더 부유하고 더 커졌다. 도시의 가난은 특정 시기에 범죄가 늘어나거나 감소하는 이유를 설명할 수 없다. 1960~1975년 사이의 범죄의 폭발 현상에 대해 광범위한 분석이 이루어졌지만 아무런 합의도 도출되지 못했다.

어떤 사람들은 범죄 건수가 증가한 것이 이 시기에 젊은이들의 숫자가 늘어났기 때문이라고 추측할지 모르지만(젊은이들이 압도적으로 범죄를 많이 저지른다) 경제학자인 스티븐 레빗은 젊은이들의 숫자 증가는 기껏해야 이 시기 동안 늘어난 범죄의 20퍼센트 정도만을 설명해 줄 수 있을 것으로 추산했다.[81]

또다른 이유로는 도시 산업화 지역의 경제 상황의 악화 내지는 경찰의 무능력 등이 거론되지만 이런 변화를 제대로 설명해 줄 수 있는 확실한 변수는 존재하지 않는다.

도시 범죄의 복잡한 현상학

시간과 공간의 변화에 따른 범죄 건수의 변화는 어떤 면에서는 가끔 도시에 등장하는 예술과 창조성 폭발의 '나쁜 사회적 현상'에 해당한다. 두 현상 모두 사회적 상호작용이 가진 힘의 대표적 사례들이다. 브루넬레스키와 하이든 같은 예술가는 자신이 사는 도시에서 연쇄적 혁신을 촉발할 수 있다. 이와 마찬가지로 소수의 도시 범죄자들이 도시를 안전하게 유지하는 데 필요한 사회적 규범들을 허물어서 범죄를 더 매력적인 것으로 만들 수도 있다.

1960년대 결성되어 현재 조직원 수만 3만 명이 넘을 것으로 추정되는 대규모 범죄 집단인 크립스(Crips)는[82] 처음에 몇몇 젊은이들에 의해서 조직됐다. 그러나 도시들이 좋은 일과 나쁜 일 모두에서 개인의 영향력을 확대시키고 있고 개인의 선택과 재능은 정말로 예상 불가능하기 때문에 범죄의 급증 같은 도시의 현상들도 그만큼 이해하기가 어렵다.

범죄의 급증 현상은 설명하기도 어려울지 모르지만 그것이 미치는 영향은 고통스러울 정도로 분명할 수 있다. 1940~1960년 사이에 뉴욕은 미국의 여느 도시들만큼 건강했다.[83] 백인들의 기대 수명은 뉴욕과 미국 전체 평균 사이에 6개월 이상 벌어진 적이 결코 없었다. 그러나 1960~1990년 사이에 뉴욕 거주 남성들과 미국 다른 곳에 거주하는 남성들의 기대 수명의 차이는 2.7년으로 벌어졌다.[84] 시골에 사는 남성들은 전반적으로 뉴욕에 사는 남성들에 비해서 더 건강해지고 있었다. 이런 차이는 여성들에게서는 나타나지 않았는데,[85] 대다수의 살인 희생자들이 남자였다는 점도 그 일부 원인으로 작용했다.

많은 요인들이 뉴욕에서 사망자 수가 꾸준히 증가한 데 기여했다. 에이즈가 도래해서 뉴요커들, 특히 그중에서도 남성들을 죽이기 시작했다. 심장 질환에 의한 사망률 역시 1960~1980년대에 상승했는데 마약 남용이나 스트레스가 원인이었을 가능성이 있다. 뉴욕의 센트럴파크는 저녁이면 용기가 있거나 무모한 사람만이 돌아다닐 수 있는 무인도처럼 변해버렸다. 1925년 작사가 로렌츠 하트는 뉴욕을 "소년과 소녀를 위해서만 만들어진 놀라운 장난감"이라고[86] 묘사했다. 그러나 그로부터 50년 뒤에 뉴욕은 강도들을 위해 만들어진 도시처럼 변했고 '놀라운' 것과는 거리가 멀었다.

1975~2005년 사이에 뉴욕의 살인율은 인구 10만 명당 22명에서 6명이 조금 넘는 수준까지 하락했다. 이런 추세와 더불어 강도, 강간을 비롯해서 거의 모든 강력 범죄의 발생 건수 역시 비슷한 수준으로 하락했다. 범죄율의 증가 현상을 정확히 설명하기 힘든 것처럼 범죄 건수의 감소 현상 역시 측정 또는 통제 범위 밖에 있는 사회적 힘 때문에 생겼다고 볼 수 있다. 존 도나휴와 스티븐 레빗은 낙태의 합법화가 범죄 건수 하락에 모종의 역할을[87] 했다는 설득력 있는 주장을 펼치기도 했다.

아울러 치안과는 아무런 상관이 없는 여러 가지 이유 때문에 범죄율이 변하는 경우가 종종 있지만 치안도 범죄율에 중요한 영향을 미친다. 노벨 경제학상 수상자인 게리 베커 시카고 대학 교수가 처음 연구한 범죄와 처벌의 경제학은[88] 범죄가 완전히 비합리적으로 일어나는 것은 아니라는 전제에서 출발한다. 범죄자는 우리 같은 사람들과 마찬가지로 인센티브에 반응한다. 범죄를 저질렀을 때 받게 될 것으로 예상되는 처벌이 늘어날 경우 범죄는 줄어들 것이며, 예상되는 처벌은 체포 확률과 체포 후 처벌의 강도에 따라서 달라진다.

범죄자들의 재범률[89]이 종종 90퍼센트가 넘는 것은 합리적 결과로 볼 수 있다. 범인이 감옥에 가기 전에 수감 생활이 어떤 것인지 미리 알고 있다면 수감 기간 동안 그들이 평생 저질러온 범죄에 대한 생각은 바뀌지 않는다. 여러 경기에서 5반칙 퇴장을 당한 적이 있는 프로 농구 선수가 갑자기 경기 스타일을 바꿔서 파울을 하지 않을 것으로 예상하기는 힘든 것과 같은 이치이다. 체포되기 전에 범죄자의 눈에 범죄가 좋은 것처럼 보인다면 체포된 후에 범죄가 나쁜 것처럼 보일 이유가 어디 있겠는가?

수감 기간을 늘리는 것보다는 검거율을 높이면 범죄 건수가 더 줄어든다는 연구 결과가 많았지만, 통계들은 처벌이 강화되면 범죄 건수가 줄어들 것이라는 생각을 뒷받침해 주고 있다. 콜롬비아 공화국의 수도 보고타와 브라질의 리우데자네이루 같은 남미 도시에서 살인율이 매우 높은 이유는 살인자들에 대한 낮은 유죄 선고율에서 찾을 수 있겠다. 미국에서는 살인자들 중 50퍼센트가 유죄 선고를 받는다.[90] 그러나 보고타와 리우데자네이루에서는 살인자들 중 10퍼센트 미만만이 수감될 뿐이다.[91]

범죄를 저지르는 비용이 매우 낮을 때 이런 곳들이 극단적인 범죄 문제들을 겪을 수 있다는 것은 놀랄 만한 일이 아니다. 남미에서 높은 범죄율을 낮추기 위해 취한 보다 보편적인 방식은 범죄를 일으키는 가난 문제를 해결하는 것이었다. 그러나 불행하게도 이 전략은 미국에서와 마찬가지로 남미에서도 성공하지 못했다.

1960년대에 미국의 도시들에서 범죄와 폭동이 폭증하자 사람들 사이에서 도시를 더 번영하게 만들면 도시를 더 안전하게 만들 수 있다는 공감이 형성됐다. 미국이 가난 문제 해결에 초점을 맞춘다면 범죄 문제는 자동적으로 해결될 것이라는 논리였다. 폭동에 대응하기 위해서 사회 무질서 대책 국가 자문위원회인 커너 위원회는 "미국은 심각한 실업자를 흡수하고 흑백 상관없이 모든 근로자의 불완전고용 수준을 현격히 떨어뜨리기 위해서라도 향후 3년간 공공 부문과 민간 부문에 각각 100만 개씩 총 200만 개의 일자리를 만들기 위한 즉각적인 조치를 취해야 한다"라고 권고했다.[92]

그러나 불행하게도 아무도 도시 실업자들을 위해서 200만 개의 신규 일자리를 창출하는 방법이나 보다 종합적 차원에서 빈곤 문제를 해결하는 방법, 혹은 이 시대에 도시 제조업 분야의 쇠퇴를 막을 수 있는 방법을 제대로 알지 못했다. 아울러 소득 증가만으로 범죄를 크게 줄일 수 있는지조차 확실하지가 않았다. 1960년대에서 1970년대로 접어들면서 심지어 진보주의자들조차 범죄 예방을 위한 보다 직접적인 법과 질서를 도입해 줄 것을 주장하기 시작했다.

한때 공화당의 진보주의적 희망으로 간주됐던 넬슨 록펠러(포드 대통령 당시 부통령)는 1973년에 어떤 불법 마약이라도 4온스(약 113그램) 이상 소지한 사람에게는 최소 15년에서 최대 종신형을 선고하는 것을 골자로 한 마약법에 서명했다.[93] 1977년 시장 선거에서 에드 코크는 사형제를 지지함으로써 경쟁자들 사이에서 두각을 나타냈다. 코크가 처음 계기를 마련한 이후 루돌프 줄리아니를 포함한 그의 후임자들은 요금을 내지 않으려고 지하철 회전식 문을 뛰어넘는 것처럼 경미한 위반 행위조차 강력하게 처벌하는 일명 '깨진 유리창' 법칙을 포용했다. 더 엄격한 처벌은 그로 인해서 범죄자들이 통제된 것처럼 생각한 시민들로부터 자연스럽게 지지를 받았다.

1980~2000년 사이에 미국 내에서 구치소와 교도소에 수감되어 있거나 보호관찰이나 가석방 중인 사람들의 숫자는 180만 명에서 640만 명으로 늘어났다.[94] 구치소는 범죄자들을 교화시키지는 못하지만 범죄를 제지하고 무엇보다도 범죄자들이 거리에 발 붙이지 못하게 함으로써 범죄를 막는다. 이런 감금 행위가 범죄 수준에 미치는 영향을 광범위하

게 조사한 연구 결과가 존재하는데, 일반적으로 형량을 두 배로 늘릴 경우 범죄율은 약 10~40퍼센트 하락한다.[95]

스티븐 레빗은 구치소의 감금 효과가 일반적으로 범죄 억제 효과보다 더 중요하다고 주장했다.[96] 그가 사용한 고전적인 연구 자료는 미국의 인권 단체인 시민자유연맹(ACLU)이 과밀 교도소를 문제 삼아서 제기한 소송이다. 이 소송의 결과로 교도소는 범죄자들을 풀어줄 수밖에 없었는데 이후 범죄율은 급격히 상승했다. 레빗은 교도소 수감자 수가 10퍼센트 줄어들 때마다 폭력 범죄 건수는 4퍼센트 늘어나는 것으로 추정했다. 1990년대에 폭력 범죄 건수가 근 40퍼센트 줄어들었는데, 이런 추정을 바탕으로 해서 본다면 수감자 수의 증가에서 그 이유를 찾을 수 있다.

수백만 명의 젊은이들이 폭력과 관계없는 마약 범죄를 저질러서 감옥에 간다. 이들 중 일부는 풀려난다면 더 나쁜 짓을 할 것이므로, 감금은 범죄율을 끌어내리는 데 도움을 주었다. 그러나 이들 중 다수는 완벽하게 생산적인 삶을 살았을 수도 있다. 자유와 장래 전망의 상실은 범죄율을 낮추기 위해 감금률을 끌어올림으로써 생긴 끔찍한 결과이다. 이런 죄수들과 그들이 소속된 커뮤니티가 치러야 할 비용이 치안 확대가 주는 혜택보다 중요도 면에서 떨어진다고 단언할 수는 없지만 우리가 미래에는 덜 고통스럽게 범죄를 줄이는 방법을 찾을 수 있기를 간절히 바랄 뿐이다.

베커 교수의 논리처럼 범죄 수준을 낮추는 또다른 방법은 더 많은 경찰을 고용하는 것이다. 1990년대에 뉴욕 시 경찰관 수는 45퍼센트가 늘어났다.[97] 전국적으로는 경찰관 수가 15퍼센트 늘어났다. 스티븐 레빗은 경찰관 수가 10퍼센트 늘어날 때마다 범죄 건수는 5퍼센트 줄어드는 것으로 추산했다.[98] 만일 레빗이 추산한 수치를 받아들인다면 경찰관 수가 늘어났기 때문에 전국적인 범죄 건수가 7분의 1 정도 줄고 뉴욕의 폭력 범죄 건수가 4분의 1 정도 급감했다고 생각할 수 있다. 경찰관 증원이 공짜로 되는 것은 아니지만 적어도 이런 조치는 감금 기간을 늘리는 것만큼 비용 효율적인 것처럼 보인다.

도시의 치안 유지를 위한
새로운 접근

경찰관을 뽑는 데 돈을 더 쓰지도 않고 수백만 명의 젊은이들을 감금하지도 않고 공짜로 범죄를 줄일 수 있는 방법이 있을까? 지난 20년 동안 두 가지 전략이 대중적 호응을 많이 받았는데, 두 전략 모두 경찰 내 정보 흐름의 개선을 목표로 한다. 그 하나는 기술을 사용하는 것이고, 다른 하나는 도시의 상호작용에 의존하는 것이다. 우리가 형량 확대나 경찰관 증원이 미치는 영향에 대해서 말할 때와 똑같이 자신 있게 말하지는 못하더라도 두 전략 모두 효과적인 것 같다.

경찰은 지문 채취, 자동차, 거짓말탐지기, 양방향 라디오, 911 시스템 같은 신기술들을 오랫동안 수용해 왔다. 1990년대 뉴욕 같은 도시에서는 법 집행에 최첨단 기술이 광범위하게 동원됐다. 이런 곳에서는 혁신적인 데이터 중심의 시스템이 문제가 많은 지대를 겨냥한 치안 활동을 강화하는 데 도움을 주었다. 이런 생각을 처음 한 사람은 뉴욕 교통 시스템 지도에 강도 사건 다발 지역을 표시하던 교통경찰 잭 메이플이었던 것 같다.[99] 그는 지도 제작과 도시의 자기 보호 혁신을 주도했던 존 스노를 따라서 경찰들을 어디로 배정할지 결정하는 데 이 지도를 사용했다.

이 지도 시스템은 점점 더 정교해졌고 전철역에서 범죄가 터질 경우 다수의 경찰이 즉시 역사 안으로 뛰어 내려갔다. 지하철 강도 사건 발생 건수가 획기적으로 줄어들었고, 메이플의 신임 상사이자 경찰청장인 윌리엄 브래튼은 그의 생각을 빌려갔다.[100] 이어 두 사람은 관할 경찰서장들과 간부들이 범죄 발생 위치를 정확히 파악해서 대처할 수 있게 해주는 컴퓨터화된 범죄 예측 통계 시스템인 컴스탯(ComStat)[101]을 만들었다. 컴스탯은 경찰력이 필요한 곳을 정확히 집어주고, 경찰들이 담당 구역에서 일어난 범죄에 대해 더 많은 책임감을 갖게 함으로써 도시를 더 안전하게 만들어주었다.

컴스탯은 법 집행 능력을 강화하기 위해서 새로운 세련된 기술에 의존하지만 '지역 사회의 치안 활동'은 개인적 접촉에 의존한다. 본래 지역 사회 치안 활동이란 단순히 경찰들이 이웃들과 좋은 관계를 유지하고 범죄 예방에 유용한 정보를 수집하기 위해서 사람들과 직접 접촉하는 것을 말한다. 범죄자들, 그중에서도 갱에 소속된 범죄자들은 종종 이웃들로부터 보호를 받는다. 이웃들은 무엇보다 갱들에게 두려움을 느끼고, 아무리 무시무시한 갱들이라도 종종 이웃들을 돌봐줄 때가 있기 때문에 범죄자들이 보호를 받는 것이다. 그런데 지역 사회 치안 활동이란 것이 말로는 간단할지 몰라도 실행은 상당히 힘들 수 있다.

경찰들은 순찰 지역 사람들로부터 다른 장소나 다른 인종 출신이란 이유만으로 외부인 취급을 받는 경우가 종종 있다. 또한 경찰의 전문성 강화를 위한 초기 시도들이 경찰과 커뮤니티 사이의 유대감을 깨버릴 때도 있었다. 많은 도시들이 정기적으로 경찰들을 새로운 곳으로 파견하는 순환 근무 제도를 도입했다. 그래야 클러버 윌리엄스 같은 부패 경찰들과 그들에게 뇌물을 주는 거주민들 사이의 유대 관계를 약화시켜서 부패를 줄일 수 있다고 생각했기 때문이다. 그러나 지역단체들이 경찰을 공격하면서 시작되곤 했던 1960년대 폭동들은 경찰서들로 하여금 적대적인 이웃들과의 관계 개선 목적으로 커뮤니티와의 관계 유지에 더 많이 투자하도록 만들었다.

1992년 보스턴의 새벽별 침례교회에서 열린 장례식은 라이벌 갱들 간의 싸움과 폭력으로 얼룩졌다. 그러자 주로 성직자들로 구성된 커뮤니티 지도자 연맹이 모여 시의 빈민 지역 내 폭력을 억제하기 위해 종교 지도자들이 참가한 텐 포인트 연맹(Ten Point Coalition)[102]이란 조직을 만들었다. 이들 종교 지도자의 지원을 받아 보스턴 경찰은 문제 지역들과의 유대 관계를 강화함으로써 예전보다 훨씬 더 효율적으로 이들 지역의 치안을 담당할 수 있었다. 그러자 범죄 발생률이 현저하게 떨어졌다.

오늘날 보스턴 경찰국은 '안전한 도로팀'과 여러 지구 자문위원회 설립 등을 포함해서 수많은 커뮤니티 치안 활동을 펴고 있다.[103] 문제 지역의 치안을 담당하는 경찰관들은 여성들이 종종 그들의 핵심 접촉 대상이며 수적으로 적은 여성 경찰관들이 이들 여성과의 다리를 놓는 데 특히 효과적인 역할을 수행하고 있다고 말한다.

도시가 가진 공간의 한계를 벗어나서 지식을 전파할 수 있는 능력을 최대한 활용하는 치안 전략의 단점을 찾기는 어렵지만 커뮤니티 치안 활동이나 컴스탯 같은 프로그램이 범죄율을 크게 떨어뜨렸다는 관점을 뒷받침해 줄 만한 과학적·객관적 데이터는 거의 존재하지 않는다. 이러한 방법의 도입은 통제된 실험과는 거리가 멀다. 그러나 수많은 사례 연구들은 그들이 도시의 도로를 안전하게 만드는 데 도움을 줄 수 있음을 암시하고 있다.

컴스탯이나 커뮤니티 치안 활동 중[104] 어떤 것도 2001년 9월 11일 두 대의 보잉 767기가 세계무역센터로 돌진해 숨진 2,794명의 뉴요커들을 보호해 줄 수 없었다. 그토록 많은 뉴요커들이 보여준 용기에도 불구하고 많은 사람들은 시의 복구 능력을 의심했다. 그들은 도시의 집중화가 우리 문명의 핵심부를 공격하려는 테러리스트들에게 너무나 유혹적인 목표를 제공하는 것이 아닌지 걱정했다.

그러나 도시들이 테러리즘의 위협을 이겨낼 수 없다는 것을 보여주는 증거는 거의 없다. 역사적으로 봤을 때 많은 국가에서 테러리즘이 도시화나 고층 건물 건설을 막지는 못했다.[105] 예루살렘과 런던 모두 테러리스트들의 지속적인 위협을 받고 있지만 그로 인해서 두 도시의 인구가 줄어든 것처럼 보이지는 않는다. 도시는 대규모 경찰력, 준법 시민, 튼튼한 인프라라는 강력한 자원을 갖고 있다. 이런 자원은 지금까지 도시들이 가장 끔찍한 위협에 맞서 스스로를 지킬 수 있게 해주었다.

도시는 더 이상
'죽음의 뜰'이 아니다

좁은 땅에 많은 사람들이 모여서 살 경우에는 심각한 건강상의 위험이 초래되지만, 2007년 현재 뉴욕 시에서 태어난 아이는 지금의 사망률이 유지된다는 가정 하에 봤을 때 전체 미국 아이들 평균보다 1년 반 정도는 오래 살 것으로 예상된다.[106] 로스앤젤레스, 보스턴, 미니애폴리스, 샌프란시스코를 비롯한 다른 많은 도시들 역시 연령 조정(age-adjusted) 사망률*은 전국 평균

---

* 두 집단의 사망률을 비교할 때 A 집단에는 노인이 많고 B 집단에는 청소년이 많다면 A 집단의 사망률이 높을 수밖에 없다. 이 문제를 해결하기 위해서 두 집단의 연령 구성을 표준화해 산출한 사망률이 연령 조정 사망률이다.

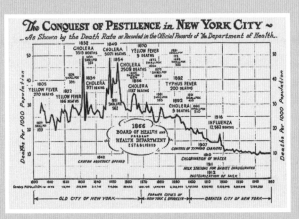

뉴욕 시 보건국이 만든 시의 사망률 연대표. 이 표를 보면 19세기에 깨끗한 물이 공급되면서 사망률이 급격히 떨어진 것을 알 수 있다. (사진: 뉴욕 시 보건 및 정신 위생국)

보다 낮다.[107]

2.56제곱킬로미터당 500명 이상이 거주하는 국가들의 평균 기대 수명은 같은 넓이의 공간에 100명 미만이 거주하는 국가들의 그것에 비해서 9개월 더 길다.[108] 1980~2000년에 2.56제곱킬로미터당 500명 이상이 거주하는 국가들의 평균 기대수명이 그보다 낮은 인구밀도를 보이는 국가들의 평균 기대 수명에 비해서 6개월 더 늘어났다.

뉴요커들이 저절로 좋은 건강을 갖게 된 것은 아니었다. 뉴욕은 식수를 끌어들이기 위해서 대규모 공적 자금을 투여했다. 또한 거칠고 거의 군인 같은 한 지도자는 맨해튼의 거리들을 깨끗하게 만들기 위해서 자신의 부서 경비를 크게 확대했다. 많은 경찰관들과 높은 구금률은 뉴욕시를 안전하게 만들었다. 엄청난 돈을 투자해서 공공 부문을 강화시킨 책임감 있고 강력한 권한을 가진 지도자들은 모든 싸움에서 승리했다. 개발도상국들 내의 문제 도시들도 뉴욕처럼 안전하고 깨끗한 도시로 탈바꿈하려면 이와 비슷하게 어려운 과정을 거쳐야 할 것이다.

그러나 대도시들이 더 이상 '죽음의 뜰'이 아닌 이유는 이런 투자들 덕분이다. 도시의 감염성 질병과 살인 감소 현상을 갖고서 뉴욕과 같은 많은 도시들이 전체 국가 평균에 비해서 더 건강한 이유를 설명할 수는 없다. 왜 25~34세 연령대에 있는 맨해튼 사람들의 사망률이 미국 전체의 같은 연령대에 속한 사람들의 사망률에 비해서 60퍼센트가 낮은지 그 이유를 이해하기는 아주 쉽다.[109] 이 젊은 연령대 사람들의 대표적인 사망 원인 두 가지는 사고와 자살인데 대도시에서는 이 두 사건 모두 다른 도시보다 드물게 일어나기 때문이다.[110] 이 연령대에 속한 뉴요커들은 미국 전체의 같은 연령대 사람들에 비해서 교통사고로 사망할 확률이 75퍼센트 이상 더 낮다. 음주운전이 술에 취한 상태로 버스를 타는 것보다 훨씬 더 사망할 확률이 높다.[111]

젊은 뉴요커들의 자살률은 미국 전체 평균의 56퍼센트 정도에 이르는데, 이는 시골 지역에서 자살이 더 빈번하게 일어나고 있다는 사실을 확인시켜 준다.[112] 알래스카, 몬태나, 와이오밍에서 자살로 인한 사망률은 매사추세츠, 뉴저지, 뉴욕의 자살 사망률에 비해서 2.5배 이상 높다.[113] 이런 결과 중 일부가 지리적인 고립 때문에 생길 수 있는 외로움을 반영하고 있을지 모르지만, 데이비드 커틀러와 캐런 노버그가 젊은 이들의 자살에 대해서 공동 연구한 결과, 대도시보다 소도시의 총기 소지자 수가 약 네 배 더 많은 것으로 나타났다.[114]

젊은이의 자살 중 과반수 이상이 총기에 의한 것이며, 많은 연구 결과들은 총기 사용이 더 일상화될 때 자살이 더 빈번하게 행해지고 있다는 것을 보여준다.[115] 이는 총기가 결코 유일한 자살 도구가 아니라는 점을 감안했을 때 다소 의외의 결과다. 사냥은 미국에서 가장 강력한 총기 소유의 예측 변수 역할을 하기 때문에 젊은이들의 자살은 미국 내 사냥 허가증 숫자와 동반해서 크게 늘어나는 경향을 보인다.[116]

젊은 도시인들의 사망률이 낮은 것은 운행 버스가 많고 총기가 적기 때문으로 볼 수 있지만, 나이 든 사람들의 사망률이 낮은 것은 상당한 수수께끼이다. 55~64세 연령을 기준으로 했을 때 이 연령대의 전국 사망률은 뉴요커들의 사망률보다 5.5배가 더 높다. 65~74세와 75~84세의 전국 사망률은 같은 연령대의 뉴요커들의 사망률과 비교해서 각각 17퍼센트와 24퍼센트 이상 더 높다.[117] 교육이나 고용이나 소득의 격차가 이런 차이를 설명해 줄 수는 없을 것 같다.

블룸버그 시장은 담배세를 크게 인상하고 흡연 구역을 제한함으로써 담배와의 전쟁을 시작했지만 뉴욕은 그가 시장으로 재임하기 전부터 이미 미국 전체 평균에 비해서 훨씬 더 건강한 상태였다. 아마도 뉴요커들이 자주 걸어서 더 건강해진 것 같지만 그것이 뉴욕의 암 사망자 수가 적은 이유를 설명해 줄 수 있을까? 로스앤젤레스 역시 미국 전체 평균에 비해서 훨씬 더 건강하지만 그곳 시민들은 훨씬 덜 걷는다. 나는 나이 많은 뉴요커들의 건강이 도시 생활의 활력을 반영하고 있다고 생각하고 싶지만 은퇴자들의 선택도 중요한 역할을 할 가능성을 배제할 수 없다. 사람들은 건강이 나빠지면 은퇴를 선택할 가능성이 크고, 은퇴자들은 도시를 떠나서 더 따뜻한 곳으로 갈 가능성이 크다.

뉴욕, 로스앤젤레스, 샌프란시스코 같은 도시들의 양호한 건강 상태는 인구밀도가 높을수록 사망 확률이 높았던 과거와 비교해 보면 놀라울 정도로 상황이 바뀌었음을 의미한다. 인류 역사상 인접성은 감염성 질병을 확산시켜 가까운 거리에 모여 사는 위험을 감수했던 무모한 인간들을 쓰러뜨렸다.

1990년대에 범죄를 줄이기 위해서 치안 활동에 대규모 투자가 필요했던 것처럼 콜레라와 황열병 확산을 억제하기 위해서도 대규모 급수 시설에 거액의 투자가 필요했다. 좁은 토지 구역에 수백만 명이 몰려서 살 경우 공공 부문은 범죄와 질병에 맞서서 열심히 싸워야 하는데, 이것이 아마도 뉴욕에 사는 사람들이 시골 캔자스에 사는 사람들보다 '큰' 정부를 훨씬 더 선호하는 이유인지도 모른다.

전염병은 앞으로도 계속해서 창궐할 것이다. 크로톤 수도교가 맨해튼에 깨끗한 물을 공급해 준 지 오래지만 1918년 크게 유행한 인플루엔자와 에이즈는 수백만 명의 목숨을 앗아갔다. 그러나 오늘날 도시에서 질병의 확산은 공중 보건 투자로 인해서 줄어들고 있으며, 자기 보호적인 도시의 혁신은 그 어느 때보다도 중요해졌다. 에이즈 바이러스는 1983년에 프랑스 파스퇴르 연구소의 뤼크 몽타니에 박사와 레트로바이러스 연구진이 환자들을 치료하다가 처음 발견했다.[118] 도시의 건강 여부는 높은 인구밀도로 인한 질병 확산이란 부작용을 이겨낼 좋은 병원,

빠른 정보, 더 적은 숫자의 자동차와 총기 등에 달려 있다.

동물심리학자인 칼훈의 경고는 여전히 유효하다. 즉 도시의 높은 인구밀도는 경이로운 결과를 낳을 수도 있지만 그에 따른 대가를 치른다. 지금으로부터 2,400년 전에 전염병이 아테네를 피폐하게 만들었을 때 그리고 1980년대에 에이즈가 뉴욕을 강타했을 때 세계는 많은 것을 잃었다. 범죄와 혼잡 문제는 여전히 우리 곁에 있으며, 그로 인한 비용은 개발도상국에서 성장하는 도시들에게는 커다란 부담이다.

그러나 이러한 문제들이 도시의 성공을 가로막는 넘지 못할 장애물은 아니다. 도시는 존 스노 박사나 워링 대령, 윌리엄 비크리처럼 도시를 더 살기 좋은 곳으로 만들기 위해서 싸우는 수호자들을 자체 생산하고 있다. 그들이 성공할 때도 있었고, 그렇게 성공했을 때 도시는 더 살기 좋고 더 즐거운 곳으로 변했다. 한곳에 몰려 있는 인재들은 도시를 생산적으로 만드는 데 그치지 않고 도시를 즐겁게도 만든다.

즐거운 도시가 성공한다

5장

숙련된 인재들을 끌어들이기 위해서 공개적으로 제공되는 생활 편의 시설 중 어떤 것들이 가장 중요할까? 사람들, 특히 그중에서도 더 많은 교육을 받은 사람들은 아이들을 위해 안전한 도로와 좋은 학교에 많은 돈을 지불할 것이다. 소비 도시의 중요성이 확대되면 도시의 지도자들은 거리의 치안 유지와 공립학교의 수준 향상 같은 지방정부의 기본적인 역할을 수행하는 데 집중하게 된다. 식당과 극장 역시 숙련된 인재들을 끌어오는 역할을 하지만 그것들은 안전과 학교만큼 중요하지 않으며, 정부의 개입이 필요하지도 않다. 이러한 생활 편의 시설들은 적어도 도시가 그것이 주는 즐거움을 지나치게 규제하지 않는 한 도시 번영의 자연스런 결과물이다.

윈스턴 처칠과 프랭클린 디라노 루스벨트는 일반적으로 강인하고 두려움 없는 운명의 지배자로 간주된다. 그런데 런던의 본드 가에 서 있는 그들의 청동상은 마치 두 사람이 고가의 프랑스 연회에 참석해서 식사를 마친 후 부인들(엘레너 루스벨트와 클레멘틴 처칠)이 쇼핑을 끝낼 때까지 기다리고 있는 것처럼 담배를 피우며 잡담을 나누고 있다. 가장 어두웠던 시절인 제2차 세계대전에서 함께 런던을 구한 이 두 사람은 즐거움을 주는 장소로 변신한 런던의 가장 최근 모습을 즐기는 것 같다.

본드 가만큼 런던의 화려함이 잘 드러나는 곳은 없다. 고급 보석상인 그라프의 특대형 다이아몬드, 파텍 필립의 명품 시계, 샤넬 정장, 루부탱 신발, 그리고 소더비 경매품 등 고가의 물품들을 가득 채워놓고 파는 이곳 상점들은 런던의 과거를 우아하게 재연해 놓았다.

본드 가는 세계의 위대한 도시 유원지 중 한 곳으로, 보고 사고 맛보고 배울 것으로 가득 찬 도시의 중심에 위치해 있다. 가격이 문제가 아니라면 본드 가 오른쪽에 있는 고급 호텔 클라리지에 머물면서 아르 데코 미술품을 감상하고, 영국의 자존심으로 불리는 세계적 요리사 고든 램지의 요리를 맛볼 수 있다.[1] 본드 가와 나란히 뻗어 있는 빅토리아 시대(1837~1901년) 이전에 지어진 우아한 매장들이 옹기종기 들어선 벌링턴 아케이드를 따라서 내려가다가 피커딜리 아케이드에서 판매하는 화려하게 장식된 조끼를 구경하려고 피커딜리 거리를 건너면 곧바로 처칠의 셔츠를 만든 뉴 앤 링우드, 처칠의 시가를 판매한 JJ 폭스, 처칠의 신발을 만든 존 롭, 그리고 처칠이 즐겨 마시던 와인을 판매한 베리 브라더스 앤 러드 등의 매장을 볼 수 있다. 이들은 여전히 세계 엘리트들을 상대로 물건을 판매하고 있다.[2]

물론 런던에서는 이 외에 더 고매한 즐거움도 느낄 수 있다. 린니언 학회[*], 왕립천문학회, 왕립예술아카데미 등 런던의 지적인 장식품이라고 할 수 있는 건물들은 벌링턴 아케이드 바로 옆에 있는 멋진 팔라디오풍 맨션 내에 위치해 있다. 런던 택시를 타고 몇 분만 가면 웨스트엔드 극장 공연이나 국립 미술관인 내셔널 갤러리에 보관된 보물들을 볼 수 있다. "런던이 싫증 난 사람은 인생이 싫증 난 사람이다. 런던에는 인생이 선사할 수 있는 모든 것이 있기 때문이다"라고 했던 사무엘 존슨의 말이 여전히 귓가에 울리는 것 같다.[3]

즐거움은 강력한 효과를 내며, 런던이 주는 즐거움은 단순히 화려한 여행 잡지에 실린 내용 이상이다. 도시의 고용은 도시의 성공을 결정한다. 인재는 계속 이동하면서 생산하고 소비하기에 좋은 장소들을 물색한다. 런던의 오락 시설들은 런던이 32명의 억만장자들을 끌어들이는 역할을 했다.[4] 이 수치는 《포브스》에 따른 것으로 세계 최고 부호들의 숫자를 감안했을 때 인상적인 수준이다. 런던에 사는 이런 엄청난 부자들 중 절반 정도는 영국 사람이 아니다. 예를 들어 인도에서 큰돈을 벌지만 2004년에 1억 달러를 주고 세계에서 가장 땅값이 비싸다는 켄싱턴 궁전 가든에 있는 맨션을 사서 거주하는 '인도의 철강왕' 락시미 미

---

[*] Linnean Society. 세계 일류 분류학과 자연 역사 연구 학회.

탈[5] 같은 사람이 그렇다. 이런 억만장자들 중 일부는 세금 혜택을 바라고 영국으로 온 것인지도 모르지만 그들은 소유한 부를 즐기기에 좋은 장소이기 때문에 런던을 선택한다.

전형적인 19세기 도시는 공장들이 생산의 우위를 누리는 장소에 위치했던 반면, 전형적인 21세기 도시는 근로자들이 소비의 우위를 누리는 장소가 될 가능성이 높다. 지금으로부터 1세기 전에만 해도 기업들은 항구와 석탄 광산 같은 자연적 특성들 때문에 리버풀이나 피츠버그 같은 곳에서 영업을 했다.

그러나 전 세계적으로 운송비가 하락하자 기업들은 이제 장소에 얽매이지 않고 사람들이 살고 싶은 곳에 자유롭게 자리를 잡고 있다. 어떤 경우 그런 자유가 교외 주택지나 선벨트 지대 등의 탄생으로 이어지기도 했으나 런던 같은 매력적인 도시들은 뛰어난 생활 조건을 무기로 점점 더 많은 기업과 기업인을 유인하고 있다.

내가 1970년대에 맨해튼에서 어린 시절을 보내고 있을 때만 해도 범죄와 더러움 때문에 살기 힘들다는 이유로 많은 사람들이 뉴욕을 떠났다. 당시의 뉴욕은 생활하기에 그렇게 바람직한 곳이 아니었기 때문에 집값이 특히 비싸지는 않았다. 분명 맨해튼에 거주하면서 교외에 있는 직장으로 출퇴근을 할 정도로 미친 사람은 거의 없었다.

1970년대 제작된 마틴 스콜세지 감독의 고전들에 묘사된 뉴욕은 비참한 범죄의 도시였지만 21세기 뉴욕은 부유한 사람들의 놀이터이다. 2006년 거품이 꺼지기 시작할 때까지 뉴욕의 부동산 가격은 소득 이상으로 빠르게 치솟았는데, 이는 사람들이 그저 뉴욕에 살기 위해서 거액을 지불할 용의가 있다는 사실을 보여준다.[6]

런던과 뉴욕과 파리가 사람들에게 그토록 즐거운 도시로 변한 한 가지 이유는 이들 도시에 수세기에 걸쳐 투자할 만한 가치가 있는 건물,

박물관, 공원이 있기 때문이다. 하지만 사람들은 또한 도시를 근면하고 즐길 수 있게 만드는 인간의 창의성을 극대화시켜 주는 도시의 능력으로부터도 혜택을 받는다. 도시의 혁신이란 단순히 새로운 유형의 공장이나 금융 상품뿐만 아니라 새로운 요리와 놀이도 의미한다. 결과적으로 런던 같은 장소에는 인재가 풍부하기 때문에 여러분은 관심을 끄는 사람들과 교류할 수 있는 기회를 얻을 수 있다. 억만장자들이 런던과 뉴욕 같은 장소를 좋아하는 한 가지 이유는 다른 억만장자들과 어울릴 수 있기 때문이다.

인류가 점점 더 부유해질수록 더 많은 사람들이 생산성과 즐거움을 기초로 거주지를 선택할 것이다. 도시가 왜 성공하는지 그리고 도시가 미래에도 계속해서 번성할 것인지를 이해하기 위해서는, 도시의 생활 편의 시설들이 어떤 작용을 하고 소비 도시들이 어떻게 성공하는지를 이해해야 한다.

규모의 경제와 글로브 극장

똑똑한 기업가 정신으로 무장한 오스카상 수상자인 배우 케빈 스페이시는 2003년에 올드 빅 극장 예술 감독을 맡기 위해서 런던으로 건너갔다.[7] 많은 미국 사람들은 이것을 이 천재적인 배우에 대한 다른 모든 것만큼이나 이해하기 어려운 결정이라고 생각했다. 스페이시는 미국 캘리포니아 주에서 성장한 뉴저지 토박이다.[8] 분명히 말해서 할리우드는 그런 메이저급 영화 스타를 붙잡아둘 수 있는 능력도 있었다. 그가 라이브 극장에 완전 매료됐다면 미국에도 상시 라이브 공연이 가능한 브로드웨이가 있었고, 이미

222

스페이시는 그곳에서 거듭 성공적인 공연을 한 적도 있었다. 그렇다면 스페이시처럼 인기 있는 배우가 템스 강 남쪽에 있는 올드 빅 극장으로 간 이유는 무엇일까?

케빈 스페이시와 세계의 다른 많은 사람들에게 런던 극장들이 주는 매력은 도시가 지속적으로 갖는 이점이 뭔지를 보여준다. 무엇보다도 라이브 극장에는 엄청난 고정비용이 든다. 다섯 살만 돼도 연기를 할 수 있지만 올드 빅 극장이 있는 웨스트엔드 지구가 주는 경험에는 연기 외에도 대형 무대, 세련된 조명과 사운드 장비, 그리고 종종 화려한 인테리어로 치장된 공간 등이 포함된다. 연극의 고정비용에는 또한 배우들이 대사를 외우고 맡은 역할을 완벽히 소화하는 데 필요한 시간이 포함된다. 이런 고정비용을 수천 명의 관객들이 골고루 분담하기 때문에 예전에 올드 빅이 런던 남부 램버스의 가난한 관객들에게 그랬던 것처럼, 보통 사람들도 드라마를 볼 만한 경제적인 여력이 있다.

극장, 오페라하우스, 박물관 등에 드는 고정비용은 그들이 도시에 있을 수밖에 없는 이유가 된다. 대도시에는 세련된 드라마 제작과 공연에 드는 비용을 함께 감당할 수 있는 많은 관객들이 있다. 오늘날 브로드웨이는 수천 명의 여행객들에 의해서 지탱되지만 50년 전에는 정기적으로 극장을 찾는 많은 뉴요커들로 불야성을 이루었다.

영어를 모국어로 사용하는 국가에서 최초의 의미 있는 대중극장은 1576년 제임스 버베이지에 의해서 세워져 '극장(Theatre)'으로 불렸다.[9] 그것은 적절한 이름이었다. 16세기에 런던은 극적으로 성장했고, 늘어나는 인구는 연예와 오락거리를 원했다. 버베이지는 런던 근처에 자신의 극장을 세웠는데 그곳은 런던 바깥이어서 사창가, 여관, 극장처럼 평판이 나쁜 곳들도 영업할 수 있는 일종의 규제가 없던 지역이었다.

중세 연극은 주로 종교적 성격이 강했고 대부분 교회에서 공연됐다. 교회는 공연하기에 알맞은 인프라를 갖추고 있었다. 르네상스와 종교 개혁 이후에 영국인들은 세속극에 관심을 갖기 시작했다. 1550년대가 되자 〈랠프 로이스터 도이스터(Ralph Roister Doister)〉와 〈거튼 할머니의 바늘(Gammer Gurton's Needle)〉 같은 영국 최초의 희극들이 등장했다.[10] 이런 희극들은 지금은 엘리자베스 이전 시대의 광적인 팬들이 공연하는 경우를 제외하고는 좀처럼 공연되지 않는다. 1560년대가 되자 관람석보다 높게 설치한 무대가 일반화되었다. 그 이전 궁중 연극도 그런 무대에서 공연했는지에 대해서는 학자들 사이에서 논쟁이 뜨겁다. 당시 귀족들은 극장 공연의 수요자 역할을 했지만 매일 밤 똑같은 연극을 보고 싶어하지 않았기 때문에 연극단(acting troupe)*이 생겨 폭넓은 관객들의 욕구를 충족시키기 시작했다.

버베이지는 엘리자베스 여왕의 총신인 레스터 백작이 후원하는 연극단에 속해 있었다. 백작이 넉넉하게 후원했지만 연극단은 수입을 늘리기 위해서 정기적으로 순회공연을 다녔다. 배우들은 여행을 하면서 그들을 경제적으로 지원해 줄 만큼 충분히 많은 관객들을 만날 수 있었지만 여행을 계속 해야 한다는 것은 결과적으로 생산 작품이 많지 않다는 뜻도 됐다.

그러나 임시로 열리던 중세 시장(市場)들이 상업 도시들로 발전하면서 떠돌이 연극단들도 붙박이 극단들로 바뀌었다. 런던이 도시로 성장하면서 배우들은 한자리에 있고 관객들이 배우들을 보러 오는 보다 영구적인 시스템으로의 변화가 가능해졌다. 버베이지의 극장은 이런 전

---

* 엘리자베스 1세 시대에는 귀족들이 연극단을 유지할 수 있는 권한을 가졌고, 이들 연극단은 귀족들이 원하면 언제라도 공연을 했다.

통의 시작이었으며, 이후 커튼(Curtain), 로즈(Rose), 글로브(Globe) 같은 엘리자베스 시대의 다른 극장들이 연달아 생겨났다.

초창기 런던 극장 시대에는 드라마 학교가 없었기 때문에 아버지 제임스 버베이지보다 유명했던 아들 리처드가 아버지로부터 배웠듯이 배우들은 다른 배우들로부터 배웠다. 더 인상적인 사실은 크리스토퍼 말로, 벤 존슨, 윌리엄 셰익스피어처럼 일련의 위대한 극작가들이 도시의 극장 커뮤니티에서 서로 연대하며 최초의 위대한 영국 드라마들을 생산했다는 것이다.

런던 연극계에서 셰익스피어가 처음으로 글로 언급된 것은,[11] 1592년 그가 그의 극에 등장하는 쾌활하고 재치 있는 허풍쟁이 뚱뚱보 기사 폴스타프의 실제 모델이었을 것으로 추정되는 다소 방종한 극작가인 로버트 그린에게 경멸당했을 때이다.[12] 그린과 토머스 키드, 말로는 모두 런던의 복잡한 거리와 여관에서 같이 배우고 셰익스피어도 가르쳤던 것으로 추정되는 좋은 교육을 받은 특별한 매력의 작가 집단인 대학재인파* 소속이었다.

우리는 이런 극작가들 사이의 교류에 대해서 제한적인 정보만을 갖고 있지만 그들의 극은 분명 서로 영향을 준 것 같다. 그들이 쓴 희곡들 사이의 연관성은 상호 연관된 창의성 패턴이 있었음을 암시한다. 그린은 셰익스피어를 공격했을지 모르지만 그렇다고 해서 그것이 나이가 더 어렸던 셰익스피어가 『겨울밤 이야기』를 쓸 때 그린의 소설 『팬도스토(Pandosto)』의 구조를 빌려오는 것을 막지는 못했다.[13]

토머스 키드는 1589년에 공연된 〈초기 햄릿(ur-Hamlet)〉을[14] 집필

---

* 1580~1592년 옥스퍼드 대학과 케임브리지 대학을 졸업하고 문단에 진출해서 16세기 후반 막간극과 사극 위주의 영국 극에 새로운 방향과 생기를 불어넣은 작가군.

한 것으로 간주되고 있다. 키드는 또한 셰익스피어가 『리어왕』을 쓸 때 상당히 참고한 것으로 알려진 『레어왕(King Leir)』의 공동 저자(다른 한 명의 저자는 그린)였을 수도 있다. 키드는 영국 드라마 세계의 거친 남자이자 스파이, 무신론자, 비밀 가톨릭 신자, 골초 등등 노골적이고 듣기 거북한 숱한 호칭으로 비난받은 크리스토퍼 말로와 같은 방을 썼다.

『햄릿』과 『뜻대로 하세요』 같은 셰익스피어의 희곡들은 말로의 작품을 직접 참고한 것이다.[15] 셰익스피어가 쓴 『베니스의 상인』과 말로의 초기작인 『몰타 섬의 유대인』 사이의 연관성은 오랫동안 학자들의 연구 주제였다.[16] 말로의 『디도, 카르타고의 여왕』은 셰익스피어의 『안토니우스와 클레오파트라』에 영향을 준 것으로 간주된다.[17] 말로의 『포스터스 박사』에 나오는 동명의 주인공과 맥베스의 도덕적 선택은 상당히 유사해 보인다. 하버드 대학 교수이자 문화 비평가인 스티븐 그린블랫 같은 일부 전문가들은 두 사람 사이에 개인적 친분이 있었다는 것을 확신한다.[18] 런던의 극장 커뮤니티 규모가 작았기 때문에 실제로 두 사람이 서로 모르고 지냈을 리는 없을 것 같다.

셰익스피어와 말로의 관계는 셰익스피어의 천재성에 조금이나마 흠집을 내기보다는 천재는 이웃들로부터 아이디어를 차용할 정도로 충분히 많은 지식을 갖고 있다는 사실을 상기시켜 준다. 런던은 또한 연기를 하면서 주위의 고참 배우들로부터 연기를 배우는 배우들도 오랫동안 가르쳤다. 셰익스피어도 분명 이런 식으로 연기 기술을 배웠으며, 그보다 2세기 후의 에드먼드 킨(Edmund Kean: 1789~1833. 셰익스피어의 악역을 장기로 해 명성을 쌓은 영국의 비극 배우)도 역시 마찬가지였다.

로렌스 올리비에, 존 길구드, 페기 애쉬크로프트, 랄프 리처드슨 등 20세기 영국이 낳은 위대한 배우들은 함께 연기하고, 서로 지도하고,

무대의 미래 스타들을 일대일로 훈련하는 일을 도왔다. 올드 빅 국립극장 예술 감독으로 임기를 시작했을 때 올리비에는 당시 『햄릿』에 출연한 젊은 배우 피터 오툴을 지도했다.[19] 케빈 스페이시는 올드 빅으로 옮김으로써 영어권 드라마의 중심에 있으면서 다른 어느 곳과도 다르게 끊임없이 교육하고 재미를 선사하는 도시를 선택한 것이다.

런던의 대규모 관중은 올드 빅이 많은 돈이 소요되는 작품들의 고정비용을 충당할 수 있게 해주지만, 도시의 규모는 또한 이보다 더 작으면서 더 실험적인 라이브 극장이 살아남을 수 있게도 해준다. 1959년 시카고에서 문을 연 세컨드 시티 극단은 예전에 중국인이 경영하던 값싼 세탁소 공간에서 출발했다.[20] 그들의 소규모 작품들은 100명 정도 되는 적당한 관객들만 있어도 생존할 수 있었지만, 1950년대 미국의 소도시에서 최신 코미디에 대해서 과연 어느 정도 수준의 수요를 찾을 수 있었겠는가? 오늘날까지도 뉴욕과 로스앤젤레스 같은 대도시들은 여전히 업라이트 시티즌즈 브리게이드(Upright Citizens Brigade) 같은 실험적인 라이브 코미디 극단들로 유명하다.

라이브 공연은 도시의 혁신 확산과 관련이 있다. 최초로 나온 예술 현상은 거의 언제나 전자적으로 유통되기 오래 전부터 라이브로 공연되기 때문이다. 대도시의 대규모 관객들은 1970년대 초에 여러 음반들을 재빨리 바꾸어 틀면서 턴테이블을 마치 악기처럼 연주하던 DJ 쿨 허크[21] 같은 라이브 디스크자키들에게 지불할 비용을 충당할 수 있게 해준다. 웨스트 브롱크스에 있는 하우스 파티에서 허크의 공연을 본 그랜드마스터 플래시 같은 가수 지망생들은 허크의 아이디어를 발전시켰다. 그는 음반이 악기라면 음반에 목소리를 입히지 못할 이유가 없다고 생각했다. 그랜드마스터 플래시와 MC 멜 멜은 브롱크스에서 랩 음악과 레코드 믹싱을 결합한 중대한 협력 작업을 통해 음악 팬들로부터 호평을 들었다. 브롱크스 힙합 DJ(재지 제이), 랩 프로모터(러셀 시몬스), 펑크록 밴드에서 연주하던 뉴욕 대학의 학생(릭 루빈)과 계약을 맺은 데프 잼 레코드는 런 DMC, LL 쿨 J, 비스티 보이즈 같은 가수들과 함께 힙합을 주류 음악으로 편입시켰다.

레스토랑의 성업, 도시는 맛에 빠지다

오늘날에는 대도시의 저녁 오락거리로 극장에서 밤 공연을 보기보다는 레스토랑에서 만찬을 즐기는 사람들이 더 많은 것 같다. 또한 그렇게 더 많은 사람들이 연극을 보기보다는 외식을 하러 나가기 때문에 대부분의 도시에서 위대한 극장들보다는 위대한 식당들이 사람들을 끌어모으는 데 더 중요한 역할을 한다. 2008년 현재 미국 전체적으로 봤을 때 풀서비스 레스토랑에서 일하는 사람 수보다 식료품 매장에서 일하는 사람 수가 1.8배 더 많다.[22] 그러나 뉴욕에서는 이 비율이 거꾸로 뒤집히는 정도 이상이며, 맨해튼에는 식료품 매장보다 레스토랑에서 일하는 사람 수가 4.7배 더 많다.[23] 또한 1998~2008년 사이에 맨해튼 레스토랑에 취업한 사람 숫자는 55퍼센트가 늘어났다.[24]

극장이 고정비용을 충당해 줄 수 있는 도시의 이점을 보여준다면 레스토랑은 분업과 전문화를 허용하기 때문에 따라오는 도시의 혜택들을 보여준다. 애덤 스미스는 분업은 시장의 크기에 따라서 제한된다고 지적하면서 "단독주택들과 스코틀랜드 북부 산악 지방처럼 멀리 떨어진 곳에 흩어져 있는 매우 조그만 마을들에서는 모든 농부가 가족들을 위해서 도축업자와 제빵사와 양조업자 역할을 동시에 수행해야 했다"라고 말했다.[25] 고립되어 사는 가족들은 각자 자신들이 먹을 음식을 생산해야 했다. 스미스가 살던 때에 도시에는 도축업자와 양조업자가 있었다. 오늘날 도시에는 현기증이 날 정도로 다양한 요리 스타일과 가격대와 분위기를 제공하는 레스토랑들이 넘쳐난다.

레스토랑에 한번 가려면 30분이 걸리는 인구밀도가 낮은 준교외 지역에서는 자신들이 좋은 요리사건 아니건 상관없이 가족들이 먹을 음식을 직접 만든다. 내가 가끔 가족들을 위해 내 끔찍한 요리 솜씨를 발휘할 수밖에 없게 된 것은 사실상 교외 생활을 하면서 겪게 되는 혹독한 폐단이다.

도시에서 사람들은 외식하러 나가서 맛있는 음식을 만드는 능력이 증명된 잘 훈련받은 요리사들이 해준 음식을 쉽게 맛볼 수 있다. 도시의 식도락가들은 또한 최고급 부엌과 우아한 식사 공간 같은 전문화된 인프라가 주는 혜택을 누린다. 이런 인프라를 만드는 데 드는 비용은 수십만 명의 고객들이 골고루 나눠낸다.

프로 요리사들의 존재도 전문화의 한 차원에 해당되지만 대도시들은 당연히 이런 엉성한 분업만으로는 성이 차지 않는다. 뉴욕이나 샌프란시스코나 시카고나 런던에는 세계 먼 곳에서 조달해 온 재료로 음식을 만들고 지리적으로 다양한 요리 스타일을 섞어 부유하거나 가난한 다양한 소비자들의 입맛을 만족시키는 수백 개의 타깃화된 레스토랑들이 영업 중이다.

여관과 여인숙도 오래됐지만 '요리로 사람들을 끌어오는 장소'라는 뜻을 가진 레스토랑들도 오래 전인 18세기 후반 파리에서 처음 등장했다. 마튀랭 로즈 드 샹투아조(Mathurin Roze de Chantoiseau)가 오늘날 세계 최초의 레스토랑으로 간주된다.[26] 레스토랑이라는 단어가 먹는 곳이란 뜻을 갖게 된 것은 로즈가 그곳에서 파리 사람들의 건강을 회복(프랑스어로 '회복'은 restaurer이다)시킬 의도로 몸에 좋은 수프를 팔았던 것이 발단이 됐다. 도시의 높은 인구밀도는 전문화된 제품에 맞는 시장을 만들었고, 몸에 좋은 수프는 그런 제품들 중 하나였다. 로즈가 운영한 레스토랑은 사람들을 따로 떨어져서 앉게 했고, 사람들에게 음식 선택권을 주었으며, 고정 요금이 아니라 사람들이 주문한 것을 토대로 요금을 청구했다. 로즈는 정부의 공식적인 음식 공급업체가 되기 위해서 거액의 돈을 지불함으로써 음식 판매를 금지하는 음식 공급업체 길드의 규칙을 피해 갈 수 있었다.[27]

로즈의 레스토랑이 가진 문제는 음식이 그다지 맛있어 보이지 않는다는 데 있었다. 아무리 잘 만들어도 건강에 좋은 수프가 항상 맛있는 것은 아니며, 로즈는 요리사가 아니라 사업가였다. 그러나 파리의 인구 밀집 지역에 세워진 그의 레스토랑은 일련의 혁신에 나섰다. 1782년에 라 그랑 타베른느 드 롱드르(La Grande Taverne de Londres)가 파리에서 문을 열었다.[28] 프랑스의 유명 식도락가인 장 앙텔름 브리야사바랭(Jean Anthelme Brillat-Savarin)에 따르면 이곳의 요리사는 "우아한 방, 똑똑한 웨이터, 포도주 저장고, 그리고 뛰어난 요리법이란 네 가지 필수적 요소를 최초로 결합했다."[29]

연극이 그랬던 것처럼 고급 음식은 도시에 대형 시장들이 등장하기 전에 귀족들의 오락거리였다. 귀족들은 개인 요리사와 연극단에게 돈을 지불할 수 있을 정도로 충분히 부유한 유일한 고객이었다. 두 경우 모두 도시의 기업인들은 충분히 많은 고객들을 끌어올 수 있다면 거액의 후원금과 작별해도 된다는 것을 깨달았다. 당연하게도 그런 고객들은 도시에서만 찾을 수 있었다. 연극과 요리가 개인적 즐거움이 아닌 대중적 즐거움이 되면서 개별적 혁신과 관련된 지식은 보다 손쉽게 퍼저나갔다. 좋은 레스토랑들은 요리사들을 훈련시켰을 뿐만 아니라 고객들에게 가정에서 그들의 요리 기술을 개선해 나갈 수 있게 독려했다.

술집이나 다방과 마찬가지로 레스토랑 역시 도시의 높은 물가에 적응해 나가기 위한 한 가지 방식이다. 도시의 아파트 부엌은 좁고 별도의 식사 공간이 존재하지 않을 때도 있다. 밖에 나가 식사를 하거나 술을 마시는 것은 도시인들이 좁은 아파트에 갇혀 있지 않기 위해서 공동의 공간을 공유하는 한 방법이다. 따라서 어떤 면에서 도시는 사적 공간에서 공적 공간으로 사람들을 끌어내고, 이는 공적 공간을 사회화와 과시적 소비의 중심지로 만드는 데 도움을 준다. 19세기 신흥 부자들은 웅장한 개인 행사를 열지 않고도 그랑 베푸(Grand Vefour)나 막심(Maxim's) 같은 식당에 가서 부를 과시할 수 있었다.

도시는 수학과 마케팅 노하우 확산을 도왔던 것만큼 확실하게 대륙 간 요리 지식을 전달하는 통로 역할을 해왔다. 맨해튼에 있는 델모니코스(Delmonico's)[30] 레스토랑은 미국 땅에서 처음으로 프랑스 요리사를 고용해서 뉴욕의 성공한 대식가들을 위해서 도금시대에 즐겼던 롭스터 뉴버그(Lobster Newburg: 바닷가재살과 달걀·버터·크림·코냑 등을 넣어서 만든 미국식 요리)와 베이크드 알래스카(Baked Alaska: 케이크에 아이스크림을 얹고 머랭으로 싸서 살짝 구운 디저트) 등으로 꾸며진 연회를 제공했다.

프랑스의 아이디어를 런던으로 들여온 위대한 수입업자는 오귀스트 에스코피에(Auguste Escoffier)[31]였다. 그는 파리와 니스에서 무역업을 배운 다음 1890년대에 런던에 있는 사보이 호텔과 리츠 호텔에서 요리를 했다. 에스코피에는 피치 멜바(Peaches Melba: 복숭아 반쪽에 아이스크림과 라즈베리 소스를 얹은 디저트)와 투네도스 로시니(Tournedos Rossini: 오페라 작곡가로 유명한 로시니가 말년에 심취했다는 안심 요리)

같은 자신만의 독특한 요리를 창조했고, 제자들을 키웠으며, 이 제자들은 그의 아이디어를 뉴욕의 테이블로 가져갔다.

에스코피에가 있었음에도 불구하고 지금으로부터 40년 전 런던의 조리법은 창조적인 요리보다는 스카치 에그(Scotch Egg: 삶은 달걀을 다진 고기로 싸서 빵가루를 묻혀 튀긴 음식) 같은 돼지고기로 만든 끔찍한 음식들로 더 유명했다. 그러나 오늘날 런던에는 세계 최고의 레스토랑들도 여러 곳 생겨났다. 해외 인재를 데려와서 똑똑한 사람들끼리 서로 배우게 함으로써 런던은 억만장자나 아니면 누구라도 먹기 좋은 멋진 장소로 발전했다. 프랑스 출신 루(Roux) 형제들은 런던으로 와서《미슐랭 가이드》로부터 별 세 개를 받은 런던 최초의 레스토랑을 열었다.[32] 그들은 세계적으로 유명한 고든 램지 같은 신세대 영국 요리사들을 훈련시켰고, 이렇게 훈련을 받은 요리사들은 다른 요리사들을 훈련시켰다.

런던에서 가장 흥미로운 레스토랑들 중 몇 곳은 프랑스보다 더 멀리 떨어진 곳에서 요리와 관련된 아이디어들을 수입했다. 빅토리아 왕조(1837~1901) 때 인도는 가장 밝게 빛나는 보석으로 간주됐고, 이후 기업가 정신을 가진 인도인들이 런던으로 몰려들기 시작했다. 오늘날 런던 사람들 중 20만 명 이상이 인도 출신이며,[33] 5퍼센트 이상이 인도계이다. 루마니아인들이 뉴욕에 파스트라미(pastrami: 양념한 소고기를 훈제해 차게 식힌 것)를 들여오고 이탈리아인들이 시카고에 피자를 들여온 것처럼 인도인들은 런던에 매운 양고기 카레인 램 빈달루(lamb vindaloo)를 들여왔다.

런던에 소개된 위대한 인도 요리는 이민자들이 종종 도시에 들여오는 혜택을 보여주는 매우 확실한 사례이다. 대도시들은 가장 전문화된 요리에 대한 수요를 감당해 내기 위해서 충분히 다양화되어 있으며 미국 내 소도시들은 매우 광범위한 입맛에 맞춰야 하기 때문에 그토록 특이한 음식들을 혼합한 '유럽식 요리'를 제공하는 데 애쓰고 있다.

물론 오늘날 런던에 있는 인도 레스토랑들이 단순히 카레만 파는 것은 아니다. 《미슐랭 가이드》는 2001년부터 프랑스 일류 요리들만 평가해 오던 관행에서 벗어나 런던에 있는 인도 레스토랑 두 곳에 별점을 매겼다.[34] 이 별점을 준 요리사들 중 한 명은 도시 기업인이 밟는 경로를 따라서 직접 인도 식당인 라소이 비니트 바티아(Rasoi Vineet Bhatia)[35]를 열었는데, 이곳에서 파는 음식은 2010년에 세계적 권위의 레스토랑 가이드북인 《자갓 서베이》로부터 고든 램지가 받았던 최고점보다 단 1점이 낮은 27점을 받았다. 충분히 그런 점수를 받을 자격이 있는 식당이었다.

런던의 일류 인도 요리사들은 보통 인도에서 태어났지만 경쟁이 치열한 런던의 요리 세계에서도 오랜 시간을 보냈다. 그들이 만든 음식은 실험적이며, 고급 요리 솜씨를 가진 아시아의 전통을 보여준다. 이런 인도와 유럽 음식의 결합이 뭄바이에서 요리된 어떤 요리보다도 뛰어나다는 주장은 설득력을 가질 수 있다.

도시의 풍부한 생활 편의 시설들은 도시인들이 공적 즐거움에 참여하는 경향이 강한 이유를 설명해 준다. 소득, 교육, 혼인 여부, 나이 조건이 똑같다고 봤을 때 도시 거주민들이 그들의 시골 사촌들에 비해서 록이나 팝 음악 콘서트에 갈 가능성은 19퍼센트, 박물관에 갈 가능성은 44퍼센트, 영화관에 갈 가능성은 98퍼센트, 술집에서 술을 마실 가능성은 26퍼센트가 각각 더 높다. 수동적인 TV 시청보다는 생생한 상호작용을 의미하는 이런 고급 오락거리들은 더 부유하고 더 교육 받은 사람들에게 특히 더 관심을 끈다. 세상 사람들이 더 부유해지고 더 나은 교육을 받게 된다면 오락거리 면에서 도시가 가진 우위는 지금보다 더 가치를 갖게 될 것이다.

패션과 도시

음식과 드라마는 도시가 우위를 가진 두 영역이다. 패션도 마찬가지이다. 18세기에도 런던으로 세계 최고의 재단사들이 몰려들었고, 그들의 후손인 현대 재단사들 중 다수는 여전히 본드 가와 벌링턴 아케이드와 나란히 뻗은 유명 양복점 거리인 새빌 로(Savile Row)에서 부지런히 장사를 하고 있다. 오늘날 우리는 대량생산과 저렴한 유통 비용 덕택에 선조들이 질투를 느낄 만큼 좋은 품질의 옷감을 온라인이나 소매 매장인 타깃(Target)에서 싸게 살 수 있다. 그러나 도시는 여전히 고가의 의류를 입고 사는 사람들이 압도적으로 많은 장소로 남아 있다.

1998~2007년 사이에 맨해튼의 의류와 액세서리 매장에서 일하는 사람들의 숫자는 50퍼센트 이상 늘어났다.[36] 경기 침체로 인해서 수치가 떨어지긴 했지만 장기적인 추세는 분명 여전히 매우 긍정적이다. 인터넷 쇼핑업계의 부상에도 불구하고 뉴욕의 고급 부티크들과 널찍한 백화점들의 규모는 더욱 커졌다. 더 부유해진 뉴욕 시민들이 우아한 매장에서 쇼핑하는 즐거움에 대해서 웃돈을 지불할 용의가 있기 때문이다. 미국은 대부분 중산층을 상대하는 서비스 경제지만, 맨해튼의 판매사원들은 도시의 상류 부르주아들과 고급품을 사기 위해서 도시로 운전해 들어오는 교외 지역 거주자들을 상대한다.

맨해튼 고급 부티크들의 성공은 단순히 비바람으로부터 우리를 보호해 주는 것 이상의 역할을 하는 의류에 대한 욕구가 커지고 있음을 보여준다. 도시의 고가 의류에 대한 수요는 우리를 즐겁게 해주는 예술품, 즉 우리가 세상에 우리 모습을 과시하는 데 필요한 도구들에 대한 욕구를 반영한다. 다양하면서도 복잡한 도시에서 의류는 그것을 입은 사람의 기호와 소득을 나타낸다. 도시는 더 많은 사회적 이질성과 더 많은 사회적 교류를 특징으로 하기 때문에 옷은 다른 어떤 곳보다 도시에서 더 중요한 역할을 한다. 이 같은 사실은 100만 명 이상이 모여 사는 도시 내 가구들이 도시 외 지역 가구들보다 전체 가구 지출에서 여성 의류 구매에 42퍼센트를 더 지출하는 이유가 뭔지를 설명하는 데 도움이 될지 모른다.[37]

인기 드라마 〈섹스 앤 더 시티〉에서처럼 신발에 대한 도시인들의 열정 뒤에는 통계적 현실도 존재한다. 대도시 가구들은 전체 지출 기준으로 도시 외 가구들에 비해서 신발을 사는 데 25퍼센트 이상의 돈을 더 쓴다.[38] 아마도 도시 가구들이 도시의 포장도로를 밟고 다니다가 보니 신발이 더 빨리 닳아서 이런 차이가 생기는지는 모르겠지만, 그보다는 그들이 도시 외 가구들에 비해서 더 멋진 신발을 사기 때문에 그럴 것이다. 〈섹스 앤 더 시티〉에서처럼 매력적인 용모를 과시하려는 도시인들의 욕구는 대도시의 인구밀도가 사람들을 낭만적으로 연결해 주면서 나름대로 노동시장만큼 중요한 결혼 시장을 만들어 주고 있기 때문에 더 커진다.

결혼 시장으로서의 런던

런던에는 세인트 마틴스 레인 호텔 바에서 파는 '리치와 엘더플라워 콜린스' 같은 이색 이름을 가진 새로우면서도 가끔 사람들을 깜짝 놀라게 만드는 칵테일들을 만드는 창조적 칵테일 제조 기술자들이 일하는 공간도 있다. 그러나 많은 미혼자들과 몇몇 바람난 기혼자들에게는 술을 잘 마시는 건 바에서 겪는 경험의 아주 일부에 불과하다. 바는 낭만적인 만남의 기회를 제공한다. 도시는 다른 지역에 비해서 더 많은 미혼자들을 유인하는데, 도시의 인구밀도가 미래의 짝을 만날 확률을 높여주는 것도 그 일부 이유라고 할 수 있다. 인구밀도가 높은 지역으로 근로자와 기업들을 끌어오는 것과 같은 논리가 남자들과 여자들을 도시로 끌어온다.

결혼 시장으로서 도시의 역할은 번잡한 도시 지역의 특별한 인구통계를 이해할 수 있게 도와준다. 2008년 기준으로 맨해튼에는 15세 초과 인구가 140만 명에 달했다.[39] 이 연령대의 집단 중 약 3분의 1에 해당하는 46만 명이 결혼해서 배우자와 함께 살고 있었다.[40] 맨해튼 인구의 절반 정도는 결혼한 적이 없었고, 13만 9,000명 정도는 이혼했다.[41] 미국 전체로 봤을 때는 15세 초과 인구 중 절반 정도는 결혼해서 배우자와 함께 살고 있다.[42] 25~34세 인구를 기준으로 했을 때 맨해튼 사람들은 다른 미국인들에 비해서 독신으로 사는 경우가 훨씬 더 많다.[43]

복잡한 도시는 많은 이유 때문에 젊은 미혼 남녀들을 유혹한다. 도시는 열심히 일하고 지식을 습득하기에 좋은 장소이다. 교외 지역은 더 나은 학교와 더 큰 집 때문에 젊은 부모들에게 인기가 높지만, 도시는 젊은 독신들이 살기에 즐거운 장소이기 때문에 그들을 끌어들인다. 높은 인구밀도와 술집과 술집 사이나 식당과 식당 사이를 걸어서 이동할 수 있는 능력은 도시를 자신들과 똑같은 이유로 그곳에 온 다른 수천 명의 독신자들을 만나기에 이상적인 장소로 만들어준다.

도시는 독신자들을 끌어당기는 자석이지만 도시의 대형 노동시장 내에서 부부 모두가 적절한 일을 구할 수 있게 해주기 때문에 경제적으로 성공한 부부들에게도 매력적이다.[44]

연구원인 도라 코스타와 매튜 칸은 한 배우자만 대졸 이상 학력을 가진 부부 중 약 40퍼센트가 대형 메트로폴리탄 지역에 거주하는 반면 두 배우자 모두 대졸 이상 학력을 가진 부부는 50퍼센트가 그러한 지

236

역에 거주한다는 사실을 알아냈다.

부유한 여성들이 일하는 경우가 드물었던 20세기 초에 좋은 교육을 받은 성공한 남성은 자원이 풍부한 내륙 지역 깊숙한 곳에서 자영업을 할 수 있었다. 그에게는 부인이 그곳에서 좋은 일자리를 얻지 못한다는 것이 큰 문제가 되지 않았다. 오늘날 신생 부자들의 배우자는 멀리 떨어진 곳에서 살려고 하지 않는 변호사일 가능성이 더 크다. 따라서 워싱턴 D.C.와 로스앤젤레스 같은 대도시들은 두 사람 모두 좋은 일자리를 필요로 하는 능력 있는 부부들을 점점 더 많이 끌어들이고 있다.

사람들을 함께 모으는 데 있어 도시가 갖는 우위는 낭만적 관계의 차원을 넘어선다. 도시에 사는 사람들은 취향이 비슷한 광범위한 친구들과 연결될 수 있다. 파리는 문학 살롱으로 유명하다. 뉴욕에는 알곤킨 라운드 테이블(Algonquin Round Table) 같은 생각이 같은 사람들이 모이는 그룹들이 있었다. 이탈리아에서 일어난 통일 운동인 리소르지멘토(Risorgimento)와 아르헨티나의 젊은 지성인 모임인 1837세대(Generation of 1837) 등 19세기 정치적 움직임들은 밀라노와 부에노스아이레스의 카페와 서점에서 오간 지적 대화와 토론 끝에 탄생했다. 인구밀도가 낮은 지역에 사는 사람들은 저녁 식사를 같이 할 사람들의 범위가 좁은데, 이것은 도시 밖에 거주하기 때문에 지불해야 하는 또다른 비노동비용이다.

소설가 시어도어 드라이저는 1892년 《시카고 글로브》라는 신문사에 기자로 취직하면서 소도시인 인디애나에서 시카고로 왔다.[45] 이후 40년 동안 그는 도시 노동계급의 고달픈 삶과 권력자들의 잘못을 통찰력 있게 묘사한 미국 도시 생활의 위대한 연대기 작가 중 한 명이 되었다. 그가 쓴 소설에 등장하는 가장 위대한 인물들 중 한 사람은 생애 첫 소설 『시스터 캐리』에 등장하는 여주인공 캐리 미버였다.[46]

소설은 캐리가 시골 위스콘신에서 기차를 타고 산업화된 도시 시카고로 오는 장면으로 시작된다. 시카고는 캐리에게 경제적 기회뿐만 아니라 이보다 더 중요한 단조롭고 지루한 시골 생활로부터의 탈출구를 제공해 준다. 대도시가 주는 즐거움과 유혹을 만끽하는 과정에서 그녀는 몇몇 전형적 도시 남자들을 '파멸'로 이끌지만, 드라이저는 그녀가 농장에 머물면서 10킬로미터 아래 동네에 사는 성실한 농부와 결혼했을 때의 삶보다 도시에서의 그녀의 삶이 훨씬 더 흥미롭고 즐겁다는 확신을 독자들이 가질 수 있게 만든다.

캐리의 다소 부도덕한 삶은 도시에서는 즐거움을 얻기 위해서 어쩔 수 없이 치러야 할 대가가 있으며 전통적인 사회적 관습이 무너지는 경향이 있다는 사실을 보여준다. 캐리가 시골 위스콘신에서 유부남들과 그토록 자유롭게 놀아났다면 그녀는 추방당했을 것이다. 시카고에서 그녀는 평판이 나빴고 예의 바른 사회로부터 배척당했을지 모르지만 여전히 평판 나쁜 다른 많은 사람들과 어울릴 수 있었다. 실존하는 금융업자 찰스 여키스를 바탕으로 그려낸 드라이저의 반영웅(전통적인 영웅과는 달리 약한 모습을 보여주는 주인공답지 않은 주인공) 프랭크 코퍼스웨이트도 마찬가지로 부끄러운 행동에도 불구하고 많은 도시 동료들과 잘 어울려 지내는 인물이다.

목적이 좋건 나쁘건 상관없이 오랫동안 도시는 사람들을 사회적 관습으로부터 벗어나게 해주었다. 시골 마을에서는 호손의 소설 『주홍 글씨』에 나오는 주인공처럼 사회적 규칙을 깬 사람들은 사회적 유대 관계로부터 단절되어 소외의 고통을 겪어야 하기 때문에 그러한 규칙이 사람들에게 더 쉽게 강제된다.

그러나 대도시에서는 항상 새로 가입할 수 있는 네트워크가 존재하기 때문에 어떤 비정부 집단도 초법적인 폭력에 의존하지 않고서는 사람들의 행동에 가혹한 규칙을 강제할 수 없다. 도덕적으로 엄격한 잣대를 들이댔던 청교도적 도시인 보스턴이나 칼뱅파가 활동했던 제네바 같은 도시들은 한동안 사회적 규율을 유지했지만 이러한 규율들은 결과적으로 항상 무너지게 되어 있다. 결국 어떤 도시이든 파리나 시카고처럼 제약이 덜한 세계로 자연스럽게 바뀌게 되어 있다.

무섭게 성장하는 소비 도시

새로운 즐거움을 맛보려는 부자들과 좋은 교육을 받은 사람들은 점점 더 혁신적 즐거움을 전문적으로 만들어주는 대도시에 자연스럽게 이끌린다. 새로움이란 것 자체가 명품이다. 부자들만이 매일 먹는 훌륭한 음식이 지겨워질 정도로 충분한 돈을 갖고 있다. 우리가 사는 세상이 점점 더 부유해지고 불평등해질수록 대도시에서 가장 쉽게 얻을 수 있는 새롭고도 고급스러운 경험을 계속 느껴보기 위해서 돈을 지불할 용의가 있는 사람들의 숫자도 늘어난다.

셀 수 없이 많은 간행물들과 웹사이트들이 미술전 개막, 새로 생긴 레스토랑, 콘서트, 그리고 바르셀로나나 로스앤젤레스나 도쿄 같은 도시에서 매주 벌어지는 일들을 전부 소개하기 위해서 애쓰지만 결과적으로 실패한다. 이런 경험들이 너무나 많고 너무나 쉽게 사라지기 때문에 그것들이 도시의 전체적인 삶의 질에 미치는 영향을 평가하기는 불가능해 보일지 모른다. 우리는 이 모든 경험들을 어떻게 분류하고, 도시들이 생활하기 즐거운 장소가 되고 있는지를 어떻게 판단하는가?

경제학의 기본 원칙 중 하나는 공짜 점심은 없으며, 시장은 일대일

맞교환을 요구한다는 것이다. 투자자들은 더 많은 위험을 감수해야만 고수익 자산에 투자할 수 있다. 교외 거주자들은 원거리 출퇴근이란 비용을 지불하는 대신 더 넓은 공간을 얻을 수 있다. 메트로폴리탄 지역들을 비교해 보면 임금, 물가, 삶의 질 사이에 세 가지 방식의 맞교환이 일어난다. 고임금과 고물가는 대부분 높은 상관관계를 갖는다. 다시 말해서 높은 집값은 고임금 도시에서 살기 위해 지불해야 할 가격이다.

그러나 물가와 개인이 가진 기술을 감안해서 조정하더라도 실질 임금은 장소마다 서로 다르다. 샌디에이고와 호놀룰루 같은 일부 도시들은 이례적으로 실질소득이 낮지만 텍사스 주 댈러스와 미네소타 주 로체스터 같은 도시들은 반대로 이례적으로 실질소득이 높다.[47]

그렇다면 호놀룰루에 사는 사람들은 모두 서둘러 댈러스로 이동하고 있을까? 물론 그렇지는 않다. 높은 실질임금은 로체스터의 겨울 한파와 댈러스의 여름 무더위를 보상해 준다. 낮은 실질임금은 샌디에이고와 호놀룰루의 즐거움을 경험하는 데 따른 비용이다. 어쨌든 여기서도 시장 원리가 작동하며, 소득에 비해 집값이 높을 때 그런 도시에는 정말로 뭔가 좋은 것이 있는 게 분명하다는 확신을 갖게 한다. 임금은 높고 물가는 낮으면서 정말로 매력적인 장소가 있다면 재빨리 생활비를 끌어올릴 수천 명의 신규 거주자들을 끌어들일 것이다.

나는 한때 임금이 같다는 전제 하에 미국의 메트로폴리탄 지역들 중 어느 곳의 물가가 가장 비싼지를 추정해 보았는데, 상위 10위 안에 드는 도시들 중 9곳이 캘리포니아 해안 지대에 위치하고 있다는 것을 알아냈다.[48] 어떤 장소들이 소득에 비해 물가가 낮은지를 알아보면, 알래스카의 앵커리지처럼 너무 추운 곳과 텍사스의 미들랜드처럼 너무 더운 곳이 보통 그렇다. 디트로이트나 트렌턴 같은 하위 10위 안에 드는 곳들은 범죄와 실업 같은 다른 문제들을 갖고 있다.

지역 물가를 감안해서 조정한 소득을 말하는 실질임금은 도시의 생활 편의 시설을 평가할 때 효과적인 도구이다. 어떤 장소들의 실질임금이 이례적이라고 할 정도로 낮다면 삶의 질이 높은 것이 분명하다. 반대로 실질임금이 이례적이라고 할 정도로 높다면 그곳에는 뭔가 문제가 있다는 뜻이다. 다소 역설적으로 들릴지 모르지만 뉴욕 같은 곳에서 실질임금이 감소한다면 우리는 대도시의 생활 환경들이 더 가치 있게 변했다는 것을 보여주는 최고의 증거를 얻게 된다.

1970년에는 도시의 크기와 실질임금 사이에 강력한 긍정적 상관관계가 있었다. 지역 인구가 두 배로 늘면 실질임금은 3퍼센트가 증가했다.[49] 이와 똑같은 관계는 1980년에도 역시 유효했다. 1970년대에 뉴욕이 싸움터였을 때 근로자들은 도시의 문제들을 참는 조건으로 전투 수당을 받아야 했다. 이런 높은 실질임금은 도시의 성공이 아니라 고통스러울 정도로 높은 범죄율과 생활 편의 시설의 붕괴로 드러나는 도시의 실패를 보여주는 신호였다.

1980년 이후로 지역 인구와 실질임금의 관계가 처음으로 균형을 이루었고, 지금은 이것이 부정적 상관관계로 바뀌었다. 2000년에 사람들은 뉴욕에 살기 위해서 기꺼이 더 낮은 임금을 수용할 의사를 보였다.[50] 즉 그들은 뉴욕의 높은 물가가 높은 임금을 상쇄하고도 남았지만 뉴욕에 와서 살았다. 뉴욕의 생산성이 약화됐기 때문은 아니었다. 당시 뉴욕은 생산성을 반영하는 명목소득이 과거 어느 때보다도 높았다. 그러나 도시에서 살고 놀려는 사람들의 수요 덕택에 주택 가격이 명목임금 이상으로 상승한 상태였다.

도시가 훨씬 더 즐거운 장소로 변할 때 그렇듯이 집값이 명목소득에 비해서 충분히 많이 오를 경우 도시가 위대한 성공을 거두는 기간에 실질소득은 사실상 떨어질 수 있다. 맨해튼은 전쟁터에서 도시의 놀이터로 변신했으며, 사람들은 낮은 실질임금 형태로 그곳에 사는 특권을 지불할 용의가 있었다.

경제 논리에 따르면 소득에 비해서 상대적으로 집값이 높은 곳은 살기 즐거워야 하기 때문에 나는 1980년에 평균 소득 대비 집값이 얼마나 이례적으로 높았는지를 기초로 해서 미국 카운티들의 순위를 매겨 장소가 주는 즐거움을 알아보았다. 평균적으로 생활 편의 시설 수준이 높은 카운티들, 다시 말해서 내가 만든 지수의 상위 25퍼센트에 속한 곳들의 인구는 40퍼센트가 늘어났다. 지수의 하위 25퍼센트에 속한 카운티들의 인구는 늘어나지 않았다. 생활 편의 시설 수준이 높은 카운티들은 또한 실질소득이 평균 28퍼센트 증가한 반면, 생활 편의 시설 수준이 낮은 카운티들은 실질소득이 평균 14퍼센트 증가하는 데 그쳤다. 소비 도시는 계속해서 성장한다.

도시 생활에 대한 수요가 증가하면서 도시에서 교외로 직장을 다니는 역방향 통근도 증가했다. 한 장소에 거주하면서 다른 장소에서 일하는 사람들은 자신의 거주지에 있는 생활 편의 시설이나 낮은 주택 비용을 중요하게 생각하고 있음을 보여주고 있다. 우리는 뉴욕의 집값이 싸지 않다는 것을 알고 있지만 도시에 살면서 도시 밖에서 일하는 사람들의 숫자는 점점 더 늘어나고 있다. 전국적으로 봤을 때 도시에서 외곽으로 출퇴근하는 인구의 비중은 1960년대에 2.4퍼센트였던 것이 지금은 6.8퍼센트로 늘어났다.[51] 더 많은 사람들이 도시의 높은 물가를 감당하고 살면서 다른 곳에서 일하고 있다는 사실은 대도시의 생활 편의 시설의 가치가 더욱더 커졌음을 보여주는 추가적인 증거이다.

넘치는 관광객들처럼 매력적인 장소임을 시사하는 다른 변수들 역시 도시의 성공을 예고한다. 이런 상관관계는 미국뿐만 아니라 영국과 프랑스에서도 유효한 것 같다. 사람들은 점점 더 삶의 질을 토대로 거주 지역을 선택하고 있으며, 매력적인 지역으로 오는 숙련된 기술을 가진 사람들은 지역 경제를 활성화시키는 새로운 아이디어들을 제공한다. 기업가 정신으로 무장한 똑똑한 사람들은 도시가 가진 경제적 힘의 궁극적인 원천이며, 그런 사람들은 더 번영을 누리고 삶의 질에 대해서 더 많은 신경을 쓴다.

숙련된 인재들을 끌어들이기 위해서 정부에 의해 제공되는 생활 편의 시설 중 어떤 것들이 가장 중요할까? 사람들, 특히 그중에서도 더 많은 교육을 받은 사람들은 아이들을 위해 안전한 도로와 좋은 학교에 많은 돈을 지불할 것이다. 소비 도시의 중요성이 확대되면 도시의 지도자들은 거리의 치안 유지와 공립학교의 수준 향상 같은 지방정부의 기본적인 역할을 수행하는 데 집중하게 된다. 식당과 극장 역시 숙련된 인재들을 끌어오는 역할을 하지만 그것들은 안전과 학교만큼 중요하지 않으며, 정부의 개입이 필요하지도 않다. 이러한 생활 편의 시설들은 적어도 도시가 그것이 주는 즐거움을 지나치게 규제하지 않는 한 도시 번영의 자연스런 결과물이다.

소비자에게 주는 즐거움의 중요성은 경기 하강기에 알아둬야 할 교훈 역할을 한다. 즉, 시 정부들은 재정 상황이 나빠져도 치안 활동 같은 시가 제공하는 서비스를 축소하는 식으로 대응해서는 안 된다. 도시가 경제 위기를 절대로 이겨내지 못하게 만드는 가장 손쉬운 방법은 도시를 위험한 무인도로 만드는 것이다. 불안한 거리는 도시의 재생에 반드시 필요한 숙련된 근로자들을 내쫓을 것이다.

뉴욕, 런던, 파리가 세계 최상위의 소비 도시일지 모르지만 놀이터로 변신해서 성공한 다른 도시들도 많이 있다. 버지니아 주 중부 도시인 샬로츠빌 같은 대학 타운들은 많은 은퇴자들을 끌어들였다. 라스베이거스는 카지노를 최대한 활용해서 미국에서 가장 빠르게 성장하는 대도시가 되었다. 실제로 라스베이거스의 지지자들은 그곳에 있는 수많은 레스토랑과 카지노에 열광했고, 라스베이거스는 가장 극적으로 집값 거품을 경험한 도시 중 하나가 되었다. 지나친 주택 공급으로 빚어진 고통이 수그러들어야 라스베이거스는 특별한 즐거움을 선전해서 성공하는 보다 정상적인 중형 도시로 되돌아갈 수 있다.

뉴욕과 런던과 파리가 직면한 문제는 약간 다르다. 튼튼한 경제와 풍부한 즐거움은 사람들을 이들 도시에서 더 살고 싶게 만들었다. 사람들은 그곳에서 살기를 원하지만 그런 수요를 충족시켜 줄 만큼 충분한 집이 없을 때 집값은 폭등할 수 있다. 아무리 매력적인 메트로폴리스라도 주택을 추가로 짓지 않을 경우 가장 부유한 사람들을 제외한 다른 사람들의 즐거움과 도시가 갖는 실질적인 이점이 사라지면서 부티크 도시처럼 변할 위험이 크다. 이런 성공한 도시들에서 건설 행위를 막는 장애물들이 다음 장의 주제이다.

도시 개발의 아이콘, 마천루가 위대한 이유

6장

우리가 사는 도시에서 가장 아름다운 과거의 흔적들을 보호하는 것도 가치가 있지만 도시가 방부 처리된 호박 화석처럼 되어서는 안 된다. 지나친 보존은 도시가 그곳의 거주자들을 위해서 더 새롭고 크고 나은 건물을 제공하는 것을 막는다. 파리와 뉴욕과 뭄바이의 고도 제한은 도시 계획 전문가들만 관심이 있는 '모호한 수수께끼' 같을지도 모른다. 그보다 더 잘못한 일은 있을 수 없다. 이런 규칙들이 우리의 도시와 세계의 미래를 만들고 있다. 도시의 역사가 도시를 구속하며 도시는 그 가장 위대한 자산인 '개발 능력'을 잃게 된다.

파리 샹젤리제 거리를 따라서 개선문으로부터 루브르 박물관까지 걷다보면 역사 속을 산책하는 것 같은 느낌을 받는다. 이 길은 약 2,000년 전 로마 제국 시대에 세워진 티투스 개선문(Arch of Titus)으로부터 영감을 받아 프랑스 황제의 승리를 축하하기 위해 세워진 200년 역사의 개선문 아치 아래에서 시작된다. 그리고 루이 16세의 왕비인 마리 앙투아네트가 말을 타고 지나갔고 히틀러가 행진했으며 무수히 많은 여행객들이 아이스크림을 먹었던 세계에서 가장 유명한 대로 중 하나로 이어진다. 또한 미국 작가 헤밍웨이가 술을 마셨고 미국 제28대 대통령인 우드로 윌슨이 베르사유 평화 회담이 열리는 동안 묵었던 크리용 호텔을 지나간다. 이어 예전 왕족의 놀이터였다는 튈르리 정원을 가로지르고, 12세기에 요새로 처음 만들어져 지금은 수천 년 동안 만들어진 걸작들을 보유하고 있는 루브르 박물관에서 끝난다.

이 길은 파리와 마찬가지로 세월이 흘러도 변치 않을 것 같은 느낌을 준다. 즉, 홍콩과 싱가포르 같은 역동적인 도시의 끊임없이 변하는 가두 풍경과는 아주 다른 변함이 없는 도시를 경험하게 해주는 것 같다.

그러나 물론 파리도 시작이 있었고, 만든 사람이 있었다. 오늘날 파리는 과거를 보존하는 것이 얼마나 가치 있는지를 보여주는 완벽한 근거처럼 여겨지지만, 조금 더 역사적인 관점에서 봤을 때 파리는 또한

의회 도서관을 찍은 모습. 질서 정연하고 우아한 파리의 대로들은 19세기 하반기에 파리를 극적으로 바꾼 대규모 도시 재건 프로젝트가 낳은 부산물이다. 현재 엄격한 규정에 의해 파리의 경관은 어떤 식으로든 큰 변화를 주지 못하게 되어 있다. (사진: 디트로이트 출판사 제공 / 1905년)

엄청난 변화를 허용하는 미덕을 추구한 명분도 된다. 사람들이 가장 사랑하는 파리의 많은 것들은 한 사람, 즉 한 세대 안에 파리를 재건한 조르주 외젠 오스만 남작이 만들어놓은 것이다.[1]

여러분은 파리하면 머릿속에 무엇이 떠오르는가? 아마도 생제르맹 대로를 산책한 후 샤르트르가 자주 들렀다던 레 되 마고 카페에서 마시는 카페오레가 가장 먼저 떠오를지 모른다. 그곳은 생미셸 거리와 마찬가지로 오스만이 낡은 거리들을 다듬어 만들었다. 여러분이 내가 앞서 묘사한 샹젤리제 거리를 따라서 산책하며 개선문의 경치를 즐기는 것을 좋아한다면 다시 오스만이 만든 지역에 들어온 것이다. 거리와 아치는 오스만이 태어나기 전에 만들어졌지만 그는 깔끔한 시야를 확보해 주는 광장을 계획했다.

파리의 거리들을 따라 나란히 서 있는 그 많은 5층짜리 건물들이 선사하는 기적적인 통일감을 즐기는가? 그것 역시 오스만의 작품이다. 오페라 거리는 어떠한가? 마찬가지이다. 프랑스의 그 모든 화려함 아래에는 깨끗한 물을 쓰레기로부터 분리해 주는 하수 시스템이 놓여 있다. 이 역시도 오스만 덕분에 생긴 것이다. 1853년부터 1870년까지 오스만은 파리에 있는 건물 절반 이상을 없앴다. 오스만은 사실상 도시를 구하기 위해서 도시를 파괴했다.

파리는 질서 정연한 전체이다. 우리는 인근 건물에 의해서 가려지지 않고 보기 쉽기 때문에 파리의 위대한 기념물들을 즐길 수 있다. 파리는 평범한 도시 계획 전문가들이 권유한 것들을 점진적으로 밀도 높게 축적해서 만든 도시가 아닌 것이 분명하다. 아니다. 파리는 통치자로부터 자유재량을 부여받은 한 사람의 뛰어난 건축가가 계획해서 만들었기 때문에 통일감이 있다.

"사람들이 없는 도시가 무슨 의미가 있겠는가?"라고 했던 셰익스피어의 말은 사실이지만 사람들에게는 건물이 필요하다. 도시는 건물을 새로 짓거나 증축함으로써 성장하고, 도시가 건물을 짓지 않을 때 사람들은 도시의 인접성이란 마술을 경험하는 것을 방해받는다. 도시를 보전하기 위해서는 사실상 도시의 일부를 파괴해야 한다. 파리를 보존하기 위한 오스만의 현대적 욕구는 과거 적정한 돈만 있으면 누구나 즐길 수 있었던 파리를 오늘날 부자들만 즐길 수 있는 부티크 도시로 바꾸어 놓았다.

파리의 역사는 그곳에서 무일푼으로 성장기를 보냈던 위대한 예술가들의 이야기로 가득하지만 오늘날 어떤 가난한 예술가들이 파리 중심부에서의 생활을 감당해 낼 수 있겠는가? 장소가 건설 활동을 과도하게 제한할 경우 경기 침체와 인플레이션에 빠질 위험이 커진다.

우리가 사는 도시에서 가장 아름다운 과거의 흔적들을 보호하는 것도 가치가 있지만 도시가 방부 처리된 호박 화석처럼 되어서는 안 된다. 지나친 보존은 도시가 그곳의 거주자들을 위해서 더 새롭고 크고 나은 건물을 제공하는 것을 막는다. 파리와 뉴욕과 뭄바이의 고도 제한은 도시 계획 전문가들만 관심이 있는 '모호한 수수께끼' 같을지도 모른다. 그보다 더 잘못한 일은 있을 수 없다. 이런 규칙들이 우리의 도시와 세계의 미래를 만들고 있다. 도시의 역사가 도시를 구속한다면 도시는 그 가장 위대한 자산인 '개발 능력'을 잃게 된다.

도시 개발의 아이콘
마천루의 역사

창세기를 보면 바벨탑[2]을 쌓은 사람들은 "어서 도시를 세우고 그 가운데 꼭대기가 하늘에 닿게 탑을 쌓아 우리 이름을 날려 사방으로 흩어지지 않도록 하자"라고 말한 것으로 되어 있다. 이런 친(親)개발주의자들은 도시가 인류를 연결해 줄 수 있다는 것을 올바로 이해했지만 하느님은 그들이 천상이 아닌 속세의 영광을 영원히 기념하려고 했기에 그들을 벌했다.

지난 2,000년 역사에서 오랫동안 서양의 도시 건축가들은 바벨탑 이야기가 주는 경고를 마음속 깊이 새겼기 때문에 가장 높은 건축물들이라고 해봤자 일반적으로 교회 첨탑이 대부분이었다. 모직 제조 중심지인 벨기에의 브뤼헤는 세속 건축물(옷감 제작을 기념하기 위해서 세워진 108미터 높이의 종탑)을 종교 건축물(인근에 있는 성 도나투스 대성당)보다 더 높게 지은 최초의 장소 중 하나였다.

세속적인 브뤼헤에서는 15세기 말에 모직이 종교보다 더 중요한 가치를 지녔으나 다른 곳에서 종교 건물보다 높은 세속 건물을 짓기까지는 4세기의 시간이 더 걸렸다.[3] 1890년까지 월스트리트의 증권거래소에서 한 블록 떨어져 있고 첨탑까지의 높이가 87미터에 이르는 트리니티 교회가 뉴욕에서 가장 높은 건물이었다.[4] 아마도 이 종교적 건물이 조지프 퓰리처가 사들인 미국 신문《뉴욕 월드》의 직원들을 수용하기 위한 마천루에 의해서 가려진 날이, 반종교적인 20세기의 진정한 시작으로 간주되어야 할 것이다. 거의 같은 무렵에 파리는 노트르담 사원보다 213미터 더 높은 약 305미터 높이의 에펠탑[5]을 세워 부의 성장을 축하했다.

바벨탑이 세워진 이후 높이는 한정된 토지 내에서 더 많은 공간을 제공하기 위한 방법이자 권력의 상징으로 간주되어 왔다. 트리니티 교

1890년 인근에 더 높은 상업용 건물이 세워지기 전까지 트리니티 교회는 40년 동안 뉴욕에서 최고층 건물의 자리를 지켰다. 교회의 왼쪽에 서 있는 두 건물은 결과적으로는 위대한 도시의 복원력을 보여준 끔찍한 공격에 의해 파괴될 때까지 30년 동안 최고층 건물로서의 영예와 위상을 지켰다. (제프 그린버그 / 월드 오브 스톡 제공)

회 종탑과 귀스타브 에펠이 세운 파리를 상징하는 에펠탑이 유용한 공간을 제공해 주지는 못했다. 이것들은 각각 하느님과 프랑스 기술 공학에 바치는 대형 기념물이었다. 퓰리처가 뉴욕에 세운 월드 빌딩은 퓰리처의 기념물이었던 것이 분명하지만 이것은 또한 한 건물 안에 점점 규모가 커지고 있던 뉴스 제국을 집어넣기 위한 비교적 실용적인 방법이었다.

지난 몇 세기 동안 건물의 높이가 올라가면서 100제곱미터의 토지에 수용할 수 있는 사람의 숫자도 그만큼 더 늘어났다. 또한 악명 높은 도쿄 호텔들이 제공하는 관 크기만 한 방에 사람들을 억지로 쑤셔 넣지 않아도 됐다. 그러나 19세기가 되기 전까지 건물 높이를 올리는 움직임은 2층짜리 건물이 점차 4층짜리와 6층짜리 건물로 대체되는 정도의 완만한 속도로 진행되었을 뿐이다.[6] 19세기까지 건물의 높이는 건축 비용과 계단을 오르는 인간의 인내심에 의해서 제한을 받았다. 교회의 첨탑과 종탑들은 하늘을 찌를 정도로 높이 올릴 수 있었지만 그러한 탑들은 공간이 좁았으며, 가끔 올라가는 종치기 외에는 탑까지 올라갈 사람이 거의 없었기 때문에 그렇게 높이 올리는 것이 가능했다. 미국의 혁신가들이 엄청나게 두꺼운 저층 벽 없이 건물을 짓고, 벽채를 안전하게 위아래로 이동하는 두 가지 문제를 해결했던 19세기가 돼서야 비로소 고층 건물 건축이 가능해졌다.[7]

엘리베이터를 처음 발명한 것은 엘리샤 오티스(Elisha Otis)가 아니다. 지금으로부터 2,200년 전에 아르키메데스가 시칠리아에서 엘리베이터를 처음 만들었다고 전해진다.[8] 또한 루이 15세(1710~1774)는 베르사유로 정부(情婦)를 방문할 때 쓰는 개인용 엘리베이터를 갖고 있었다.[9] 그러나 엘리베이터가 대중화되기 위해서는 좋은 전력원이 필요했으며 더불어 안전해야 했다. 매튜 볼턴과 제임스 와트[10]는 밧줄을 갖고 끌어올리거나 수력으로 밀어올리는 산업용 엘리베이터의 동력으로 사용될 초기 증기 엔진을 개발했다. 엔진의 성능이 개선되자 엘리베이터의 속도와 힘도 개선됐으며, 광산으로부터 석탄이나 배로부터 곡물을 대량으로 운반할 수 있게 됐다.

그러나 인간은 쉽게 고장이 나서 그들을 아래로 내동댕이칠 수 있는 기계를 타고 장거리를 올라가는 데 대해서 여전히 매우 신중했다. 뉴욕주 남동부 용커스에 있는 제재소에서 수리공으로 일하던 오티스가 수직 이동의 위험을 없앴다.[11] 그는 엘리베이터나 기차에서 작동할 수 있는 안전 브레이크를 만들었고, 1853년 뉴욕 세계 박람회에서 자신의 발명품을 선보였다. 그는 밧줄로 연결된 플랫폼 위에 올라앉은 후 도끼를 든 남자로 하여금 밧줄을 끊어버리게 했다. 플랫폼은 잠깐 떨어진 다음에 안전 브레이크가 작동하자 곧바로 멈췄다. 이후 오티스가 만든 엘리베이터는 일대 센세이션을 일으켰고, 오티스가 세운 회사는 지금도 세계 일류 엘리베이터 제조업체 중 하나로 남아 있다.

처음으로 전동 안전 엘리베이터를 설치한 두 건물은 모두 뉴욕에 있었다.[12] 한 곳은 브로드웨이에 있는 백화점이었고, 다른 한 곳은 5번가 호텔(Fifth Avenue Hotel)이었다. 1870년대에 엘리베이터는 리처드 모리스 헌트가 지은 뉴욕 트리뷴 빌딩처럼 10층 높이에 이르는 혁신적인 건물의 건축을 가능하게 해줬다.[13] 유럽에서는 런던에 세워진 세인트 팽크라스 역 역시 10층 건물이었다. 높이는 90미터로 뉴욕 트리뷴 빌딩보다 높았다.

그러나 세인트 팽크라스 역의 요새 같은 모습은 이 건물이 가진 근본적인 문제점을 드러내준다. 이 역은 현대 마천루의 건축비 절감에 중요한 역할을 하는 하중을 지탱하는 철골이 없다. 세인트 팽크라스 역이나 트리뷴 빌딩 같은 전통적인 건물들은 높은 건물의 무게를 감당할 수 있는 강력한 저층 벽들이 필요했다. 건물을 더 높이 쌓아올릴수록 저층 벽들은 더 두꺼워져야 했고, 정말로 좁은 첨탑을 만드는 것이 아니라면 그로 인한 건축비는 엄청나게 치솟았다.

마천루 건설에 매우 중요한 하중을 지탱하는 철골은 경골 주택에 사용된 것과 같은 공학 원칙이 적용된다. 경골 구조를 '풍선 프레임(balloon frame)'이라고 하는 이유는 이것이 기존의 기둥-대들보 방식이 아니라 벽의 각 단면으로 이루어진 프레임이 상부 하중을 지탱하는 목조 건축 방식이고, 건물이 가벼워 풍선처럼 날아갈 것 같기 때문이다. 따라서 벽은 프레임 위에 걸린 커튼 역할을 한다. 경골 주택은 19세기의 모든 시골 지역에서 주택 건축비를 줄이는 데 일조했다. 경골 주택과 마찬가지로 마천루 역시 골조에 무게를 의지하지만 이 경우 골조는 철로 지어지며, 이 방식은 19세기 말에 점점 더 보편화되었다.

미국의 건축가 윌리엄 르 배런 제니가 1885년에 시카고에 지은 42미터 높이의 홈 인슈어런스 빌딩(Home Insurance Building)이 최초의 진정한 마천루로 간주될 때가 종종 있지만, 제니가 정말로 마천루의 발명자인지 여부에 대해서는 건축학계에서 여전히 논란이 진행되고 있다.[14] 이런 논란은 도시가 주는 다른 대부분의 선물과 마찬가지로 마천루의 개발이 사회적 진공 상태에서 이루어지지 않았으며, 한번에 갑자기 이루어지지도 않았다는 사실을 반영한다.

르 배런 제니가 지은 '최초의 마천루'는 완전한 철골 구조를 갖고 있지는 않았다. 이 건물에는 고작 두 개의 불연성 철근 벽이 들어갔을 뿐이다. 다니엘 번햄과 존 루트가 2년 전에 함께 지은 몬토크 빌딩(Montauk Building)처럼 시카고에서 이전에 지어진 고층 건물들 역시 철근을 사용했다. 뉴욕에 있는 맥컬로 샷 타워(McCullough Shot Tower)와 파리 근처에 있는 생투앙 부두 창고 같은 산업용 구조물들은 이미 수십 년 전에 철골을 사용했다.

제니가 지은 마천루는 그가 찾아낸 혁신과 많은 예술가들이 활동하던 시카고에서 돌아다니던 아이디어들을 붙여 짜깁기한 결과였다.[15] 번햄과 루트, 그들이 가르친 엔지니어 조지 풀러와 제니의 견습생을 지낸 현대 건축의 아버지 루이스 설리번 등 다른 건축가들은 제니의 아이디어를 더욱 발전시켰다.[16] 설리번의 위대한 혁신은 1890년에 엄청난 양의 장식적 돌공사를 배제한 마천루인 세인트 루이스의 웨인라이트 빌딩(Wainwright Building)이었다. 제니의 건물들은 빅토리아 시대 건물처럼 보이지만 웨인라이트 빌딩은 현재 그토록 많은 도시의 스카이라인을 수놓고 있는 현대적인 타워의 시초라고 말할 수 있다.

러시아 출신 작가 아인 랜드의 소설 『마천루(The Fountainhead)』는 루이스 설리번의 견습생이었던 미국의 건축가 프랭크 로이드 라이트의 초기 시절을 일부 소재로 삼고 있다. 소설에서 설리번과 라이트는 외로운 독수리이자 게리 쿠퍼의 영웅이면서 정부의 역할이 커지는 데 대해서 본능적인 거부감을 가진 '거친 개인주의자'로 묘사되고 있다. 하지만 실제로 그들은 그렇지 않았다. 그들은 도시 혁신의 사슬에 푹 빠진 위대한 건축가들이었다. 다시 말해서 라이트는 설리번의 영향을 받았고, 설리번은 제니의 영향을 받았으며, 제니는 피터 B. 와이트가 찾아낸 불연성 혁신의 영향을 받았다.[17]

그들의 집단적 창조물인 마천루는 도시들이 똑같은 양의 지면 위에 엄청난 양의 지면을 추가할 수 있게 해준다. 도시 중심부 부동산에 대한 수요가 늘어나고 있는 상황을 감안할 때 마천루는 뜻밖의 선물 같았다. 문제는 그러한 중심 도시들에는 이미 건물들이 많이 세워져 있었다는 것이다. 시카고처럼 화재로 인해서 텅 빈 공간이 생긴 곳을 제외하면 그러한 도시들은 건축을 위해서 철거를 해야 했다.

공간에 대한 수요는 시카고보다 뉴욕에서 더 강했고, 맨해튼에서는 곧 마천루들이 솟아오르기 시작했다. 1890년에 퓰리처의 월드 빌딩에는 강철 기둥이 사용됐지만 건물의 무게는 여전히 2미터 두께의 조적벽에 의해 지탱되었다.[18] 1899년에 월드 빌딩은 철물 구조에 의해 지탱되는 120미터 높이의 파크 로우 빌딩에게 세계 최고층 건물의 자리를 내주고 말았다.[19] 다니엘 번햄은 1907년에 상징적인 플랫아이언 빌딩[20]을 지으러 동쪽으로 갔고, 1990년에는 와이트가 지은 국립디자인아카데미는 그 당시 세계 최고층 건물인 213미터 높이의 메트로폴리탄 라이프 타워[21]를 짓기 위해서 철거됐다. 1913년에 지어진 울워스 빌딩의 높이는 241미터에 달했고,[22] 이 건물은 1920년대 말 경기가 활황을 보일 때까지 세계 최고층 건물로 남아 있었다.[23]

A. E. 레프코트의 넘치는 야망

이런 큰 건물들은 단순한 기념물들이 아니었다. 그것들은 뉴욕을 성장하게 만들고 산업을 팽창하게 만들었다. 그들은 공장 소유주와 근로자들에게 더욱 인간적이면서도 효율적인 공간을 제공했다. A. E. 레프코트 같은 맨해튼의 뛰어난 건축가들이 그것을 가능하게 만들었다.

미국 아동문학가인 호레이쇼 앨저의 소설에 나오는 주인공처럼[24] A. E. 레프코트는 가난하게 태어나서 10대 시절부터 신문팔이와 구두닦이를 했다. 소매상에서 풀타임 근무를 시작했을 때도 아침에는 계속 신문을 팔았고 저녁에는 신발을 닦았다.[25] 이렇게 열심히 일한 끝에 그는 1,000달러짜리 미국 국채를 살 수 있을 만큼 충분한 돈을 모아서 그 돈을 셔츠에 핀으로 고정해 놓고 다녔다.[26] 레프코트는 25세가 되었을 때 다니고 있던 의류 회사의 사장이 은퇴를 결심하자 자신이 그 회사를 사고 싶다고 밝혔다. 그리고 10년 만에 인수한 회사를 연매출 200만 달러(2010년 화폐 기준으로 4,000만 달러가 넘는 액수)를 올리는 회사로 탈바꿈시켰다.

1910년에 뉴욕 시는 대반란의 타격을 입었다. 대반란 동안에 6만 명의 의류 산업 종사자들은 10주 동안 피켓라인(picket line : 노동쟁의 때 출근 저지 투쟁을 위해 파업 노동자들이 늘어선 줄)에 머물렀다. 당시 30대 초반에 불과했던 레프코트는 '외투·양복·치마 제조업체들의 보호 연맹'의 회장으로서 경영진의 편에서 싸움을 이끌었다.[27] 법원이 항상 제조업체들의 손을 들어주는 것 같았으나 레프코트는 나중에 대법관에 오르는 루이스 브렌다이스가 마련한 중재안을 받아들였다. 이 중재안은 나중에 '평화 협약(Protocol of Peace)'으로[28] 알려졌다. 피츠버그의 헨리 클레이 프릭은 홈스테드 철강 파업(Homestead Strike)에 대해 엄청난 무력을 동원해 역사적으로 유명해졌지만, 레프코트는 이보다 덜 유혈적이면서도 더 이윤이 많이 남은 타협안을 찾아낸 공로를 인정받아 마땅하다.[29]

1910년 여름에 노조와 협상하는 동시에 레프코트는 부동산 개발업자로서 새로운 경력을 시작했다. 그는 가진 돈 전부를 웨스트 25번가에 그의 회사 직원들이 들어갈 12층 높이의 건물을 짓는 데 투자했다.[30] 그는 그런 건물들을 추가로 더 지었고, 그의 사업을 열악한 작업장으로부터 현대식 의류 지구(Garment District)로 이동시켰다.

과거 시내의 의류 지구는 항구와 인접한 지역에 있을수록 가치가 더 컸지만 레프코트의 새로운 의류 지구는 철도에 의해 연결되는 펜실베이니아와 그랜드 센트럴 역 사이에 자리 잡고 있었다. 철도는 뉴욕에 교통의 우위를 계속 제공해 주었다. 교통 기술이 도시를 만들고, 미드타운 맨해튼은 엄청난 수의 사람들을 운반할 수 있는 두 개의 대형 철도역 주변에 세워졌다(지반이 중요한 역할을 했을지 모르지만 그것이 준 영향은 크지 않았던 것 같다).[31]

레프코트는 옷을 만드는 일보다 건물을 짓는 일이 더 적성에 맞다고 생각했다. 그래서 이후 20년 동안 그는 31개의 건물을 세웠는데 그중 다수는 마천루이다.[32] 레프코트는 넓이가 60만 제곱미터에 이르고, 930만 제곱미터를 둘러싸고, 거의 8만 명에 이르는 근로자들을 수용하는 높은 타워들에 오티스 엘리베이터를 설치했다.[33] 《월스트리트저널》은 "레프코트는 뉴욕 시에서 어느 누구도 감히 상상할 수 없을 만큼 많은 역사적 건물들을 무너뜨렸다"라고 썼다.[34]

1920년대 초반에 레프코트 같은 건설업자들이 매년 10만 채의 신축 건물들을 세우면서 도시가 성장하고 합리적 비용으로 거주할 수 있게 변하자 빈민가와 다세대 주택 그리고 도금시대에 지었을 법한 맨션들로 복닥거리던 뉴욕은 마천루 도시로 변신했다.

1928년 당시 레프코트의 부동산 자산 규모는 1억 달러에 이르는 것으로 추정됐다.[35] 그의 재산을 오늘날 화폐 단위로 바꾸면 그는 억만장자일 것이다. 그는 자신의 이름을 건 은행을 전국에 열었다.[36] 레프코트의 낙관주의는 주식시장 붕괴에도 흔들리지 않았고, 그는 1930년이 '위대한 건축의 해'가 될 것으로 확신하며 그해에 5,000만 달러 상당의 건축 계획을 세웠다.[37] 그러나 레프코트의 생각은 틀렸다. 대공황으로 뉴욕 경제가 몰락하자 그의 부동산 제국도 덩달아 몰락했고, 그의 제국은 투자자들에게 진 빚을 되돌려주기 위해서 분할 매각됐다. 레프코트는 1932년 수중에 단돈 2,500달러만을 가진 채 사망했다. 마치 바벨탑을 세운 사람들처럼 오만 때문에 벌을 받은 것 같았다.[38]

나는 다른 많은 건설업자들처럼 레프코트가 돈보다는 자신이 세운 건축물의 유산에 대해서 더 많이 신경을 썼을 것이라고 생각한다. 그러한 건축물들은 지금도 뉴욕을 특별하게 만들고 있는 창조적인 사람들을 수용하는 데 도움을 주고 있다. 두 명의 경제학자는 자연적 조건에 의해 건축에 돈이 덜 드는 지역들과 건축이 더 어려운 지역들을 비교해서 건물 높이가 경제적 생산성에 미치는 영향을 이해해 보려고 노력했다. 그 결과 그들은 높은 밀도로 개발하기 쉬운 장소에서 노동 생산성과 임금이 훨씬 더 높다는 사실을 발견했다.[39]

본인의 이름이 들어가지는 않았지만 레프코트가 지은 가장 유명한 건물은 브릴 빌딩 사운드(Brill Building Sound)라는 완전한 음악 장르를 상징하게 되었다. 1958년부터 1965년까지 브릴 빌딩과 관련된 예술가들은 〈트위스트 앤 샤우트(Twist and Shout)〉, 〈유브 로스트 댓 러빙 필링(You've Lost That Lovin' Feeling)〉, 〈업 온 더 루프(Up on the Roof)〉 같은 일련의 히트곡들을 탄생시켰다.[40] 도시에서는 궁극적으로 사람들 사이의 연결이 중요하지만 A. E. 레프코트가 지은 그런 건물들은 그 연결을 더욱 쉽게 만들어준다. 건물을 지음으로써 레프코트는 의류 노동자들의 삶을 더 즐겁게 만들어주었고, 다른 분야에서 창조적 사고를 하는 사람들을 위해서도 많은 새로운 공간을 창조해 주었다.

뉴욕의 '높이' 규제

뉴욕의 건물 높이가 높아지는 것을 비난하는 사람이 없지는 않았다. 5번가 번영 위원회의 회장이기도 한 어느 건축가가 1913년에 "5번가의 파괴를 막자"는[41] 운동을 시작했다. 당시에 5번가는 여전히 록펠러와 애스터 가문이 소유한 우아한 맨션들로 수놓인 거리였다. 반(反)성장주의자들은 건물의 높이가 38미터 이하로 제한되지 않을 경우 5번가는 부동산 가치, 혼잡, 전체 시 차원에서 감당하기 힘든 결과를 낳는 협곡(峽谷)처럼 변해버릴 것이라고 주장했다.[42] 과거 역사로부터 지금 우리가 사는 시대에 이르기까지 변화에 반대하는 사람들은 이와 비슷한 주장을 펼쳐왔다. 문제의 위원회 회장은 예언자보다는 건축가로서 더 뛰어났다. 높은 인구밀도는 5번가에 아주 적합했다.

에쿼터블보험회사(Equitable Life Assurance Association)는 1915년에 뉴욕 시내 중심부 브로드웨이와 나소 가 모퉁이에 19만 제곱미터의 사무실 공간이 있고, 그 그림자 면적만 2만 8,000제곱미터에 달하는 164미터 높이의 거대 건물을 세웠다. 이 건물은 더 많은 일조권을 원했던 마천루 반대론자들이 외친 반대 구호의 대상이 되었다. 결국 정치가들에 의해 1916년에 뉴욕의 획기적인 용도지역 조례가 통과되었고, 이에 따라서 건물들은 높이를 올릴수록 둘레를 포기해야 했다.[43] 사실상 높은 건물 건축을 못하게 막는 이 조례가 정한 바에 따라서 높이가 올라갈수록 둘레는 좁아지는 고대 메소포타미아 신전(神殿) 모양의 건물들이 뉴욕에 대거 세워지기 시작했다.[44]

새로운 규제로 인해서 건물의 모양이 바뀌었지만 그것이 1920년대에 일어난 건축 열기를 막지는 못했다. 정말로 큰 건물들은 '비이성적 과열(irrational exuberance)'*의 지표 같은 역할을 한다. 2009년 현재 엠파이어 스테이트 빌딩을 포함해서 뉴욕의 최고층 건물 10곳 중 5곳은

---

* 미국 주식시장의 거품을 우려하며 앨런 그린스펀 전 연방준비제도이사회 의장이 했던 말.

1930년과 1933년에 완공된 것들이다.[45] 모든 낡은 공간들의 개발은 뉴욕의 미래가 무한해 보이던 1920년대 경기 활황기에 시작됐다. 레프코트 같은 건설업자들은 건물에 들어올 임차인을 쉽게 구할 수 있을 것이라고 자신했고, 은행들도 행복한 마음으로 그들에게 대출을 해주었다.

1920년대 후반에 크라이슬러 빌딩, 40 월스트리트, 그리고 엠파이어 스테이트 빌딩의 건설업자들은 뉴욕, 즉 세계에서 가장 높은 건물을 짓기 위한 위대한 경쟁을 펼쳤다.[46] 뉴욕에서 가장 높으면서 가장 상징적인 건물인 크라이슬러와 엠파이어 스테이트가 미국을 수직적 도시로부터 교외 주택가가 급격히 개발되는 도시로 변모시킨 자동차를 판 돈으로 지어졌다는 사실 자체가 특이하다. 결과적으로 그 멋진 엠파이어 스테이트 빌딩은 제2차 세계대전이 끝난 뒤에도 완전히 채워지지 않았고 수익도 내지 못했다. 사람들은 '제국'이나 '왕국'의 의미를 가진 'empire'라는 단어 대신에 '비어 있다'는 뜻의 'empty'를 써서 '엠프티 스테이트 빌딩'으로 부르기도 했다. 건설업자들에게는 다행스러운 일이지만 대공황 당시에는 저렴한 가격으로 강철을 대량 구매할 수 있었기 때문에 건설비는 당초 예산을 훨씬 밑돌았다.

1933년 이후 뉴욕의 마천루는 공사 속도가 더뎌졌고 규제는 더욱 복잡해졌다. 1916~1960년 사이에 용도지역제(zoning code)는 2,500회 이상 수정됐다.[47] 뉴욕 도시개발위원회는 1960년에 건축 제한을 크게 강화한 새로운 용도지역 조례를 통과시켰다. 420쪽 분량의 이 조례는 공간을 상업용·주거용·비제한용으로 간단히 분류했던 것을 현기증이 날 정도로 많은 지구로 구분해 버렸다.[48]

각 지구에서는 아주 좁은 범위의 활동들만이 허용됐다. 주거 지구의 종류는 13개, 공업 지구의 종류는 12개, 그리고 상업 지구의 종류는 무려 41개나 됐다. 각 유형의 지구별로 허용되는 행동의 범위는 좁게 제한됐다. 거주 지구에서는 영리적 성격의 예술 갤러리들이 금지됐지만 공업 지구에서는 허용됐으며, 공업 지구에서는 비영리적 성격의 예술 갤러리들이 금지됐지만 주거 지구에서는 허용됐다. 또한 주차 공간도 지구마다 달랐다.

R5 주거 지구에서 병원은 침대 5개당 1개의 공공 도로 외 주차 공간을 확보해야 했지만, R6 주거 지구에서 병원은 침대 8개당 같은 주차 공간을 1개만 확보하면 됐다. 조례가 얼마나 복잡한지는 조례의 표지판 규제만 봐도 쉽게 알 수 있다.[49] 조례에는 "아파트식 호텔을 포함한 집합 주택이나 허가를 받은 비주거용 건물 또는 다른 건축물들의 경우 1.1제곱미터를 넘지 않는 지역에서 건물의 이름이나 주소 혹은 건물의 관리주 이름처럼 사용이 허가된 이름만 적힌 오직 하나의 식별 표지판만 사용할 수 있다"라고 되어 있다.

조례는 또한 복잡한 건축물 이격(setback: 건축물을 도로에서 일정 거리 후퇴시켜 짓는 공간) 기준을 없애고 용적률(容積率)에 기초한 기준으로 대체했다. 용적률은 대지 면적에 대한 건축물의 연면적(지하 부분을 제외한 지상 부분 건축물의 면적)의 비율을 말한다.

예를 들어 용적률이 최대 200퍼센트라면 개발업자는 소유한 전체 대지에 2층짜리 건물을 짓거나 전체 대지의 절반 공간에 4층짜리 건물을 지을 수 있다. 주거 지구인 R1, R2, R3에서 최대 허용되는 용적률은 50퍼센트였다. R9 지구에서는 최대 용적률이 약 750퍼센트였다. 광장이나 건물 앞에 다른 공유 공간을 만드는 건설업자들에게는 층수 제한이 완화됐다. 1916년 조례에 의해 세워진 표준 건물이 보도에서 시작해서 올라간 웨딩 케이크 모양이었다면 1961년 조례에 의해 세워진 표준 건물은 전면에 개방 광장이 딸린 유리와 철근 슬라브 건물이었다.

고층 건물 건축에
반대한 제인 제이콥스

뉴욕의 지역 코드는 점점
더 엄격해졌지만 새로운 개발에 대한 다른 제한도 마찬가지로 엄격해
졌다. 제2차 세계대전이 끝난 후 뉴욕은 스타이브샌트 타운*과 링컨 센
터**처럼 대규모 정부 재정이 투입된 건축물을 대거 지은 반면 민간 건
설과 임대업을 과도할 정도로 규제하면서 민간 개발을 더욱 어렵게 만
들었다. 그러다가 다시 1950~1960년대에 공공과 민간 프로젝트들은
대규모 개발 계획에 대한 반대 운동을 열렬히 지지하게 된 제인 제이콥
스 같은 민간 시위자들의 저항에 부딪혔다.

제인 제이콥스는 대도시의 영광에 어울리지 않는 사람이었던 것 같
다. 그녀는 1934년에 펜실베이니아 주 북동부 스크랜튼에 있는 센트럴
고등학교를 졸업한 후 다음 해에 더 큰 재미를 얻을 수 있다는 생각에
빠져 뉴욕 시로 떠났다. 그녀는 평생 학위 없이 컬럼비아 대학 평생교
육원 수업만을 들었다. 나중에 그녀는 많은 명예 학위 제안을 거절했
다. 1993년에 그녀를 처음 만났을 때 나는 그녀가 자신이 이룬 지위로
부터 얼마나 많은 즐거움을 누리고 있는지를 보고 깜짝 놀랐다. 그녀는
일간지 《헤럴드 트리뷴》에 프리랜서로 도시를 주제로 한 글을 기고하
기 시작해서 결국에는 건물 전문 월간지인 《아키텍처럴 포럼》의 부편
집장 자리까지 올랐다. 그녀는 건축가인 로버트 제이콥스와 결혼해서
뉴욕 웨스트 빌리지에 있는 허드슨 가에서 가정을 꾸렸다.

80대에도 여전했던 뛰어난 지성과 뉴욕 시에서 겪은 경험은 그녀에

---

* 맨해튼에 있는 대규모 민간 주거 개발지.

** 맨해튼에 있는 무대 예술과 연주 예술을 위한 종합 예술 센터.

게 심오하고 예지력 넘치는 많은 통찰을 선사했다. 1950년대에 그녀는 멀쩡한 주거지를 헐고 주위를 둘러싼 도로로부터 이격된 거대한 타워들을 세우는 도시 회생 노력의 어리석음을 직시했다. 그녀는 단일 용도로 쓰이는 지역을 선호하는 도시 계획을 거부하고 다양성을 옹호했다. 1960년대에 그녀는 지식과 아이디어를 전파하고 경제 성장을 창조하는 도시의 역할을 이해했다. 1970년대에 그녀는 도시가 숲이 우거진 교외 지역에 비해서 사실상 더 환경에 유익하다는 사실을 이해했다. 이런 통찰들은 뉴욕에 살며 일하는 관찰자로서 그녀가 받은 엄청난 선물로부터 얻은 것이다. 그녀는 도시의 작동 메커니즘을 배우는 가장 좋은 방법인 눈을 크게 뜨고 산책하는 일에서 지식을 얻었다.

제이콥스는 점차 도시 개발을 둘러싼 싸움에 개입하기 시작했다. 그리니치빌리지 거주민으로서 그녀는 워싱턴 광장 공원을 관통해서 도로를 내려는 계획에 반대했다. 용도 지역 조례에 찬성하는 사람들은 단일 용도 지역제(single-use zoning)를 점점 더 강하게 밀어붙였지만, 제이콥스는 이 정책이 "뉴욕을 끊임없이 무시무시한 결과를 얻게 될 경제적으로 독립된 섬으로 분리시킬 것"이라고 반대하면서 복합 용도 지역제(mixed-use zoning)*를 옹호했다. 그녀는 소매상 없이 주택으로만 채워지는 공영주택 프로젝트를 한 가지 목적만 가진 무익한 정책이라고 비난하면서 격렬하게 반대했다. 그녀는 링컨 센터를 "붙박이 사후경직의 단면"이라고[50] 비난했다.

도시계획위원회의 새로운 지역 계획이 발효되던 해와 같은 해인

---

* 주거 지구·상업 지구 등으로 구분해 토지 이용을 규정하는 것을 단일 용도 지역제라고 하며, 이와 달리 한 지구 내에 주거 기능·상업 기능·여가 기능 등 상호 보완적인 여러 기능들이 함께 수행되도록 하는 제도를 복합 용도 지역제라고 한다.

1961년에 위원회는 도시 재개발 차원에서 그리니치빌리지에 있는 16개 블록을 허무는 문제를 두고 제인 제이콥스와 싸움을 벌였다.[51] 제이콥스는 프로젝트를 중단하라는 법원의 명령을 받아냈다. 그녀는 광범위한 지지자들을 포섭해서 위원회의 도시 계획 수립 회의실로 쳐들어갔다. 그녀는 시 관리들과 건축업자들 사이에 비리 계약이 존재한다고 암시했다. 결국 그녀는 한때 도시 개발 프로젝트의 강력한 지지자였던 시장이 프로젝트를 포기하게 만들 정도로 충분한 지지를 이끌어냈다.

그와 같은 해에 시청에 난입한 지 몇 달이 지나 제이콥스는 명저 『미국 대도시의 죽음과 삶』을 출간했다.[52] 이 위대한 책은 20세기 중반 뉴욕의 보행자 세계를 조사하고 축하하고 있다. 그녀는 거리의 삶은 도시 생활과 도시 안전의 핵심이라고 주장함으로써 자신이 내세우는 복합용도 지역제의 필요성을 옹호했다. 그녀는 또한 인구밀도가 높은 거주지는 거주자들을 거리로부터 격리시킨다고 지적하면서 반대의 목소리를 높였다. 단층 건물들이 많은 세상에서는 거주자들이 집 밖 거리를 감시할 수 있고, 거리를 바라보는 눈들이 많을수록 보행자들은 더 안전해질 수 있다. 고층 건물들이 많은 세상에서는 거주자들이 그들 아래에 있는 거리의 삶을 망각하게 된다.

고층 건물로 인해서 거리가 고통을 받을 수 있다는 그녀의 주장은 일부 타당성이 있다. 적어도 그런 건물들이 허술하게 설계돼서 도시의 삶을 힘들게 하고 방해할 경우는 그렇다. 고층 건물에 사는 사람들은 단독주택에 사는 사람들에 비해서 길거리 범죄의 희생자가 될 가능성이 6퍼센트 정도 더 높다. 대형 건물에 사는 사람들은 집이 도난당할 위험은 낮지만 길거리에서 도난 범죄의 표적이 될 확률은 더 높다. 건물 높이와 범죄의 연관성은 부자들에게는 해당되지 않는다. 이런 사실을 내 나름대로 분석해 본 결과, 가난한 사람들이 주로 사는 고층 건물

위대한 도시 계획 전문가 제인 제이콥스가 주위를 둘러싼 고층 건물 속에서 너무나 불행한 표정을 짓고 서 있다. 그녀는 이처럼 고층 건물에 맹렬히 반대하는 주장을 펼쳤고, 대신 뉴욕의 그리니치빌리지 같은 낮은 도시 경관을 선호했다. 그녀의 주장들이 모두 옳은 것으로 입증되지는 않았다. (밥 고멜 / 타임 앤 라이프 픽처스 / 게티 이미지 제공)

들은 종종 공공 주택 프로젝트에 따라서 세워진 곳들이라 가난이 집중되고, 1층에 소매상들이 입주한 경우가 드물다. 이런 조건에서 거리는 말썽꾼들에 의해 지배받을 수 있다.

여러 용도가 혼재된 환경에서는 쇼핑객들과 근로자들이 도로에 더 많이 돌아다닌다. 부자 지역에는 문지기도 있다. 조금만 괜찮은 도시 계획이라면 고층 건물들이 거리를 안전하게 유지하도록 충분히 많은 유동 인구를 확보할 수 있다. 미드타운 맨해튼이나 홍콩이나 모두 보행자들이 부족하지 않기 때문에 범죄는 비교적 드물게 일어난다.

제인 제이콥스는 도시 재개발에 대한 반대에서 시작해 고층 건물에 대한 보다 전면적인 반대를 시작했다. 『미국 대도시의 죽음과 삶』에서 그녀는 도시 지역들은 4,000제곱미터당 100∼200가구가 있어야 번성할 수 있다고 주장했다.[53] 그녀는 도시들이 레스토랑과 매장들을 흥미롭게 만들기에 충분할 정도로 거리에 차가 다니게 만들려면 4,000제곱미터당 최소 100채의 집만 있으면 된다고 주장했다. 아울러 그녀는 4,000제곱미터당 200채의 집은 '위험 수위'에 해당하며, 일단 어떤 지역에 그 수준 이상의 집이 들어설 경우 지역은 몰개성하고 표준화될 위험성이 크다고 주장했다.

내가 성장한 맨해튼의 일반 아파트의 넓이는 120제곱미터 정도이다. 4,000제곱미터당 200세대를 수용하려면 건물은 약 6층 높이에 이르러야 하는데 이는 엘리베이터가 등장하기 전에 지어진 아파트 건물들의 표준 높이에 해당한다.

제이콥스는 그녀가 살았던 더 낮은 건물들의 미덕을 잘 이해했지만 더 높은 건물들이 세워진 장소들의 장점을 잘 알고 있었는지는 불분명하다. 고층 건물들이 들어선 맨해튼 지역들도 1층에서 충분히 활발한 활동이 펼쳐지는 한 특별히 몰개성하다고 말하기 힘들다. 고층 건물이

들어선 지역들도 많은 흥미로운 매장과 레스토랑들이 들어설 수 있다. 분명 모든 사람들이 4,000제곱미터당 300가구 이상이 밀집해 사는 곳을 좋아하는 것은 아니지만 인간의 다양성은 다양한 동거 형태를 요구하고 있고, 사람들 중에는 고층 건물을 원하는 사람도 있다. 제이콥스가 그리니치 같은 지역을 개인적으로 선호한 데는 충분한 이유가 있지만(나 역시 그곳을 좋아한다) 단 한 사람의 취향이 공공 정책의 건전한 기준이 되기는 힘들다. 정부가 한 가지 종류의 도시 생활만을 지시한다는 것은 한 가지 스타일의 문학만을 강요하는 것만큼이나 합리적이지 못하다.

적절한 인구밀도의 가치에 대한 믿음 때문에 단일 용도 지역제와 새로운 고속도로에 반대해서 싸웠던 것처럼 제이콥스는 뉴욕 대학의 9층짜리 도서관 같은 고층 건물들에도 반대하며 싸웠다. 도시에 대한 그녀의 비전은 퍼브(pub), 그곳에 모이는 사상가들, 저층의 타운하우스를 특징으로 하는 그리니치빌리지 지역에서 그녀가 겪었던 경험에 상당 부분 바탕을 두고 있다. 그녀는 낡은 건물들을 좋아했고 새로운 마천루들은 그녀가 사랑한 복합 용도를 허용하지 않을 것이라고 생각했다.

제인 제이콥스는 혼란스런 경제 논리 때문에 낡은 건물들을 지키고 싶어했다. 그녀는 더 오래되고 더 낮은 건물들을 지키면 어쨌든 신흥 사업가들이 구매할 수 있는 수준으로 건물 가격이 유지될 수 있다고 생각했다. 그것은 공급과 수급의 작동 방식이 아니다. 낡은 단층 건물을 40층짜리 건물로 대체하지 않고 그대로 지킨다고 해서 구매력이 보존되는 것은 아니다. 실제로 신축 건물에 반대하는 것은 인기 지역 건물을 구매할 수 없게 만드는 정말로 확실한 방법이다. 주택을 비롯해서 어떤 것의 공급이 늘어날 경우 거의 항상 그것의 가격이 낮아지는 반면에 부동산 공급을 제한할 경우 부동산 가격은 상승한다.

주택 공급과 구매력의 관계는 단순히 경제 논리의 문제만은 아니다. 공간의 공급과 부동산 비용의 연관성을 보여주는 증거는 상당히 많다. 간단하게 말해서 주택이 비싼 지역은 많이 짓지 않기 때문이고, 주택이 싼 지역은 많이 지었기 때문이다. 몇몇 연구 논문들에서도 나왔듯이 건축을 제한하는 곳에서는 새로운 건물의 숫자는 줄어들고 건물의 가격은 올라간다.[54] 이 분야에서 발표된 가장 똑똑한 논문 중 하나는, 높은 고도 같은 자연적인 장애물로 인해 지형적으로 건축이 어려운 장소에는 신규 건물이 덜 들어서고 건물 가격이 오른다는 것을 보여주고 있다.[55]

아마도 40층짜리 신축 건물은 불투명하고 수익성이 낮은 기업들을 수용하지는 않겠지만 새로운 공간을 제공함으로써 도시의 부동산 가격 상승 압력을 낮춰줄 것이다. 낡은 도시를 더 고급스럽게 바꿈으로써 발생하는 가격 상승은 새로운 건설 때문에 약화될 것이다. 고도 제한과 고정된 건물 재고량이 아니라 성장이 도시 공간의 구매력을 유지한다. 또한 성장은 더 가난한 사람들과 더 수익을 못 내는 기업들이 머물 수 있게 만들어 도시들이 계속 번성하고 다양성을 유지하게 도와준다. 고도 제한은 일조권을 늘려주고 보존은 역사를 보호해 주지만 우리는 이런 혜택들이 마치 대가 없이 주어지는 척해서는 안 된다.

보존과 규제의 위험성

제인 제이콥스가 그녀의 위대한 책을 낸 바로 그 해인 1961년에 펜실베이니아 철도국은 낡은 뉴욕 역사(驛舍) 철거 작업을 준비하고 있었다.[56] 철도국이 철도 시대가 정점에 달한 1908년에 33번가에 '기차의 신전(神殿)'을 만들고자 세웠던 펜실베이니아 역사가 철거 대상이었다. 이 낡은 역사는 그리스 도리아 건축 양식으로 세운 원기둥과 로마 카라칼라 목욕탕* 대기실이 완비된 굉장히 아름다운 건물이었다. 이 역사의 건축가는 제인 제이콥스와 똑같이 건물 높이를 도시 생활에 해로운 것으로 간주했기 때문에 역사를 나지막하게 지을 것을 주장했다.[57]

결국 이 결정은 역사의 실패 원인으로 드러났다. 건물은 자타공인 걸작 건축물이었지만 20세기에 철도 여행 수요가 줄자 역사가 걸작이라는 것이 갖는 의미도 줄었다. 1950년대 말이 되자 펜실베이니아 철도국은 목이 좋은 맨해튼 중심에 있는 펜실베이니아 역사로부터 더 많은 가치를 빼내기로 결정했다. 그들은 그래서 이 아름다운 역사를 허물고 그 자리에 오늘날 옛날 역사보다 사람들의 사랑을 훨씬 덜 받는 새 역사와 34층짜리 오피스 타워를 세웠다. 오피스 타워에서 나오는 임대료로 줄어든 철도 수입을 일부 보충할 생각이었다.

펜실베이니아 철도국이 했던 모든 일은 전적으로 합법적이었지만 예전 역사는 전문가들뿐만 아니라 일반 출퇴근 시민들로부터도 사랑을 받았던 곳이다. 그런 아름다운 역사의 철거는 뉴욕의 가장 아름다운 옛 건물들도 펜실베이니아 역사와 같은 운명에 처하지 않게 막아야 한다는 슬로건 하에 환경보호 운동을 본격적으로 시작하게 만든 발단이 되었다. 로버트 와그너 뉴욕 시장은 1962년에 역사적건물보존위원회(Landmarks Preservation Commission)를 만들었다. 행여 시장이 이런 위원회를 만든 동기에 대해서 혼란이 생길 가능성에 대비해서 《뉴욕타임스》는 새로운 위원회 구성을 발표하는 기사에 "와그너 새 보존 위원 12명 위촉 - 건축

---

* AD 212~216년 로마의 21번째 황제인 카라칼라 시대에 건설된 공중목욕탕.

가들, 펜실베이니아 역사 철거 비난"이라는 부제를 달았다.[58]

부동산 업계의 강력한 반대에도 불구하고 1965년 이 역사적건물보존 위원회는 영구위원회가 되었다.[59] 이 위원회는 처음에는 사적(史蹟) 보존 운동가들을 달래기 위한 조그만 선물처럼 보였다. 역사적으로 보존 가치가 있는 것으로 평가되는 건물 수는 700개로 많지는 않았고, 위원회의 권한은 시장에 의해 통제되었다. 시장은 위원회가 내리는 어떤 결정에도 과거나 지금이나 반대할 수 있다.

그러나 엔트로피처럼 정부 관계 기관들의 영향력은 시간이 갈수록 커지는 경우가 종종 있기 때문에 거의 상징적인 기관도 나중에는 시에 광범위한 영향력을 발휘하게 될 수도 있다. 2010년 봄까지 보존위원회는 2만 5,000개의 보존 가치가 있는 역사적 건물과 100개의 역사 지구에 대한 관할권을 획득했다.[60] 맨해튼의 96번가 남쪽에 있는 공원 외 토지의 15퍼센트 이상이 현재는 역사 지구로 지정돼 이곳의 모든 외적 변화는 보존위원회의 승인을 얻어야 한다.[61]

개발업자인 애비 로젠은 2006년에 거대한 어퍼 이스트사이드 역사 지구 중심부에 있는 매디슨 애비뉴 980번지 소더비-파크-베넷 건물 위에 22층짜리 유리 타워를 세울 것을 제안했다.[62] 소더비-파크-베넷은 본래 보존 가치가 있는 건물은 아니지만 로젠과 그의 동료이자 프리츠커 건축상을 수상한 이력의 건축가인 노먼 포스터는 원래 건물의 앞면은 그대로 보존할 것을 제안했다.

유리 타워는 옛날 팬암 건물이 그랜드 센트럴 역 위에 세워진 것과 똑같이 예전 건물 위에 세워질 예정이었다. 네트워크로 잘 연결되어 있던 이웃들은 더 높은 건물이 들어선다는 것을 반기지 않았고, 보존위원회에 이 문제에 대해서 항의하기 시작했다. 뉴욕과 부동산 산업의 기벽(奇癖)에 대해서 멋진 글을 써왔던 톰 울프는 보존위원회가 문제의 프로젝트를 승인한다면 위원회 본연의 임무를 포기하는 것이 된다는 요지의 장문의 글을 《뉴욕타임스》에 기고했다.[63] 결국 울프의 주장은 받아들여졌다.

매디슨 애비뉴 980번지 문제에 대한 그의 주장이 비판받았을 때(나도 그를 비판한 사람 중 한 명이었다), 울프는 주간지 《빌리비 보이스》에 기고한 글에서 "나를 비판한 사람들의 논리적 결론은 센트럴 파크를 개발하는 것이 옳다는 것이다. (중략) 만일 센트럴 파크 개발을 허용할 경우 그곳에서 생활하게 될 수많은 사람들을 고려해 봤을 때 이번 문제의 해결은 요원하다"라고 맞받아쳤다.[64] 그러나 기존의 인구밀도가 높은 지역을 개발했을 때의 이점 중 하나는 센트럴 파크든 아니면 도시 중심으로부터 멀리 떨어진 지역이든 상관없이 녹지대에 건물을 지을 필요가 없다는 것이다. 사적 보존 운동가들의 시각에서 봤을 때 한 지역에서의 건축 활동은 더 낡은 건물들의 철거 압력을 줄여준다. 보존위원회가 어떤 건물의 철거를 결정한다면 그들은 그 건물을 대체할 건물도 이전 건물 높이 만큼 돼야 한다고 충분히 개연성 있는 주장을 내세울 수 있다.

개발을 제한할 경우 보호 지역들이 더 비싸지고 배타적으로 변질되는 문제가 생긴다. 맨해튼의 역사 지구에 사는 사람들은 평균적으로 그러한 지역 밖에 사는 사람들보다 근 74퍼센트가 더 부유하다.[65] 역사 지구에 사는 성인들 중 75퍼센트 가까이가 대졸 이상의 학력을 가진 반면 역사 지구 밖에 사는 성인들 중 동등 수준의 학력을 가진 사람은 54퍼센트에 불과하다.[66] 보존위원회에 더 높은 건물 건축을 중단하는 것이 옳다는 확신을 심어주는 역사 지구의 부유한 사람들은 빈민들을 몰아내기 위해서 2만 제곱미터로 거주지 면적을 제한할 것을 원하는 도시 거주 교외 주민들처럼 되어버렸다.[67]

중요한 것은 가난한 사람들에게 매디슨 애비뉴 980번가에 거주할 만한 경제적 여력이 있느냐가 아니라 어디서나 신규 공급을 제한할 경우 도시가 수요를 따라잡지 못해서 주택 가격이 올라갈 수밖에 없다는 것이다.

주택 가격의 기본 경제학은 아주 단순하다. 즉, 수요와 공급 원칙을 따른다. 뉴욕, 뭄바이, 런던의 주택 수요는 계속해서 늘어나고 있지만 그런 수요가 집값에 어떻게 영향을 미치느냐는 순전히 공급에 달려 있다. 충분한 주택을 지을 경우 수요 증가가 가격에 미치는 영향이 완화되면서 도시 생활을 감당하기가 좀 더 수월해진다. 그것이 1920년대에 수십 만 채의 주택을 지은 결과 시민들의 경제적인 여력이 향상된 뉴욕과 오늘날의 시카고와 휴스턴 같은 친성장 도시들이 주는 교훈이다.

1955~1964년에 제2차 세계대전이 끝나고 경기가 호황으로 접어들자 맨해튼은 매년 1만 1,000건 이상의 주택 건설을 허가했다.[68] 1980~1999년에 도시의 집값이 계속 오르자 맨해튼은 매년 3,120건의 주택 건설을 허가했다.[69] 신규 주택 수 감소는 주택 가격 상승으로 이어졌고, 결과적으로 1970~2000년에 맨해튼의 평균 주택 가격은 실질 달러 가치로 환산했을 때 284퍼센트가 상승했다.[70]

뉴욕 시에서 고층 건물 위에 추가적으로 0.09제곱미터의 주거 공간을 짓는 데 드는 비용은 400달러 미만이다.[71] 예를 들어 50층을 넘는 초고층 건물에서는 가격이 급등하겠지만 보통 마천루의 경우 위에 새로 멋진 112제곱미터의 아파트를 추가로 짓는 데 드는 비용은 50만 달러를 넘지 않는다. 토지도 어느 정도 비용이 들지만 맨해튼에서 40층 높이의 건평 112제곱미터짜리 건물을 짓는 데는 2.78제곱미터만 있으면 된다. 그 정도 높이에서 땅값이 차지하는 비중은 아주 적다. 신규 건축을 제한하는 규정이 없다면 결국 집값은 신규 아파트에 드는 50만 달러 정도의 건축비 수준의 어디쯤까지 내려갈 것이다. 그것은 휴스턴에서 232 제곱미터 규모의 멋진 집을 지을 때 드는 20만 달러보다는 훨씬 더 많지만 뉴욕에서 지금 그런 아파트를 짓는 데 드는 100만 달러 이상의 비용과 비교하면 훨씬 더 적다.

토지는 미시건 호숫가에 있는 시카고의 골드 코스트 지역에서도 매우 제한적으로 공급된다. 이곳 수요는 맨해튼만큼은 아니더라도 상당히 높은 편이다. 이곳에서 호수가 내려다보이는 아름다운 아파트를 한 채 사려면 맨해튼에서 비슷한 아파트를 살 때 드는 비용의 약 절반 든다. 시카고의 건축비는 뉴욕보다는 저렴하지만 그 절반 정도는 아니다. 두 도시의 큰 차이점은 시카고의 리더들은 적어도 블룸버그가 뉴욕 시장에 오르기 전까지는 뉴욕의 리더들에 비해서 좀 더 신규 건축을 장려했다는 것이다. 미시건 호수를 따라 늘어선 기중기들의 숲은 시카고를 더욱더 경제적으로 감당하기 수월한 도시로 만들어주고 있다.

신규 개발 중단을 위해서 투쟁하는 대부분의 사람들은 자신들이 악당이 아닌 영웅이라고 생각한다. 결국 매디슨 애비뉴에 신축 건물을 세운다면 분명 많은 유명 인사들이 곤혹스러운 처지에 빠질 것이며 건물 하나만으로 도시 전반에 큰 변화가 일어나지는 않을 것이다. 다만 문제는 이처럼 건축을 방해하는 모든 독립적 결정들이 누적될 때 생긴다. 지역 규정, 공중권(토지·건물 상공의 사용권), 고도제한, 그리고 보존위원회들이 모두 합쳐져서 신규 건축을 더욱더 힘들게 만드는 규제망을 만든다.

규제의 파도가 점점 더 높아지자 블룸버그 시장 취임 전까지 뉴욕의 고도는 점점 더 낮아졌다. 아파트 건물을 예로 들어보자, 내가 조사한 바로는 1970년대에 세워진 건물들 중 80퍼센트 이상이 20층이 넘는 높이였던 반면에[72] 1990년대에 세워진 건물들 중 그런 높이의 건물들은

40퍼센트도 안 된다.[73] 엘리베이터와 철골 구조의 마천루는 좁은 토지 공간에서 엄청난 양의 생활 공간 설계를 가능하게 만들어줬지만 뉴욕의 건축법은 그런 설계를 못하게 막고 있다.

주택 공급의 증가는 주택 가격뿐만 아니라 도시 거주민의 숫자를 결정한다. 여러 지역들을 총망라해서 신축 건물과 인구 증가 사이에는 거의 완벽한 통계적 관계가 존재한다. 즉, 어떤 지역의 주택 재고가 1퍼센트가 늘어나면 그 지역의 인구는 그와 거의 똑같은 비율로 증가한다. 결과적으로 뉴욕이나 보스턴이나 파리가 신규 건축을 제한할 때 이들 도시의 인구는 줄어들 것이다. 건축 제한이 충분히 강력하다면 부유한 핵가족들이 가난한 대가족들을 대체하면서 수요 증가에도 불구하고 인구는 더욱더 줄어들 수 있다.

더 낡고 더 낮은 도시 지역들이 주는 즐거움과 강점에 대해 제인 제이콥스는 분명 올바른 통찰을 갖고 있었다. 그러나 그녀는 높은 수준의 인구밀도가 가진 장점을 거의 신뢰하지 못했다.

나는 제이콥스가 뉴욕을 떠나서 토론토로 이주하기 한 해 전에 태어났고, 이후 17년 동안 맨해튼에서 살았다. 내가 살던 곳은 저층 건물 위주의 그리니치빌리지와는 전혀 다른 모습이었다. 나는 흰색 유광 고층 건물로 둘러싸인 곳에서 자랐다. 그곳은 우리 부모님 같은 중산층 서민들의 경제력으로 감당할 수 있는 주거 공간을 제공하기 위해서 제2차 세계대전 이후에 지어진 곳이었다. 내가 살던 곳이 그리니치빌리지만큼 매력적이지는 못했을지 몰라도 그곳에는 꽤 재미있는 식당들과 특이한 점포들은 물론 심지어 정말 특이한 보행자들도 많았다. 거리는 상당히 안전한 편이었다. 그곳은 많은 마천루들로 둘러싸여 있었지만 분명 역동적으로 돌아가는 도시 공간이었다. 수직성과 변화를 포용해 온 홍콩은 이보다 훨씬 더 극단적인 사례로서, 홍콩의 흥미로운 거리의 삶은 초고층 건물들과 완벽히 호환된다.

모든 사람이 고층 건물에 살아야 하는 것은 아니다. 제인 제이콥스처럼 많은 도시인들이 더 오래되고 더 낮은 공간들을 선호한다. 그러나 도시의 고층 건물에서 사는 것을 즐기는 사람들도 많기 때문에 정부는 마천루들이 그런 사람들의 꿈을 채워주는 것을 막아서는 안 된다. 고층 개발을 제한한다고 해서 반드시 흥미롭고 이질적인 성격의 거주지가 생긴다는 보장은 없다. 그럴 경우 집값만 상승할 것이 분명하다.

부유한 사회에 사는 사람들은 안락하면서도 넓은 집에서 살기를 원하고 그럴 수 있기를 기대한다. 오늘날 미국은 선벨트 지역에 그런 집들을 짓고 있고, 이곳은 사람들을 도시에서 나와 텍사스 쪽으로 이동시키고 있다. 그러나 낡은 도시에서도 넓으면서 경제적으로도 감당할 수 있는 집을 지을 수 있다. 더 많은 사람들이 도시 중심에 사는 도시의 미래를 꿈꿀 수도 있지만 그런 꿈을 실현시키기 위해서는 그런 도시들을 가장 원하는 사람들이 더 높은 건물의 건축을 제한하는 규제 장벽을 낮춰야 한다.

파리에 대해 다시 생각하기

지금으로부터 1세기 전에 파리와 뉴욕은 완전히 다른 도시 개발 비전을 제시했다. 파리는 '상명하달식'으로 지어졌다. 즉, 황제가 비전을 갖고 있었고 그의 명령을 받는 관료주의자 남작이 그 비전을 실천했다. 뉴욕의 스카이라인은 시장에서 수용 가능한 것은 무엇이든 짓는 비교적 규제를 덜 받는 수천 명의 건설업자들에 의해서 만들어졌다. 뉴욕은 혼란스럽지만 멋진 재즈

연주자들이 악보 없이 즉흥적으로 연주하는 잼 세션(jam session) 같은 느낌을 주었던 반면 파리는 신중하게 작곡된 심포니 같았다. 뉴욕의 혼란은 더 역동적이었지만 파리의 질서는 더 안전한 건물을 생산했다. 1900년에는 유럽 도시들보다 미국 도시들에서 더 빈번하게 화재가 발생했다.

오늘날 새로 들어서는 고층 건물들이 뉴욕이 가진 본래의 영광스런 모습을 어떤 식으로든 바꿀 수 있다고 주장하기는 힘들다. 그러나 파리의 변화 반대론자들은 이보다 더 설득력 있는 주장을 펼치고 있다.

파리가 항상 그렇게 질서 정연하고 아름다운 도시는 아니었다. 1850년 이전에는 수십만 명의 가난한 파리 사람들이 좁은 도로와 오래된 건물들에 모여서 살았다.[74] 파리는 수세기에 걸쳐서 토지 이용 규제를 유지했다.[75] 프랑스의 앙리 4세(1553~1610년)는 1589년에 부르봉 왕조를 처음 세우면서 건축 법규를 만들고 파리의 가장 완벽한 광장으로 간주되는 보주 광장(Place des Vosges)을 만들었다.[76]

그러나 몇 안 되는 파리의 초기 도시 계획 시도들은 도시의 미로 속에서 길을 잃고 말았다. 인구밀도가 높은 파리의 혼란은 범죄자들뿐만 아니라 1789년 프랑스 혁명에서 시작해 60년 동안 3개의 왕조를 무너뜨린 혁명주의자들도 보호해 주었다. 19세기 초 파리의 모습은 제인 제이콥스에게 매력적으로 다가왔을지 모르지만 나폴레옹 3세에게는 그다지 이상적으로 보이지 않았던 것 같다. 그것이 그가 오스만 남작에게 의존한 이유였다.

칼 마르크스는 나폴레옹 3세의 통치를 그의 삼촌 나폴레옹 1세 때의 비극을 우스꽝스럽게 재연한 것으로 묘사했지만 나폴레옹 3세 치하의 프랑스 제2 제정시대(1852~1870년)의 도시 재개발 정책은 절대 웃음거리가 아니다. 어린 나폴레옹이 도시 건축 세계에서 차지하는 위상은 군사 전략가로서 나폴레옹 1세가 차지했던 위상만큼 강건하다. 나폴레옹 3세가 파리의 재개발에 전념한 이유에 대해 많은 설명이 존재한다. 그는 파리에서 혁명의 온상이었던 복잡한 사육장 같은 거리들을 없애고 그의 기병대가 도시 혁명을 진압하기 쉽게 대로들을 만들기를 원했다. 그렇지만 황제가 방어 공간만을 만든 것은 아니었다. 그는 이 공공사업이 그에게 인기와 역사적 지위를 함께 부여해 주기를 바랐다.

황제는 전쟁도 하고 아름다운 황후에게 감동도 선사해야 하는 등 바쁘게 살았다. 그는 자신에게 충성하고 동시에 도시 재개발을 위해서 투자하고 애쓰고자 하는 자신의 뜻을 공유할 유능한 관료가 필요했다. 오스만 남작이 적격자였다. 나폴레옹 1세가 1809년 바그람에서 오스트리아군을 격파하고 몇 달 뒤에 파리에서 태어난 오스만은 나폴레옹 시대의 프랑스가 중시했던 실력주의 문화 속에서 성장한 독일 프로테스탄트 집안 출신이었다. 오스만의 할아버지는 장군이었다가 나폴레옹으로부터 남작 작위를 하사받았다. 그의 아버지는 나폴레옹 군대의 보급을 담당했다.

오스만은 지금도 세계 최고 학교 중 하나로 평가되는 명문 앙리 4세 고등학교를 졸업한 다음에 법학과 음악을 전공했다. 7월 혁명으로 부르주아 출신인 루이 필리프(1773~1850년)가 왕위에 오른 1830년에 오스만은 공무원이 되어 보르도 외곽에 있는 소도시 네라크로 발령을 받았다. 그는 나폴레옹 1세가 기회를 줄 때까지 오랫동안 그곳에서 열심히 일했다. 센 지역의 지방관이 나폴레옹 3세의 거창한 도시 계획을 무산시키려다 해임당하자 야심 많은 오스만은 기회를 틈타 새로 지방관 자리에 올랐다.

여러분이 도시 재건을 원한다면 독재자의 지원을 받는 것이 도움이 된다. 그래서 오스만도 보다 민주적인 시대에는 생각하기 힘든 일들을 해냈다. 그는 가난한 사람들을 쫓아낸 후 그들이 살던 집을 헐고 파리의 상징물처럼 된 넓은 대로를 만들었다. 그는 도시 거리들을 만들기 위해서 뤽상부르 공원의 상당 지역을 잘라냈고, 생 제르맹 데 프레에 있던 역사적 보존 가치가 있는 고대 건물들을 허물었다. 그는 이런 재개발 사업을 위해서 25억 달러를 썼는데, 이 돈은 1851년 파리 전체 예산의 24배에 달하는 금액이었다.[77] 이 모든 돈과 대변화는 파리를 허물어져가는 가난으로 가득 찬 거대한 고대 도시에서 신흥 상류 부르주아를 위한 도시 리조트로 탈바꿈시켰다.

파리 서쪽에 있는 대공원인 불로뉴의 숲 같은 오스만이 이룬 혁신들 중 일부는 파리를 더 아름다우면서 더 건강하게 만들 목적으로 기획된 공공 공간이었다. 다른 혁신들은 철도와 버스 같은 새로운 형식의 운송 수단을 섞은 보행자 위주의 도시를 만들겠다는 것이었다. 오스만은 또한 파리의 높이를 약간 더 끌어올렸다. 1859년에 파리의 고도 제한은 16미터에서 19미터로 상향 조정됐다.[78] 그렇지만 오스만 시대 사람들은 계단을 올라 다녀야 했기 때문에 엘리베이터가 흔한 20세기에 세워진 후대 도시들과 비교했을 때 이 당시 건물들의 높이는 여전히 낮았다. 당시 꼭대기 층은 계단으로 걸어 오르내리기 힘들어서 가격이 더 쌌고, 그래서 돈 없고 배고픈 예술가들이 전망 좋은 파리의 다락방에 살았다.

오스만이 도시를 세운 것은 엘리베이터가 등장하기 전이지만 옴니버스와 증기 기차는 개발된 후였다. 그는 크고 곧게 뻗은 도로들을 닦음으로써 새로 개발된 운송 수단을 수용하기 위해서 노력했다. 오스만이 대로를 절단했을 때 그는 그러한 신기술들을 수용했는데, 이는 제인 제이콥스가 맨해튼 저지대에서 반대했던 고속도로의 전신에 해당한다.

후대의 건설업자들처럼 오스만에게도 비평가들이 따라다녔다. 그들은 오스만이 비리와 분식회계 혐의가 있다고 비난하면서 그가 추진한 프로젝트의 신뢰성을 깎아내리려고 노력했다. 오스만의 프로젝트에 반대할 명분은 많았지만 그런 비평에 둔감했던 독일 출신 관료였던 그는 정직함 그 자체였다. 그는 엄청난 돈을 썼지만 모두 합법적으로 썼다.

현재 시카고 예술대학이 소장 중인 프랑스의 유명 화가 귀스타브 카유보트의 1877년 그림은 오스만이 세운 파리의 비 오는 거리 모습을 담고 있는데, 사람들이 목적 없이 서로 무관하게 살아가는 지나치게 웅장하고 몰개성한 도시를 묘사하고 있다.[79] 이 그림은 제인 제이콥스가 반대한 표준화와 과도하게 긴 도시 블록 때문에 생기는 도시 생활의 실패를 잘 보여주는 적절한 사례일지 모른다.

다른 비평가들은 회색으로만 단조롭게 칠해진 파리의 아파트 건물들을 싫어했다. 어떤 비평가들은 삶의 보금자리를 빼앗긴 많은 가난한 파리 가족들이 받은 고통에 대해 분노의 목소리를 높였다. 반(反)제국주의자들은 나폴레옹 3세가 세운 많은 역사적 건축물들을 '오만한 위선자의 우둔한 자기 자랑'으로 간주했다.

그렇지만 건축 목적이 사람들에게 즐거움을 선사하는 것이라면 오스만의 프로젝트는 엄청난 성공이었다. 그 전까지만 해도 사람들은 파리의 추악함에 대한 글을 쓰곤 했다. 이후 파리는 널리 도시의 아름다움과 동의어가 되었다. 매년 수백만 명의 여행객들이 오스만이 남긴 유물을 구경하기 위해서 파리를 찾는다. 수백만 명의 파리 시민들은 오스만이 세운 도시에서 살기 위해서 많은 돈을 쓴다. 오스만은 깨끗한 물을 구하는 법과 파리 시내 열차 운행 같은 기술적 문제들을 해결했을 뿐 아니라 인류가 소중하게 생각하는 도시를 남겼다.

오스만은 세상 그 어떤 옛 도시도 경험하지 못한 크나큰 변화를 파리에 선사했고, 그 결과로 나온 것이 그의 통일감 있는 걸작 도시이다. 그러나 20세기가 되자 오스만의 프로젝트는 수정 대상이 아니라 건축 아이콘이 되었다. 오스만은 1859년에 최대 높이 규제가 만들어지면서 건물 층수를 더 올릴 수 있었지만 1902년에 주요 도로의 건물 높이는 30미터로 제한됐고 그보다 좁은 도로에서는 제한 높이가 더 낮았다.[80] 이 규제는 이후 50년 정도 유지됐다.

파리의 규제는 오스트리아-헝가리 제국의 합스부르크 왕위 계승자였던 프란츠 페르디난트 대공이 1914년 사라예보에서 암살당하면서 시작된 40년 동안의 끔찍한 시기에는 그다지 중요하지 않았다. 제1차 세계대전 당시 프랑스의 국민과 번영은 같은 해 독일의 침공으로 심각한 피해를 입었고, 이 전쟁으로 파리는 함락 직전에 이르렀다. 전쟁으로 인구가 급감했던 1920년대나 대공황으로 큰 타격을 받았던 1930년대에는 사람들은 파리 재건에 관심이 거의 없었다. 1940년대 초까지 이어진 제2차 세계대전으로 프랑스는 빈국으로 전락했다. 1950년대가 돼서야 비로소 프랑스 경제가 회생하기 시작하면서 오랫동안 침체됐던 수도 파리의 현대화 욕구도 되살아났다. 파리 도시 위원회는 1967년에 고도 제한 규정을 풀었다.[81] 새로 권력을 잡은 기술 관료들은 더 크고 새로운 건물들을 원했고, 도시 중앙에 있는 오래된 시장인 레알(Les Halles)처럼 이른바 흉물스럽다고 여겨지는 곳들을 없애려고 했다.

드골 대통령과 퐁피두 대통령 시절에 파리는 약간의 건물만을 지었다. 1960년대 파리는 1920년대 뉴욕과는 달랐지만 파리는 마침내 자신들에게 적절한 마천루를 세웠다. 높이 210미터에 달하는 멘 몽파르나스(Maine-Montparnasse) 호텔 건설은 1969년에 시작됐다. 그로부터 2년 뒤에 레알 시장은 철거됐고, 같은 해에 미래지향적인 복합 문화 공간인 퐁피두 센터 내 박물관이 건립됐다.

그러나 이번 변화는 안정적인 도시에 익숙해 있던 파리 시민들의 마음에 상처를 입혔다. 몽파르나스 호텔에 대한 반감이 확산됐고,[82] 그로부터 얻은 교훈은 다시는 마천루가 파리 중심부를 훼손시키게 해서는 안 된다는 것이었다. 많은 뉴요커들이 낡은 펜실베이니아 역사가 사라진 것을 슬퍼했듯이 레알 시장을 몹시 그리워하는 사람들도 많았다. 프랑스는 미국보다 훨씬 더 규제가 심한 국가이며, 프랑스 지도자들이 변화를 원하지 않기로 결정하면 변화는 일어나지 않는다. 결국 1974년 만들어진 규제는 파리 중심부의 건축물 고도를 25미터로 제한했다.[83]

새로 만들어진 규정은 낡은 파리의 높이를 제한했지만 파리 주변 지역에는 고층 건물의 건축이 허용됐다. 오늘날 파리 마천루의 대다수는 라데팡스처럼 비교적 인구밀도가 높지만 도심에서 떨어져 있는 복합 지구에 들어서 있다. 오늘날 파리 중심부가 평평한 것만큼 라데팡스는 수직적인 모양을 하고 있다. 라데팡스는 약 370만 제곱미터에 육박하는 상업 지구로서 미국의 복합 상업 지구를 연상시킨다.[84] 멀리 개선문이 보이는 것을 제외하고는 라데팡스 스타벅스에서 카페라테를 마시고 있는 사무 행정직원들의 모습은 버지니아 주 크리스털 시티를 크게 확대해 놓은 모습 같다.

라데팡스는 마천루의 위치를 분리시킴으로써 보존과 성장의 균형 욕구를 해결한다. 어떤 면에서 이것은 고무적인 해결책이다. 그곳에서 일하는 사람들은 지하철을 타고 20분 정도 가거나 도보로 1시간 정도 가면 여전히 옛 모습을 간직한 파리를 볼 수 있다. 지하철 탑승이 가능하다는 것은 라데팡스에서 영업하는 기업들이 파리 중심부에 있는 모든 중요한 프랑스 관료들과 접촉할 수 있다는 것을 뜻한다. 라데팡스는 유럽에서 가장 번화한 상업 지구 중 하나이며, 우리가 그토록 많은 숙련 근로자들로부터 기대하는 모든 경제적 흥분을 만끽하는 것 같다. 이곳은 파리가 예전 모습을 간직한 채 성장할 수 있게 해준다.

그러나 라데팡스 내의 건물이 공급 부족으로 인해 천문학적 가격을 기록하는 파리 중심 지역에 지어야 할 신축 건물을 완벽히 대체하지는 못한다. 자연스런 도시 계획은 변두리가 아니라 수요가 가장 많은 중심에 고층 건물을 짓는 것이며, 그것이 더 바람직하다. 파리 중심부에 신규 주택이 부족하자 소형 아파트의 매매 가격이 100만 달러를 넘어섰다.[85] 호텔에서 하룻밤을 자는 비용이 500달러 이상인 경우도 종종 있다. 파리 중심부에 머물고 싶은 사람은 그만한 비용을 지불해야 한다. 사람들은 파리가 너무나 매력적이기 때문에 그 비용을 지불할 의사가 있지만, 그런 높은 가격이 생겨난 이유는 도시의 위정자들이 파리에 주택 공급을 제한하기로 결정했기 때문이다. 일반 사람들은 마치 파리가 문을 닫아걸고 중산층 접근 금지라는 푯말을 세워놓아서 그런 것처럼 파리 중심지에 살지 못한다.

세계에서 가장 유서 깊고 가장 아름다운 도시들에 있어서 라데팡스는 성공 가능한 모델 역할을 한다. 그것은 핵심 지역들의 역사적 의미를 유지하되 인근 수백만 제곱미터 지역의 개발을 허용하는 것이다. 고층 건물 허용 지구 내 건축 활동이 충분히 구속을 받지 않는 한 그곳은 지역 전체의 안전밸브 기능을 수행한다. 라데팡스의 핵심 이슈는 도심으로부터의 거리이다. 그 거리는 파리 중심부를 온전하게 보존할 수 있게 해주지만 라데팡스에서 활동하는 많은 사람들에게서 점심을 먹으러 유서 깊은 카페로 걸어가는 기쁨을 빼앗는다.

불행하게도 아름다운 옛 도시를 보존하려는 바람과 더 바람직한 공간을 제공함으로써 얻는 혜택 사이에서 균형점을 발견하기란 쉽지 않다. 라데팡스 같은 개발 지역들이 몽파르나스 역 주위처럼 파리 중심에 더 가까이 조성됐어야 한다는 것이 내 개인적인 생각이다. 그러나 나는 파리가 매우 소중하기 때문에 파리와 오스만이 만든 대로들 사이에 더 많은 공간이 필요하다고 생각하는 사람들도 이해한다. 그렇지만 파리는 극단적인 사례에 속한다. 전 세계 다른 도시들에서 개발 제한 논리는 파리보다 훨씬 더 취약하며, 인도의 메가시티 뭄바이보다 개발 제한이 더 많은 해를 끼친 곳을 찾아보기 어렵다.

뭄바이의 관리 실패

파리나 맨해튼 중심부의 생활을 감당할 수 있는 사람이 드물다는 것은 안타까운 일이다. 개발도상국들 내의 임의적 고도 제한 때문에 생긴 문제들은 지독한 빈국들을 중간 소득 국가로 전환시키는 데 기여하는 메트로폴리스의 기능을 막기 때문에 훨씬 더 심각하다. 인도 도시들을 너무 낮고 너무 비싸게 만드는 규칙들 때문에 인도인들 중에서 자기들끼리뿐만 아니라 바깥 세계와 연결될 수 있는 사람은 정말 극소수에 불과하다.

개발도상국 세계에서는 가난이 곧 죽음을 의미하는 경우가 종종 있고, 도시 성장을 제한할 경우 더 심각한 가난이 불가피하기 때문에 인도의 토지 사용 계획이 생과 사를 가름하는 문제라고 해도 지나친 말은 아니다.

뭄바이는 고도로 발달한 금융과 영화 산업 지구에서 빽빽하게 들어찬 다라비의 빈민가에 이르기까지 놀라운 에너지와 기업가 정신으로 가득한 도시이다. 만일 이곳의 모든 민간 인재들이 수준에 걸맞은 정부를 가진다면, 그들은 월권과 과도한 규제 없이도 하수 처리 시설을 갖추고 안전한 물을 공급하는 등 도시 정부의 핵심 역할들을 아주 잘 수행하는 정부를 갖게 될 것이다.

개발도상국들에게 내린 한 가지 저주는 그곳 정부들이 너무 많은 일을 떠맡다 보니 본연의 핵심 책임들을 수행하지 못한다는 데 있다. 국민에게 깨끗한 물을 공급할 수 없는 국가는 외환 규제 같은 중요한 일을 할 수 없는 법이다.

뭄바이의 공공 부문의 실패는 민간 부문의 성공만큼 분명하다. 서양 관광객들은 뭄바이 빈민가 거리에 널린 오물은 피해갈 수 있어도 이곳의 실패한 교통 네트워크는 피해갈 수 없다. 예를 들어 공항에서 뭄바이의 상징인 인도문(Gateway to India)이 있는 시내까지 23킬로미터를 이동하는 데 90분이 쉽게 걸릴 수 있다. 이동 시간을 줄여주는 기차가 있지만 서양 여행객들 중에 러시아워 때 입추의 여지가 없는 인파 사이 속을 비집고 들어가서 기차를 탈 정도로 용기 있는 사람은 거의 없다. 2008년에만 해도 하루에 3명 이상이 기차에서 밀려나가 떨어져 숨졌다.[86] 뭄바이의 평균 출퇴근 시간은 편도 기준으로 약 50분인데, 이것은 미국 시민들의 평균 출퇴근 시간의 두 배 정도이다.[87]

뭄바이는 교통 혼잡도를 낮추기 위해 노력해 왔다. 고가도로가 교통 사정을 조금 개선해 주었지만 앞서 조사 결과를 인용해서 언급했던 대로 자동차 주행거리는 새로 개통한 고속도로의 킬로미터 수와 일대일 비율로 늘어난다. 뭄바이에는 자동차를 운전하려는 사람들이 워낙 많기 때문에 도로를 새로 건설하는 것만으로는 혼잡을 없앨 수 없다. 따라서 과도하게 붐비는 도시 도로들을 뚫는 가장 비용 효율적인 방법은 싱가포르처럼 차를 많이 사용하는 사람들에게 더 많은 비용을 물리는 것이다.

사람들은 뭔가를 공짜로 나눠주면 그것을 과용한다. 뭄바이의 도로는 러시아워 때 달구지들로 인해 막히기에는 너무 아깝기 때문에 반드시 운전하지 않아도 되는 운전자들이 차를 끌고 나오지 못하게 막아야 한다. 그렇게 하기 위해 가장 쉬운 방법은 그들에게 공적 공간을 사용하는 데 따른 비용을 청구하는 것이다.

교통 혼잡 통행료는 부유한 도시에만 있는 것이 아니라 도로가 멈춰 서버린 곳이라면 어디에서나 부과하는 것이 옳다. 사실상 싱가포르가 시내 도로를 주행하는 운전자에게 혼잡 통행료를 부과하기 시작한 1975년 당시 싱가포르는 부유하지 않았다. 싱가포르와 마찬가지로 뭄바이도 도심을 주행할 때 종이로 된 일일 통행권을 구매한 후 창문을 열어 그것을 보여주게 만들 수 있다.

그러나 기술이 아닌 정치가 이런 전략을 쓰기 어렵게 만들 것이다. 도로가 뚫리면 가난한 사람들이 큰 혜택을 누리게 되겠지만 나는 뭄바이가 규정을 어긴 운전자들에게 벌금을 부과할 정치적 의지를 갖고 있는지 의심하지 않을 수 없다.

뭄바이의 교통 문제는 허술한 교통 정책뿐만 아니라 보다 심각하면서도 근본적인 도시 계획의 실패를 보여주고 있다. 1964년에 뭄바이는 대부분의 도시에서 최대 용적률을 133퍼센트로 고정했다.[88] 당시 인도는 모든 종류의 규제에 열광했기 때문에 건물 높이 제한은 영국 도시 계획에서 유행했던 아이디어들과 보조를 맞춰 도시 성장을 제한하는 방법을 제시해 주는 것 같았다.

그러나 뭄바이가 건물 높이를 제한했다는 것은, 다시 말해서 지구상에서 인구밀도가 가장 높은 곳 중 하나인 이곳에서 건물들을 평균적으로 불과 1과 3분의 1층 높이로 짓게 했다는 것을 의미한다. 그렇지만 여전히 사람들은 뭄바이로 몰렸다. 뭄바이의 경제 에너지는 그곳의 거주 여건이 끔찍한 수준이라도 사람들을 끌어들였다. 높이 제한이 도시의 성장을 멈추지는 못했다. 다만 이주자들을 더 좁은 공간으로 몰아넣었을 뿐이다. 뭄바이의 높이를 제한함으로써 출퇴근 시간은 더 오래 걸리게 됐고, 그로 인해서 사람이 몰리면서 혼잡은 더욱 심각해졌다.

싱가포르도 뭄바이와 함께 예전 영국 동인도 회사의 전초 기지였지만, 뭄바이와 달리 싱가포르 정부는 세계에서 가장 유능한 정부 중 하나이다. 싱가포르는 깨끗한 물을 공급하기 위해서 놀라운 일들을 하고 있으면서 고층 건물 건립을 막지 않는다. 그리고 결과적으로 시내 높이가 높고 서로 잘 연결되어 있기 때문에 싱가포르 시내는 원활하게 기능한다. 기업인들은 서로 가까이 모여서 일하고 회의 장소까지 쉽게 걸어갈 수 있다.

홍콩은 이보다 더 수직적이면서 보행자들에게 더 우호적이다. 보행자들은 마천루와 마천루 사이를 에어컨이 들어오는 편의 시설을 통해서 걸어서 이동할 수 있다. 월가나 미드타운 맨해튼 지역을 돌아다니는데도 몇 분밖에 걸리지 않는다. 심지어 넓은 도쿄도 도보로 돌아다니는 것이 가능하다. 이런 위대한 도시들은 높이로 인해서 많은 사람들이 일하면서 가끔은 값비싼 소규모 공간에서 살 수 있게 해주기 때문에 원활하게 돌아간다. 그러나 뭄바이는 낮기 때문에 모든 사람들이 교통 정체 속에 차 안에 앉아 있고 공간 부족으로 인한 값비싼 대가를 치른다.

조그만 땅덩어리에 1,400만 명이 모여서 사는 도시 뭄바이는 마천루 밀집지역이다. 가깝게 연결된 마천루들이 많아지면 도로에 가해지는 압력이 줄어들고, 21세기 도시의 생명선인 연결이 쉬워지며, 지나치게 높은 뭄바이의 공간 비용이 낮아질 것이다. 그럼에도 불구하고 뭄바이는 치밀한 개발을 장려하기보다는 사람들을 도시 밖으로 밀어내고 있다. 세계 건축물과 빌딩 정보 제공 사이트인 엠포리스닷컴(Emporis.com)에 따르면 뭄바이에 있는 높이 150미터를 초과하는 6개 건물 중 3개가 현재 지어지고 있고, 특히 전통적인 시내 외곽 지역에 대한 높이 규제가 일부 약간 완화됐기 때문에 앞으로 더 많은 고층 건물

들이 건립될 예정이다.[89]

최근 뭄바이의 용적률 제한이 완화됐지만 변화 속도는 더디다. 이 용적률 제한 때문에 새로 지어진 마천루들 중 다수가 많은 녹지 공간들로 둘러싸여 있다. 이런 녹지 공간들 때문에 고층 건물들을 눈에 띄는 상태에 놓이게 되고 이 건물들 주위를 돌아보려면 여전히 도보로는 안 되고 자동차가 필요하다. 뭄바이가 사람들의 구매력을 증진하고 혼잡을 완화시키려고 노력한다면 시내에 어떤 신규 건물을 짓더라도 최소 높이가 40층에 이르게 하는 등 개발업자들이 보유한 토지를 최대한 이용할 수 있게 만들어줘야 한다. 개발업체들이 더 많은 건평을 만들도록 강제함으로써 정부는 스프롤 현상은 줄이되 저렴한 주택 공급은 늘릴 수 있게 된다.

뭄바이가 생활하고 일하기에 고도로 생산적인 도시로 남아 있는 한 신규 거주민들이 계속 몰려들 것이다. 높이 제한은 사람들이 합법적인 아파트 건물이 아니라 불결한 불법 빈민가로 몰려들 수밖에 없게 만들 뿐이다. 한 연구 결과를 보면 중국 도시 주택의 경우 1인당 거주 공간이 13제곱미터인데 반해서 뭄바이 주택의 경우 1인당 거주 공간이 약 2.8제곱미터밖에 되지 않는 것으로 추산된다.[90]

부동산 가격이 싱가포르처럼 훨씬 더 부유한 곳들에 비해서 비싸기 때문에 뭄바이 사람들은 그토록 좁은 공간에 모여서 살 수밖에 없다. 번영하는 공간에 대한 수요가 적어서가 아니라 건설업자들이 똑같은 양의 땅에서 건평을 더 늘릴 수 있게 허용해 주기 때문에 싱가포르의 집값이 뭄바이보다 싼 것이다.

역사적으로 봤을 때 뭄바이 거주민들은 경제적으로 그런 높이를 감당할 수 없었지만 지금은 많은 사람들이 그럴 능력이 되며, 그들은 고층 건물이 풍요롭고 경제적인 여건이 허락한다면 그런 건물에서 살 것이다. 뉴욕 5번가에 늘어선 유리와 철과 콘크리트의 협곡은 도시만 갖고 있는 문제는 아니다. 이 문제들은 조그만 땅에 많은 사람과 상업 시설을 집어넣기 위해서 필요한 완벽하게 합리적인 방법이다. 오직 허술한 정책만이 고층 건물들이 시카고의 호숫가를 장식하고 있는 것처럼 뭄바이 해안 지구에 50층짜리 건물들이 길게 늘어서지 못하게 막을 뿐이다.

도시가 부리는 마술은 그곳에 사는 사람들로부터 나오지만 그러한 사람들은 그들을 둘러싼 벽돌과 회반죽으로부터 융숭한 접대를 받아야 한다. 도시에는 사람들이 잘살면서 다른 사람들과 쉽게 교류할 수 있게 해주는 도로와 건물들이 필요하다. 헨리 포드 2세가 디트로이트에 지은 르네상스 센터 같은 고층 건물은, 공간이 풍부하고 수요가 없는 지역에서는 별 의미가 없다. 그러나 허드슨 강가에 있든 인도양 근처에 있든 장소를 불문하고 가장 바람직한 도시들에서 높이는 공간 가격을 감당할 수 있게 만들고, 생활 수준을 높게 유지하는 최고의 방법이다.

올바른 도시 건축을 위한
세 가지 규칙

세계 경제의 엔진에 해당하는 도시들의 성공이 지역 위원회와 건물 보존위원회 등이 내리는 난해한 결정들에 좌우되는 경향이 점점 더 커지고 있다. 인구밀도가 높은 도시 공간에 대해 건축 행위를 통제한다는 것은 분명 일리가 있지만 나는 종잡을 수 없을 만큼 복잡한 지금의 건축 제한 규제들을 세 가지의 간단한 규칙으로 대체하고 싶다.

첫째, 도시들은 현재의 오랜 시간이 걸리는 불확실한 허가 과정을 단순한 요금제로 대체해야 한다. 즉, 고층 건물이 일조권이나 조망권을 침해해 사회 비용을 일으킨다면 그러한 비용의 합리적인 추정 근거를 마련해서 건설업자에게 적절히 비용을 징수하면 된다. 특정 활동이 이웃들에게 해를 끼친다면 우리가 자동차 운전자들에게 혼잡 통행료를 징수해야 하는 것처럼 우리는 그에 따르는 사회적 비용을 추정해서 건설업자에게 비용을 징수해야 한다. 이렇게 해서 걷은 세금은 신규 건축 프로젝트로 인해서 일조권을 빼앗긴 이웃들처럼 고통을 받는 사람들에게 나눠주면 된다.

나는 이런 시스템을 쉽게 설계할 수 있다고 말하는 것이 아니다. 다양한 높이의 건물 건축에 드는 비용 산정과 관련해 많은 논란의 여지가 있을 수 있다. 사람들은 분명 보상 대상에 해당하는 이웃의 범위를 놓고도 이견을 보일 것이다. 그러나 보편적으로 적용되는 합리적인 기준은 마련될 수 있다. 예를 들어 뉴욕에서 모든 신축 건물 개발업자는 빠른 허가를 취득하는 대신에 보상 비용 차원에서 1제곱미터당 일정액의 돈을 낼 수 있다. 이 돈 중에서 일부는 도시 재정으로 귀속시키고 나머지는 신축 건물이 지어지는 블록 내에 사는 사람들에게 주면 된다.

단순한 세제가 지금처럼 복잡한 규제에 비해서 훨씬 더 투명하면서도 타깃이 분명할 수 있다. 오늘날 많은 건설업자들은 몸값이 비싼 변호사와 로비스트들을 고용하고 정치적 영향력이 있는 사람들을 매수해서 우리의 현재 시스템과 절충을 시도한다. 그들로서는 우리에게 그냥 수표를 한 장 끊어주는 게 훨씬 더 나을 것이다. 추가 건물 건립을 허용하는 것이 건설업자들에게 뜻밖의 횡재가 되어서는 안 된다. 합리적이면서 직관적인 규제는 새로운 개발을 이웃 지역과 전체 도시 모두에게 유익하게 만들 수 있다.

둘째, 역사적으로 의미 있는 건물의 보존은 제한되고 잘 정의돼야 한다. 플랫아이언 빌딩이나 예전 펜실베이니아 역사처럼 반드시 보존되어야 할 건물들을 보존하는 것은 타당하다. 전후(戰後)에 남은 수많은 오지벽돌(glazed brick: 찰흙으로 일정한 형을 만들어 오지물을 칠해 구운 벽돌) 건물들을 보존하는 것은 불합리하다. 그러나 이 두 가지 극단적인 건물들을 구분하는 기준은 무엇일까?

개인적으로 나는 뉴욕 같은 도시에서는 보존위원회들이 보호가 필요한 건물 수를 5,000개씩으로 고정해 놓는 것을 선호한다. 보존위원회는 선택 건물들을 조정할 수 있지만 천천히 조정해야 한다. 과거에 비보호 지역이던 곳에서 건축 활동을 막겠다고 하루아침에 규칙을 바꾸는 식이어서는 안 된다. 위원회가 전체 지구의 보존을 원한다면 전 지역을 망라해서 5,000곳만을 보호하게 해야 한다. 아마도 5,000개란 건물 숫자가 너무 적을지도 모르지만 일정 수준의 제한을 두지 않는 한 어떤 규제 기구든 규제 대상을 늘려나가려고 할 것이다. 그런 움직임은 세력 확장 때문일 수도 있고, 커뮤니티의 압력에 대한 대응 차원일 수도 있다.

사실상 파리처럼 도시 전체가 전 세계로부터 사랑을 받을 때 문제는 더욱 복잡해진다. 그런 경우에 문제 해결의 열쇠는 도시 중심에 어느 정도 가깝고 초고밀도의 개발지로 활용이 가능한 적당한 크기의 토지 구역을 찾아내는 것이다. 이상적으로 봤을 때 이런 공간은 그곳 거주민들이 옛 도시의 아름다운 거리에서 산책을 즐길 수 있을 정도로 충분히 가까울 것이다.

끝으로 개별 지역들은 그들만이 가진 특성을 지키기 위해서 명확한 한계를 가진 권한을 갖고 있어야 한다. 일부 블록들에 사는 사람들은 정말로 블록 구분을 없애기를 원할지 모르지만 또 어떤 사람들은 블록 구분을 장려하기를 원할지 모른다. 위에서 다 결정해서 아래로 지시하는 식으로 규제하기보다는 개별 지역들이 자체적으로 거주민들의 승인이 있을 때만 채택이 가능한 건축 스타일과 용도에 대한 규칙을 마련할 수 있게 허용하는 것이 더 타당할 것이다.

그러나 지역 커뮤니티들이 이른바 혐오 시설을 거부하는 님비(NIMBY) 현상을 드러내는 일이 없도록 하려면 커뮤니티들이 높이를 제한하거나 과도한 규제권을 부과해 건설을 완전히 막을 수 있는 힘을 갖게 해서는 안 된다. 일반 시민들은 그들 주변에 일어나는 일에 대해서 시청의 도시 계획 수립자들보다 강력한 발언권을 가져야 하지만 불행하게도 그들이 갖는 커뮤니티 통제권은 제한적이어야 한다. 지역 커뮤니티들은 건축 금지로 인해서 시 전역에 생길 수 있는 부작용을 생각하지 못할 때가 종종 있기 때문이다.

위대한 도시들은 정적이지 않다. 그들은 부단히 변화하며 세계를 변화의 길로 인도한다. 뉴욕과 시카고와 파리가 위대한 창조성과 성장의 열풍에 휩싸였을 때 도시들은 새로운 인재와 새로운 생각들을 수용할 수 있는 새로운 구조물들을 제공하기 위해서 스스로 변신에 나섰다. 도시들은 신축 건물들을 갖고 변화를 강제할 수는 없다. 러스트 벨트에서 겪은 경험은 그런 관점에 반대한다. 그러나 변화가 일어나고 있다면 올바른 종류의 건물 신축은 그런 변화 과정을 도울 수 있다.

그렇지만 낡았건 새롭건 간에 세계 다수의 도시들은 인구밀도가 더 높은 새로운 건물의 건축을 제한하는 규정들을 만들어왔다. 어떤 경우 이런 규정들은 진정으로 중요한 건축 작품들을 보호한다는 등의 명분을 갖고 있다. 그러나 또 어떤 경우 이런 규정들은 무개념의 님비주의 내지는 도시의 성장을 방해하려는 잘못된 시도에 불과할 수도 있다.

어떤 경우나 마찬가지지만 건축 제한은 도시를 과거에 묶어놓으면서 도시의 미래 잠재력을 제한한다. 도시 내 건축 행위가 제한된다면 도시 외에 건축물이 들어설 것이다. 도시 내 건축 행위가 꽁꽁 얼어붙는다면 다른 어딘가에서 성장이 이루어질 것이다

뉴욕과 샌프란시스코 같은 도시들의 개발 실패로 다른 곳에 사는 미국인들은 어쩔 수 없이 신규 건축을 허용하는 휴스턴과 피닉스 같은 곳들로 이동했다. 그러한 곳들은 개발 제한이 없고, 결과적으로 집값이 저렴한 곳들이다. 다음 장에서는 경제적으로 감당할 수 있는 스프롤 현상이 갖는 매력과 결과에 대해 살펴볼 것이다.

도시 확산, 스프롤 현상은 왜 심화되는가

7장

운송 기술은 우리가 사는 사회의 모양을 바꾸고 있으며, 현대의 스프롤 현상은 자동차 문화가 낳은 부산물이다. 도시를 정의하는 '연결'은 항상 어떤 형식으로건 운송 기술의 덕을 보았다. 스프롤은 도시의 높은 인구밀도의 반대 개념이 아니다. 시골의 고립된 지역도 인구밀도가 높다. 확대되는 준(準)교외 지역에 거주하는 사람들은 이웃, 상점, 종업원, 레스토랑 등과 접촉할 수 있다. 다만 그들은 운전을 해야 그런 접촉이 가능하다. 스프롤 현상은 이미 오래전에 사람들이 발 외에 다른 이동 수단을 사용하기 시작했을 때부터 시작됐고, 이후 보트, 말, 버스, 엘리베이터, 지하철, 자동차들이 도시의 레이아웃과 성장 방식에 모두 영향을 미쳤다. 현재 도시인들의 사랑을 받고 있는 뉴욕의 워싱턴 스퀘어와 바르셀로나의 에이샴플레 같은 오래된 많은 지역들은 초창기 스프롤 현상의 사례이다.

휴스턴 시내 거리를 걷다 보면 이상하리만치 디트로이트 시내가 연상된다. 두 도시 모두 뉴욕이나 런던, 보스턴, 샌프란시스코처럼 보행자가 생활하기에 편하지 않다. 거리를 거니는 것만으로는 디트로이트가 사실상 쇠퇴하는 도시인 반면 휴스턴은 여전히 크게 호황을 누리고 있다는 것을 알기 힘들다. 휴스턴은 2000년과 비교해서 2009년에 메트로폴리탄 지역 인구가 100만 명 더 늘어나면서 애틀랜타와 댈러스에 이어 미국에서 세 번째로 급성장하는 도시가 되었다.[1]

휴스턴에서 많은 사람들을 보고 싶다면 시내를 벗어나서 서쪽 끝에 있는 갤러리아 쇼핑몰 같은 곳으로 가야 한다. 22만 제곱미터의 규모를 자랑하는 이 복합건물은 매년 2,400만 명의 사람들이 방문하는[2] 휴스턴에서 가장 인기 있는 곳이다. 토요일이면 늘 이곳은 쇼핑객, 여행객, 그리고 이곳의 대중적 공간들을 그냥 즐기려는 사람들로 가득하다. 도시 확산 현상이라고도 하는 스프롤 현상(sprawl)을 겪고 있는 휴스턴에서도 밀집된 사람들을 경험해 보려는 욕구는 사라지지 않는다.

갤러리아는 수많은 보행자, 사무실, 아파트, 아이스스케이트 링크 등 도시의 특징들을 두루 갖추고 있다. 이 쇼핑몰은 신성한 도시 공간인 이탈리아의 밀라노 대성당으로부터 광장을 대각선으로 가로지르면 있는 쇼핑 아케이드인 갤러리아 비토리오를 모델로 해서 만든 것이다.[3]

그러나 이탈리아의 갤러리아 비토리오와 달리 휴스턴의 갤러리아는 전체적으로 에어컨 냉방이 되고, 외부 세계와 담으로 나뉘어 있고, 대형 주차장으로 둘러싸여 있다.

휴스턴에 있는 거의 모든 건물에는 냉방 시설과 주차장이 갖춰져 있다. 논란이 있을 수 있겠지만 20세기 후반에 지어진 미국 도시들의 특징은 '자동차의 수용'이다. 벨기에 서북부의 도시 브뤼헤나 미국 보스턴의 구불구불한 도로들이 보행자 위주로 설계됐고, 뉴욕의 격자 형태의 도로들이 합승버스 운행에 도움이 됐던 것처럼 오늘날 더 새로운 도시들은 우리 시대의 주요 교통수단인 자동차 중심으로 만들어지고 있다. 자동차를 싫어하는 사람들은 휴스턴을 몹시 혐오할지 모르지만 운전과 사람들의 온기와 저렴한 큰 집을 좋아하는 수백만 명의 미국인들은 이곳을 매우 매력적이라고 생각한다.

미국에서 가장 '진보적'인 주와 도시 중에서 중산층을 지켜주는 위대한 임무를 맡았던 곳들이 이제는 중산층으로부터 외면당하는 장소로 변했다. 동북부 지역에서는 최소한으로 허용되는 주택 획지 규모가 컸기 때문에 2008년 한 가족의 주택은 전국 평균 대비 두 배가 더 큰 4,047제곱미터가 넘는 공간에 들어섰다.[4] 이와 달리 골수 공화당 지지주인 텍사스는 훨씬 더 경제적으로 살 만하다. 텍사스가 친빈곤층 정책을 써서가 아니라 건설에 반대하지 않기 때문이다.

선벨트의 스프롤 현상은 무지몽매한 지역 주택 정책에도 불구하고 수백만 명의 사람들을 끌어들이겠지만 결국에는 더 오래된 도시들이 사람들을 내쫓는 바보 같은 결과를 낳을 것이다.

나는 왜 도시를 떠났는가

나는 이 지구에서 태어나서 도시에서 산 37년 중에 32년을 맨해튼, 시카고, 워싱턴 D.C. 같은 오래된 도시 지역에서 살았다. 내가 도시가 아닌 곳에서 살아본 경험은 프린스턴과 팔로알토 같은 대학 타운에 살았던 것이 전부다. 나는 거의 평생을 매일 걸어서 직장에 출퇴근했다. 그러다가 세 명의 아이를 두는 축복을 얻었고, 수백만 명의 다른 미국인들처럼 늘어나는 식구를 생각해서 교외 지역으로 이사해 승용차로 출퇴근하기 시작했다.

중년의 남성이 도시를 떠난다는 것이 특별한 일은 아니다. 지금까지 살펴봤듯이 도시는 젊은 사람들 사이에서 압도적으로 인기가 더 높다. 맨해튼 거주자들 중에서 20퍼센트는 25~34세 나이에 속한다. 미국 국민 전체에서 이 연령대에 속하는 사람들의 비율은 13퍼센트에 불과하다.[5] 그렇지만 나의 도시 사랑을 감안했을 때 교외 지역으로 이사하기로 한 내 결심에 대해서 조금 더 설명이 필요하다. 대체 내가 어디에 정신이 팔려서 사람들 대신 사슴벌레들이 널려 있는 곳에 살기로 결심한 것일까?

내 결정이 잘못된 것인지는 아직도 잘 모르겠다. 다만 이사를 할 수밖에 없었던 논리적인 이유들은 많았다. 더 넓은 거주 공간, 아기들이 걷다가 넘어져도 다치지 않을 푹신푹신한 잔디, 하버드 출신이 좀 덜 사는 지역에 살고 싶은 개인적 바람, 그런대로 덜 걸리는 출근 시간, 양호한 교육 시스템 등이 복합적으로 작용했다. 도시를 떠난다는 것은 훌륭한 레스토랑에 더 이상 자주 가지 못한다는 것을 의미했지만, 세 명의 어린 자녀를 두고 있던 까닭에 나는 어디에 살더라도 어차피 외식을 하러 자주 나가지 못할 형편이었다.

매사추세츠 턴파이크(유료 도로) 덕분에 나는 노스엔드에서 파는 카놀리(귤과 초콜릿과 달콤한 치즈 등을 파이 껍질로 싸서 튀긴 것)와 박물관에 전시되어 있는 16세기 플랑드르 미술작품들, 로건 공항처럼 내가 보스턴에 살면서 가장 중요하게 생각하는 것들을 얻는 데 많은 시간이 걸리지 않는다.

이번 장에서는 나를 포함해서 그토록 많은 사람들을 끌어들이는, 인구밀도가 낮은 지역에서 자동차를 몰면서 사는 삶이 주는 매력이 무엇인지를 이야기해 보겠다. 오래된 도시들은 자동차 중심의 도시들과 경쟁해야 하며, 경쟁하기 위해서는 항상 적이 누군지 아는 것이 유리하다. 어떤 사람들은 휴스턴에서 자동차 중심의 삶을 선택한 사람들의 속물근성을 욕하면서 감정적으로 만족감을 느낄지도 모르겠다. 하지만 그런 태도는 오래된 도시들이 더 많은 사람들을 끌어오는 데 전혀 도움이 되지 못한다. 수백만 명의 사람들에게 선벨트 같은 교외 지역이 매력적인 것은 사실이다. 다만 국가적 차원이나 지역적 차원에서 더 나은 정책이 나와야 오래된 도시들이 보다 효율적으로 경쟁할 수 있게 될 것이다.

여러분이나 내가 교외 지역을 좋아하느냐 싫어하느냐는 공공 정책이 결정할 일이 아니다. 정부는 우리가 우연히 매력적이라고 생각하는 라이프스타일을 강요해서는 안 된다. 정부가 맡은 일은 사람들이 생활비를 감당할 수 있는 한도 내에서 원하는 삶을 선택할 수 있게 해주는 것이다. 그러나 오늘날 공공 정책은 나를 포함해서 사람들이 도시 주변으로 나가 살도록 강력히 권장하고 있다.

매사추세츠 턴파이크로 인해 생겨난 반(反)도시 공공 정책, 주택 모기지 대출 금리 할인, 그리고 도시 학교들이 겪는 문제가 없었다면 과연 내가 교외 지역으로 이사했을지 모르겠다. 친(親)스프롤 정책을 없앤다고 해서 쇠퇴하는 도시들이 모두 되살아나지도 않고 교외 지역이 모두 죽지도 않는다. 그보다는 보행자 중심의 도시들이 자동차와 효과적으로 경쟁할 수 있는 더욱더 건강한 도시 시스템을 만드는 것이 중요하다. 이런 효과는 도시들이 보다 유동적이고 또한 미국식 스프롤 현상을 그대로 답습하면서 자동차와 에너지 소비가 급격히 늘고 있는 개발도상국에서 더 얻을 가능성이 높다.

자동차 등장 이전의 스프롤 현상

운송 기술은 우리가 사는 사회의 모양을 바꾸고 있으며, 현대의 스프롤 현상은 자동차 문화가 낳은 부산물이다. 도시를 정의하는 '연결'은 항상 어떤 형식으로건 운송 기술의 덕을 보았다. 스프롤은 도시의 높은 인구밀도의 반대 개념이 아니다. 시골의 고립된 지역도 인구밀도가 높다. 확대되는 준(準)교외 지역에 거주하는 사람들은 이웃, 상점, 종업원, 레스토랑 등과 접촉할 수 있다. 다만 그들은 운전을 해야 그런 접촉이 가능하다. 스프롤 현상은 이미 오래전에 사람들이 발 외에 다른 이동 수단을 사용하기 시작했을 때부터 시작됐고, 이후 보트, 말, 버스, 엘리베이터, 지하철, 자동차들이 도시의 레이아웃과 성장 방식에 모두 영향을 미쳤다. 현재 도시인들의 사랑을 받고 있는 뉴욕의 워싱턴 스퀘어와 바르셀로나의 에이샴플레 같은 많은 오래된 지역들은 초창기 스프롤 현상의 사례이다.

새로운 유형의 성공적인 운송 수단은 일반적으로 3단계를 거쳐서 발전한다. 첫째, 획기적 기술을 바탕으로 증기기관차나 자동차 같은 빠른 이동 수단의 대규모 생산이 가능해진다. 둘째, 필요할 경우 이런 신기술을 수용할 수 있는 새로운 운송 네트워크가 건설된다. 셋째, 사람들과 기업들은 새로운 운송 수단의 이점들을 이용하기 위해서 그들의 위치를 바꾼다.

첫 번째 운송 혁명은 지금으로부터 1만 년 전에 중동 지역에서 처음 시작된 짐 나르는 동물들을 사육한 것이었다. 짐 나르는 동물들에게는 새로운 도로 네트워크가 필요하지 않았다. 말, 당나귀, 노새, 라마들은 사람이 갈 수 있는 곳은 어디라도 상당히 먼 거리까지 갈 수 있기 때문이다. 그러나 이런 동물들은 인간의 지리를 바꿔놓았다.[6] 도시 역사가인 폴 베어록은 이런 동물들을 사육하기 전에는 식량을 옮기는 것이 매우 어려웠기 때문에 사람들은 식량을 구할 수 있는 곳 근처에 거주할 수밖에 없었다고 주장한다. 짐 나르는 동물들은 집중적으로 모여 사는 도시 인구를 먹여 살리기에 충분한 식량을 쉽게 운반할 수 있게 함으로써 도시의 형성을 가능하게 해주었다.[7]

바퀴는 지금으로부터 약 8,000년 전에 메소포타미아에서 기원한 것으로 보이지만 현존하는 가장 오래된 바퀴는 약 5,000년 전에 러시아에서 나온 것이다.[8] 이집트인과 인도인은 적어도 기원전 2,000년경에 바퀴를 갖고 있었다. 모래밭에 가본 적이 있는 사람이라면 누구나 알겠지만 바퀴는 포장도로가 필요하지 않다. 그렇지만 포장도로가 있으면 바퀴 달린 운송 수단의 이동 속도가 확실히 빨라진다. 특히 평평하고 마른 땅이 없는 지역에서는 더 그렇다. 잉카인들은 바퀴를 발명하지 않았는데, 험준한 잉카 제국의 지형에서는 바퀴보다 짐 나르는 동물들이 짐 운반에 더 효과적이었기 때문일 것이다.[9]

도로를 건설하고 유지하기 위해서는 강력하고 부유한 문명이 필요하다. 좋은 운송 수단은 유혈 낭자한 콜로세움의 검투사 격투보다 로마에 훨씬 더 많은 부와 영예를 선사했다. 로마제국의 대도시들은 스페인과 이집트로부터 배로 운반해 온 많은 양의 곡물을 농사를 짓지 않는 도시

302

인들에게 보급하는 바퀴 달린 운송 수단 덕분에 유지됐다. 로마제국의 격자무늬 도로에서는 바퀴 달린 수레들이 돌아다녔다. 로마제국이 멸망한 후 도로를 유지할 수 있는 능력이 없어졌고, 도로가 없어지자 바퀴도 그 가치를 상실했다. 그리고 중세의 전성기(High Middle Ages: 1050~1300년)에 중앙집권화된 정치권력이 등장하면서 다시 도로 포장이 재개됐는데, 13세기 노르망디에서 영국인을 몰아내고 프랑스 왕령(王領)을 확대한 필리프 2세(1165~1223년) 같은 왕들이 로마 시대 이후 최초로 프랑스 도로를 포장하기 시작했다.[10]

말의 안장과 안장 양쪽에 달리는 등자처럼 말과 관련된 운송 혁신 기술들을 기록해 놓은 자료들은 많이 있다. 이런 기술들은 최소 5,000년 전에 사람들이 말을 이용할 수 있게 해준 사육과 훈련 같은 초창기 운송 혁신 기술들의 중요성을 더욱 높여주었다. 그러나 전 세계적으로 사람들이 유목생활을 접고 정착해서 밀집해 모여 살게 된 이후 대부분의 역사 동안에 말은 엘리트 계층의 전유물이었다.[11] 개인적 이동을 위해서 말처럼 큰 동물을 키운다는 것은 보통 농부나 평민들의 경제력으로는 감당하기가 벅찼다. 말은 대량 운송 수단을 통해서 비용이 분담될 수 있게 되면서 많은 사람들의 운송 수단 역할을 하기 시작했다.

철학계에서 블레즈 파스칼(1623~1662년)은 기독교 신앙의 옹호자로 유명하지만 수학자들은 파스칼이 지질학과 확률 이론에 기여한 공로를 잘 알고 있다. 하느님이 존재할 가능성이 조금만 있어도 선하게 사는 것이 합리적임을 제안하는 파스칼의 유명한 내기는 지금도 대학생들 사이에서 다뤄지는 소재이다.

그런데 도시인들 사이에서 그는 버스의 창시자로 인정을 받는다.[12] 파스칼은 1662년에 5수(sou: 프랑스의 옛 화폐 단위)를 내면 파리 전역을 타고 다닐 수 있는 최초의 대중 버스 체계를 구상했다.

파스칼의 대중 버스가 성공하기 위해서는 상당한 규모가 필요했지만 결과적으로 충분히 적절한 것으로 드러났다. 고정된 노선을 따라서 버스를 운행하게 만들려면 어느 정도 고객이 있어야 한다. 17세기 파리의 도로는 포장된 상태였으며 버스 노선을 만드는 것이 가능했다.[13] 하지만 당시 파리에는 버스가 성공적으로 운행할 수 있을 정도로 많은 인구가 살지 않았다. 실제로 버스 운송 시대가 열린 것은 1820년대에 파리의 인구가 기하급수적으로 불어나기 시작한 뒤였다. 그때부터 말이 끄는 버스들이 파리, 뉴욕, 런던에 등장하기 시작했다.

뉴욕 시 최초의 대중교통은 1827년에 브로드웨이를 따라 운행하던 12인승 옴니버스였다.[14] 뉴욕 시의 도로 상태가 좋지 않았기 때문에 버스 운행 시간이 더뎌서 버스 소유자들은 철로를 깔았다. 시간이 지나면서 그러한 말이 끄는 옴니버스의 운행 지원을 위한 철로 네트워크가 건설되었다. 비용은 민간 운영업자들이 감당했지만, 그들은 시로부터 도시 거리들에 대한 통행권을 얻게 되면서 도움을 받았다.

출근할 때 30분 정도 걸어봤자 기껏해야 2.4킬로미터 정도밖에 이동할 수 없다. 옴니버스는 같은 시간 동안에 두 배의 거리를 편하게 갈 수 있게 해주었고, 그 결과로 부유한 사람들이 모이면서 시 외곽 지역이 성장했다.[15] 옴니버스 이용료는 겨우 5~7센트였지만 일반 노동자들은 하루에 1달러밖에 벌지 못했기 때문에 옴니버스를 타지 못하고 걸어서 다녔다.[16] 자동차와 마찬가지로 버스는 처음에는 부자들의 운송 수단으로 출발했던 것이다. 부자들의 이동 속도만을 선별적으로 높여줌으로써 버스는 도시 핵심 지역으로부터 부자들의 탈출을 야기했다. 모든 사람들이 뉴욕에서 걸어다닐 때 부자들은 부두 접근이 쉬운 중심 지역인 볼링 그린에서 살았다. 옴니버스가 나온 후 부자들은 덜 혼잡한 도시 외곽 거주지에서 옴니버스를 이용해서 도시로 이동할 수 있었고, 이를 계기로 교외에 주거지가 조성되기 시작됐다.

뉴욕과 보스턴의 오래된 지역들 사이에는 분명한 구분이 존재한다. 즉 보행자 시대에는 혼란스럽고 무계획적인 도로들이 만들어졌지만 바퀴 달린 운송 수단이 개발된 이후로는 도로들이 훨씬 더 질서 정연하게 바뀌었다. 1811년 만들어진 뉴욕의 도시계획은 도로를 폭이 최소 15미터인 직선 격자 모양으로 정했는데, 이는 여러 필의 말이 끄는 운송 수단뿐만 아니라 당시까지 등장하지 않았던 옴니버스 같은 이동 수단들도 고려해서 만들어졌다.[17]

버스가 등장하기 전 지금의 5번가 남쪽 끝에 해당하는 지역은 초창기 아프리카계 미국인들이 몰려 살았던 지역이자 공동묘지가 있었던 곳으로 뉴욕에서 가장 가난한 곳 중 하나였다.[18] 뉴욕은 1826년에 이 지역에서 지금의 워싱턴 스퀘어에 해당하는 대규모 획지를 구입해서 그곳을 보도용 용지로 전환했다. 옴니버스의 등장과 더불어 과거 사실상 시골 소도시 같았던 이곳은 부유한 상인들이 출퇴근하는 상당히 괜찮은 본거지로 변했다. 부유한 뉴요커들은 시의 녹지가 내려다보이는, 지금도 여전히 남아 있는 튼튼한 연립주택들을 지었다.

현재 전형적인 도시 공간으로 자리를 잡은 워싱턴 스퀘어는 빠른 운송 수단이 개발되면서 부자들이 더 멀리 이동할 수 있게 되어 더 넓은 땅에 더 큰 집을 지은 최초의 교외 거주지였다. 1950년대에 제인 제이콥스는 워싱턴 스퀘어 공원을 관통하는 도로 개설에 반대하면서 싸웠는데 사실상 그녀는 19세기의 스프롤을 20세기의 스프롤로부터 보호하기 위해서 싸우고 있었던 것이다.

옴니버스 이후 말의 근력 외에 다른 것을 이용한 운송 수단의 개발이 이어졌다. 매튜 볼턴은 증기기관이 바퀴들을 이동시킬 수 있다는 것을 이해했고, 리처드 트레비식은 1804년에 최초의 증기기관차를 만들었다.[19] 증기기관차의 신뢰성이 향상되고 객차들 내 안정감이 더 커지자 기업가들은 철로를 놓기 시작했다. 기존 도로 위, 터널 안, 그리고 고가 철도 위에 시내 운송 시스템들이 세워졌다. 이런 것들을 도로와 같은 높이에서 만드는 데는 돈이 많이 들지 않았지만 가치가 높은 도시 내 부동산을 사용해야 했고 많은 소음과 분진을 유발했다. 더 빠른 운송 수단에 대한 수요로 말미암아 세계 최대 도시인 런던이 1863년에 가장 먼저 지하철 시스템 구축에 착수했다.[20] 그러자 곧바로 2만 5,000명 이상이 지하철을 이용하기 시작했다.

터널에서 증기기관차를 가동하는 것이 보행자들에게는 더 좋은 일이 될지 모르지만 연기 나는 차량에 앉아 있는 사람들에게는 그것이 반드시 좋은 일은 못 된다. 도로 수요가 많은 뉴욕 시는 지하철보다는 고가 도로 건설을 택했다. 이곳의 지하철은 맨해튼에서 증기기관차가 운행된 지 30여 년이 지난 1904년이 돼서야 비로소 등장했다. 고가 철도의 건설을 위해서 수천만 달러가 투자됐으며, 이 네트워크는 제이 굴드*와 찰스 여키스** 같은 도금시대에 가장 악명 높은 사람들에 의해서 운영되었다.[21]

이렇게 세워진 철도는 뉴욕 시가 더 확장될 수 있게 만들었다. 맨해튼 고가 철도 북쪽 정류장들은 처음에는 비교적 한산한 고지대를 구경하려는 관광객들을 끌어 모았다. 고가 철도는 할렘 같은 지역에 거주하면서 한 시간에 20킬로미터란 빠른 속도로 시내 직장으로 출퇴근할 수

---

* Jay Gould: 19세기 미국 자본주의 체제 하의 철도 회사 경영자이자 금융업자, 주식투자가. 1869년에 금 투자로 이른바 '암흑의 금요일'로 일컬어지는 공황의 원인을 제공했다.
** Charles Yerkes: 19세기 미국의 금융업자로서 시카고와 런던 대중교통 시스템 구축에 중요한 역할을 했으나 필라델피아에서 재정 업무를 보다가 공적 자금을 갖고 주식 투기를 벌여 전부 날려버려 시에 막대한 손해를 입혔다.

있게 만들어주었다.[22] 우리 할아버지는 고가 철도로 인해서 접근이 가능해진 맨해튼 북부 지역 중 한곳에서 성장했다. 어떤 면에서 봤을 때 증기기관차로 인해서 가능해진 19세기 도시의 성장은 도시 팽창의 위대한 폭발처럼 보인다.

또한 그러한 증기기관차들은 초창기 교외 주거지들을 만들고 있었다. 워싱턴 스퀘어가 옴니버스 시대의 스프롤 사례에 해당한다면 필라델피아 메인 라인은 증기기관차를 토대로 세워진 교외 주택지의 전형적인 사례에 해당한다.[23] 1860년대에 펜실베이니아 철도청은 로워 메리온 타운십에 114만 제곱미터를 취득해서 그곳에 새로운 도시 브린모어를 만들었다. 이곳에 맨 처음 들어선 신축 주택들은 주말 주택이었지만 기차의 속도가 빨라지면서 새로운 형태의 교외 주거 문화가 등장하기 시작했다. 워싱턴 스퀘어에 미국의 소설가 겸 비평가 헨리 제임스와 작가 이디스 워튼 같은 엘리트 뉴요커들이 살았던 것처럼, 필라델피아 메인 라인 역시 영화 〈필라델피아 이야기(*The Philadelphia Story*)〉에서 캐리 그랜트와 캐서린 햅번이 연기한 필라델피아 부자들에게 적합한 집을 제공해 주었다.

독일의 전기 기술자인 에른스트 베르너 폰 지멘스는 1881년 베를린에서 기차를 전기로 움직일 수 있게 만들었다.[24] 이제 더 이상 말이나 증기기관은 필요 없어졌다. 다만 오버헤드 케이블이나 지하 제3 궤조(軌條)로 전력을 공급받아 움직이는 기차만 존재했다. 전기는 인구밀도가 높은 도시의 대중교통에 완벽하게 적합한 것으로 입증됐지만 시내 전차는 승차 네트워크와 전력을 공급하는 네트워크가 필요했다. 헨리 포드와 마찬가지로 미국의 전기 기술자인 프랭크 스프레이그 역시 토머스 에디슨이 발탁한 똑똑한 인재였다. 스프레이그도 포드처럼 에디슨을 떠나서 자신이 발명한 운송 혁신 기술로 도시 생활을 변화시켰다.

그는 전차 지붕 위에서 전기를 통하게 하는 쇠막대기인 트롤리폴(trolley pole)을 개발했다.

1890년대 후반까지 도시는 전차들로 가득했다. 지멘스와 스프레이그는 도시가 밖으로뿐만 아니라 위로 확장하도록 도왔다. 지멘스는 전기 엘리베이터를 개발했고, 스프레이그는 더 빠르고 안전하게 움직이는 스프레이그-프랏 엘리베이터를 공동 개발했다. 기차와 시내 전차들이 원거리로부터 도시 중심으로 이동하는 데 드는 비용을 낮춰줬지만 19세기 말에 도시는 밖으로뿐만 아니라 위로 확대됐다.

이전의 옴니버스와 마찬가지로 시내 전차들은 도시 내 인구를 전 세계로 이동시켰다. 바르셀로나의 그라시아 거리는 안토니오 가우디와 호셉 푸치를 위시해서 카탈루냐 건축의 위대한 장인들이 만든 걸작들로 수놓아진, 세계 건축학적 차원에서 가장 중요한 도시들 중 하나이다. 넓고 아름다운 주요 도로인 그라시아 거리는 바르셀로나 가장자리에 있는 카탈루냐 광장에서 출발해서 19세기에 시내 전차들에 의해 만들어진 에이샴플레를 관통해서 외부로 이어진다. 에이샴플레는 바르셀로나 벽 밖에 있었으나 1850년대에 이 벽들이 허물어지자 새로운 지역 개발 계획을 위한 대회가 개최되었다. 그 대회에서 1위의 영광은 에이샴플레의 8각형 블록을 계획한 민간 엔지니어 일데폰소 세르다에게 돌아갔다.

뉴욕 시의 격자무늬는 단조로운 통일성 때문에 많은 도시 계획자들의 혐오의 대상이지만 세르다의 계획은 특별한 창조성으로 호평을 받는다. 그는 운송 혁신을 수용할 수 있게 설계했다. 그가 고안한 8각형 블록은 증기 동력의 대형 운송 수단들의 회전을 가능하게 만드는 것이 목적이었다.

에이샴플레는 처음에는 말이 끄는 마차들로 붐볐으나 1900년에 접어들면서 그라시아 광장까지 운행하던 시내 전차들은 전기로 움직이게 되었다.[25] 이런 새로운 운송 수단은 이 지역을 자신이 살 집을 설계하기 위해서 도시의 최고 건축가들에게 돈을 지불할 능력을 갖추고 있던 부유한 카탈루냐인의 관심을 끄는 장소로 만들어주었다. 가우디의 대표작인 고급 주택 카사 밀라는 옷 잘 입고, 결혼 잘한 것으로 유명한 한 개발업자를 위해서 지은 건물이다. 또다른 상징적 건축물인 카사 아마트예르는 초콜릿 공장 주인의 건물이었다.

자동차의 등장과
스프롤 현상의 심화

19세기에 몇 가지 운송 혁명이 일어난 반면 20세기 도시는 한 가지 혁신에 의해서 주도되었다. 그것은 바로 내연기관이었다. 쾰른 출신의 독일인인 니콜라우스 오토, 고트프리트 다임러, 빌헬름 마이바흐는 4행정 사이클 내연기관을 만들어서 1885년 세계 최초로 휘발유로 움직이는 오토바이의 동력으로 사용했다. 쾰른에서 193킬로미터 떨어진 만하임에서 카를 벤츠는 직접 휘발유로 움직이는 2행정 엔진을 개발했고, 1886년에 세계 최초의 차 파텐트 모터바겐(Patent Motorwagen)을 만들었다.[26] 독일인들이 자동차 생산과 관련된 주요 혁신들을 이뤄냈지만 미국인들, 그중에서도 헨리 포드는 대량생산 자동차 개발 공로를 인정받을 만하다. 1920년대 말이 되자 미국의 도로에는 2,300만 대의 자동차가 돌아다녔다.[27] 기차와 달리 자동차는 19세기에 이미 아스팔트로 바뀌고 있던 기존 도로에서 잘 달렸다. 헨리 포드가 개발한 모델 T는 튼튼했고, 전문 기술자가 아닌 일반인들도 수리할 수 있을 만큼 원리가 간단했으며, 흙 위에서도 적절한 속도로 쉽게 움직였다.

그러나 운전자들은 곧바로 아스팔트로 포장된 매끈한 고속도로에서 훨씬 더 빨리 이동할 수 있다는 것을 깨달았다. 미국은 새로운 형식의 운송 수단을 수용하기 위해서 고속도로 망을 구축하기 시작했다. 뉴욕주는 1908년에 최초의 공원 도로(도로 양쪽이나 중앙에 조경을 한 도로) 일부를 개방했다. 이로 인해서 운전자들은 시간당 40킬로미터라는 빨라진 속도로 도시로 쉽게 접근할 수 있게 됐다.[28] 1920년대가 되자 연방 정부는 미국 전역에서 포장도로 망을 조직하고 그에 필요한 자금을 지원하기 시작했다. 1921년에 통과된 연방고속도로법(Federal Highway Act)[29]에 따라 세계적인 고속도로 전문가이자 뉴욕의 뛰어난 건축가(그리고 제인 제이콥스가 몹시 싫어했던)인 로버트 모제스에 의해 롱아일랜드에 세워진 공원 도로 같은 주 고속도로 프로젝트에 7,500만 달러(2007년 가치로 환산하면 7억 6,500만 달러)가 제공됐다. 대공황 시절에는 뉴딜 정책에 따라 사람들은 바비 트루프와 냇 킹 콜이 부른 노래와 작가 존 스타인벡의 소설 『분노의 포도』*를 통해 영원히 기억될 66번 도로(Route 66) 같은 고속도로를 짓는 데 참여했다. 『분노의 포도』에서 오클라호마 사람들은 '어머니의 도로(Mother Road)[30]'라고도 불리는 이 도로를 통해서 캘리포니아 주로 이동했다.

아이젠하워 대통령 시절 연방 정부는 고속도로 건설에 몰입했고, 이런 전통은 지금까지도 여전히 살아 있다. 이동성은 군사 작전을 성공으

---

* 스타인벡의 대표작인 이 소설은 미국의 대공황 당시 은행에 땅을 빼앗겨서 오클라호마 주에서 수천 명의 사람들과 함께 캘리포니아 주로 이주해야 했던 가난한 소작인 가족 조드 일가를 다루고 있다.

로 이끄는 데도 중요할 때가 있는데, 장군들이 운송 시스템 개선에 관심이 많은 이유도 이런 맥락에서 설명할 수 있을지 모른다. 워싱턴 장군은 수로 건설에 열정이 넘쳤고, 아이젠하워 장군은 고속도로를 사랑했다. 아이젠하워 주간(州間) 고속도로 망이 역사상 최대 규모의 공공 근로 프로젝트로 불리게 된 데는 이유가 있다.

오늘날 길이 7,400킬로미터에 이르는 이 고속도로 망은 수백억 달러의 연방과 주 예산으로 지어지고 유지되고 있다.[31] 연방 정부가 고속도로 망에 이처럼 방대한 규모로 지원하자 일부에서는 시내 전차를 파괴하기 위해서 공적 자금을 이용하는 자동차 회사들의 악마 같은 음모가 숨어 있는 것은 아닌지 의심하기 시작했다. 다른 대부분의 기업들이 그렇듯이 자동차 제조사들 역시 분명 버스와 시내 전차를 운행하는 경쟁사들을 물리치고 싶었다. 그러나 만일 음모가 숨어 있었더라도 그것은 너무나도 확연하게 대중적인 지지를 받았다. 미국인들은 자동차를 사랑했고, 빠른 고속도로 건설에 수십억 달러를 쓰는 것을 행복해했기 때문이다.

헨리 포드의 조립 라인이 자동차 시대의 1단계였고, 고속도로 시스템이 2단계에 해당한다면 교외 지역의 발달과 자동차 중심 도시들의 부흥은 3단계인 새로운 운송 기술에 대한 대중의 반응에 해당된다. 고속도로가 갖춰진 메트로폴리탄 지역들에서 소득과 인구 성장 속도가 훨씬 더 빨랐다.[32] 교외 지역은 더 많은 도로들이 있는 곳이 더 빨리 성장했고, 도시는 비었다. 브라운 대학 경제학자인 나타니엘 바움-스노는 "도시 중심으로 새로 건설된 고속도로가 지날 때마다 도시 인구는 약 18퍼센트 줄어드는 것으로 계산된다"라고 주장했다.[33] 그러한 계산이 가질 수 있는 한 가지 문제는 더 많은 교외화가 예상된 곳들에서 더 많은 고속도로가 건설됐을지 모르지만 바움-스노는 1947년에 군사 목적으로 계획된 고속도로에만 집중해 이 문제를 다루고 있다는 데 있다. 옴니버스와 시내 전차와 마찬가지로 자동차는 미국 도시의 모양을 바꿨다.

1920년대 자동차에 대응해서 미국 도시들은 다시 정비되기 시작했지만 동시에 자동차를 기반으로 하는 교외 지역 생활은 일반 미국인들이 감당하기에는 여전히 돈이 많이 들었다. 피츠제럴드의 소설『위대한 개츠비』에서 주인공 제이 개츠비보다는 가난하지만 다른 대부분의 사람들보다는 훨씬 더 부유한 1인칭 화자 닉 캐러웨이는 아름답고 무책임한 골프 선수들이 운전하는 차를 타지 않을 때는 롱아일랜드에서 기차를 이용한다. 교외 지역의 발달은 대공황과 제2차 세계대전에 의해서 중단됐지만 참전 용사들이 돌아오면서부터 본격적으로 다시 시작됐다.

아서 레빗과 대량생산 주택

그렇게 전쟁을 끝내고 돌아온 참전 용사들 중 한 명이 윌리엄 레빗이란 이름을 가진 미 해군 건설공병대대 소속 중위였다.[34] 그는 뉴욕 대학교를 중퇴하고 동생 아서와 함께 건설 회사를 차렸다. 그가 회사의 영업을 담당하는 동안에 동생은 디자이너가 되었다. 두 형제는 1930년대에 주로 롱아일랜드의 부자 고객들을 위해서 2,000채의 주택을 지었다. 레빗은 미국의 중산층을 위한 대형 주택을 실험해 보기 시작했지만 그의 초기 노력은 결국 혼란스런 결과를 낳았다. 그가 제2차 세계대전 이전에 버지니아 주 노픽에 지었던 판잣집 1,600채 중 일부는 1950년까지 팔리지 않은 채 남아 있었다.

전쟁이 끝나자 레빗은 대규모로 저렴한 주택을 세움으로써 건설업계

뉴욕 주 레빗타운은 미국을 자동차 중심으로 재건할 수 있게 수천 채의 대량생산 주택을 제공했다. (게티 이미지 제공)

의 헨리 포드가 되고자 결심했다. 그는 아버지와 동생과 힘을 합쳐서 롱아일랜드의 헴스테드 인근에 있는 32제곱킬로미터의 토지를 취득했다. 레빗이 토지 가격을 4,000제곱미터당 300달러에서 3,000달러로 끌어올려 주자 감자 재배 농부들은 부자가 되었다. 레빗은 노퍽에서 그랬던 것처럼 저렴한 주택을 지으려고 하지 않았다. 적어도 이번만큼은 고품질의 주택을 짓고 싶었다. 집은 현대적인 시설들을 갖춰 견고하게 지어졌다. 그는 주택 커뮤니티 종합 계획을 수립했다. 그곳에는 공원과 학교와 넓은 녹지 공간이 들어섰다.

그렇게 해서 만들어진 레빗타운(Levittown)은 《뉴요커》의 루이스 멈퍼드 같은 식자층으로부터 비판을 받기도 했지만, 낮은 가격과 비교적 화려한 주택 공간 때문에 보통 사람들 사이에서 큰 인기를 끌었다.[35] 비슷한 스타일의 단층집과 끝임없이 단조롭게 배열된 식민지 시대 건물들에 대한 레빗타운의 비평가들의 비판은 옳을지 모르지만 원래 공동주택은 걸작 건축물과는 거리가 멀다. 이보다 더 중요한 사실은 사회학자인 허버트 갠스가 레빗타운의 삶을 묘사하면서 지적했듯이 비평가들은 "시각적 관심, 문화적 다양성, 연예·오락적 요소, 미학적 즐거움, 다양성(이국적이면 더 좋다), 그리고 감정적 시뮬레이션"을 중시하는 '여행객의 관점'에서 글을 쓴다. 레빗타운의 주택을 구입한 일반 거주자는 "안락하고, 편리하고, 사회적으로 만족감을 느끼면서 살 공간(분명 미학적으로 즐거울지 몰라도 그보다는 그의 일상적인 욕구에 맞게 기능할 수 있는)"을 원했다.[36] 건설 전문가들은 대부분의 주택 매수자들에 비해서 다양한 스타일의 세련됨에 훨씬 더 많은 가치를 두는 경향을 보인다.

결과적으로 예술의 진가를 알아보는 것은 전문가들이 할 일이다. 그러나 주택 매수자들은 매우 부유하지 않은 한 건축물 바닥면적, 획지

314

규모, 현대적 편의성, 좋은 학교, 그리고 직장 접근성 등에 더 많은 무게를 두는 경향이 있다.

레빗은 포드처럼 비용 절감을 위해서 안간힘을 썼다. 그는 노조를 내쫓았고, 노조원들은 시위를 벌였다. 당시 시위에 참가했던 한 노동자가 레빗이 지은 집이 너무 마음에 들어서 한 채를 구입했다는 출처가 불분명한 이야기도 돌았다.[37] 노조를 피하자 레빗은 노조원들의 재배치를 막는 규정을 어기면서 분무칠 같은 최신 건설 기술들을 활용할 수 있게 되었다. 그는 중개인을 거치지 않고 목재에서 TV에 이르기까지 모든 것을 제조업자들로부터 직접 구입했다. 그는 못을 만드는 공장도 직접 세웠다.

주택 생산은 26개의 별도 과정으로 나뉘고 수십 명의 하청업자들에게 외주를 줘야 했다.[38] 오늘날까지도 성장하는 교외 주택 지역의 신축 주택 건설에 드는 비용이 오래된 도시에 맞춤형 주택을 짓는 것보다 훨씬 낮은 결정적 이유는 대량생산 때문이다. 한 지역에서 대량의 주택을 신속하게 지음으로써 레빗은 1950년에 2009년 가치로 환산했을 때 6만 5,000달러도 안 되는 8,000달러 미만의 가격만 받고 안락한 현대식 집을 팔 수 있었다.[39]

레빗이 지은 주택을 구입한 사람들의 연평균 소득은 약 4,000달러였다. 그들 중에서 레빗의 신축 주택을 사기 위해서 치러야 할 8,000달러를 전부 갖고 있는 사람은 거의 없었지만 연방 정부는 주택 구입 보조금을 대규모로 지원하고 있었다.[40] 제대군인 지원법(G.I. Bill)에 따라서 참전 용사들은 자기 자금 없이 주택 대출을 받았고, 연방주택청(FHA)은 중산층 주택 구매자들에게 최대 95퍼센트까지 모기지 대출금 보증을 서주었다.[41]

레빗의 주택 구입자들은 정부 보증 대출을 받으면 현대식 집기로 가득 차 있고 우거진 녹지 공간으로 둘러싸인 집을 단돈 400달러에 살 수 있었다. 레빗이 지은 74제곱미터 규모의 폭이 별로 넓지 않고 옆으로 길쭉하며 지붕의 물매가 뜬 단층집들은 지금 기준으로는 좁고 진기해 보이지만 당시 복잡한 공동주택에서 성장한 뉴요커들에게는 이런 집들이 맥맨션(McMansion: 작은 부지에 크고 화려하게 지은 저택)처럼 느껴졌다.[42]

연방주택정책이나 주간(州間) 고속도로 지출 중 어느 것도 반(反)도시적 목적으로 시행된 것은 아니지만 분명 도시에게 피해를 준 것은 맞다. 고속도로 프로그램은 전국을 연결하는 게 목적이었지만 고속도로 건설 지원은 사람들에게 자동차 출퇴근을 장려한 꼴이 되고 말았다. 주택 모기지 금리 공제와 정부 보증 모기지 대출을 통한 주택 구입 지원도 이른바 모기지 시장의 불완전성 문제를 해소하면서 국가 지분을 가진 부동산을 소유한 시민들을 만드는 것이 목적이었다. 무엇보다 가장 규모가 컸던 정부의 자가주택 보조금은 모기지 금리의 세금 공제로 이어졌고, 이것은 주택정책이 아니라 일반적인 금리 비용 공제(이것은 결국 우리의 거주 방식에 중요한 영향을 미치게 됐는데, 소득세법을 정하다가 거의 우연히 생기게 됐다)의 부산물로서 생겨났다.

대형 주택 구매에 보조금을 지원하자 사람들에게 도시를 떠나라고 장려한 격이 되었다. FHA의 대출은 교외 지역에 거주하는 중산층에게 압도적으로 많이 나갔는데 FHA 관리자들 눈에 그곳이 적합한 장소처럼 보여서 그랬거나 아니면 그곳에 신규 주택들이 계속 건설되고 있었기 때문에 그랬을지 모른다.[43]

정부는 더 큰 집을 제공해서 참전 용사들에게 보상해 주고 싶었지만 그렇게 큰 집들은 교외 지역에 많이 지어졌다. 주인이 직접 사는 주택은 단독주택인 경우가 압도적으로 많고, 그런 주택들은 교외 지역에 지어지는 경향이 있다.[44] 공공 정책이 주택 소유를 권장할 때 사람들을 도시로부터 밀어낸다.

레빗타운이 세워졌던 1940년대에는 대중교통의 접근성이 거주자들에게는 매우 중요했다. 레빗타운에는 기차역이 있었고, 많은 레빗타운 거주자들은 기차를 타고 맨해튼으로 출근했다. 그러나 미국의 교외 지역들은 바르셀로나의 에이샴플레 같은 인구밀도가 높은 예전 도시들에 비해서 자동차에 훨씬 더 많이 의존하게 되었다.

레빗타운 거주자들은 여전히 기차역으로 가거나 도시 주위에 볼일을 보러가기 위해서 자동차가 필요했다. 아울러 많은 초기 거주자들은 카풀을 이용해서 출퇴근했다. 카풀은 덜 부유한 사람들이 주로 이용하지만 지금도 이것은 일반적인 관행이다. 그렇지만 레빗타운은 지역 이동을 위해서는 자동차가 필요하지만 원거리 여행은 기차로 연결되는 소도시였다.

자동차 중심으로
미국 다시 만들기

기본 계획에 따라서 세워진 교외 커뮤니티들은 윌리엄 레빗이 걸어간 경로를 따라가면서 대중교통과 점점 더 단절되어 갔다. 성장하는 선벨트 지역에서 기업들은 시내에 집중적으로 모이기보다는 지역 전역에 분산되어 있다. 98곳의 미국 메트로폴리탄 지역에 있는 일자리들 중 거의 절반은 도시 중심으로부터 16킬로미터 이상 떨어져 있다.[45] 사람들은 일반적인 시내에서보다는 자동차를 이용해서 갈 수 있는 지역에서 쇼핑한다. 저렴하게 이용할 수 있는 트럭과 고속도로 덕분에 기업들은 항구, 철도역, 오대호를 통한 운송 방식으로부터 해방되었다.

자동차 중심의 교외 지역은 워싱턴 스퀘어와 에이샴플레에서 시작된 스프롤 현상의 가장 최근 사례지만 자동차 중심으로 돌아가는 이 지역들은 모든 오래된 도시들과 매우 다른 느낌을 준다. 과거의 모든 운송 혁신 기술에서는 어느 정도 걷는 것이 필요했다. 버스 정류장이나 기차역에서 회사나 집으로 가기 위해서는 걸어야 했다. 이처럼 걸어서 이동해야 하는 까닭에 오래된 도시들은 상당히 혼잡했다. 그러나 자동차가 이 모든 것을 바꿔놓았다. 걸을 필요가 없어짐에 따라 자동차는 사람들이 사용할 수 있는 토지의 규모를 비약적으로 확대시켰다. 결과적으로 인구밀도와 자동차 이용도의 역상관(逆相關) 관계는 극도로 밀접하다.[46] 도시의 인구밀도가 두 배가 되면 차를 이용해서 출근하는 사람들의 비율은 일반적으로 6.6퍼센트 포인트 떨어진다.

자동차는 또한 옴니버스나 고가 철도나 도보에 비해서 훨씬 더 많은 공간이 필요하다. 0.8제곱미터의 도로 공간이면 5번가를 걸어가는 보행자에게 충분하며, 바쁜 날에 보행자들은 이보다 훨씬 더 적은 공간도 참아낼 것이다. 일본의 중형 자동차인 혼다 어코드는 세워두면 약 9.3제곱미터의 공간을 차지한다.[47] 이 차 주위에 몇 미터의 여유가 더 있고 앞에 몇 대의 자동차 길이만큼의 공간이 추가된다면 전체 필요한 공간은 고속도로 상에서 27~37제곱미터로 쉽게 늘어난다. 걷다가 자동차를 타면 필요 공간이 약 40배 늘어나기 때문에 자동차 중심 도시들이 가진 땅 중 상당 부분이 고속도로 용도로 쓰이게 되는 것이다.

또한 자동차는 아스팔트를 달릴 때만 공간을 차지하는 것이 아니다. 자동차는 가만히 주차해 있을 때도 공간이 필요하다. 자동차 1대당 주차 공간은 11제곱미터를 넘을 때가 종종 있다.[48] 직장에 자동차를 끌고 오면 결과적으로 직장에서 필요한 공간이 두 배 늘어난다. 오래된 혼잡한 도시들이라면 다층 주차 공간이 있어야 차를 세울 수 있는데, 건축 공간당 5만 달러 이상의 비용이 들 수 있다.[49]

자동차와 세계의 복잡하고 오래된 도시들 사이의 부조화는 왜 자동차가 때로는 오래된 도시 변두리에 때로는 선벨트 중간에, 넓고 인구밀도가 낮은 새 주거 공간을 건설하게 만들었는지 그 이유를 설명해 준다. 마천루들이 더 높아지고 시내 전차를 이용하는 교외 주거지가 만들어졌던 19세기 말의 변화조차 자동차를 중심으로 진행되어 온 대규모 공간 조성에 비해 상대적으로 규모가 작은 것 같다.

어떤 사람들은 미국에서 일어나는 스프롤 현상은 외떨어진 단독주택과 정원에 큰 가치를 두는 영국의 문화적 전통을 반영하는 것이라고 주장한다. 하지만 유럽인들이 미국인들에 비해서 더욱더 도시적으로 사는 명확한 이유들이 있다. 유럽의 많은 도시들은 오래됐고, 수세기에 걸쳐 천재들이 이루어놓은 문화적 유산을 향유한다. 파리 중심에 산다는 것은 대부분의 미국 중심 도시들에 사는 것과는 근본적으로 다르다. 유럽 정부들은 기름에 더 많은 세금을 부과하고 고속도로 건설에 덜 투자함으로써 자동차의 발전 속도를 늦췄다. 지난 30년 동안 프랑스의 평균 유류세는 미국의 그것에 비해서 약 8배 더 높다.[50] 1990년대 중반 미국에서 휘발유 1리터당 평균 가격이 26센트였을 때 이탈리아나 프랑스에선 1리터당 평균 가격이 1달러 32센트였다.

동료 매튜 칸과 함께 전 세계 70개 도시들을 비교해 본 결과 나는 국가들이 낮게 부과하던 유류세를 높일 경우 개발 밀도가 40퍼센트 넘게 늘어난다는 것을 알아냈다.[51] 놀랄 것도 없이 자동차 소유자 수도 줄어든다. 유류세 인상에도 불구하고 유럽인들은 점점 더 부유해지면서 미국인들처럼 점점 더 많이 운전하기 시작했다. 오늘날 프랑스에서 여객 운송의 84퍼센트는 자동차로 이루어진다.[52] 이탈리아에서는 인구 10명 당 약 6대의 차량을 소유하고 있고, 프랑스와 독일의 경우 같은 숫자의 인구당 각각 5대와 5.66대의 차량을 소유하고 있다.[53] 여전히 미국에 차가 더 많다. 미국에서는 인구 10명당 7.76대의 차량을 보유하고 있지 만 미국과 유럽의 차이는 현저히 줄어들고 있다.[54]

자동차 소유자들이 늘어나면서 유럽인들 역시 교외 지역으로 이동하 고 있다. 문화가 아닌 자동차가 스프롤 현상을 일으키는 근본 원인이 다. 유럽 환경청이 발표한 보고서에 따르면 1950년대 이후로 빈, 마르 세유, 브뤼셀, 코펜하겐 같은 도시에서 신축 건물의 90퍼센트 이상이 "인구밀도가 낮은 거주 지역"에서 지어졌다.[55] 이탈리아만큼 훌륭한 도 시 문화를 가진 곳은 없다. 밀라노를 방문하는 대부분의 여행객들은 웅 장한 피사 대성당과 인근의 갤러리아 비토리오 에마누엘레 거리에 대 해서 강렬한 기억을 갖고 떠난다. 그러나 디트로이트나 세인트루이스 와 마찬가지로 밀라노의 도시 중심은 수십만 명의 사람들을 떠나보냈 다. 그들 중 많은 수가 자동차 집약적인 교외 지역으로 이사했다. 라이 프치히를 구하기 위해서 싸우는 사람들은 그곳에서 일어나는 강력한 교외화의 물결과도 맞서 싸우고 있다.

사람들이 그저 자동차를 세워두기만 해도 오래된 도시들에게는 대단 히 좋겠지만 그런 일은 일어나지 않을 것이다. 선진국에서 출퇴근하는 사람들에게 자동차는 많은 시간을 아껴준다. 도입부에서 밝혔듯이 미 국에서는 2006년에 자동차를 이용한 평균 출퇴근 시간은 24분이었지만 대중교통을 이용한 평균 출퇴근 시간은 그 두 배인 48분이었다.[56] 대중 교통의 문제는 버스나 지하철 정류장에 가서 차를 기다리다가 최종 목 적지에 가장 가까운 정류장에 내리면서 소비되는 시간이다. 이동 거리 와 상관없이 이런 식으로 소비되는 시간이 버스와 지하철의 경우 평균

20분 정도이다.[57] 버스로 출퇴근하는 사람들은 자동차로 출퇴근하는 사람들보다 두 배 많은 시간을 출퇴근에 소비했다.

일부 도시계획 전문가들은 연료 가격 상승이 자동차 중심의 생활에 마침표를 찍기를 기대하고 있으며, 실제로 연료 가격 상승은 도시를 보다 매력적으로 만들 것이 분명하다. 그러나 도시에게는 불행한 일이겠지만 자동차의 발전된 기술은 교외 지역을 선호한다. 현재의 연료 가격이 두 배로 오르면 1리터로 10.5킬로미터를 달리는 자동차를 모는 가족이 1년에 4만 234킬로미터를 운전했을 때 드는 연료비는 3,000달러 상승한다. 그러나 그 가족은 하이브리드 자동차로 옮겨 탐으로써 이런 비용 상승을 완전히 무마시킬 수 있다.

교외 지역 인프라에 이미 엄청난 투자가 이루어진 이상 나는 연료 가격이 크게 상승하더라도 미국인들이 자동차를 포기할 것으로 생각하지는 않는다. 인프라가 아직 구비되지 않았고 사람들이 비용 상승에 보다 민감하게 반응하는 개발도상국 세계에서는 연료 가격이 상승하면 스프롤 현상이 줄어들 가능성이 높다.

오래된 도시들은 더 많은 사람들을 시내에 거주하게 만들기 위해서 연료 가격을 올리거나 갑작스러운 자동차 혐오증이 생길 가능성에 의존할 수는 없다. 그러나 그들은 거주민들의 이동 속도를 높여줌으로써 도시 생활을 보다 매력적으로 만들 수는 있다. 런던과 싱가포르에서 그랬던 것처럼 도시 중심부로 들어오는 운전자들의 숫자를 줄이기 위한 혼잡 통행료를 부과하는 식으로 도시의 출퇴근 시스템을 개선할 수 있다. 이보다 더 중요한 사실은 조밀한 마천루를 새롭게 개발한다면 자동차 출퇴근에 소요되는 평균 24분보다 더 짧은 15분 만에 도보로 출퇴근이 가능해질 수 있다는 것이다. 뉴욕 같은 많은 도시들에서 시내 중심부까지 도보로 출퇴근할 수 있는 트라이베카처럼 예전에 슬럼이었던

휴스턴 외곽에 있는 더 우드랜즈는 레빗타운 이후로 화려하면서도 녹음이 우거진 대
규모 교외 지역을 얼마나 더 많이 개발할 수 있는지를 보여주고 있다. 불행하게도 준
교외 지역의 확장은 더 많은 탄소 집약적인 라이프스타일로 이어졌다. 이 모든 녹지대
가 정말 심각하게 오염되고 있다. (테드 워싱턴 제공)

지역들이 되살아나기 시작했다. 이는 사람들이 시간을 절약하기 위해 대중교통보다 자동차를 이용하게 된 것과 같은 이유 때문이다.

도시들은 서로 경쟁할 수 있지만, 경제적으로 감당할 수 있는 주택을 제공하고 출퇴근 시간을 줄여주는 획기적인 설계가 필요하다. 그러나 오늘날 가장 창조적인 개발은 도시 외곽에서 일어나고 있다.

'더 우드랜즈[58]에 오신 걸 환영합니다'

오늘날 도시들은 레빗 형제가 만든 비교적 소박하면서도 질서 잡힌 교외 지역을 상대로 경쟁하지는 않는다. 그들은 적당한 가격과 공간을 제공하고 많은 편의 시설을 갖춘, 선벨트의 준교외 지역에 세워진 훨씬 더 매력적으로 발전한 지역들에 맞서 싸우고 있다. 휴스턴 북쪽 약 48킬로미터 지역에는 113제곱킬로미터[59]에 달하는 울창한 녹지대인 더 우드랜즈(The Woodlands)에 9만 2,000명이 넘는 사람들이 살고 있다.[60] 오늘날 4,047제곱미터당 4채의 집이 들어선 레빗타운은 이 텍사스 교외 지역에 비해서 3배 정도 인구밀도가 더 높다.[61] 더 우드랜즈 대지의 약 28퍼센트는 공원과 보존 녹지 공간으로 지정되어 있다.[62]

더 우드랜즈는 천연가스 업계의 실력자 조지 피디아스 미첼(George Phydias Mitchell)의 발명품이다. 레빗과 마찬가지로 그는 이민자의 아들이다. 그리스 출신인 미첼의 아버지는 살고 있던 1,012제곱미터 크기의 험준한 토지를 버리고 미국으로 건너온 후 철로를 놓는 일을 시작했다. 조지는 지질학과 석유 공학을 전공하기 위해서 텍사스 A&M 대학에 들어갔다. 그는 과 수석으로 졸업한 후 제2차 세계대전 중에는 미국 육군 공병단에서 근무했으며 전쟁이 끝나자 천연가스 시추를 시작했다.

당시 도시에서는 민간 주택들에 대해 난방과 요리에 석탄을 때는 것을 금지하는 규정을 만들고 있었기 때문에 천연가스 수요가 폭증했다. 이 규정에 반대하는 사람들은 규정으로 인해서 치러야 할 대가가 엄청나다고 주장했지만 그들은 인간이 가진 창조성의 힘을 과소평가했다. 미첼은 천연가스 산업의 선구자였으며, 이 산업은 석탄이나 기름에 비해서 훨씬 더 친환경적인 난방 방법을 미국 도시들에 제공했다.

천연가스를 캐내기 위해서 텍사스의 대수층(帶水層: 지하수를 품고 있는 지층)을 오염시킨다는 신랄한 비난을 들었지만 미첼은 텍사스에서 채굴 산업에 관여하는 사람들의 일반적인 모습과는 다른 그린 에너지를 만드는 사람으로서 좋은 평판을 유지했다. 1960년대에 그는 부동산 분야로 투자 다각화를 결정했고, 휴스턴에서 북쪽으로 약 48킬로미터 떨어진 숲에 거대한 도시 건설을 꿈꿨다. 멀리 인적이 끊어진 곳에 새로운 대규모 커뮤니티를 세우기 위해서는 많은 돈이 필요했기 때문에 미첼은 이 부동산 개발 도박을 위해서 수백만 달러를 빌려야 했다. 주택도시개발부가 더 우드랜즈에 5,000만 달러의 대출 보증을 서줬다. 그러나 이 보증에는 여러 조건들이 붙었는데, 그중 하나는 환경을 민감하게 고려해서 개발해야 한다는 것이었다.

미첼은 필라델피아에 연고를 둔 글래스고 출신인 이안 맥하그를 환경보호 컨설턴트로 고용한 후 그에게 "나는 내가 추진 중인 프로젝트 이름을 더 우드랜즈로 정했고, 우리가 일을 끝마쳤을 때 더 나은 삼림 지대가 만들어질 것이다"라고 말했다. 환경보호에 관심을 갖고 있던 미첼은 특정 지역의 자연 생태학을 강조하는 도시 계획을 정리한 맥하그의 저서 『자연과 함께하는 디자인(Design with Nature)』을 읽고 큰 홍미를 느꼈다. 미첼은 맥하그와 함께 더 우드랜즈를 만들었다. 이 커뮤니티는 천천히 성장했다. 이곳은 1994년까지 첫 번째 쇼핑몰조차 인수하지 않았는데, 이것은 진정한 교외 지역 개발의 필수 요건이었다. 그러나 휴스턴이 팽창하면서 더 우드랜즈는 폭발적으로 성장했다. 1990년대에 이곳의 인구는 두 배 이상 늘어났고, 2000~2008년에는 또다시 40퍼센트 이상 인구가 증가했다.[63]

더 우드랜즈에 사는 성인 중 절반 이상이 대졸 이상의 학력을 갖고 있으며, 가구의 연평균 소득은 10만 달러가 넘는다. 이곳 거주자들은 소득 수준을 감안해 보면 주택 구입에 정말로 적은 돈을 쓰고 있는 것이다.[64] 인구 조사국 통계에 따르면 더 우드랜즈의 주택 가치는 평균 20만 달러 정도이다.[65] 분명 그곳에 사는 사람들은 더 비싼 집을 살 수 있다.

더 우드랜즈에서 가장 흥미로우면서도 도시적인 면모를 띠는 것 중 하나는 사회적 자본에 대한 관심이다. 더 우드랜즈는 고립된 개인의 집합이 아니기 때문에 돌아간다. 즉 그곳의 사회적 인프라는 개인 사이의 연결을 조장할 목적으로 설계되었다. 미첼은 1975년에 현재 인터페이스(Inter-faith)라는 이름으로 불리는 "이 새로운 소도시에서 종교적 커뮤니티와 모든 복지 사업들에 대한 계획을 세우기 위해 만들어진" 더 우드랜즈 종교 커뮤니티 회사의 운영을 맡기기 위해서 워튼에서 훈련받은 루터 교회 목사를 고용했다. 이 목사는 스쿠터를 사서 이사 트럭들을 따라다니면서 더 우드랜즈에 새로 온 사람들을 맞이했다. 이너페이스는 더 우드랜즈가 사회적 활동, 특히 종교적 활동을 할 수 있는 적절한 공간을 제공할 수 있게 했다. 종교적 이유로 생긴 증오보다 더 특정 지역을 망쳐놓는 것은 없기 때문에 이너페이스는 종교적 메시지들이 긍정적으로 유지되도록 만든다. 9·11 공격이 터진 이후 이너페이스는 랍비들은 팔레스타인인들을 위해서 기도하고, 이슬람 지도자들은 유대인들을 위해 기도하도록 시켰다.

더 우드랜즈에 있는 가구들 중 절반 가까이는 18세 미만의 아이들을 두고 있으며, 이곳은 학교 교육을 특화한다.[66] 이곳에는 우수 등급을 받은 전통적인 공립 고등학교 두 곳과 과학 기술 아카데미가 있다. 또한 사립학교 네 곳(종교 학교 두 곳, 일반 학교 두 곳)이 있다. 더 우드랜즈는 좋은 교육을 받은 그곳 거주민들이 아이들의 교육에 대해서 신경 쓴다는 것을 알고 있다. 최근에 들어서야 대도시들은 고등교육을 받은 거주민들을 더 많이 불러들일 고품질 교육을 제공하는 데 더 우드랜즈와 같은 수준의 관심을 보이고 있다.

분명히 말해서 더 우드랜즈의 고객들은 골프에도 관심이 많다. 이곳에는 7개의 골프 코스가 있다. 더 우드랜즈에는 또한 휴스턴 심포니의 여름 별장과 크고 화려한 쇼핑몰과 150개가 넘는 레스토랑이 있다. 개발업자들은 사람들이 걸으면서 쇼핑할 수 있는 걷는 도시를 만들었지만 텍사스의 기후가 걷기에 항상 이상적이지는 않기 때문에 몰 안에서 쇼핑하는 사람들이 더 많다. 물론 대부분의 사람들은 더 우드랜즈 몰과 걸어 다닐 수 있는 시내까지 차를 운전해서 간다. 이 지역과 휴스턴을 연결하는 버스 서비스가 있지만 이곳에서 출퇴근하는 사람들 중 대중교통 수단을 이용하는 사람은 3퍼센트도 되지 않는다.

미첼과 맥하그의 환경보호주의의 가장 큰 아이러니 중 하나는, 그들이 수많은 나무와 에너지 효율적인 주택을 가진 녹색 공동체를 세우려고 애썼지만 주택 소유자들이 지나칠 정도로 많이 운전을 하고 다니기 때문에 그러한 환경 차원의 혜택 대부분이 날아가 버린다는 것이다. 그리고 다음 장에서 설명하겠지만 텍사스의 기후는 매우 후텁지근해서 집과 레스토랑에 냉방을 해야 하기 때문에 결과적으로 엄청난 양의 탄소를 발생시킨다.

더 우드랜즈가 휴스턴 시내로부터 약 48킬로미터 떨어져 있기 때문에 그곳 거주자들이 출퇴근에 끔찍할 정도로 많은 시간을 보낼 것으로 생각할지 모른다. 전 세계 도시 지도 제공 사이트인 맵퀘스트에 따르면 더 우드랜즈에서 휴스턴까지 운전해서 가면 37분이 걸리는데, 이런 낙관적인 계산은 일반적인 러시아워 때가 아니라 교통량이 적을 때를 기준으로 한 것이다.

그러나 2006~2008년 인구 조사국은 휴스턴으로 출퇴근하지 않는 사람들이 매우 많기 때문에 더 우드랜즈에서 휴스턴으로 출퇴근하는 데 걸리는 평균 시간을 28.5분으로 계산했다.[67] 더 우드랜즈의 관리자들에게 따르면 그곳 거주자들 중 약 3분의 1은 그곳에서 일한다. 더 우드랜즈에는 수많은 에너지 기업들이 세우는 기업 타워들을 수용하는 리서치 공원이 있다. 기업들이 시 중심에 계속 뿌리 내리고 있었다면 교외화는 긴 출퇴근 시간에 의해서 제약을 받았겠지만, 미국의 고속도로는 가족들뿐만 아니라 기업들의 교외화도 가능하게 해주었다. 휴스턴에 있는 일자리들 중 56퍼센트는 시 중심으로부터 16킬로미터 넘게 떨어진 곳에 있다.[68] 기업들은 자연스럽게 휴스턴 북쪽의 교외 지역에 살고 있는 많은 수의 잠재적 근로자들과 가까운 곳으로 이전하게 되었다.

더 우드랜즈의 경영자들에 따르면 그곳 거주민들 중 다수는 15분 거리에 있는 공항으로 출퇴근한다. 교외 지역에서 출퇴근하는 사람들 중 다수가 시카고 오헤어 국제공항 같은 공항 주위에서 자랐다. 이런 패턴은 어떤 면에서 처음에 사람들과 기업들이 항구와 철도역 인근에 위치하려고 한 경향과 별반 차이가 없다.

몇몇 열혈 도시 계획 전문가를 제외한 거의 모든 사람들의 눈에 더 우드랜즈는 매력적인 곳이다. 이곳은 무수히 많은 상을 받았고, 상당히 많은 사람들을 끌어들인다. 또한 고품질의 건물, 즐거운 생활 편의 시설, 그리고 뉴욕 교외 지역이나 캘리포니아 해안 지대에 비해서 훨씬 더 저렴한 물가 등을 제공한다. 더 우드랜즈의 성공은 왜 그토록 많은 사람들이 휴스턴과 그 비슷한 장소들로 이동하고 있는지 그 이유를 설명하는 데 유용하다.

100만 명의 사람이 휴스턴으로 이주한 까닭은?

골수 텍사스 사람들에게 휴스턴은 강력한 감정적 반향을 일으킨다. 이들 휴스턴의 정치적 후원자들은 이곳을 사랑한다. 많은 해안과 유럽의 도시 계획 전문가들은 휴스턴을 사탄이 만든 속세의 집으로 생각하는 것 같다. 반(反)텍사스주의자들은 미국 4대 도시인 이곳의 정치, 자동차, 날씨, 문화(혹은 문화의 결핍), 사냥, 정유 산업, 그리고 이곳에 있는 그 외의 모든 것들을 전부 미워한다. 이런 사람들은 분명 휴스턴으로 이사를 가면 안 된다.

그러나 2000년 인구 조사 이후 이들 외에 100만 명이 넘는 사람들이 휴스턴으로 이사했다.[69] 휴스턴은 애틀랜타, 댈러스, 피닉스 등 미국 내에서 급성장하고 있는 메트로폴리탄 지역들과 마찬가지로 다른 선벨트 도시들과 상당히 많은 공통점을 갖고 있다. 오래된 도시를 옹호하는 사람들이 그들의 도시를 실제로 돕고 싶다면 휴스턴을 비판하기보다는 휴스턴을 이해하려고 노력해야 한다.

휴스턴은 그곳에 거주하는 수백만 명의 사람들에게 뉴욕이나 디트로이트 같은 오래된 도시들이 주지 못하는 그 무언가를 주고 있을까? 러스트 벨트와 비교했을 때 휴스턴이 가진 중요한 이점은 소득이다. 디트로이트를 감싸고 있는 미시건 주 웨인 카운티의 2008년 가구당 연평균 소득은 5만 3,000달러였다. 반면, 같은 해에 휴스턴을 감싸고 있는 텍사스 주 해리스 카운티의 가구당 연평균 소득은 6만 달러였다.[70] 2010년 6월에 텍사스의 실업률은 8.2퍼센트였지만 미시건의 실업률은 13.2퍼센트였다.[71] 러스트 벨트가 텍사스와 효율적으로 경쟁하기 위해서는 더욱 건실한 경제 성장을 구가할 수 있는 방법을 찾아내야 한다. 도시들을 비교하는 통계가 보여주듯이 그러기 위해서는 더 많은 기술 축적이 필요하다.

그러나 뉴욕은 휴스턴보다 교육 수준도 높고 임금도 높지만 휴스턴에 더 많은 사람들이 몰리고 있다. 휴스턴이 경제 상황이 더 좋거나 기후가 더 낫기 때문에 샌프란시스코나 뉴욕에 살 수 있는 사람들을 끌어들이는 것은 아니다. 따져보면 휴스턴은 연평균 섭씨 32도가 넘는 날이 98일이나 된다.[72] 그러나 이렇게 무더운 여름을 빼면 휴스턴은 중산층 사람들이 경제적으로 감당할 수 있는 매력적인 라이프스타일을 누릴 수 있게 해줌으로써 성공하고 있다.

'우주의 지배자'가 되기에 뉴욕보다 더 적절한 다른 곳을 상상하기 어렵다. 맨해튼은 부자가 되고 가진 돈을 쓰기에 아주 좋은 장소이다. 충분한 돈만 있다면 센트럴 파크가 내려다보이는 넓은 집에 살면서 바니스 같은 고급 백화점에서 쇼핑하고, 프랑스 레스토랑인 르 베르나르댕에서 식사하고, 아이들을 세계에서 가장 좋은 사립학교에 보내 공부시킬 수 있다. 뉴욕은 또한 외곽 자치구의 소형 아파트에 모여 사는 이민자들 같은 가난한 사람들에게도 아주 살기 좋은 곳이다. 대중교통 수단이 잘 갖춰져 있기 때문에 그들은 자동차 없이도 살 수 있다. 뉴욕에는 적절한 사회 복지 시설들이 있으며, 가나나 과테말라에서 같은 일을 했을 때보다 더 높은 임금을 받을 수 있는 초보적 수준의 서비스 분야

일자리들이 많이 있다.

그러나 여러분이 골드만 삭스의 파트너도 가난한 이민자도 아니라면 어떻게 될까? 만약 여러분이 두 아이를 두고 있으며 미국 소득 분포도에서 중간 정도의 기술과 중산층 라이프스타일에 대한 열망을 가진 평범한 미국인이라면 어떻게 될까? 뉴욕과 휴스턴 중 한 곳을 결정해야 하는 중산층 가족의 삶에서 경제적 측면들을 살펴보면서 이 질문에 대답해 보기로 하자.

2006년 기준으로 미국 가구의 연평균 소득은 6만 달러에 달했다.[73] 부부 중 한 사람이 파트타임 일만 할 때도 있었지만 부부가 맞벌이인 가구가 많았다. 대부분의 중산층은 간호사나 소매업이나 매장 관리 등 서비스 분야에서 일하고 있다. 2000년 실시된 인구 조사 결과를 보면 등록 간호사는 휴스턴과 뉴욕에서 각각 연평균 4만 달러와 5만 달러의 소득을 올렸다.[74] 소매업자들의 평균 수입은 휴스턴과 뉴욕에서 각각 2만 7,800달러와 2만 8,000달러에 달했다.[75] 덜 아이디어 집중적인 산업에 종사하는 사람들은 맨해튼에서 금융업자와 출판업자들만큼 많은 경제적 수입을 얻지는 못한다. 뉴욕의 소득이 더 높다는 점을 감안했을 때 미국의 중산층 가구는 휴스턴과 뉴욕에서 각각 6만 달러와 7만 달러의 연소득을 올린다고 전제하겠다.

그 돈을 가지고 두 지역에서 각각 어떤 종류의 집을 구할 수 있을까? 인구 조사국에 따르면 2007년 기준으로 휴스턴 지역에서 집주인이 직접 거주하는 주택의 평균 가치는 약 12만 달러에 달했다.[76] 휴스턴 거주자들은 현지의 주택들 중 4분의 3 이상이 20만 달러 미만의 가치를 지니고 있다고 평가했다.[77] 전미부동산협회(NAR) 조사에 따르면 2009년 3분기에 휴스턴에서 팔린 집의 평균 가격은 16만 1,000달러였다.[78] 2007년 봄에 내가 인터넷에서 집에 대한 정보를 찾아보니 휴스턴에서는 지은

지 얼마 안 됐으며 방이 네 개 이상 있는 집들 중 20만 달러 미만에 팔리고 있는 곳들이 많았다. 어떤 집들은 주거 공간이 279제곱미터가 넘었고, 또 어떤 집들에는 풀장도 있었다. 그들 중 일부는 외부인 출입을 엄격히 통제했고, 거의 모든 집들은 쾌적한 주거 환경을 자랑하는 것 같았다.

주로 동해안 지역에서 37년을 사는 동안에 나는 휴스턴에서 16만 달러면 구하는 집보다 훨씬 덜 화려한 집에서 살았다. 우리 집은 16만 달러보다 몇 배가 더 비쌌음에도 말이다. 내가 케임브리지에서 난생처음 구입한 집에 보험을 들었을 때 텍사스 출신의 보험 대행인은 내가 그토록 평범한 집을 사기 위해서 지불한 터무니없이 높은 가격을 보더니 웃음을 터뜨렸다. 내가 그 집을 팔았을 때 《보스턴》지는 평범한 수준의 집 가격이 어떻게 그토록 비싸게 변했는지를 설명하는 데 우리 집 사진을 싣기도 했다. 2006년 인구 조사국의 평균 집값 통계를 보면, 로스앤젤레스가 61만 4,000달러, 뉴욕 시가 49만 6,000달러였다.[79]

이런 평균적인 집들도 뉴욕에서 매년 7만 달러를 버는 가족들이 감당하기에는 버겁다. 주택복권에 당첨되어 집을 살 때 보탤 돈을 마련하지 못한다면 이 가족이 맨해튼에서 집을 구한다는 것은 사실상 불가능하다. 하지만 뉴욕 서쪽 스태튼 섬에서는 34만 달러 정도면 방 세 개에 화장실 두 개 딸린 완벽하게 쾌적한 집을 구할 수 있다.

예를 들어 영화 〈워킹 걸〉에 나오는 테스 맥길의 고향 뉴브라이턴에는 37만 5,000달러[80] 정도면 살 수 있는 오래된 집들이 아주 많이 있으며 이런 집들의 주거 공간은 약 186제곱미터이다.[81] 혹은 중산층 가족은 뉴욕 동북부 퀸즈의 하워드 비치나 파 락어웨이 같은 곳에서 방 2~3개가 딸린 아파트를 구입할 수도 있다.[82]

만일 같은 가족이 보증금으로 3만 5,000달러를 내고 나머지 돈을 대출 받았을 때 이자 등 매년 집에 들어가는 돈은 뉴욕에서는 2만 4,000 달러(34만 달러짜리 집을 기준으로 계산했을 때), 휴스턴에서는 9,700달 러(16만 달러짜리 집을 기준으로 계산했을 때)이다.[83] 휴스턴에서는 더 큰 집을 더 적은 돈을 내고 구입해서 거주할 수 있다는 말이다. 휴스턴 과 캘리포니아 해안 지대를 비교하면 이런 차이가 더 커진다. 무엇보다 도 저렴한 가격 때문에 휴스턴은 많은 중산층 미국인들에게 그토록 매 력적으로 보이는 것이다.

남북전쟁이 끝나고 미국이 재건 시기(Reconstruction : 1865~1877년) 를 맞았던 1876년에 큰 정부를 포기하기 위해서 작성된 텍사스 주 헌법 은 어떤 형식으로건 주(州) 소득세를 부과하지 못하도록 하는 수많은 장애물을 만들었다. 그 결과로 지금도 텍사스에는 주나 시의 소득세가 없다. 휴스턴 거주자들은 16만 달러짜리 주택을 구입했을 때 경우 약 4,800달러의 부동산세를 내야 한다.[84] 뉴욕 시에서는 약 3,400달러의 지방 부동산세와 함께 같은 금액만큼의 주와 시 소득세를 지불해야 한 다.[85] 즉, 뉴욕 시에서는 16만 달러짜리 주택을 구입했을 때 내야 할 총 세금만 6,800달러에 이른다. 주와 지방 세금 차이 때문에 뉴욕에서 살 경우 텍사스보다 2,000달러를 더 부담해야 한다. 이런 세금 차이도 중 요하지만 중산층 미국인들에게는 주택 구입 비용이 훨씬 더 중요하다. 주택 구입비와 연방세 및 지방세를 지불하고 나면 휴스턴 가족의 손에 는 약 3만 7,000달러가 남는다. 반면 1만 달러 이상을 더 많이 갖고 시 작한 뉴욕 가족의 손에는 3만 달러 정도만 남게 된다.

이제 텍사스 가족이 성인 한 명당 차가 한 대씩 필요하다고 치자. 차 가 없으면 돌아다닐 방법이 없기 때문이다. 연소득 6만 달러의 미국 가 족은 평균 교통비로 최대 8,500달러를 지출한다.[86] 텍사스에서는 이 돈 을 갖고 비교적 저렴한 자동차 두 대와 기름 값 및 보험료를 감당하기도 벅차다. 뉴요커들은 자동차를 완전 포기하면 돈을 모을 수 있지만 스태튼 섬이나 외곽 퀸즈에서는 대중교통을 이용해서 출퇴근하더라도 식료품을 사고 아이들을 이동시키기 위해서 차 한 대 정도는 구입하고 싶어할 것이다. 결과적으로 뉴요커들은 텍사스인들에 비해서 교통비로 매년 최소 3,000달러를 덜 쓰게 된다.

뉴요커들의 교통비 지출이 더 적지만 이런 경제적인 이득은 시간상 손실로 인해서 상쇄된다. 가장 최근에 나온 인구 조사 통계(2008년)를 보면 휴스턴 사람들의 평균 출퇴근 시간은 26.4분이다.[87] 퀸즈 거주자의 평균 출퇴근 시간은 42.7분이며,[88] 스태튼 섬 거주자의 평균 출퇴근 시간은 42.1분이다.[89] 시간도 많이 걸리지만 교통편도 번거롭다. 먼저 집에서 도보나 버스를 이용해서 연락선이 있는 데까지 간다. 연락선 운행 시간은 25분이지만 내려서 맨해튼의 최종 목적지까지 또 가야 한다.[90] 월가까지는 45분이면 출근이 가능할지 모르지만 미드타운까지 가려면 1시간 이상이 걸릴 수도 있다. 결과적으로 맨해튼에서 일하는 성인들은 대중교통을 이용해서 출퇴근하느라 각자 1년에 125~250시간을 추가로 쓰고 있다. 이것은 여행을 떠나 3~7주 정도 일을 못하는 시간 손실과 맞먹는다.

대중교통 애호가들은 대중교통을 이용하는 것이 운전하는 것보다 훨씬 더 즐겁다고 주장할 것이다. 가끔은 그렇지만 맨해튼의 만원 지하철을 타보면 천국보다는 지옥에 온 느낌이 더 강하게 든다. 자동차를 타면 운전자는 온도를 조절하고 지하철에서보다 훨씬 배경 소음이 적은 공간에서 솔 벨로(미국 작가)나 브루스 스프링스틴의 CD를 들을 수 있다. 출퇴근하는 사람들의 취향을 알아본 조사 결과 사람들은 운전하면서 보내는 시간보다 대중교통을 이용하면서 보내는 시간을 더 싫어하는 것으로 나타났다.[91]

자동차와 집, 세금에 들어가는 돈을 빼면 텍사스 사람들의 수중에는 2만 8,500달러가 남고, 뉴요커들의 수중에는 2만 4,500달러가 남는다. 미국상공회의소조사연합(ACCR: AAmerican Chamber of Commerce Research Association)은 휴스턴과 퀸즈(스태튼 섬은 아니다)를 포함해서 미국 내 여러 지역의 지역 물가 지수를 만들어서 발표한다.

주택 가격을 제외하고 가장 가격 차이가 큰 것이 식료품인데, ACCRA에 따르면 퀸즈에서 팔리는 식료품 가격이 휴스턴에서 팔리는 그것에 비해서 약 50퍼센트 이상 더 비싸다.[92] 티본 스테이크 가격은 퀸즈가 3달러 이상 비싸고, 닭고기는 뉴욕이 50퍼센트 이상 비싸다.[93] 이런 가격 차이를 감안해 봤을 때 세금과 주택 가격과 교통비를 제외한 퀸즈 거주민들의 실질소득은 1만 9,750달러에 약간 못 미친다.[94] 연소득이 1만 달러가 안 되는 휴스턴 거주자들도 똑같은 식으로 계산해 보면 그들의 실질소득은 3만 1,250달러에 이른다.[95] 실질 달러 가치로 환산해 보면 휴스턴 가족이 58퍼센트 더 부자가 된다.

교육 같은 공공 정책의 사정은 어떨까? 휴스턴과 스태튼 섬 가족을 기준으로 보통 공립학교들을 비교할 수 있겠다. 뉴욕 가족의 아이들이 스타이브샌트 같은 명문 공립학교에 다닌다면 그들은 훌륭한 교육을 무상으로 받게 될 것이다.

그러나 똑똑한 아이를 두지 않았더라도 휴스턴 가족은 돈이 좀 더 드는 학교 지구, 이를테면 2008년 SAT에서 여러 뉴욕 교외 지역들보다 높은 점수 평균인 1,058점을 얻은 스프링 브랜치(Spring Branch) 같은 곳으로 이사할지 선택할 수 있다.[96] 뉴요커들 역시 교외 지역으로 이사함으로써 더 양질의 교육을 받을 수 있지만 집 구입과 출퇴근에 드는 비용은 스프링 브랜치에서 괜찮은 집을 살 때 드는 22만 5,000달러에 비해서 훨씬 더 높을 것이다.

모든 면을 감안해 봤을 때 휴스턴 거주자들은 멕시코 식당 파파시토스에서 일류 요리를 먹고 갤러리아에서 쇼핑하면서 많은 돈을 쓰는 전형적인 중산층에 속한다. 그들은 좋은 학교를 선택할 수 있고, 비교적 빨리 그리고 편하게 출퇴근하고 있다.

스태튼 섬이나 퀸즈에 사는 가족은 아등바등 사는 게 인생이라는 것을 상기하면서 적자에서 벗어나려고 부단히 애쓰고 있다. 수백만 명의 미국인들에게 휴스턴으로의 이사는 경제적 차원에서 분명 타당하다. 생활비가 많이 드는 미국 해안 도시들이 텍사스와 보다 효율적으로 경쟁하고 싶다면 보통 사람들이 더 부담 없이 살 수 있는 방법을 찾아내야 할 것이다. 중산층 사람들이 텍사스에 살면서 얻는 가장 큰 경제적 이점은 낮은 세금이나 높은 소득이 아니라 경제적으로 감당할 수 있는 집값이다.

선벨트의 집값은
왜 그렇게 싼 걸까?

휴스턴은 물론이거니와 애틀랜타, 댈러스, 피닉스의 집값이 미국 해안 지대의 집값에 비해서 그토록 저렴한 이유는 무엇일까? 비이성적으로 과열되었던 짧은 시기 동안에 주택 가격은 이해할 수 없을 정도로 치솟았다. 오른 만큼 나중에 급락하긴 했지만 2002~2006년에 라스베이거스의 집값이 두 배 이상 폭등한 이유를 경제학자들도 설명하지 못했다.[97]

그러나 더 장기적인 시간을 기준으로 해서 보면 대체로 집값은 일반 경제학 법칙에 순응하게 마련이다. 이런 법칙은 라스베이거스에서 그랬던 것처럼 잠시 어긋날 수도 있지만 곧바로 맹렬히 자신의 가치를 증명한다.

가격은 수요와 공급의 상호작용에 의해 결정된다. 집값이든 뭐든 상관없이 높은 가격은 수요는 많지만 공급이 제한적일 때만 지속될 수 있다. 수요가 약하거나 공급이 풍부하면 가격은 떨어질 수 있다. 물에 대한 수요는 많지만 물은 워낙 많기 때문에 공짜로도 나눠준다. 내가 그린 그림을 싫어하는 우리 아이들에게 내가 그려준 끔찍한 곰 그림은 아무리 공급이 달리더라도 결코 높은 가격을 받을 수 없다. 품질이 떨어지면 수요는 줄고 가격은 내려간다.

특정 메트로폴리탄 지역의 주택 수요는 그 지역에서 벌 수 있는 임금과 그 지역이 제공하는 다른 즐거움들에 따라서 결정된다. 메트로폴리탄들 사이의 물가 차이의 대부분은 1인당 소득과 기온 변수로 설명할 수 있다. 평균적으로 봤을 때 어느 한 지역의 가구 소득이 1퍼센트 높아지면 그곳의 집값은 1.35퍼센트 올라간다. 어느 지역의 1월 평균 기온이 5도 더 오르면 그곳의 물가는 3퍼센트가 상승한다.[98] 1980~2000년에 메트로폴리탄 지역의 소득이 1달러 오를 때마다 집값은 1.2달러씩 상승했다.[99]

물가가 비싼 미국 해안 지대의 경우 수요가 확실하다. 높은 소득과 5장에서 설명한 것처럼 그곳이 제공하는 많은 즐거움 때문이다. 실리콘밸리로 유명한 캘리포니아 주 산타클라라 카운티는 정말로 멋진 지중해 기후와 미국 평균보다 60퍼센트가 높은 소득을 자랑한다. 놀랄 것도 없겠지만 그곳에 사는 사람들은 엄청난 거주비를 지불한다.[100] 2005~2007년에 산타클라라 카운티의 평균 집값은 미국 평균보다 네 배 이상 높은 80만 달러에 육박했다.[101] 이후 집값이 떨어지긴 했지만 최근 판매 자료에 따르면 산타클라라 카운티를 포함하고 있는 새너제이 메트로폴리탄 지

역은 2009년 2분기 기준으로 미국 대륙에서 가장 집값이 비쌌다.[102]

그런데 산타클라라의 높은 집값은 단순히 화창한 날씨와 높은 소득 이상의 뭔가를 반영하고 있다. 2001~2008년의 8년 동안 산타클라라는 불과 1만 6,000채의 단독주택 신축만을 허용했다.[103] 이는 6만 제곱미터의 토지마다 1채만 새로 지을 수 있다는 뜻이다. 수요는 크게 늘었지만 이 지역의 단독주택 재고는 같은 기간 동안 미국 평균 건축률의 3분의 1도 안 되는 5퍼센트 미만으로 증가했을 뿐이다.[104] 실리콘밸리가 그 8년이란 기간 동안에 20만 채의 집을 더 지었다면 표준 주택 가격 통계에 의거해서 봤을 때 화창한 날씨와 높은 소득에도 불구하고 그곳의 집값은 지금보다 약 40퍼센트 정도 낮았을 것이다.[105]

2001~2008년에 휴스턴을 포함하고 있는 텍사스 주 해리스 카운티는 20만 채가 넘는 단독주택 신축을 허가했다.[106] 이는 2만 제곱미터마다 1채 가까운 주택 건립을 허용한 것이다. 이처럼 늘어난 주택 공급은 휴스턴의 집값을 경제적으로 큰 부담이 안 되는 수준으로 유지한 요인이다. 적어도 캘리포니아 사람들이 더 많이 벌고 더 화창한 여름 날씨를 즐길 수 있는 한 분명 휴스턴의 집값이 실리콘밸리의 집값만큼 비싸지는 않을 것이다. 그러나 휴스턴의 경제는 대부분의 러스트 벨트 경제에 비해서 훨씬 더 강력하며, 많은 미국인들은 중서부의 추운 기후보다는 뜨겁고 습한 기후를 더 선호하는 것 같다. 많은 사람들이 휴스턴에 살고 싶어하지만 집을 짓기가 매우 쉽기 때문에 그곳의 집값은 낮은 상태를 유지한다.

집값이 낮은 곳이 모두 주택을 많이 짓기 때문에 그렇게 낮은 가격을 유지하는 것은 아니다. 디트로이트의 경우 경제적인 몰락과 추운 날씨가 합쳐져서 주택 수요를 제한하기 때문에 그곳의 집값은 그토록 낮은 것이다. 디트로이트의 가구당 평균 소득은 미국 평균에 비해서 48퍼센트가 낮고, 평균 집값은 미국 평균의 절반인 9만 달러에 이른다.[107] 너무나 추운 날씨 때문에 디트로이트는 그곳 사람들의 소득을 통해서 예상할 수 있는 수준보다 집값이 더 낮은 것이다. 사실상 디트로이트의 집값은 신규 주택 건설에 드는 비용보다도 낮은 상태라서 앞으로 그곳에서 민간 개발이 거의 이루어질 가능성은 없고 결과적으로 인구는 계속해서 줄어들 것이다. 건설 경기를 일으킬 만큼 집값이 높지 않은 상태에서는 앞으로 신규 주택도 지어지지 않을 것이며 새로운 인구 유입도 없을 것이다.

디트로이트 같은 곳에서는 도시에 신규 주택이 거의 공급되지 않기 때문에 수요도 낮아 집값 상승이 억제된다는 것을 알 수 있다. 휴스턴 같은 곳에서는 도시에 많은 신규 주택이 계속해서 공급되기 때문에 수요가 낮아서가 아니라 공급이 풍부해서 집값 상승이 억제된다.

주택 공급 확대는 주택 가격을 낮추기만 하는 것이 아니라 최근 미국 경제를 뒤흔들었던 급격한 가격 변동성을 줄여주는 효과도 낳는다. 20개 대도시의 주택 가격을 비교한 케이스-실러 지수를 보면 2002년 5월부터 2006년 5월까지 주택 거품이 정점에 도달했던 시기에 미국의 집값은 64퍼센트가 속등했다. 케이스-실러 지수는 동일 주택의 매매 추이를 살펴봄으로써 주택 품질상의 변화가 집값에 미치는 영향을 제거하고 산출된다. 이 지수에서 휴스턴은 제외되지만 휴스턴과 주택 시장 규모가 비슷한 댈러스는 포함된다. 댈러스에서는 주택 시장이 활황을 누린 이 4년 동안에 집값이 물가 상승률에도 못 미치는 8퍼센트 상승에 그쳤다.[108] 집값 거품이 정점에 도달한 후 3년 동안에 집값은 일반적으로 평균 32퍼센트 하락했지만 댈러스의 집값은 5.5퍼센트가 빠졌을 뿐이다.[109] NAR이 보유한 데이터에 따르면 미국 대부분의 지역에서 집값이 급락했지만 휴스턴의 집값은 놀랍게도 보합 수준을 유지했다.

2007~2009년 휴스턴의 연도별 주택 매도 가격은 평균 15만 2,500달러, 15만 1,600달러, 15만 3,100달러로 거의 변동이 없었다.[110]

전 세계적으로 집값이 가히 극단적인 수준의 변동성을 보였음에도 불구하고 휴스턴의 집값이 보합세를 유지할 수 있었던 이유는 수요 변화에 맞춰 주택 공급도 변했기 때문이다. 집값 거품이 정점에 달했던 2006년에 해리스 카운티는 3만 채가 넘는 주택 건설을 허용했는데, 그때 지어진 집들이 가격을 낮게 유지하는 데 도움이 되었다.[111] 2008년에 신규 주택 건설 물량이 절반으로 뚝 떨어지자 이 같은 공급 감소는 주택 가격 하락의 완충제 역할을 해주었다.

탄력적인 주택 공급은 일반적으로 가격 거품을 막아주는 효과도 낳는다. 1996~2006년 평균적으로 주택 공급이 가장 어려웠던 미국 26개 도시의 실질 집값은 무려 94퍼센트가 오른 반면, 주택 공급 제한이 덜 했던 28개 도시의 실질 집값은 28퍼센트 오르는 데 그쳤다.[112] 1980년대 주택 시장의 호황기에 공급이 제한된 지역에서는 집값이 29퍼센트나 치솟았지만 주택 공급이 탄력적으로 이루어진 곳에서는 불과 3퍼센트 오르는 데 그쳤다.[113] 유연한 주택 공급이 주택 매수 광기를 다스리는 완벽한 해독제는 아니다. 예를 들어 라스베이거스와 피닉스에는 건축을 막는 장애물들이 거의 없지만 이 두 도시는 급격하고도 고통스러운 주택 가격의 변화를 겪었다. 그러나 탄력적인 주택 공급은 그러한 일이 일어날 가능성을 낮춰주는 것은 맞다.

휴스턴의 표준 건축비가 0.1제곱미터당 75달러 정도에 불과하기 때문에 텍사스 건설업자들은 그렇게 많은 저렴한 신축 주택들을 공급할 수 있는 것이다.[114] 텍사스나 그 밖에 토지가 풍부한 곳의 집값이 주택 건설비보다 훨씬 더 높아야 하는 이유는 무엇일까? 텍사스도 캘리포니아도 공간이 매우 많기 때문에 전 세계 사람들이 이 두 주에 모여서 산

다고 하더라도 1인당 148제곱미터가 넘는 땅을 소유할 수 있을 것이
다.[115] 미국은 토지가 풍부하기 때문에 미국의 많은 지역에서는 일반적
으로 집값이 건축비보다 25퍼센트 이상 높지 않다.[116]

그러나 대부분의 미국 해안 지역에서는 집값이 건축비보다 훨씬 더
높다. 로스앤젤레스의 경우 휴스턴보다 건축비가 25퍼센트 더 높지만
집값은 로스앤젤레스가 350퍼센트 이상 더 비싸다.[117] 휴스턴과 맨해
튼을 비교하기는 더 어려운데, 휴스턴에서처럼 넓게 짓는 것보다 맨해
튼에서처럼 높이 짓는 데 훨씬 더 많은 돈이 들기 때문이다. 그런데 최
근 몇 년 동안에 맨해튼의 신축 아파트 가격은 물리적 건축비에 비해서
두 배 이상 상승했다. 건축비 외에 다른 요인들도 미국 해안 지역의 높
은 집값에 기여한다.

미국 해안 지역의 집값이 높은 가장 확실한 이유는 토지가 부족해서
토지 가격이 비싸기 때문이다. 맨해튼에는 집 지을 땅이 많지 않기 때
문에 사람들은 돈이 더 들더라도 건물을 높게 지으려고 한다. 그러나
고층 건물을 지을 경우 토지가 더 필요한 것은 아니기 때문에 토지 부
족만으로 맨해튼의 집값이 층수를 올리는 데 드는 비용에 비해서 그렇
게 비싼 이유를 설명할 수 없다. 아울러 산타클라라 카운티와 뉴욕 주
웨스트체스터 카운티처럼 집값이 비싼 교외 지역의 경우 휴스턴에 비
해서 가구당 보유 토지가 더 넓다. 텍사스 주 해리스 카운티에서는
4,000제곱미터당 3.6명이 거주한다. 웨스트체스터와 산타클라라 카운
티에서는 각각 3.44명과 2명이 거주한다.[118] 이런 곳에는 땅이 풍부하
지만 건설에 적합하지 않을 뿐이다.

모든 땅이 똑같은 것은 아니다. 평지에는 건물을 짓기 쉽지만 언덕은
그렇지가 않다. 워튼 경제학자인 앨버트 사이즈는 지역 지형학에 대한
연구 끝에 산이나 강 같은 자연적인 장애물들이 메트로폴리탄 지역들

의 주택 공급의 차이를 설명하는 데 도움이 된다는 것을 알아냈다.[119] 휴스턴은 평지고, 웨스트체스터 카운티도 대부분의 지역이 평지지만 실리콘밸리 지역은 대부분 훨씬 더 경사가 급하다. 그러나 산타클라라 카운티의 60퍼센트가 경사가 너무 심해 건물을 짓기 힘들고 그래서 나머지 땅 4,000제곱미터당 5명과 두 채의 집이 들어서 있다고 하는데, 이 정도면 결코 붐빈다고 말하기는 어려워 보인다.

산타클라라 카운티와 미국 대부분의 해안 지역에서는 토지가 부족한데 그것은 자연적으로 생긴 것이 아니라 규제로 인한 결과이다. 브라이스 워드와 제니 슈츠와 함께 나는 보스턴 전역에 토지 사용 규제가 미치는 영향을 평가해 보기 위해서 노력했다. 187개의 대도시와 소도시 중에서 과반수 이상이 평균 1,350제곱미터보다는 큰 획지 규모를 유지했다. 이런 곳들 대부분은 다단위(multiunit) 개발에 쓸 수 있는 토지가 10퍼센트 이하에 불과했다.[120]

지난 30년 동안 매사추세츠의 소도시들은 신규 개발과 토지 구획을 금지하는 규정을 점점 더 엄격하게 적용해 왔다. 한 지방자치 당국은 "위험해 보이는 대형 물웅덩이"가 있는 곳은 어디라도 건축을 금지했다. 습지 보호가 중요하지만 너무 지나칠 경우 환경보호주의는 인근에 어떤 신축 건물도 반사적으로 거부하는 님비주의로 전락할 뿐이다.

매사추세츠에서는 토지 사용 규제가 늘어날수록 신축 건물은 줄어들 것이다. 새로운 규정이 추가로 나올 때마다 건축 활동은 10퍼센트 정도 감소한다. 1980~2002년에 지역 전반적으로 최소 획지 구역이 약 950제곱미터 늘어날 때마다 건설 활동이 10퍼센트씩 감소했다. 이것은 절대로 놀랄 일이 아니다. 토지의 양은 한정되어 있다. 주택 건설에 필요한 땅이 늘어난다면 주택을 덜 지을 수밖에 없고 집값은 상승하게 된다. 최소 획지 구역을 약 950제곱미터 늘릴 경우 집값은 4퍼센트 상승한다. 캘리포니아의 성장 통제 정책 역시 이와 비슷하게 신축 건물의 양은 줄이고 가격을 올려놓았다. 실제로 국가 전체로도 이와 유사한 패턴이 벌어진다. 집값이 비싼 미국의 해안 지역에서는 토지 부족뿐만 아니라 공공 정책이 건축 활동을 어렵게 만들기 때문에 주택 공급이 제한된다.

이와 달리 휴스턴은 항상 친(親)개발 정책을 추진해 왔다.[121] 휴스턴은 장래 정착민들에게 깨끗한 물과 활력 넘치는 바닷바람을 약속하며 뉴욕 북쪽 출신의 부동산 개발업자 두 사람이 세웠다.[122] 이후 150년에 걸쳐서 휴스턴 상공회의소 주도로 지역 상공인들이 당근과 채찍을 적절히 사용해서 휴스턴을 거대도시로 탈바꿈시켰다. 결과적으로 휴스턴의 지도자들은 그 어떤 것도 신축 건물 건설을 막지 못하게 보장했다. 휴스턴은 미국의 다른 도시들과 달리 특이하게 지역 코드가 없다. 다른 어떤 곳에서보다 휴스턴의 개발업자들은 개발 제한이 시행될 경우 휴스턴이 덜 성공한 사람들에게 있어서 경제적으로 더 감당하기 어려운 도시로 바뀔 것이란 주장을 펼쳐왔다.

이러한 주장은 명백히 자기 이익을 위한 것이지만 반드시 틀린 것도 아니었다. 휴스턴은 초고속 성장을 이룸으로써, 경제적으로 감당할 수 있는 주택을 공급하는 데 있어서 미국 동부와 서부 해안의 모든 진보적 개혁가들보다 더 나은 수완을 보였다.

1920년대 초반에는 뉴욕도 건설업자들의 천국이었고, 따라서 집값은 적절한 수준을 유지했다. 전쟁이 끝나자 뉴욕은 점차 개발을 제한했고, 임대료 통제와 공공 주택 보급을 통해서 민간 주택 공급 감소를 상쇄하기 위해서 노력했다. 그러나 유럽 전역에서 그랬던 것과 마찬가지로 이런 전략은 초라한 실패로 끝났다. 저렴한 주택을 대규모로 공급하기 위한 유일한 방법은 개발 규제를 푸는 것이다.

레빗타운, 더 우드랜즈, 그리고 그 외 수백 곳의 다른 대형 개발들은 대규모로 진행되기 때문에 그토록 저렴하게 추진될 수 있는 것이다. 의류와 자동차는 대량생산 덕에 모든 사람들이 적당한 가격에 구입할 수 있게 됐다. 대량생산은 주택 시장에도 똑같은 영향을 미친다. 가난한 사람들을 위해서 낮은 가격의 주택 공급의 필요성을 주창하는 뉴욕과 샌프란시스코 같은 곳의 집값은 일반적으로 감당하기 버거운 수준이다.

공공 주택 공급에 어떤 열의도 보인 적이 없는 텍사스가 지금 미국에서 저렴한 주택 건설에 앞장서고 있다. 집값이 비싼 오래된 도시들이 경쟁하려면 휴스턴처럼 주택 규제를 풀어 공급 확대를 허용해야 한다.

스프롤 현상, 무엇이 문제인가?

19세기에 경제학자들은 미국 도시의 성장을 이끌었다. 사람들은 경제가 호황을 누리던 시카고 등지로 이동했다. 20세기에는 더욱더 부유해진 사람들이 임금뿐만 아니라 생활의 질을 기초로 해서 거주지를 선택하기 시작했다. 로스앤젤레스의 초기 성장은 그곳에 유전과 항구가 있었기 때문만이 아니라 그곳의 기후가 은퇴한 중서부 농부들이나 『오즈의 마법사』를 쓴 라이먼 프랭크 바움과 타잔 시리즈로 유명한 소설가 에드거 라이스 버로스처럼 자유분방하게 생활하는 작가들에게 매력적으로 느껴졌기 때문에 가능했다.

사람들이 보다 생산적인 장소로 이동하자 국가 전체 경제도 더욱 활기차게 변했다. 쾌적한 공간으로 이동한 사람들은 인생을 더 즐길 수 있고, 온화한 기후를 자랑하는 지역으로 옮기면 에너지를 덜 소비한다.

그러나 20세기 후반에 국가와 지역 차원에서 공공 정책이 도시 변화에 막대한 역할을 하기 시작했다. 앞서 살펴봤듯이 미국에서 가장 빠른 속도로 성장하고 있는 애틀랜타, 댈러스, 휴스턴, 피닉스 같은 곳들은 높은 임금과 온화한 기후 때문이 아니라 그곳 정부들이 캘리포니아와 동북부 지역의 오래된 커뮤니티들에 비해서 개발 정책에 더 우호적이기 때문에 성장하고 있다. 그러나 미국이 미래에 나아갈 길이, 더 많은 사람들이 고도로 생산적이면서 쾌적한 커뮤니티에 사는 것을 원하지 않는 지역 지정 위원회에 의해서 임의로 결정되고 있는 것이 현실이다.

이와 다른 일련의 정책들이 사람들을 교외로 밀어내면서 위에 설명한 정책 못지않게 중요하지만 숨겨진 역할을 수행했다. 나는 워낙 특이한 성격인지라 내 삶의 경험에 비춰 다른 사람들의 삶에 대해서 뭔가를 추론하는 데 신중하지만, 교외로 이주하기로 한 내 결정은 주로 평범한 요인들 때문에 내려졌다.

이번 장을 시작하면서 나는 더 넓은 주거 공간, 아기들이 넘어져도 안 다칠 푹신푹신한 잔디, 상사로부터 멀리 떨어져 살면서 내 삶에 변화를 주고자 하는 개인적 바람, 빠른 출퇴근 시간, 양호한 교육 시스템 등 나를 교외로 나가게 만든 여러 가지 요인들을 열거했다. 이 다섯 가지 요인들 중에서 오직 두 가지, 즉 잔디와 하버드로부터의 거리는 공공 정책과 아무런 상관이 없다.

아내와 나는 아는 사람을 만나지 않고도 편하게 외식할 수 있는 곳에서 살기를 정말로 원했지만 그렇다고 해서 그것이 반드시 교외로 이사를 가서 살겠다는 뜻은 아니었다. 우리는 매력적이면서 쾌적한 도시인 보스턴으로 이사를 갈 수도 있었다. 그러나 보스턴으로 이사를 가지 못하게 만든 요인들 중 하나는 출근하기 위해서 그곳 아파트에서 찰스 강을 건널 때까지 8킬로미터를 가는 데 걸리는 시간이 교외 지역에서 차를 운전해서 24킬로미터를 가는 데 걸리는 시간보다 짧지 않다는 점이다. 내가 충분히 일찍 출발하면 연방 정부가 보조금을 많이 줘서 만든 주간(州間) 고속도로 시스템 덕분에 자동차 출근 시간이 25분도 채 안 걸린다.

나는 운전자들이 내는 요금으로 유지되는 고속도로를 이용해서 출퇴근을 하지만 공항까지 갈 때는 주와 연방 정부의 보조를 받아서 최근에 큰 돈을 들여서 만든 연장 도로를 이용한다. 공공 정책 문제와 관련해서 나는 150억 달러를 투자한 보스턴 대심도 도로 빅딕(Big Dig)의 효과에 대해서는 여전히 의구심을 갖고 있지만, 로건 공항까지 갈 때 빅딕을 이용하지 않는 건 멍청한 짓이다.[123] 유럽 정부들과 달리 미국 정부가 휘발유에 과도한 세금을 부과하지 않기로 결정했기 때문에 나는 적은 비용으로 출퇴근하고 있다.

내가 교외 지역에 가서 살게 된 또다른 요인은 주거 공간에 드는 유지비이다. 케임브리지는 건물 신축을 강력히 규제하기 때문에 그곳의 집값은 계속 올라가는데, 내가 사는 교외 지역 역시 매우 엄격한 신축 제한을 통해서 인위적으로 가격을 끌어올리고 있다. 이 경우 도시와 교외 지역 사이의 중요한 차이는 연방 정부가 주택 모기지 대출 이자에 대한 소득공제를 허용해 줌으로써 교외 지역 주택 소유에 많은 보조금을 지급한다는 데 있다. 이 보조금은 주택 임대보다 주택 소유에 돈이 더 적게 들게 하고 있으며, 이런 주택 소유 장려책으로 인해 사람들은 반(反)도시적 성향을 띠게 된다.

미국 정치인들과 주택 소유자들 사이에 오랫동안 계속된 열정적인 '애정 행각'은 미국 경제의 에너지원 역할을 해온 도시에게는 저주가 된다. 다가구 주택에 거주하는 사람들 중 85퍼센트 이상이 임대로 살고 있다. 단독주택 거주자들 중에는 85퍼센트 이상이 주인이다.[124] 이런 관계는 임의적인 통계 조작의 결과가 아니다.

집값 차원에서 봤을 때 사실 집 주인이 자기 집에 사는 것이 더 낫다. 세입자들은 종종 집을 함부로 쓴다. 집주인이 살 때보다 세입자들이 살 때 집값은 매년 1.5퍼센트 이상 더 감가상각된다.[125] 집주인들에게는 집이 중요한 자산이기 때문에 열심히 관리하며 따라서 감가상각이 덜 된다. 반면에 다가구 주택의 경우 소유권이 분산되어 있어서 아주 심각한 문제가 생긴다. 주택 조합에서 늘 일어나는 싸움이 좋은 사례이다.

혼잡한 도시는 다가구 주택으로 채워져 있고, 그런 주택들은 세입자들로 가득 차 있다. 맨해튼에 있는 주택의 76퍼센트가 세를 주고 있다.[126] 연방 정부가 사람들의 주택 소유를 권장하는 것은 사람들에게 혼잡한 도시를 떠나라고 암묵적으로 권장하고 있는 격이다.

교외화를 장려하는 데 가장 중요한 영향을 미치는 요인은 학교 시스템일지 모른다. 대도시들은 여러 가지 좋은 이유들이 있어서 가난한 사람들을 끌어들이지만 가난한 부모들의 자녀 교육은 도시 학교 시스템의 질을 저하시킨다. 대도시 학교들은 많은 교외 학교 지역들에 비해서 학생 1인당 투자액이 같거나 많지만 학생들의 시험 점수는 훨씬 낮게 나오는 경향이 있다.[127] 대도시에 훌륭한 학교가 발붙이지 못할 이유는 없다. 파리에는 세계적으로 우수한 고등학교가 여러 곳 있으며, 미국 도시들 중에서도 우수한 사립학교와 마그넷 학교(magnet school: 다른 지역 학생들을 유치하기 위해 일부 교과목에 대해 특수반을 운영하는 대도시 학교)가 있는 곳이 많다. 대도시를 훌륭한 레스토랑의 천국으로 만드는 바로 그 경쟁과 혼잡이 갖는 힘은 대도시를 위대한 교육의 터전으로 만들 수 있다.

그러나 미국의 공립학교 시스템은 본질적으로 공공 부문이 도시 내 학교들을 거의 독점적으로 책임지게 만들고 있다. 수십만 명에 이르는 불행한 아이들에게 기본적 교육을 제공하느라 고군분투하는 공공 부문의 독점은 자연히 중상류 계층 사람들로 가득 찬 교외 지역과 비교해서 일류 교육을 제공하는 데 애를 먹을 것이다. 더 나은 공립학교를 찾으려면 이사를 갈 수밖에 없도록 사람들을 몰아붙이는 미국의 공립학교 시스템은 도시에 또다른 불필요한 저주 역할을 해왔다.

앞서 지적했던 것처럼 이런 문제는 이사를 통해서 완화될 수 있다. 미국이 프랑스를 본받아서 국가가 자금을 지원하는 전국적인 일류 학교 시스템을 구축한다면 도시 지역을 떠날 이유는 줄어들 것이다. 미국 정부가 부모들이 어느 학교로나 아이들을 보낼 수 있는 바우처 프로그램을 도입할 경우, 도시들 사이에 경쟁이 붙으면서 도시들은 더 나은 학교를 개발하기 위해서 노력할 것이며 도시 거주자들은 아이들을 교외 학교에도 보낼 수 있을 것이다. 현재의 교육 시스템도 장점을 갖고 있다. 소규모 학교 지구에 대한 지역 차원의 통제는 그런 지구의 학교에 다니는 아이들에게 훌륭한 교육 기회를 제공할 수 있다. 그러나 도시에게 그것은 재앙이었다.

교외 지역이 본질적으로 나쁜 것은 아니며, 휴스턴 같은 곳에는 좋아할 만한 것들이 많이 있다. 많은 사람들은 선벨트 스프롤 현상을 이해한다. 그러나 휴스턴이 구현하고 있는 그런 종류의 스프롤 현상은 잘못된 공공 정책에 의해서 조장되었다. 휴스턴의 성장이 가진 문제는 그 지역 자체에 있다기보다는 개발을 막고 주택 가격을 올려놓은 기후조건 좋고 생산적인 도시들 같은 다른 데에 있다. 교외 지역이나 교외 거주민들을 비난하는 것은 의미가 없다. 그보다 문제는 우리의 정책과 규제에 있다.

교외 지역이 계속해서 잘못된 정책에 의해서 인위적으로 확장된다는 사실은 불안한 도시 계획 전문가들에게 약간의 희망을 줄 것이다. 이런 잘못된 정책이 영구적으로 지속돼서는 안 된다. 주택 소유 사회를 거듭 칭찬한 텍사스 출신의 부시 대통령이 임명한 세제 개혁 패널은 2005년에 주택 모기지 대출 금리 공제 규모를 대폭적으로 축소할 것을 주장하기도 했다.[128] 연방 주택 정책이 덜 반(反)도시적으로 변한다면 우리의 대도시들은 더 매력적으로 바뀔 것이다.

아울러 미국이 계속해서 성장한다면 교외 지역이 받은 많은 혜택들의 중요도는 줄어들 것이다. 깔끔하게 정리된 넓은 고속도로를 타고 빨리 출퇴근할 수 있다는 것은 많은 사람들에게 좋은 일이지만 스프롤 현상이 지속되면 이런 고속도로들은 점점 더 혼잡해질 것이다. 우리는 이미 시간의 가치를 크게 생각하는 사람들이 직장까지 걸어서 출근할 때의 이점을 누리기 위해서 트라이베카처럼 예전에 복잡했던 시내로 되돌아오고 있는 것을 목격했다.

오늘날 교외 지역 학교들은 평균적으로 대도시 학교들보다 낫다. 그러나 여기에 어떤 불변의 법칙이 작용하는 것은 아니다. 도시의 인적 자본과 경쟁이 가진 힘을 활용해서 잘 돌아가는 도시 학교들은 교외 지역 학교들을 이길 수 있고 또 실제로 가끔 이기고 있다. 대도시가 범죄와 동의어가 될 것처럼 보인 적도 있었지만 더 이상은 아니다. 도시가 우리 아이들을 교육시키기에 최적의 장소로 광범위하게 인정될 때가 분명 올 수 있다.

우리가 살고 있는 도시에 피해를 주는 잘못된 정책은 제거하는 것이 맞다. 스프롤 현상은 장점과 함께 단점도 갖고 있기 때문이다. 성장하는 다른 대부분의 장소들이 그렇듯이 교외 지역은 규모가 확대되면서 물, 위생, 혼잡 같은 여러 가지 문제들의 해결을 위해서 씨름해야 한다. 아마도 가장 큰 문제는 교외 지역의 사무 공간이 시내의 사무 공간과 같은 수준의 지적인 흥분을 일으킬 수 있느냐일지 모른다. 교외 지역에서는 임의적인 상호작용이 훨씬 더 적게 일어나며 종종 특정 산업에만 집중되는 경향을 보이기 때문에 여러 분야가 교류하면서 생기는 혁신적인 발전이 일어날 가능성이 줄어든다.

무엇보다 가장 걱정스러운 것은 개발도상국들이 미국의 많은 지역에서 일어나고 있는 자동차 중심의 라이프스타일을 받아들일 것이란 전망이다. 도심 지역으로부터 뻗어나간 별도의 고층 건물 밀집지역만 수십 개에 이르는 브라질 상파울루만큼 거대하게 느껴지는 도시는 거의 없다. 상파울루는 끊임없이 확대되고 있다. 상파울루 교외 지역 중 많은 곳들은 사람들이 대중교통을 이용해서 출퇴근하고 미국이나 유럽 표준 이하 규모의 소형 주택에서 생활하는 개발도상국 세계의 전통적인 가난한 정착지이다. 그러나 휴스턴의 교외 지역처럼 보이는 부유한 지역들도 많다. 방갈로르, 뭄바이, 카이로, 멕시코시티를 위시해서 전 세계적으로 성장하고 있는 어떤 도시에서나 주위에 그렇게 부유한 지역들을 발견할 수 있다.

전 세계가 휴스턴과 같은 모습을 갖기 시작한다면 지구의 탄소 배출량은 급증할 것이다. 휴스턴 거주민들은 교외 생활에 대한 합리적 논리를 갖고 있지만 미국 내에서 가장 많은 탄소를 배출하는 축에 속한다. 섭씨 32도의 덥고 축축한 날씨가 이어지면서 휴스턴은 엄청난 양의 전기를 소비하고 있다. 또한 이곳의 많은 사람들은 자동차를 운전하면서 많은 연료도 소비하고 있다.

인도와 중국에서도 도시화가 지속될 것이며 그것을 긍정적으로 봐야 한다. 시골의 가난에는 미래가 없다. 그러나 도시화된 인구가 자동차 중심의 스프롤 지역보다 엘리베이터 중심의 혼잡한 도시에 사는 것이 지구에게는 훨씬 더 유익할 것이다.

아스팔트보다 더 친환경적인 것이 있을까?

8장

소로의 경우와 마찬가지로 내 개인적 이야기는 중요한 한 가지를 시사한다. 그것은 도시가 숲이 우거진 생활 공간보다 환경에 훨씬 더 유익하다는 것이다. 숲 속 생활이 자연 사랑을 보여주는 좋은 방법이 될지도 모르지만 콘크리트 정글 속에 사는 것이 사실은 훨씬 더 친환경적이다. 우리 인간들은 파괴적 성향을 띤다. 소로처럼 우리가 일부러 그렇게 하지 않을 때라도 그렇다. 우리는 숲과 기름을 태우기 때문에 결과적으로 주변 환경에 해를 입힌다. 자연을 사랑한다면 자연으로부터 떨어져 살아야 한다.

1844년 4월의 어느 쾌적한 날 젊은 남자 두 명이 콩코드 강 인근 숲속 길에서 산책을 하고 있었다. 최근 들어 비가 많이 내린 적이 없었기 때문에 강 수위가 낮아서 두 사람은 "흐르는 강물에서 인디언처럼 힘들이지 않고 식량(물고기)을 구할 수 있었다."[1] 그들은 한 구두 수선공으로부터 얻은 성냥을 갖고 페어 해븐 연못 근처에 있는 소나무 그루터기에 불을 피웠다. 이 두 용감무쌍한 탐험가들은 허기를 달래고자 차우더(생선 등으로 만든 걸쭉한 수프)를 만들 작정이었다.

두 사람이 쉽게 낚시질을 할 수 있게 만들어줬던 바로 그 강수량 부족 현상은 그들이 요리하던 곳 주변의 잔디도 건조하고 불이 쉽게 붙게 만들었다. 그들이 피운 불은 바람에 의해 잔디로 옮겨 붙었고, "그들 주변에 있던 모든 것은 화선(fire ship: 폭발물을 가득 싣고 적을 공격하는 배)만큼이나 가연성이 강해서 삽시간에 확산된 불길을 잡는 데만 몇 시간이 걸렸다."[2]

두 사람 중 한 명이 마을로 달려가서 불이 난 사실을 알렸지만 불길을 잡을 수는 없었다. 121만 제곱미터가 넘는 소나무 숲이 즐거움을 찾아 나선 이 두 청년의 한순간의 부주의 때문에 잿더미로 변했다.

미국 산림청은 이 이야기로 아이들에게 숲에서 일어난 화재의 위험성을 가르칠 수 있겠지만 적어도 두 사람 중 한 명은 줄곧 자신의 무죄를 주장했다. 그는 "내가 숲에 불을 붙였지만 나는 그곳에서 아무런 잘 못도 하지 않았으며, 지금 생각해 보니 번갯불 때문에 불이 난 것 같다" [3]라고 말했다. 콩코드의 주민들은 아무리 고의로 난 화재가 아니었다고 해도 당연히 그 일을 탐탁지 않게 바라보며 두 사람을 용서하지 않았 다. 그들은 그 젊은 실화범을 '나쁜 놈'이자 '경박한 놈'[4]이라고 불렀 다. 1880년에 발간된 책 『콩코드의 자유인(Concord Freeman)』에는 19 세기 고지식한 뉴잉글랜드 사람이 산림청을 대신해서 불조심을 당부하 는 듯한 문구가 실려 있다. "순전히 부주의로 일어난 이 불행한 사건이 복원된 숲을 찾아올 사람들의 기억 속에 남아 있기를 바란다"라는 문구 이다.

자신의 잘못을 뉘우치지 않았던 문제의 방화범은 다름 아닌 헨리 데 이비드 소로였다. 하버드 대학을 졸업한 후 직업도 없이 환경보호주의 를 옹호하는 세속 성자처럼 지냈다. 소로의 산문집 『월든』은 시간이 지 나면서 영향력이 점점 더 커진 드문 책들 중 하나이다. 월든 호숫가에 서 지낸 작가의 독거 생활 기록인 이 책은 소로의 생전에는 거의 주목 을 받지 못했지만 20세기가 되자 수백만 명이 읽고 환경에 관심이 많은 전 세계 고등학교 교사들이 학생들을 가르치는 데 쓰는 세계적인 베스 트셀러가 되었다.

소로는 숲을 사랑했지만 그 역시 도시 지식인 집단의 일부였다. 그는 19세기 초 지식인의 집결체였던 하버드에서 수학했다. 이보다 더 중요 한 사실은 그가 창조적 사상가들로 붐볐던 소도시 콩코드에서 생활한 랜프 월도 에머슨이 결성한 뛰어난 지식인 집단에 속해 있었다는 것이 다. 에머슨은 소로를 비롯해서 『모비딕』의 작가 허먼 멜빌, 『주홍글씨』 의 작가 나다니엘 호손, 여류 평론가 마거릿 풀러, 교육가이자 사상가 인 브론슨 올컷, 『작은 아씨들』의 작가 루이자 메이 올컷 등 똑똑한 지

성인들을 불러 모았고, 그들을 가끔 재정적으로 후원하기도 했다.

소로도 에머슨이 만든 초월주의자 클럽에 속해 있었지만 그는 도시의 교류보다는 시골의 고립이 주는 미덕을 찬양했다. 에머슨은 『월든』을 소개하면서 소로에 대해서 "문학계의 시대착오자. 동료들을 깔보면서 그들의 도움에 감사하는 법이 별로 없지만 그가 그들에게 진 빚은 실로 중요하다"[5]라고 묘사했다. 소로가 도시에서 그토록 많은 똑똑한 사람들과 교류하지 않았다면 자신의 독거 생활을 그렇게 멋지게 기술할 수 있었을까? 그러나 『월든』에서 소로는 웅장한 필치로 숲 속의 고독이 주는 미덕만을 설교한다. 소로와 그의 문하생들은 도시의 미덕을 제대로 보지 못했던 것처럼 『콩코드의 자유인』이 전하는 시골 휴양 생활에 대한 경고에도 거의 공감하지 않았다.

숲 속 산책은 그가 거닐었던 숲보다는 소로의 정신에 훨씬 더 많은 이익을 주었다. 마찬가지로 시골로 이사함으로써 나는 환경에 피해만 줬을 뿐이다. 도시에서는 에너지를 지독히 아끼면서 생활하는 편이었던 나는 시골에서 엄청난 양의 탄소 에너지를 배출했다. 아담했던 나의 도시 생활 공간은 쉽게 데울 수 있었으나 뉴잉글랜드의 겨울 동안에 외풍이 심한 우리 집을 데우려면 수백 리터의 연료가 필요하다. 내가 에너지 사용을 줄여보려고 약간만 애썼을 뿐인데 어머니로부터 아이들을 얼려 죽일 작정이냐는 소리까지 들었다. 건물이 그러니 어쩌겠는가? 전구와 에어컨과 가정용 기기들을 돌리느라 우리 집 전기 요금은 세 배가 늘었다. 물론 미국 대부분의 비도시 지역에서의 생활이 그렇듯이 나 역시 자동차를 타고 제대로 갖춰진 식료품 매장에 갈 때마다 4리터 정도의 휘발유를 태우고 있다. 대학원에 다닐 때까지도 운전할 줄 몰랐던 도시에서 태어난 나 같은 사람에게는 이런 모든 일들이 상당히 어색해 보인다.

소로의 경우와 마찬가지로 내 개인적 이야기는 중요한 한 가지를 시사한다. 그것은 도시가 숲이 우거진 생활 공간보다 환경에 훨씬 더 유익하다는 것이다. 숲 속 생활이 자연 사랑을 보여주는 좋은 방법이 될지도 모르지만 콘크리트 정글 속에 사는 것이 사실은 훨씬 더 친환경적이다.

우리 인간들은 파괴적 성향을 띤다. 소로처럼 우리가 일부러 그렇게 하지 않을 때라도 그렇다. 우리는 숲과 기름을 태우기 때문에 결과적으로 주변 환경에 해를 입힌다. 자연을 사랑한다면 자연으로부터 떨어져 살아야 한다.

1970년대에 제인 제이콥스는 우리가 고층 건물에 함께 모여 살면서 도보로 출퇴근하면 환경에 가하는 피해를 최소화할 수 있다고 주장했다.[6] 데이비드 오언은 이 주장에 대해 그의 저서 『그린 메트로폴리스(*Green Metropolis*)』를 통해서 설득력 있게 옹호했다. 우리가 녹지에 둘러싸여 살자고 주장할 때 그것은 환경에 주는 피해를 극대화하게 된다. 저밀도 지역은 결국 더 많은 이동을 요구하고, 그러려면 더 많은 에너지가 필요하다. 널찍한 생활 공간은 분명 나름대로 이점을 갖고 있으나 교외 주택들은 훨씬 더 많은 에너지를 소비한다.

온실가스와 지구 온난화의 관계에 대해서는 여전히 많은 논란이 있으며 지구 온난화가 지구에 미치는 영향도 상당히 불확실하다. 나는 기후학자가 아니며, 사실상 이런 논쟁적 다툼에 덧붙일 재료를 갖고 있지 않다.

그러나 인간이 최근의 지구 기온 상승에 상당 부분 책임이 있다는 것을 의심하는 사람들조차 우리가 배출하는 탄소의 양이 과도하게 늘어나면 환경이 위험해진다는 것을 인정해야 한다.

지구 온난화가 실질적인 위험이 된다고 믿는 사람이라면 누구나 고밀도 도시 생활을 해결책의 일부로 간주해야 할 것이다. 앞으로 50년 동안에 중국과 인도는 가난한 시골 국가에서 벗어날 것이다. 그것은 좋은 일이다. 미국인과 유럽인이 앞서 그랬듯이 두 나라 국민들은 농장에서 벗어나 도시로 생활 터전을 옮길 것이다. 수십억 명의 중국인과 인도인이 녹음이 우거진 교외 지역과 그곳의 넓은 집과 자동차 생활을 고집한다면 전 세계 탄소 배출량은 급증할 것이다.

환경보호주의자들 중에는 이런 국가들이 계속 시골 국가로 남아 있기를 바라는 사람들도 있는 것 같다. 안타깝게도 그건 환경 문제의 실질적 해결 방안이 아니다. 계속 시골 국가로 남는다는 것은 가난하게 살면서 가난으로 인한 온갖 저주를 감당해야 한다는 뜻이다. 아시아가 계속 발전함에 따라 그곳 주민들이 교외 지역에 살면서 차를 몰고 다니게 될 것인지 아니면 도시의 대중교통을 이용하게 될 것인지를 알아보는 게 중요하다.

환경보호주의자들도 복잡한 도시에서 더 푸른 생활을 할 수 있다는 주장을 펼칠 수 있지만 그렇게 하기 위해서는 콘크리트에 대한 반감을 버려야 한다. 오늘날 친환경적인 가정에서는 냉엄한 도시가 아름다운 숲을 망가뜨리고 환경을 오염시키는 모습을 그린 동화 『로랙스(*The Lorax*)』를 읽어주며 아이들을 키운다.[7] 진정한 환경보호주의자들은 이 책을 재활용 쓰레기통에 버리고 도시가 환경에 유해하다는 『로랙스』의 오류를 비난해야 한다. 윌리엄 르 바론 제니와 A. E. 레프코트 같은 고층 건물의 선구자들이 헨리 데이비드 소로보다 더 푸른 미래로 인도하는 좋은 안내원들이다.

버릴 수 없는
정원 생활의 꿈

물론 소로 혼자만 저밀도 공간의 생활이 가진 장점을 내세웠다고 말하는 것은 잘못 되었다. 지난 수천 년 동안 많은 작가들이 자연 회귀의 미덕들을 칭찬해 왔으며, 도시가 깨끗한 물을 얻기 전까지 그들의 생각은 실제로 어느 정도 일리가 있었다. 아버지의 농장을 떠나서 아테네와 로마로 건너가 수학했던 고대 로마의 시인 호라티우스는 "작가들은 이구동성으로 도시를 혐오하고 신성한 숲을 노래했다"[8]라고 썼다. 19세기 초에 예로부터 전해 내려오던 영국 시골 생활의 즐거움을 알리는 역사상 가장 위대한 홍보팀 중 하나가 생겨났다. 워즈워스, 콜리지, 키츠, 셸리[*9]를 위시해 많은 낭만주의 시대 시인들이다. 그들은 모두 시골 지역 생활을 웅장하고 화려하게 격찬했다.

이들 낭만주의 시대 시인들은 최초의 산업 도시화의 폭발에 반응하고 있었다. 그들은 당연히 직물 공장에서보다 가을이나 서풍(西風)[**]에서 더 많은 시성(詩性)을 느꼈다. 조지 고든 바이런은 영국의 상원의원으로서 러다이트 운동(Luddite: 19세기 영국의 수공업자들이 자신의 일자리를 빼앗은 섬유 기계를 파괴하는 폭동을 일으킨 사건)을 옹호한 몇 안 되는 사람들 중 한 명이었다. 어떤 면에서 소로가 월든에서 보낸 몇 년의 시간은 잉글랜드 북서부 호수 지방에서 워즈워스가 보낸 삶의 보

---

* 영국의 대표적 낭만파 시인들로 윌리엄 워즈워스(William Wordsworth, 1770~1850년), 사무엘 테일러 콜리지(Samueul Taylor Coleridge, 1772~1834년), 존 키츠(John Keats, 1795~1821년), 퍼시 셸리(Percy Shelley, 1792~1822년)를 말한다.
** 영국의 낭만주의 시인들에게 서풍은 재생과 자유를 의미했으며, 이들은 서풍이라는 소재를 통해서 자연의 순환 원리에서 현실 문제의 해법을 제시하는 혁명의 원리를 발견했다.

다 극단적인 사례에 불과했다. 실제로 두 사람 중 누구도 삶이 너무나도 지저분하고, 잔인하고, 짧았던 19세기 도시의 질병과 무질서를 피해 도망가고 싶어 안달이 났던 것은 아니었다.

낭만주의자들의 자연 사랑은 보다 실질적인 건축과 도시 계획 양식으로 확산됐다. 존 러스킨은 19세기 초 런던에서 성장했지만 예술 비평가로서 그는 화가들에게 "모든 것을 거부하고 아무 것도 선택하지 말고 일편단심의 마음 자세로 자연으로 향하라"[10]라고 촉구했다. 그는 산업화와 고전적 예술 형식의 대표적 특징인 표준화를 혐오했다. 그는 예측 불허의 자연의 변화와 고딕 건축 양식을 좋아했다.

러스킨은 또한 초기 도시 계획을 옹호한 사람이었다.[11] 그는 "도시의 어느 곳에서나 몇 분만 걸으면 완벽하게 신선한 공기와 풀과 머나먼 수평선의 모습을 느낄 수 있다"[12]라고 말했다. 그는 주위가 아름다운 정원과 과수원으로 둘러싸여 있는 단출한 마을을 마음에 두었다.[13] 러스킨의 철학은 대서양을 넘어 미국의 피터 B. 와이트에게 전달되면서 약간의 변화를 겪었다. 미국에서 도시 마천루를 세우는 일을 도왔던 피터 B. 와이트는 러스킨의 철학을 열렬히 신봉한 사람 중 한 명이었다.

자연을 즐기는 것은 사치에 비유될 수 있기 때문에 인류가 부유해질수록 환경보호주의가 점점 더 강력해지는 것인지도 모르겠다. 배고픈 사람들은 "머나먼 수평선의 모습"을 즐기기 위해서 맛있는 식사를 포기하는 것을 꺼릴 것이다.[14] 맨체스터의 공장에 취직한 가난한 농부들은 가족의 식탁에 올릴 빵을 구하기 위해서 기꺼이 자연을 포기했다. 그러나 19세기 들어 세상이 더 부유해지자 점점 더 많은 사람들이 복잡한 도시 속에서 자연을 느끼고 싶어했다. 넓은 공간은 초기 산업 도시의 특징인 더러운 공기와 물로부터 약간의 위안을 주었기 때문이다.

역사적으로 봤을 때 부자들은 도시와 시골에 모두 집을 두고 두 곳의 장점을 동시에 누렸다. 추운 겨울에는 몇 달 동안 도시에서 보냈고, 찌는 여름에 치명적인 전염병이 퍼졌을 때는 도시를 떠나 시골로 피신했다. 그러나 이런 생활을 하는 사람들의 수는 많지 않다. 도시 거주자들이 시골 생활을 즐기기 위해서 집을 두 채 지으려면 돈이 지나치게 많이 들기 때문이다. 실제로 1억 2,800만 채에 달하는 미국 전체 주택 재고 중 휴식용 별장은 300만 채를 약간 넘는 정도에 불과하다.[15]

시골 별장보다 경제적으로 더 타당한 대안은 도시 계획 수립자들이 오랫동안 노력해 왔던 것처럼 도시에서 시골 분위기를 느끼게 만드는 것이다. 러스킨은 이런 이상을 변형시킨 아이디어를 제시했다. 즉, 그린벨트로 둘러싸인 소도시를 만들자는 것이었다. 도시 계획 분야의 입지전적 인물인 에버니저 하워드는 1898년에 고전 『내일의 정원 도시(*Garden Cities of Tomorrow*)』를 통해 지적·문학적 차원에서 러스킨의 비전을 더욱 구체적으로 다듬었다.[16] 하워드가 생각해 낸 정원 도시는 풍요로운 토지로 둘러싸여서 도시인들에게 식품과 깨끗한 공기와 휴식 공간을 제공해 주는 곳이었다.

20세기에 그린벨트는 영국 도시계획의 전형적 특징으로 발전했다. 오늘날 런던의 그린벨트 규모는 3,218제곱킬로미터를 웃돈다. 토론토의 그린벨트는 영국의 그린벨트보다 더 크고, 이런 자연의 울타리는 미국의 태평양 연안 북서부(오리건, 아이다호, 워싱턴 등)에서도 인기를 끌게 되었다.

그러나 런던의 그린벨트는 이런 전략이 가진 한계를 드러내고 있다. 만일 여러분이 런던 중심에 사는데 그린벨트에 가려고 한다면, 그린벨트는 걸어서 갈 수 없는 거리에 있기 때문에 대중교통을 이용해 런던 밖으로 나가기 위해서 한 시간은 족히 이동해야 한다.[17] 그린벨트는 도시의 성장을 억제하는 역할은 할 수 있을지 모르지만 이 역할은 바람직할 수도 있고 그렇지 않을 수도 있다. 다만 분명한 것은 그린벨트가 대도시 거주자들의 일상생활 속으로 나무를 옮겨 심어주지는 못한다는 사실이다.

이런 단점을 보완하기 위해서 19세기의 도시 계획 수립자들은 공원을 만들었다. 미국에서는 프레더릭 로 옴스테드가 시골의 전망을 도시 중심지에 옮겨오는 일을 전문으로 했다.[18] 그가 뉴욕에 만든 센트럴 파크는 극도로 많은 사람들로 붐비는 도시 한가운데에 인간이 조성한 녹음이 우거진 놀랍고도 멋진 공간의 사례로 남아 있다. 옴스테드는 보스턴에도 에메랄드 목걸이(emerald necklace: 보스턴 공원 체계를 일컫는 말)를 선사했고, 시카고에는 잭슨 파크를 지었으며, 디트로이트에는 벨아일 주립 공원을 제공했다. 그는 버펄로, 루이빌, 밀워키, 몬트리올, 워싱턴 D.C.에 녹지 공간을 만들었고, 버클리 대학과 스탠퍼드 대학 교정 설계를 도왔다. 일부에서는 이런 각각의 개별적 프로젝트가 가진 장점에 대해서 시비를 걸지 모르겠지만 옴스테드의 창조물로 축복을 받은 대부분의 도시 거주자들은 그가 혼잡한 도시에서 나뭇잎을 만질 수 있게 해준 것을 고마워했다.

그러나 그린벨트나 도시 중앙 광장들이 도시와 시골을 통합하는 주된 방법이 되지는 못했다. 수백만 명의 사람들은 그보다 훨씬 더 극단적인 접근 방법을 택했는데 그것은 소로와 워즈워스를 훨씬 더 철저히 답습하는 것이었다. 19세기 말부터 교외 지역 개발이 추진되면서 준시골풍 단지는 보통 사람들에게 있어서 경제적으로 보다 적절한 거주지로 변했다. 브린 모어에서 휴스턴의 더 우드랜즈에 이르기까지 개발업자들은 나무로 우거진 넓은 구획에 주택을 짓기 시작했다. 소로처럼 문만 열고 집 밖으로 나가면 나무들을 즐기면서 살 수 있는데 굳이 공원을 다른 사람들과 함께 사용하거나 시골까지 장시간 이동하는 불편을 감수할 필요가 있겠는가?

더 빠르면서 저렴한 교통수단이 출현하면서 자연과 벗하며 살면서 도시에서 일하는 것이 가능해졌다. 시내 전차들은 매사추세츠 주 브루클린 같은 도시들이 녹지 공간과 높은 도시 접근성을 자랑하면서도 성장할 수 있게 만들었다. 1841년 작성된 노트에 적힌 글처럼 "브루클린의 전 지역은 일종의 풍경화 같은 정원 느낌을 풍기며, 마을이나 빌라를 서로 이어주는 이곳의 오솔길들만큼 형언하기 어려울 정도로 매력적인 곳은 미국에 없다." 최소한 경제적으로 감당만 된다면 누가 이런 곳을 마다하겠는가?

옴스테드 자신은 1869년에 시카고 변두리에 리버사이드를 설계함으로써 도시 외곽 개발 사업에 착수했다. 이곳은 '계획적으로 추진된' 미국 최초의 교외 주거 공동체일지 모른다. 동료인 칼베르 복스와 함께 그는 획일적인 격자무늬 도로를 피하고 자연적인 길을 따라서 놓인 구불구불한 도로를 선호했다. 주택 획지들은 충분히 넓었고, 나무들은 울창했다. 이렇게 해서 현대식 교외 주거지가 탄생했다.

그렇지만 1920년대까지도 많은 도시 분석가들은 나무로 수놓아진 교외 지역의 삶을 선호하는 추세를 간과했다. 후에 록펠러 센터를 세웠던 레이먼드 후드와 휴 페리스 같은 여러 건축가들은 영화 〈배트맨〉에 나오는 고담 시 같은 도시의 미래를 예상했다. 실제로 페리스가 그린 그림이 만화책 『베트맨』에 영감을 주었다. 이들은 비행기 격납고가 갖춰진 다층 고속도로들로 연결된 고층 건물들로 빼곡한 수직적 세계를 상상했다.

프랑스 건축가 겸 이론가 르 코르뷔제가 그린 미래의 도시에는 훨씬 더 많은 녹지가 포함됐지만 그곳 역시 광대한 타워들로 가득 찬 세상이었다. 독일 영화감독 프리츠 랑은 1927년에 만든 영화 〈메트로폴리스〉에서 도시의 미래에 대해 극도로 어두운 전망을 제시했다.

결과적으로 1920년대는 미국의 도시가 수직으로 확장되는 중요한 분수령이 됐다. 1930~1933년에 오늘날 서유럽 최고층 건물[19]의 높이에 해당하는 259미터를 초과하는 신축 빌딩 다섯 곳이 완공됐다.[20] 이후 36년 동안 미국에서 그 정도 높이의 건물은 다시 세워지지 않았다.[21] 위를 향한 움직임은 록펠러 센터보다는 브루클린과 리버사이드와 같은 장소들이 성장하면서 둔화됐다. 이제 시내 전차들은 적당한 수의 부유한 도시 주민들이 도시 근처에서 자연 생활을 할 수 있게 만들었고, 자동차는 중산층 누구나 교외 지역에서 거주할 수 있게 만들었다. 마침내 자동차가 엘리베이터에 승리를 거두자 미국인들 다수가 도시와 자연이 융합된 교외 거주지에 살게 되었다.

자동차는 사람들을 교외로 이주하게 만들었지만 환경보호주의자들은 사람들이 지속적으로 시골을 경험할 수 있도록 도시 지역 내에서 수천 제곱킬로미터의 토지를 보호했다. 샌프란시스코 지역의 아름다운 풍경 속에는 탁 트인 산등성이와 보호받는 해안 조망이 끊임없이 펼쳐진다. 실리콘밸리의 컴퓨터 분야 거물들은 특별한 기후뿐만 아니라 세계에서 가장 엄격한 토지 용도 규제로 인해 개발로부터 보호되는 아름다운 배경을 선사하는 지역에 거주한다.

미국은 광범위한 월든 같은 삶을 향해 걸어가고 있는 것 같았다. 그곳에서는 모든 사람들이 녹색에 둘러싸여 살 수 있었다. 그러나 그런 길을 걷던 중 어딘가에서 뭔가가 환경적으로 틀어졌다. 러스킨과 워즈워스가 꿈꿨고 하워드와 옴스테드가 설계했던 정원에서 사는 삶의 꿈은 생태학적으로는 악몽으로 드러났다. 소로가 숲에서 일으킨 화재가 자연 속 생활이 환경에 끔찍한 영향을 줄 수 있다는 걸 보여주는 것과 같다. 저밀도 공간에서 살기 위한 이동은 페리스의 고층 메트로폴리스에 대한 전망보다 자연에 훨씬 덜 친화적인 것으로 드러났다.

우리는 다큐멘터리 〈불편한 진실(An Inconvenient Truth)〉로 오스카상을 받은 앨 고어 전 부통령과 기후학자들이 전하는, 탄소 배출이 지구온난화의 주범이라는 무시무시한 경고를 들었다. 지난 60년 가까이 전 세계의 기온은 꾸준히 상승해 왔다.[22] 이와 동시에 대기 내 탄소 배출량도 계속 늘어나는 추세이다. 탄소 배출량이 늘어나면 온실효과를 일으켜 대기 내 가스가 적외선을 흡수하고 땅을 데우면서 온도 상승을 유발하는 것으로 간주되고 있다. 기후 변화에 대한 주요 가설의 기본적 직관은 온실가스가 늘어나면 적외선 흡수도 늘어나고 지표면 온도는 더 올라간다는 것이다.

뉴잉글랜드나 중서부 지역의 겨울을 참고 살아야 하는 사람들에게는 2월 온도가 몇 도만 올라가도 정말이지 살맛 날지 모르지만, 불행하게도 전 세계 기온 상승에 따른 부작용은 거의 모든 사람들에게 끔찍한 결과를 초래할 수 있다. 세계 최빈국들은 적도 부근에 많이 분포하고 있기 때문에 지구가 더 뜨거워진다는 것은 그곳에 사는 사람들에게는 더 심각한 문제이다. 극지방의 얼음이 급속히 녹으면서 뉴욕에서 홍콩에 이르는 해변 도시들은 심각한 홍수 위협을 받게 될 것이다. 또한 해수면의 온도가 올라갈 경우 전 세계적으로 날씨가 더 불안하고 변덕스럽게 변할 수 있다.

기온 변화의 원인은 많지만 그렇다고 해서 그것이 탄소 배출량의 급격한 증가가 날씨에 극단적인 영향을 미칠 수 있다는 사실을 바꿔놓지는 않는다. 인류가 현재의 환경에 적응하는 데 수천 년이 걸렸다. 우리가 배출하는 탄소가 그러한 환경을 극단적으로 바꿀 경우 그로 인해 우리가 지불해야 하는 비용은 엄청날 것이 뻔하다. 기후 변화가 가져올 위험은 이산화탄소 배출 증가를 막기 위한 전 세계적인 모든 조치를 합리화시킨다. 무엇보다 그것은 녹지 지역에서 건설을 선호하고, 더 오염된 지역에서 건설을 줄이는 걸 의미한다.

도시 주거 지역의
탄소 배출량 비교

동료 매튜 칸과 나는 미국 전역 신축 주택의 탄소 인벤토리(carbon inventory: 온실가스 배출량 일람표)를 종합해 봤다.[23] 우리는 미국 여러 지역에서 일반 주택을 신축할 때 배출되는 탄소의 양을 확인하고 싶었기 때문에 주로 지난 20년 동안 지어진 집들을 기초로 추산했다.

미국은 2006년에 60억 메트릭톤(1,000킬로그램을 1톤으로 하는 무게 단위)의 이산화탄소를 배출했다. 이 수치에 수입품의 탄소 배출량은 포함되어 있지 않다. 이 정도면 전 세계 이산화탄소 배출량의 약 20퍼센트에 이르며, 중국에 이어 두 번째로 많고 유럽과 남미의 배출량보다 많다.[24] 집과 자동차에서 나오는 탄소량을 합치면 가구 평균 배출량의 약 40퍼센트에 이르며, 미국 전체 배출량의 40퍼센트, 전 세계 배출량의 8퍼센트 정도에 해당한다. 미국에서 배출되는 이산화탄소 중 약 20퍼센트는 주거용 에너지 사용과 관련이 있고, 또다른 20퍼센트 가까이는 자동차와 관련되어 있다.[25]

3.8리터의 연료를 사용하면 휘발유 정제와 유통에 사용되는 탄소까지 감안했을 때 10킬로그램의 이산화탄소가 배출된다. 미국의 각 가정에서는 연평균 3,800리터의 연료를 사용하는데 여기서 10톤 정도의 이산화탄소가 배출된다. 미국 가정이 자동차 위주의 생활을 완전히 포기

하기보다는 연료 효율적인 자동차를 타는 모습을 상상해 보는 것이 더 쉬울지 모르지만, 역사적으로 봤을 때 다양한 시기 동안 다양한 사람들 사이에서 나타나는 연료 사용량의 큰 차이는 연료 효율성이 아니라 자동차 운행 거리의 차이 때문에 생긴다. 자동차는 1리터로 평균 9.3킬로미터 정도 움직이는데, 중요한 차이는 여러분이 연간 500킬로미터를 운전하느냐 5만 킬로미터를 운전하느냐에 따라서 생기고, 이것은 여러분이 도시나 교외 중 어디에 사느냐에 따라서 다르다.[26]

칸과 나는 거주지 인구밀도와 도시 중심과의 거리가 휘발유 사용량과 강력하게 연관되어 있다는 걸 발견했다.[27] 2.56제곱킬로미터당 1만 명이 넘는 사람들이 사는 인구 조사 표준 지역 가구들은 연평균 2,600리터의 연료를 사용하는 반면 같은 면적에 1,000명 미만이 사는 지역의 가구는 연평균 4,400리터의 연료를 사용한다.[28] 대부분의 자동차 이동이 시내 출퇴근용이 아니기 때문에 거주지의 인구밀도가 중요하다. 사람들은 식료품을 사고, 외식하고, 학교가 끝난 후 아이들을 태워 오기 위해서 수만 킬로미터를 운전한다. 특정 지역의 상점과 학교의 밀도가 그러한 이동의 평균 거리를 결정한다. 도시에서 우리는 종종 레스토랑까지 걸어간다. 인구밀도가 낮은 지역에서는 외식 한번 하려면 편도로 25분을 운전해 가야 할지 모른다.

가족의 규모와 소득이 같다고 전제했을 때 2.56제곱킬로미터당 거주자 수가 두 배로 늘어나면 연간 가구당 연료 소비는 400리터 감소한다.[29] 이런 추산에 따르면 동북부 지역의 한 가구가 4,000제곱미터당 한 가구가 사는 곳에서 다섯 가구가 사는 곳으로 이사할 경우 그 가족은 1,300리터를 덜 소비할 것이다. 이러한 사실은 우리에게 대중교통이 연료 소비를 줄일 수 있는 유일한 방법은 아니라는 것을 상기시켜 준다. 인구밀도가 높은 지역에 사는 사람들은 출퇴근 때 계속 차를 이용하더라도 전반적으로 더 짧게 이동하고 더 적은 연료를 소비할 것이다.

대중교통도 탄소를 배출하지만 대부분의 대중교통 형식은 자가용을 타고 많은 거리를 운전하는 것보다 훨씬 더 에너지 효율적이다. 예를 들어 뉴욕 시 대중교통 시스템은 승객들을 태우고 26억 회 운행하기 위해서 매년 1억 6,000만 리터의 디젤 연료와 148억 메가와트의 전기를 사용한다.[30] 1회 운행당 평균 0.4킬로그램의 이산화탄소를 배출하는 것인데, 이 정도 양이면 자동차 1회 운행에서 배출되는 평균 4킬로그램의 이산화탄소 양과 비교해서 10분의 1 수준에 불과하다.

칸과 나는 연소득 6만 달러 정도의 가구가 미국 내 모든 인구 조사 표준 지역과 메트로폴리탄 지역에서 평균적으로 소비하는 연료량을 예측해 봤다. 우리의 샘플에 든 모든 지역들이 연평균 3,800리터 이상의 연료를 소비했지만 뉴욕 메트로폴리탄 지역의 가구들은 연평균 3,200리터 미만의 연료를 소비한 것으로 나타났다.[31] 미국 전체로 봤을 때 미국 국민들은 출퇴근 때 대중교통을 이용하기보다는 직접 운전할 가능성이 15배 이상 높지만, 뉴욕 시 거주민들은 출퇴근 때 직접 운전하기보다는 대중교통을 이용할 가능성이 두 배 이상 더 높다.[32]

또한 대도시에 사는 사람들이 운전을 덜 한다. 인구가 두 배 늘어나면 운전으로 인한 가구당 이산화탄소 배출량은 연평균 1톤 가까이 감소한다. 남부 도시들에서는 특히 운전하는 사람들의 비중이 높고, 뉴욕보다 휘발유 사용량이 75퍼센트 이상 많다. 그린빌, 사우스캐롤라이나, 내슈빌, 테네시, 오클라호마시티 같은 선벨트 도시들은 낮은 인구밀도에 맞게 조성되었기 때문에 일자리가 넓게 확산되어 있어 그곳 거주민들은 연료를 가장 많이 쓴다.[33]

거의 모든 메트로폴리탄 지역에서 도시 거주자들은 교외 지역 거주자들에 비해서 연료를 훨씬 적게 소비한다. 예상할 수 있겠지만 도시와

교외 지역의 가장 큰 차이는 도시 가정이 교외 거주 가정에 비해서 연
평균 1,100리터 이상의 연료를 덜 소비하는 뉴욕 같은 오래된 도시에서
두드러진다.[34]

그렇지만 도시와 교외 지역의 가장 큰 차이는 애틀랜타와 내슈빌 같
은 곳에서도 생긴다.[35] 내슈빌이나 애틀랜타 중심 지역에서 운전하는
사람이 드물기 때문이 아니라 그곳 교외 지역에서 너무 많은 사람들이
운전하기 때문에 그런 큰 차이가 생긴다. 이러한 사실들은 도시의 높은
인구밀도가 오래된 동북부 지역뿐만 아니라 급성장하고 있는 새로운
지역에서도 역시 탄소 배출량을 줄여주고 있음을 암시한다.

도시인들이 전기를 덜 사용하기 때문에 도시는 교외 지역보다 더 푸
르다.[36] 가정용 기기는 가정에서 사용하는 에너지의 3분의 2를 차지한
다.[37] 다양한 메트로폴리탄 지역 내 에너지 사용량의 차이를 설명하는
데 중요한 요소는 여름 더위이다. 모든 사람들이 냉장고와 가정용 기기
를 사용하지만 에어컨은 장소별 에너지 사용량에 큰 차이를 만들어내
는 데 중요한 역할을 한다. 전후 시기 동안에 미국 선벨트가 부흥할 수
있었던 데는 저렴하게 시원한 공기를 얻을 수 있다는 점이 크게 작용했
다. 누가 에어컨 없이 연간 99일이나 섭씨 32도가 넘는 휴스턴의 기온
을 참고 싶겠는가?

미국에서 전기 사용량이 가장 적은 메트로폴리탄 지역들은 캘리포니
아와 동북부 해안 지대이다.[38] 우리가 구한 메트로폴리탄 지역 샘플 중
에서 샌프란시스코와 새너제이의 여름이 가장 시원하기 때문에 이곳
사람들은 전기를 가장 적게 사용하고 있다. 이와 달리 휴스턴, 뉴올리
언스, 멤피스처럼 덥고 습한 도시들의 전기 사용량이 가장 많다.[39] 이
런 곳에서 여름철은 인공 기후 없이는 버텨내기 힘들다.

더운 7월만이 전기 사용량을 끌어올리는 유일한 요인은 아니다. 더

크고 인구밀도가 높은 도시들이 더 적은 전기를 소비한다.[40] 단독주택은 평균 다섯 집 이상이 들어선 아파트 건물 내 한 집의 평균 전기 소비량보다 88퍼센트를 더 소비한다. 교외 지역의 가구는 도시 지역 가구보다 평균 27퍼센트의 전기를 더 소비한다.[41] 소득과 가족 규모를 표준화하자 우리가 분석한 48개 메트로폴리탄 지역들 중 44곳에서 도시 중심에 거주하는 사람들이 에너지를 적게 소비하고 있다는 사실이 드러났다.[42] 뉴욕과 보스턴과 심지어 라스베이거스 같은 보다 중앙집중식인 메트로폴리탄 지역들이 댈러스나 피닉스처럼 확산적 성향을 띠는 도시들에 비해서 전기를 덜 사용한다.[43]

미국 내 더운 지역에서는 전기가 난방 용도로 사용되기도 하지만 미국의 주요 난방 연료는 천연가스이며, 천연가스는 주거용 탄소 배출량의 20퍼센트 가까이를 차지한다.[44] 사실상 가정용 난방 연료는 시간이 지나면서 더 친환경적으로 변했다.

사람들은 처음에 엄청난 양의 탄소를 배출하는 장작을 때다가 석탄을 때기 시작했다. 석탄은 제2차 세계대전이 끝난 뒤까지도 미국 도시들의 하늘을 갈색으로 물들였다. 그러다가 도시들은 점차 사람들에게 석탄 사용을 줄이도록 강제하기 시작했고, 다행스럽게도 석탄 채굴량이 줄어드는 가운데 미국 서부 지역에서 천연가스를 훨씬 더 구하기 쉬워졌다(그래서 조지 미첼은 떼돈을 벌었다). 지금은 좀처럼 사용되지 않지만 과거 난방 연료였던 등유나 경유 같은 연료유는 여전히 가정 탄소 배출량의 10퍼센트 정도를 차지하고 있다. 연료유가 천연가스에 비해서 훨씬 더 많은 탄소를 배출하기 때문이다.

가정용 난방을 위한 탄소 배출로 인해서 스노 벨트(Snow Belt: 미국 북부와 북동부의 대설 지대)는 온화한 기후의 캘리포니아에 비해서 덜 푸르러 보인다. 디트로이트와 미시간 주 서부 도시 그랜드래피즈는 천연가스 소비 측면에서 메트로폴리탄 지역의 샘플 역할을 한다.[45] 버펄로, 시카고, 미니애폴리스가 그 뒤를 바짝 쫓고 있다. 반면에 플로리다는 거의 천연가스를 소비하지 않는다. 마이애미는 심지어 1월의 저녁에도 몹시 따뜻하다.

가정의 탄소 배출량을 종합적으로 추정해 보기 위해서 우리는 운전, 전기, 난방에서 나오는 배출량을 합산한 다음에 다시 대중교통 수단의 배출량을 더했다. 이제 도시가 교외 지역에 비해 더 친환경적이라는 것은 놀랄 만한 일이 아니다.[46] 그런데 메트로폴리탄 지역들 사이의 차이는 개별 도시들과 그들 주변의 교외 지역들 사이의 차이보다 훨씬 더 크다.

캘리포니아 해변 지대는 미국에서 최고의 녹색 지대에 속한다. 미국 최남동부 지역인 디프 사우스(Deep South: 조지아, 앨라배마, 미시시피, 루이지애나, 사우스캐롤라이나 주)는 오염이 가장 심하다. 미국에서 가장 푸른 메트로폴리탄 지역들은 샌디에이고, 샌프란시스코, 로스앤젤레스, 새너제이, 새크라멘토이다. 가구당 탄소 배출량이 가장 높은 다섯 지역은 휴스턴, 버밍엄, 내슈빌, 멤피스, 오클라호마시티이다. 이처럼 극과 극을 오가는 두 지역들 사이에는 극적인 차이가 존재한다. 샌프란시스코에 있는 가구는 멤피스에 있는 가구에 비해서 탄소 배출량이 60퍼센트 적다.[47]

동북부와 중서부 지역의 오래된 도시들은 이러한 극과 극 사이의 다양한 지점에 위치한다. 그들은 캘리포니아에 비해서는 더 많은 전기를 소비하지만 휴스턴에 비해서는 아니며, 주로 난방을 위해서 많은 에너지를 사용한다. 뉴욕은 높은 인구밀도 덕분에 더 푸른 도시들 중 하나이다. 디트로이트는 자동차 도시의 특성상 탄소 배출량이 훨씬 더 많다.[48]

환경 운동의 의도하지 않은 결과

그렇다면 우리는 이 모든 데이터를 어떻게 해석해야 할까? 간단하게 말해서 우리가 토지 개발 정책을 수정함으로써 탄소 배출량을 줄이고 싶다면 더 많은 미국인들이 더 복잡하고 도시적인 환경에서 살아야 할 것이다. 캘리포니아 해안으로 이주하는 사람들이 늘고, 텍사스에 사는 사람들이 줄어야 한다. 캘리포니아는 여름철 냉방이나 겨울철 난방이 많이 필요하지 않은 축복받은 기후를 갖고 있다. 휴스턴이나 애틀랜타에 거주하기 위해서는 많은 에너지가 필요한데 그렇다면 왜 더 많은 미국인들이 캘리포니아에 살지 않는 것일까?

과밀이 답은 아니다. 캘리포니아의 해안 지역은 놀라울 만큼 비어 있다. 280번 도로를 따라서 실리콘밸리 중심부를 가로질러 운전하다 보면 마치 개방된 에덴 동산을 차로 달리는 것 같다. 산타클라라 카운티에는 4,000제곱미터당 두 명 정도의 사람이 살고 있다.[49] 캘리포니아 주 북서부 해안의 마린 카운티에서는 한 사람이 5,000제곱미터 이상의 공간을 쓴다. 반면에 메릴랜드 주 몽고메리 카운티에서는 4,000제곱미터당 약 세 명이 생활한다.[50] 일리노이 주 쿡 카운티에서는 4,000제곱미터당 9명 가까이 생활하고,[51] 맨해튼에서는 같은 공간에 111명이 생활하는데 이 수치는 매일 오가는 수많은 근로자들까지 포함한 것은 아니다.[52]

캘리포니아 해안 지역은 지금 수준보다 훨씬 더 많은 사람들을 수용할 수 있지만, 이들 지역의 성장 속도는 제2차 세계대전 후 전성기 때와 비교하면 극적으로 둔화됐다. 1950년에 30만 명도 안 되던 산타클라라 카운티의 인구는 1970년이 되자 100만 명 이상으로 세 배 넘게 늘어났다.[53] 그러나 1990년 150만 명에 달하던 이 지역의 인구는 2008년까지 전국 평균에도 못 미치는 17.8퍼센트 증가한 176만 명에 그쳤다.[54] 지난 17년 동안 실리콘밸리는 지구상에서 가장 생산적인 장소 중 한 곳이었지만 그곳의 인구 성장 속도는 미국 내 다른 지역들과 비교해서 둔한 편이다.

캘리포니아 해안 지역은 집을 많이 짓지 않았기 때문에 성장하지 못했다. 집을 많이 짓지 않는 곳은 어디라도 크게 성장하지 못한다. 캘리포니아 해변 지역의 건설 활동이 부진한 이유는 수요가 부족해서가 아니다. 2007년 NAR의 평균 매매 가격은 샌프란시스코와 새너제이에서 모두 80만 달러를 넘었다.[55] 경기 침체 이후인 2010년 2분기에도 이 두 지역의 집값은 평균 60만 달러에 이르면서 미국 대륙에서 가장 집값이 비싼 지역으로 남아 있었다.[56]

마린 카운티에서 적용되고 있는 24만 제곱미터의 최소 획지 규모처럼 신규 건설에 매우 엄격한 제한을 두고 있기 때문에 캘리포니아의 집값은 내릴 줄을 모른다.[57] 이러한 규제도 규제지만 공원과 야생동물 보호 지구 지정 등 시장에서 거래될 수 있는 토지를 점점 더 줄어들게 만드는 정책도 집값 상승에 한몫하고 있다. 2000년까지 샌프란시스코 만안(灣岸) 지역인 베이 에리어 내 토지 중 4분의 1이 영구 보존지로 지정되어 건설 활동이 완전히 금지되었다.[58]

많은 환경보호주의자들은 샌프란시스코 만 지역의 개발 제약을 자신들이 거둔 위대한 승리로 간주한다. 물 주변의 개발 활동을 막기 위해서 조직된 '만을 구하자!(Save the Bay!)' 운동의 선구자들은 미국 환경보호주의의 상징적 인물이 되었다. 캘리포니아에서 진행되는 모든 신규 프로젝트에 환경 영향 평가를 강제한 '매머드 호수의 친구들' 판결*은 환경보호주의자들의 중대한 승리로 간주된다. 개발 반대론자들은 그곳의 물 공급이 원활하지 않기 때문에 건설 활동을 제한해야 한다고 지적한다.

그러나 캘리포니아는 마른 농토에 자연적으로 물을 공급하는 데 그토록 많은 물을 쓰지만 않는다면 시민들이 사용하고도 남을 만큼 충분한 물을 확보할 수 있다. 캘리포니아의 도시와 교외 지역들은 매년 약 870만 에이커피트(관개 수량 단위, 1에이커피트는 123만 리터)의 물을 사용한다.[59] 캘리포니아 농업은 물을 보조받는데 매년 관개(灌漑) 용도로 3,400만 에이커피트의 물을 쓴다.[60] 미국은 곡물 경작이 가능한 습지가 풍부하다. 농업 지대로부터 도시로 물의 방향을 바꿈으로써 캘리포니아는 지금보다 더 많은 사람들이 생활하는 데 필요한 물을 쉽게 공급할 수 있을 것이며, 그럴 경우 미국의 탄소 배출량은 줄어들 것이다.

성장을 제한함으로써 캘리포니아가 더 푸르게 보일지 몰라도 그런 제한은 미국 전체를 더 갈색으로 만들면서 전 세계 탄소 배출량을 늘리고 있다. 휴스턴의 개발업자들은 캘리포니아의 반(反)성장 운동에 감사해야 한다. 소득이 높고 기후 조건이 우수한 캘리포니아 해안 지역의 건설 활동이 중단되지 않았다면 거기보다 살기에 덜 쾌적한 선벨트 지역의 생활 공간 수요가 지금처럼 많을리가 없었을 것이다.

개발에 맞서 싸우는 사람들이 미국 전역의 신규 건설의 양을 결정하는 것은 아니다. 그들은 단지 자신들의 뒷마당에서 건설 활동이 일어나는 것을 막으려는 것뿐이다. 국가적 차원에서 봤을 때 '건설 보존법'이라고 불릴 만한 원칙이 자리 잡아가고 있는 것 같다. 환경보호주의자들이 녹색 지역에서 개발을 중단시키면 갈색 지역에서 개발이 일어날 것이다. 캘리포니아의 환경보호주의자들은 성장에 반대하기 위해서

---

* 1971년에 캘리포니아 주 모노 카운티에 있는 매머드 호수(Mammoth Lakes) 주변의 아파트 개발 계획에 반대해 환경보호주의자들이 제기해서 승소한 소송.

생태학적 논리를 들이대고 있지만 사실은 덜 온화한 기후 지역으로 신규 주택 공급을 밀어냄으로써 미국의 탄소 배출량을 오히려 더 늘리고 있다.

1970년에 제정된 캘리포니아 환경품질법(California Environmental Quality Act)[61]은 어떤 지방 정부 프로젝트이든 그것을 실행하기에 앞서 환경 영향 평가를 받도록 강제하는 획기적인 법안이다. 1973년에 환경보호에 적극적이었던 캘리포니아 대법원은 이 법안을 지방 정부가 추진하는 프로젝트들뿐만 아니라 지방 정부가 허용하는 프로젝트들에도 적용하라고 판시했다. 이는 다시 말해서 캘리포니아의 대형 건설 활동 상당수가 이 법안의 적용 대상이 됐다는 뜻이다.[62] 2008년 한 해만 해도 캘리포니아 규제 당국은 583건의 환경 영향 평가를 실시했는데, 이 수치는 연방 정부의 지침에 따라서 전국적으로 실시된 522건의 환경 영향 평가에 비해서도 훨씬 많은 수준이다.[63] 이러한 환경 영향 평가는 비용을 늘리면서 새로운 건설 활동을 지연시키고, 결과적으로 건설 활동에 드는 비용을 끌어올린다.

환경 영향 평가의 가장 큰 오류는 그것의 불완전성이다. 각각의 평가는 프로젝트가 거부되어 캘리포니아 대법원의 사법권이 미치지 않는 다른 곳에서 건설 활동이 시작됨으로써 미치는 영향이 아니라 프로젝트가 승인됐을 때의 영향만을 대상으로 삼는다. 이러한 평가의 불완전성은 환경적 차원에서 캘리포니아의 건설 활동에 지장을 줄 뿐만 아니라 신축 건물을 짓지 못하게 하는 것이 항상 더 친환경적인 활동처럼 보이게 만든다.

캘리포니아에서 건설 활동을 허가했다면 다른 지역, 이를테면 라스베이거스 외곽의 한때 전혀 오염되지 않았던 사막 같은 다른 곳에서 벌이는 건설 활동을 줄이는 효과를 볼 수 있었을 것이다. 캘리포니아

374

의 건설 활동 방해로 인한 전반적인 환경 비용을 평가해 보면 그곳의 환경 정책은 친환경적이라기보다는 반환경적인 것처럼 보인다.

두 가지 녹색 비전:
찰스 왕세자 대 리빙스턴 시장

환경보호주의는 잘 정돈되고 질서 잡힌 운동과는 사실상 거리가 멀다. 미국에서 환경보호주의를 표방하는 사람들은 미국 야생동물 보호회인 오듀본 협회(Audubon Society)의 새를 관찰하는 사람들과 그린피스 회원들, 애팔래치아 자연 산책로를 오르는 사람들, 하이브리드 차량 운전자들을 들 수 있다. 이 운동은 유럽에서 더 성공을 거두었고 더 광범위하게 펼쳐지고 있다. 다양하고 성공적인 환경보호 운동은 필연적으로 영국 찰스 왕세자와 켄 리빙스턴 같은 완전히 다른 세계관을 가진 사람들을 끌어들이게 된다. 켄 리빙스턴은 노동당 정치인으로서 종종 '빨갱이 켄'[64]이라고도 불리는데, 1981~1986년에 대런던 시의회(Greater London Council) 의장을 지냈고 2000~2008년에는 최초로 전 도시를 다스리는 시장으로서 런던을 이끌었다.

리빙스턴은 "이산화탄소 배출로 초래된 기후 변화는 인류가 당면한 단 하나의 가장 큰 문제이다"[65]라고 주장해 왔다. 찰스 왕세자는 기후 변화를 '인류에 대한 가장 큰 위협'이라고 선언했다. 두 사람 모두 지구를 돕기 위해서 최선을 다했지만 기후 변화가 인류에게 '가장 큰 위협'이라는 관점 외에는 어떤 공감대도 찾아보기 어렵다.

찰스 왕세자는 1948년에 버킹엄 궁전에서 태어나서 곧바로 캔터베리

대주교로부터 세례를 받았다.[66] 리빙스턴은 그보다 3년 전에 대주교의 궁전을 둘러싸고 있는 전통적인 런던의 빈민가인 램버스에서 태어났다.[67] 찰스 왕세자는 어떤 영국 왕보다도 더 많은 공식적 교육을 받았고, 엘리트 사립학교들과 케임브리지 대학을 다녔다.[68] 리빙스턴은 산발적으로 교육을 받았고[69] 10대 때부터 연구실 기술자로 일했는데, 런던 《선데이 타임스》 보도에 따르면 1971년에 램버스 시의회 의원으로 선출되기 전에 "작은 설치류를 대상으로 종양을 증식시켰다"[70]고 한다.

리빙스턴이 1970년대를 런던-램버스 노동당에서 성장하면서[71] 보낸 반면 찰스 왕세자는 영국 해군에서 복무하고,[72] 제트기와 헬리콥터를 조종하고, 나중에는 자기 배 HMS 브로닝턴을 지휘하면서 왕족으로서 밟아야 할 길을 충실히 밟고 있었다. 1981년 찰스 왕세자와 다이애나 비의 신데렐라 이야기 같은 결혼은 미디어의 폭발적 주목을 받았다.[73] 같은 해에 리빙스턴이 대런던 시의회 회장이 되자[74] 날카로운 정치 분석보다는 여자 누드 사진들로 더 유명한 타블로이드가 "빨갱이 켄 런던 왕위에 오르다" 같은 요란한 제목을 달아 이 사실을 세상에 알렸다. 전세계의 절반이 찰스 왕세자와 다이애나 비의 결혼식을 보고 싶어 안달이 났지만 켄 리빙스턴은 결혼식 참가를 거절했다.[75]

1980년대에 두 사람은 점차 도시 계획에 관심을 갖기 시작했다. '런던의 왕'으로서 리빙스턴의 초기 환경보호주의가 일부 지역에 영향을 미치기 시작했다. 그는 오랫동안 대중교통 요금이 낮으면 사람들이 차를 타지 않게 되고 도로의 혼잡과 오염이 모두 줄어들 것이라고 큰 목소리로 주장했다.[76] 그는 더 많은 주택 건설을 위해서 싸웠지만 마천루, 그중에서도 리처드 로저스가 템스 강 남쪽에서 추진했던 고층 건물들로 이루어진 일종의 '베를린 장벽' 건설 계획에는 반대했다.[77]

그 무렵 찰스 왕세자는 지속 가능한 농업의 후원자이자 근대주의의적으로서 자신의 대중적 이미지를 만들어나가고 있었다.[78] 찰스 왕세자는 동시에 콘월 공작(Duke of Cornwall: 왕위 계승자에게 수여되는 영국의 작위)이기도 한데, 콘월에 있는 토지는 그에게 생산성 높은 유전자 변형 곡물을 거부하고 유기농법을 시험할 수 있는 기회를 제공해 주었다.[79] 찰스 왕세자는 전통적인 농법만큼이나 전통적인 건물들을 좋아했다.[80] 그는 1984년에 의례적 연설이 될 줄 알았던 영국 건축학회 연설에서 현대적인 건축에 대해서 강력한 공격을 퍼부으며 세상의 주목을 받았다.

찰스 왕세자는 "세계 대전 발발 이전의 런던은 분명 가장 위대한 도시의 가장 아름다운 스카이라인들 중 하나를 갖고 있었다"라는 향수에 찬 비전을 제시했다.[81] 반면에, 국립 미술관으로부터 전시 제안을 받은 현대적인 작품은 "많은 사랑을 받는 우아한 친구의 얼굴에 생긴 끔찍한 염증"[82]에 해당됐다. 왕세자는 "왜 오직 올바른 각도와 기능을 가진 모든 것이 수직적이고, 직선적이며, 구부러지지 않아야 하는가?"[83]를 알고 싶어했다. 그는 18세기에 지어진 런던의 웅장한 시장 관저 옆에 건축가 미스 반 데어 로에(Mies van der Rohe)가 디자인한 현대적인 타워를 세우자는 제안에 맞선 싸움에 동참했다. 찰스 왕세자는 문제의 타워를 "시카고 시내에 더 어울리는 거대한 유리 기둥(glass stump)"[84]이라고 불렀다. 리처드 로저스는 타워를 지지한 많은 건축가들 중 한 사람이었지만 결국은 왕세자가 이겼다고 볼 수 있다.[85] 미스 반 데어 로에가 계획한 타워는 런던에 들어서지 못했다.

전통적인 영국 건물을 지키기 위한 찰스 왕세자의 싸움은 조금도 수그러들지 않고 지속되고 있다. 자신이 만든 '대표적 공동체 마을'인 파운드베리를 위한 싸움도 마찬가지이다. 콘월의 농지에서 왕세자는 이상적인 영국 마을을 세우겠다는 자신의 비전을 실천하고 있다. 파운드베리는 "1830년에 건축 활동이 멈춘 것 같은 빅토리아 시대 초기의 장터 마을"[86]처럼 보인다. 찰스 왕세자는 파운드베리 계획을 세우고 신도시계획가(New Urbanist) 운동을 옹호한 지식인들 중 한 사람인 레온 크리에를 전폭적으로 지원했다.[87] 신도시계획주의는 "밀집한 메트로폴리탄 지역들 내에서 기존의 도시 중심과 마을의 복구, 확산 중인 교외 지역을 실제 주거 공동체와 다양한 지구로 변형, 자연 환경 보존, 그리고 우리가 이룬 유산의 보존을 옹호한다."[88]

파운드베리는 플로리다 주 시사이드, 메릴랜드 주 켄틀랜즈, 노스캐롤라이나 주 브레이크어웨이, 그리고 플로리다 주 디즈니 사(社)의 '축하 마을(Celebration Town)' 같은 미국의 신도시계획가 공동체들보다 훨씬 더 환경보호주의적인 성격을 띤다.[89] 이러한 장소들은 자동차 의존도를 줄이려고 노력하지만 그들의 목표는 환경보호적인 것만큼이나 사회적인 것처럼 보인다. '축하 마을'의 경우 집을 떠나 그곳으로 일하러 가는 사람들 중 91퍼센트는 자동차를 몬다.[90] 이웃 지역들에 비해서 더 많은 사람들(64.5퍼센트)이 파운드베리로 일하러 갈 때 운전해서 간다.[91] 파운드베리 거주민들 네 명 중 세 명은 쇼핑하러 갈 때도 운전을 한다.[92] 이런 지역들은 리빙스턴의 런던에 사는 보수적인 도시인들로부터는 호감을 사지 못한다. 하지만 수많은 자동차를 보유했지만, 보다 전통적인 소규모 마을을 만들자는 생각에 찬성하는 사람들에게는 호소한다.

이런 지역에 있는 집들은 작지 않기 때문에 많은 에너지를 소비한다. 축하 마을에 있는 집들 중 약 70퍼센트가 단독주택이며,[93] 파운드베리에 있는 집들 중 17퍼센트만이 아파트이다.[94] 신도시계획가들이 만든 주거 공동체들 내 아파트는 미국 전체 평균에 비해서 밀도가 높지만 여전히 그곳들은 많은 에너지를 소비하는 전통적인 큰 집들로 가득하다. 예를 들어 플로리다 주의 주거 공동체인 시사이드를 보면 매물로 나온 부동산의 크기가 186∼353제곱미터로 보통 93제곱미터인 도시 아파트에 비해서 훨씬 더 크다. 신도시계획가들이 만든 또다른 주거 공동체인 메릴랜드 주 켄틀랜즈에는 그곳의 습한 여름 동안 에어컨을 많이 틀어야 하는 침실만 4∼5개가 딸린 집들로 가득하다.

찰스 왕세자가 더 소박하면서도 더 농촌풍의 세계를 갈망하는 것 같은 반면, 켄 리빙스턴의 녹색 비전은 지속 가능성과 역동적 도시 성장을 결합한다. 런던 시장이 됐을 때 리빙스턴은 자가용 운행을 줄이기 위한 극적인 조치를 취했다. 처음에 그는 모든 운전자들에게 런던 중심지로 들어올 때마다 5파운드씩을 부과했다가 나중에 8파운드로 올렸다.[95] 40년 전 윌리엄 비크리가 고안한 이 혼잡 통행료 징수 아이디어는, 사람들이 그의 행동으로부터 유발되는 사회 비용을 지불해야 한다고 생각하는 경제학자들로부터 호응을 얻었다.[96] 한 사람의 운전이 모든 사람들에게 혼잡을 유발하기 때문에 운전 세금을 매기는 것은 도로를 보다 현명하게 사용하는 좋은 방법이다.

켄 리빙스턴은 평소처럼 두려움이 없었고, 효율성에 대한 경제학자들의 관례적 사랑을 떠나서 다른 여러 이유 때문에 혼잡 통행료에 관심이 있었다. 리빙스턴은 혼잡 통행료 부과를, 사람들이 자동차 대신에 지하철을 이용하게 유도함으로써 환경을 보호하는 한 가지 방법으로 간주했다.[97] 그는 또한 운전자들은 대개 부유하고 버스 이용객들은 대개 가난하기 때문에 혼잡 통행료 징수를 진보적 법안으로 간주했다.[98] 운전자들에게 부과한 세금을 대중교통에 사용함으로써 리빙스턴은 덜 부유한 그의 지지자들에게 호소했다.

혼잡 통행료 징수는 곧바로 런던 거리에 극적인 영향을 미쳤다. 시행 2주 만에 자동차 운행 대수가 20퍼센트 이상이나 감소했다.[99] 이후 2년 동안에 전체 혼잡도도 30퍼센트 떨어졌으며 대중교통 이용이 활성화되었다.[100] 리빙스턴이 특별한 애정을 쏟아 만든 이 정책은 과거 도시 생활 모드였던 기차와 버스를 선호함으로써 런던을 보다 도시적으로 만들었고, 그는 그 과정에서 환경에도 도움을 주었다.

시장으로서 리빙스턴은 또한 런던에서 고층 건물 건설이 주는 미덕을 간파했다. 찰스 왕세자의 반대에도 불구하고 런던은 '위로' 성장하기 시작했다. 최초의 포스트모던 건축물로서 찰스 왕세자가 "1930년대 무선전신기"에 비유했던 폴트리 빌딩(Poultry Building)이 미스 반 데어 로에가 지으려고 했던 현대적인 타워 자리에 들어섰다.[101] 이보다 더 중요한 사실은 한 캐나다 개발 회사가 과거 부두 부지에 고층 건물을 짓고 있었다는 것이다. 이 캐너리 워프 개발은 런던 금융 서비스 산업을 위한 현대적 개발에 해당했다.

리빙스턴이 반성장 옹호자에서 규모의 지지자로 변신하게 된 것은 대도시를 경영하면서 시야가 더 넓어졌기 때문이었다. 다른 거의 모든 대도시 시장들과 마찬가지로 리빙스턴은 과세 기반의 확대를 원했다. 런던의 금융가들을 많이 좋아한 것은 아니었지만 그는 그들이 올리는 소득이 가난한 유권자들의 삶을 개선하는 데 도움을 줄 수 있다는 것을 알았다. 도시들이 세계화된 시대 속에서 경쟁해야 한다는 사실은 반기업적 정치인이라도 화려한 고층 건물의 옹호자로 변신시킬 수 있다. 그러한 고층 건물에 입주한 사람들이 낸 세금으로 사회 프로그램을 운영할 수 있기 때문이다. 리빙스턴은 또한 사람들을 런던에 모여 살게 하면 더 작은 집에서 살고 운전을 덜 하게 되기 때문에 환경에도 유익할 것임을 깨달았다.

찰스 왕세자와 리빙스턴 시장은 모두 보수적인 친환경주의자들이다. 켄 리빙스턴은 기후 그룹(Climate Group)이 주는 '저탄소 챔피언상'을 수상한 전력이 있고, 찰스 왕세자 역시 환경보호 관련 상을 여러 차례 수상했다.[102] 실제로 그는 하버드 의학대학원 내 건강과 글로벌 환경 센터(Center for Health and the Global Environment)에서 글로벌 환경 시민상을 받아 오기 위해 바다 건너 20명의 수행단을 보내어 센세이션을 일으킨 적도 있다.[103]

그러나 환경보호주의에 대한 두 사람의 비전은 완전히 딴판이다. 왕세자의 비전은 시골과 전통을 중시하는 것이다. 그는 과거를 지향하면서 예전의 생활 방식과 전통 가옥으로의 복귀를 희망한다. 리빙스턴의 환경보호주의는 도시적이면서 극단적이다. 그는 고층 건물들과 대중교통으로 가득 찬 대담한 미래를 상상한다. 세계적 건축가인 리처드 로저스가 리빙스턴이 만든 건축과 도시계획 위원회 위원장을 맡았다. 이 위원회가 작성한 〈컴팩트한 도시에 맞는 주택 공급〉이란 보고서 서문에서 리빙스턴은 런던의 그린벨트와 다른 주거 공동체의 개방형 공간들을 보호하기 위해서 고밀도 건물의 필요성을 주창했다.[104] 이와 달리 찰스 왕세자는 마천루를 "과도하게 부풀려진 남근 숭배의 건축물이자 그 어떤 솜씨보다 건축가의 자아만을 드러내며 보는 사람들을 우울하게 만드는 진부한 안테나"라고 비난했다.[105]

어떤 환경보호주의가 더 효과적일까? 리빙스턴의 대도시 근대주의일까? 찰스 왕세자의 농촌 이상주의일까? 원칙적으로 봤을 때 전통적인 시골 주거 공동체는 상당히 친환경적이다. 사람들이 주택 난방을 심하게 하지 않고, 여행을 많이 하지 않고, 전통적인 시골 생활의 이상을 추구한다면 탄소도 거의 사용하지 않을 것이다. 반면에 엘리베이터와 대중교통 운행을 위해서 어느 정도 전기를 쓰지 않고는 도시를 움직일 수 없다. 사람들이 정말로 15세기 시골 농부처럼 행동할 것으로 기대할 수 있다면 시골의 에코타운들은 극단적으로 푸르러질 수 있다.

그러나 사람들은 중세 농노처럼 살고 싶어하지 않는다. 그들이 인구밀도가 낮은 지역에서 살게 된다면 운전을 많이 할 것이고, 안락하게 냉난방이 되는 큰 집을 원할 것이다. 그러나 도시에서 사람들은 레스토랑, 술집, 도서관 같은 공공 공간들을 공유해야 한다. 도시 모델은 실제 사람들이 사용했을 때 푸르다. 데이터를 봐도 그렇고, 우리는 그 이유를 알고 있다. 높은 땅값은 개인의 공간을 제한하고, 고밀도는 자동차 사용을 훨씬 덜 매력적으로 만들기 때문이다. 도시의 삶은 '지속 가능성'을 가지지만, 시골의 에코타운들은 그렇지 않다.

가장 힘든 싸움 :
인도와 중국의 녹색화

미국과 유럽에서 고밀도 건축물은 탄소 배출량을 줄여주겠지만 향후 수년 내에 도시 개발을 둘러싼 가장 중요한 싸움은 인도와 중국에서 벌어질 것이다. 2000년 기준으로 미국 내 주택 중 절반 정도가 1970~2000년에 지어졌기 때문에 미국의 기존 주택들 중 절반이 지금으로부터 30년 뒤에 새로 지어질 것이라고 가정해 보자.[106] 주거 밀도를 높이기 위한 노력이 미국에서 크게 성공을 거둔다면 운전과 신규 주택 에너지 사용에 따른 탄소 배출량이 50퍼센트 줄어들 가능성이 있다. 그 정도로도 미국 가정에서 나오는 탄소 배출량을 25퍼센트, 미국 전체 탄소 배출량을 10퍼센트 줄이는 엄청난 결과를 낳게 될 것이다.

그러나 이러한 중대한 변화에도 불구하고 전 세계 탄소 배출량은 불과 2퍼센트 감소하는 데 그칠 것이다. 이 계산의 목적은 아무런 행동도 하지 않기 위한 변명을 대기 위해서라기보다는 미국이 기후 변화와의 장기전에서 차지하는 비중이 크지 않다는 것을 지적하기 위해서다. 미국은 이미 자동차 중심으로 수십조 달러 상당의 인프라를 갖추었고, 선진국들도 모두 천천히 변하고 있다.

반면 인도와 중국은 빠르게 변하고 있으며, 두 나라 인구는 미국보다 훨씬 더 많다. 인도와 중국의 1인당 탄소 배출량이 미국 수준으로 올라갈 경우 전 세계 인구가 현재 상태를 유지하더라도 탄소 소비는 139퍼센트 급증할 것이다.[107] 미국에서 고밀도 개발을 지지함으로써 얻게 되는 환경 차원에서의 가장 큰 수혜는, 중국인들과 인도인들을 설득해서 넓은 저층 건물보다는 좁은 고층 건물을 짓게 설득하는 데 도움을 얻는다는 점이다. 오늘날 미국은 세계 두 번째로 많은 탄소를 배출하는 국가이다. 미국인들은 1인당 연평균 20메트릭톤의 이산화탄소를 배출한다.[108] 미국인들만큼 운전을 많이 하는 캐나다인들 역시 1인당 탄소 배출량이 미국인들과 거의 비슷하다.[109] 서유럽인들은 상대적으로 훨씬 더 푸른 생활을 한다. 영국인들은 연평균 10톤보다 약간 적은 탄소를 배출하고,[110] 이탈리아인들은 8톤 정도, 그리고 핵연료 덕에 프랑스인들은 7톤 정도만 배출할 뿐이다.[111]

중국인들과 인도인들은 각각 1인당 연평균 5톤과 1톤 정도의 이산화탄소를 배출하고 있다.[112] 중국인의 1인당 탄소 배출량이 미국인 수준으로 올라갈 경우 매년 200억 톤의 탄소가 추가로 나오게 되면서 전 세계 탄소 배출량을 69퍼센트 더 끌어올릴 것이다.[113] 그러나 인도와 중국의 에너지 소비량이 프랑스 수준까지 올라가면 전 세계 탄소 배출량은 약 30퍼센트 오르겠지만 그 양은 미국과 다른 곳의 탄소 배출 축소를 통해서 상당 부분 상쇄될 수 있다.[114] 따라서 이들 국가에게 현재 미국의 에너지 사용과 개발 패턴을 모방하기보다는 보다 적당한 유럽 수준에서 탄소 배출량을 유지하도록 장려하는 것이 반드시 필요하다.

오늘날 중국에서는 주로 산업 분야에서 탄소가 많이 배출된다. 과거 피츠버그나 맨체스터를 뒤덮었던 검은 연기처럼 탄소는 급성장하는 산업 발전의 부산물이다. 지금까지 중국 가정들은 놀라울 정도로 적은 에너지를 사용했다. 매튜와 나는 미국에서 했던 것처럼 중국 학자들과 공동으로 중국 가정의 탄소 배출량을 도시별로 분석해 보았다.[115] 워싱턴 D.C. 지역의 일반 가정이 연간 43톤의 이산화탄소를 배출하는 반면 베이징의 일반 가정은 3,997톤의 이산화탄소만을 배출하지만 베이징은 중국에서 손꼽히는 '갈색 도시(the brownest places)' 중 하나이다.[116] 우리가 조사 대상으로 삼은 중국 도시들 중 60퍼센트 이상에서 가구당 이산화탄소 배출량이 연간 2톤 이하였다. 중국의 유전 도시이자 가장 갈색 도시인 다칭(大慶)의 가구당 연간 탄소 배출량은 미국에서 가장 녹색 도시인 샌디에이고의 탄소 배출량의 5분의 1에 불과하다.

중국 가정은 주로 난방과 전기 때문에 탄소를 배출한다. 국가 경제가 발전하면서 에어컨이 등장하기 훨씬 전부터 난방이 등장한다. 미국에서 가장 탄소 배출량이 많은 곳들은 덥고 습하지만 오늘날 중국에서 가장 탄소 배출량이 많은 곳들은 추운 곳들이다. 중국은 난방은 하지만 아직까지 냉방은 하지 않기 때문이다. 미국 가정에서 나오는 탄소 배출량의 절반이 개인 교통수단의 사용에서 나오지만 중국에서는 현재 이 양의 10분의 1 정도만 자동차에서 나온다. 중국에서 차량과 에어컨 사용이 비교적 적어 현재 탄소 배출량이 낮은 수준을 유지하고 있으나 점점 더 부유해지는 중국인들이 미국인들이 당연하게 여기는 사치품 구입을 포기하리라 기대하기는 어려울 수 있다. 더군다나 인도에서는 에어컨을 써야 할 명분이 더욱 강한 것 같다.

지금으로부터 1세기 전만 해도 중국과 인도는 시골 분위가 물씬 풍겼다. 모든 가난한 국가들이 그렇듯이 두 나라는 에너지를 거의 사용하지

뭄바이는 영국 동인도 회사의 교역소로서 크게 성장했으며 현재까지도 인도와 나머지 세계를 잇는 관문 역할을 하고 있다. 그러나 불행하게도 뭄바이는 강력한 건축 고도 제한 같은 영국 도시 정책의 가장 나쁜 면들을 받아들였고, 결과적으로 이곳의 건물들은 너무 낮고 혼잡하면서 비싸게 되었다. 최근 들어 이곳에도 몇몇 마천루들이 세워졌지만 뭄바이의 기업인들은 좋은 건물과 교통수단의 부족으로 인해서 어려움을 겪고 있다. (스콧 일스 / 블룸버그 / 게티 이미지 제공)

않았기 때문에 사실상 환경에 피해를 주지 않았다. 그러나 그로부터 50년 동안에 두 나라는 서양에서 수세기 걸려서 이뤄놓은 것과 같은 산업 및 도시 변화를 이뤄내고 있다. 그 결과로 에너지 소비가 폭발적으로 늘었고, 이는 오늘날 유가 상승을 일으키고 있으며, 미래에는 탄소 배출량을 지금보다 더 늘리는 결과로 이어질 수 있다.

중국과 인도가 전통적인 농업에 종사하기를 바라고 싶을지도 모르지만 24억에 달하는 사람들을 영원히 피폐한 가난 속에 살게 만드는 것이 기후 변화의 해법은 아니다. 과거 중국과 인도가 농업 사회였을 때 전염병에 걸려 많은 아이들이 숨졌고 굶주렸다. 영원한 가난이란 인간이 최첨단 의학 기술의 도움 없이 다스릴 수 있는 온갖 전염병에 수십억 명이 노출된다는 것을 의미한다. 가난은 독재 정권을 길러내는 온상이기 때문에 인도와 중국이 가난한 상태를 유지한다면 전 세계 나머지 나라 사람들은 이웃의 강력한 독재 국가들로 인한 군사적 위험에 직면할 것이다. 그러나 환경적 위험을 줄이면서 번영과 성장을 이끌어낼 수 있는 길이 있다. 무엇보다 이 길을 걷기 위해서는 미국 준교외 지역의 자동차가 아니라 고밀도 도시 생활이 요구된다.

인도와 중국의 성장 패턴은 희망과 불안의 징조들을 동시에 보여준다. 긍정적인 측면은 두 나라의 위대한 도시들이 엄청나게 혼잡하다는 것이다. 뭄바이에는 뉴욕 시 인구밀도의 두 배 정도가 되는 2.56제곱킬로미터당 5만 명 이상의 사람들이 살고 있다.[117] 콜카타와 방갈로르의 인구밀도는 2.56제곱킬로미터당 2만 명 이상이다.[118] 홍콩 건너편에 있는 중국 본토에서 급성장하고 있는 대도시 선전의 인구밀도는 2.56제곱킬로미터당 1만 5,000명 이상이다.[119] 이러한 높은 인구밀도는 버스와 기차와 엘리베이터에는 잘 맞지만 사실상 자동차 사용을 불가능하게 만든다. 미래 중국이 더 나은 대중교통과 고층 주거 공간을 갖춘 초고밀도 사회가 된다면 우리가 사는 세상은 더 안전해질 것이다.

그러나 경고 신호들도 나오고 있다. 각각 2,000만 명과 1,700만 명이 거주하고 있는 상하이와 베이징의 혼잡도는 뉴욕 시와 비교하면 10분의 1 정도이고 로스앤젤레스와 비교하면 절반 미만(2.56제곱킬로미터당 약 2,600명이 거주)인 광대한 도시들이다.[120] 최근 인도와 중국에서 자동차 사용이 급증하고 있다. 2009년 기준으로 중국의 자동차 등록 대수는 6,000만 대를 넘어섰고, 연간 자동차 등록 대수 증가율이 30퍼센트가 넘는다.[121] 이처럼 매년 30퍼센트씩 자동차 등록 대수가 늘어나는 현상이 몇 년간만 지속되더라도 2020년이 되면 중국 내 자동차 등록 대수는 5억 대에 이를 수 있다. 한편 인도의 자동차 제조사인 타타 그룹은 대당 2,500달러짜리 자동차를 생산함으로써 세인의 주목을 끌었다.[122] 만약 인도가 교통 혼잡 문제를 해결할 수 있다면 타타에서 만든 자동차들은 10억 명의 인도인들이 자동차를 몰게 해줄 것이다. 그리고 10억 명의 인도 운전자들은 엄청난 탄소를 배출할 것이다.

'똑똑한' 환경보호주의 추구하기

나도 같은 부류에 속하지만, 오늘날 아시아인들에게 에너지 절약을 설득하고 있는 에너지에 미친 미국인들은 매우 위선적이라고 말할 수밖에 없다. 한 저명한 경제학자는 이런 모습을 보고 "SUV 운전자들의 나라가 자전거 운전자들의 나라에게 모페드(모터 달린 자전거)를 몰지 말라고 설득하는 것과 같다"라고 꼬집었다. 나의 어색한 교외 생활은 분명 친환경적 생활의 모델은 아니다. 서양이 지구온난화에 대해서 어떤 식으로든 도덕적 권위를 얻을 수 있는 유일한 방법은 자신부터 솔선수범하는 것이다. 미국이 선진국 세계에서 1인당 탄소 배출량이 가장 많은 한 우리는 결코 중국과 인도는 물론 다른 개발도상국들에게도 우리의 에너지 집약적 라이프스타일을 모방하라는 것 외에 다른 일을 하라고 설득하지 못할 것이다.

서양 세계는 또한 더 '똑똑한' 환경보호주의 형식을 포용해야 한다. 사람들이 자연을 배려하게 만드는 것만이 목표였던 환경보호주의 1단계에서는 대중의 경각심을 높이는 것에 비해서 정확한 정책 처방의 중요성이 떨어졌다. 그런데 오늘날은 상황이 달라졌다. 우리는 아무리 반생산적이고 오류투성이인 토지 개발이라도 모든 보존 계획을 전부 승인할 수는 없다. 대신 우리는 기후 변화에 의미 있는 영향을 미칠 제안들에 집중해야 한다.

똑똑한 환경보호주의를 추구하기 위해서는 우연히 생길 수 있는 여러 환경 정책들의 부작용을 철저히 따져보면서 실제로 득보다 실이 되는 정책들이 무엇인지를 알아봐야 한다. 베이 에리어에 신축 건물을 짓지 못하게 하는 환경보호주의자들은 미국에서 녹색 지대의 개발을 가장 방해하고 있는 것이다. 따라서 건축 보존법은 건축 활동이 결과적으로 미국에 갈색 지역들을 늘려줄 것임을 의미한다. 이른바 『로랙스』의 잘못으로 인해서 고통 받으면서 지역의 녹색 공간을 보존하기 위해서 도시 중심부 근처에서 이루어지는 고밀도 개발에 맞서 싸우는 환경보호주의자란 사람들은 개발을 준교외 주변으로 이동시키면서 사람들이 더 많이 운전하게 만들고 있다.

똑똑한 환경보호주의는 인센티브를 도입해야 한다. 켄 리빙스턴의 혼잡 통행료는 가격 인센티브를 활용하여 자동차 사용을 줄이는 방안을 보여주었다. 다른 도시들에서도 이런 정책을 시행할 수 있다. 세계적인 차원에서 우리는 탄소 배출을 통해서 환경에 피해를 입힌 사람들에게 그 비용을 청구하는 국제 탄소 배출세를 도입할 수 있다. 세금의 실제 규모는 탄소 배출의 실제 비용을 가장 잘 계산할 수 있는 전문가들이 더 연구해 볼 문제지만, 이와 관련된 기본 원칙은 우리 모두가 받아들여야 한다. 우리가 사람들에게 탄소 배출량에 대한 비용을 청구하지 않을 경우 사람들은 탄소 배출을 줄이지 않을 것이다. 큰 정부에 반대하는 사람들이 이런 종류의 정책을 두고 정부의 세수만 늘려주는 것 아니냐고 걱정하는 것도 이해할 만하다. 그러나 그런 걱정은 알래스카 주가 원유 판매 수익금을 시민들에게 매년 배당금 형식으로 지불하는 것처럼 에너지 배당금 형식으로 시민들에게 환급하겠다는 대중적 약속을 통해서 해결할 수 있다.

부유한 국가들은 또한 가난한 국가들이 에너지 사용을 줄일 수 있는 인센티브를 제공해야 한다. 우리는 중국인들에게 프랑스인들처럼 에너지를 사용하라고 설교할 수 있겠지만 그들을 설득할 만한 인센티브를 테이블 위에 올려놓지 않는다면 우리의 설교는 쇠귀에 경 읽기가 될 것이다. 이런 종류의 거래('기름을 안 쓰면 돈을 주겠다'는 식의 거래)가 직면할 수 있는 정치적 장애물들은 어마어마하다. 벌써부터 내 귀에 고립주의자들의 비명 소리가 들리는 것 같다.

그러나 이것은 성공할 확률도 그만큼 크다. 선진국들이 개발도상국들의 연료 효율 기술에 대해 보조금을 지급하거나 아니면 개발도상국들에게 무상으로 돌려주게 될 새로운 연료 효율 기술 개발을 지원할 경우, 개발도상국들은 보다 천천히 에너지 사용량을 늘리면서 더 나은 삶을 살게 될 것이다. 그러나 연료 효율성 제고만이 유일한 대답이 아닐 수도 있다. 왜냐하면 앞서 나왔던 제번스의 역설이 상기시켜 주듯이 엔진과 기구들이 더 에너지 효율적이 될수록 그것들의 사용량도 더 늘어나게 될 것이기 때문이다.

더 푸르게 변하기 위해서는 미래는 더 도시화되어야 한다. 고밀도 도시는 운전을 줄이고 냉난방을 적게 해도 되는 집에서 살 수 있는 방법을 제공한다. 아마도 미래 언젠가 우리는 탄소를 사실상 전혀 배출하지 않고도 운전하고 냉난방을 할 수 있겠지만 그때까지는 아스팔트만큼 푸른 것은 없다. 인류와 지구를 위해서, 도시는 우리를 '미래로 인도할 물결(wave of future)'이며 또 반드시 그렇게 되어야 한다. 우리를 그러한 미래로 인도할 몇몇 성공한 도시 모델이 존재한다. 다음 장에서는 21세기와 그 이후 어떤 종류의 도시들이 번성할지 살펴보기로 한다.

TRIUMPH OF THE CITY

도시의 성공 방정식

9장

이번 장에서는 도시들마다 다른 성공 비결들을 검토해 보겠다. 도시의 명성을 얻기 위한 한 가지 공식이 없듯이 성공의 출처 역시 국가들마다 크게 다르다. 러스트 벨트 지역들은 맹목적인 모방을 경계하면서, 지역에 적합한 교훈을 얻기 위해 도쿄의 특성이나 싱가포르의 강점을 이해함으로써 보다 큰 도움을 받을 수 있다.

TRIUMPH OF THE CITY

"행복한 가정은 서로 닮았지만,[1] 불행한 가정은 모두 저마다의 이유로 불행하다"라고 했던 러시아의 대문호 톨스토이의 말이 옳을지 모르겠지만 도시들 사이에 실패는 닮았지만 성공은 제각각인 것처럼 보인다. 독일 라이프치히에 있는 문과 창을 판자로 막은 집들 사이를 걷다 보면 자신이 디트로이트에 온 것 같은 착각을 할 수 있다. 영국에 있건 오하이오에 있건 이렇듯 빈집들은 우울한 감정을 자아낸다. 그러나 방갈로르와 보스턴, 도쿄와 시카고를 혼동하는 사람은 없다. 성공한 도시들은 항상 다양한 방식으로 모습을 드러내면서 개성 있는 고유 공간을 정의하는 인간 에너지의 보고 역할을 한다.

홍콩 시내 고층 건물들을 연결하는 에어컨이 가동되는 스카이웨이들은 여러 대륙에서 볼 수 있는 온갖 종류의 체인점들로 가득하지만, 자신이 홍콩이 아닌 다른 곳에 와 있다고 생각하는 사람은 거의 없을 것이다. 도쿄와 싱가포르 역시 많은 고층 건물들과 체인점들을 자랑하지만 홍콩과는 유사점이 없다. 홍콩은 분명 다문화적 성격이 강하지만 도쿄는 외부인들이 이해하기 힘든 일본 특유의 색채가 아주 심오하게 느껴진다. 싱가포르는 홍콩보다 서양인들에게 훨씬 더 개방적인데, 그곳의 거리들은 홍콩만큼 혼잡하지 않은 반면 규정은 훨씬 더 엄격하다. 이 세 도시에서는 모두 대단히 맛있는 음식들을 맛볼 수 있지만 요리의

싱가포르는 영국 동인도 회사의 또다른 유산이지만 현재 탁월한 도시 경영 모델로 인정받고 있다. 싱가포르는 세계적 수준의 물 공급 시스템과 수많은 고층 건물, 그리고 운전자들에게 운전으로 비롯된 사회적 비용을 물리는 혼잡 통행료 시스템을 갖고 있다. 그 결과로 초고밀도 국가지만 싱가포르의 교통 흐름은 미국의 많은 소도시들보다 훨씬 더 좋다.

종류는 상당히 다르다. 누구도 참치회를 북경오리나 엄청난 먹는 즐거움을 선사하는 싱가포르의 다문화 음식들과 혼동하지는 않을 것이다.

그러나 성공한 도시들에도 공통점이 있다. 도시는 번성하기 위해서 똑똑한 사람들을 끌어와서 그들이 협력하면서 일할 수 있게 만들어야 한다. 인적 자본 없이 성공한 도시는 없다. 오늘날 특히 선진국에서 숙련된 사람들은 가장 중요한 지식을 졸업 후에 얻기도 하지만 학교에서 좋은 교육을 받는 것이 보통이다.

한편 오늘날 경제적으로 빈곤한 장소에서 인적 자본은 헨리 포드처럼 학교 교육을 거의 받은 적이 없는 지적이면서도 정력적인 기업인의 모습으로 나타날 가능성이 크다. 최고의 도시들에는 빈손으로 시작해도 많은 것을 가질 수 있는 기회가 열려 있다.

그러나 도시들은 제각기 인재를 끌어모으는 방법들을 나름대로 찾아냈다. 어떤 경우는 순전히 정치적인 힘이나 친(親)기업 정책으로 숙련된 사람들을 끌어왔다. 도쿄는 에도 막부가 그곳을 사실상 일본의 수도로 만들었던 17세기에 세계 최대 도시들 중 하나가 되었다.[2] 그로부터 300년이 흐른 지금도 도쿄는 일본에서 가장 똑똑한 인재들을 끌어모으고 있다. 홍콩과 싱가포르는 종종 무질서한 일부 세계에서 경제적 자유와 법규의 보루로서 스스로 자리매김하면서 번성해 왔다.

보스턴 같은 도시에서는 오래된 고등교육의 전통이 좋은 효과를 내고 있다. 미니애폴리스와 애틀랜타에서는 대학들이 도시 경제의 '정신적 지주' 역할도 하고 있다. 또다른 지역에서 숙련된 사람들은 삶의 질(이를테면 파리를 정의하는 즐거움, 국왕인 셰이크가 두바이 경제를 진작시키리라는 바람)을 찾아서 도시로 온다. 끝으로 시카고처럼 충분히 다른 매력을 가진 도시들은 경쟁 지역들에 비해서 적은 생활비로 생활할 수 있게 건물 신축에 대한 장애물을 낮춤으로써 인재 확보에서 우위를 지켜왔다.

이번 장에서는 도시들마다 다른 성공 비결들을 검토해 보겠다. 도시의 명성을 얻기 위한 한 가지 공식이 없듯이 성공의 출처 역시 국가들마다 크게 다르다. 러스트 벨트 지역들은 맹목적인 모방을 경계하면서, 지역에 적합한 교훈을 얻기 위해 도쿄의 특성이나 싱가포르의 강점을 이해함으로써 보다 큰 도움을 받을 수 있다.

제국주의 도시_도쿄

1590년에 도요토미 히데요시는 일본을 통일했다. 그가 죽은 후 도쿠가와 이에야스가 실권을 장악하고 에도에 막부를 열면서 에도는 실질적인 수도가 되었다.[3] 권력이 없었던 일본 천황이 교토의 벚꽃 속에서 사는 동안 실제 정부 업무는 에도 막부를 둘러싼 도시에서 이루어졌다. 일본에서 막부가 가졌던 힘은 동시대 유럽 군주들이 휘둘렀던 힘보다 훨씬 더 컸다. 일본의 쌀 수입의 절반을 막부가 주관했다.[4] 일본 정부의 중앙집권화가 심화될수록 수도의 크기도 그만큼 커졌다.[5] 개미들이 소풍 장소에 몰리듯이 사람들도 권력이 있는 데로 몰리기 때문이다. 원활히 기능하는 민주국가는 권력으로부터 멀리 떨어져 살고 있는 사람들에게도 정치적 권리를 부여하지만 일반적으로 독재국가는 그렇게 하지 않는다. 결과적으로 독재국가에서 최대 도시(거의 예외 없이 수도일 때가 많다)에는 평균 국가 전체 도시 인구의 35퍼센트가 모여 산다.[6] 안정적인 민주국가의 최대 도시에는 전체 도시 인구의 23퍼센트 정도만 산다.[7] 18세기 말 에도에는 100만 명의 사람들이 살았고, 에도는 세계 2대 내지는 3대 도시들

중 하나가 되었다.[8]

1868년 일어난 메이지 유신으로 일본은 에도 막부 체제에서 천황이 직접 통치하는 새로운 체제로 전환됐지만, 그로 인해서 에도의 규모가 줄어들지는 않았다.[9] 메이지 신정부는 에도를 도쿄로 개칭하고 이듬해에 교토에서 천도하자 도쿄는 명실상부한 일본의 수도가 되었다.[10] 고대 막부의 성은 오늘날 남아 있는 천황의 궁이 되었다.[11] 1868년 이후 도쿄는 정치적으로 성공한 중앙집권 국가의 정치적 중심 역할을 했고, 그것은 도쿄의 성공을 도왔다. 메이지 유신 이후 일본은 서양에 문호를 개방하면서 성장했다. 메이지 유신 이전에도 일본 국민들은 좋은 교육을 받았던 것 같은데, 그것이 일본이 빠르고 효율적으로 산업 국가로 변신하는 데 힘을 실어주었다.

1945년 이후 일본은 1990년의 이른바 '잃어버린 10년'이란 경기 불황을 감안하고도 세계에서 가장 위대한 경제적 성공담을 쓴 나라 중 하나가 되었다. 일본이 아직 가난에서 벗어나지 못했던 1960년에도 일본 국민들의 교육 수준은 놀라울 정도로 높았다.[12] 당시 일본의 평균 국민소득은 아르헨티나나 칠레보다 낮았고, 프랑스의 평균 국민소득과 비교하면 절반 정도에 불과했다. 그러나 일본 남성들은 프랑스나 네덜란드나 스페인 남성들보다 훨씬 더 긴 평균 7.4년 동안 학교 교육을 받았다.[13] 이러한 교육은 일본 경제 도약의 밑거름이 되었고, 도쿄가 숙련된 도시가 되게 만들어주었다. 강력한 힘을 가진 수도 도쿄는 일본 내 다른 성공한 도시들에 비해서 더 많은 사람들을 끌어 모았다.

일본이 영원히 경제 성장을 구가할 것 같았던 1980년대에 전문가들은 일본 경제가 그처럼 성공할 수 있었던 원인을 특정 기업들과 전자나 자동차 같은 산업 전반에 전폭적인 지원을 하는 등 일본 정부가 취한 모든 특별한 조치들에서 찾았다. 일본의 경제산업성[14]은 자금 등 기타 여러 가지 방법을 통해서 많은 기업들을 오랫동안 지원해 왔다. 그런데 경제산업성이 다른 도시나 국가 경제 개발 기구들에 비해서 훨씬 더 많은 전문가들을 고용하고 있었음에도 불구하고 지원한 기업들은 일반적으로 성공하기보다는 실패했다.[15] 산업 정책이 항상 실패하는 것은 아니지만, 경제산업성의 실패는 벤처 자본가 노릇을 하려는 도시의 지도자들에게 경고가 된다. 일본 경제가 가진 장점은 정부 경제계획 수립자들의 전문 지식이 아니라 근로자와 기업인들의 기술력에 있다.

그러나 일본 정부의 도쿄 중심의 관료주의가 가진 힘은 왜 수도 도쿄가 그토록 커졌는지를 설명하는 데 도움이 된다. 경제산업성의 지원을 얻으려면 경제산업성과 가까운 장소에 있는 것이 기업들에게는 유리했다. 지금도 일본 국회와 정부 청사 근처에 있는 것이 기업들에게는 유리하다. 프랑스처럼 고도로 중앙집중화된 국가에서 그런 것처럼 가장 재능 있는 일본 젊은이들은 종종 경제산업성 같은 정부 기관에서 첫 직장 생활을 시작하면서 이후 인생을 살아가는 데 도움이 되는 인맥을 형성한다. 인재는 권력을 중심으로 모이고, 도쿄는 정치, 비즈니스, 즐거움으로 이루어진 광범위한 집합체가 되었다.

도쿄의 물리적 구조는 이러한 현실을 반영하고 있다. 도쿄의 정중앙에는 황궁이 자리 잡고 있는데, 이곳은 매년 하루를 제외하고는 일반인들이 접근할 수 없는 넓은 땅으로 둘러싸여 있다. 황궁 밖에는 공공 부문의 업무를 총괄하는 정부 청사들이 들어서 있다. 긴자 쇼핑가 같은 상업 지구와 도쿄의 도심 놀이터들은 중심지에서 약간 벗어나 있다. 도쿄는 워싱턴과 뉴욕을 하나로 합쳐놓은 것 같다.

그러나 도쿄의 크기는 관리 가능한 수준이며, 많은 면에서 도쿄는 성장하고 있는 아시아 메가시티들의 모델이 되고 있다. 일본의 정부 관료들은 민간 벤처 자본가들을 이길 수 없을지 몰라도 현명하게도 도쿄가

'높이' 성장하게 해주었고 뛰어난 대중교통 시스템을 만들었다. 도쿄 거리들은 깨끗하고 안전하다. 외부인들이 다소 공감하기 어려운 섬나라 특유의 배타적 문화 때문에 도쿄는 전 세계 인재들의 메카인 뉴욕이나 런던과 경쟁하지는 못하겠지만, 일본에는 똑똑하고 좋은 교육을 받은 사람들이 풍부하다. 그들이 서로 그리고 정부와 가까운 곳에 있기 위해서 계속해서 몰려오는 한 도쿄는 성공한 도시의 한 가지 모델로 남게 될 것이다.

정부에 의해 잘 관리되는 도시_
싱가포르와 가보로네

지구상에는 끔찍한 정부들로 인해서 고통받는 곳이 많기 때문에 정부에 의해 잘 관리되는 도시들은 상당한 우위를 갖는다. 이러한 사실을 가장 두드러지게 보여주는 사례들이 영국 동인도 회사의 전초기지였던 홍콩과 싱가포르이다. 도쿄가 성장하는 국가의 중심에 있었기 때문에 위대해진 반면 홍콩과 싱가포르는 이웃의 거대 국가들과 정치적으로 분리된 채 서로 떨어진 장소에 있었기 때문에 지금까지 성공해 왔다. 그들은 투자를 촉진하는 법률을 통해 기업들에게 이웃 국가들에 비해서 정부가 투자에 더 적극적이라는 이미지를 심어줌으로써 성공했다. 그들의 정치 기관들은 그들을 위대하게 만든 인적자원을 끌어들였다.

영국 동인도 회사가 성공을 거둘 수 있었던 데는 토머스 스탬퍼드 래플스 같은 인재를 끌어와 권력을 부여할 수 있는 능력을 가진 것이 주효했다. 래플스는 자메이카 인근에서 태어난 노예 무역상의 아들이었

홍콩은 여전히 영국 통치의 흔적이 남아 있으면서, 최초의 동서 연결지로서 갖는 역사적인 역할을 계속해서 수행하고 있는 아시아 도시이다. 홍콩은 좋은 정책과 재건축과 고층 건축의 자유를 포함한 경제적 자유를 결합했다. 그 결과 이곳은 싱가포르보다 더 혼잡하지만 싱가포르 못지않게 생산적이면서 펄펄 끓는 활력의 도가니가 되었다. (DAJ / 아마나 이미지 / 게티 이미지 제공)

다. 아버지는 그가 14세였을 때 파산 후 숨을 거두었고, 래플스는 동인도 회사에 사환으로 들어갔다. 그로부터 10년 뒤에 그는 말레이시아 동인도 회사 부총독을 지내면서 말레이시아의 모든 것에 흠뻑 빠졌다. 그는 나폴레옹 전쟁 당시 영국이 자바 섬을 정복하게 도운 후 인도네시아에서도 부총독을 지냈다. 그는 인도네시아인을 위한 복지 정책을 실시하기 위해서 강제 재배와 의무 공출 제도 폐지, 지조(地租) 제도의 채용, 노예해방, 사법제도 제정 등을 단행했지만 그의 이런 시도들은 이윤 추구라는 동인도 회사의 목적에 부합되지 않아 인정받지 못했다.[16]

1817년에 래플스는 자바의 문화, 지리학, 역사를 집대성한 『자바의 역사(History of Java)』를 영국에서 출간했는데, 이 책은 지금도 많은 사람들에게 읽히고 있다.[17] 노예상이던 아버지와 달리 래플스는 아편과 노예 거래를 반대했다. 무엇보다 중요한 사실은 영국을 위해 말레이 반도 끝자락에 있는 싱가포르라는 섬 위에 전초기지를 세울 권리를 주는 계약을 성사시켰다는 점이다.[18]

이후 140년에 걸쳐서 제2차 세계대전 당시에 일본에 점령당했던 것을 제외하고 싱가포르는 대영제국의 왕관에 밝게 빛나는 사파이어와도 같았다. 말레이시아와 수마트라 사이 해협에 위치하고 있는 까닭에 싱가포르는 아시아 해로의 중심에 있는 이상적인 항구 노릇을 했다. 이런 지정학적 조건과 영국이 집행한 법규정 때문에 자국의 혼란을 피해서 중국을 떠난 무역상들이 싱가포르로 몰려들었다.

1850년에 중국의 광시 성에서 농민 반란*이 일어났고, 이후의 유혈

---

* 1850년 10월 중국 광시 성 진톈 촌에서 일어난 반란. 반란 주동자인 홍슈취안(洪秀全)은 태평천국(太平天國)이라는 '지상낙원' 건설을 선언하고 천왕에 즉위한 후 농민들의 대대적인 호응 속에 15년 동안 중국 전역에서 위세를 떨쳤다.

충돌 속에서 2,500만 명이 숨졌을지 모른다.[19] 그로부터 12년 뒤 반란이 여전히 진행되고 있었을 때 리복분은 광둥 성을 떠나서 싱가포르를 포함한 옛 영국령 동남아시아 해협 식민지로 피신했다.[20] 그의 가족은 번성했고, 그의 증손자인 리콴유(李光耀)는 싱가포르 래플스 칼리지와 케임브리지 대학에서 수학했다. 일본인들이 싱가포르를 점령했을 때 리콴유는 타피오카(tapioca: 열대작물인 카사바의 뿌리에서 채취한 녹말)로 만든 접착제를 파는 10대 기업인이 되었다. 제2차 세계대전이 끝나자 그는 변호사로 일하면서 영국으로부터 독립하기 위한 싸움을 이끌었다. 싱가포르는 처음에는 영국에서 분리되어 말레이시아의 일부가 됐지만, 1965년에 도시국가로 독립하기에 이르렀다. 청교도적이면서 지적으로 오만한 리콴유와 즐거움을 사랑하는 귀족적인 말레이시아 리더 사이의 타협하기 힘든 차이 때문이었다.

싱가포르의 초대 총리로서 리콴유는 많은 도전들에 직면했다. 싱가포르는 693제곱킬로미터의 땅에 190만 명의 인구를 가졌지만 자연에서 식량이나 물을 구할 데가 없었고, 말레이시아와 인도네시아라는 두 거대한 적대국들에게 둘러싸여 있었다.[21] 래플스가 이 조그만 도시의 성공에 내기를 걸었더라면 그는 높은 배당을 요구했을 것이다. 그러나 결과적으로 내륙에 시골 지역이 전혀 없는 도시도 생존뿐만 아니라 성장할 수 있는 것으로 드러났다.

1965년에 싱가포르의 국민소득은 미국 국민소득의 5분의 1 정도에 불과했다.[22] 그러나 이후 40년 동안에 이 도시국가의 경제는 매년 평균 8퍼센트라는 세계에서 가장 빠른 속도로 성장했다.[23] 1960년대에 싱가포르는 실내 화장실이 있는 집을 보기 힘든 가난한 판자촌들로 이루어진 국가였다.[24]

오늘날 싱가포르는 1인당 국내총생산(GDP)이 4만 3,117달러(2010년

기준)로서 세계 최고 수준의 부유한 선진국으로 변신했다.[25]

싱가포르가 거둔 성공은 공공 분야가 유능할 때 똑똑한 사람들이 모여들면서 뛰어난 혁신과 번영 능력을 발휘한다는 사실을 보여준다. 리콴유는 자유시장 자본주의와 국가 주도 산업화라는 어울리지 않지만 극도로 성공적인 조합을 추진했다. 그는 래플스의 온정주의 성향을 물려받아서 저축에 보조금을 지급했고, 침을 뱉는 등 공공질서에 위해한 행동을 하는 사람들에게 벌금을 부과했으며, 술에 높은 관세를 매겼다. 싱가포르는 거대한 카지노 건물을 새로 지어서 외국 도박꾼들을 끌어모음으로써 큰돈을 버는 행복을 느끼고 있지만 자국 국민들에게는 도박을 장려하지 않는다. 싱가포르 국민들은 카지노에 들어가려고만 해도 70달러가 넘는 입장료를 지불해야 한다.[26]

일본과 마찬가지로 싱가포르도 교육에 투자했다. 1960년에 싱가포르의 성인은 레소토나 파라과이의 성인 평균보다 더 적은 3년밖에 정규 교육을 받지 못했으며, 일본과 비교했을 때 절반도 안 되는 수준이다.[27] 1995년이 되자 싱가포르의 13세 청소년들은 국제 수학·과학 시험에서 세계 1위를 차지했고 이후로도 같은 시험에서 꾸준히 최상위 성적을 유지했다.[28] 이러한 시험 결과는 국가가 국내 인재 개발에 헌신하고 있다는 것을 보여주지만, 싱가포르가 지금 가진 기술들은 합리적 정책과 신뢰할 수 있는 법적 제도에 이끌려 해외 인재들이 대거 유입되면서 얻은 소득이다.

싱가포르의 산업 정책은 일본의 그것보다 훨씬 더 성공을 거둔 것처럼 보인다. 아마도 리콴유가 벤처 자본가보다는 교육자 역할을 했기 때문에 그랬을지 모른다. 싱가포르 국민들이 의류 제조업에서 시작해서 전자와 생물의학 생산 분야로까지 관심을 갖게 함으로써 리콴유는 그들이 새로운 기술들을 습득할 수 있게 도왔다.

아일랜드와 이스라엘 같은 국가들은 토지를 둘러싼 갈등으로 수십 년의 시간을 허비했다. 싱가포르의 성공은 국토의 크기와 국가의 성공은 아무 관련이 없다는 것을 보여준다. 싱가포르는 땅이 부족했기 때문이 아니라 어쩌면 그토록 작은 땅덩어리를 가졌기 때문에 부유해질 수 있었다. 정확하게 말해서 싱가포르에는 천연자원이 매우 부족했고 그래서 리콴유는 해외 자본을 끌어들이기 위한 합리적 정책을 도입해야 했다. 뜻밖에 얻은 막대한 천연자원이 부패하고 무능하고 파괴적인 정치인들과 정책들을 지속하게 해줌으로써 국가에는 피해를 주는 사례에 대한 많은 기록이 있다.[29]

아시아, 아프리카, 남미 등 제3세계의 많은 국가들이 오랫동안 부패의 구렁텅이에 빠져 있었다. 리콴유는 제1세계, 즉 부유한 선진국 투자자들은 막후에서 오가는 뇌물보다는 체계 잡힌 법규를 더 원한다는 것을 이해했고, 그들에게 원하는 것을 줌으로써 싱가포르를 제3세계에서 빼냈다. 리콴유는 사법 독립을 보호했다. 공무원들의 높은 청렴도를 유지하기 위해서 그들에게 고임금을 지불하되 부정을 저지를 경우 강도 높게 처벌했다.[30]

영화 〈핑크 팬더〉에는 클루조 형사가 손버릇 나쁜 부인이 모피 코트를 갖게 된 경위를 설명하면서 그녀가 매우 검소하게 생활해서 모피 코트를 구입했다는 누구도 믿기 힘든 설명을 하는 장면이 나온다. 싱가포르에서는 부인의 헤픈 씀씀이만 갖고서도 클루조 형사에게 유죄를 선고하기에 충분하다. 낭비벽 있는 생활만으로도 공무원이 죄를 짓고 있다는 것을 증명하기에 충분하기 때문이다. 요트와 시골 별장을 가졌던 뉴욕 경찰관 클러버 윌리엄스가 일본 부동산에 투자해서 큰 돈을 벌었다고 아무리 우겨도 싱가포르에서는 유죄 혐의를 벗어나지 못할 것이다.

싱가포르는 항구를 중심으로 한 훌륭한 인프라와 그것을 뒷받침하는 법규를 오랫동안 보강해 왔다. 세계은행은 싱가포르가 통상과 수송을 위한 세계 최고의 물류 기지를 갖추고 있다고 평가했다.[31] 좋은 인프라와 법규는 숙련된 외국인들을 끌어모으는 데 도움이 되었고, 그들은 갖고 있던 뛰어난 기술을 싱가포르에 소개했다. 싱가포르는 뛰어난 공항과 항공사를 운영함으로써 그 외국인들이 정말로 쉽게 올 수 있게 만들어주고 있다.

싱가포르는 좁은 땅덩어리, 부족한 천연자원, 적도의 무더위에도 불구하고 놀라울 정도로 높은 수준의 삶을 자랑하며 외국인들을 끌어모은다. 뉴욕 시는 크로톤 수도교를 통해서 북부 지역에서 물을 공급받을 수 있지만, 싱가포르에는 내륙 지역이 없기 때문에 본래부터 물이 부족하다. 최근까지도 싱가포르는 자국에서 소비하는 물의 상당량을 말레이시아로부터 수입해야 했지만 담수 공장들과 36억 5,000만 달러를 들여 딥 터널 하수 처리 시스템(DTSS: Deep Tunnel Sewerage System)을 지어 이 문제를 해결했다. DTSS는 하수 처리 기술과 환경 보호에 기여한 공로로 2009년에 '올해의 물 프로젝트'로 선정됐다. 이 시스템은 땅속 20미터에서 48킬로미터에 걸쳐서 작동하면서 오물을 제거한 다음에 폐수를 재활용한다.[32]

세계에서 두 번째로 인구밀도가 높은 국가 싱가포르에서 심한 교통 혼잡을 예상할지 모르지만 싱가포르는 1975년부터 도심에 통행 억제 구역을 지정하고 이곳으로 들어오는 차량에 대해서 혼잡 통행료를 부과하고 있기 때문에 도심 도로들은 소통이 원활하다.[33] 리콴유가 기획한 이 시스템은 처음에는 단순했지만 계속해서 진화했고, 오늘날은 도심에 진입하는 차량들이 요금 수집 아치를 통과하면 전자적으로 요금이 부과된다. 모든 차량들은 수신 장치를 부착해야 하기 때문에 결과적으로 인구밀도가 높은 싱가포르에서는 운전하기가 쉽다. 버스들은 혼잡하지 않은 도로 위를 빠르게 움직인다. 장거리는 도시의 철도망을 이용해서 안전하고 빠르게 갈 수 있다. 집들이 도시 중심으로부터 멀리 떨어져 있는 경우가 종종 있지만 출퇴근 시간은 편도 기준으로 평균 35분 정도가 걸린다.[34]

싱가포르의 도로들은 안전하고 깨끗하며 도로 양쪽에 나무가 늘어서 있을 때도 종종 있다. 리콴유는 고층 건물을 지어야만 싱가포르가 녹색 공간을 유지할 수 있다는 것을 이해했고, 2009년 현재 이곳에 들어선 건물들 중 42개가 150미터를 넘는다.[35] 런던이나 파리에 비해서 세 배 이상 많은 숫자이다. 싱가포르를 방문하는 미국인들은 왜 미국 도시들이 싱가포르처럼 잘 관리되지 않는지 의아해하면서 안타까워하지만 그들의 잘못이 아니다.

아프리카 남부의 독립국가인 보츠와나의 수도 가보로네가 이룬 성공은 싱가포르의 성공만큼 극적이지는 않지만 그 이웃 국가들이 겪은 문제들을 감안하면 오히려 훨씬 더 훌륭하다고 볼 수 있을지 모른다. 가보로네와 싱가포르는 모두 많은 개발도상국 도시들의 특징인 불결함과 부패를 벗어나기 위해서 엄격한 통치 체제에 의존했다. 1966년에 영국으로부터 독립했을 때 보츠와나는 전 세계 최빈국 중 하나였다. 그로부터 35년에 걸쳐 보츠와나는 세계에서 두 번째로 빠른 경제 성장을 경험했으며,[36] 현재 사하라 남부 아프리카 지역에서 매우 번성한 2~3개 국가 중 하나가 됐다.[37] 가보로네는 1965년에 세워졌지만 현재 이곳에서는 보츠와나 인구의 약 10퍼센트인 20만 명 정도가 살고 있다.[38]

보츠와나가 거둔 성공은 양호한 지배 구조와 천연자원 덕분이다. 이 나라의 초대 대통령으로서 14년 동안 통치했던 세레체 카마(Seretse

Khama)는 전통적인 부족장이면서 옥스퍼드에서 교육을 받은 변호사였다. 리콴유와 마찬가지로 카마는 부패에 맞서 싸웠고, 세금을 낮게 유지했으며, 재산권을 보호했다. 아프리카에서는 보츠와나의 다이아몬드처럼 자연이 준 선물들 때문에 내전이 일어난 곳들이 매우 많지만 보츠와나는 인적 자본 투자를 위한 자금으로 천연자원을 이용했다.[39] 1965~2000년에 국민들의 학교 교육 시간 평균이 1.34년에서 5.4년으로 늘어나면서 보츠와나는 사하라 사막 남부에 있는 아프리카 국가들 중에서 매우 훌륭한 교육을 받은 국가 중 하나가 되었다.[40]

가보로네는 보츠와나와 함께 성장하면서 1971~2001년에 경제 규모가 10배 이상이 확대됐다.[41] 이곳의 현대적인 스카이라인은 남아프리카 공화국 행정 수도인 프리토리아까지 연결되는 철도 옆에 세워졌다. 가보로네의 대중교통 시스템은 원활하게 작동하며, 외부 세계와 잘 연결되어 있다. 또한 가보로네에는 보츠와나의 인재의 주요 산실인 보츠와나 대학교 교정 두 곳이 있다.

다른 많은 아프리카 지역들이 그렇듯이 가보로네 역시 에이즈 때문에 끔찍할 정도로 고생하고 있지만,[42] 국민들에게 항레트로바이러스 치료제를 무료로 나눠주는 등 인도적인 정부의 대책에 힘입어 감염자들의 기대수명도 크게 늘어나고 있다.[43] 가보로네와 파리를 혼동하는 사람은 없겠지만 가보로네는 주로 효율적인 정부 덕분에 아프리카 여러 도시들 중에서 눈에 띄는 성공을 거두었다. 세상에서 가장 가난한 곳에서 성공하기 위해서는 결과적으로 적절한 정치 제도와 교육 투자가 있어야 하는데, 이 두 요소가 현재 가보로네를 원활히 기능하는 도시로 만들었다.

똑똑한 도시_
보스턴, 미니애폴리스, 밀라노

싱가포르와 가보로네는 독립국가도 아니고 국가 수도도 아닌 도시에 대해서는 불완전한 도시 모델이다. 두 도시는 또한 그런대로 괜찮은 경제 정책들이 통용되는 지역에서는 좋은 사례가 될 수 없다. 싱가포르는 교육에 투자하고 다른 이웃 국가들과 긍정적으로 차별화할 수 있는 경제 정책을 선택한 것이 일부 성공 요인이었다. 그런데 미국이나 유럽이나 인도나 중국의 어떤 도시도 싱가포르만큼의 통제력을 갖고 있지 않다. 그보다 더 큰 도시들에서는 경제 정책은 주로 시 차원이 아니라 국가 차원에서 결정된다. 일반적으로 미국과 유럽은 비교적 잘 수립된 법규가 있기 때문에, 어떤 한 장소가 그곳이 속한 공간에서 다른 장소들에 비해 과도하게 뛰는 법은 없다. 거대한 국가 내에서 어떤 도시라도 교육을 결정할 능력 또한 제한적이다. 이주자들은 일반적으로 다른 곳에서 교육을 받게 된다.

실제로 어떤 미국 도시가 가장 교육을 잘 받을 수 있는지 결정할 때 역사적 사건이 큰 역할을 하는데, 많은 경우 가장 성공한 도시가 가장 교육을 잘 받는다. 2000년에 대학 졸업자 수의 차이 대부분은 통계적 차원에서 1940년의 교육 수준으로 설명할 수 있다.[44] 다시 말해서 1940년에 특정 지역 성인 중에서 대졸 이상의 학력을 가진 사람이 5퍼센트 미만이었다면 2000년에는 19퍼센트 미만이었다.[45] 1940년에 특정 지역 성인 중에서 대졸 이상의 학력을 가진 사람이 5퍼센트 이상이었다면 2000년에 그 비율은 평균 29퍼센트였다.[46] 훨씬 더 이전의 역사를 살펴봐도 이와 같은 결과를 볼 수 있다. 뉴욕과 마찬가지로 보스턴은 1970년대 이후 놀라운 부활에 성공했는데, 이 부활에는 최근 수립된 정책들만큼이나 1630년대에 내려진 결정들이 중요한 역할을 했다.

보스턴은 존 윈스럽(John Winthrop)과 그의 친구들이 주로 종교적 동기로 인해서 건설했다. 윈스럽은 "신세계에 복음을 전파하고, 이방인들이 충만함을 되찾을 수 있게 돕고, 예수회 사람들이 그곳에서 세우려고 노력하는 적그리스도 왕국에 맞서는 보루를 세우는 위업을 수행할 수 있는 교회에 크게 이바지하기 위해" 신세계로 건너왔다.[47] 윈스럽과 그의 동료들이 가진 적그리스도 히스테리의 명분을 찾기는 어렵지만 그들이 로마와 벌인 공포로 가득 찬 경쟁은 보스턴이 교육 분야에서 성공을 거두게 된 출발점이 되었다.

많은 프로테스탄트들과 마찬가지로 초기 보스턴 사람들은 성경을 읽는 것이 하느님의 의지를 이해하는 가장 확실한 방법이라고 믿었다. 그들은 교육을 "적그리스도 왕국에 맞서는 보루"에 들어갈 중요한 벽돌로 간주했고, 1635년에 보스턴 라틴 학교를 세웠다.[48] 그 다음 해에 그들은 1635년 식민지 미국 전체 세수(稅收)의 절반이 넘는 400파운드를 대학에 배정했다.[49] 또다른 375파운드와 400권의 책은 케임브리지에서 교육 받은 청교도 목사인 존 하버드가 기증했다.[50] 이러한 투자들은 매사추세츠를 "책이라는 종교를 열렬히 신봉하는 평신도들로 구성된 교구들의 연합체로, 당시 세상에 존재하는 가장 교양있는 뛰어난 사회"로 만들었다.[51]

보스턴과 그 인근 지역은 수출할 것이 거의 없었기 때문에 인적 자본이 중요했다. '뉴잉글랜드'의 기후는 그들이 떠나온 '잉글랜드'의 기후와 매우 유사하기 때문에 보스턴은 영국인들이 고국 가까이서 더 저렴하게 구할 수 없는 것을 해외로 많이 수출할 수 없었다. 그러나 보스턴 사람들은 총과 성경 같은 유럽산 제품들을 사고 싶어했다. 초기 보스턴은 일종의 식민지 시대 폰지 사기(Ponzi Scheme: 신규 투자자의 돈으로 기존 투자자들에게 이자나 배당금을 지급하는 방식의 다단계 금융사기)

형태로 운영됐다. 다시 말해서 처음 온 이민자들은 존 하버드처럼 돈을 갖고 다음에 오는 이민자들에게 식품과 의류 같은 기본적인 생필품들을 팔았다.

폰지 사기의 문제는 이것이 영원히 엄청나게 성장해야 유지가 된다는 데 있다. 그런데 보스턴의 성장은 영국 내전으로 인해서 영국에서 프로테스탄트 공화정이 세워지면서 중단됐다. 보스턴 시민들은 철제 부품과 인쇄기를 만들어보는 등 돈벌이가 될 만한 다양한 실험들을 시도했지만 최초의 발명은 기술보다는 운의 덕이 컸다. 1647년에 서인도제도의 설탕 식민지 지역에 기근이 닥쳤다.[52] 농장주들은 식품을 구하기 위해서 북쪽으로 배를 보냈는데 그중 한 농장주가 보스턴 항구로 가는 길을 찾아냈다.

이것이 식민지 시대에 보스턴이 큰 부를 축적하게 된 삼각무역의 시작이었다. 보스턴은 현금이 풍부한 남쪽 식민지 지역에 생활필수품을 보냈다. 식민지 지역들은 귀한 토지와 노예들을 식품과 목재 생산에 투입할 형편이 아니었다. 식민지들은 설탕과 담배를 구세계에 수출했다. 제조된 제품들은 보스턴으로 수출됐고, 보스턴은 카리브 해 지역에 식품과 목재를 팔아서 번 돈으로 제품들을 구입할 수 있었다.[53]

이 삼각무역에 가장 먼저 진출한 도시로서 보스턴이 가진 우위가 영원히 지속되지는 않았다. 보스턴에 비해서 뉴욕은 더 좋은 강을 가졌고 남부에 더 가까웠다. 필라델피아는 풍요로운 농장에 둘러싸여 있었다. 보스턴은 또다시 휘청거렸으나 19세기 초에 다른 모습을 보여주기 시작했다. 뉴욕을 대륙 간 여행의 허브로 만들었던 선박 기술의 발달은 보스턴 선원들이 전 세계 무역 네트워크를 창조할 수 있게 만들었다. 여행 속도가 빨라지고 거리가 길어지자 보스턴에서 여행을 시작했을 때 드는 상대적 비용이 감소한 반면 수백 년 동안의 원양 항해를 통해

누적된 인적 자본의 가치는 높아졌다. 보스턴에는 일류 선원과 상인들이 있었고, 그들은 멀게는 중국과 남아프리카공화국에 이르기까지 무역 네트워크를 구축했다.[54]

그러나 증기선이 등장하자 그런 모든 항해 전문 인적 자본의 가치가 사라졌고, 19세기 중반이 되자 보스턴은 또다시 변신할 수밖에 없었다. 선박 가문 출신이자 하버드 대학에서 교육을 받은 프랜시스 캐벗 로웰 (Francis Cabot Lowell)은 1810년에 영국으로 여행을 갔다가 보스턴으로 돌아올 때 맨체스터에서 역직기(力織機, 동력을 사용해서 운전하는 직기)를 갖고 왔다.[55] 로웰의 공장들은 시 외곽 강물로부터 동력을 제공받았지만 역직기의 크기가 줄어들면서 공장들은 시 경계 안으로 들어왔다.

19세기가 되자 보스턴 경제가 되살아나면서 이 지역의 지적 기반도 번성했으며, 역동적으로 활동하던 많은 기독교 종파들이 새로운 대학들을 세웠다.[56] 1852년 보편 구제설 신봉자들은 터프츠 대학을, 1863년에 예수회 사람들은 보스턴 칼리지를, 1871년 감리교 신자들은 보스턴 대학을, 그리고 1875년에 변호사였다가 설교하는 평신도로 변신한 한 사람은 웰즐리 대학을 각각 세웠다. 또한 하버드 대학 내 로렌스 과학 대학과 모릴 법(Morrill Acts)의 규정에 따라서 연방 정부의 원조를 받은 MIT 같은 새로운 대학들도 기술 지식을 전달하기 위해서 만들어지고 있었다.

20세기가 되자 많은 도시에서 철도와 도시 공장들이 가진 이점들이 사라졌고, 1970년대에 이르러 보스턴은 속이 텅 빈 껍데기 같은 도시로 변했다. 부동산 가격은 건설비에도 훨씬 미치지 못했다. 학교 통학용 버스 운행을 둘러싸고 벌어진 방대한 싸움으로 요약되는 인종 갈등이 도시를 갈라놓았다. 그러나 뉴욕과 마찬가지로 보스턴은 또다시 이미지 변신에 성공했으며, 이번 변신은 주로 지난 수세기에 걸쳐서 세워진 교육기관들에 크게 의존했다.

보스턴이 이룬 후기 산업 시대의 성공은 공학, 컴퓨터, 금융 서비스, 경영 컨설팅, 생명공학 등 모두 교육에 기반한 산업을 통해 이룩되었다. MIT의 젊은 전기공학자인 배너바 부시(Vannevar Bush)[57]는 대학 룸메이트와 협력해서 나중에 레이시언(Raytheon)이 된 아메리칸 어플라이언스 컴퍼니를 만들었다. 레이시언은 미국의 가정용 전기·전자 제품 및 항공 우주 제품 제조업체로서 미사일 같은 최첨단 과학의 상업적 응용을 위한 연구를 85년 동안 해왔다. 현재 매사추세츠 주 동부 월섬의 오래된 시계 마을에 있는 레이시언의 본사[58]에서 케임브리지 저수지를 가로질러 128번 도로가 보이는데, 이곳은 예전에 컴퓨터 허브로서 실리콘밸리와 경쟁을 벌인 기술의 산실이었다.

1950~1960년대에 MIT와 하버드 출신의 기술공학도들은 보스턴 전역에 퍼져 있으면서 성장하는 컴퓨터 산업 시장을 차지하기 위해서 IBM과 경쟁했던 왕 연구소(Wang Laboratories)와 디지털 이큅먼트 코포레이션(DEC: Digital Equipment Corporation) 같은 회사들을 세웠다.[59] 전성기에 왕 연구소는 3만 명의 직원을 두었고, DEC의 직원 수도 12만 명을 넘었다.[60] 왕과 DEC가 파산하기 전에 이미 버클리 대학의 경제학자 애너리 색스니언(AnnaLee Saxenian)은 고립된 사무 지역에 있는 보스턴의 기업들은 도시의 고밀도로부터 나오는 우위를 상실한 상태라고 주장하면서 그곳 컴퓨터 업계의 쇠퇴를 예언했다.[61]

다행스럽게도 보스턴은 컴퓨터 산업의 쇠퇴를 상쇄할 수 있는 많은 신기술들을 만들었다. 뉴욕과 마찬가지로 보스턴은 오랫동안 금융 서비스 분야의 혁신 도시였다. 보스턴은 1827년에 최초의 사업신탁을 만들었고,[62] 1890년대 초에는 최초의 투자신탁 내지는 폐쇄형 뮤추얼펀드를 만들었다.[63] 보스턴에서 탄생한 모든 펀드들 중에서 가장 성공한 피델리티 인베스트먼츠는 잉글랜드 남서부 엑서터 출신이자 하버드 대학 문리 대학을 나와 법과 대학원을 졸업한 에드워드 C. 존슨 2세 (Edward C. Johnson II)가 오랫동안 경영했다. 그는 피델리티를 위험 투자를 하고, 대중 시장에서 펀드를 팔고, 무엇보다 심각한 주식 연구에 몰두하는 회사로 만들겠다는 비전을 세웠는데 그의 이런 비전은 미국 금융 산업의 중대한 특징이 되었다.

1886년 MIT 화학자인 아서 D. 리틀(Arthur D. Little)이 과학 연구를 자유롭게 수행하기 위해 자신의 이름을 딴 개인 회사를 차리면서 보스턴에서 기업 컨설팅이 처음으로 시작됐다.[64] 지난 120년 동안 이 회사는 고도가 높은 지역에서 쓰는 산소마스크에서 컴퓨터 재고 관리 기술과 아메리칸 에어라인의 획기적인 SABRE 항공 예약 시스템에 이르기까지 많은 혁신들을 이뤄냈다. 이보다 더 중요한 사실은 아서 D. 리틀이 투자 상담가인 잭 트레이너(Jack Treynor)와 노벨 경제학상을 수상한 피셔 블랙 교수 같은 똑똑한 사람들의 훈련장이었으며 보스턴 컨설팅 그룹이 여기서 분사되어 나왔다는 점이다.[65] 보스턴 컨설팅은 나중에 다시 베인 앤 컴퍼니 같은 분사 회사를 만들었다.

보스턴 지역은 오랫동안 생체의학 연구의 본거지 역할을 해왔다. 하버드 의학대학원 교수들은 미국이 헌법을 갖기도 전에 지금 내가 종종 가르치곤 하는 하버드 야드(하버드 대학 캠퍼스를 부르는 말) 내 조그만 예배실에서 시체 부검을 실시했다. 의학 지식이 도시 성공의 밑거름이 되게 만들기 위해서 보스턴은 건강을 '수출'하는 방법을 찾아내야 했다. 보스턴은 보스턴 지역 외 사람들이 보스턴 대학에 몰리게 만드는 것과 마찬가지로 보스턴 지역 외 사람들이 치료 목적으로 그곳의 병원을 찾게 함으로써 보유 기술을 수출하고 있다. 보스턴은 또한 새로운 건강 기술들을 만들어 판매하는 방식으로 보다 직접적으로 생체의학 전문 지식을 수출한다.

워터타운에 설립된 보스턴 사이언티픽(Boston Scientific)은 소규모 의학 장비 분야를 선도했으며, 이후 워터타운에서는 바이오젠(Biogen)과 젠자임(Genzyme) 같은 생체의학 연구 회사들이 그곳의 인적 자본을 활용하면서 성장했다. 노바티스(Novartis) 같은 외국계 회사들도 숙련된 근로자들을 찾으러 케임브리지로 왔다. 노바티스의 케임브리지 사무실은 네코 와퍼스(Necco Wafers)라는 캔디를 만든 뉴잉글랜드 컨펙셔너리 컴퍼니의 예전 본사 자리에 위치해 있다.[66] 도시경제학자들은 케임브리지가 캔디 산업의 사양화로 회생할 수 없다는 생각을 한 적도 있었다. 그러나 그들은 숙련된 기술자들은 스스로 변신할 수 있는 능력을 갖고 있다는 사실을 과소평가했다.

1950~1980년 사이에 인구의 30퍼센트가 줄었고, 도시 르네상스의 자연스런 후보처럼 보이는 일이 드물었던 미니애폴리스를 과소평가한 사람들도 많았을지 모른다.[67] 미니애폴리스의 겨울을 생각하면 보스턴의 겨울은 훈훈한 편이다. 또한 강변 지역에 위치함으로써 얻었던 이점들은 제2차 세계대전 이후 대부분 무의미해지고 말았다. 그렇지만 보스턴이나 뉴욕과 마찬가지로 미니애폴리스는 부활했다. 미니애폴리스 메트로폴리탄 지역의 2009년 현재 1인당 개인소득은 4만 5,750달러로 미국 중서부 지역에서는 1위, 미국 전체로는 25번째로 높은 소득을 올리는 지역으로 자리를 잡았다.[68]

미니애폴리스의 성공 비결은 교육이다. 이곳 성인 중 47.4퍼센트가 대졸 이상의 학력을 갖고 있으며, 메트로폴리탄 지역 성인 중 대졸 이상 학력을 소지한 사람은 37.5퍼센트로서 미국 내 인구 100만 명 이상이 사는 메트로폴리탄 지역 중에서 7번째로 높다.[69] 처음 이곳에 정착한 스칸디나비아 출신 루터교도들이 학습에 대한 믿음을 전파했지만 무엇보다도 미니애폴리스에 고등교육을 받은 인구가 많은 데는 모릴법 규정에 따라서 세워진 미네소타 대학이 중요한 역할을 했다. 미니애폴리스의 경제적 성공담이 이 학교와 어느 정도 관련이 있기 때문이다.

연매출이 146억 달러에 이르면서 3만 8,000명의 직원들을 고용하고 있는 의료 기기 전문업체인 메드트로닉(Medtronic)[70]은 1949년에 미네소타 대학에서 전기공학을 전공한 한 대학원생이 사촌과 협심해서 창고에서 의료 기기를 만들기 시작하면서 출발했다. 이 회사가 초기 성공을 거둘 수 있었던 데는 미네소타 대학 교수이자 심장 절개 수술 분야의 개척자인 월트 릴레하이(Walt Lillehei)[71] 같은 사람들과의 연줄이 일부 역할을 했다.

그는 배터리로 작동하는 소형 심박 조율기의 필요성을 깨닫고 메드트로닉의 개발을 지원했다. 미니애폴리스에 있는 초대형 소매업체인 타깃이 성공할 수 있었던 데도 미네소타 대학을 졸업했으며 타깃의 물류 방식과 영업 스타일을 개발한 CEO 밥 울리히(Bob Ulrich)[72]의 역할이 컸다. 타깃이 월마트와 K마트 같은 대형 박스형 매장들을 둔 경쟁업체들에 맞서 약간 더 고급 제품들을 판매하게 된 건 런던 악기 박물관에 거액을 기부한 아프리카 예술품 수집가인 섬세한 울리히에게는 자연스런 전략처럼 보인다.

밀라노는 후기 산업 시대에 강력하게 되살아났고 교육이 성공에 일정 부분 역할을 한 또다른 제조업 도시의 사례에 속한다. 18세기에 오스트리아의 대공비인 마리아 테레사는 밀라노 주변과 인근 파비아 대학의 교육을 활성화시킨 일련의 학교 개혁들(압수한 예수회 사람들의 재산으로 개혁에 필요한 돈을 댔다)을 시작했고, 파비아 대학은 19세기 통일 시대에 이탈리아의 교육을 이끈 두 명의 수학자를 훈련시켰다.[73] 그들은 이어 밀라노 공과 대학과 폴리테크니코 국립대학, 그리고 나중에 밀라노 대학이 될 학교를 설립했다. 폴리테크니코 국립대학은 독일의 실업학교들을 모델로 만든 실용적 학문을 중시하는 학교였으며, '고무 남작'이라고 불렸던 조반니 바티스타 피렐리(Giovanni Battista Pirelli) 같은 기업가들의 산실이 되었다.

피렐리는 폴리테크니코 국립대학의 제1회 졸업생들 중 한 명이었다. 그는 뛰어난 실력을 인정받아 3,000리라의 상금을 받았고, 그 돈을 갖고 '새롭지만 이탈리아에서는 찾아보기 힘든 산업'인 고무 활용 산업에 대해서 배우고자 유럽 여행을 떠났다.[74] 그는 유럽 공장들을 방문해서 기계를 조사하고 현대 경영법을 배우면서 지금까지 배워왔던 지식을 활용해서 필요한 아이디어들을 이탈리아로 수입했다. 오늘날 피렐리는 타이어로 가장 잘 알려져 있을지 모르지만 사실 이 회사는 정보기술의 선구자였다. 첫 번째 타이어를 만들기 전에 피렐리는 1879년부터 고무로 절연 처리를 한 전신 케이블을 만들고 있었다.[75] 이 최첨단 산업에 종사하면서 피렐리는 폴리테크니코 국립대학 출신의 기술자들로 가득 찬 자체 연구팀을 만들게 되었다.

프랑스의 타이어 회사인 미쉐린이 좋은 음식과 연결되어 있듯[*] 피렐리도 자사 제품과 디자인을 연결시켰다. 수많은 타이어 회사들이 치즈 케이크 달력을 배포했지만 피렐리가 배포하는 아름다운 달력은 예술품에 버금간다. 오하이오 주 애크론에 있는 굿이어의 기업 본사는 아무런

---

[*] 최고 권위의 레스토랑 평가지인 《미슐랭 가이드》는 원래 미쉐린 타이어가 무료로 제공하는 관광 안내지에서 출발했다.

특징이 없는 사무실 건물이다. 반면 밀라노에 있는 피렐리의 본사는 1950년대에 폴리테크니코 국립대학을 졸업한 조 폰티(Gio Ponti)가 세운 건축 분야의 아이콘이다.[76] 폰티는 두 종류의 디자인 잡지를 창간·편집했는데, 그중 하나인 《도무스(Domus)》는 지금도 출간되고 있다.[77] 그는 폴리테크니코 국립대학에서 교수를 지내면서 도자기와 병, 깃털 같은 무게를 자랑하는 모더니스트의 고전인 슈퍼레게라(Super Leggera)를 비롯한 의자들을 설계했다.[78] 폰티는 우리에게 교육이 가끔은 미학의 수준을 올려준다는 사실을 상기시켜 주는데, 미학은 밀라노가 자랑하는 지속성의 또다른 핵심 요소인 것으로 드러났다.

산업은 제2차 세계대전 이후 이탈리아와 밀라노가 회생할 수 있게 도왔지만, 미국 러스트 벨트 지역에서 제조업의 쇠퇴를 불러왔던 세계화와 기술 변화의 힘은 1970년 이후 밀라노 인구를 급격히 줄어들게 만들었다.[79] 그러나 보스턴과 미니애폴리스에서처럼 인적 자본은 아이디어가 기계보다 더 가치 있는 우리 시대에 맞게 밀라노의 변신을 이끌었다. 밀라노의 인구는 2000~2008년에 다시 늘어나기 시작했고,[80] 2008년 현재 밀라노의 1인당 생산성은 이탈리아 전체보다 54퍼센트가 높으며 이탈리아 내 어떤 지역에 비해서도 높은 편에 속한다.[81] 오늘날 이탈리아 근로자들 중 4분의 3은 서비스 분야에서 일하고 있는데 뉴욕과 런던과 마찬가지로 그중 금융업에 종사하는 사람이 가장 많다. 또한 뉴욕과 런던처럼 밀라노도 패션 허브이다.[82]

미우치아 프라다와 파트리치오 베르텔리는 좋은 교육을 받은 커플이다.[83] 베르텔리는 밀라노 대학에서 박사 학위를 받았고, 아내인 프라다는 밀라노로부터 2시간 거리에 있는 볼로냐 대학에서 기술공학을 전공했다. 베르텔리는 기술자의 엄격함을 브랜드 경영과 마케팅에 접목시켰다. 포콘(Pocone)이라고 불리는 방수 나일론처럼 프라다는 종종 최첨단 직물을 개발하며, 프라다의 매장들은 재고 정보를 실시간으로 알려주는 무선 인식(RFID) 시스템을 조기 도입했다. 최첨단 기술로 제작된 봉으로 핸드백을 스캔하면 핸드백의 이미지들이 여러 스크린에 나타난다. 프라다와 베르텔리는 분명 공부보다 실무를 통해서 더 많은 것을 배웠지만 그들의 성공과 스타일은 여전히 공식 교육의 영향을 간직하고 있다.

밀라노 패션 분야에서 활동하는 지아니 베르사체는 정반대의 인적 자본의 사례이다.[84] 베르사체는 건축을 공부했지만 21세에 학교를 그만뒀다. 그가 배운 많은 것은 어머니가 경영하던 의류 매장에서 일하면서 얻은 것 같다. 그의 스타일은 프라다와 아르마니처럼 국제적인 주목의 대상이 아니었고, 과거 이탈리아의 바로크 시대로부터 많은 영향을 받아 풍부하고 감성적인 느낌을 주었다. 베르사체 제품에 들어가는 메두사 머리 로고 역시 밀라노의 무기 제작자인 필리포 네그롤리(Filippo Negroli)가 황제의 퍼레이드용 방패에 집어넣었던 것이다.

유럽의 인적 자본은 수천 년 동안 이어온 문화의 산물이며, 그것은 또한 기업과 도시 차원에서 모두 경쟁 우위를 창조하는 교육을 제공할 수 있다. 밀라노의 경우 그곳에 있는 그 많은 디자인 인재들이 도시를 역동적인 의류 수출 지역으로 만드는 차원에서 벗어나서 더 즐겁고 재미있으면서 생산하고 소비하는 장소로 만들어주고 있는데, 이것은 도시의 성공을 일구어내는 또다른 길이다.

합리적 이민 정책과 도시 계획_
밴쿠버

세계적으로 살기 좋은 도시 중 하나인 밴쿠버로도 많은 인재들이 몰린다. 15세 이상의 밴쿠버

지역 거주자들 중 25퍼센트 정도가 대졸 이상의 학력을 갖고 있다. 캐나다 전체로는 이 비율이 18퍼센트에 머문다.[85] 밴쿠버는 종종 세계에서 가장 살기 좋은 도시로 선정되는데, 이로 인해서 매년 수천 명의 인재들이 이곳으로 이민을 온다.[86]

물론 밴쿠버는 보스턴이나 미니애폴리스, 싱가포르에는 없는 자연적 이점들도 갖고 있다. 밴쿠버의 1월 평균 기온은 섭씨 2.7도로 보스턴이나 미니애폴리스보다 더 따뜻하며, 7월 평균 기온은 섭씨 17도로 두 도시에 비해서 더 선선하다.[87] 여기에 풍요로운 해안, 아름다운 산, 그리고 사랑스런 시골 지대를 보면 아무도 이곳이 엄청난 자연의 축복을 받았다는 사실을 부정할 수 없다. 그러나 밴쿠버는 이런 축복들을 영리하게 활용했다.

밴쿠버는 1886년에 캐나다 태평양 철도(Canadian Pacific Railway)의 대륙 간 철도 종착지로서 중요한 기능을 했으며, 또한 자연 항구를 갖춘 벌목의 중심지였다. 그런데 그해에 화재로 이곳의 오래된 건물들이 모두 잿더미로 변하자 밴쿠버와 그곳의 최대 부동산 소유회사인 캐나다 태평양 철도는 좋은 하수구와 시가 전차, 더 튼튼하고 안전한 신축 건물을 만들어 새롭게 시작할 기회를 얻게 되었다. 시 의회는 당시 군사기지의 일부에 해당했던 400만 제곱미터의 땅을 공원으로 남겨둘 것을 요구했는데, 이곳은 현재 밴쿠버의 많은 쾌적한 녹색 공간 중 하나로 남아 있다. 1915년에 브리티시 컬럼비아 대학이 설립되자 밴쿠버는 좋은 교육을 받은 시민들을 배출하는 산실이 되었다.[88]

20세기 들어 밴쿠버도 다른 도시들과 유사한 길을 걸었다. 즉, 대공황 때부터 줄어들기 시작한 인구는 1960~1980년대 초에 교외화의 전성기에 더욱더 줄어들었다. 그러나 이후 밴쿠버의 인구는 41만 5,000명에서 61만 명으로 50퍼센트 가까이가 늘어났다.[89] 밴쿠버의 경제는 삶의 질에 대한 열정적 관심, 고층 건물 건설 의지, 그리고 아시아 인재들의 유입 등에 의해서 더욱 활성화되었다.

깨끗한 도로, 폭넓은 사회 안전망, 그리고 높은 세금 등 많은 영역에서 밴쿠버는 번성하는 미국 외 도시들의 전형을 보여준다. 이보다 더 눈에 띄는 특징은 밴쿠버의 물리적 뼈대와 그곳의 구조에 생기를 불어 넣는 놀라울 정도로 다양한 종류의 사람들이다. 또한 개방형 공간, 조망이 풍부한 더 가늘면서 높은 마천루, 다양한 대중교통으로 정의되는 이른바 밴쿠버리즘(Vancouverism)이라고 불리는 도시 개발 계획의 철학도 존재한다.

아서 에릭슨(Arthur Erickson)은 종종 밴쿠버리즘의 아버지로 불린다. 그는 밴쿠버에서 태어났지만 제2차 세계대전 당시에는 영국군에 들어가서 싸우기 위해서 밴쿠버를 떠났다. 전쟁이 끝난 후 프랭크 엘로이드 라이트로부터 영감을 받은 그는 몬트리올에 있는 맥길 대학에서 건축을 전공했고, 전 세계 건물들을 연구할 수 있는 장학금을 받았다. 여러 도시들을 돌아다니던 그는 다시 밴쿠버로 돌아와서 브리티시 컬럼비아 대학에서 학생들을 가르치기 시작했다. 또한 탄탄한 인맥을 자랑하던 제프리 매시(Geoffrey Massey)와 건축 분야에서 협력 작업을 시작했다.

1955년에 밴쿠버가 여전히 캐나다 변두리의 평범한 마을에 불과했을 때 에릭슨은 초고층 스카이라인에 대한 비전을 갖고 있었다. 그가 만든 '플랜 56'은 뉴욕처럼 건물들이 대거 몰려 있지 않고 초고층 건물들이 도시가 가진 자연스러운 아름다움을 보완하면서 물결치는 폭포 모양으로 우아하게 배열된 놀라운 비전으로 평가받는다. 에릭슨이 단순히 꿈만 꾼 것은 아니었다. 1963년에 현재 캐나다 명문 대학 중 하나인 브리티시 컬럼비아 주에 있는 사이먼 프레이저 대학 건설 시공권을 따냈다.

그로부터 2년 뒤에 에릭슨은 캐나다 목재 · 펄프 및 종이 제품 제조업체인 맥밀런 블레델의 신축 건물 시공업체로 선정되면서 밴쿠버의 스카이라인을 실제로 바꿀 수 있는 기회를 얻었다. 이 신축 건물은 높이 27층 연면적 4만 6,000제곱미터의 '콘크리트로 된 와플 형상'이었는데, 이후 이 건물은 건설업계의 아이콘이 되었다. 1970년대에 에릭슨은 법원과 브리티시 컬럼비아 대학의 시내 캠퍼스, 많은 개방형 공간들이 함께 어우러진 12만 제곱미터 규모의 관청가 롭슨 스퀘어(Robson Square)를 설계했다.[90]

토론토의 대표적 일간지 《글로브 앤 메일(Globe and Mail)》이 부음 기사에서 "캐나다가 배출한 가장 위대한 건축가"로 묘사했듯이 에릭슨은 캐나다의 아이콘이 되었다.[91] 캐나다는 그의 비전에 따라서 고층 건물들을 '잘' 지었다. 에릭슨으로부터 배우기 위해서 중국에서 캐나다로 건너온 제임스 쳉(James Cheng)은 1995년 이후 밴쿠버에서 20층이 넘는 건물들을 20개 이상 설계했다.[92] 쳉은 푸른 유리와 콘크리트를 조화롭게 결합하는 것으로 유명한데, 이런 설계는 밴쿠버가 독창적인 모습을 갖는 데 기여했다. 쳉이 세운 밴쿠버 최고층 건물인 리빙 샹그릴라(Living Shangri-La) 같은 훌륭한 도시계획에 따라 지어진 건물들 중 다수는 다용도 사용이 가능하기 때문에 출퇴근 시간을 줄여주고 도심이 저녁에 황량하게 변하지 않도록 막아준다.[93] 도시 계획이 잘 됐을 경우 이런 건물들은 동간 간격이 충분히 넓어서 일조량이 풍부하고 조망이 좋으며, 충분히 많은 개방형 공간도 존재한다.

캐나다의 대단히 합리적인 이민 정책과 더불어 훌륭한 도시계획은 밴쿠버가 좋은 인적 자본을 끌어올 수 있게 도와줬다. 시 인구 중에서 40퍼센트는 해외 출생자이며,[94] 시민들 중 24퍼센트는 아시아 출생자이다.[95] 아울러 밴쿠버 이민자들은 캐나나 전체 이민자들과 마찬가지로 기술이 매우 뛰어나다.[96] 2006년에 캐나다에 정착한 이민자들 중 절반 이상이 대졸 이상의 학력을 소유했는데, 이는 캐나다 출생 국민들보다 훨씬 더 높은 비율에 해당한다.[97] 또한 박사 학위를 갖고 있는 캐나다 국민들 중 절반 가까이는 캐나다 외의 국가에서 태어났다.[98]

캐나다에는 토지가 풍부하며, 캐나다 태생 인구의 출산율은 현재의 인구 수준을 유지하기 위한 출산율인 대체 출산율에 훨씬 못 미치고 있다. 캐나다는 매년 캐나다로 건너오는 20만 명의 이민자보다 더 많은 사람들이 있어야 계속 성장할 수 있다.[99] 미국과 마찬가지로 캐나다도 이민자들에게 어느 정도 특혜를 베풀지만 이른바 '독립 이민자'들에게 많은 비자를 발급해 주고 있다.[100] 이들은 캐나다 정부가 "교육, 언어 능력, 고용 경력, 고용주 확보(AE)*, 적응성"을 평가해서 점수를 매기는 시스템에 기초해서 이민이 허용된다.

캐나다는 특히 아시아인들에게 인기가 좋은데, 많은 홍콩 거주민들은 1997년 홍콩이 중국에 반환되기 전에 캐나다로 넘어 왔다. 밴쿠버는 기반이 잘 닦인 아시아 주거 공동체들을 가진 태평양의 관대한 도시이기 때문에 그러한 이민자들을 끌어모았다. 밴쿠버 거주자의 20퍼센트 정도는 화교이다. 이 수치는 자신이 영국 출신이라고 밝힌 사람들의 비율인 26퍼센트보다 약간 낮을 뿐이다.[101]

이런 이민자들은 밴쿠버가 문화적으로 흥미로우면서 경제적으로 생기를 찾을 수 있게 도와주었다. 제임스 쳉은 이곳 스카이라인의 상당 부분을 책임졌다. 역시 홍콩 출신인 찬(Chan)의 가족들은 밴쿠버에서 가장 활발한 박애주의 활동을 펼치고 있다. 레스토랑에서 마천루와 투

---

* Arranged Employment: 캐나다 이민 신청자가 이민을 신청하기 전에 캐나다에서 일할 수 있게 현지 회사와 하는 고용 계약.

자회사에 이르기까지 밴쿠버의 이민자들은 그림 같은 벌목 마을을 세계적인 도시로 탈바꿈시켰다.

성장 도시_시카고와 애틀랜타

이 책 2장의 주제인 도시 실패로부터 배운 교훈 중 하나는, 주택 수요가 거의 없는 쇠락한 도시에서 추진된 건축 활동은 유익하지 않으며, 초고층 스카이라인이 쇠퇴하는 도시들을 되살려낼 수 있다는 생각은 잘못되었다는 사실이다. 스프롤 현상에 대해 설명한 7장이 주는 교훈 중 하나는 휴스턴은 충분한 수요가 있는 장소에서 건축 제한을 풀어서 경제적으로 합당한 주택을 풍부하게 공급함으로써 많은 미국인들을 끌어모았다는 사실이다. 건물은 선벨트 지역에서뿐만 아니라, 다른 충분한 흥밋거리를 갖춘 오래된 도시들에서도 공간을 확장시키고 열정적인 사람들을 끌어들일 수 있게 해준다.

내가 1988년에 시카고 남쪽으로 이사했을 때 시카고는 정말 멋지지만 암울한 느낌이 나는 곳이었다. 시카고 대학 캠퍼스를 향해서 운전하다가 보면 보이는 고대 건축 양식인 보자르(Beaux Arts) 양식으로 지어진 과학 산업 박물관 같은 위대한 석조 건축물들은 영광스러운 도시의 과거를 상기시켜 주었다. 대학 인근 지역들에는 한때 시카고 소고기 회사 거물들과 무하마드 알리가 살았던 웅장한 맨션들이 있지만 이들 맨션은 이 지역의 높은 범죄율 때문에 건축비에도 훨씬 못 미치는 가격에 팔리고 있었다.[102]

1970~1990년에 시카고 인구는 클리블랜드나 디트로이트만큼은 아

니지만 뉴욕이나 보스턴보다는 훨씬 심한 18퍼센트 가까이 줄었다.[103] 오랫동안 시장을 지냈던 리처드 J. 데일리가 사망한 1976년 이후 12년 동안 시카고에는 다섯 명의 시장이 거쳐 갔는데 그들 중 누구도 권력을 통합하거나 범죄율을 낮추지는 못했다.[104] 그러나 1990년 이후 시카고는 사람들이 미니애폴리스나 보스턴 사람들만큼 교육을 잘 받지 못했고[105] 날씨가 나쁘다는 사실에도 불구하고 대형 중서부 도시들 중에서 성장한 몇 안 되는 도시 중 하나였다.[106]

시카고는 경제적으로 감당할 수 있는 쾌적한 주거지로 남아 있으면서도 고밀도 개발의 혜택을 선사함으로써 성공을 거두었다. 시카고 경제는 금융과 비즈니스 서비스처럼 고밀도에 특히 가치를 두는 경향을 보이는 정보 집약적 산업에 의존하고 있다. 억만장자 헤지펀드 운용역인 케네스 그리핀(Kenneth Griffin) 같은 금융 기업인들은 시카고가 여전히 강력한 삶의 질과 맨해튼보다 가족 친화적이면서 전반적으로 더 많은 중서부 느낌을 유지하면서도 어느 정도 규모와 함께 전문가와 금융 서비스 회사들에게 공급할 수 있는 잘 교육 받은 근로자들을 갖고 있기 때문에 그곳을 선택했다.[107]

시카고에서 오랫동안 시장을 지냈던 리처드 M. 데일리는 자신이 미국에서 가장 효과적인 도시 지도자들 중 한 사람임을 입증해 보였다. 그는 도시가 친기업적인 환경과 괜찮은 삶의 질을 제공할 때만 비로소 성공할 수 있다는 것을 알고 있었다. 시장 자리에 올랐을 때 그는 나무를 심는 데 집착했다. 그는 민간인들로부터 충분한 기부를 받아서 밀레니엄 공원(Millennium Park)을 조성했다. 또한 그는 공립학교들을 맡아서 교육 환경을 개선했으며, 건설 활동도 열렬하게 지원했다. 수많은 신축 건물들이 들어서면서 시카고는 뉴욕이나 샌프란시스코에 비해서 훨씬 더 경제적으로 감당할 수 있는 대체 도시가 되었다.

이런 활발한 건설 활동 덕분에 시카고는 케네스 그리핀을 위해서 일하는 사람들의 관심을 끄는 매력적인 우량 부동산을 대거 공급해 주었다. 2002~2008년에 시카고는 2000년 주택 재고의 6퍼센트에 상당하는 6만 8,000채의 주택 신축을 허가했다.[108] 같은 기간 동안 보스턴은 2000년 주택 재고의 3.3퍼센트에 불과한 8,500채의 주택 신축을 허가했다.[109] 시카고는 크기는 거의 비슷하면서도 혼잡도는 훨씬 덜한 캘리포니아 주 새너제이의 주택 신축 허가 건수의 세 배 이상을 허가했다.[110] 시카고 시민들 중 10.8퍼센트는 1990년 이후에 지어진 집에 살고 있는데,[111] 뉴요커들과 보스턴 시민들 중 1990년 이후에 지어진 집에 살고 있는 비율은 각각 7.6퍼센트와 8.3퍼센트이다. 아울러 뉴욕이 센트럴파크를 마주하는 가장 좋은 위치에 있는 거의 대부분의 지역을 '보존'하기로 결정한 것과 달리 시카고는 길게 이어진 아름다운 호반을 따라서 많은 건물 신축을 허용했다.

시카고의 부동산은 보스턴이나 뉴욕의 부동산에 비해서 훨씬 더 새것이고 저렴하다. 인구 조사국 통계를 보면 보스턴이 시카고보다 임대료는 평균 30퍼센트 더 높으며 집값은 39퍼센트 정도 더 높다.[112] NAR에 따르면 2010년 2분기 기준으로 시카고 메트로폴리탄 지역의 아파트 가격은 평균 18만 6,000달러로 각각 평균 29만 달러와 40만 5,000달러인 보스턴과 샌프란시스코 지역의 아파트 가격보다 낮았다.[113] 시카고 시내에서 65만 달러만 있으면 새로 지어진 번쩍이는 고층건물에서 면적 153제곱미터의 방 세 개짜리 아파트를 얻을 수 있다.[114] 뉴욕에서 같은 수준의 아파트를 구하려면 적어도 그 두 배의 돈이 든다.

시카고는 또한 많은 사무실도 짓고 있다. 1990~2009년에 시카고 메트로폴리탄 지역에서는 372만 제곱미터에 가까운 사무실 공간이 새로 지어졌다.[115] 이 새로운 공간은 시카고에서 사업을 하는 데 드는 비용을 낮추고 있다. 시카고 사무실 임대료는 오랫동안 보스턴이나 샌프란시스코의 사무실 임대료에 비해서 30퍼센트 정도 쌌다.[116]

보스턴과 새너제이 같은 다른 도시들에서 환경보호 운동가들과 저밀도 개발 지지자들은 도시 지도자들이 건물 신축을 제한하도록 압력을 넣어왔지만 데일리 시장은 건물 신축을 허가해 주었다. 이유는 무엇일까? 이런 모든 건설 활동들이 고도로 숙련된 근로자들이 살 건물을 만들어주기 때문이다. 주거비가 하락하면 고용주들은 더 낮은 임금을 줘도 되기 때문에 시카고는 계속해서 경제적인 경쟁력을 유지하게 된다. 데일리 시장은 이러한 사실을 알고 있었으며, 또한 시카고의 인건비가 미국 해안 지역의 인건비에 비해서 더 낮지 않으면 시카고는 생존할 수 없다는 것을 알고 있었다. 건물 신축이 수요가 너무 낮은 버펄로나 디트로이트 같은 곳들을 구할 수는 없겠지만, 훨씬 더 매력적인 장소에서는 건물 신축을 제한하는 장애물들을 제거하는 것이 중대한 비교 우위 확보 전략이 될 수 있다.

휴스턴과 마이애미 같은 많은 선벨트 도시들이 성공할 수 있었던 결정적인 이유 중 일부가 건물 신축에 제한이 없었기 때문인데, 이들 도시 중 유일하게 한 곳만이 빠르게 팽창하면서 동시에 교육 수준을 끌어올릴 수 있었다. 애틀랜타 메트로폴리탄 지역은 2000~2008년에 댈러스를 제외하고는 미국 내 그 어떤 지역보다도 많은 112만 명의 인구가 불어났다.[117] 건물 신축이 아주 활발하지 않았더라면 애틀랜타가 이처럼 성장한다는 것은 불가능했을 것이다. 애틀랜타의 교외 지역은 계속 확장되고 있으며, 시내의 멋진 마천루들에는 사무실과 아파트들이 들어가 있다. 애틀랜타의 사무실 공간은 1990년 이후 50퍼센트 이상 늘어

낮으며, 결과적으로 그곳의 비즈니스 공간은 시카고에 비해서도 일반적으로 20퍼센트 정도 더 싸다.[118]

애틀랜타는 성장하면서 놀랍도록 우수한 교육을 받게 되었다. 이곳의 성인 인구들 중에서 대졸 이상 학력을 가진 사람들의 비율은 미니애폴리스와 비슷하고, 자칭 미국의 아테네라고 불리는 보스턴보다도 높다.[119] 풀턴 카운티 성인들 중에서 대졸 이상의 학력을 가진 사람들은 47퍼센트가 넘는데 이 비율은 뉴욕 주 웨스트체스터나 코네티컷 주 페어필드 카운티나 캘리포니아 주 산타클라라 카운티에 비해서도 높으며, 매사추세츠 주 미들섹스 카운티와 거의 맞먹는 수준이다.[120] 애틀랜타의 교육은 역사와 친교육 정책, 주택 정책을 반영하고 있다.

애틀랜타에는 오래된 단과대학과 종합대학들이 많다. 이곳은 남북전쟁 이후 북부군의 중심지였으며, 유서 깊은 흑인 대학들이 만들어진 것도 그때였다. 에모리 대학과 매사추세츠 학교들을 모델로 해서 만든 조지아 공대 역시 남북전쟁이 벌어지고 수십 년 뒤에 흑인들을 받아들이기 시작했다.[121]

최근 들어 조지아 공대는 주 소재 대학에 다니는 학생에게 풍부한 금융지원을 제공하는 희망 장학금 프로그램(Hope Scholarship Program)[122]에 필요한 재원 확보를 위해 주의 복권 사업 수입을 사용하기로 결정했다. 사회적 불평등 해소를 위한 수단으로서 이 프로그램은 적합하지 않다. 정책의 혜택이 성공한 사람들에게 압도적으로 많이 돌아가기 때문이다. 그러나 아이들 교육에 관심이 많은 재능 있는 부모들을 끌어들이기 위한 수단이자 재능 있는 학자들을 붙잡아두기 위한 도구로서 이 프로그램은 분명 성공적이다.

휴스턴처럼 애틀랜타에도 오랫동안 이 지역의 성장 동력 구실을 해온 강력한 비즈니스 커뮤니티가 있다. 이 커뮤니티는 교육과 건축 활동의 가치를 알아본다. 결과적으로 애틀랜타는 교육 받은 사람들에게 놀라우리만큼 저렴한 주택을 공급함으로써 더 많은 교육 받은 사람들을 이곳으로 데려오고 있다. 2000~2008년에 풀턴 카운티 주민들 중 대졸 학력자 비율은 전체 미국 평균에 비해서 67퍼센트 정도 더 빠르게 늘어났다.[123]

두바이의 과욕

두바이는 과거에 제국주의 도시가 될 기회를 가져본 적이 없지만 우리가 이 책에서 논의했던 거의 모든 전략들을 시도해 본 것 같다. 역사적으로 봤을 때 두바이는 홍콩이나 싱가포르와 마찬가지로 좋은 장소와 좋은 경제 제도들을 가진 덕분에 성공했다. 두바이는 1892년에 영국의 보호를 받았으며, 20세기 초에는 인도와의 인접성 때문에 자연스럽게 인도 아대륙과 중동 지역을 연결하는 도시가 되었다.[124] 두바이에서도 기름이 약간 나지만 이곳의 실제 성공 비결은 항구 때문이다. 항구는 사우디아라비아 같은 다른 국가들로부터 광대한 양의 석유가 흐르는 도관 역할을 한다.

그러나 두바이의 항구들이 단순히 기름만 취급하는 것은 아니다. 두바이는 상품, 현대적 인프라, 친기업적 제도 등을 통해 국제 무역 시장 확보를 위해서 효율적으로 경쟁하고 있다. 홍콩이 한때 매우 제한이 많았던 중공(중화인민공화국)의 바로 옆에서 경제적 자유가 샘솟는 오아시스 역할을 하면서 번성했듯이 두바이는 이웃 도시들에 비해서 더 나은 경제 제도들을 제공함으로써 성공했다. 제벨 알리(Jebel Ali) 자유무역 지대[125]는 세금과 규제를 면제해 주는 식으로 기업들을 유인하고 있다.

두바이는 이웃 중동 국가들에 비해서 단순히 더 친기업적인 데 그치지 않는다. 훌륭한 법규와 인프라는 두바이를 과도하게 규제가 많은 인도에 비해서 훨씬 더 사업하기 쉬운 장소로 만들어주고 있고, 두바이는 자연스럽게 중동 지역의 상업 허브로 변신하고 있다. 뭄바이에서는 두바이에서 일하면서 주말에만 고국으로 돌아오는 기업인들을 많이 만날 수 있다.

그런 인도 사람들은 두바이를 노는 장소가 아닌 일하는 장소로 간주하지만, 두바이의 리더들은 두바이를 기름 출하 항구에서 금융인들과 기업인들을 유치하는 소비 도시로 변신시키기로 결정했다. 이 두 가지 도시 기능은 서로 밀접하게 연관되어 있다. 두바이가 중동 전역의 사람들을 쿠웨이트나 카이로 같은 다른 곳보다는 두바이에 있고 싶게 설득할 수 있다면 두바이는 비즈니스 센터로서 성공할 수 있을 것이다. 두바이가 중동에서 가장 흥미롭게 살 수 있는 곳이 된다면 당연히 그곳이 단순한 관광 목적지 이상임을 확신한 기업인들을 끌어오게 될 것이다.

라스베이거스가 규제가 심한 곳들에서 불법으로 간주되는 도박이란 즐거움을 제공함으로써 성공했던 것처럼, 두바이도 중동의 많은 지역들을 제약하는 종교적 제한들로부터 비교적 자유롭기 때문에 성장할 수 있다.

두바이는 즐거움과 상거래 활동의 중간 크기 중심지로서 쉽게 성공할 수 있었으나 두바이의 국왕이자 개혁의 사령탑인 세이크 모하메드(Sheike Mohammed)의 야망은 그보다 훨씬 더 크다. 2008년 두바이는 지구상의 최대 건축 부지 중 하나였다. 인공섬에 세워진 버즈 알 아랍(Burj Al Arab)[126]은 완공 당시 높이 313미터로 세계에서 가장 높은 호텔이었다. 이곳에는 불과 202개의 초대형 객실만이 있을 뿐이며, 가장 작은 객실 크기가 167제곱미터에 이른다.

2010년에 완공된 높이 828미터의 다용도 건물[127] 부르즈 칼리파(Burj Khalifa)는 현재 세계 최고층 건물이다. 두바이 몰(Dubai Mall)은 내부 공간 55만 제곱미터, 전체 공간 111만 제곱미터에 달하는 세계 최대 쇼핑몰 중 하나이다.[128] 세이크 모하메드는 300개의 섬으로 이루어진 인공 군도인 '더 월드(The World)'와 '비즈니스 베이(Business Bay)'라고 불리는 230개 건물로 이루어진 중심 상업 지구,[129] 그리고 디즈니 월드보다 더 큰 엔터테인먼트 복합체인 두바이랜드(Dubailand)[130]를 꿈꿨다.

원칙적으로 말해서 건축과 삶의 질을 조화시키는 게 합리적이지만 세이크 모하메드의 과도한 건설 욕구는 현재 두바이의 수요를 충족시키는 수준을 훨씬 넘어선다. 데일리 시장은 민간 개발업체들의 건설만을 허용했으며, 시카고에서 이루어지는 건설 활동은 건설비보다 더 높은 가격을 매길 수 있다는 독립적 판단에 근거해서 결정되어 실행되는 것이다. 세이크 모하메드는 엄청난 금액의 공적 자금을 투자하고 있으며, 두바이의 건설 활동은 초대형 도시가 번성할 것이라는 그의 판단에 전적으로 의존하고 있다.

그러나 사람들은 그의 욕망이 다소 비합리적임을 알아낸 것 같다. 그리고 끝내 두바이 정부는 2009년 11월 당시 국영 건설 회사 두바이 월드의 부실을 이유로 채무 상환 유예를 선언했다.[131] 이웃한 아부다비의 경제적 지원 덕분에 두바이는 더 극적인 실패의 고통을 모면할 수 있었다.

세이크 모하메드의 전반적인 역사관은 옳다. 두바이 같은 도시들은 삶의 질을 수용함으로써 순전히 경제적인 성공 모델에서 벗어나야 한다. 도시들은 성공하기 위해서 지어야 하지만 그렇다고 해서 아무 도시나 뉴욕이나 상하이처럼 될 수 있는 것은 아니다. 도시를 세우는 사람들은 비전을 갖고 있어야 하는 동시에 현실을 직시할 줄도 알아야 한다.

TRIUMPH OF THE CITY

평평한 세계, 점점 높아지는 도시

10장

18세기 프랑스 계몽 사상가인 장 자크 루소는 "도시는 인간종(人間種)이 모여 사는 깊은 구렁이다"라는 유명한 말을 남겼지만, 그는 도시를 완전히 잘못 이해했다. 도시는 인류를 가장 밝게 빛나게 만들어주는 협력 작업을 가능하게 해준다. 인간은 다른 인간으로부터 그토록 많은 것을 배우기 때문에 우리는 더 많은 사람과 함께 있을 때 더 많이 배운다. 도시의 혼잡성은 다른 사람들의 성공과 실패를 관찰함으로써 얻는 새로운 정보의 지속적 흐름을 창조한다. 19세기 파리에서 모네와 세잔이 서로를 찾아냈고 20세기 시카고에서 벨루시와 애크로이드가 서로를 찾아냈듯이 대도시에서 사람들은 취향을 공유하는 동료들을 선택할 수 있다. 도시는 관찰, 청취, 학습을 더 쉽게 할 수 있게 해준다. 인류의 본질적인 특징은 다른 사람들로부터 배울 수 있다는 것이고 그래서 도시는 우리를 더 인간답게 만들어준다.

우리가 갖거나 쓰거나 알고 있는 것 중에서 다른 사람들이 만들지 않은 것은 거의 없다. 인간은 개미나 긴팔원숭이처럼 함께 만드는 데 뛰어난 매우 사회적인 동물이다. 개미 집단이 홀로 사는 곤충들의 능력을 훨씬 넘어서는 일을 해내는 것처럼 도시는 개개인이 이룰 수 있는 것보다 훨씬 더 많은 일을 이룬다. 도시는 특히 인류의 가장 중요한 창조물인 지식의 공동 생산이라는 협력 작업을 가능하게 해준다. 방갈로르와 런던의 혼잡한 공간에서 아이디어들이 개인과 개인 사이에서 원활하게 흐르고 있으며, 사람들은 인재들 주위에 머무는 것만으로도 도시의 높은 물가를 기꺼이 감당하려고 한다. 그리고 이런 인재들의 지식 중 일부는 사람들에게 전파될 것이다.

18세기 프랑스 계몽 사상가인 장 자크 루소는 "도시는 인간종(人間種)이 모여 사는 깊은 구렁이다"[1]라는 유명한 말을 남겼지만, 그는 도시를 완전히 잘못 이해했다. 도시는 인류를 가장 밝게 빛나게 만들어주는 협력 작업을 가능하게 해준다. 인간은 다른 인간으로부터 그토록 많은 것을 배우기 때문에 우리는 더 많은 사람들과 함께 있을 때 더 많이 배운다.

도시의 혼잡성은 다른 사람들의 성공과 실패를 관찰함으로써 얻는 새로운 정보의 지속적 흐름을 창조한다. 19세기 파리에서 모네와 세잔이 서로를 찾아냈고 20세기 시카고에서 벨루시와 애크로이드[*]가 서로를 찾아냈듯이 대도시에서 사람들은 취향을 공유하는 동료들을 선택할 수 있다.[2] 도시는 관찰, 청취, 학습을 더 쉽게 할 수 있게 해준다. 인류의 본질적인 특징은 다른 사람들로부터 배울 수 있다는 것이고 그래서 도시는 우리를 더 인간답게 만들어준다.

도시의 기원이 아무리 세속적이라고 해도 도시 집중화는 마술 같은 효과를 낼 수 있다. 로마 병사들은 잔혹한 갈리아인들을 방어하기에 적합한 장소란 이유로 센 강에 있는 섬에 주둔했다. 이렇게 소박하게 출발한 파리 사람들은 지난 2,000년 동안 문화, 경제, 정치적 차원에서 엄청난 혁신을 이뤄냈다. 네덜란드의 중세 도시들은 모직물 거래를 기반으로 세워졌지만 도시가 혼잡해지면서 도시민들은 근대 세계 최초로 성공한 공화당 혁명을 조직할 수 있었다. 시카고는 위치 때문에 동쪽으로 이동하던 중서부 지역 돼지들을 도축하기에 이상적인 장소가 되었지만 제니, 버넘, 설리번, 라이트[**]처럼 마천루를 집단으로 개발한 놀라운 건축가들을 끌어모았다. 상하이는 처음에 목화 마을로 시작했지만 1920년대가 되어 혼잡해지면서 음악, 영화, 애니메이션 분야에서 일련의 혁신들을 탄생시켰다.

예술적 움직임은 15세기 피렌체나 19세기 파리처럼 한 장소에서 발달하는 경향을 보인다. 18세기 빈에서 하이든은 친구 모차르트와 제자 베토벤에게 자신의 심포니에 대한 구상을 전했다. 혼잡한 도시에 함께

---

* 1975년 〈새터데이 나이트 라이브(Saturday Night Live)〉 쇼에 출연했던 코미디언 댄 애크로이드와 존 벨루시를 말한다. 두 사람은 영화 〈브루스 브러더스〉에도 함께 출연했다.

** 순서대로 윌리엄 르 바론 제니, 대니얼 H. 버넘, 루이스 설리번, 프랭크 로이드 라이트로 시카고 학파에 속한다. 시카고 학파는 1883~1893년 전성기를 구가했으며, 지역 공업화에 의한 도시 팽창에 부응해서 시카고의 마천루를 중점적으로 지었다.

사는 화가나 작곡가들이 만든 예술적 혁신들로 연결된 위대한 사슬은 정크 본드와 LBO*와 모기지 담보증권(MBS) 같은 훨씬 더 건조한 도시 혁신들로 연결된 사슬과 놀라울 정도의 유사성을 갖는다.

많은 전문가들과 비평가들은 정보 기술이 발달하면 도시가 가진 이점이 사라질 것이라는 주장을 펴왔다. 예를 들어 앵커리지에서 인터넷 백과사전인 위키피디아로 정보를 얻을 수 있는데 굳이 뉴욕에서 비싼 물가를 감수하며 살 사람이 누가 있겠느냐는 말이다. 그러나 등장한 지 몇십 년밖에 안 된 최첨단 기술이 수백만 년을 누적되어 발전해 온 것을 이길 수는 없다. 사이버 공간에서의 연결은 식사나 미소나 입맞춤을 공유하는 것과 같을 수 없다. 우리 인간은 주로 동료 인간들이 내보내는 청각, 시각, 후각 단서들을 통해서 학습한다. 인터넷은 훌륭한 도구이긴 하지만 방갈로르와 실리콘밸리에 모여 있는 인터넷 기업인들이 증명하듯이 인터넷은 대면 접촉을 통해서 얻는 지식과 결합될 때 가장 좋은 효과를 낸다.

하버드 경제학과 학생들은 모두 꾸준히 기술을 사용하고 있지만 그들은 또한 동료와 교수들과 일대일 대면 회의를 많이 갖는다. 이처럼 가장 중요한 커뮤니케이션은 개인적으로 일어나고, 전자적 접근이 지적 이동의 지리적 중심을 대체하지는 못한다.

장거리 연결 비용이 하락하면서 사람들은 더 가깝게 모여 살게 되었다. 지금으로부터 50년 전에 최고의 혁신가들은 지역 무대에서 주로 활동했다. 높은 운송비로 인해서 전 세계를 상대로 좋은 아이디어를 팔아서 재빨리 돈을 벌 수 있는 능력이 제한됐다. 그런데 오늘날 런던

---

* Leveraged Buyout의 약자로 기업 매수 자금을 매수 대상 기업의 자산을 담보로 한 차입금으로 조달하는 방법.

이나 뉴욕이나 도쿄의 트레이더들은 전 세계에서 가격이 잘못 책정된 자산을 순식간에 반값에 살 수 있다.

거리의 가치가 없어진 것은 일본 경쟁사들에게 밀려난 디트로이트의 상품 생산업체들에게는 지옥처럼 느껴졌을지 모르지만, 뉴욕과 샌프란시스코와 로스앤젤레스에서 기술과 엔터테인먼트와 금융 분야에서 이룬 혁신으로 수십억 달러를 벌어들인 아이디어 생산자들에게는 천국처럼 느껴졌을 것이다. 금융계가 경기 둔화 사이클 속에서 격변의 시기를 겪을 때조차 우리는 그것이 가진 집단적 지능이 결과적으로 또 다른 활황을 낳을 것임을 확신해야 한다.

국가는 전쟁을 벌이고, 정부는 시민들을 학살한다. 우리가 사는 세상의 많은 곳이 여전히 가난하며, 부유한 국가에 사는 많은 사람들은 기대했던 것보다 덜 행복하며, 모든 사람들이 처한 환경이 위험에 빠져 있다. 이러한 도전들에 맞서기 위해서 인류는 될 수 있는 한 모든 힘을 결집해야 하며, 그 힘은 혼잡한 도시 지역에 서로 연결되어 있는 좁은 공간에 자리 잡고 있다.

우리가 도시를 그토록 많이 필요로 한다는 사실은 도시의 미래에 대한 내 낙관적 전망에 힘을 실어준다. 세상은 새로운 아이디어가 가진 가치를 인정한다. 사람들은 성공하기 위해서, 그리고 필요한 기술을 얻기 위해서 여전히 도시로 몰려든다. 그러한 기술들이 습득되면서 새로운 아이디어들이 늘어나고, 혁신이 등장한다.

우리가 현명하게 정책을 선택한다면 우리 앞에는 새로운 녹색 빛깔의 도시 시대가 놓이게 된다. 도시 변두리의 자동차 중심 생활이 앞으로도 분명 계속되겠지만 도시 중심 인근의 더욱 밀도 높은 개발도 이루어질 것이다. 우리는 시내 중심부에서 사람들이 더 많은 공간을 얻을 수 있는 더 높은 건물들을 짓더라도 그것을 환경의 지속성과 좋은 전망과 적극적인 거리 생활을 보장하는 방식으로 지을 수 있다. 우리는 소수의 특권을 가진 사람들뿐만 아니라 모든 사람들이 맨해튼이나 파리나 홍콩이 주는 즐거움을 만끽할 수 있게 만들 수 있다. 그러나 이 모든 일들을 성취하기 위해서 우리는 스프롤 현상이 아닌 도시의 개발을 장려해야 한다. 우리는 아무 변화가 없는 현재 상태에 집착하기보다는 위대한 도시의 발전을 유도하는 변화를 포용해야 한다.

우리가 무슨 일을 하건 상관없이 어떤 사람들은 도시의 라이프스타일을 결코 원하지 않을 것이다. 그들은 소로처럼 개방된 공간과 푸른 나무들에 둘러싸여 사는 삶을 원할 것이다. 그러한 목가적인 삶을 살기를 원하는 사람에게 억지로 도시에서 살라고 강요해서는 안 된다. 그러나 우리 사회가 저질러놓은 실수 때문에 도시 외곽에 사는 사람들이 너무나 많다. 도시 성장을 강제해서는 안 되지만 도시 생활의 개화(開花)를 인위적으로 억제하는 장애물들도 제거해야 한다.

도시에게 공평한
경쟁의 장을 제공하라

이 책의 중심 주제는 도시가 인간의 강점을 더 키운다는 것이다. 우리 같은 사회적 인간이 가진 가장 큰 재능은 상호 학습 능력이며, 우리는 일대일로 대면할 때 더 깊고 철저히 학습한다. 나는 또한 브루넬레스키가 만든 피렌체이든 포드가 만든 디트로이트이든 도시가 이룬 업적들은 전 세계에도 혜택을 준다는 걸 보여주기 위해서 애써왔다. 민주주의와 인쇄 기술과 대량생산은 도시가 우리에게 준 몇 가지 선물에 불과하다. 도시에서 나온 아이디어들은 결과적으로 도시의 테두리를 벗어나서 나머지 세계를 풍요롭게 만든다. 마하라슈트라 주가 뭄바이와 흥망성쇠를 같이하듯이 매사추세츠 주도 보스턴과 흥망성쇠를 같이한다.

도시 지역들이 국가가 갖게 될 힘의 근원 중 하나(유일한 힘일 수도 있다)라는 사실에도 불구하고 도시 지역에 대해서 반감을 갖는 국가들이 너무나 많다. 도시는 '적선'이 필요한 것이 아니라 '공평한 경쟁의 장(level playing field)'이 필요하다.

경제학자들은 개별 기업인들에게 경영 실적을 높이는 방법에 대해서 조언하면서 동시에 한 회사에 비해서 다른 회사에게 특혜를 주는 산업 정책들을 매도한다. 이런 그들의 모습이 위선적으로 보일지도 모르지만 상당히 논리적이다. 실제로 경제학의 중심에는 정부가 공정한 심판으로 감독하는 시장에서 격렬하게 경쟁함으로써 기업들은 최고의 능력을 발휘한다는 믿음이 깔려 있다.

도시도 마찬가지다. 사람과 기업들을 유치하기 위해 펼쳐지는 각국 정부들 사이의 경쟁은 건전하다. 경쟁은 도시들이 더 나은 서비스를 제공하고 비용을 낮게 유지할 수 있게 해준다. 각국 정부는 특정 장소들을 선호해서는 안 된다. 특정 회사나 산업만을 지원하는 것이 좋지 않은 것과 같은 이치이다. 기업들이 경쟁하게 만드는 것이 훨씬 더 효과적이며, 도시들이 자신만의 경쟁 우위를 찾아낼 수 있게 만드는 것이 훨씬 바람직하다.

시장에 대한 내 이런 믿음이 무정하게 보일지도 모르지만 실제로는 그렇지 않다. 나는 이런 경쟁으로 인해서 고통받는 사람들을 보호하는 데 반대하지는 않으며, 나는 분명 가장 수혜를 받지 못한 사람들을 위해서 사회가 더 많은 일을 해야 한다고 생각한다. 물론 가난을 줄이는 데 대한 내 믿음은 경제적 통찰이 아니라 개인적 의견이다.

경제학은 소득분배에 대해서 할 말이 많다. 세금이 생산 활동의 의욕을 꺾을까? 사회적 불평등이 경제 성장에 해를 미칠까? 그러나 경제학자들은 가장 중요한 질문, 즉 "부유한 사람들로부터 돈을 빼앗아서 가난한 사람들에게 나눠줘야 할까?"라는 질문에 대해서는 특별한 지혜를 갖고 있지 못하다. 그것은 철학자, 정치인, 그리고 유권자들이 풀어야할 문제이다.

그러나 경제학자들은 문제가 있는 회사나 도시에 재원을 들이는 것이 일반적으로 문제를 겪는 사람들을 배려하는 데 끔찍할 정도로 효과가 없는 방법임을 지적할 수 있다. 가난한 사람들을 돕는 것이 정부의 소임이지만 가난한 장소들과 허술하게 경영되는 도시들을 돕는 것은 그렇지 않다.

도시는 공평한 경쟁의 장에서 경쟁할 수 있지만 지난 60년 동안 미국의 도시 정책들은 공평한 경쟁이 이루어지지 못하게 막았다. 주택, 사회 서비스, 교육, 교통, 환경, 그리고 심지어 소득세 분야에서조차 미국의 정책들은 도시 지역에 불리하게 작용해 왔다. 도시는 사람들에게 줄 것이 정말로 많기 때문에 이러한 불리한 여건을 극복하고 생존해 왔다. 그러나 도시가 경제와 사회 분야에서 그토록 중요한 역할을 한다는 바로 그 이유 때문에 우리는 도시의 발전을 가로막는 인위적 장벽들을 제거해야 한다.

우리의 정책이 보다 공간적인 차원에서 '중립적'이라면 이 세계는 더욱더 생산적이 될 것이다. 나중에 쇠퇴하는 도시와 스프롤 현상과 관련된 정책들을 논의할 때 '공간의 중립성' 문제를 다시 거론하기로 하겠다.

세계화를 통한 도시화

아테네가 지중해 세계의 최고 지성들을 끌어모으기 시작한 이후 수천 년 동안 도시는 다양한 문화 출신의 사람들을 끌어모으면서 성장했다. 오늘날 런던, 방갈로르, 싱가포르, 뉴욕 등 가장 성공한 도시들은 여전히 대륙들을 연결한다. 그러한 도시들은 다국적 기업인들과 국제무대에서 활동하는 사람들을 끌어모은다. 그들의 급여 등급의 상단과 하단은 모두 경제 모델에 중요할 수 있고, 세계적인 도시들의 성공 여부는 국가의 무역과 이민 정책에 달려 있다.

개방적 도시는 폐쇄적 국가에 존재할 수 없다. 20세기가 시작될 무렵 아르헨티나가 세계에서 가장 개방적인 국가들 중 하나였을 때 부에노스아이레스는 영국과 스페인과 이탈리아는 물론 심지어는 스웨덴 기업인들로 가득 찬 역동적인 국제 도시였다. 20세기 초에 아르헨티나가 국경을 폐쇄하자 부에노스아이레스는 고립된 도시가 되었고, 그곳의 아름다운 옛 건물들은 방문객들에게 보다 역동적이면서 세계적이었던 과거를 상기시켰다. 1790~1970년에 단 한 번을 제외하고 매 10년마다 미국의 도시 인구는 19.5퍼센트 이상씩 증가했다. 경제가 휘청대고 관세가 효과적으로 국경을 폐쇄해서 미국의 도시 성장세가 급격히 둔화됐던 1930년대만이 예외였다.[3]

나의 아버지는 1930년에 베를린에서 태어났다. 1930년대는 경제적으로 끔찍한 시기였으며, 특히 이 시기의 사정은 국제 무역을 봉쇄한 스무트 홀리 관세법* 같은 정책들 때문에 더욱 악화됐다.

경제 상황이 나빠지자 독일, 오스트리아, 스페인 같은 나라들은 민주주의를 버리고 독재 체제를 택했다. 궁극적으로 유럽은 전쟁의 광기에 휩쓸리고 말았다. 세계는 상거래와 지적 교환이란 도시의 이상을 추구하는 대신에 독재자들이 과거 봉건적 농촌 시대를 미화하는 전쟁터로 전락했다.

국가들 사이의 자유로운 재화와 용역의 흐름은 도시뿐만 아니라 세계에도 유익하다. 자유무역을 제한하면 미국인들은 더 비싼 돈을 주고 생필품을 구입해야 하며, 결국 미국의 주요 교역 상대국들에게도 피해를 주게 된다. 미국 소비자들이 저렴한 외국산 제품들을 이용할 수 있게 해주려면 관세 장벽 뒤에 숨기보다는 우리의 생산업체들이 새로운 변화에 적응할 수 있게 만드는 것이 훨씬 더 낫다.

쇠퇴하는 산업들을 상대로 한 대규모 지원 같은 산업 정책들은 전 세계 무역과 도시의 성장을 모두 위협한다. 미국은 자국의 이익을 위해서 오랫동안 그러한 정책들을 공공연히 비난해 왔다. 우리는 보조금이나 보호 없이 기업들이 공정한 경쟁의 장에서 경쟁해야 한다는 원칙을 지킴으로써 세계에 많은 기여를 했다. 미국이 이 원칙을 버리고 미국에 공장을 세운 해외 기업들이 아닌 자국 생산업체들만을 지원한다면 미국에 직접 투자하려는 외국 기업들의 의욕을 꺾을 것이다. 그것은 또한 다른 국가들이 미국 생산업체들보다 자국 생산업체들에게 유리한 정책을 펴게 장려하는 것과 같다. 어디서나 자유무역과 국제적 투자를 가능하게 해주는 정책을 고수하는 것이 훨씬 더 나을 것이다.

이민 역시 도시의 성공에 필수적이다. 지난 20년 동안 뉴욕과 시카고가 성장한 데는 이 두 도시로 건너온 수십만 명의 이민자들의 공이 컸다. 도시는 이민자들에게 유익하고, 이민자들은 도시에 유익하다. 부유

---

* Smoot-Hawley Tariff Act: 대공황 시기였던 1930년 6월에 공화당 의원들이 주도해서 만든 법으로 2만여 개의 수입품에 평균 59퍼센트, 최고 400퍼센트에 달하는 초고율의 관세를 매겨서 자국 산업을 보호하겠다는 것이 목적이었다.

한 국가로 이민 왔을 때 가장 크게 수혜를 보는 사람들은 이민자들 자신이지만 미국은 이곳에 정착한 모든 인재들 때문에 엄청난 혜택을 누렸다. 도시는 특히 인재의 유입으로 인해 수혜를 본다. 외국인들은 도시 지역들이 국가들을 연결하는 중요한 역할을 하게 도와주기 때문이다. 런던의 훌륭한 인도 레스토랑들을 보면 알 수 있듯이 다양한 문화들은 또한 도시를 더 재미있게 만들어준다. 캐나다와 뉴질랜드가 그렇듯이 숙련된 이민자들을 더 많이 받아들이기 위해서 노력한다면 미국은 도시들뿐만 아니라 국가 전체로도 수혜를 누리게 될 것이다.

지난 10년 동안 토착 문화를 보호하겠다는 위험한 생각이 미국과 유럽 일부 지역에서 다시 퍼지기 시작했다. 그런 생각이 새로운 것은 아니다. 1840년대에는 점점 더 늘어나는 아일랜드와 독일의 가톨릭교 이민자들을 막기 위해 아메리칸당(American Party)[4]이 등장했다. 1920년대에는 KKK(Kue Klux Klan)[5]란 비밀 단체가 결성돼 사회 변화와 흑인 평등권, 이민자들에 반대하며 폭력을 휘둘렀다.

나는 미국이 1921년 이전에 이곳 해안 지대들로 흘러 들어온 인재들 때문에 위대한 국가가 되었으며, 제1차 세계대전 이후 그러한 흐름을 봉쇄했던 것이 미국 역사상 가장 큰 잘못 가운데 하나라고 굳게 믿고 있다. 가난한 나라로부터 부유한 나라로의 이민은 빈자를 부자로 만드는 가장 좋은 방법임이 틀림없으며, 역사적으로 따져봤을 때도 알렉산더 해밀턴에서 구글의 공동 창업자인 세르게이 브린에 이르기까지 많은 이민자들은 미국에서 미국을 위해서 엄청난 일을 해왔다.

지금까지 이민 반대론자들은 공화당이나 민주당 중 어느 한 당도 붙잡지 못했고, 이민자의 아들은 백악관에서 일하고 있지만 신토착주의(neonativism)는 여전히 위협으로 남아 있다. 선진국들은 특히 숙련된 근로자들의 정착을 허용하는 H-1B 비자(전문직 취업 비자) 발급을 늘려 미국으로 들어오는 이민자들의 흐름을 확대함으로써 더 많은 것을 얻게 될 것이다.

양질의 교육을 위해
적극적으로 투자하라

1월 기온 다음으로 교육이 도시 성장을 가장 신뢰감 있게 예고해 준다. 특히 오래된 도시들에서 더 그렇다. 도시의 크기가 커질수록 도시가 얼마나 좋은 교육을 받았느냐가 1인당 생산성의 증가 폭을 결정한다. 도시와 학교는 상호 보완 관계에 있으며, 그런 이유 때문에 교육 정책은 도시의 성공에 필수적 요소이다.

2007년 미국에서 대졸 이상의 학력을 가진 사람들의 연수입 평균은 5만 7,000달러였으며, 고등학교만 졸업한 사람들의 연수입 평균은 3만 1,000달러에 불과했다.[6] 다시 말해서 대학에 진학하면 연수입이 80퍼센트 이상 늘어난다.[7] 전체 도시나 국가들을 살펴보면 교육이 미치는 영향은 훨씬 더 커 보인다. 메트로폴리탄 지역의 대학 졸업자 숫자가 10퍼센트 늘어날 때마다 교육 정도와 상관없이 개인의 연소득은 평균 7.7퍼센트 증가한다.[8] 국가들 사이에서는 학교 교육을 추가로 평균 1년 더 받게 되면 1인당 생산성이 37퍼센트 증가한다. 학교 교육을 1년 더 받더라도 개인의 임금은 20퍼센트 미만으로 상승하기 때문에 이것은 정말로 놀라운 결과이다.[9]

학교 교육과 국가의 생산성 사이의 강력한 상관관계 중 일부는 다른 측정하기 힘든 국가의 특징들을 반영하고 있을지 모르지만, 나는 학교 교육으로 얻는 국가 차원의 이익도 클 것이라고 믿는다. 거기에는 보다 신뢰할 수 있고 덜 부패한 정부를 포함해서 좋은 교육을 받은 이웃들을 가짐으로써 얻게 되는 모든 별도의 혜택들이 포함되기 때문이다.

토머스 제퍼슨은 "국가가 무지하고 자유롭기를 기대한다는 것은 문명화된 상태에서 과거에도 없었고 앞으로도 없을 것을 기대하는 것이다"[10]라고 말했다. 민주주의가 교육에 더 많이 투자하기 때문이 아니라 교육이 민주주의를 만들기 때문에 교육과 민주주의 사이에는 밀접한 관계가 존재한다.[11] 예를 들어 바르샤바 협정[12]에 참가한 체코슬로바키아나 폴란드 같은 더 좋은 교육을 받은 국가들의 1990년도 이후 정치사는, 카자흐스탄처럼 덜 교육 받은 국가가 걸었던 길보다 훨씬 더 밝았다.

국가들 사이의 의무교육법에 대한 연구 결과 이 법으로 인해서 더 많은 교육을 받은 사람들은 시민으로서 더 많은 참여를 하는 것으로 확인됐다.[13] 교육은 지역의 경제 전망만 개선하는 것이 아니라 보다 정당한 사회를 창조하는 데도 도움을 준다. 가난한 아이들에게 좋은 교육 서비스를 제공하는 것은 그들이 어른이 돼서도 부유하게 살도록 돕는 단 하나밖에 없는 최고의 방법이다.

교육을 응원하기는 쉽지만 학교 시스템을 개선하기는 어렵다. 30년 동안의 연구 결과, 학교 시스템의 문제 해결을 위해서 돈만 투자해서는 별다른 효과를 내지 못한다. 학급 규모를 줄이면 학생들의 시험 점수가 오르지만 약간만 오를 뿐이다. 이보다 더 좋은 결과는 헤드 스타트 계획(Head Start Project: 취학 전 아동을 위한 정부 교육 사업) 같은 정부의 조기 교육 개입을 통해서 성취가 가능하지만 교육의 질을 정말로 개선하기 위해서는 우리는 더 많은 돈을 투자하면서 또한 시스템적 개혁을 추진해야 한다.

보스턴과 뉴욕에 있는 차터 스쿨을 주제로 최근 실시된 연구 결과를 보면, 차터 스쿨에 다니는 저소득층 아이들이 놀라운 학습 효과를 내는 것으로 나타났다.[14] 이러한 결과는 사회적으로 소외된 지역에 있는 교구 학교들이 효과적이라는 걸 보여주는 초기 조사와 정확히 일치한다. 국가 독점이 프랑스 같은 많은 유럽 국가들을 통해서 확인된 것처럼 좋은 학교 시스템을 제공할 수 있지만, 경쟁은 그보다 더 효율적이다. 사회주의 국가인 스웨덴조차 아이들에게 더 많은 선택을 부여하는 시스템으로 전환했다.

도시는 경쟁과 다양한 혁신을 장려함으로써 성공한다. 공립학교의 독점은 이러한 두 가지 이점을 모두 파괴한다. 충분한 돈과 유능한 행정 기관이 있다면 우리는 순전히 공립적인 교육에 보편적으로 접근할 수 있을지 모르지만 그것은 미국이 처한 맥락에서는 상당히 개연성이 떨어지는 것 같다. 더 나은 학교들은 더 많은 경쟁과 차터 스쿨이나 공립학교 시스템 내에서의 선택처럼 다양한 교육 시스템을 허용하는 정책으로부터 나올 가능성이 높은 것 같다.

도시의 성공과 마찬가지로 학교의 질을 가늠하는 데 가장 중요한 요소는 인적 자본, 즉 교사들의 재능이다. 연구 결과, 좋은 학교들과 나쁜 학교들 사이에 거대한 효율성 격차가 존재한다는 사실이 밝혀졌다.[15] 차터 스쿨은 공립학교보다 종종 더 나은 결과를 보이는데, 그 원인의 일부는 그런 학교들이 더 나은 교사들을 선택할 수 있기 때문이다. 더 임금이 올라야 더 나은 교사들을 끌어올 수 있다는 교사 노조들의 주장은 옳지만, 성과에 연동해서 교사들에게 임금을 지불하는 데 대해서 반대하는 것은 옳지 않다. 성과가 부진한 교사들을 보호하기 위해서 싸우는 노조라면 우리 아이들보다 노조원들을 더 중요시한다고밖에 볼 수 없다.

또다른 연구 결과는 학교의 커리큘럼도 중요하다는 것을 보여준다.

1980년대부터 시작된 수학과 과학 훈련의 확대는 학생들, 특히 그중에서도 가난한 학생들의 학습 성과를 개선해 준 것 같다. 미국의 학교들은 수리 능력처럼 성공에 점점 더 중요해진 기술들을 가진 교사들을 확보하고 유지하는 데 집중해야 한다.

도시들의 경우 학교 교육에 투자하면 두 가지 성과를 얻는다. 학생들이 더 많은 기술을 습득하게 되면서 결과적으로 학교를 더 생산적으로 만든다. 더 나은 학교는 또한 더 좋은 교육을 받은 부모들을 끌어들이고, 이런 부모들은 학교를 곧바로 더 생산적으로 만든다. 똑똑한 도시를 창조하는 최고의 방법은 능력 있는 사람들을 끌어모아서 훈련시키는 학교를 만드는 것이다.

가난한 장소가 아닌
가난한 사람들을 도와라

많은 후기 산업 시대 도시들에서 교육의 부족은 왜 이런 도시들이 스스로 변신하는 데 그토록 애를 먹었는지를 설명하는 데 도움을 준다. 이 도시들은 또한 많은 기업들이 단일 산업에 종사하게 만드는 모델로 기업가 정신과 혁신의 발달을 저해하면서 고통을 받았다. 미국 역사 내내 오래된 도시들은 항상 새로 생긴 도시들에 의해서 대체되었다. 1800년에 미국 최대 도시 20곳 중 여섯 곳은[16] 매사추세츠 주에 있었다(보스턴, 세일럼, 뉴베리포트, 낸터컷, 글로스터, 마블헤드).

이곳의 인구가 서쪽으로 이동해 미국 내륙 수로들을 따라서 위대한 도시들을 세우면서 19세기 말이 되자 이들 도시 중에 유일하게 한 곳만이 주요 메트로폴리스로 남게 되었다. 매사추세츠 도시들이 상대적으로 더 쇠퇴하면서 그곳 거주민들을 괴롭혔지만 그것은 국가 전체로 봤을 때는 이득이었다.

오늘날 도시의 고통은 매사추세츠 도시들이 쇠퇴하면서 형성된 19세기 후반의 도시들을 괴롭히고 있다. 20세기 후반이 되자 이러한 산업 도시들은 큰 타격을 받았고, 최근 발생한 경기 침체는 그들에게 또다른 타격을 가했다. 이 도시들에서 고통을 겪고 있는 사람들은 도움을 받을 자격이 있지만 우리는 도시의 변화를 중단시키거나 도시의 쇠퇴를 인위적으로 막아서는 안 된다.

사람들은 좋은 이유들이 있어서 선벨트로 이동했으며, 국가 전체적으로 디트로이트 인구를 전성기 때인 185만 명으로 회복시키기 위해서 노력할 이유는 없다. 정부는 인간의 불행을 줄이기 위해서라면 몰라도 도시의 위대한 변화 과정을 중단시키려고 노력해서는 안 된다. 그러한 과정은 중단시킬 수 없을 정도로 너무나 강력하며, 중단을 시도할 이유조차 없다.

지난 수십 년 동안 미국 연방 정부는 버펄로의 경전철 시스템처럼 도시를 살리기 위한 무의미한 시도들에 보조금을 제공해 왔고, 이것이 고속도로 시스템과 주택 모기지 대출 이자 공제 같은 반(反)도시 정책들의 균형을 맞춘 것처럼 행동해 왔다. 그러나 이런 정책들은 경제적인 타당성이 거의 없으며, 도시에 사는 가난한 사람들을 돕지도 못한다.

가난한 사람들을 돕는 것은 소박한 정의에 해당한다. 반면에 가난한 장소를 돕는 것이 훨씬 더 정당화하기 어렵다. 대체 정부가 왜 쇠퇴하는 지역에 가서 살게 사람들을 효과적으로 매수해야 하는가? 대체 왜 사람들을 그저 더 오래된 도시에 머물게 하려고 성장 지역들의 성장을 가로막아야 하는가? 아울러 장소에 투자한다고 해서 그곳에 사는 사람들이 항상 혜택을 입는 것은 아니다. 제너럴 모터스가 폴타운 거주자들을 쫓아내는 것을 디트로이트 시가 도왔을 때 거주자들은 어떤 도움을 받았는가? 빌바오 구겐하임 박물관 인근에 살았던 세입자들은 박물관으로 인해 임대료가 크게 올랐기 때문에 적어도 그들이 현대적 예술품과 건축 양식에 조예가 거의 없었다면 피해를 입은 것이 틀림없다.

사람과 장소 사이의 갈등은 허리케인 카트리나가 뉴올리언스를 초토화시켰던 2005년에 전국적인 주목을 받았다. 당시 부시 대통령은 도시 재건 사업을 추진하면서 "위대한 도시 뉴올리언스는 다시 일어날 것이다"라고 선언했다. 그는 연방 정부가 큰 효과를 볼 가능성이 낮았던 값비싼 목표 달성에 전념하지 말았어야 한다. 뉴올리언스 경제는 1840년 남북전쟁 전 남부의 위대한 항구 역할을 했을 때가 전성기였다. 디트로이트와 마찬가지로 기술 패턴의 변화로 인해서 기업들이 더 이상 항구에 접근할 필요가 없어졌고, 리버풀에서처럼 선박 화물의 컨테이너 수송이 가능해지면서 항만 근로자들의 수가 줄어들자 1960년 이후 뉴올리언스의 인구는 꾸준히 감소했다.

허리케인 카트리나는 인간의 비극이었으며, 제대로 된 인간성을 가진 사람들이라면 폭풍 피해를 입은 사람들을 도왔다. 그러나 재차 강조하지만 가난한 사람들을 돕는 것이 가난한 장소를 돕는 것은 아니다. 실제로 폭풍에 의해 일어난 인간의 이동에 대한 새로운 조사 결과는 뉴올리언스를 떠난 아이들이 이후 그곳에 남은 아이들에 비해서 더 많이 학습했다는 것을 보여준다. 다트머스 대학의 경제학자인 브루스 새서도트(Bruce Sacerdote)는 카트리나에 의해서 뉴올리언스를 떠나 다른 곳으로 이주한 아이들의 시험 점수가 크게 개선됐다는 것을 알아냈다.[17] 그는 당시 탈출로 인한 가장 큰 수혜자들은 학업 성취도가 낮은 학교를 다니다가 뉴올리언스 지역을 완전히 떠난 아이들이었다고 말했다.

크레센트 시티가 겪는 실제 고통*에 자극을 받은 선의의 도시 옹호자들은 뉴올리언스 재건에 최대 2,000억 달러의 자금 지원을 제안했다.[18] 그것은 허리케인 이전에 그곳에 살던 모든 남자, 여자, 아이들에게 각기 40만 달러가 넘는 돈을 지원하겠다는 것이나 마찬가지이다.[19] 2,000억 달러는 뉴올리언스 메트로폴리탄 지역보다 훨씬 더 큰 지역에 사는 모든 가구에게 20만 달러 넘게 줄 수 있는 돈이다.

분명히 말해서 뉴올리언스 사람들은 그 거금이 하청업체들에게 돌아가게 하는 것보다는 수표나 주택과 학교 바우처 형식으로 직접 받는 것이 훨씬 더 나았을 것이다. 주택의 내구성이 없었더라면 그곳은 이미 오래전에 훨씬 더 크기가 줄어들었을 것이다. 우리 모두가 뉴올리언스 재즈를 얼마나 많이 사랑하느냐와 상관없이 오래전에 경제 재건 명분을 상실한 곳에 인프라를 갖추기 위해서 1,000억 달러가 넘는 돈을 투자한다는 것은 결코 합리적이지 않다.[20] 도시 부활이란 모호한 꿈을 실현하는 것으로 정책 논의를 마무리 지음으로써 터무니없이 많은 돈이 드는 프로젝트들이 갑자기 합리적으로 보이게 된 것 같다.

정부는 뉴올리언스나 디트로이트나 버펄로가 처한 문제들에 무관심해서는 안 된다. 이들 도시에는 미국의 극빈층에 속하는 많은 사람들이 살고 있으며 인도적 사회가 그들을 도와야 한다. 그러나 국가 정책은 그러한 사람들이 특정 지역에 머물도록 장려하기보다는 그들이 선택한 거주지와 상관없이 그들에게 경쟁하기 위해서 필요한 기술들을 제공하는 것을 목표로 삼아야 한다. 다른 무엇보다도 모든 아이들은 좋은 학

---

* 크레센트 시티는 미국 캘리포니아 주 북부에 있는 소도시로서 지진해일이 빈번하게 발생한다. 1964년에는 대형 지진해일로 인해서 도시의 절반이 파괴되었다가 재건되기도 했다.

교와 안전한 시설을 이용할 수 있어야 하며, 연방 정부는 휴스턴이든 뉴욕이든 디트로이트든 어디에 있든 간에 미국의 아이들을 위해서 투자하는 것이 모든 면에서 맞다.

도시 빈곤에 대한 도전

도시는 거대한 불평등이 벌어지는 장소일 수 있다. 즉 도시는 세계에서 가장 부유한 사람들과 가장 가난한 사람들을 동시에 끌어모은다. 가난이 도시의 쇠퇴를 야기할 수 있지만 가난이 도시가 잘 기능하고 있다는 것을 보여줄 때도 종종 있다. 도시는 가난한 사람들이 살기 좋은 곳이기 때문에 가난한 사람들을 끌어모은다. 그러나 사람들이 함께 모이는 곳 어디서나 질병이 확산되고 물이 오염이 될 가능성은 높아진다. 그렇게 모여서 사는 사람들이 엄청나게 가난할 때 이런 위험은 더 커진다. 그들에게는 자체적으로 그러한 문제들을 해결할 수 있는 재원이 거의 없기 때문이다. 지역적 차원에서 인구와 가난의 집중화는 고밀도의 비용을 해결할 수 있는 강력한 정책을 요구한다.

서양 도시들이 깨끗한 물과 안전한 거리를 쉽게 확보한 것은 아니었고, 오늘날 개발도상국들에서도 그러한 것들이 자동적으로 생겨나는 것은 아니다. 서양에서 건강하고 매력적인 도시를 만들기 위해서는 대규모 재정 투자뿐만 아니라 가끔은 정부의 물리적 개입이 요구됐다. 조지 워링 대령은 그가 고용한 도로 청소부들 때문에 불편을 느낄 수 있는 모든 시민들에 대해서 걱정했다면 맨해튼 도로들을 청소할 수 없었을 것이다. 싱가포르는 그곳 정부가 다른 많은 나라들의 정부들에 비해서 더 적은 제약을 가하면서 움직이기 때문에 매우 효과적으로 깨끗하고 안전한 도시를 만들 수 있었다.

그러나 아무리 강력한 도시들이라도 가난으로 인한 비용을 스스로 감당할 수 없으며 또 감당해서는 안 된다. 1960~1970년대에 부유층 및 중산층 도시 거주자들은 일부 도시 불평등 해소에 드는 비용을 지불하지 않기 위해 교외 지역으로 도피했다. 부유층의 거주지는 도시의 정치적 경계 바로 밖에 만들어질 때가 종종 있었는데, 이곳에서 부자들은 세금을 내지 않고도 또한 도시 학교에 다니지 않고도 도시와 가까운 곳에 머물 수 있다.

공평한 경쟁의 장이란 사람들이 가난한 사람을 위해 돈을 내는 것을 거부할 수 있는 장소가 아니라, 누구나 주변 지역이나 기회에 대한 기대에 기초해서 거주 지역을 선택할 수 있는 장소를 의미한다.

한 나라의 가난한 사람들은 그들과 우연히 같은 정치적 관할 구역에 살게 된 사람들뿐만 아니라 모든 시민들이 책임져야 한다. 사회 서비스가 지역적 차원보다는 국가적 차원에서 자금 지원을 받는다면 가난한 사람들과 도시들에게 모두 훨씬 더 공평할 것이다. 주 정부와 연방 정부가 가난한 지역들에게 도움을 제공할 때 이런 문제들 중 일부는 치유되겠지만, 중산층 사람들은 여전히 도시를 떠남으로써 가난한 사람들을 위해서 돈을 내는 것을 피할 수 있다.

내가 이미 설명한 미국 교육 시스템의 한 가지 문제는 과도하게 많은 아이들이 너무도 배우는 것이 없다는 점이다. 두 번째 문제는 우리의 지역 학교 시스템이 더 나은 교육을 받기 위해서 사람들을 교외로 이주하게 만드는 강력한 인센티브를 제공한다는 데 있다. 본래부터 교외 지역에 도시보다 더 나은 학교가 있어야 할 이유는 없다. 파리에는 세계 최고의 공립 고등학교들이 여러 곳 있으며, 미국에서 가장 좋은 학교들 중 몇 곳은 대도시의 사립학교들이다. 그러나 도시 내부의 가난과 지역적 차원에서 자금 지원을 받는 학교들의 결합은 도시 공립학교가 재앙 수준일 때가 종종 있다는 것을 의미한다. 어떤 경우 이는 경영의 문제이기도 하지만, 가장 잘 운영되는 학교 시스템에서조차 도시의 가난은 교육자들에게 엄청난 도전을 선사한다.

가난한 아이들은 행동 장애를 보이고 가정교육을 받지 못할 가능성이 크다. 투자 규모가 일정하다고 했을 때 부유한 가정 아이들이 많은 학교들의 시험 점수가 가난한 가정 아이들이 많은 학교들의 시험 점수에 비해서 훨씬 더 높다. 그렇다고 해서 가난한 사람들이 성공하지 못한다는 말(그렇게 성공하는 사람들도 많이 있다)이 아니라 가난은 교육을 더 어렵게 만든다는 말이다. 공립학교는 학교 지구 내에 있는 모든 아이들을 같이 가르치기 때문에 대도시의 가난은 부자들을 대도시 밖으로 나가서 자신만의 거주 공간을 만들도록 압력을 넣는다.

현재 시스템에 대한 덜 반(反)도시적인 대안이 존재한다. 지역 바우처 프로그램은 가족의 거주지와 아이들이 다니는 학교 위치 사이의 관련성을 끊어버릴 수 있다. 대도시 학교들이 혼잡한 메트로폴리스에서 번성하는 경쟁과 다양성의 힘을 이용할 수 있다면 도시 학교들은 개선되기 시작할 것이다. 대도시 학교들에 대한 지원 강화 역시 돈이 많이 들긴 하지만 공평한 경쟁의 장을 만드는 데 효과적인 방법이다. 별도의 교실이건 마그넷 스쿨(Magnet school; 영재 교육 프로그램)이건 수준에 따라서 학생들을 그룹으로 묶으면 도시의 공립학교 교육은 똑똑한 아이들을 둔 부모들에게 더욱 매력적이 될 것이다. 이런 방식에 반대하는 사람들은 이것이 가난한 아이들로부터 좋은 동료들을 빼앗아갈 것이라고 주장하는데, 그들의 말이 맞다. 그러나 그러한 좋은 동료들이 교외 지역으로 도망가서 가난한 학생들이 그들을 잃게 된다면 차라리 부유한 가족들을 도시에 머물게 하는 게 더 낫다.

가난한 사람들의 이웃들이 가난의 재정적 부담과 사회적 부담을 혼자 짊어질 수밖에 없게 되면 그 이웃들은 도시를 떠나게 될 것이고, 도시는 더 가난해지고 가난한 사람들은 더 고립될 것이다. 이보다 더 좋으면서 더 실효성이 있는 접근 방법은 정부의 고위층들이 가난으로 인해 추가된 비용을 상쇄하는 자금을 나눠주는 것이다. 현재 매사추세츠를 포함한 많은 주에서 지역 주민들을 위한 주 보조금은 지역의 가난 수준과 함께 늘어나고 있는데, 그것은 타당성을 갖는다. 가난 문제를 해결해야 하는 도시들에게 더 많은 지원을 제공하면 부자들이 그 도시들을 떠나게 만드는 요인을 약화시킨다.

소비 도시의 성장

물론 성공한 도시들은 가난한 사람들과 부유한 사람들을 모두 끌어들인다. 도시가 더 안전하고 건강해지면 부자들에게 더 매력적인 곳으로 변한다. 오늘날 뉴욕 거주자들은 사실상 그곳의 즐거움을 즐기기 위해서 기꺼이 웃돈을 지불할 용의가 있다. 오늘날 런던과 뉴욕과 파리의 성공은 소비 도시로서 그들이 가진 강점을 일부 반영한다. 점점 더 부유해지는 세계는 도시가 제공하는 혁신적 즐거움에 더욱더 많은 가치를 부여할 것이다. '밑에서 시작해서 위로 퍼지는' 도시 혁신의 속성은, 최고의 경제 개발 전략이란 똑똑한 사람들을 끌어들여서 그들을 방해하지 않는 것일지 모른다는 사실을 암시한다.

어떤 장소들이 어떻게 소비 도시가 되고, 숙련된 거주자들을 유치할 수 있을까? 도시 계획 전문가인 리처드 플로리다(Richard Florida)가 내세우는 한 가지 비전은 시내에서 일어나는 예술, 대안적 삶의 용인, 그리고 즐거움을 강조하는 것이다. 두 번째 비전은 안전한 거리, 빠른 출퇴근 수단, 좋은 학교처럼 항상 도시에 있었던 핵심적인 공적 서비스를 더 충실히 제공하는 데 집중하는 것이다.

도시의 지도자들은 일반적으로 재원이 부족하다. 따라서 그들은 모든 사람들을 위해 모든 일을 할 수는 없다. 나도 그렇듯이 사람들이 모든 도시가 각각의 비전을 조금씩이라도 추진해야 한다고 믿는다면, 항상 시 정부의 수입과 그곳 지도자들이 가진 에너지를 투자할 장소를 선정하는 문제가 생길 것이다.

이 두 가지 비전 중 어느 것이 더 매력적인지는 여러분이 상상하는 이상적인 시민의 모습에 따라서 다르다. 커피 전문점과 공중 조각상을 좋아하는 첫 번째 비전은 검은색 터틀넥을 입고 마르셀 프루스트의 책을 읽는 28세의 사람을 겨냥한 것 같다. 도시의 핵심 서비스에 초점을 맞춘 두 번째 비전은 가족이 샬럿(Charlotte)에서 그랬던 것만큼 보스턴에서도 편하게 지낼 수 있을지 염려하는 42세 생명공학 분야 연구원의 욕구를 해결해 주는 것 같다. 20대에 속하는 사람들보다 30대와 40대 및 50대에 속하는 사람들의 숫자가 대략적으로 세 배는 많기 때문에 도시가 자신들이 젊은이와 유행을 끌어들이는 자석으로 성장할 것으로 생각하는 태도는 잘못되었다.

내가 도시 문화를 존중하는 만큼 미적 개입은 도시의 기초를 대체할 수가 없다. 매력적인 공공 공간이라도 안전하지 않으면 많은 일자리를 만들지 못할 것이다. 파리에 있는 모든 카페들은 나쁜 공립학교 시스템에 아이들을 집어넣게 부모들을 유혹하지 못할 것이다. 도시로의 출퇴근 시간이 고통스러울 정도로 많이 걸린다면 도시에 얼마나 많은 시원한 박물관들이 있는지 여부와 상관없이 기업들은 교외 지역으로 이주할 것이다.

도시 개발을 가로막는
님비주의의 저주를 풀어라

도시와 교외 지역에서 똑같이 변화에 반대한다는 것은 새로운 개발을 막고, 새로운 인프라 프로젝트를 중단시키겠다는 뜻이다. 그런 반대에 앞장서는 사람들은 사실상 "내 집 뒷마당에는 안 된다"라고 말하고 있는 것과 같다. 뉴욕 같은 오래된 도시에서는 이런 식의 님비주의가 환경보호주의란 가면을 쓰고 횡포를 부릴 수도 있다. 즉 아름다운 과거의 유물 보존이란 가치 있는 명분을 무명의 건축물들로 가득 찬 광범위한 지역을 그대로 내버려두려는 시도로 전락시키는 것이다. 정말로 매력적인 도시에서 개발에 대한 반대가 변화에 대한 반대가 초래할 최악의 문제는 그것이 건물 높이를 낮추고, 건물 신축을 제한하고, 주택 가격을 끌어올림으로써 도시를 부자들을 제외하고는 살 엄두도 내지 못하게 만든다는 데 있다.

불행하게도 사람들이 변화에 반대하는 이유를 이해하기란 정말이지 쉽다. 다음의 사례를 살펴보자.

- 여러분이 녹음이 우거진 교외 지역에 집을 한 채 샀다고 치자. 지금 그곳에는 집이 많이 들어서 있지 않아서 좋다. 결과적으로 그 집을 산 이유도 그것 때문이다. 이웃한 땅 주인이 2만 제곱미터에 달하는 자신의 땅에 20채의 연립주택을 지으려고 하다. 연립주택이 있었다

면 여러분은 이곳에 오지 않았을 것이다. 여러분은 인근에 건물 공사 때문에 방해를 받거나 새로운 이웃들이 이주해 와서 교통이 혼잡해지는 것을 원하지 않는다. 그냥 예전 그대로의 생활을 원한다.

- 여러분이 맨해튼 어퍼 이스트사이드에 아름다운 전망을 가진 아파트를 한 채 샀다고 가정해 보자. 그런데 한 개발업자가 길 건너에 고층 건물을 세우려고 한다. 건물이 세워지면 아파트에서 보이기 때문에 여러분은 멋진 전망이 사라지는 것을 원하지 않는다. 또한 여러분은 새 건물에 입주할 사람들을 좋아할 수 있을지도 확신하지 못한다. 여러분은 주변 환경이 이사했을 당시 그대로 유지되기를 바란다. 변하지 않는 것이 좋다.

- 여러분은 20년 동안 보스턴의 3층집에 살았다. 한 대학이 여러분 집에서 몇 블록 떨어진 곳에 현대 예술 박물관을 지으려고 한다. 여러분의 집에서 그것이 보일 것이다. 또 박물관 때문에 여러분 집 근처로 많은 이방인들이 몰려들 것이다. 여러분은 어쨌든 현대 예술 같은 것을 그다지 좋아하지도 않는다. 여러분은 지금 있는 그대로의 상태가 좋다.

지금까지 실제 세계에서 일어날 수 있는 님비주의의 사례를 설명했다. 위 사례들 모두 충분히 납득이 간다. 다른 누군가가 여러분의 거주 지역을 바꿔놓고 있다. 여러분은 더 복잡하거나 높거나 미적인 장소에서 살고 싶지 않다. 그냥 현재 상태가 좋다. 이보다 더 합리적인 생각이 어디 있겠는가?

그러나 이렇게 합리적인 것처럼 보이는 님비주의가 종종 끔찍한 결과를 초래할 수 있다. 건물 신축을 막는다는 것이 여러분에게는 좋은 생각처럼 보일지 몰라도 그로 인해서 새로운 구획이나 아파트에 살고 싶어했을 모든 사람들에게 비용이 부과된다. 민간 자본에 의해 만들어지는 새로운 박물관 건설을 중단할 경우 도시로서는 그곳의 많은 거주민들에게 호소하고 지역 경제 활성화에 기여하는 관광객들을 끌어들일 수 있는 편의 시설 하나를 잃는 것이 된다. 변화에 반대하는 사람들의 생각도 분명 수긍이 가지만 그들의 생각은 일반적으로 대중적인 이해관계와 맞지 않는다.

더군다나 위 세 가지 사례의 경우 분노한 이웃이 통제하고 싶어하는 부동산이 자기 소유가 아니다. 도시 개발업자와 대학도 그렇지만 2만 제곱미터의 땅에 연립주택을 지으려는 사람도 자기 땅에서 짓겠다는 것이다. 변화의 적들은 결국 다른 사람의 부동산을 통제하고 싶어한다. 이런 시각에서 봤을 때 성장 중단은 현재 상태를 유지하는 것이라기보다는 다른 사람의 권리를 빼앗고 다른 사람의 부동산의 가치를 깎아내리는 것이다.

님비주의의 인기 뒤에는 두 가지 강력하게 맞물린 심리적 편향이 자리 잡고 있다. 첫 번째는 '현상 유지 편향(status quo bias)'[21]으로, 이것은 현재의 상태에 지나칠 정도로 집착하는 것을 말한다. 이 편향을 잘 설명해 주는 유명한 실험 중 하나는 사람들이 선물로 받은 머그잔을 지키기 위해서 그와 똑같은 머그잔을 사는 데 지불하는 것보다 더 많은 돈을 지불한다는 것을 보여준다. 두 번째 편향은 '영향력 편향(impact bias)'[22]으로, 이것은 사람들이 부정적인 충격이 심각할 정도로 과도하게 그들의 행복에 영향을 미친다고 평가하는 현상이다. 새로운 고층 건물을 반대하는 이들은 그것이 자신들을 비참하게 만든다고 생각할지 모르지만 실제로 그들은 새로운 상황에 재빨리 적응한다.

지난 40년 동안 미국은 부동산 권리 면에서 약간의 눈에 띄는 혁명을 경험했다. 사람들이 자신의 부동산을 사실상 마음대로 할 수 있는 시스템에서, 이웃들이 그 부동산의 성장과 변화를 제한할 수 있는 엄청난 힘을 갖는 시스템으로 이동했다. 부동산 권리 차원에서 일어난 이러한 혁명 중에는 더 좋아진 것들도 있지만 그 대부분은 더 나빠졌다.

모든 변화가 좋은 것은 아니지만 이 세상이 더욱 생산적이고, 살기 적당하고, 흥미롭고, 혁신적이고, 친환경적이 되려면 많은 변화가 필요하다. 국가적 차원에서 연방 정책이 지역 발전을 포기하면서까지 오래된 곳들을 보존하려고 애쓴다면 그것은 변화에 역행하는 잘못을 저지르는 것이다.

지역적 차원에서 환경보호주의자들은 그들이 거주하는 공동체 속에서 성장과 맞서 싸움으로써 변화에 반대한다. 그들의 행동도 이해할 수는 있지만 그들의 편협한 시각은 그들이 하는 행동이 전 세계에 미칠 파장을 제대로 파악하지 못하게 막는다. 매력적인 지역에서 새로운 개발을 막으면 현재 그곳에 살지 않는 사람들에게 집값은 더욱 비싸지게 된다. 집값이 상승하면 기업들은 사업을 하는 데 더 많은 비용 부담을 지게 된다. 캘리포니아처럼 자연적으로 탄소 배출량이 적은 지역의 개발을 막는다는 것은 그 지역을 캘리포니아 해변 외 지역과 피닉스 교외 지역처럼 친환경적이지 않은 곳으로 만드는 것과 같다.

오래된 도시에서 환경보호주의자들은 변화를 가로막는 강력한 적일 수 있다. 그들은 아름다움과 역사라는 용어를 써가면서 자신들의 주장을 내세운다. 나는 그들이 벌이는 운동의 가치를 매우 존중하지만 동시에 그들이 가진 힘이 억제돼야 한다고 생각한다. 많은 건물들을 보호해야 하는 것은 맞지만 도시들 역시 번성하기 위해서는 변화하고 성장해야 한다. 보물 같은 건축물들을 보호하는 것과 변화를 허용하는 것 사이에서 올바로 균형을 잡기란 결코 쉽지 않을 것이다. 샌프란시스코와 뉴욕에서도 그것은 충분히 어려운 일이며, 파리와 로마처럼 돌에 인류의 역사가 기록되어 있는 곳들에서는 더 복잡한 일일지 모른다. 이 문제의 해법은 변화를 허용하는 공간을 최대한 활용하는 것이다.

나는 오래된 도시들에 있는 정말 중요하면서도 아름다운 건축물들을 함부로 다루는 것을 좋아하지는 않지만 재건축이 허용된 지역에서는 최대한 새로운 개발을 허용하는 것이 합리적이라고 생각한다. 똑똑한 보존은 새로운 건물의 높이를 더 낮추기보다는 더 높이는 것이다. 더 높고 새로운 건물을 지을 경우 다른 오래된 기념물을 허물어야 한다는 압력을 줄일 수 있다.

미국이나 다른 국가들이 새로운 인프라 구축을 검토할 때 변화를 허용하는 것이 왜 중요한지가 특히 더 명료해진다. 주택과 아파트의 민간 개발 속도를 늦춰왔던 바로 그 힘들이 도시와 사회 전체에 혜택을 줄 수 있는 도시의 초대형 프로젝트들의 추진을 훨씬 더 어렵게 만들어놓았다. 프랑스와 독일과 일본에서는 지난 수십 년 동안 초고속철도가 주요 도시들을 모두 연결해 놓았다. 1994년에 미국 철도여객공사 앰트랙(Amtrak)은 어셀러(Acela) 고속철도 서비스를 시작하려고 노력했다. 최대 시속이 241킬로미터인 어셀러는 뉴욕과 보스턴 사이를 90분 미만에 주파하기 때문에 비행기의 친환경적 대안이 될 수 있다.

그러나 님비주의 정치학이 앰트랙이 어셀러가 그러한 **빠른** 속도를 내는 데 필요한 직선 철로를 놓지 못하게 막고 있다. 현재 구불구불하게 놓인 철도 때문에 어셀러의 평균 속도는 시속 138킬로미터까지 내려갔고, 뉴욕과 보스턴 사이의 여행 시간은 3시간이 훌쩍 넘는다.[23] 오늘날의 정치 구도 속에서 지역사회의 반대 때문에 더 **빠른** 철도가 주는 경제적·환경적 이점들이 비용을 넘어섬에도 불구하고 철로를 곧게 놓을 수 없게 만들고 있다.

나는 가끔 한 번씩 1번 대로와 2번 대로 사이의 69번가에 있는 내가 성장한 지역을 방문한다. 브라운 스톤(적갈색 사암) 건물들이 내가 살던 옛날 아파트에서 길거리를 가로질러 일렬로 서 있다. 이 지역의 과거 윤리적 정체성을 떠올리게 하는 마자르 교회도 그곳에 같이 서 있다. 그러한 브라운 스톤 건물들과 교회가 고층아파트 건물들로 바뀐다면 내 마음이 정말로 슬퍼질까? 아마도 그럴지 모른다. 그러나 그러한 건물들은 내가 경험했던 것처럼 다른 많은 아이들이 뉴욕 시의 성장으로부터 느끼는 경외감을 경험할 수 있게 해줄 것이다.

개발도상국가에서는 과도한 규제를 거부할 명분이 훨씬 더 강하다. 뭄바이처럼 급속도로 성장하는 곳에서 높이 제한이 있을 경우 사람들이 수직적이 아닌 수평적으로 퍼져 살게 만듦으로써 엄청난 혼잡을 유발하는 등 큰 피해를 일으킨다. 뭄바이나 기타 개발되고 있는 메가시티에서 가장 불필요한 것은 개발 가능한 좋은 땅에서 건축 활동을 못하게 가로막는 규제이다. 도시는 가난으로부터 벗어나는 길이며, 도시의 성장을 막는 것은 개발도상국들을 인위적으로 가난하게 만드는 것과 같다.

스프롤 현상에 대한 편향

지난 1세기 동안에 수천만 명의 사람들이 도시를 떠나 교외로 향했다. 내가 도시를 사랑하는 것처럼 그 사람들이 교외를 사랑하는 것을 탓할 수는 없다. 나 또한 교외로 향했다. 그러나 나는 도시에게 부당하게 작용하면서 도시를 떠나도록 인위적 유인물을 만드는 시스템을 문제 삼을 수는 있다. 나는 이미 도시의 부유한 거주민들이 가난한 거주민들의 욕구를 채워주기 위해서 대신 돈 내기를 기대하는 시스템의 문제점에 대해서 설명했다. 문제점은 주택과 교통 정책에서 보다 분명히 드러나는데, 이런 시스템은 거의 의도적으로 국가와 전 세계를 풍요롭게 만드는 도시들에게 해가 되도록 설계된 것처럼 보인다.

미국 연방 주택 정책의 핵심은 주택 모기지 대출금 이자 공제이다. 미국에서 집주인들은 최대 100만 달러의 모기지 대출금 이자에 대해 소득공제를 받을 수 있다. 미국인들 중 60퍼센트 이상이 자기 집을 소유하고 있기 때문에 이것은 정치적으로는 중요하지만 사실은 심각한 오류를 갖고 있는 정책이다.[24]

주택 모기지 대출금 이자 공제는 좋은 축사가 필요한 '성우(聖牛: 지나치게 신성시되어 비판과 의심이 허용되지 않는 관습과 제도)'와 같다. 이것은 미국인들에게 잔뜩 빚을 내서 집을 사는 모험에 나서도록 유인했는데, 2006~2008년 사이에 주택 거품이 크게 터진 후에 시도된 정책이라 특히 더 바보 같아 보인다. 보조금을 주어 주택을 소유하게 할 경우 실제로는 사람들이 지출을 더 늘리도록 장려함으로써 주택 가격을 끌어올리는 결과를 낳는다. 또한 미국의 최고 부자들이 공제 정책의 가장 큰 수혜자가 된다. 연소득 25만 달러 이상인 미국 가구의 평균 공제액은 연소득이 4~7만 달러인 미국 가정의 평균 공제액에 비해서 10배 이상 더 높다.[25]

환경 문제 차원에서 봤을 때는 적당한 집에서 검소하게 살도록 장려하는 세금 정책이 추진되는 것이 맞다. 그런데 주택 모기지 대출금 이자 공제는 우리를 그와 정반대의 방향으로 몰아간다. 즉 사람들이 교외 지역에서 더 큰 집을 사게 유도한다. 제2차 세계대전 이후 레빗타운과 더 우드랜즈 같은 곳으로의 이주는 친주택 소유 세금 정책에 의해서 촉발되었다. 나는 사람들이 더 넓은 공간에서 더 큰 집에 사는 즐거움을 맛볼 수 있어서 기쁘지만, 연방 세금 정책이 큰 집을 사는 사람들에게 보조금을 주어야 할 이유는 사실상 없다고 생각한다. 중산층 미국인들에게 피해를 주지 않으면서 이런 문제를 완화할 수 있는 간단한 방법은 주택 모기지 대출금 이자 공제액 상한을 30만 달러처럼 보다 적절한 수준으로 낮추는 것이다.

주택 모기지 대출금 이자 공제는 연방 정부가 지난 70년 동안 추진해 온 주택 소유 권장 정책의 연장선상에 있다. 패니 메이(Fannie Mae)와 프레디 맥(Freddie Mac) 같은 국책 모기지 회사들은 모기지 시장 활성화를 위해 정부로부터 과거에는 암묵적으로, 지금은 공공연히 자금 지원을 받고 있다.

미국의 연방 주택국(FHA)과 국가보훈처는 오랫동안 미국인들이 자기 집을 살 것을 권장해 왔다. 주택 소유에 따른 사회적 혜택이 일부 있지만 주택 소유를 보조해 줄 경우 도시에 상처를 주게 된다. 주택 소유자들은 더 적극적으로 투표하고, 지역 현안 해결에 개입한다. 그리고 그들은 더 많은 총을 갖고 있다. 아마도 이러한 것들이 충분히 보조를 해줘야 할 가치가 있는지 모르겠지만 분명 사람들에게 주택 시장에서 도박을 걸기 위해서 최대한도로 돈을 빌리도록 권장하기보다는 바람직한 행동에 직접적으로 보조금을 제공하는 것이 더 합리적일지 모른다. 2006~2008년에 일어난 주택 시장의 대붕괴는 사람들이 가진 것을 모두 걸게 만드는 것이 얼마나 바보 같은 짓이며, 부동산 시장이란 것이 얼마나 부침이 심한 곳인지를 잘 보여준다.

도시의 땅값이 비쌀 경우 사람들은 자연스럽게 공동주택으로 몰리게 되고, 그런 주택들 중 85퍼센트에는 임차인들이 살고 있다.[26] 집주인들이 사는 협동 주택*과 분양 아파트**를 지을 수도 있지만 그럴 경우 복잡한 소유권 구조 때문에 또다른 문제들이 생겨 이런 식의 집들은 미국에 드물다. 주인이 거주하는 집이 도시 외곽에 압도적으로 많은 한 주택 소유에 보조금을 지원하는 것은 도시에 피해만 줄 뿐이다.

오바마 대통령은 시어도어 루스벨트 이후 최초의 도시 출신 대통령이지만 2009년 경기 부양책 중 인프라 지출은 과거에도 대부분 그랬던 것처럼 미국의 도시들에게 도움이 되지 못했다.[27] 2009년 3월부터 12월까지 1인당 경기 부양 지출은 미국 내 나머지 주와 비교해서 미국에서 가장 인구밀도가 낮은 5개 주에서 두 배가 더 높았다.[28] 이 5개 주의 인구가 미국 전체 인구에서 차지하는 비중은 1.2퍼센트밖에 안 되지만 이곳 출신 의원들이 상원 의석의 10퍼센트를 차지하고 있기 때문에 어쩌면 놀라운 결과가 아닐지 모른다.[29]

그러나 그렇다고 해서 압도적으로 많은 재원이 저밀도 지역들에 흘러 들어간다는 것은 상식적으로 받아들이기 힘들다. 특히 이것이 경기 침체를 타파하기 위해 마련된 부양책이었고, 문제의 저밀도의 5개 주의 경우 2009년 12월의 평균 실업률이 6.4퍼센트 정도로 경기 침체를 비교적 잘 비켜갔기 때문에 더욱 그렇다.[30]

지난 20년 동안에 인구밀도가 가장 높은 10개 주에 들어간 교통 지원금은 1인당 기준으로 했을 때 인구밀도가 가장 낮은 10개 주에 들어간 지원금의 절반에 불과했다.[31] 이런 과거 공식을 그대로 답습했기 때문에 경기 부양책에서도 이 지원 비율은 똑같다. 다시 말해서 미국은 복

---

* cooperatives: 일반 분양 주택처럼 완성된 주택을 구입하는 것이 아니라 주택 구입을 계획하고 있는 사람들이 모여서 공동으로 토지를 구입하고, 각자의 요구 사항에 따라 설계에 참여하고, 공사의 발주도 주관하여 주택을 취득하는 방법.

** condominium: 주로 리조트에 건설되는 숙박 시설로 레저 시설을 갖추고 있으며, 단위(unit)만큼 소유자가 이용하지 않을 때는 타인이 이용할 수 있게 하고 소유자는 그에 따른 임대료를 받는 구조.

잡한 도시 지역들로 향하는 사람들의 이동 속도를 높이기보다는 시골 지역들에 더 접근이 쉽게 만들기 위해서 더 많은 인프라 예산을 투입하고 있는 것이다. 그러나 저밀도 지역보다는 혼잡한 대도시에서 출퇴근 속도가 더딜 가능성이 훨씬 더 높다. 미국에서 가장 큰 10대 메트로폴리탄 지역의 평균 출퇴근 시간은 미국 전체와 비교해서 20퍼센트 정도 더 오래 걸린다.

미국 백악관 행정 관리 예산국은 연방 고속도로 프로그램에 대해서 "지원 프로그램은 필요성이나 효과를 기준으로 하지 않고 과도하게 편중됐다"라고 적고 있다.[32] 1950년대에 주간 고속도로가 세워지면서 사람들은 도시를 벗어나기가 훨씬 더 쉬워졌다. 저밀도 지역들을 계속해서 지원함으로써 교통 예산은 사람들을 도시 지역 밖으로 유인하고 있다.

당연히 도시 지역의 교통 인프라 투자는 까다롭다. 대형 도시 프로젝트들은 극도로 많은 돈이 든다. 로어 맨해튼 고속도로를 둘러싸고 제인 제이콥스와 위대한 건축가인 로버트 모제스 사이에 벌어진 유명한 싸움이 우리에게 상기시켜 주듯이 사람들이 이미 살고 있는 곳에서의 건축 활동은 녹지에서보다 훨씬 더 많은 사람들의 반대에 부딪히게 된다. 아울러 지나칠 정도로 많은 도시 교통 프로젝트들이 더 이상의 인프라가 필요하지도 않는 쇠퇴하는 도시들에서 추진되어 왔다.

결과적으로 그러한 도시들은 사람 수에 비해서 인프라가 많게 된다. 우리는 점점 더 복잡해지는 도시들이 더 원활하게 기능하게 만들 수 있게 인프라를 지어야 한다. 좋은 프로젝트와 디트로이트의 피플 무버 같은 멍청한 프로젝트들 사이의 차이는 전자는 많은 수의 사용자들에게 체감할 수 있는 혜택을 제공한다는 것이다. 반면 후자는 단순히 개발업자들만 후원하고 보상해 주는 기회만을 제공할 뿐이다.

덜 혼잡한 지역에 파격적으로 많은 교통 예산이 투입되는 것을 지지하는 사람들은 이 지역들이 연방 정부가 집행하는 교통 예산의 주된 자금원인 연료세를 더 많이 내기 때문에 그런 보조금을 받을 자격이 된다고 주장한다. 그런 주장이 옳다면 더 혼잡한 지역들은 더 많은 소득세를 내기 때문에 더 좋은 보상을 받아야 할 것이다. 미국인들의 소득 중 절반 이상이 22곳의 메트로폴리탄 지역에서 올리는 것이다. 연방 정부가 세수에 근거해서 예산을 할당한다면 대도시들은 더 많은 연방 예산을 받아야 한다.

그러나 소득세로 걷는 돈이 많으니 그만큼 더 돌려줘야 한다는 주장과 달리 연료 소비가 많은 주들에 더 많은 교통 예산을 지원하자는 주장은 겉으로만 봐도 문제가 있다. 자동차 연료에 세금을 부과하는 주요 이유들 중 하나는 운전자들에게 그들이 도로를 사용함으로써 유발되는 사회적 비용의 일부를 감당하게 만드는 것이다. 이것의 기본 경제학은 운전자들이 오염과 혼잡도를 늘릴 경우 그로 인해 초래되는 비용을 지불해야 한다는 것이다.

그러나 그들이 내는 연료세가 다시 고속도로로 투입됨으로써 차량 운행 확대를 보조하게 된다면 연료세의 혜택들이 대부분 사라지고 만다. 도시에게 공평한 경쟁의 장을 주기 위해서 운전자들은 그들의 연료 사용으로 인해서 생기는 오염에 대해 책임을 져야 하며, 그 돈이 더 많은 도로 건설 형태로 다시 쓰이게 해서는 안 된다.

외부 효과를 줄이는 올바른 연료세를 만들기 위해서 우리는 운전자들이 오염 배출, 교통 사고, 혼잡 등을 통해서 다른 사람들에게 가하는 해가 어느 정도인지를 정확히 파악해야 한다. 최근에 나온 한 논문은 이 비용들을 모두 합산해 봤을 때 1리터당 60센트 정도의 비용이 든다는 결론을 내렸는데, 이 결론은 현재 미국의 연료세는 너무 낮지만 유럽의 연료세는 지나치게 높을지 모른다는 사실을 암시하고 있다.[33] 미국이 유럽형 모델로 움직인다면 분명 교외 지역에 거주하는 사람들은 단출한 삶이 더 합리적이라는 생각을 하기 시작할 것이다. 연방 정책의 반(反) 도시적 편향을 끝낸다는 것은 교외 지역 운전자들에게 그들의 운전으로 인해 유발되는 환경 비용을 청구해야 한다는 사실을 의미한다.

소득세도 대도시 생활에 붙는 세금으로 간주될 수 있다. 대도시 사람들이 더 생산적이기 때문에 그곳의 소득이 더 높다. 더 높은 소득에 세금을 매김으로써 우리는 메트로폴리스 지역 외에서의 소박한 삶을 더 매력적으로 만든다. 소득세가 있으면 본래 더 많이 버는 것이 덜 매력적이 되는데, 사람들은 도시에서 더 많이 번다. 그렇다고 해서 소득세를 철폐하자고 제안하는 것은 아니지만 세금의 반(反)도시적 영향력을 제한하는 것이 합리적이다. 더 많이 걷힌 세수는 그 세금을 낸 곳으로 되돌려줘야 한다. 미국의 시골 지역에 고층 건물을 짓기 위해서 도시에 세금을 부과한다는 것은 도시의 번영 엔진에 해를 끼치는 우둔한 정책이다.

녹색 도시

스프롤 현상에 보조금을 지급함으로써 내야 할 비용 중 하나는 미국의 탄소 배출량이 적정 배출량에 비해서 더 많다는 사실이다. 도시는 녹색이다. 고밀도 지역에서 살면서 걸어 다니는 것이 저밀도 교외 지역에서 살면서 어디를 가건 운전해서 가는 것보다 훨씬 더 환경 친화적이다. 사람들에게 그들이 한 행동 때문에 생긴 환경 비용을 부담하게 하는 합리적인 환경 정책을 갖고 있지 못한 탓에 미국은 위험한 반도시적 편향을 창조하고 있다.

교외 지역을 좋아하는 사람들은 그곳에 살 수 있어야 하지만 그들은 교외화의 실제 비용과 혜택을 따져보고 선택해야 한다. 교외 거주자들은 도시 거주자들에 비해서 훨씬 더 많은 에너지를 소비하고 훨씬 더 많은 탄소를 배출한다. 그런데 인도와 중국처럼 그 국민들이 어떻게 생활하기로 결정하느냐가 세계의 미래 탄소 배출량을 결정하는 국가에서는 적절하게 탄소 배출 가격을 매기는 것이 특히 중요하다.

기후 변화 문제를 해결하는 가장 간단한 방법은 탄소세를 부과하는 것이다. 에너지 사용자들이 그들이 취한 행동으로 유발된 사회적 비용에 대해서 세금을 낸다면 그들은 더 연료 효율적인 차를 몰고 더 에너지 효율적인 집에 살 것이다. 그들은 또한 에너지를 아낄 수 있는 대도시의 삶이 훨씬 더 매력적임을 발견할 것이다. 우리는 에너지 사용에 대해 적절하게 세금을 물리지 않고 오히려 에너지 집약적인 교외 지역 생활에 암묵적으로 보조금을 지불하면서 사람들을 도시 밖으로 밀어내고 있다.

향후 40년에 걸쳐 인도와 중국은 빠른 속도로 도시화될 것이다. 토지 사용에 대한 그들의 결정은 에너지 소비와 탄소 배출량에 중대한 영향을 미칠 것이다. 그들이 고밀도 공간에서 살면서 대중교통 시스템을 이용할 경우 전 세계는 수혜를 볼 것이다. 그들이 교외화 정책을 추구한다면 우리 모두 에너지 비용의 상승과 탄소 배출량의 증가로 인해 고통받을 것이다. 서양이 탄소 배출량을 줄여야 하는 한 가지 중요한 이유는 자신들은 쇼핑몰에 갈 때도 SUV를 몰고 가면서 인도와 중국에게 좀 더 환경을 생각해 달라고 요구하는 위선을 줄이기 위해서이다.

도시가 준 선물

우리가 사는 도시에서 환하게 빛나고 있는 첨탑들은 인류가 성취한 위대함과 우리가 가진 오만함을 동시에 가리키고 있다. 최근 일어난 경기 침체는 도시 혁신이 가치를 창조함과 동시에 가치를 파괴할 수 있다는 뼈아픈 교훈을 우리에게 상기시켰다. 모든 경기 둔화는 세계와 세계 도시들을 시련에 빠뜨린다. 무역 활동과 금융 시장이 위축되면서 도시의 자산들도 고통을 받는다. 세수가 줄어들면서 도시는 기본적 서비스를 제공하는 데 애를 먹는다. 실업률이 상승하면서 특히 기존의 가난한 도시에서는 그러한 서비스 제공이 더욱더 부담스러워진다.

그렇지만 도시의 미래는 여전히 밝다. 대공황조차 대도시의 불빛을 끄지는 못했다. 도시의 내구력은 인간이 가진 심오한 사회적 성격을 반영한다. 우리가 가진 상호 연결 능력은 우리 인간 종(種)을 정의하는 중요한 특징이다. 우리는 집단으로 사냥하고 사냥한 동물들을 공유했기 때문에 인간이란 종으로 성장했다. 심리학자인 스티븐 핑커(Steven Pinker)는 도시 생활의 원시적 형태인 집단적 삶은 "인간다운 지능이 발전할 수 있는 단초를 마련했다"[34]라고 주장했다.

우리는 계속해서 다른 사람들과 과거로부터 배우면서 함께 문명과 문화를 만들었다. 책에서 구글에 이르기까지 새로운 기술들은 우리 인간의 사회적 성격을 근본적으로 바꾸지는 못했다. 그들이 일대일로 만나지 않고도 뭔가를 더 쉽게 배울 수 있게 해준 것은 맞지만 개인적 상호작용을 통해서 얻게 되는 특별한 우위를 없애지는 못했다. 실제로 새로운 기술들은 새로운 아이디어들로부터 나오는 혜택들을 늘려줬으며 또한 직접적 협력으로부터 얻는 혜택 역시도 확대해 주었다.

20세기 후반에 교통비가 하락하자 예전의 위대한 산업 도시들이 가졌던 생산의 이점들이 사라졌다. 자동차는 미국인들을 교외 지역과 선벨트의 자동차 중심 도시들로 이동시켰다. 이러한 일들이 오래된 많은 도시 지역들에게 엄청난 충격을 줬지만 그것들이 도시의 종말을 알리는 사건처럼 보이지는 않았다. 다른 사람들과 지근거리에 머물러서 얻는 이점은 정말로 크다.

중국의 지도자들은 고밀도가 한때 가난했던 그들의 국가를 부유하게 만들 수 있다는 것을 이해하고 있는 듯하다. 그들은 고층 건물들이 생산성을 높이고 환경 비용을 낮춘다는 사실을 이해하는 것 같다. 중국이 '확장'보다는 '높이'를 수용한다면 전 세계 탄소 배출량은 줄어들 것이고 이 지구는 온난화로부터 더 안전해질 것이며, 중국은 중동 산유국들에 대한 의존도를 줄일 수 있게 될 것이다.

인도도 도시 국가로 변하겠지만 그곳의 도시 지역들이 어떤 모양을 갖게 될지는 지금으로서는 예측하기 힘들다. 인도의 도시들은 지금까지 영국의 토지 사용 계획안의 가장 나쁜 점들만을 수용함으로써 단층 건물들을 짓고 인구를 뿔뿔이 흩어놓았다. 이런 모델이 인도에 유발하는 비용이 너무나 크기 때문에 인도는 강제로라도 고밀도 건축 활동에 대한 반감을 포기하게 되는 것이 더 낫다. 인도와 중국이 모두 고도의 도시 문명국으로 변신한다면 미국의 교외 지역들은 세계의 미래를 예측하는 단서라기보다는 그저 하나의 예외처럼 보이기 시작할 것이다.

나는 장기적으로 산업 도시의 시대가 짧게 마무리된 것처럼, 교외 생활을 즐기는 20세기의 현상도 어떤 트렌드라기보다는 일탈에 더 가까운 것은 아닐까 의심한다. 도시 건설은 힘든 일이며, 고밀도 개발은 혜택만큼이나 비용을 일으킨다.

그러나 이런 비용은 충분히 감당할 만한 가치가 있다. 화려하게 장식된 런던의 아케이드건, 리우데자네이루의 괴팍한 빈민가건, 홍콩의 고층 건물이건, 먼지가 풀풀 날리는 다라비의 작업장이건 간에 우리의 번영과 자유는 모두 결국에는 사람들이 함께 살고, 일하고, 생각함으로써 얻게 된 선물이다. 도시는 궁극적으로 승리한다!

| 감사의 글 |

이 책은 여러 사람들이 협업한 산물이다. 이 책의 집필을 도와주신 많은 분들에게 정말로 감사한다. 출판에이전트인 윌리엄 모리스 엔데버 소속의 수잔 그룩과 에릭 룹퍼는 내가 대중적인 책을 쓸 수 있게 응원해 줬고, 책의 처음부터 끝까지 계속해서 건설적인 도움을 주었다. 이 책에서 내가 좋아하는 몇몇 문구들은 그들이 만들어낸 것이다.

펭귄 출판사의 이몬 돌란은 훌륭한 편집자이다. 그는 나의 글을 다듬어 주었으며, 책의 전체 구성을 도와줬다. 그는 침착하고, 사려 깊으며, 현명하다. 그의 도움으로 나는 생각을 통일성 있고 논리적으로 전개할 수 있었다.

나는 또한 맨해튼 연구소와 그곳의 소장 로렌스 몬과 조사국장 하워드 후속으로부터도 조직적인 지원을 엄청나게 받았다. 스미스 리처드슨 재단은 이번 프로젝트 내내 재정적·지적 차원에서 인내심을 갖고 내게 많은 도움을 주었다. 이 책의 몇몇 아이디어들은 《시티 저널》에 실린 기사에서 처음 찾아낸 것이다. 그곳 편집자인 브라이언 앤더슨과 편집주간인 벤 플로틴스키가 내게 해준 조언에 감사한다.

나는 또한 존 F. 케네디 행정 대학원 연구·정책 센터인 라파포트 연구소와 터브먼 센터로부터 조직적·재정적 도움을 받았다. 운이 좋게도 나는 이 책을 집필하는 동안에 두 기관을 이끌 기회를 얻기도 했다. 프로젝트 내내 에린 데아와 히더 마리 바이탈이 꼭 필요한 도움을 주었다. 데이비드 루버오프와 샌드라 개론은 좋은 친구이자 조력자 역할을 맡았다. 데이비드 엘우드 학과장 역시 나의 지원자이자 영감을 준 리더 역할을 해주셨다.

특히 터브먼 센터에서 자신의 직무 범위를 한참 벗어난 일인데도 불구하고 수백 시간 동안 이 책에 들어갈 자료를 찾아준 크리스티나 토비오에게 감사한다. 그녀는 각주를 정리하고, 내 부정확하고 지나친 표현들을 많이 다듬어 주었으며, 이 책의 여러 집필 단계에 참여한 조사부원들을 지도했다.

나는 또한 도시들을 더 잘 이해하기 위해서 인도, 홍콩, 싱가포르 등에 여행할 수 있게 도와준 많은 사람들에게도 신세를 졌다. 무엇보다도 나를 위해서 시간과 지혜를 아낌없이 준 뭄바이의 M. K. 싱에게 감사한다. 또한 콜카타, 델리, 방갈로르, 뭄바이, 싱가포르에서 나를 도와준 많은 분들에게 감사한다. 더 우드랜즈를 구경시켜 주면서 자신의 통찰력을 공유해준 팀 웰브스와 디트로이트 도심을 도보로 안내해 준 에밀리 빔에게도 감사한다. 이 밖에도 내가 거리를 걸으면서 세계 많은 도시들을 몸소 체감하려고 애쓸 때 옆에서 엄청난 인내심을 갖고 나를 도와준 많은 분들에게 감사한다. 그 분들의 이름을 일일이 열거하지 못해 죄송할 뿐이다.

또한 이 책을 읽고, 훌륭한 의견을 내준 로렌스 서머스 전 미국 재무

장관을 비롯하여 많은 분들에게도 감사하다는 말을 하고 싶다. 닐 레빈은 이 책의 건축 역사 부분을 쓰는 데 도움을 주었고, 스티븐 그린블라트는 셰익스피어 섹션을 검토해 주었으며, 그의 지혜는 내게 큰 도움이 되었다.

이 책을 쓰기 위해서 받은 폭넓은 지적 차원의 빚은 가히 엄청나다. 내 선생님들, 동료들, 공저자들, 학생들, 그리고 내가 오랫동안 존경해왔던 많은 위대한 도시 계획 전문가들로부터 엄청난 영향을 받았다. 아이디어는 혼잡한 환경 속에서 더 쉽게 확산된다는 책의 핵심 주제는 내가 시카고 대학에서 배운 것이며, 나는 실제로 그런 일이 벌어지는 것을 눈으로 확인했다.

이 밖에도 도시에 대해서 내게 많은 가르침을 준 하버드의 많은 훌륭한 동료들에게도 감사하며, 안타깝게도 지금은 세상을 떠난 도시경제학 분야의 위대한 인물 존 케인과 존 메이어에게도 특히 많은 신세를 졌음을 이 자리를 빌려 밝히고 싶다.

이 책의 많은 아이디어들은 데이비드 커틀러, 데니스 디파스퀘일 등과 함께 쓴 학술 논문들을 통해서 제시한 바 있으며, 이 논문들 중에 다수는 알베르토 아데스, 조슈아 고틸리프 등을 포함해서 많은 학생들과 공동 집필했다.

내 생각에 영향을 준 모든 유명 도시 계획 전문가들의 이름을 전부 열거한다는 것은 서지(書誌) 작성처럼 많은 시간이 걸리는 지루한 작업 같겠지만, 이 책의 많은 부분에서는 도시 세계에서 거목처럼 버티고 서 있는 제인 제이콥스의 흔적이 분명하게 남아 있다는 것을 꼭 언급하고 싶다.

통상적인 관례에 따라서 위키피디아는 참고문헌이나 인용에 언급하지 않았다. 위키피디아에 나오는 사실은 보다 표준적인 출처를 통해 증명된 것이기 때문이다. 그럼에도 불구하고 나는 많은 경우 내가 훨씬 쉽게 연구 활동을 할 수 있게 만들어준 위키피디아를 만드는 데 애써준 많은 익명의 사람들에게 크게 신세를 졌다는 말을 하고 싶다. 위키피디아나 다른 출처로부터 나온 어떤 문구라도 내가 무단으로 인용했다면 (조사원에게 자칫 부주의하게 빌려서 쓴 부분들을 빼내는 일을 맡기긴 했지만) 사과하지만, 가끔 실수도 있을 수 있음을 양해드리고 싶다.

끝으로 나는 내가 40여 년 동안 도시에 대해서 생각할 수 있게 도와준 우리 가족에게 진심으로 감사하고 싶다. 돌아가신 아버지는 내가 어렸을 때 도시 설계에 대해서 생각해 볼 수 있는 계기를 마련해 주셨다. 어머니는 처음에 내게 경제학을 가르쳐주셨고, 내가 하는 모든 일에 든든한 보호자 역할을 해주셨다. 내 의붓아버지 역시 내가 사람과 세계를 이해하는 데 큰 영향을 주셨다. 휴스턴에서부터 시작해서 이탈리아 라벤나까지 끌고 다녔는데도 정말로 잘 참아준 우리 아이들에게도 고맙다는 말을 전하고 싶다. 그들은 내게 끊임없이 영감과 즐거움을 선사했다.

그렇지만 누구보다 아내 낸시 슈왈츠 글레이저에게 감사하며, 이 책을 그녀에게 바친다. 그녀는 내 인생에서와 마찬가지로 이번 프로젝트에서도 훌륭한 파트너였다. 책의 편집을 도와줬고, 지속적으로 피드백을 주었다. 또한 책에 들어가는 이미지 선택과 조합을 주도했다. 그녀가 내게 준 사랑과 도움이 없으면 나는 존재하지 못할 것이다.

| 주 |

주석의 대부분은 생략되어 있으며, 전체 인용문은 참고문헌에서 찾을 수 있다. 참고문헌은 알파벳순으로 되어 있다. 단, 미국 통계국과 다른 몇몇 독립된 정부 부처의 경우에는 대부분의 인용문이 다른 참고문헌 항목과 상관없이 전체를 인용하였다.

서론: 진정한 도시의 힘은 사람으로부터 나온다

1   미국 국토 넓이의 ~ 미국인이 살고 있다: 2009년 7월 현재 미국 인구는 3억 700만 6,550명이며, 이 중 79퍼센트는 도시에 살고 있다. 따라서 도시 인구는 2억 4,253만 5,175명이다. U.S. Department of Agriculture, Economic Research Services, *Major Uses of Land in the United States 2002*, "Urban and Rural Residential Uses." http://www.ers.usda.gov/publications/EIB14/eib14g.pdf and U.S. Census Bureau, Annual Estimates of the Resident Population for the United States, Regions, States, and Puerto Rico: April 1, 2000, to July 1, 2009 (NST-EST2009-01), http://www.census.gov/ popest/states/NST-ann-est.html.

2   세계에서 가장 생산적인 ~ 3,600만 명이 살고 있다: PricewaterhouseCoopers, "Which Are the Largest City Economies?"

3   인도 뭄바이 중심에는 ~ 못지않게 크다: United Nations, Department of Economic and Social Affairs, Population Division, *World Urbanization Prospects: 2009*, File 12, "Population of Urban Agglomerations with 750,000 Inhabitants or More in 2009, by Country, 1950-2025," http://esa.un.org/unpd/wup/CD-ROM_2009/WUP2009-F12-Cities_Over_750K.xls.

4   전 세계 인구가 ~ 도시를 선택한다: 텍사스의 면적은 69만 6,241제곱킬로미터이다. 미국 인구 조사국 통계에 따르면 2010년 7월 12일 현재 전 세계 인구는 69억 명에 육박한다. 우리가 69만 6,241제곱킬로미터를 69억 명으로 나누면 1인당 면적은 약 96제곱미터가 나오는데 이는 개인당 적절한 크기의 타운하우스를 지을 수 있는 충분한 공간이다. 우리가 이 공간을 도로와 상업시설 등에도 쓰고 싶다면 각 타운하우스에 평균 두 명씩 살아야 한다고 전제해야 할지 모른다. U.S. Census 2000, GCT-PH1: Population, Housing Units, Area, and Density 2000, Summary File 1, 100-Percent Data, generated using American FactFinder; 그리고 U.S. Census Bureau, International Database, World Population Summary, www.census.gov/ipc/www/idb/worldpopinfo.php.

5   매달 500만 명이 넘는 ~ 도시에 산다: United Nations Habitat, *State of the World's Cities 2010/2011-Cities for All: Bridging the Urban Divide, 2010*. http://www.unhabitat.org/pmss/listItemDetails.aspx?publicationID=2917.

6   그랜드 센트럴 역: "Largest Railroad Station" (by number of platforms), *Guinness World Records 2008* (New York: Bantam Dell, 2007), 374-75.

7   어쨌든 47번가는 ~ 보석 시장이다: 47th Street Business Improvement District, The Diamond District, www.diamonddistrict.org/home.html.

8   파산에 이른 뉴욕 시의 ~ 지시하는 것 같았다: Henig, "New York City: Paying the Tab."

9   무역을 업으로 삼았던 ~ 안전했다: Burrows and Wallace, *Gotham*.

10 18세기에 뉴욕은 ~ 항구로 떠올랐다: Glacser, "Urban Colossus," 9, 11.

11 1800~1850년에 ~ 탄생했다: Gibson, "Population of the 100 Largest Cities."

12 미국이 대도시 ~ 발돋움했다: Albion, *Rise of New York Port*, 38-54; 그리고 Glaeser, "Urban Colossus," 12.

13 해상 운송은 ~ 더 많았다: Glaeser, "Urbn Colossus," 14.

14 업체들의 경우 ~ 영업을 해야 했다: Burrows and Wallace, *Gotham*, ch. 27.

15 하퍼 형제들은 ~ 삶을 시작했다: Molt, Golden *Multitudes*, 68.

16 20세기 중반 ~ 결과였다: Glaeser and Kohlhase, "Decline of Transport Costs."

17 오늘날 맨해튼의 41번가와 59번가 사이를 ~ 근로자들에 비해서 더 많은 돈을 벌고 있다: 5개의 우편번호는 10017, 10019, 10020, 10022, 10036이다. 인구 조사국이 발표한 국가 비즈니스 패턴 자료를 보면, 2007년 현재 이 지역의 전체 임금은 800억 달러였으며, 전체 취업자 수는 61만 7,984명이었다. 우리가 전체 임금을 전체 취업자 수로 나누면 근로자 1인당 평균 소득이 13만 달러에 가깝다는 계산을 할 수 있다. 국가 비즈니스 패턴 자료에는 2007년 오리건 주 전체 임금은 560억 달러, 네바다 주 전체 임금은 444억 달러였고, 같은 해에 뉴햄프셔 주의 취업자 수는 57만 3,209명, 메인 주의 취업자 수는 50만 3,789명이었다. U.S. Census Bureau, County Business Patterns 2007, www.census.gov/econ/cbp.

18 보다 많이 ~ 안겨준다: Bernstein, *Against the Gods*, 300-302.

19 위험과 이익을 ~ 용이하게 되었다: Lewis, *Liar's Poker*, 96.

20 헨리 크래비스는 ~ 뽑아낼 수 있었다: "'The Team,'" KKR, Kohlberg Kravis Roberts & Co., 2010, www.kkr.com/team/theteam.cfm.

21 『라이어스 포커 ~ 사람이 그랬다: Lewis, *Liar's Poker*, 96.

22 오늘날 맨해튼에서 ~ 나가고 있다: 뉴욕 카운티는 맨해튼과 비슷하기 때문에 우리는 2007년 뉴욕 카운티의 모든 산업의 전체 임금을 더해 본 결과 2,100억 달러 가까이 나왔다. 금융 서비스 산업 분야의 임금은 840억 달러에 육박한데, 840억 달러를 2,100억 달러로 나눠보면 39.88퍼센트가 된다. U.S. Census Bureau, County Business Patterns 2007, www.census.gov/econ/cbp.

23 2009~2010년 미국 경제가 ~ 11.9퍼센트였다: Bureau of Labor Statistics, Economic News Releases, *County Employment and Wages*," Table 1. Covered establishments, employment, and wages in the 327 largest counties, first quarter 2010," http://www.bls.gov/news.release/cewqtr.t01.htm. (Last modified date: October 19, 2010.)

24 미국 내에서 ~ 반영한다는 사실이 바뀌는 것은 아니다: 2000년 미국 인구 조사국의 통합 공적 사용 마이크로데이터 시리즈 자료를 사용해서 우리는 25~55세 사이의 남자들을 조사 대상으로 삼았다. 우리는 일하지 않거나 풀타임(일주일에 최소 35시간, 연간 최소 40주)으로 일하지 않는 사람들은 제외했다. 우리는 또한 최소 임금을 받고, 반일 이하로 일하는 사람들(다시 말해서 일주일 35시간, 연간 40주에 해당하는 연간 총 1,400시간의 절반 이하로 일하는 사람들)이 받는 임금보다 더 낮은 임금을 받고 있는 사람들도 제외했다. 끝으로 우리는 예외에 속하는 사람들(최하 1퍼센트나 최상 1퍼센트에 속하는 사람들)을 제외했다. 우리는 메트로폴리탄 외 지역에 사는 사람들의 평균(2000년 달러 가치로 환산했을 때 연간 5만 8,665.72달러)과 대형(인구 100만 명 이상) 메트로폴리탄 지역들에서 사는 사람들의 평균(2000년 달러 가치로 환산했을 때 연간 7만 7,086.05달러)를 비교했다. 이 두 숫자의 차이는 1만 8,420.33달러인데, 즉 메트로폴리탄 지역 외에서 거주하는 사람들의 평균 임금보다 31퍼센트 더 높은 수준이다. Ruggles 외, *Microdata Series*.

25 인구 100만 명 이상이 ~ 이 격차가 더욱 크다: 경제분석국의 MSA(Metropolitan Statistical

Areas)의 2008년 GDP와 미국 인구 조사국의 MSA 인구 자료를 갖고 분석해본 결과 우리는 GDP를 인구수로 나눠서 각 MSA 1인당 GDP를 결정했다. 우리는 이어 2008년 현재 인구 100만 명 이상이 거주하는 MSA의 1인당 평균 GDP는 5만 2,546.85달러임을 알아냈다. 우리는 2008년 현재 인구 100만 명 미만이 거주하는 MSA의 1인당 평균 GDP는 3만 8,090.80달러로 앞의 5만 2,546.85달러의 38퍼센트에 불과하다는 것을 알아냈다. Bureau of Economic Analysis, Gross Domestic Product by Metropolitan Area, www.bea.gov/regional/gdpmetro; U.S. Census Bureau, Population Division, Table 5, Estimates of Population Change for Metropolitan Statistical Areas and Rankings: July 1, 2007, to July 1, 2008 (CBSA-EST2008-05), March 19, 2009, www.census.gov/popest/metro /tables/2008/CBSA-EST2008-05.xls.

26 인도의 다섯 번째 대도시인 방갈로르: United Nations, Department of Economic and Social Affairs, Population Division, *World Urbanization Prospects*: 2009, File 12, Population of Urban Agglomerations with 750,000 Inhabitants or More in 2009, by Country, 1950-2025, http://esa.un.org/unpd/wup/CD-ROM_2009/WUP2009-F12- Cities_Over_750K.xls.

27 "진정한 인도는 ~ 달러 있다"라고 주장했다: Gandhi, *Essential Writings*, 120.

28 인도의 성장은 ~ 의존하고 있다: Kumar, "The Whole Truth of a Home Economy," 135.

29 1인당 국민소득은 ~ 네 배 가까이 더 높다: Author''s calculations using Maddison, "Statistics on World Population"; 그리고 United Nations, Population by Sex and Urban/Rural Residence, http://data.un.org.

30 인구의 절반 이상이 ~ 교육을 통제할 때도 그렇다: 앞의 책.

31 엔지니어와 ~ 중심적 역할을 해왔다: White, *Birth and Rebirth of Pictorial Space*.

32 1950년에 미국 최대 도시였던 10곳 ~ 보여주고 있다: 2008년에 디트로이트의 인구는 77만 7,493 명이었는데 이는 1950년도 인구 184만 9,568명과 비교해서 42퍼센트에 불과한 수준이다. 1950 년에 미국 10대 도시들은 뉴욕, 시카고, 필라델피아, 로스앤젤레스, 디트로이트, 볼티모어, 클리블랜드, 세인트루이스, 워싱턴 D.C., 보스턴이었다. 뉴욕과 로스앤젤레스를 제외하고 모두 2008 년까지 인구가 줄었다. American Community Survey, 2008 Data Profile for the United States and the City of Detroit, generated using American FactFinder; 그리고 Gibson, "Population of the 100 Largest Cities." See Glaeser, "Can Buffalo Ever Come Back?" for further discussion of that particular declining city.

33 그곳에 살던 사람들에게 총 2,000억 달러를 줬다면: 허리케인 카트리나가 오기 전에 2,000억 달러를 뉴올리언스의 인구수(43만 7,186명)로 나누면 1인당 약 45만 7,471달러가 된다.

34 맨해튼 거주민들 중에 4분의 1 이상은 5년 전에 그곳에 살지 않았다: 2000년에 5세 이상의 맨해튼 인구는 146만 2,015명이었다. 1995년에 또다른 카운티에 살았던 인구는 38만 1,919명으로 약 26퍼센트를 차지했다. U.S. Census Bureau, Census 2000 Summary File 3, Sample Data, Table P4; residence in 1995 for the population five and older, county and state level, generated using American FactFinder.

35 그곳의 빈곤율은 브라질 동북쪽 시골의 그것에 비해서는 훨씬 낮다: 이 문제는 3장에서 보다 자세하게 논의된다. 리우데자네이루의 빈곤율은 약 9퍼센트 정도 되는 반면, 시골 동북부 지역의 빈곤율은 55퍼센트이다. Skoufias and Katayama, "Sources of welfare Disparities."

36 20세기 초 미국 도시들은~훨씬 더 건강했다: Cutler and Miller, "Water, Water Everywhere," 183-86.

37 1901년에 출생한 소년들의 기대수명이 ~ 훨씬 더 건강해졌다: 1901년에 뉴욕에서 태어난 남성의 기대수명은 40.6년이었다. 1901년에 미국 남성의 기대수명은 47.6년이었다. New York City

Department of Health and Mental Hygiene, *Summary of Vital Statistics 1961*, table 6; 그리고 Arias, "United States Life Tables, 2006," table 12.

38 이 책에 제시된 ~ 지혜로부터 얻은 것이다: Jacobs, Death and Life, 187-99.

39 그런데 이와 같은 신축 건물 ~ 살 수 있는 도시가 됐다: Le Plan Local d'' Urbanisme, www.paris.fr/portail/pratique/Portal.lut?page_id=6576&document_type_id=5&document_id=753&portlet_id=14938, with an objective to "préserver le patrimoine architectural et urbain" (preserve the architectural and urban heritage). The texts related to the plan are listed at www.paris.fr/portail/pratique/Portal.lut?page_id=7042&document_type_id=4&document_id=21439&portlet_id=16186.

40 영국의 왕세자는 ~ 강력히 반대해왔다: Many newspaper articles discuss various stands or complaints of the prince's regarding this issue. For example, see Alan Hamilton, "You're Scraping Wrong Part of the Sky."

41 뭄바이는 개발도상국들 중에서 ~ 1층 미만이었다: Bertaud, "Mumbai FSI Conundrum," 4.

42 중국의 상하이는 ~ 늘고 있기 때문이다: Gómez-Ibánñz and Ruiz Nunñez, "Inefficient Cities."

43 미국에서 대중교통을 ~ 평균 24분이다: Glaeser and Kahn, "Sprawl," 2499-2500.

44 미국 매사추세츠 주 북동부의 ~ 변했다' 라고 말했다: Thoreau, *Walden*, Routledge, 117.

45 환경의 악화: 앞의 책, 461.

46 유명한 건축 비평가이자 ~ '환경의 악화' 를 비난했다: Mumford, City in History, 492.

47 뉴욕은 아주 현격한 차이로 ~ 많다는 것을 보여준다: Author'' s calculations from the American Community Survey, 2008 Data Profile for the City of New York and the United States, generated using American FactFinder.

48 미국에서 가장 푸른 ~ 10배나 더 많다: Zheng 외, "Greenness of China."

49 중국과 인도의 1인당 탄소 배출량이 ~ 불과 30퍼센트만 늘어날 것이다: 2006년 미국의 1인당 탄소 배출량은 19.78미터톤이었다. 프랑스는 6.60미터톤이었고, 중국은 4.58미터톤이었으며, 인도는 1.16미터톤이었다. 2006년 전체 탄소 배출량은 291억 9,500만 미터톤이었다. 우리가 전체 숫자에서 중국의 2006년 탄소 배출량(13억 1,400만 명 × 1인당 4.58미터톤 = 60억 1,800만 톤)과 인도의 탄소 배출량(11억 1,200만 명 × 1인당 1.16미터톤 = 12억 9,300만 톤)을 뺀 후 중국의 전체 탄소 배출량을 미국의 1인당 수준으로 가정해서 더하고(13억 1,400만 명 × 1인당 19.78미터톤 = 259억 9,980만 톤) 인도도 마찬가지로 가정해서 더한다면(11억 1,200만 명 × 19.78미터톤 = 219억 8,900만 톤), 전 세계 탄소 배출량은 기존보다 139퍼센트가 늘어난 698억 6,010만 톤에 이를 것이다. 만일 우리가 미국 대신 프랑스의 1인당 6.60미터톤을 더해서 다시 계산하면 중국의 전체 탄소 배출량은 86억 6,800만 톤(13억 1,400만 명 × 6.60미터톤)이고 인도의 전체 탄소 배출량은 73억 3,400만 톤(11억 1,200만 명 × 6.60미터톤)에 이르고, 전 세계 탄소 배출량은 기존에 비해서 약 30퍼센트 정도 늘어난 378억 8,700만 톤에 이를 것이다. U.S. Energy Information Administration, *International Energy Annual 2006*, table H.1cco2, "World Per Capita Carbon Dioxide Emissions from the Consumption and Flaring of Fossil Fuels, 1980-2006," www.eia.doe.gov/pub/international/iealf/tableh1cco2.xls.

1장 | 그들은 방갈로르에서 무엇을 만드는가?

1 인도의 강력한 노조: Besley and Burgess, "Can Labor Regulation Hinder Economic Performance?" 92.

2 MIH 홀딩스에 매각했다: Ranjan, "Bixee, Pixrat Acquired."

3 한 인터넷 순위 ~ 방문한다고 추정했다: Real Website Worth, "bixee.com," realwebsiteworth.com, http://208.87.241.248/traffic_report/bixee.com.

4 이후 그는 MIH를 떠나서 새로운 소셜 미디어 소프트웨어를 개발했다: 웹사이트는 Educrest.com. 현재 공사 중에 있다. Jacob, "Now, Social Networking Gets a Voice."

5 가장 흥미로운 그리스의 ~ 변방에서 살았다: Hall, *Cities in Civilization*, 26.

6 거기서 그들은 ~ 문명으로부터 배웠다: 앞의 책.

7 터키 서쪽의 ~ 히포다무스를 배출했다: McNeill, *Western Civilization*, 58.

8 히포다무스가 창안한 ~ 모델이 되었다: Cartledge, *Ancient Greece*, 54.

9 아테네는 와인, ~ 성장했다: Hall, *Cities in Civilization*, 49-50.

10 아테네는 이미 밀레토스 ~ 공고히 다졌다: Cartledge, *Ancient Greece*, 98.

11 부유하고 풍족하고 ~ 지성들이 몰려들었다: 앞의 책, 104.

12 히포다무스는 아테네 항구 설계를 ~ 위해서 왔다: 앞의 책, 51, 91.

13 이런 놀라운 시기에 ~ 역사가 탄생했다: 앞의 책, 104.

14 동고트족의 테오도리크 ~ 이점을 간파했다: "Theodoric (King of Italy)" *Encyclopaedia Britannica*.

15 그러나 고트족과 훈족, ~ 강하지는 못했다: McNeill, *Western Civilization*, 207.

16 8세기에 유럽의 정복자 ~ 라시드 왕과 교류했다: Pagden, *Worlds at War*.

17 지금으로부터 1,000년 전 ~ 콘스탄티노플이다: Chandler, *Four Thousand Years of Urban Growth*, 538.

18 나머지 세 도시 ~ 이슬람 도시였다: Bairoch, *Cities and Economic Development*.

19 이슬람의 칼리프 ~ 위대한 도시들이 등장했다: Lyons, *House of Wisdom*.

20 압바스 왕조(750~1258) ~ 바그다드에 수도를 세웠다: 앞의 책, 59, 62.

21 그들은 마치 소중한 ~ 학자들을 결집시켰다: 앞의 책, 63.

22 '지혜의 집'은 일종의 ~ 번역하는 것이었다: Durant, *Age of Faith*, 240-41.

23 19세기 초, 이슬람의 수학자인 무하마드 ~ 대수학(algebra)을 개발했다: Lyons, *House of Wisdom*, 72-73.

24 알 콰리즈미는 ~ 인도 숫자를 수입했다: 앞의 책, 73, 175: 그리고 Gari, "Arabic Treatises."

25 의학 지식은 ~ 바그다드로 전해졌고: Lyons, *House of Wisdom*, 86.

26 제지 기술은 ~ 바그다드로 전해졌다: 앞의 책, 57.

27 이탈리아의 가장 큰 ~ 관문 역할을 했다: McNeill, *Venice: The Hinge of Europe*.

28 1085년에 스페인이 ~ 라틴어로 번역했다: Bakhit, *History of Humanity*, 115.

29 그로부터 13년 뒤에 ~ 기회가 주어졌다: Lyons, *House of Wisdom*, 104.

30 서유럽에서 가장 큰 도시 ~ 국가들로 전달됐다: 앞의 책, 142.

31 그러한 서적들은 이탈리아 ~ 이슬람 철학을 연구했다: Knowles, "The Evolution of Medieval Thought."

32 수도원에서 베네딕토 ~ 이점들을 재발견했다: Lucas, "Role of the Monasteries"; Baumel, "Entrepreneurship: Productive, Unproductive, and Destructive."

33 상인들은 무역박람회에 ~ 누릴 수 있었다: Milgrom 외, "The Role of Institutions in the Revival of Trade."

34 결과적으로 벨기에 ~ 도시들이 생겨났고: Pirenne, *Medieval Cities and Murray, Bruges: Cradle of Capitalism*.

35 무장한 수공업자나 ~ 중심지로서 성장했다: de Long and Shleifer, "Princes and Merchants."

36 이처럼 사람들이 ~ 교점(交點)이었다: McNeill, *Western Civilization*, 331.

37 이런 상업 도시들은 ~ 법규를 개발했다: 앞의 책, 327-28.

38 저지대 국가들의 ~ 공화국을 탄생시켰다: Geyl, *Revolt of the Netherlands*.

39 1853년에 미국의 배들이 ~ 본 것은 아니었고: Goodman, *Japan and the Dutch*, 9.

40 1894~1910년에 일본은 ~ 한국을 지배했다: Iriye, "Japan's Drive to Great-Power Status."

41 20세기 중반이 되자 ~ 비행기를 만들었다: Meyer, Japan, 261.

42 일본과 서양의 접촉은 ~ 도착하면서 시작됐다: McClain, Japan, 2.

43 그로부터 300년 동안 나가사키는 ~ 기술의 통로가 되었다: Goodman, Japan and the Dutch, 107-8.

44 1590년 포르투갈 ~ 인쇄소를 차렸다: Boorstin, Discoverers, 508.

45 그러나 네덜란드인들은 ~ 주기 시작했다: Goodman, Japan and the Dutch, 16.

46 에도 막부의 고위 ~ 일본으로 들어왔다: 앞의 책, 37-38, 40.

47 곧바로 일본 학생들은 ~ 인증을 받았다: 앞의 책, 38.

48 19세기가 시작될 무렵 ~ 수술법을 따라했다: Stevens, "Anaesthesia in Japan."

49 서양 의약품 말고도 ~ 일본에 들어왔다: Sugita, *Western Science in Japan*, 17.

50 1720년이 되자 ~ 수입을 허용했다: Goodman, *Japan and the Dutch*, 51.

51 1853년에 미국의 군함들이 ~ 극복할 수 있었다: Morris-Suzuki, Technological Transformation, 62.

52 1855년에 네덜란드인들은 ~ 전시되어 있다: Murdoch, Tokugawa Epoch, 616.

53 방갈로르의 기후는 ~ 덜 후텁지근하다: India, Government of, "Climatological Data of Important Cities."

54 처음 이곳에 엔지니어링 ~ 몰려들고 있다: "Who We Are," Infosys, www.infosys. com/aboutfwho-we-are/pages/history.aspx.

55 인포시스의 입사 지원자들 ~ 경쟁을 뚫어야 한다: Schlosser, "Harder than Harvard."

56 1980년에는 특정 지역에서 ~ 늘어날 것으로 예상했다: 저자의 계산은 다음 데이터를 사용했다. U.S. Census Bureau, 1980 Census and 2000 Census.

57 대졸 이상 학력을 가진 ~ 22퍼센트 증가한다: 저자의 계산은 다음 데이터를 사용했다. U.S. Census Bureau, American Community Survey, 2008, Bureau of Economic Analysis, Regional Economic Accounts, Gross Domestic Product by Metropolitan Area, 2008.

58 1970~2000년에 성인 인구 ~ 늘어나는 데 그쳤다: 저자의 계산은 다음 데이터를 사용했다. Haines, "Historical, Demographic, Economic, and Social Data: The United States, 1790-2002."

59 개별 근로자가 ~ 8퍼센트 더 높아진다: Card, "Estimating the Return to Schooling."

60 평균적으로 봤을 때 ~ 30퍼센트 이상 늘어난다: Barro and Lee, "International Data on Educational Attainment"; 그리고 Maddison, "Statistics on World Population."

61 도시의 기술과 ~ 점점 더 강해졌다: Goldin and Katz, Race: *Between Education and Technology*.

62 1980년에 4년제 대학 교육을 ~ 가까운 수준으로 벌어졌다: *Economic Report of the President 1997*, United States Government Printing Office, Washington, DC, Feb. 1997, www.gpoaccess.gov/usbudget/fy98/pdf/erp.pdf.

63 자동차 공장의 로봇처럼 ~ 줄여놓았다: Acemoğlu, "Why Do New Technologies

Complement Skins?" 1055-58; Doms 외, "Workers, Wages, and Technology," 253-54.

64 숙련된 사람들이 ~ 잘 적응하고 있다: Nelson and Phelps, "Investment in Humans," 70; Schulrz, "Ability to Deal with Disequilibria," 834; 그리고 Krueger, "How Computers Have Changed the Wage Structure."

65 그들에 따르면 운송 비용의 ~ 것이 가능해졌다: Sachs and Shatz, "U.S. Trade with Developing Countries."

66 100년 전, 뉴욕과 나가사키의 ~ 뒤덮여 있었다: "Birth of the University," History of Stanford.

67 그러나 록펠러가 침례교도 ~ 스탠포드 대학을 개교했다: Eniott, Stanford University, 88-89.

68 스탠포드 대학이 배출한 ~ 기원을 두었다: Aitken, Continuous Wave, 103.

69 그러나 그의 후원자들은 ~ 줄 것을 부탁했다: 앞의 책, 104-5.

70 이 회사는 이후 곧바로 ~ 개명됐다: Sturgeon, "How Silicon Valley Came to Be," 19.

71 오디언(audion: 3극 진공관) ~ FTC에 합류했다: 앞의 책, 24.

72 그곳에서 그는 ~ 진공관을 개발했다: 앞의 책, 17,

73 디포리스트가 떠난 후에도 ~ 받아서 번창했다: 앞의 책, 20-23.

74 스탠포드 대학 최초의 ~ 수여되었다: 앞의 책, note 15; 그리고 "Electrical Engineering Timeline," Stanford Engineering, http://ee.stanford.edu/rimeline.php.

75 포울센의 아크 ~ 회사를 설립했다: Sturgeon, "How Silicon Valley Came to Be," 30.

76 그리고 또다른 FTC의 직원은 ~ 실험실을 열었다: 앞의 책, 32.

77 제2차 세계대전 당시 ~ 또다른 기업이다: 앞의 책, 32-34.

78 그러나 어린 시절부터 FTC와 인연을 맺었고 ~ 기여를 한 사람은 없었다: Gilmor, Fred Therman at Stanford. 노벨상은 두 사람을 "트랜지스터 효과를 발견"한 사람이라고 칭찬하지만 이와 관련해서 논란이 있다.(참고: R. G. Arns, "The other transistor: early history of the metal-oxide semiconductor field-effect transistor").

79 이 연구소의 연구원들은 ~ 공동 수상했다: Shurkin, Broken Genius.

80 한 악명 높은 사건을 ~ 시험을 하기도 했다: 앞의 책, 176.

81 1959년에 페어차일드 반도체는 ~ 질리고 말았다: "Fairchild Semiconductor Corporation," Encyclopaedia Britannica.

82 그래서 그들 중 2명은 ~ 퍼킨스를 세우게 된다: "Fairchildren' Who Came to Dominate the World of Technology," Financial Times (London), Oct. 31,2007, Business Life.

83 실리콘밸리의 아마추어 ~ 혁신을 결합했다: "Apple Inc." Encyclopaedia Britannica.

84 전 애플 직원은 실리콘밸리가 ~ 이베이를 시작했다: "Who We Are: History," eBay, www.ebayinc.com/milestones; 그리고 Viegas. Pierre Omidyar, 34.

85 야후!와 구글은 ~ 대학 졸업생들이었다: "The History of Yahoo!:How It An Started ... " Yahoo! Media Relations (Yahoo! 2005), http://docs.yahoo.com/info/misc/history. html; 그리고 "Google Milestones," Corporate Information, Google, 2010, www. google.com/corporate/history.html.

86 구글처럼 자체 셔틀버스를 ~ 갖춰지지 않았다: U.S. Census Bureau, American Community Survey, 2008 Data Profile for County of Santa Clara, generated using American FactFinder.

87 부동산 거품이 ~ 힘든 일이 아니다: National Association of Realtors, Median Sales Price of Existing Single-Family Homes for Metropolitan Areas for First Quarter 2010, www.realtor.org/research/research/metro price.

88 만 25세 이상의 ~ 고졸 이하 학력이다: U.S. Census Bureau, American Community Survey,

2008 Data Profile for City of Palo Alto, generated using American FactFinder.

89   실리콘밸리가 가진 ~ 도시라는 점이다: U.S. Census Bureau, County Business Patterns 2008, www.census.gov/econ/cbp.

90   전통적으로 봤을 때 ~ 바람직하게 성장하지는 못했다: Glaeser 외, "Growth in Cities," 1132, 1150-51.

91   제인 제이콥스는 ~ 문제점을 지적했다: Jacobs, *Economy of Cities*, 47-53.

92   예를 들어 마이클 블룸버그는 ~ 세울 수 있었다: "Biography," Office of the Mayor, New York City, 2010, www.nyc.gov/portal/site/nycgov/menuitem.e985cf5219821 bc3f7393cd401c789a0.

93   페이스북은 대학 ~ 알고 있었다: Nguyen, "Online Network Created by Harvard Students Flourishes."

94   고객 기반을 확충하고 ~ 밖으로 나가야 했다: "Meet Meg Whitman," Meg 2010: A New California (Meg Whitman for Governor of California, 2010), www.megwhitman. com/aboutMeg.php.

95   미시건 대학 소속의 ~ 실험 삼아 해봤다: Rocco, "Trust Breaks Down."

96   자전거 애호가였던 ~ 단축시킬 수 있다는 걸 알아냈다: Strube, "What Did Triplett Really Find?" 271.

97   인접성의 가치를 엄격히 ~ 경쟁을 시켜보았다: Triplett, "Pacemaking and Competition," 510

98   최신 통계 결과들을 ~ 경향을 보이고 있다: Rosenthal, 외, "Agglomeration, Labor Supply, and the Urban Rat Race."

99   한 유명 체인점에서는 ~ 알아볼 수 있게 되었다: Mas and Moretti, "Peers at Work."

100 지리상 가까운 곳에 있는 ~ 욕구를 더 높이기 때문인지도 모른다: Gaspar and Glaeser, "Information Technology."

101 그리고 도시화가 ~ 커뮤니케이션에 몰두한다: 앞의 책, 152.

102 4,000제곱미터당 1명 미만의 인구가 ~ 대졸 이상의 학력을 갖고 있다: 4,000제곱미터당 1명 미만과 4,000제곱미터당 3명 이상의 인구밀도를 가진 카운티들에서 학사학위 소유자 인구 비율의 평균을 낸 저자의 계산. County-level Census data from Haines, "Historical, Demographic, Economic, and Social Data: The United States, 1790-2002."

103 혁신은 실리콘밸리 ~ 가로질러 가기 때문이다: Paraphrase of Glaeser 외, "Growth in Cities," 1127.

104 1993년에 세 사람의 경제학자는 ~ 것을 알아냈다: Jaffe 외, "Geographic Localization of Knowledge Spillovers."

105 오래된 특허일수록 ~ 머물기 때문이다: Maurseth and Verspagen, "Knowledge Spillovers in Europe," 542.

106 최근에 나온 연구 결과들은 ~ 보여주고 있다: Lychagin 외, "Spillovers in Space."

107 최근에는 팩스, 이메일, ~ 생각되었지만: Gaspar and Glaeser, "Information Technology," 136-37.

108 오히려 지난 20년 ~ 크게 늘어났다: 앞의 책, 149.

109 페이스북은 직접적 ~ 인터넷 기술이다: http://onlinelibrary.wiley.com/doi/10.1111/ j.1083-6101.2007.00367.x/full.

110 여러 연구 결과들을 보면 ~ 많이 사용하고 있다: http://web.ebscohost.com.ezpprodl.hul.har-vard.edu/ehost/pdfviewer/pdfviewer?vid=8&hid=107&hid=8532ef3f-5e9d-48f8-98ec-

d2a5e260d6e8%40sessionmgr111.

111 아울러 인터넷 소셜 네트워크에 ~ 나온 것이다: Mezrich, *The Accidental Billionaires*.

112 그리고 1480년대가 되자 ~ 중심지로 발돋움했다: Howard, *The Book*.

113 부유하면서도 읽고 쓸 ~ 때문에 번성했다: 앞의 책

114 그 후로 몇 세기 동안 ~ 지배할 수 있었다: Burrows and Wallace, Gotham, 44l.

115 마틴 루터는 인쇄기를 ~ 이라고 말했다: Couch 외, *Information Technologies*, 124.

116 1517~1520년에 루터가 ~ 팔렸을 것이다: A. G. Dickens, Philip M. Taylor, *Munitions of the Mind*, 97에서 인용.

117 종교적 경쟁이 벌어지면서 ~ 개혁들로 이어졌다: Glaeser and Scheinkman, "Neither a Borrower."

118 위대한 네덜란드 혁명은 ~ 처음 시작됐다: Geyl, *Revolt of the Netherlands*, 93.

119 1581년에 네덜란드인들은 ~ 잃었다고 주장했다: "Netherlands," *Encyclopaedia Britannica*.

120 반(反)스페인 운동을 독려하기 ~ 광범위하게 게재되었다: Zagoín, *Rebels and Rulers*, vol. 2, 118

2장 | 도시는 왜 쇠퇴하는가?

1 엘름허스트를 따라서 ~ 같다는 느낌을 준다: 나는 다음의 놀라운 논문을 읽고 이곳을 방문하게 되었다: McWhirter, "Homes Give Way to Urban Prairie."

2 1950~2008년에 디트로이트는 ~ 소득의 절반 정도에 그친다: 2008년에 디트로이트의 인구는 77만 7,493명이었는데 이는 1950년 인구인 184만 9,568명에 비해서 100만 명 이상이 줄어든 42퍼센트 수준이다. 또한 디트로이트 거주민 중 33.3퍼센트의 소득은 지난 12개월 동안에 빈곤선 아래에 머물렀다. 또한 디트로이트의 가구당 연평균 소득은 3만 2,798달러로 미국 전체 가정의 연평균 소득인 6만 3,366달러의 52퍼센트에 불과하다. 2009년 기준으로 디트로이트의 평균 실업률은 25퍼센트로 같은 해 미국의 평균 실업률인 9.3퍼센트에 비해서 2.7배가 높았다. Bureau of Labor Statistics, Local Area Unemployment Statistics, "Unemployment Rates for the 50 Largest Cities, 2009," www.bls.gov/lau/lacilg09.htm, and *Statistics from the Current Population Survey*, "Employment Status of the Civilian Noninstitutional Population, 1940 to Date," www.bls.gov/cps/cpsaat1.pdf.

3 2009년 현재 이곳의 실업률은 ~ 2.5배 이상 높았다: Bureau of Labor Statistics, *Local Area Unemployment Statistics*, "Unemployment Rates for the 50 Largest Cities, 2009," www.bls.gov/lau/lacilg09.htm.

4 2008년에 디트로이트의 범죄율은 ~ 중에 하나였다: Federal Bureau of Investigation, Crime in the United States 2008, Sept. 2009, www.fbi.gov/ucr/cius2008/data/table_08.html.

5 많은 미국 도시들은 ~ 고통 받았다: Case-Shiller Home Price Indices, July 21, 2010.

6 같은 시기에 16대 ~ 절반 이상 줄었다: Gibson, "Population of the 100 Largest Cities," table 1, "Annual Estimates of the Resident Population for Incorporated Places Over 100,000, Ranked by July 1,2009 Population," April 1, 2000, to July 1, 2009 (SUB-EST2009-0l), www.census.gov/popest/cities/SUB-EST2009.html.

7 숙련된 도시들은 ~ 비해서 더 성공했는데: Glaeser and Saiz, "Skilled City," 47.

8 디트로이트에 거주하는 ~ 학력을 갖고 있었다: U.S. Census Bureau; American Community Survey, 2008 Data Profile for City of Detroit, generated using American FactFinder.

9 중서부 지역에 있는 ~ 성장을 도왔다: Glaeser and Tobio, "Rise of the Sunbelt."

10 가장 최근의 그런 사례를 ~ 제조업 클러스터였다: U.S. Bureau of the Census, Census 1950,

www.census.gov/prod/www/abs/decennial/1950.html.

11 1990년에 미국에서 ~ 수로를 끼고 있었다: Gibson, "Population of the 100 Largest Cities." 수
    로에 관련된 20개의 대도시는 다음과 같다: New York, NY, Eastern seaboard; Chicago, IL,
    Lake Michigan; Philadelphia, PA, Eastern seaboard; St. Louis, MO, Mississippi River;
    Boston, MA, Eastern seaboard; Baltimore, MD, Chesapeake Bay; Cleveland, OH, Lake
    Erie; Buffalo, NY, Erie Canal; San Francisco, CA, San Francisco Bay; Cincinnati, OH, Ohio
    River; Pittsburgh, PA, Allegheny, Monongahela, Ohio Rivers; New Orleans, LA, Mississippi
    Delta; Detroit, MI, Detroit River; Milwaukee, WI, Lake Michigan; Washington, DC,
    Potomac River; Newark, NJ, Newark Bay; Jersey City, NJ, Hudson River; Louisville, KY,
    Ohio River; Minneapolis, MN, Mississippi River; 그리고 Providence, RI, Eastern seaboard.

12 그 때문에 프랑스 사령관인 ~ 장소가 되었다: Hudgins, "Evolution of Metropolitan Detroit."

13 1816년에는 재화를 ~ 비용과 맞먹었다: George Rogers Taylor, *Transportation Revolution*,
    132-33.

14 미국 초대 대통령 자리에 ~ 수로 회사 사장이었다: Bernstein, *Wedding of the Waters*, 22-23.

15 또한 워싱턴은 수로보다는 ~ 것을 보여줬다: Achenbach, *The Grand Idea*.

16 운하는 동서 간의 ~ 흑자를 냈다: George Rogers Taylor, *Transportation Revolution*, 33-34,
    197.

17 또한 버펄로는 수로의 ~ 평저선으로 옮겨졌다: Bernstein, *Wedding of the Waters*, 359-61.

18 그런 모든 재화들을 ~ 바꾼 기술이 된다: 앞의 책, 362.

19 1850~1970년에 미국 최대 도시 ~ 경로상에 있었다: 데이터는 1900-1980의 것: Gibson, "Popu-
    lation of the 100 Largest Cities." 1860년의 인구 크기 순서는 다음과 같다, New York, NY;
    Brooklyn, NY; New Orleans, LA; St. Louis, MO; Chicago, IL; 그리고 Buffalo, NY. 1960년은
    다음과 같다, New York, NY; Chicago, IL; Detroit, MI; Cleveland, OH; 그리고 St. Louis, MO.

20 결국 운하가 건설되고 ~ 시장은 폭등했다: Hoyt, *One Hundred Years of Land Values in
    Chicago*.

21 1850~1900년에 수로에 이어 ~ 50배가 늘었다: 2008년 미국 커뮤니티 조사에 따르면 디트로이
    트의 25세 이상 인구의 10.8퍼센트는 대졸 이상의 학위를 갖고 있다. U.S. Census Bureau,
    American Community Survey, 2008 Data Profile for City of Detroit, generated using
    American FactFinder.

22 1889년에 아이오와의 ~ 50퍼센트가 더 많았다: United States Department of Agriculture-
    National Agricultural Statistics Service, Crops by State (95111), cn186629.csv,
    http://usda.mannlib.comell.edu/MannUsda/viewDocumentInfo.do?documentID=1269.

23 신시내티와 시카고처럼 ~ 전문적으로 했다: Cronon, *Nature's Metropolis*.

24 1870년대 후반 육류 ~ 유지해 주었다: Williams, *Food in the United States*, 87.

25 1850~1890년 디트로이트의 인구는 ~ 늘어났다: U.S. Census Bureau, Population Division,
    Release Date June 2010; 그리고 Gibson, "Population of the 100 Largest Cities."

26 1907년이 되자 ~ 이상 많은 수준이었다: Nolan, "How the Detroit River Shaped Lives and
    History."

27 리버풀과 맨체스터 등 ~ 묶여 있었다: David Elystan Owen, *Canals to Manchester*.

28 조지 왕조 시대 ~ 항구와 연결시켰다: Minchinton, "Bristol."

29 1830년대에 철도는 ~ 할 수 있게 해주었다: Lay, *Ways of the World*, 138.

30 '디트로이트 드라이 독'처럼 ~ 직접 거래했다: Nevins and Hill, Ford, vol. 1, 84-85.

486

31 디트로이트에서는 나무와 ~ 장소로 만들어졌다 : 앞의 책, 515.

32 헨리 포드는 엔진 기업에서 ~ 경력을 쌓기 시작했다: Pelfrey, *Billy, Alfred, and General Motors*, 28-29.

33 자동차의 기초과학은 ~ 치열한 경쟁을 펼쳤다: Nevins and Hill, Ford, vol. 1, 125-35.

34 일반적으로 봤을 때 ~ 강력한 상관관계가 존재한다: Glaeser 외, "Clusters of Entrepreneurship."

35 1882년에 디트로이트 드라이 독에 ~ 실험에 몰두했다: Nevins and Hill, Ford, vol. 1, 87.

36 그는 이웃이 갖고 있던 ~ 많은 경험을 쌓았고: 앞의 책.

37 엔진을 개발 중이던 ~ 전문 지식을 동원했다: 앞의 책.

38 한편 자유 시간에는 ~ 만들기도 했다: 앞의 책, 112.

39 1891년에 포드는 웨스팅하우스를 ~ 회사에 들어갔다: 앞의 책, 117.

40 1893년에 그는 ~ 승진했다: 앞의 책, 135.

41 당시 포드가 위대한 ~ 대답했을 것이다: Brinkley, *Wheels*, 26.

42 포드는 에디슨에서 얻은 ~ 만들었다: Nevins and Hill, *Ford*, vol. 1, 154-55.

43 쿼드리사이클은 자전거 타이어들을 ~ 충분했다: 앞의 책, 174-75.

44 포드가 처음 개발한 ~ 경쟁력이 없었다: 앞의 책, 190-92.

45 결국 포드는 1901년에 ~ 캐딜락이라고 지었다: Weiss, Chrysler, *Ford, Durant, and Sloan*, 11.

46 디트로이트 거리 귀퉁이마다 ~ 디트로이트에서 일했다: Nevins and Hill, Ford, vol. 1, passim.

47 포드는 엔진과 새시 ~ 부품을 모두 지원했다: 앞의 책, 231.

48 무게 476킬로그램의 ~ 도약할 수 있었다: Brinkley, *Wheels*, 87.

49 1908년에 포드는 ~ 모델 T를 출시했다: Nevins and Hill, Ford, vol. 1, 388.

50 포드는 기계들을 사용해서 ~ 발전시켰을 뿐이다: 앞의 책, 447-80. For Adam Smith's observations regarding the pin factory, see Smith, *Wealth of Nations*, Cosimo, 10-11.

51 1917년이 되자 포드는 ~ 세우기 시작했다: Nevins and Hill, Ford, vet. 2, 201-2.

52 리버 루지에서 그는 ~ 단지를 건설했다: 앞의 책, 293.

53 리버 루지 안에는 부두와 ~ 제작될 수 있었다: 앞의 책, 212-16.

54 1950년대가 되자 다른 ~ 쇠퇴하기 시작했다: U.S. Census Bureau, Population Division, Release Date June 2010; 그리고 Gibson, "Population of the 100 Largest Cities."

55 1890년과 오늘날을 비교하면 ~ 중요하지 않게 되었다: Glaeser and Kohlhase, "Decline of Transport Costs."

56 창시자인 새뮤얼 곰퍼스: Harvey, *Samuel Gompers*, 40-44.

57 뉴욕 시 담배 제조업자: 앞의 책, 6.

58 수만 명에 이르는 ~ 환경 개선을 요구했다: Tyler, Look for the Union Label, 63.

59 전국노동관계법: Russell A. Smith, "Taft-Hartley Act."

60 선벨트 지역의 산업화가 ~ 타격을 받았다: 앞의 책.

61 이 법의 제정으로 ~ 것이 가능해졌다: Vedder, "Right-to-Work Laws," 172.

62 노동권법의 유무에 따라서 ~ 논문도 등장했다: Thomas J. Holmes, "Effect of State Policies on the Location of Manufacturing," 693.

63 그렇기 때문에 디트로이트는 ~ 경험하고 있었다: June Manning Thomas, "Planning and Industrial Decline."

64 19세기 상반기에 쾌속 범선을 ~ 등장으로 허물어졌다: Glaeser, "Reinventing Boston," 131-32.

65 뉴욕의 의류 산업은 ~ 붕괴됐으며: Glaeser and Kahn, "From John Lindsay."

66 1967~1977년에 뉴욕의 제조업 ~ 사라졌다: 저자의 계산은 다음 데이터를 사용했다. U.S.

Census Bureau, County Business Patterns 1967 and 1977.

67 가수 존 레논이 ~ 86만 7,000명이었다: BBC News, "Liverpool Hails Population Rise," http://news.bbc.co.uk/2/hi/uk_news/england/merseyside/3644164.stm.

68 그러나 1937년 이후로는 ~ 리버풀을 떠났다: McElroy, Key Statistic Bulletin.

69 컨테이너 수송 같은 ~ 길거리로 몰아냈다: Levinson, The Box.

70 1959년에 프랑코 총통은 ~ 실권을 주었다: "Spain," Encyclopaedia Britannica.

71 1960~1975년에 스페인은 ~ 빨리 성장했다: Maddison, "Statistics on World Population."

72 저임금과 유럽 시장과의 ~ 장소로 만들었다: "Bilbao," Encyclopaedia Britannica.

73 빌바오의 인구는 ~ 감소했다: Instituto Nacional Estadistica (Spain), www.ine.es, De Facto Population Figures from 1900 Until 1991 and De Jure Population Figures from 1986 Until 1995.

74 두 시장은 또한 ~ 추세를 경험했다: Monkkonen, Homicides in New York City.

75 1968년 7월 23일 ~ 불길에 휩싸였다: Sugrue, Origins of the Urban Crisis, 259.

76 디트로이트에는 1,000명이 ~ 폭도를 통제하지 못했다: Rucker and Upton, Race Riots, vol. 1, 167.

77 폭동은 제82·제101 공수사단 ~ 이후까지도 이어졌다: Thompson, Whose Detroit?

78 군인들이 폭동 진압을 완료할 ~ 7,000명이 체포됐다: Rucker and Upton, Race Riots, vol. 1, 165.

79 경찰 수가 더 많은 ~ 폭동 건수도 더 적었다: DiPasquale and Glaeser, "Los Angeles Riot," 56.

80 위대한 사회 불안 전문가 ~ 문구로 요약했다: Charles Tilly, Louise Tilly, and Richard Tilly, The Rebellious Century.

81 1977년에 디트로이트가 ~ 임금을 받았다: 1977년 카운티 비즈니스 패턴을 사용해서 우리는 미시건 주 웨인 카운티와 뉴욕 주 뉴욕 카운티(맨해튼)에 대한 자료를 뽑았다. 웨인 카운티의 경우 당시 지불 임금 총액은 122억 3,105만 1,000달러였으며, 전체 취업자 수는 79만 7,342명이었고, 연소득 평균은 1만 5,340달러였다. 맨해튼 카운티의 경우 지불 임금 총액은 263억 4,266만 3,000달러였고, 전체 취업자 수는 176만 5,942명이었으며, 연소득 평균은 웨인 카운티의 그것에 비해서 약 3퍼센트 정도 낮은 1만 4,917달러였다. U.S. Census Bureau, 1986-04-28, County Business Patterns, 1977: U.S. Summary, State, and County Data, http://hdl.handle.net/1902.2/8464, Inter-university Consortium for Political and Social Research, version 1.

82 1975년에 뉴욕 주는 ~ 뉴욕의 사정은 그랬다: Cannato, Ungovernable City.

83 히피족 도시 계획 ~ 덕분이라고 여겼다: Currid, Warhol Economy.

84 2008년에 미국 인구 조사국의 ~ 임금을 받았다: U.S. Census Bureau, County Business Patterns 2008, www.census.gov/econ/cbp.

85 지금으로부터 60년 전 이미 ~ 강력해졌다고 주장했다: Chinitz, "Contrasts in Agglomeration," 281, 284-85.

86 씨티그룹의 CEO를 지냈던 ~ 아들을 길렀다: Langley, Tearing Down the Walls, 8.

87 그러한 능력은 투자자들이 ~ 쉽게 팔 수 있고: Bernstein, Against the Gods, 300-302.

88 그로 인해서 RJR/나비스코처럼 ~ 연결된 고리들이다: Burrough and Helyar, Barbarians at the Gate, 5.

89 1970년대에 블룸버그는 살로몬 ~ 거대 조직체로 키웠다: Bloomberg and Winkler, Bloomberg.

90 메트로폴리탄 지역에서는 ~ 늘어나는 결과를 가져왔다: Glaeser 외, "Clusters of Entrepreneurship."

91 영의 집안은 ~ 디트로이트로 이주했다: Young and Wheeler, *Hard Stuff*, 16.

92 그는 포드 자동차 ~ 일자리를 구했으나: 앞의 책, 40-41.

93 노동과 시민권 운동에 ~ 이름이 올라 있었다: Coleman A. Young Foundation, biography, www.cayf.org/about_person.php.

94 제2차 세계대전 당시 ~ 폭격수로 근무했다: Young and Wheeler, *Hard Stuff*, 59.

95 시위 도중 백인 경찰관들의 ~ 피해를 입지 않았다: 앞의 책, 84-85.

96 거기서도 장교용 클럽은 ~ 사용할 수 있었다: 앞의 책, 65-78.

97 전국 흑인 노동자 회의: 앞의 책, 113.

98 그곳은 급진주의 때문에 ~ 감시를 받았다: "Coleman A. Young, 79, Mayor of Detroit and Political Symbol for Blacks, Is Dead," *New York Times*, Nov. 30, 1997.

99 마침내 1963년 시대가 ~ 당선됐다: Young and Wheeler, *Hard Stuff*, 165.

100 그로부터 3년 뒤에 ~ 지도자가 되었다: 앞의 책, 169.

101 그는 주거에 있어 ~ 위해서 노력했고: 앞의 책, 166.

102 디트로이트 최초의 소득세: Rich, *Coleman Young*, 86.

103 4명의 경제학자들이 ~ 않은 것으로 나타났다: Haughwout, 외, "Local Revenue Hills: Evidence from Four U.S. Cities."

104 폭동으로 시장직 수행이 ~ 시장으로 선출됐다: 앞의 책, 105.

105 1970년에 인구 55.5퍼센트가 ~ 도시로 변화하면서: U.S. Census Bureau, American Community Survey, 2008 Data Profile for Detroit, generated using American FactFinder; 그리고 Gibson and lung, "Historical Census Statistics on Population Totals by Race," Working Paper No. 76, detailed tables, Michigan.

106 영은 이후 네 차례 ~ 당선될 수 있었다: 앞의 책, 112, 115, and 118 cover the 1977, 1981, and 1985 elections; Steven A. Holmes, "The 1989 Elections."

107 그는 "적절하게 사용된 ~ 표현할 수 있다"라고 말했다: Young, *Quotations of Mayor Coleman A. Young*, 6.

108 그는 "인종차별주의의 ~ 위치에 있다"라고 말했다: 앞의 책, 1-2.

109 "8마일 도로를 걸어라": 앞의 책, 35.

110 컬리 효과: Glaeser and Shleifer, "Curley Effect," 2.

111 컬리는 가난한 소수민족 ~ 선거에서 승리했다: Beatty, *Rascal King*, 3.

112 컬리는 잉글랜드인들을 ~ 표현을 자주 쓰곤 했다: 앞의 책, 170.

113 그는 영의 5선에는 ~ 주지사로도 재임했다: 앞의 책, 3.

114 그리고 영과 달리 컬리는 ~ 수감된 전력이 있다: 앞의 책, 443, 465, 473, 481.

115 그러자 컬리는 "마음대로 ~ 좋소"라고 말했다: 앞의 책, 5.

116 1세기에 로마를 통치했던 ~ 분위기를 조성했다: Levick, Vespasian, 127-28, 129.

117 전설에 따르면 그로부터 ~ 만들었다고 한다: "Grigory Aleksandrovich Poternkin," *Encyclopcedia Britannica*, www.britannica.com/EBchecked/topicl472610/Grigory-Aleksandrovich-Potemkin-Prince-Tavrichesky-Imperial-Prince.

118 1970년대에 디트로이트 레드 윙스 ~ 쓸 수 있게 했다: Ankeny and Snavely, "Renovate Joe or Build Rink?"

119 1987년에 디트로이트는 ~ 피플무버(People Mover)를 개통했다: Wilkerson, "Detroit's Monorail Opens."

120 4.8킬로미터를 운행하는 ~ 프로젝트일지 모른다: Henion, "People Mover Grows Up."

121 이곳은 세제 혜택과 함께 ~ 보여주는 사례였다: Nicholson and Jones, "Detroit' s New Towers of Hope."

122 르네상스 센터의 건축 ~ 제너럴 모터스에 매각됐다: Meredith, "G.M. Buys a Landmark."

123 폴타운: Wylie, *Poletown*, ix, 52.

124 그러나 영은 여전히 ~ 제너럴 모터스에 넘겼다: Wylie, *Poletown*.

125 공장은 188헥타르의 ~ 혜택을 찾기는 어렵다: Whitford, "Factory Gets a Second Chance"; 그리고 Wylie, Poletown, ix.

126 산업화의 몰락과 정치적 ~ 불과하다는 것이다: U.S. Census Bureau; American Community Survey, American FactFinder를 이용해 만든 디트로이트와 미국의 2008년 데이터.

127 경기 침체가 닥치기 전인 ~ 13.7퍼센트에 달했다: Bureau of Labor Statistics, Local Area Unemployment Statistics, 2010, "Unemployment Rates for Metropolitan Areas," www.bls.gov/web/metrollaummtrk.htm; "Unemployment Rates for the 50 Largest Cities, 2006," www.bls.govllau/lacilg06.htm.

128 디트로이트의 겨울은 잔혹한데 ~ 따뜻한 날씨를 좋아한다: U.S. Census Bureau, County and City Data Book 2000, table C-7, "Cities-Government Finances and Climate," www.census.gov/prod/2002pubs/00ccdb/cc00_tabC7.pdf.

129 아마도 우리는 왜 ~ 물어야 할 것이다: U.S. Census Bureau, American Community Survey, American FactFinder를 이용해 만든 디트로이트의 2008년 데이터.

130 어떤 장소에 사는 인구건 ~ 사라지지 않는다: Glaeser 외, "Urban Growth and Housing Supply."

131 디트로이트의 평균 집값은 ~ 훨씬 더 싸다: U.S. Census Bureau, American Community Survey, American FactFinder를 이용해 만든 디트로이트의 2008년 데이터; 그리고 Glaeser and Gyourko, "Urban Decline and Durable Housing."

132 스페인은 더 빈곤한 ~ 인프라에 눈을 돌렸다: Catan, "Spain' s Bullet Train."

133 리버풀에는 유럽의 ~ 잇달아 지었다: "Liverpool, Capital Of Culture 2008: City on the up-It' s All in the Facades," Guardian Magazine (London), Jan. 5, 2008.

134 초고속 철도 연결망은 ~ 인구는 늘어난 것 같다: Catan, "Spain' s Bullet Train."

135 연구 결과 , 세제 혜택은 문제가 ~ 달러에 이르렀다: Busso and Kline, "Do Local Economic Development Programs Work?"

136 1994년 빌바오를 찾은 ~ 380만 명으로 늘어났다: Plöger, "Bilbao City Report," 30.

137 미술관을 찾는 ~ 100만 명에 이른다: "Guggenheim Bilbao Receives 5% Fewer Visits," El Mundo, www.elmundo.es/elmundo/2009/01/12/cultura/1231778022.html.

138 그러나 분명 빌바오에 ~ 900개 정도에 불과하며: Plaza, "Guggenheim Museum Bilbao," 459.

139 미술관 프로젝트로 ~ 감소했다고 주장했다: 앞의 책, 461.

140 1999년 문을 열었을 때 ~ 문을 닫았다: "Debts Rock Pop Museum," BBC News, Oct. 18, 1999, http://news.bbc.co.uk/2/hi/entertainment/478616.stm.

141 2000년에 라이프치히의 ~ 주인을 찾지 못했다: Plöger, "Leipzig City Report."

142 미국에서는 1970년과 ~ 비전을 받아들였다: U.S. Census Bureau, American Community Survey, American FactFinder를 이용해 만든 영스타운의 2008년 데이터; 그리고 Gibson, "Population of the 100 Largest Cities."

143 2005년도에 새로 선출된 ~ 철거되고 있다: City of Youngstown, Ohio, Youngstown 2010: The Plan, www.cityofyoungstownoh.com/about_youngstown/youngstown_2010/plan/plan.aspx.

144 그리고 마침내 디트로이트는 ~ 시장을 찾아냈다: Saulney, "Detroit Is Razing Itself"; Davey, "Detroit Mayor' s Tough Love."

3장 | 가난한 도시에도 희망은 있다

1 지금으로부터 2,500년 전에 ~ 라고 말했다: Plato, Republic, 111.
2 미국에서 도시 내 ~ 9.8퍼센트에 이른다: DeNavas-Walt 외, "People and Families in Poverty," 14.
3 최근 대도시로 들어온 ~ 비해서 더 높다: Glaeser 외, "Why Do the Poor Live in Cities?" 4.
4 미국의 도시들이 지난 30년 ~ 빈곤율은 높아졌다: 앞의 책, 16.
5 1870~1880년대에 아르헨티나와 ~ 여전히 합법이었다: Burns, History of Brazil, 126, 177; Levine, History of Brazil, 77.
6 19세기 중반 리우데자네이루 ~ 정도는 노예였다: Hugh Thomas, Slave Trade, 742.
7 리우데자네이루에서 도망친 ~ 빈민가의 시초였다: Burns, History of Brazil, 46.
8 황제 페드로 2세는 ~ 애쓰지 않은 것인지 모른다: Barman, Roderick J. Citizen Emperor: Pedro II and the Making of Brazil, 233.
9 그러나 1888년 ~ 선언에 서명함으로써: Chasteen, Born in Blood and Fire, 173.
10 마침내 남북아메리카에서 ~ 종식되었다: 앞의 책.
11 그 다음 해에 재산의 일부로 ~ 왕조를 무너뜨렸다: 앞의 책, 173-74.
12 그곳에서 순회 설교자와 ~ 거부 운동을 시작했다: Burns, History of Brazil, 248-50.
13 참사관이 주동이 된 ~ 성격이 달랐다: Levine, Vale of Tears, 16.
14 1896년이 되자 ~ 군인을 파견했다: Burns, History of Brazil, 251-52.
15 마침내 카누도스가 ~ 사람들이 살해되었다: Levine, Vale of Tears, 185.
16 이후 70년 동안 ~ 리우데자네이루로 몰려들었다: O' Hare and Barke, "Favelas of Rio," 232.
17 최근 한 연구 결과를 보면 ~ 위에서 생활하고 있었다: Ferreira 외, "Robust Poverty Profile for Brazil," 83.
18 나이지리아의 라고스는 ~ 절반 미만이다: Canagarajan 외, "Evolution of Poverty and Welfare in Nigeria," 18.
19 라고스 거주민들 중 ~ 더 높은 수준이다: World Bank, "Nigeria," 12.
20 콜카타 역시 엄청난 ~ 빈곤율은 24퍼센트이다: India, Planning Commission of, "Poverty Estimates for 2004-05," 5.
21 최근 몇 년 동안에 서벵골 ~ 1퍼센트 미만이다: "Bengal Leads Hunger List."
22 그들은 수세기 동안 ~ 투자에 서툴렀다: 1999년에 25세 이상 브라질 국민들의 평균 학교 수업 연수는 4.6년이었다. 이와 비교해서 미국은 12.24년이었고, 서유럽 대부분의 국가 평균은 8년이 넘었으며, 많은 남미 국가들은 이보다 더 길었다. 예를 들어 아르헨티나는 평균 8.487년이었고, 칠레는 7.89년이었다. Barro and Lee, "Educational Attainment."
23 벨레즈는 예전 고객을 ~ 미용실 숫자를 불려나갔다: Gergen and Vanourek, Life Entrepreneurs, 85-86.
24 그녀가 세운 회사는 ~ 상품을 팔고 있다: McConnell, "Next Silicon Valley."
25 어떤 면에서 그녀는 ~ 워커의 현대판이다: Bundles, On Her Own Ground, 88, 277.
26 많은 가난한 국가들이 ~ 고통을 받기 때문에: Hartemink, "Soil Map Density and a Nation' s Wealth and Income," 53-54; 그리고 Sachs, "Breaking the Poverty Trap."
27 결과적으로 리우데자네이루는 ~ 수도였으며: "Rio de Janeiro," Encyclopaedia Britannica.

28 1900년대 초부터 브라질은 ~ 캠페인을 시작했다: Meade, " 'Civilizing Rio,' " 301.

29 리우데자네이루의 가난을 다룬 ~ 정부의 시도였다: Portes, "Housing Policy," 5-6 (Cidade de Deus on p. 8).

30 경찰 치안은 매우 까다로운 ~ 간주되는 것이 맞다: Meade, " 'Civilizing Rio,' " 304.

31 굶주림으로부터 도망쳐 온 ~ 판자촌에 살았다: Berger, "Hell's Kitchen."

32 59번가에서 5번가와 ~ 판잣집들로 가득했다: Plunz, *History of Housing in New York City*, 54-56.

33 이곳의 부르주아 군인들은 ~ 임무를 맡았었다: Burrows and Wallace, Gotham, 1037-38.

34 사실상 1840년대에는 ~ 수적으로 압도당했다: Glaeser, "Reinventing Boston," 131-32.

35 그로부터 30년 뒤에 증기선이 ~ 압도적으로 더 많았다: 앞의 책.

36 감자 기근은 ~ 큰 타격을 주었다: Maier, The Kennedys, 18-23, 334-39.

37 굶어죽을 위기에 몰린 ~ 일하기 시작했다: 앞의 책, 32.

38 그는 부두에서 일해서 ~ 많은 돈을 벌었다: Koskoff, *Joseph P. Kennedy*, 6.

39 패트릭 케네디의 정치적 ~ 결혼에 골인했다: 앞의 책, 7, 17.

40 조셉 케네디는 은행 감독관으로 ~ 은행을 인수했다: Derbyshire, Six Tycoons, 207.

41 그는 1920년대에 ~ 월스트리트에서 돈을 벌었다: 앞의 책, 209.

42 2008년 기준으로 뉴요커들 중 ~ 다른 언어를 사용했다: American Community Survey, American FactFinder를 이용한 미국의 2008년 데이터.

43 외국 태생 지휘자: New York Philharmonic, List of Directors, http://nyphil.org/about/musicDirectors.cfm.

44 1840년대에 그는 리버풀에 ~ 상원의원 자리까지 올랐다: Routledge, Cains.

45 세계 최고 부자일지 모르는 카를로스 ~ 운영하면서 시작했다: Mehta, "Carlos Slim"; Carlos Slim Helu, biography of, www.carlosslim.com/biografia_ing.html.

46 무지로 가득 찬 체제: Stigler, *Organization of Industry*, 206.

47 그는 어머니와 함께 ~ 벗어나기 위해 애썼다: Rowley, *Richard Wright*, 4, 40, 48-49.

48 라이트는 자전적인 소설 ~ 북쪽으로 향했다"라고 썼다: Wright, Black Boy, 285.

49 글을 쓸 수 있는 여유를 ~ 좋은 일이었다: Rowley, *Richard Wright*, 55-60.

50 그것은 "당신이 ~ 있다"는 말이었다: Wright, "I Tried to Be a Communist."

51 그가 그 일을 붙잡은 ~ 눈에 들었기 때문이었다: Rowley, *Richard Wright*, 62-68.

52 그녀는 또한 라이트에게 ~ 역사를 쓰는 일을 맡겼다: 앞의 책, 108-9.

53 라이트는 대도시 생활을 ~ 뉴욕으로 이사했다: 앞의 책, 124, 144.

54 남부의 인종 편견을 그린 ~ 출판사에서 출간됐다: 앞의 책, 138.

55 그는 구겐하임 ~ 수상했고: 앞의 책, 164.

56 1920년대의 남부 소작인은 ~ 445달러였다: Braunhut, "Farm Labor Wage Rates in the South," 193.

57 헨리 포드 공장에서 ~ 5달러를 받았다: Raff and Summers, "Did Henry Ford Pay Efficiency Wages?" S59.

58 1900년에는 뉴욕 인구의 ~ 1.8퍼센트만이 흑인이었다: Gibson and lung, "Historical Census Statistics on Population Totals by Race," Working Paper No. 76, detailed tables, Illinois and New York.

59 시장은 "법의 지지자들은 ~ 힘든 말을 하며 발표했다: "Baltimore Tries Drastic Plan." 그가 모건 칼리지와 예일에 갔다는 사실이 모건 주립대 공식 웹사이트에 소개되어 있다. www.mor-

gan.edu/About_MSU/University_History.html.

60 곧바로 리치몬드, ~ 유사한 조치들이 통과됐다: C. Johnson quoted in Power, "Apartheid Baltimore Style," 289.

61 맥메켄은 "그것은 ~ 법"이라고 주장했다: "Baltimore Tries Drastic Plan."

62 호킨스는 볼티모어를 ~ 효력을 무효화했다: Power, "Apartheid Baltimore Style," 305-6, 311, 314.

63 이는 그 당시까지 미국의 ~ 승리였을지도 모른다: Power, "Apartheid Baltimore Style," 312-14; 그리고 Buchanan v. Warley, 245 US 60, Supreme Court 1917.

64 애틀랜타와 시카고 등 ~ 테러를 가했다: Godshalk, Veiled Visions; 그리고 "Race Riots," Encylopedia of Chicago, http://encyclopedia.chicagohistory.org/pages/ 1032.html.

65 1947년 실시된 연구 결과를 보면 ~ 규제들이 존재했다: Stephen Grant Meyer, As Long as They Don't Move Next Door, 10.

66 지금으로부터 근 40년 전에 ~ 더 많은 돈을 지불했다: Kain and Quigley, "Housing Market Discrimination," 272-73.

67 이 결과는 "시카고의 흑인 지역 ~ 주장들과 일치했다: Groner and Helfeld, "Race Discrimination in Housing," 432.

68 20세기 내내 흑인들은 차별이 ~ 돈을 주고 살았다: Cutler 외, "Rise and Decline of the American Ghetto," 482.

69 두 사람 중 전자는 흑인이고 ~ 미국 정부를 대표했다: Ware, "Invisible Walls," 759, 765.

70 마침내 1948년에 그들의 주장에 ~ 효과적으로 무력화시켰다: 앞의 책, 770-71.

71 뉴욕이 시작하자 ~ 인권법을 통과시켰다: Collins, "Political Economy of State Fair-Housing Laws," 3-4.

72 1970~2000년 사이에 미국 내 ~ 진입했기 때문이다: Cutler 외, "Rise and Decline of the American Ghetto," 496와 여러 곳.

73 1970~1990년 사이에 ~ 미만으로 하락했다: 앞의 책, 467.

74 결과적으로 오늘날 ~ 정반대의 현상이다: 앞의 책, 457-58.

75 1990년이 되자 더 ~ 6.2퍼센트 더 많았다: Cutler and Glaeser, "Are Ghettos Good or Bad?"

76 젊은 흑인 여성들은 더 ~ 3.2퍼센트 더 높았다: 앞의 책.

77 지금으로부터 30년 전에 ~ 대혼란에 빠졌다: Wilson, Declining Significance of Race.

78 자가용 운전이나 지하철 이용 ~ 멀리 떨어져 산다: Glaeser 외, "Why Do the Poor Live in Cities?"

79 2009년 기준 미국 ~ 2만 2,050달러이다: "The 2009 HHS Poverty Guidelines," U.S. Department of Health and Human Services, Assistant Secretary for Planning and Evaluation, http://aspe.hhs.gov/poverty/09poverty.shtml.

80 2008년에 일반적인 비도시 가구는 ~ 9,000달러를 지출했다: Bureau of Labor Statistics, Consumer Expenditure Survey, 2008, www.bls.gov/cex, table 2400: "Population Size of Area of Residence: Average Annual Expenditures and Characteristics."

81 이 시각에 따르면 ~ 경감해 줄 수 있다: Kain and Persky, "Alternatives to the Gilded Ghetto."

82 1990년대에 미국의 ~ 사회적 실험을 시도했다: Kling 외, "Experimental Analysis of Neighborhood Effects," 84.

83 결과는 놀라울 정도로 혼란스러웠다: 앞의 책, 103-5.

84 이 NGO는 학업 성과를 ~ 사회 활동망을 만들었다: Harlem Children's Zone, "History,"

www.hcz.org/about-us/history.

85 이 학교의 지도자들은 ~ 교사들을 해임했다: Dobbie and Fryer, "High Quality Schools," 6-7.

86 이 학교의 입학은 ~ 결정되는데: 앞의 책, 3.

87 이에 착안해서 내 동료 ~ 실험을 실시했다: 앞의 책, 15-16.

88 교사들은 특히 소년들의 ~ 놀라운 일이 아닐 수 없다: 앞의 책, 51.

89 그러나 이 같은 성공은 오바마 ~ 학교들을 세울 것이다: Obama, "Changing the Odds."

90 1989년에 연간 자녀 ~ 20퍼센트 더 많았다: 미국 보건복지국이 펴낸 자료를 보면 소득이 없는 엄마와 아이 두 명에게 매년 지원되는 금액은 일리노이 주가 5,209달러로 미주리 주의 4,341달러에 비해서 20퍼센트 정도 더 높았다. "Eligibility, Benefits and Disposable Income," Aid to Families with Dependent Children: The Baseline, Human Services Policy, Office of the Assistant Secretary for Planning & Evaluation, June 1998, p. 91, http://aspe.hhs.gov/hsp/afdc/afdcbase98.htm.

91 따라서 1990년에 이스트세인트루이스의 ~ 도시들보다 높았다: U.S. Census Bureau, Census 1990, American FactFinder를 이용한 요약 Tape File 3, Sample data, Detailed Tables.

92 1996년 복지제도 개편 이후 ~ 상당히 줄어들었다: U.S. Census Bureau, American Community Survey, American FactFinder를 이용한 이스트세인트루이스와 세인트루이스의 2006-2008년 데이터.

93 또한 부유한 파리 거주 부모들은 ~ 입학시키기를 꿈꾼다: Lycée Henri-IV, http://lyc-henri4.scola.ac-paris.fr/index.html, and Lyc?e Louis le Grand, www.louis-le-grand.org/albedo/index.php.

94 버스 통학 옹호자들은 ~ 수단으로 간주했다: Pride, "End of Busing," 207-8.

95 미국 국민 90퍼센트 이상을 ~ 침해 행위로 간주했다: Gary Orfield, *Must We Bus? Segregated Schools and National Policy* (Washington, DC: Brookings Institution, 1978), 117.

96 밀리켄 대 브래들리: Amaker, "Milliken v. Bradley," 349.

4장 | 아프고 혼잡한 도시 어떻게 치료할 것인가?

1 세계 최대 빈민가인 ~ 사람들이 살고 있다: Saunders, "Slumming It Is Better."

2 화장실 한 곳을 ~ 혼하게 목격된다: Watkins, "Beyond Scarcity," 37.

3 한 연구 결과에 따르면 ~ 7년이 짧다: Mumbai, Mumbai Human Development Report 2009.

4 이웃끼리 서로 잘 ~ 상당히 안전하지만: Patel, "Dharavi," 47.

5 뉴욕 시의 범죄와의 ~ 피해만 준다"라고 말했다: Theodore Roosevelt, Rough Riders, 2004, p. 426.

6 킨샤사는 시작부터 좋지 않았다: "Kinshasa: History," Encyclopaedia Britannica.

7 그리하여 그의 이름은 ~ 되어버렸다: "Congo Free State," Encyclopaedia Britannica.

8 수십만 명이 전쟁 중에 ~ 계속됐다: Edgerton, *Troubled Heart of Africa*; 그리고 Gondola, The History of Congo.

9 1960년 이후 킨샤사는 ~ 도시로 성장했다: A계은행에 따르면 1960년 킨샤사의 인구(당시 이름은 레오폴드빌이었다)는 44만 6,013명이었다. 2007년에는 인구가 1,044만 9,998명이었다. World Bank, World Development Indicators, Population in the Largest City.

10 1인 지배 체제의 특징은 ~ 더 크다는 것이다: Ades and Glaeser, "Trade and Circuses."

11 인도네시아의 부패를 ~ 결과를 보면: Fisman, "Estimating the Value of Political Connections."

12 몇몇 연구 결과, ~ 것으로 나타났다: Kazadi 외, "Malaria in Primary School Children and

Infants in Kinshasa."

13 2004~2005년에 발병한 ~ 수천 명이 감염됐다: World Health Organization, "Typhoid Fever."

14 초기 인간 면역결핍 ~ 거주민으로부터 나왔다: Moore, "Puzzling Origins of AIDS."

15 1985년 무작위 샘플 ~ 것으로 나타났다: Quinn 외, "AIDS in Africa."

16 미국 국무부는 킨샤사 ~ 않다"라고 경고했다: CNN, www.cnn.com/2010/WORLD/ americas/04/10/dangerous.cities.world/index.html; U.S. Department of State, http://travei.state.gov/travellcis_pa_tw/cis/cis_1104.html.

17 1996~2003년 사이에 중앙아프리카 ~ 수도로 몰려들었다: "Kinshasa: History," Encyclopaedia Britannica.

18 킨샤사에서 태어난 ~ 전에 숨진다: Congo, Enqueête Démographique, p.189, table 12.2, "Taux de mortalité des enfants selon certaines caractéristiques sociodé mographiques."

19 이는 미국 평균 영아 ~ 낮은 수준이다: 앞의 책; 그리고 Xu 외, "Deaths: Final Data for 2007."

20 이것은 심각한 상황처럼 ~ 넘을 때도 있었다: Tollens, "Food Security."

21 콩고 도시 거주민 ~ 이동해야 하지만: Congo, Enqueête Démographique; p. 20, table 2.6, "Approvisionnement en eau potable."

22 기원전 430년에 ~ 전염병이 들어왔다: Durack 외, "Hellenic Holocaust."

23 그로부터 약 970년 ~ 전염병이 창궐했는데: Russell, "That Earlier Plague."

24 1350년 이후 3세기가 넘는 시간: McNeill, Plagues and Peoples, 160-72.

25 17세기에는 영국 ~ 훨씬 더 높았다: Wrigley and Schofield, Population History, 472.

26 18세기 초 ~ 전염병이 사라졌지만: McNeill, Plagues and Peoples, 171-72.

27 황열병이 도래했고, ~ 피해를 주었다: 앞의 책, 271-75, 280.

28 그로부터 9년 뒤에 ~ 기술을 습득했다: Steven Johnson, Ghost Map, 60.

29 런던은 스노의 ~ 발병 지도를 만들어냈다: 앞의 책, 172-73.

30 콜레라 발생 ~ 특정 물 펌프: 앞의 책, 193.

31 그는 여러 사람들과 ~ 결론을 내렸다: Brody 외, "Map-Making," 65.

32 영국의 건축가이자 ~ 벌이기 시작했다: Warner, Private City, 103.

33 뉴욕은 민자 사업을 통해서: Reubens, "Burr, Hamilton," 592.

34 해밀턴은 공공 시스템 ~ 세금에 반대하면서: Reubens, "Burr, Hamilton."

35 인가증의 핵심 조항: 앞의 책, 599.

36 '헌법과 주법에 위배되지 ~ 금전적 거래': 앞의 책, 600.

37 뉴욕 시는 특정 ~ 이상을 잃기도 했고: New York City Department of Health and Mental Hygiene, Summary of Vital Statistics 2008, Jan. 2010, cover.

38 약 900만 달러 ~ 물을 공급해 주었고: Jervis, Description of the Croton Aqueduct.

39 그러자 곧바로 ~ 60년 동안 하락했다: 1832년 뉴욕 시는 1,000명 중 50명이 사망해 사망률이 5퍼센트였다. New York City Department of Health and Mental Hygiene, Summary of Vital Statistics 2008, Jan. 2010, cover.

40 1896년이 되자 미국에는 ~ 시스템이 갖춰졌고: Cutler and Miller, "Water, Water Everywhere," p. 169, table 5.1.

41 시 정부들은 연방 정부가 ~ 물에 투자했다: 앞의 책, 183-86.

42 경제 역사가인 베르너 트로에스켄: 예를 들어 Troesken, "Typhoid Rates."

43 매사추세츠에서 깨끗한 물이 ~ 사실을 발견했다: Ferrie and Troesken, "Water and Chicago's Mortality Transition."

44 순수한 물 공급: 앞의 책.

45 깨끗한 물이 공급되자 ~ 7년이 더 짧았다: New York City Department of Health and Mental Hygiene, *Summary of Vital Statistics 2008 and 1961*, table 6; 그리고 Arias, "United States Life Tables, 2006," table 12.

46 조사관들이 악명 높은 ~ 때문이다"라고 대답했다: "'Czar Of Tenderloin' Left Only $14 Estate: Tax Appraiser Finds Inspector Williams's Property Almost Balanced by Debts," *New York Times*, January 30,1918, p. 18, Pro Quest Historical Newspapers, Document ID: 102663258.

47 이 보고서는 1894년 뉴욕 시장 선거: "Will Be Mayor Three Years: Lawyers Say Mr. Strong's Term Is Not Abridged," *New York Times*, Nov. 11, 1894, p. 9, ProQuest Historical Newspapers, Document ID: 106840521.

48 맡은 일에 적격인 사람: Theodore Roosevelt, Rough Riders, 423.

49 엔지니어이자 농사꾼이자 ~ 임무를 책임졌다: "No Platt Republicans: Mayor-Elect Strong Overlooks the Boss in Six Appointments; Col. Waring to Clean the Streets," *New York Times*, Dec. 30, 1894, p. 8, ProQuest Historical Newspapers, Document ID: 109722641 (accessed Aug. 18, 2010).

50 그리고 그는 곧바로 ~ 초과해서 사용했다: "To Keep Streets Clean: Col. Waring Allowed over $3,000,000 for His Department; Discussion over 'Final Disposition'; Bill Favored for Grading Salaries," *New York Times*, Dec. 28, 1895, p. 9, ProQuest Historical Newspapers, Document ID: 103379346.

51 워링이 남북전쟁에서 ~ 거세게 불었다: "Reproved by the Assembly: The Lower House of the Legislature Stands by the Grand Army, *New York Times*, Apr. 23, 1895, p. 2, Pro Quest Historical Newspapers, Document ID: 103365239.

52 뉴욕 주 의회가 그의 ~ 물러나지 않았다: "Attack on Col. Waring: Gen. Viele Charges Him with Crimes Nearly Forty Years Old; Revenge, the Commissioner Says," *New York Times*, Apr. 21, 1895, p. 9, Pro Quest Historical Newspapers, Document ID: 103493165.

53 그는 뉴욕 시 거리에 ~ 폭동' 이 일어났다: "A Battle for Col. Waring's Men: Seizing Trucks in Mott Street Last Night They Were Attacked by a Mob of Owners and Italians," *New York Times*, June 2, 1895, p. 1, Pro Quest Historical Newspapers, Document ID: 102460052.

54 워링 때문에 많은 소란이 ~ 일어났다"라고 보도했다: "Clean Streets at Last: Fruitless Search for Derelict Wagons and Stray Bits of Paper; a Drive with Colonel Waring," *New York Times*, July 28, 1895.

55 아스팔트라는 새로운 기술: "The Life of a Pavement: Results of Many Costly Experiments in New York," *New York Times*, Feb. 8, 1883.

56 1880년대 뉴욕의 거리들은 ~ 블록으로 포장됐다: 앞의 책.

57 뉴욕 남성들의 기대 수명: New York City Department of Health and Mental Hygiene, *Summary of Vital Statistics 2008 and 1961*, table 6; 그리고 Arias, "United States Life Tables, 2006," table 12.

58 스트롱은 결국 ~ 얼음 독점 사업: "Robert A. Van Wyck Dies in Paris Home: First Mayor of Greater New York Had Lived Abroad for 12 Years; He Was Croker's 'Choice,' His Administration Marked by So-Called Ice Trust, Ramapo Water Steal, and Police Scandals," *New York Times*, Nov. 16,1918, p. 13, ProQuest Historical Newspapers, Document ID:

97044205.

59 일반적으로 봤을 때 ~ 부패는 줄어든다: Glaeser and Saks, "Corruption In America."

60 예를 들어 지난 수십 년 ~ 쏟아져 나오고 있다: Wallis 외, "Politics, Relief, and Reform."

61 경제학자인 질레스 듀란튼과 ~ 법칙이라고 불렀다: Duranton and Turner, "Fundamental Law of Road Congestion."

62 교통 혼잡을 줄이는 가장 좋은 방법: Columbia University, "Practical Economic Solutions."

63 그는 지하철 요금 정책 ~ 것을 알아냈다: Vickrey, "New York's Subway Fare Structure."

64 도로를 더 건설해 봤자 ~ 도움이 된다: Goh, "Congestion Management."

65 런던은 2003년부터 ~ 크게 감소했다: Leape, "London Congestion Charge."

66 최초의 근대적 개념의 경찰: Schivelbusch, "Policing of Street Lighting."

67 루이 14세 ~ 가능성이 높다: 1650년에 파리는 세계에서는 네 번째, 유럽에서는 가장 큰 도시였다. Chandler, Four Thousand Years of Urban Growth, 534.

68 실제로 파리가 ~ 계획에 착수했다: Schivelbusch, "Policing of Street Lighting."

69 "돈이 그곳에 있기 때문에": Federal Bureau of Investigation, Famous Cases, "Willie Sutton."

70 1989년에 실시된 조사에서는 ~ 범죄를 겪어봤다고: Glaeser, "Are Cities Dying?' and Glaeser and Sacerdote, "Why Is There More Crime in Cities?'

71 이에 앞선 1986년 조사에서는 ~ 늘어나는 것으로 나타났다: Glaeser and Sacerdote, "Why Is There More Crime in Cities?'

72 예전에 추산해 보았는데, ~ 20퍼센트 더 많았다 : 앞의 책.

73 2009년에 나온 영화 ~ 훨씬 더 낮다: India, Government of, National Crime Records Bureau, Crime in India 2008, ch. 2, "Crime in Megacities," 44, 48.

74 범죄 역사가인 에릭 ~ 데이터를 취합했다: Monkkonen, Homicides in New York City를 바탕으로 한 저자의 계산.

75 살인 건수는 1800~1830년에 ~ 정점에 도달했다: 앞의 책.

76 도시의 갱들이 이민자들을 ~ 정도가 살해됐다: 앞의 책.

77 부패와 살인의 연관성은 낮아 보인다: 앞의 책.

78 광란의 20년대: Monkkonen, Homicides in New York City.

79 전국적인 살인율도 ~ 29퍼센트 하락했다: 앞의 책.

80 1960~1975년 사이에는 ~ 변해 버렸다: 앞의 책.

81 어떤 사람들은 범죄 건수가 ~ 있을 것으로 추산했다: Levitt, "Changing Age Structure."

82 크립스: 30,000~35,000명으로 추정. U.S. Department of Justice, National Gang Intelligence Center, National Gang Threat Assessment, Jan. 2009, p. 25, www.justice.gov/ndic/pubs32/32146/32146p.pdf.

83 1940~1960년 사이에 ~ 도시들만큼 건강했다: New York City Department of Health and Mental Hygiene, Summary of Vital Statistics 2008 and 1961, table 6; 그리고 Arias, "United States Life Tables, 2006," table 12.

84 그러나 1960~1990년 사이에 ~ 2.7년으로 벌어졌다: 앞의 책.

85 이런 차이는 ~ 나타나지 않았는데: 앞의 책.

86 1925년 작사가 ~ 놀라운 장난감: Hyland, Richard Rogers, 32.

87 존 도나휴와 ~ 모종의 역할: Donohue and Levitt, "Impact of Legalized Abortion on Crime."

88 노벨 경제학상 수상자인 ~ 처벌의 경제학: Becker, "Crime and Punishment."

89 범죄자들의 재범률: Needels, "Go Directly to Jail and Do Not Collect?'

90 미국에서는 살인자들 ~ 선고를 받는다: Glaeser and Sacerdote, "Why Is There More Crime in Cities?"

91 그러나 보고타와 리우데자네이루에서는 ~ 수감될 뿐이다: Ungar, "Prisons and Politics," 920.

92 폭동에 대응하기 위해서 ~ 취해야 한다"라고 권고했다: *National Advisory Commission on Civil Disorders*, Report of the, 11.

93 한때 공화당의 진보주의적 ~ 마약법에 서명했다: Farrell, "D.A.' s Assail Rockefeller Drug Penalties."

94 1980~2000년 사이에 미국 ~ 640만 명으로 늘어났다: U.S. Bureau of Justice Statistics, "U.S. Correctional Population Reaches 6.6 Million," Aug. 25, 2002, http://bjs.ojp.usdoj.gov/content/pub/press/ppus01pr.cfm; 그리고 Cahalan, "Historical Corrections Statistics," 표 4-1과 표 7-9A.

95 이런 감금 행위가 ~ 40퍼센트 하락한다: Spelman, Criminal Incapacitation; Donohue, "Fighting Crime," 48; 그리고 Levitt, "Prison Population Size."

96 스티븐 레빗은 구치소의 ~ 중요하다고 주장했다: Levitt, "Prison Population Size."

97 1990년대에 뉴욕 시 ~ 45퍼센트가 늘어났다: Levitt, "Understanding Why Crime Fell."

98 스티븐 레빗은 경찰관 수가 ~ 줄어드는 것으로 추산했다: 앞의 책.

99 이런 생각을 처음 한 ~ 메이플이었던 것 같다: 메이플은 크레용으로 사건 표시를 했다고 말했다; Dussault, "Jack Maple."

100 지하철 강도 사건 ~ 생각을 빌려갔다: 메이플과의 인터뷰; 그리고 Dussault, "Jack Maple."

101 컴스탯: Dussault, "Jack Maple."

102 텐 포인트 연맹: Berrien and Winship, "Lessons Learned," 25

103 오늘날 보스턴 경찰국은 ~ 펴고 있다: Gelzinis, "Commissioner Connecting."

104 컴스탯이나 커뮤니티 치안 활동: http://www.nyc.gov/html/doh/downloads/pdf/vs/wtc-deaths.pdf.

105 역사적으로 봤을 때 ~ 막지는 못했다: Glaeser and Shapiro, "Cities and Warfare."

106 좁은 땅에 많은 ~ 것으로 예상된다: New York City Department of Health and Mental Hygiene, *Summary of Vital Statistics 2008*, 표 6; 그리고 Xu 외, "Deaths: Final Data for 2007."

107 로스앤젤레스, 보스턴, ~ 평균보다 낮다: 미국의 연령 조정 사망자 수는 10만 명당 760.3명이다: Xu 외, "Deaths: Final Data for 2007." Los Angeles?age-adjusted rate 624.4: California Department of Public Health, *Los Angeles County' s Health Status Profile for 2010*. Boston-age-adjusted rate 729.1: Massachusetts Department of Public Health, Bureau of Health Information, Statistics, Research, and Evaluation, "Massachusetts Deaths 2007," Apr. 2009, www.mass.gov/Eeohhs2/docs/dph/research_epi/ death_report_07.pdf. Minneapolis-age-adjusted rate 701.1: Minnesota Department of Health, Health Statistics Portal, https:llpqc.health.state.mn. us/mhsq/frontPage.jsp. San Francisco-age-adjusted rate 601.2: California Department of Public Health, San Francisco County' s Health Status Profile for 2010.

108 2.56제곱킬로미터당 500명 ~ 9개월이 더 길다: Murray 외, "Eight Americas," Dataset S1, and county density data from Haines, "Historical, Demographic, Economic, and Social Data: The United States, 1790-2002." 을 이용한 저자의 계산.

109 왜 25~34세 연령대에 ~ 아주 쉽다: New York City Department of Health and Mental

Hygiene, Overall Mortality, 2007, by age group and borough, generated using *New York City Vital Statistics Query*, https://a816-healthpsi.nyc.gov/epiquery/EpiQuery/VS/index.html (July 28, 2010); 그리고 Xu 외, "Deaths: Final Data for 2007."

110 이 젊은 연령대 사람들의 ~ 일어나기 때문이다: National Center for Injury Prevention and Control, "10 Leading Causes of Death, United States," 2007, All Races, Both Sexes, data generated using WISQARS, http://webappa.cdc.gov/sasweb/ncipc/leadcaus10. html; 그리고 Xu 외, "Deaths: Final Data for 2007."

111 이 연령대에 속한 뉴요커들은 ~ 확률이 높다: New York City Department of Health and Mental Hygiene, *Summary of Vital Statistics 2007*, tables 2 and 14; 그리고 Xu 외, "Deaths: Final Data for 2007."

112 젊은 뉴요커들의 자살률은 ~ 확인시켜 준다: New York City Department of Health and Mental Hygiene, *Summary of Vital Statistics 2007*, tables 2 and 15; Xu 외, "Deaths: Final Data for 2007," table 11; 그리고 Cutler 외, "Explaining the Rise in Youth Suicide."

113 알래스카, 몬태나, ~ 2.5배 이상 높다: 2007년 현재 알래스카 인구 10만 명 중에 자살로 인한 사망자 수는 22.09명이며, 몬태나는 19.42명, 와이오밍은 19.73명, 매사추세츠는 7.62명, 뉴저지는 6.69명, 뉴욕은 6.9명이다; 그리고 New York's 6.9. National Center for Injury Prevention and Control, WISQARS Injury Mortality Reports, 1999-2007, All Races, Both Sexes, data generated using WISQARS, http://webappa.cdc.gov/ sasweb/ncipc/mortrate10_sy.html.

114 이런 결과 중 일부가 ~ 더 많은 것으로 나타났다: Cutler 외, "Explaining the Rise in Youth Suicide"; 그리고 Kleck, *Point Blank*. Kleck에 따르면 5,000명 이하 소도시의 총기 소지자는 42.8퍼센트인 반면 100만 명 이상 대도시의 총기 소지자는 10.5퍼센트에 불과했다.

115 젊은이의 자살 중 ~ 것을 보여준다: 예를 들어 Miller 외, "Household Firearm Ownership and Suicide Rates"; 그리고 Kellermann 외, "Suicide in the Home."

116 사냥은 미국에서 가장 ~ 경향을 보인다: Glaeser and Glendon, "Who Owns Guns?"

117 65~74세와 ~ 이상 더 높다: New York City Department of Health and Mental Hygiene, *Summary of Vital Statistics 2007*, tables 2 and 5; 그리고 Xu 외, "Deaths: Final Data for 2007," table 9.

118 에이즈 바이러스는 1983년에 ~ 처음 발견했다: Institut Pasteur. HIV/AIDS research at the Institut Pasteur: The discovery of the AIDS virus in 1983. http://www.pasteur.fr/ip/easysite/go/03b-000027-00i/the-discovery-of-the-aids- virus- in-1983.

5장 | 즐거운 도시가 성공한다

1 가격이 문제가 아니라면 ~ 요리를 맛볼 수 있다: http://www.bondstreetassociation. com/.

2 본드 가와 나란히 뻗어 있는 ~ 판매하고 있다: http://www.piccadilly-arcade.com/.

3 "런던이 싫증 난 사람은 ~ 울리는 것 같다: Boswell, *Life of Samuel Johnson*, 160.

4 런던의 오락 시설들은 ~ 역할을 했다: "Billionaires' Favorite Hangouts" and Bertoni 외, "Billionaires."

5 락시미 미탈: Hessel, "Conspicuous Consumption."

6 2006년 거품이 꺼지기 ~ 사실을 보여준다: Glaeser 외, "Consumer City."

7 똑똑한 기업가 정신으로 ~ 런던으로 건너갔다: Gussow, "Spacey's New Role."

8 스페이시는 ~ 뉴저지 토박이다: 앞의 책.

9 영어를 모국어로 사용하는 ~ 으로 불렸다: Lee, *Life of William Shakespeare*, 36.

10 1550년대가 되자 ~ 희극들이 등장했다: Boas, *Shakespeare and His Predecessors*, 21-22.

11 런던 연극계에서 ~ 언급된 것은: Schoenbaum, *Shakespeare's Lives*, 22.

12 1592년 그가 그의 극에 ~ 경멸당했을 때이다: Greenblatt, *Will in the World*, 216.

13 그린은 셰익스피어를 ~ 막지는 못했다: Lee, *Life of William Shakespeare*, 250-5l.

14 초기 햄릿: 앞의 책, 22l.

15 『햄릿』과 ~ 참고한 것이다: Weis, *Shakespeare Unbound*, 146-488; 그리고 Black, "Hamlet Hears Marlowe."

16 셰익스피어가 쓴 ~ 『몰타 섬의 유대인』: Lee, *Life of William Shakespeare*, 68.

17 말로의 『디도, ~ 준 것으로 간주된다: Logan, *Shakespeare's Marlowe*, ch. 7, 169-96.

18 하버드 대학 교수이자 ~ 확신한다: Greenblatt, *Will in the World*, 199.

19 올드 빅 국립극장 ~ 오툴을 지도했다: "Routine Performance of Hamlet," review, *Times* (London), no. 55839, Oct. 23, 1963, 14.

20 1959년 시카고에서 문을 ~ 공간에서 출발했다: Rohter, "Second City Looks Back in Laughter."

21 DJ 쿨 허크: Starr and Waterman, American Popular Music, 83, 86, 200.

22 2008년 현재 미국 ~ 1.8배 더 많다: U.S. Census Bureau, County Business Patterns 2008, www.census.gov/econ/cbp.

23 그러나 뉴욕에서는 이 비율이 ~ 4.7배 더 많다: U.S. Census Bureau, 2007 County Business Patterns, New York County (Manhattan), Bronx County, Queens County, Richmond County (Staten Island), and Kings County (Brooklyn).

24 또한 1998~2008년 사이에 맨해튼 ~ 55퍼센트가 늘어났다: 1998년에 뉴욕 카운티(맨해튼) 레스토랑에서 일하는 사람 수는 5만 7,680명이었다. 2007년이 되자 이 숫자는 8만 3,257명으로 44퍼센트가 늘었다. U.S. Census Bureau, County Business Patterns, www.census.gov/econ/cbp,NewYorkCounty, 1998 and 2007.

25 애덤 스미스는 분업은 ~ 라고 말했다: Smith, *Wealth of Nations*, 1791, vol. 1, 26.

26 마튀랭 로즈 드 ~ 레스토랑으로 간주된다: Spang, *Invention of the Restaurant*, 11

27 로즈는 정부의 공식적인 ~ 피해 갈 수 있었다: 앞의 책, 24.

28 1782년에 라 그랑 ~ 문을 열었다: "Restaurant," *Encyclopaedia Britannica*.

29 프랑스의 유명 식도락가인 ~ 최초로 결합했다.": Brillat-Savarin, *Physiology of Taste*, 231.

30 맨해튼에 있는 델모니코스: Lately Thomas, *Delmonico's*.

31 오귀스트 에스코피에: Escoffier, *Memories of My Life*.

32 프랑스 출신 루 ~ 레스토랑을 열었다: www.albertroux.co.uk, Biography, Le Gavroche.

33 오늘날 런던 사람들 ~ 이상이 인도 출신이며: Spence, A *Profile of Londoners*, 18; 그리고 Greater London Authority, Data Management and Analysis Group, "ONS mid-2007 Ethnic Group Population Estimates," GLA Demography Update, 11-2009, Oct. 2009, p. 2.

34 《미슐랭 가이드》는 ~ 별점을 매겼다: Robin Young, "First to Pull a Michelin Star."

35 라소이 비니트 바티아: *Zagat 2011 London Restaurants*, review of Rasoi Vineet Bhatia, 27, 144; review of Restaurant Gordon Ramsay (at 68 Royal Hospital Road), 28, 82.

36 1998~2007년 사이에 맨해튼의 ~ 이상 늘어났다: U.S. Census Bureau, County Business Patterns, www.census.gov/econ/cbp, New York County (Manhattan), 1998 and 2008.

37 이 같은 사실은 100만 명 이상이 ~ 도움이 될지 모른다: Bureau of Labor Statistics, *Consumer Expenditure Survey*, 2008, www.bls.gov/cex, table 2400: "Population Size of Area of

Residence: Average Annual Expenditures and Characteristics."

38 대도시 가구들은 전체 ~ 돈을 더 쓴다: 앞의 책.

39 2008년 기준으로 ~ 140만 명에 달했다: U.S. Census Bureau, American Community Survey, American FactFinder를 이용한 뉴욕 카운티의 2008년 데이터.

40 이 연령대의 집단 중 ~ 함께 살고 있었다: 앞의 책.

41 맨해튼 인구의 절반 ~ 정도는 이혼했다: 앞의 책.

42 미국 전체로 봤을 때는 ~ 함께 살고 있다: U.S. Census Bureau, American Community Survey, American FactFinder를 이용한 미국의 2008년 데이터.

43 25~34세 인구를 기준으로 ~ 훨씬 더 많다: U.S. Census Bureau, PCT7, Sex by Marital Status by Age for the Population 15 Years and Over, United States and New York County, Census 2000 Summary File 3, data generated using American FactFinder.

44 도시는 독신자들을 ~ 부부들에게도 매력적이다: Costa and Kahn, "Power Couples."

45 소설가 시어도어 드라이저는 ~ 시카고로 왔다: Dreiser, *Sister Carrie*.

46 캐리 미버: Dreiser, *Sister Carrie*.

47 샌디에이고와 호놀룰루 같은 ~ 실질소득이 높다: 로체스터, 호놀룰루, 샌디에이고, 댈러스의 ACCRA 거주비용 지수는 각각 96.7, 162.8, 136.4, 92.1이다. 지수에 포함된 모든 지역들의 거주 비용 평균을 100으로 잡는데 각 지역별로 100을 기준으로 지수를 산출하기 때문에 지수가 클수록 생활비가 많이 든다는 뜻이다. 로체스터(미네소타 주), 호놀룰루, 샌디에이고, 댈러스의 연평균 가구 소득은 각각 6만 6,197달러, 6만 531달러, 6만 2,668달러, 4만 796달러다. ACCRA 조정 후 가구 소득 평균은 각 지역별 가구 소득을 ACCRA 생활비 지수로 나눠서(즉 100으로 나눠서) 계산한다. 이 지역들의 ACCRA 조정 후 연평균 가구 소득은 각각 6만 8,458달러, 3만 7,189달러, 4만 5,943달러, 4만 4,285달러로서 로체스터와 댈러스에 비해서 샌디에이고와 호놀룰루의 실질 소득이 얼마나 더 낮은지 알 수 있다. American Chamber of Commerce Research Association, Council for Community and Economic Research, ACCRA Cost-of-Living Index: Historical Dataset, lQI990-2009, http://hdl.handle.net/1902.1/14823, Council for Community and Economic Research, Arlington, VA; 그리고 U.S. Census Bureau, American Community Survey, American FactFinder를 이용한 로체스터(MN), 호놀룰루, 샌디에이고, 댈러스의 데이터.

48 나는 한때 임금이 같다는 전제 ~ 있다는 것을 알아냈다: Glaeser 외, "Consumer City."

49 지역 인구가 두 배로 ~ 증가했다: Glaeser and Gottlieb, "Urban Resurgence."

50 2000년에 사람들은 뉴욕에 ~ 의사를 보였다: 앞의 책.

51 전국적으로 봤을 때 ~ 6.8퍼센트로 늘어났다: Baum-Snow, "Transportation Infrastructure."

6장 | 도시 개발의 아이콘, 마천루가 위대한 이유

1 사람들이 가장 사랑하는 ~ 만들어놓은 것이다: All on Haussrnann's Paris from Jordan, *Transforming Paris*.

2 바벨탑: Genesis 11:4, King James Version.

3 세속적인 브뤼헤에서는 ~ 시간이 더 걸렸다: John Weale, *Quarterly Papers on Architecture*, vol. 1, London: Iohan Weale, 1844.

4 1890년까지 월스트리트의 ~ 가장 높은 건물이었다: Goldberger, "God's Stronghold."

5 에펠탑: "The Eiffel Tower," *New York Times*, Apr. 21, 1889, p. 13, ProQuest Historical Newspapers, Document ID: 106346206.

6   그러나 19세기가 되기 ~ 진행되었을 뿐이다: Landau and Condit, *New York Skyscraper*, 5-18.

7   미국의 혁신가들이 엄청나게 ~ 건물 건축이 가능해졌다: Goodwin, Otis, 45.

8   지금으로부터 2,200년 전에 ~ 만들었다고 전해진다: 앞의 책, 8.

9   또한 루이 15세 ~ 갖고 있었다: Taub, "Elevator Technology."

10   매튜 볼턴과 제임스 와트: Landau and Condit, *New York Skyscraper*, 35-36.

11   뉴욕 주 남동부 용커스에 ~ 위험을 없앴다: Goodwin, Otis, 12-13.

12   처음으로 전동 안전 ~ 뉴욕에 있었다: 앞의 책, 17; 그리고 Landau and Condit, *New York Skyscraper*, 36.

13   1870년대에 엘리베이터는 ~ 가능하게 해줬다: Landau and Condit, *New York Skyscraper*, 62.

14   미국의 건축가 윌리엄 르 배런 ~ 논란이 진행되고 있다: Turak, "Home Insurance Building."

15   제니가 지은 마천루는 ~ 짜깁기한 결과였다: Bascomb, Higher, 94-97.

16   번햄과 루트, 그들이 ~ 더욱 발전시켰다: Landau and Condit, *New York Skyscraper*, 268, 302, 334, 그리고 여러 곳.

17   다시 말해서 라이트는 ~ 영향을 받았다: Vermiel, *The Fireproof Building*.

18   1890년에 퓰리처의 월드 ~ 의해 지탱되었다: 앞의 책, 199.

19   1899년에 월드 빌딩은 ~ 내주고 말았다: 앞의 책, 252.

20   플랫아이언 빌딩: 앞의 책, 303.

21   메트로폴리탄 라이프 타워: 앞의 책, 361.

22   1913년에 지어진 ~ 241미터에 달했고: 앞의 책, 382.

23   이 건물은 1920년대 말 ~ 건물로 남아 있었다: 앞의 책, 395-96.

24   미국 아동문학가인 ~ 나오는 주인공처럼: "Romance in Lives of City Builders: New Building Peaks Adjacent to East River Waterfront," *New York Times*, Feb. 24, 1929.

25   소매상에서 풀타임 근무를 ~ 신발을 닦았다: "By-the-Bye in Wall Street," *Wall Street Journal*, Dec. 5, 1932.

26   이렇게 열심히 일한 끝에 ~ 고정해 놓고 다녔다: 앞의 책.

27   당시 30대 초반에 불과했던 ~ 싸움을 이끌었다: "State Board Trying to End Cloak Strike: Employers' Committee Meets To-morrow to Consider a Joint Conference; No Settlement, They Say," *New York Times*, July 17, 1910.

28   평화 협약: Greenwald, " 'More than a Strike.' "

29   피츠버그의 헨리 클레이 프릭은 ~ 인정받아 마땅하다: 앞의 책.

30   그는 가진 돈 전부를 ~ 짓는 데 투자했다: Tarshis, "Thirty-one Commercial Buildings."

31   교통 기술이 도시를 ~ 크지 않았던 것 같다): Barr 외, "Bedrock Depth."

32   그래서 이후 20년 동안 ~ 다수는 마천루이다: Tarshis, "Thirty-one Commercial Buildings."

33   레프코트는 넓이가 ~ 엘리베이터를 설치했다: 앞의 책.

34   《월스트리트저널》은 ~ 무너뜨렸다"라고 썼다: "By-the- Bye in Wall Street," Wall Street Journal, Dec. 5, 1932.

35   1928년 당시 레프코트의 ~ 것으로 추정됐다: "E. Lefcourt Dies Suddenly at 55: Was Credited with Building More Skyscrapers Than Any Other Individual," *New York Times*, Nov. 14, 1932.

36   그의 재산을 오늘날 화폐 ~ 국립은행을 열었다: "In and Out of the Banks," *Wall Street*

Journal, Sept. 12, 1928.

37 레프코트의 낙관주의는 ~ 건축 계획을 세웠다: "Lefcourt Plans for 1930 Large: Propose $50,000,000 Expenditure for New Buildings?Other Projects," *Wall Street Journal*, Dec. 2, 1929.

38 레프코트는 1932년 수중에 단돈 ~ 받은 것 같았다: "A. E. Lefcourt Left $2,500, No Realty: Builder of 20 Skyscrapers Had Property Valued at $100,000,000 in 1928," *New York Times*, Dec. 15,1932.

39 두 명의 경제학자는 ~ 높다는 사실을 발견했다: Rosenthal and Strange, "Attenuation of Human Capital Spillovers."

40 본인의 이름이 들어가지는 ~ 히트곡들을 탄생시켰다: Inglis, "'Some Kind of Wonderful.'"

41 5번가의 파괴를 막자: "Saving Fifth Avenue: Building Height Restriction to Prevent It Becoming a Canyon," *New York Times*, July 20,1913.

42 반(反)성장주의자들은 ~ 것이라고 주장했다: 앞의 책.

43 결국 정치가들에 의해 ~ 포기해야 했다: *New York City*, "About NYC Zoning."

44 사실상 높은 건물 건축을 ~ 세워지기 시작했다: Landau and Condit, *New York Skyscraper*, 395.

45 2009년 현재 엠파이어 스테이트 ~ 완공된 것들이다: Empire.com, www.emporis. com/en/wm/ci/bu/?id=101028. 높은 순서대로 하면 1931년 엠파이어 스테이트 빌딩, 2009년 뱅크오브아메리카 타워, 1930년 크라이슬러 빌딩, 2007년 뉴욕 타임스 타워, 1932년 아메리칸 인터내셔널 빌딩, 1930년 트럼프 빌딩, 1977년 씨티그룹 센터, 2010년 비크먼 타워, 2001년 트럼프 월드 타워, 1933년 GE 빌딩이다.

46 1920년대 후반에 ~ 경쟁을 펼쳤다: Bascomb, *Higher*, 139-53.

47 1916~1960년 사이에 최초로 ~ 이상 수정됐다: Makielski, *Politics of Zoning*.

48 420쪽 분량의 이 조례는 ~ 구분해 버렸다: New York City, City Planning Commission, Zoning Maps and Resolution. 143 thirteen different types ... of commercial districts: 앞의 책

49 조례가 얼마나 ~ 쉽게 알 수 있다: 앞의 책, 25.

50 붙박이 사후경직의 단면: Alexiou, *Jane Jacobs*, 91.

51 도시계획위원회의 새로운 ~ 싸움을 벌였다: Asbury, "Board Ends Plan."

52 그와 같은 해에 시청에 ~ 출간했다: Jacobs, *Death and Life*, Random House, 1961.

53 『미국 대도시의 죽음과 ~ 있다고 주장했다: Jacobs, *Death and Life*, 208-17.

54 몇몇 연구 논문들에서도 ~ 가격은 올라간다: 예를 들어 Glaeser and Ward, "The Causes and Consequences of Land Use Regulation: Evidence from Greater Boston," 265-78; 그리고 Katz and Rosen. "The interjurisdictional effects of growth controls on housing prices," 149-60.

55 이 분야에서 발표된 가장 ~ 보여주고 있다: Albert Saiz, "The Geographic Determinants of Housing Supply," 1253-96.

56 제인 제이콥스가 그녀의 ~ 준비하고 있었다: Jacobs, *Death and Life*, Random House, 1961.

57 이 역사의 건축가는 ~ 지을 것을 주장했다: Moore, Life and Times of Charles Pollen Mckim, 274; 그리고 Bailon and McGrath, *New York's Pennsylvania Stations*, 54.

58 행여 시장이 이런 위원회를 ~ 부제를 달았다: Bennett, "City Acts to Save Historical Sites."

59 부동산 업계의 강력한 ~ 영구 위원회가 되었다: Landmarks Preservation Committee, www.nyc.gov/html/lpc/html/about/mission.shtml; 그리고 "A Landmark Law," *New York*

Times, Apr. 27, 1965.

60   2010년 봄까지 보존위원회는 ~ 관할권을 획득했다: New York City Landmarks Preservation Commission, Mid-century Modern Midtown Office Tower Becomes a Landmark, Apr. 13, 2010, No. 10-04, www.nyc.gov/html/lpc/downloads/pdf/10_04_ springs_mills.pdf.

61   맨해튼의 96번가 남쪽에 있는 ~ 승인을 얻어야 한다: Glaeser, "Preservation Follies," 62. 이 표는 뉴욕 시 지도(http://gis.nyc.gov/doitt/nycitymap/)와 역사 지구와 공원 지역의 GIS(Geographic Information System) 소프트웨어를 사용하여 계산한 것이다.

62   개발업자인 애비 로젠은 ~ 세울 것을 제안했다: Pogrebin, "Upper East Side Tower."

63   뉴욕과 부동산 산업의 ~ 《뉴욕타임스》에 기고했다: Wolfe, "(Naked) City."

64   매디슨 애비뉴 980번지 문제에 ~ 맞받아쳤다: Gillette, "Has Tom Wolfe Blown It?"

65   맨해튼의 역사 지구에 사는 ~ 더 부유하다: 저자의 계산은 Geolytics Neighborhood Change Database 1970-2000 Tract Data Short Form Release 1.1, CD-ROM(Brunswick, NJ: Geolytics, 2002)과 랜드마크 구역 정보(http://gis.nyc.gov/doitt/nycitymap)를 이용했다; 그리고 Glaeser, "Preservation Follies."

66   역사 지구에 사는 성인들 중 ~ 54퍼센트에 불과하다: Glaeser, "Preservation Follies," 62.

67   보존위원회에 더 높은 ~ 주민들처럼 되어버렸다: 저자의 계산; Glaeser, "Preservation Follies," 62.

68   1955~1964년에 제2차 ~ 건설을 허가했다: U.S. Census Bureau, Manufacturing, Mining and Construction Statistics, Residential Building Permits, www.census.gov/const/www/ permitsindex.html.

69   1980~1999년에 도시의 집값이 계속 ~ 주택 건설을 허가했다: 앞의 책.

70   신규 주택 수 감소는 ~ 284퍼센트가 상승했다: Haines, "Historical, Demographic, Economic, and Social Data: The United States, 1790-2002."

71   뉴욕 시에서 고층 ~ 400달러 미만이다: Glaeser 외, "Why Is Manhattan So Expensive?"

72   아파트 건물을 예로 ~ 높이였던 반면에: 앞의 책.

73   1990년대에 세워진 ~ 40퍼센트도 안 된다: 앞의 책.

74   1850년 이전에는 수십만 ~ 모여서 살았다: Jordan, *Transforming Paris*, 93-96.

75   파리는 수세기에 걸쳐서 ~ 유지했다: Papayanis, *Planning Paris*, 14.

76   프랑스의 앙리 4세 ~ 만들었다: Sutcliffe, *Paris*, 19-22.

77   그는 이런 재개발 사업을 ~ 금액이었다: Pickney, "Rebuilding of Paris," 45.

78   1859년에 파리의 고도 ~ 상향 조정됐다: Sutcliffe, *Paris*, 66, 91.

79   현재 시카고 예술대학이 ~ 묘사하고 있다: Gustave Caillebotte, *Paris Street; Rainy Day*, 1877, oil on canvas, 212.2 x 276.2 ㎝, Charles H. and Mary F. S. Worcester Collection, 1964.336, Art Institute of Chicago, www.artic.edu/artaccess/AA_Impressionist/pages/ IMP_4.shtml.

80   오스만은 1859년에 최대 ~ 더 낮았다: Sutcliffe, *Paris*, 123.

81   파리 도시 위원회는 ~ 규정을 풀었다: 앞의 책, 166.

82   몽파르나스 호텔에 대한 반감이 확산됐고: "Few Parisians consider the skyscrapers of La Defense or the 56-story tower at Montparnasse to be worthy of their city." LaFranchi, "New Look on the Left Bank."

83   1974년 만들어진 규제는 ~ 25미터로 제한했다: Sutcliffe, *Paris*, 185.

84   라데팡스는 약 370만 ~ 지구를 연상시킨다: Urban Land Institute, Award Winner Project.

85   파리 중심부에 신규 주택이 ~ 달러를 넘어섰다: 예를 들어 부동산 웹사이트인 www.frenchen-

tree.com에서 13번째 구(區)에서 90제곱미터 크기의 아파트가 125만 달러 이상의 가격에 팔리고 있다.

86 2008년에만 해도 하루에 ~ 숨졌다: Blakely, "17 People Die Every Day Commuting to Work in Mumbai, India."

87 뭄바이의 평균 출퇴근 시간은 ~ 두 배 정도이다: American Community Survey, American FactFinder를 이용한 미국의 2008년 데이터; 그리고 Beniwal, "Commuting Time in Mumbai."

88 1964년에 뭄바이는 ~ 133퍼센트로 고정했다: Sridhar, "Impact of Land Use Regulations."

89 세계 건축물과 빌딩 정보 제공 ~ 건물들이 건립될 예정이다: Emporis.com, www.emporis.com/en/wm/ci/bu/sk/li/?id=102037&bt=2&ht=2&sro=0.

90 한 연구 결과를 보면 중국 ~ 않는 것으로 추산된다: The China figure is from Shanghai. Sridhar, "Impact of Land Use Regulations."

7장 | 도시 확산, 스프롤 현상은 왜 심화되는가

1 휴스턴은 2000년과 비교해서 ~ 도시가 되었다: U.S. Census Bureau, Population Estimates, "Combined Statistical Area Population and Estimated Components of Change: April 1, 2000 to July 1, 2009," www.census.gov/popest/metro/metro.html.

2 2,400만 명의 사람들이 방문하는: Simon Malls, "About the Houston Galleria," www.simon.com/mall/default.aspx?ID=805.

3 이 쇼핑몰은 신성한 ~ 모델로 해서 만든 것이다: Swartz, "Born Again," 48.

4 동북부 지역에서는 최소한으로 ~ 공간에 들어섰다: U.S. Census Bureau, Residential Construction Branch, Characteristics of New Housing, "Lot Size of New Single-Family Houses Sold (Excluding Condominiums)," www.census.gov/const/C25Ann/malotsizesold.pdf.

5 미국 국민 전체에서 ~ 13퍼센트에 불과하다: U.S. Census Bureau, American Community Survey, American FactFinder를 이용한 미국과 뉴욕 카운티의 2008년 데이터.

6 그러나 이런 동물들은 ~ 지리를 바꿔놓았다: Lay, Ways of the World, 7.

7 짐 나르는 동물들은 집중적으로 ~ 가능하게 해주었다: Bairoch, Cities and Economic Development, 11-14.

8 바퀴는 지금으로부터 ~ 러시아에서 나온 것이다: Lay, Ways of the World, 27.

9 잉카인들은 바퀴를 ~ 더 효과적이었기 때문일 것이다: Diamond, Guns, Germs, and Steel, 248.

10 그리고 중세의 전성기 ~ 도로를 포장하기 시작했다: Lay, Ways of the World, 62, 112.

11 그러나 전 세계적으로 ~ 엘리트 계층의 전유물이었다: 앞의 책, 20.

12 그런데 도시인들 사이에서 ~ 인정을 받는다: 앞의 책, 128.

13 17세기 파리의 도로는 ~ 만드는 것이 가능했다: 앞의 책.

14 뉴욕 시 최초의 대중교통은 ~ 옴니버스였다: Burrows and Wallace, Gotham; 그리고 "New York City Transit-History and Chronology," Metropolitan Transit Authority, www.mta.info/nyct/facts/ffhist.htm.

15 옴니버스는 같은 시간 동안에 ~ 외곽 지역이 성장했다: Glaeser 외, "Why Do the Poor Live in Cities?"

16 옴니버스 이용료는 겨우 ~ 걸어서 다녔다: Gin and Sonstelie, "The Streetcar and Residential

Location in Nineteeth Century Philadelphia," 92-107.

17 1811년 만들어진 뉴욕의 ~ 고려해서 만들어졌다: Burrows and Wallace, *Gotham*, 420-21.

18 버스가 등장하기 전 ~ 가난한 곳 중 하나였다: Folpe, *It Happened on Washington Square*, 6-7.

19 매튜 볼턴은 증기기관이 ~ 증기기관차를 만들었다: Lay, *Ways of the World*, 137; Mason, Matthew Boulton, 63-65.

20 더 빠른 운송수단에 대한 ~ 시스템 구축에 착수했다: Fischler, *Subways of the World*, 10.

21 고가 철도의 건설을 위해서 ~ 의해서 운영되었다: Burrows and Wallace, *Gotham*, 1053-55; 그리고 Donald L. Miller, *City of the Century*, 268-70.

22 고가 철도는 할렘 같은 ~ 있게 만들어주었다: Burrows and Wallace, *Gotham*, 1054.

23 워싱턴 스퀘어가 옴니버스 ~ 전형적인 사례에 해당한다: Conn, *Metropolitan Philadelphia*, 125, 175-76.

24 독일의 전기 기술자인 ~ 움직일 수 있게 만들었다: Lay, *Ways of the World*, 134.

25 에이샴플레는 처음에는 말이 ~ 움직이게 되었다: "Barcelona," *Encyclopaedia Britannica*.

26 쾰른 출신의 독일인인 ~ 파텐트 모터바겐을 만들었다: Lay, *Ways of the World*, 152-53.

27 1920년대 말이 되자 ~ 자동차가 돌아다녔다: Suits, "Demand for New Automobiles."

28 이로 인해서 운전자들은 ~ 접근할 수 있게 됐다: Lay, *Ways of the World*, 194, 314.

29 연방 고속도로법: 앞의 책, 118, 314.

30 어머니의 도로: Steinbeck, *Grapes of Wrath*.

31 오늘날 길이 7,400킬로미터에 ~ 유지되고 있다: (2000년 현재) U. S. General Accounting Office, Report to the Chairman, Committee on Transportation and Infrastructure, House of Representatives, GAO-02-571, Status of the Interstate Highway System, *Highway Infrastructure: Interstate Physical Conditions Have Improved, but Congestion and Other Pressures Continue*, May 2002, www.gao.gov/new.items/ d02571.pdf, p. 8.

32 고속도로가 갖춰진 ~ 속도가 훨씬 더 빨랐다: Gilles Duranton and Matthew Turner, "Urban Growth and Transportation," 2010, http://individual.utoronto.ca/gilles/Papers/GrowthTransport.pdf.

33 브라운 대학 경제학자인 ~ 계산된다"라고 주장했다: Baum-Snow, "Did Highways Cause Suburbanization?"

34 그렇게 전쟁을 끝내고 ~ 소속 중위였다: Gans, *Levtttowners*.

35 그렇게 해서 만들어진 레빗타운 ~ 큰 인기를 끌었다: 앞의 책, 8.

36 레빗타운의 주택을 구입한 일반 거주자는 ~ 원했다: 앞의 책, 186.

37 당시 시위에 참가했던 한 ~ 이야기도 돌았다: Aaseng, *Business Builders*, 62.

38 주택 생산은 26개의 별도 과정으로 ~ 외주를 줘야 했다: 앞의 책.

39 한 지역에서 대량의 주택을 ~ 집을 팔 수 있었다: "Line Forms Early in Sale of Houses," *New York Times*, Mar. 7, 1949, p. 21, Nicolaides and Wiese, eds., *Suburb Reader* 재인용.

40 그들 중에서 레빗의 신축 주택을 ~ 지원하고 있었다: Gans, *Levittowners*, 13-14,22.

41 제대군인 지원법 ~ 보증을 서주었다: U.S. Government Printing Office, Congressional Research Service, A Chronology of Housing Legislation and Selected Executive Actions, 1892-2003, Mar. 2004, www.gpo.gov/fdsys/pkg/CPRT-108HPRT92629/html/CPRT-108HPRT92629.htm.

42 레빗이 지은 74제곱미터 ~ 맥맨션처럼 느껴졌다: Hayden, "Building the American Way," 276.

43 FHA의 대출은 교외 지역에 ~ 그랬을지 모른다: U.S. General Accounting Office, Resources, Community, and Economic Development Division, House of Representatives, Community Development: *The Extent of Federal Influence on "Urban Sprawl" Is Unclear*, Apr. 30, 1999, GAO/RCED-99-87 Research on "Urban Sprawl," www.gao.gov/archive1999/rc99087.pdf.

44 주인이 직접 사는 주택은 ~ 지어지는 경향이 있다: U.S. Census Bureau, U.S. Census 2000, American FactFinder를 이용한 미국 Summary File 3 데이터.

45 98곳의 미국 메트로폴리탄 ~ 이상 떨어져 있다: Kneebone, "Job Sprawl."

46 결과적으로 인구밀도와 ~ 극도로 밀접하다: Glaeser and Kahn, "Sprawl," 2499-2500.

47 일본의 중형 자동차인 혼다 ~ 공간을 차지한다: 혼다 웹사이트를 보면 2010년형 혼다 어코드 모델은 전장이 4.93미터, 전폭이 1.85미터이며 차지하는 면적은 9.1제곱미터이다: http://automobiles.honda.com/accordsedan/specifications.aspx?group=dimensions.

48 자동차는 가만히 주차해 ~ 넘을 때가 종종 있다: 예를 들어 매사추세츠 주의 교통법규에는 주차 공간을 최소 2.7 × 5.5미터 또는 15제곱미터로 규정되어 있다: www.mass.gov/Cago/docs/Municipallsb_parking.rtf.

49 오래된 혼잡한 도시들이라면 ~ 비용이 들 수 있다: Marshall and Emblidge, *Beneath the Metropolis*, 181.

50 지난 30년 동안 프랑스의 ~ 약 8배 더 높다: Glaeser and Kahn, "Sprawl," 2499-2500.

51 동료 매튜 칸과 함께 ~ 것을 알아냈다: Glaeser and Kahn, "Sprawl."

52 오늘날 프랑스에서 여객 ~ 자동차로 이루어진다: European Road Federation, European Road Statistics 2009, table 6.3: "Inland Transport Modal Split by Country in EU-27," p. 43.

53 이탈리아에서는 인구 10명당 ~ 소유하고 있다: European Automobile Manufacturing Association, Automobile Industry Pocket Guide, "Trends in Motorisation," p. 4, www.acea.be/images/uploads/files120090529_motorisation.pdf.

54 미국에서는 인구 10명당 ~ 줄어들고 있다: 앞의 책.

55 유럽 환경청이 발표한 ~ 지어졌다: European Environment Agency, *Urban Sprawl in Europe*, fig. 2, p. 12.

56 도입부에서 밝혔듯이 미국에서는 ~ 두 배인 48분이었다: Glaeser and Kahn, "Sprawl," 2499-2500.

57 이동 거리와 상관없이 ~ 평균 20분 정도이다: Glaeser 외, "Why Do the Poor Live in Cities?" 12.

58 더 우드랜즈: General history of The Woodlands from Galatas and Barlow, *The Woodlands*.

59 113제곱킬로미터: The Woodlands. http://www.thewoodlands.com/masterplan.htm.

60 9만 2,000명이 ~ 살고 있다: The Woodlands Development Company. *The Woodlands, Texas Demographics*, January 1, 2010. http://www.thewoodlandstownship-tx.gov/DocumentView.aspx?DID=667.

61 오늘날 4,047제곱미터당 ~ 인구밀도가 더 높다: U.S. Census Bureau, American Community Survey, 2006-2008 Data Profile Levittown Census Designated Place, New York, generated using American FactFinder.

62 더 우드랜즈 대지의 ~ 지정되어 있다: The Woodlands. http://www.thewoodlands.com/greenspace.htm.

63 1990년대에 이곳의 인구는 ~ 인구가 증가했다: The Woodlands Development Company. *The Woodlands, Texas Demographics.* January 1, 2010. http://www.thewoodlandstownship-tx.gov/DocumentView.aspx?DID=667.

64 더 우드랜즈에 사는 성인 중 절반 이상이 ~ 돈을 쓰고 있는 것이다: U.S. Census Bureau, American Community Survey, 2006-2008 Data Profile for the Woodland Census Designated Place, generated using American FactFinder; 그리고 The Woodlands Development Company. *The Woodlands, Texas Demographics.* January 1, 2010. http://www.thewoodlandstownship-tx.gov/DocumentView.aspx?DID=667.

65 인국 조사국 통계에 따르면 ~ 20만 달러 정도이다: 앞의 책.

66 더 우드랜즈에 있는 가구들 ~ 학교 교육을 특화한다: The Woodlands Development Company. *The Woodlands, Texas Demographics.* January 1, 2010. http://www.thewoodlandstownship-tx.gov/DocumentView.aspx?DID=667.

67 그러나 2006~2008년 인구 조사국은 ~ 28.5분으로 계산했다: 앞의 책.

68 휴스턴에 있는 일자리들 중 ~ 떨어진 곳에 있다: Kneebone, "Job Sprawl Revisited: The Changing Geography of Metropolitan Employment."

69 그러나 2000년 인구 조사 ~ 이사했다: The calculations in this section first appeared in Glaeser, "Houston, New York Has a Problem:" *City Journal*; U.S. Census Bureau, Population Estimates, "Combined Statistical Area Population and Estimated Components of Change: April 1, 2000 to July 1, 2009," www.census.gov/popest/ metro/metro.html.

70 디트로이트를 감싸고 있는 미시건 주 ~ 6만 달러였다: U.S. Census Bureau, American Community Survey, 2008 Data Profile for Wayne County, Michigan, and Harris County, Texas, generated using American FactFinder.

71 2010년 6월에 텍사스의 ~ 13.2퍼센트였다: Bureau of Labor Statistics, *Unemployment Rates for States, Monthly Ranking, Seasonally Adjusted, June 2010*, www.bls.gov/webllaus-llaumstrk.htm.

72 따져보면 휴스턴은 ~ 98일이나 된다: National Climatic Data Center, "Mean Number of Days with Maximum Temperature 90 Degrees For Higher," http://lwf.ncdc.noaa.gov/oa/climate/online/ ccd/max90temp.html.

73 2006년 기준으로 미국 가구의 ~ 6만 달러에 달했다: U.S. Census Bureau, American Community Survey, 2006 Data Profile for the United States, generated using American FactFinder.

74 2000년 실시된 인구 조사 ~ 소득을 올렸다: Author's calculations using Ruggles 외, *Microdata Series.*

75 소매업자들의 평균 수입은 ~ 2만 8,000달러에 달했다: 앞의 책.

76 인구 조사국에 따르면 2007년 ~ 12만 달러에 달했다: 정확히 말해서 11만 9,400달러였다. U.S. Census Bureau, American Community Survey, 2006 Data Profile for Houston-Sugar Land-Baytown, Texas, Metropolitan Statistical Area, and 2006 Data Profile for City of Houston; both generated using American FactFinder.

77 휴스턴 거주자들은 ~ 있다고 평가했다: U.S. Census Bureau, American Community Survey, 2006 Data Profile for city of Houston, generated using American FactFinder.

78 전미부동산협회 ~ 16만 1,000달러였다: National Association of Realtors, "Median Sales Price of Existing Single-Family Homes for Metropolitan Areas," www.realtor.org/wps/wcm/con-

nect/497de980426de7ccb96eff03cc9fa30a/REL10Q1T_rev.pdf?MOD=AJPERES&CACHEID
=497de980426de7ccb96eff03cc9fa30a.

79 2006년 인구 조사국의 ~ 49만 6,000달러였다: U.S. Census Burea u, American Community
    Survey, 2006 Data Profile for City of Los Angeles and City of New York, generated using
    American FactFinder. 185 on Staten Island for about $340,000: Realtor.com, searched Aug.
    31, 2010.

80 예를 들어 영화 ~ 37만 5,000달러: 앞의 책.

81 약 186제곱미터이다: 앞의 책.

82 혹은 중산층 가족은 ~ 구입할 수도 있다: 앞의 책.

83 만일 같은 가족이 보증금으로 ~ 계산했을 때)이다: 30년짜리 고정금리 6.75퍼센트 대출을 받았
    다고 가정하고 저자가 계산한 결과.

84 휴스턴 거주자들은 16만 달러짜리 ~ 내야 한다: Author' s estimates, using TAXSIM.

85 뉴욕 시에서는 약 ~ 지불해야 한다: 앞의 책.

86 연소득 6만 달러의 ~ 지출한다: Bureau of Labor Statistics, Consumer Expenditure Survey,
    2006, www.bls.gov/cex; 그리고 personal communication, Oct. 2007.

87 가장 최근에 나온 인구 ~ 26.4분이다: U.S. Census Bureau, American Community Survey,
    2008 Data Profile for City of Houston, generated using American FactFinder.

88 퀸즈 거주자의 ~ 42.7분이며: U.S. Census Bureau, American Community Survey, 2008 Data
    Profile for County of Queens, NY, generated using American FactFinder.

89 스태튼 섬 거주자의 ~ 42.1분이다: U.S. Census Bureau, American Community Survey, 2008
    Data Profile for County of Richmond, NY, generated using American FactFinder.

90 연락선 운행 시간은 ~ 또 가야 한다: From the official Web site, www.siferry.com.

91 출퇴근하는 사람들의 ~ 것으로 나타났다: Small and Verhoef, Economics of Urban
    Transportation.

92 주택 가격을 제외하고 ~ 이상 더 비싸다: ACCRA Cost of Living Index for Houston and
    Queens: 88 and 149.4.

93 티본 스테이크 가격은 ~ 이상 비싸다: 앞의 책.

94 이런 가격 차이를 ~ 약간 못 미친다: 앞의 책.

95 연소득이 1만 달러가 ~ 1,250달러에 이른다: 앞의 책.

96 그러나 똑똑한 아이를 ~ 선택할 수 있다: Houston Association of Realtors, School Finder, School
    District Detail, Spring Branch ISD, generated at www.har.com/schoolldispDistrictDetail.
    cfm?id=101920.

97 오른 만큼 나중에 ~ 설명하지 못했다: Case-Shiller Home Price Indices, July 21, 2010.

98 어느 지역의 1월 평균 ~ 3퍼센트가 상승한다: Author' s calculations using U.S. Census
    Bureau, Census 2000, County and City Data Book 2000, table C-7, "Cities-Government
    Finances and Climate," www.census.gov/prod/2002pubs/00ccdb/cc00_tabC7.pdf.

99 1980~2000년에 1.2달러씩 상승했다: Author' s calculations using U.S. Census Bureau,
    Census 2000.

100 놀랄 것도 ~ 거주비를 지불한다: 산타클라라의 중간값(전체 평균)은 11만 6,079달러, 중앙값(가
    장 높은 가격과 가장 낮은 가격의 중간 가격)은 8만 8,846달러였다. 미국의 중간값은 7만 1,498
    달러, 중앙값은 5만 2,029달러였다. U.S. Census Bureau, American Community Survey, 2008
    Data Profile for County of Santa Clara, California, and for the United States, generated

using American FactFinder.

101 2005~2007년에 산타클라라 ~ 육박했다: 앞의 책.

102 이후 집값이 떨어지긴 ~ 가장 집값이 비쌌다: 호놀룰루만이 더 비쌌다. National Association of Realtors, "Median Sales Price of Existing Single-Family Homes for Metropolitan Areas," www.realtor.org/wps/wcm/connect/497de980426de7ccb96 eff03cc9fa30a/REL10Q1T_rev.pdf?MOD= AJPERES&CACHEID=497de980426de7ccb96eff03cc9fa30a.

103 2001~2008년의 8년 동안 ~ 허용했다: U.S. Census Bureau, Manufacturing, Mining and Construction Statistics, Residential Building Permits, www.census.gov/const/www/permitsindex.html.

104 수요는 크게 늘었지만 ~ 증가했을 뿐이다: 앞의 책.

105 실리콘밸리가 그 8년이란 ~ 낮았을 것이다: 오늘날 산타클라라 카운티에는 약 39만 채의 집이 있기 때문에 20만 채를 더 짓게 되면 전체 주택 재고가 50퍼센트가 늘어나게 된다. 일반적으로 봤을 때 주택수요 탄력성 추정치는 -.7이다(참조: Polinsky and Ellwood, "Empirical Reconciliation of Micro and Grouped Estimates of the Demand for Housing"). 이는 다시 말해서 주택 공급이 50퍼센트가 늘어날 경우 주택 가격은 40퍼센트라 하락한다는 뜻이다.

106 2001~2008년에 휴스턴을 ~ 허가했다: U.S. Census Bureau, Manufacturing, Mining and Construction Statistics, Residential Building Permits, www.census.gov/const/www/ permitsindex.html.

107 디트로이트의 가구당 평균 소득은 ~ 9만 달러에 이른다: U.S. Census Bureau, American Community Survey, 2008 Data Profile for City of Detroit and for the United States, generated using American FactFinder.
190 peak of the recent bubble... rose by 64 percent: Case-Shiller Home Price Indices (July 21, 2010).

108 댈러스에서는 주택 시장이 ~ 상승에 그쳤다: 앞의 책.

109 집값 거품이 ~ 빠졌을 뿐이다: 앞의 책.

110 2007~2009년 휴스턴의 ~ 거의 변동이 없었다: National Association of Realtors, "Median Sales Price of Existing Single-Family Homes for Metropolitan Areas," www.realtor.org/wps/wcm/connect/ 497de980426de7ccb96eff03cc9fa30a/REL10Q1T_rev.pdf?MOD=AJPERES&CACHEID=497de9804 26de7ccb96eff03cc9fa30a.

111 2006년에 해리스 카운티는 ~ 도움이 되었다: U.S. Census Bureau, Manufacturing, Mining and Construction Statistics, Residential Building Permits, www.census.gov/ const/www/permitsindex. html.

112 1996~2006년 평균적으로 ~ 오르는 데 그쳤다: Glaeser 외, "Housing Supply and Housing Bubbles."

113 1980년대 주택 시장의 ~ 오르는 데 그쳤다: 앞의 책.

114 휴스턴의 표준 건축비 ~ 있는 것이다: Gyourko and Saiz, "Construction Costs."

115 텍사스도 캘리포니아도 ~ 있을 것이다 U.S. Census Bureau, State and County Quickfacts, http://quickfacts.census.gov/qfd/states; 그리고 U.S. Census Bureau, International Database, World Population Summary, www.census.gov/ipc/www/ idb/worldpopinfo.php.

116 미국은 토지가 ~ 이상 높지 않다: Gyourko and Saiz, "Construction Costs."

117 로스앤젤레스의 경우 ~ 350퍼센트 이상 더 비싸다: U.S. Census Bureau, American Community Survey, 2006?2007 Data Profile for the City of Houston and the City of Los

Angeles, generated using American Fact-Finder; 그리고 Gyourko and Saiz, "Construction Costs."

118 텍사스 주 해리스 카운티에서는 ~ 2명이 거주한다: Haines, "Historical, Demographic, Economic, and Social Data: The United States, 1790?2002"; 그리고 U.S. Census Bureau, American Community Survey, 2008 Data Profile for Harris County, Texas, Westchester County, New York, and Santa Clara County, California, generated using American FactFinder.

119 워튼 경제학자인 ~ 된다는 것을 알아냈다: Saiz, "Geographic Determinants."

120 이런 곳들 대부분은 ~ 이하에 불과했다: Glaeser 외, "Regulation and the Rise in Housing Prices."

121 이와 달리 휴스턴은 ~ 추진해 왔다: Haley, Sam Houston.

122 휴스턴은 장래 정착민들에게 ~ 두 사람이 세웠다: Schadewald, "Salute to the Allen Brothers."

123 공공 정책 문제와 ~ 멍청한 짓이다: Stern, "Boston's Big Dig Wraps Up."

124 다가구 주택에 거주하는 ~ 이상이 주인이다: U.S. Census Bureau, U.S. Census 2000, Data Profile for the United States, Summary File 3, generated using American FactFinder.

125 집주인이 살 때보다 ~ 감가상각된다: Shilling 외, "Measuring Depreciation."

126 맨해튼에 있는 ~ 세를 주고 있다: U.S. Census Bureau, American Community Survey, 2008 Data Profile for New York County (Manhattan), generated using American FactFinder.

127 대도시 학교들은 ~ 경향이 있다: Loveless, "How Well Are American Students Learning?"

128 주택 소유 사회를 거듭 ~ 주장하기도 했다: *Report of the President's Advisory Panel on Federal Tax Reform.*

8장 | 아스팔트보다 더 친환경적인 것이 있을까?

1 흐르는 강물에서 ~ 구할 수 있었다: Thoreau, *I to Myself*, 52.

2 "그들 주변에 있던 ~ 몇 시간이 걸렸다": 앞의 책, 52.

3 '내가 숲에 불을 ~ 불이 난 것 같다': 앞의 책, 54.

4 '나쁜 놈' 이자 '경박한 놈': 앞의 책, 52; 그리고 Thoreau, *Journal*, vol. 2, 25.

5 문학계의 시대착오자 ~ 실로 중요하다: Thoreau, *Walden and Resistance.*

6 1970년대에 제인 ~ 주장했다: Jacobs, *Death and Life*, Random House; 그리고 David Owen, *Green Metropolis.*

7 오늘날 친환경적인 가정에서는 ~ 아이들을 키운다: Seuss, *Lorax.*

8 "작가들은 이구동성으로 ~ 노래했다": Horace, *Satires and Epistles*, 283.

9 워즈워스, 콜리지, 키츠, 셸리: For example, in Ferguson 외, *Norton Anthology of Poetry*: Wordsworth, "I Wandered Lonely as a Cloud," p. 801; Coleridge, "Frost at Midnight," pp. 810?12; Keats, "Bright Star," p. 940; 그리고 Shelley, "Mont Blanc," pp. 866?70.

10 "모든 것을 거부하고 ~ 자연으로 향하라": Ruskin, *Works*, vol. 3, 624.

11 러스킨은 또한 ~ 옹호한 사람이었다: Ruskin, *Genius*, 1997, 353.

12 "도시의 어느 곳에서나 ~ 느낄 수 있다": Ruskin, *Genius*, 353.

13 그는 주위가 아름다운 ~ 마음에 두었다: 앞의 책.

14 배고픈 사람들은 ~ 꺼릴 것이다: 앞의 책.

15 실제로 1억 ~ 정도에 불과하다: U.S. Department of Housing and Urban Development and U.S. Census Bureau, Current Housing Reports, *American Housing Survey for the United*

States: 2007, H150/07, Sept. 2008, www.census.gov/prod/2008pubs/h150-07.pdf, table 1A-1.

16 도시 계획 분야의 입지전적인 ~ 구체적으로 다듬었다: It was originally published under the title Tomorrow: A *Peaceful Path to Real Reform*.

17 만일 여러분이 ~ 이동해야 한다: Estimated using Journey Planner on www.tfl.gov.uk/tube.

18 미국에서는 프레더릭 ~ 전문으로 했다: Rybczynski, *Clearing in the Distance*.

19 서유럽 최고의 건물: 높이가 약 259미터에 달하는 서유럽 최고층 빌딩은 독일 프랑크푸르트에 있 는 코 메 르 츠 방 크 타 워 이 다 . Emporis.com, www.emporis.com/en/bu/sk/st/tp/ct/?id=100001.

20 1930~1933년에 오늘날 ~ 다섯 곳이 완공됐다: 931년 엠파이어 스테이트 빌딩, 1930년 크라이슬러 빌딩, 1932년 아메리칸 인터네셔널 빌딩, 1930년 트럼프 빌딩, 1933년 GE 빌딩. Emporis.com, www.emporis.com/en/wm/ci/bu/?id=101028.

21 이후 36년 동안 ~ 세워지지 않았다: 시카고에 들어선 높이 259미터의 체이스 타워는 1969년이 지어졌다. Emporis.com, www.emporis.com/en/bu/sk/st/tp/wo.

22 지난 60년 가까이 ~ 상승해 왔다: Archer and Rahmstorf, *Climate Crisis*, 3, 41.

23 동료 매튜 칸과 ~ 종합해 봤다: Glaeser and Kahn, "Greenness of Cities." An earlier version of this analysis appeared in Glaeser, "Green Cities, Brown Suburbs."

24 미국은 2006년에 ~ 남미의 배출량보다 많다: U.S. Energy Information Administration, International Energy Annual 2006, H. lco2 "World Carbon Dioxide Emissions from the Consumption and Flaring of Fossil Fuels, 1980-2006," www.eia.doe.gov/ pub/international/iealf/tablehlco2.xls.

25 집과 자동차에서 나오는 ~ 관련되어 있다: Glaeser and Kahn, "Greenness of Cities."

26 3.8리터의 연료를 사용하면 ~ 사느냐에 따라서 다르다: 앞의 책.

27 칸과 나는 거주지 ~ 있다는 걸 발견했다: 앞의 책.

28 2.56제곱킬로미터당 1만 명이 ~ 연료를 사용한다: 앞의 책.

29 가족의 규모와 소득이 ~ 400리터 감소한다: 앞의 책.

30 예를 들어 뉴욕 시 ~ 전기를 사용한다: Ridership data from MTA, "The MTA Network," www.mta.info/mta/network.htm; fuel information from Kennedy, "New York's Bus Cleanup"; 그리고 electricity data from Metropolitan Transit Authority, Greening Mass Transit.

31 우리의 샘플에 든 ~ 것으로 나타났다: Glaeser and Kahn, "Greenness of Cities."

32 미국 전체로 봤을 때 ~ 두 배 이상 더 높다: 2008년에 미국 국민들 중에 5퍼센트가 출퇴근 시 대중교통을 이용했다. 75.5퍼센트는 자가 운전을 했다. 같은 해에 뉴요커들 중에 23.3퍼센트가 자가 운전으로 출퇴근을 한 반면, 54.8퍼센트는 대중교통을 이용했다. U.S. Census Bureau, American Community Survey, 2008 Data Profile for the City of New York and the United States, generated using American FactFinder.

33 인구가 두 배 늘어나면 ~ 가장 많이 쓴다: Glaeser and Kahn, "Greenness of Cities."

34 예상할 수 있겠지만 ~ 도시에서 두드러진다: 앞의 책.

35 그렇지만 도시와 교외 ~ 곳에서도 생긴다: 앞의 책.

36 도시인들이 전기를 ~ 더 푸르다: 앞의 책.

37 가정용 기기는 ~ 3분의 2를 차지한다: 인구 조사국은 전기 사용량을 간편하게 알아볼 수 있게 해준다. 인구 조사국은 미국 인구 5퍼센트에게 가구의 전기 사용량에 대해서 질문한다. 에너지부

로부터 얻은 국가 차원의 가격 데이터를 활용해서 전기요금 지출을 전기 사용량으로 전환할 수 있다. 약간의 통계를 곁들이면 우리는 이 데이터를 갖고 미국 내 서로 다른 지역에 거주하는 일반 가정의 평균 전기 사용량이 어느 정도인지를 추산할 수 있다. 아파트 거주자들은 일반적으로 자신들이 사용하는 전기에 대해서만 돈을 내는 것이 아니기 때문에 우리는 이런 문제점을 보완하기 위해서 정부가 발표하는 거주용 에너지 소비 조사 결과(Residential Energy Consumption Survey)를 사용해야 한다. 전기 사용에 따른 전체 탄소 배출량을 산출하기 위해서 우리는 특정 지역 내 전기 사용량 평균에 그 지역에서 사용된 전기를 만들다가 배출된 탄소의 양을 곱해야 한다. Glaeser and Kahn, "Greenness of Cities."

38 미국에서 전기 사용량이 ~ 해안 지대이다: 앞의 책.

39 이와 달리 휴스턴, ~ 가장 많다: 앞의 책.

40 더운 7월만이 전기 ~ 소비한다: Department of Energy, U.S. Energy Information Administration, Residential Energy Consumption Survey (RECS), 2005 Consumption & Expenditures Tables, Table US8. Average Consumption by Fuels Used, 2005, http://www.eia.doe.gov/emeu/recs/2005/c&e/summary/pdf/tableus8.pdf.

41 교외 지역의 가구는 ~ 더 소비한다: 앞의 책.

42 소득과 가족 규모를 ~ 사실이 드러났다: Glaeser and Kahn, "The Greenness of Cities."

43 뉴욕과 보스턴과 심지어 ~ 덜 사용한다: 앞의 책.

44 미국 내 더운 지역에서는 ~ 가까이를 차지한다: Department of Energy, U.S. Energy Information Administration, Office of Integrated Analysis and Forecasting, "Emissions of Greenhouse Gases in the United States 2008," Dec. 2009, table 7, U.S. Carbon Dioxide Emissions from Residential Sector Energy Consumption, 1990-2008, www.eia.doe.gov/oiaf/1605/ ggrpt/pdf/0573(2008).pdf.

45 디트로이트와 미시간 ~ 샘플 역할을 한다: Glaeser and Kahn, "The Greenness of Cities."

46 이제 도시가 ~ 일이 아니다: 앞의 책.

47 샌프란시스코에 있는 ~ 60퍼센트 적다: 앞의 책.

48 디트로이트는 자동차 ~ 훨씬 더 많다: 앞의 책.

49 산타클라라 카운티에는 ~ 살고 있다: Haines, "Historical, Demographic, Economic, and Social Data: The United States, 1790-2002"; 그리고 U.S. Census Bureau, American Community Survey, 2008 Data Profile for Marin and Santa Clara Counties, California, generated using American FactFinder.

50 반면에 메릴랜드 주 ~ 세 명이 생활한다: Haines, "Historical, Demographic, Economic, and Social Data: The United States, 1790-2002"; 그리고 U.S. Census Bureau, American Community Survey, 2008 Data Profile for Montgomery County, Maryland, generated using American FactFinder.

51 일리노이 주 쿡 ~ 가까이 생활하고: Haines, "Historical, Demographic, Economic, and Social Data: The United States, 1790-2002"; 그리고 U.S. Census Bureau; American Community Survey, 2008 Data Profile for Cook County, Illinois, generated using American FactFinder.

52 맨해튼에서는 ~ 것은 아니다: Haines, "Historical, Demographic, Economic, and Social Data: The United States, 1790-2002"; 그리고 U.S. Census Bureau, American Community Survey, 2008 Data Profile for New York County, generated using American FactFinder.

53 1950년에 30만 명도 ~ 세 배 넘게 늘어났다: Haines, "Historical, Demographic, Economic, and Social Data: The United States, 1790-2002."

54 그러나 1990년 150만 명에 ~ 176만 명에 그쳤다: 앞의 책; 그리고 U.S. Census Bureau, American Community Survey, 2008 Data Profile for Santa Clara County, California, generated using American FactFinder.

55 2007년 NAR의 평균 ~ 80만 달러를 넘었다: National Association of Realtors, "Median Sales Price of Existing Single-Family Homes for Metropolitan Areas," 2nd Quarter 2010, www.realtor.org /wps/wcm/connect/497de980426de7ccb96eff03cc9fa30a/ REL10Q1T_rev.pdf?MOD=AJPERES&CACHEID=497de980426de7ccb96eff03cc9fa30a.

56 경기 침체 이후인 2010년 ~ 남아 있었다: 앞의 책.

57 마린 카운티에서 ~ 내릴 줄을 모른다: Marin County Development and Zoning Code, www.marin.ca.gov/depts/CD/main/comdev/CURRENT/devCode.cfm.

58 2000년까지 샌프란시스코 ~ 완전히 금지되었다: California, Government of, Association of Bay Area Governments, San Francisco Bay Area Housing Needs Plan 2007-2014, p. 3. According to the Greenbelt Alliance, 1.1 million of these acres are protected. About Greenbelt Alliance: www.greenbelt.org/downloads/resources/factsheets/AboutGA_08.pdf.

59 캘리포니아의 도시와 교외 ~ 물을 사용한다: California Water Plan Update 2005, vol. 2, ch. 22, p. 1.

60 캘리포니아 농업은 ~ 에이커피트의 물을 쓴다: 앞의 책, vol. 2, ch. 3, p. 1.

61 캘리포니아 환경 품질법(California Environmental Quality Act): California, Government of, California Environmental Quality Act (CEQA), Statute and Guidelines 2009.

62 1973년에 환경보호에 ~ 대상이 됐다는 뜻이다: Friends of Mammoth v. Board of Supervisors.

63 2008년 한 해만 해도 ~ 많은 수준이다: Author's calculations using the databases at www.ceqanet.ca.gov, California's clearinghouse for California Environmental Quality Act (CEQA) documents, and www.epa.gov/oecaerth/nepa/eisdata.html, the U.S. Environmental Protection Agency's Environmental Impact Statement Database.

64 빨갱이 켄: Hoksen, Ken, 90, 240, 288-302, 317; Fiona Hamilton, "Boris Makes an Early Start."

65 "이산화탄소 배출로 ~ 가장 큰 문제이다": Ben Webster, "Congestion Charge Will Rise to £25"; Prince of Wales, "Speech... Bali to Poznan."

66 찰스 왕세자는 1948년에 ~ 세례를 받았다: www.princeofwales.gov.uk/ personalprofiles/theprinceofwales/biography.

67 리빙스턴은 그보다 3년 ~ 램버스에서 태어났다: Hoksen, Ken, 1.

68 찰스 왕세자는 어떤 영국 ~ 대학을 다녔다: Dimbleby, Prince of Wales, 25, 79, 89, 103과.

69 리빙스턴은 산발적으로 교육을 받았고: Hoksen, Ken, 5-7.

70 작은 설치류를 ~ 증식시켰다: Foggo, "Ken, the Animal Tester of X Block."

71 리빙스턴이 1970년대를 ~ 성장하면서: Hoksen, Ken, 38-80.

72 찰스 왕세자는 영국 해군에 복무하고: Dimbleby, Prince of Wales, 159, 214, 217.

73 1981년 찰스 왕세자와 ~ 주목을 받았다: 앞의 책, 284-85, 288-90.

74 대런던 시의회 회장이 되자: Carvel, Citizen Ken, 18.

75 전 세계의 절반이 ~ 참가를 거절했다: Willis, "Royal Wedding"; 그리고 Hoksen, Ken, 99.

76 그는 대중교통 요금이 ~ 주장했다: Rowbotham, "London's 'Red Ken' Arrives."

77 그는 더 많은 주택 ~ 계획에 반대했다: Hoksen, Ken, 408, and Sudjic, "Thoroughly Modernising Mayor."

78 그 무렵 찰스 왕세자는 ~ 만들어나가고 있었다: Dimbleby, *Prince of Wales*, 312.

79 찰스 왕세자는 동시에 콘월 ~ 제공해 주었다: 앞의 책, 439. Explanation of the Duchy of Cornwall at www.duchyofcornwall.org/naturalenvironment.htm, linked from the Prince of Wales Web site.

80 찰스 왕세자는 전통적인 ~ 건물들을 좋아했다: Dimbleby, *Prince of Wales*, 314-17.

81 찰스 왕세자는 "세계 대전 ~ 비전을 제시했다: Prince of Wales, Speech... Royal Institute of British Architects.

82 "많은 사랑을 받는 ~ 끔찍한 염증": 앞의 책.

83 "왜 오직 올바른 ~ 않아야 하는가?": 앞의 책.

84 거대한 유리 기둥: 앞의 책.

85 리처드 로저스는 타워를 ~ 볼 수 있다: "Victoriana vs. Mies in London," *New York Times*, May 3, 1984, p. C18.

86 "1830년에 건축 활동이 ~ 장터 마을": Worsley, "A Model Village Grows Up Gracefully."

87 찰스 왕제자는 파운드베리 ~ 지원했다: Watson 외, *Learning from Poundbury*, 8.

88 신도시계획주의는 ~ 보존을 옹호한다: Charter of the New Urbanism, www.cnu.org/charter.

89 파운드베리는 플로리다 주 ~ 성격을 띤다: Compare the Web site of Poundbury, www.duchyofcornwall.org/designanddevelopment_poundbury_livinginpoundbury.htm, with its note that "It is intended to be a sustainable development" and that it is "designed to maintain the quality of the environment" and its photographs of green space, with the Web site of Celebration, Florida, www.celebration.fl.us/towninfo.html, with its emphasis on its "strong sense of self" and photographs of people at play.

90 '축하 마을'의 경우 ~ 자동차를 몬다: U.S. Census Bureau, Census 2000, P30, Means of Transportation to Work for Workers 16 Years and Over, Summary File 3, generated using American FactFinder.

91 이웃 지역들에 비해서 ~ 운전해서 간다: Watson, *Learning from Poundbury*, 37.

92 파운드베리 거주민들 ~ 운전을 한다: 앞의 책.

93 축하 마을에 있는 ~ 단독주택이며: U.S. Census Bureau, Census 2000, H30, Units in Structure, Summary File 3, generated using American FactFinder.

94 파운드베리에 있는 ~ 아파트이다: Watson, *Learning from Poundbury*, 19.

95 처음에 그는 모든 ~ 8파운드로 올렸다: Leape, "London Congestion Charge."

96 40년 전 윌리엄 비크리가 ~ 호응을 얻었다: For instance, Vickrey, "Congestion Theory," 251; Vickrey, "Pricing of Urban Street Use"; Vickrey, "Pricing in Urban and Suburban Transport"; 그리고 Walters, "Private and Social Cost of Highway Congestion."

97 리빙스턴은 혼잡 ~ 방법으로 간주했다: Behar, "Livingstone Wins Fight."

98 그는 또한 운전자들을 ~ 법안으로 간주했다: Giles, "A Logical Effort to Ease the London Gridlock"; see also: "Traffic Decongestant," *Economist*, Feb. 15, 2003.

99 시행 2주 만에 ~ 이상이나 감소했다: Lewis Smith, "Traffic Still Light."

100 이후 2년 동안에 ~ 활성화되었다: Leape, "London Congestion Charge."

101 최초의 포스트모던 ~ 타워 자리에 들어섰다: Lillyman 외, *Critical Architecture*, 143.

102 켄 리빙스턴은 기후 그룹 ~ 수상했다: "London Leaders Lauded," www.edie.net/news/news_story.asp?id=10857.

103 실제로 그는 하버드 ~ 일으킨 적도 있다: Philip Webster, "Miliband Attacks Prince for

Flying."

104 이 위원회가 작성한 ~ 필요성을 주창했다: Design for London, "Housing for a Compact City."

105 이와 달리 찰스 왕세자는 ~ 비난했다: Prince of Wales, Speech... "Tall Buildings."

106 2000년 기준으로 미국 내 ~ 가정해 보자: U.S. Census Bureau, American Community Survey, 2008 Data Profile for the United States, generated using American FactFinder.

107 인도와 중국의 1인당 ~ 급증할 것이다: 2006년에 미국의 1인당 탄소 배출량은 19.78미터톤이었다. 프랑스는 6.60미터톤, 중국은 4.58미터톤, 그리고 인도는 1.16미터톤이었다. 2006년 전체 탄소 배출량은 291억 9,500만 미터톤이었다. 우리가 이 전체 배출량에서 2006년 중국(13억 1,400만 명 × 1인당 4.58미터톤 = 총 60억 1,800만 톤)과 인도(11억 1,200만 명 × 1인당 1.16미터톤 = 총 12억 9,300만 톤)의 배출량을 뺀 다음에 미국의 1인당 수준으로 계산해서 중국(13억 1,400만 명 × 1인당 19.78미터톤 = 총 259억 9,800만 톤)과 인도(11억 1,200만 명 × 1인당 19.78미터톤 = 총 219억 8,800만 톤)의 배출량을 더해서 새로 계산한 전 세계 탄소 배출량은 앞서 계산 때보다 139퍼센트가 늘어난 698억 6,010만 톤에 이른다.

108 미국인들은 1인당 ~ 이산화탄소를 배출한다: U.S. Energy Information Administration, International Energy Annual 2006, table H.1cco2, "World Per Capita Carbon Dioxide Emissions from the Consumption and Flaring of Fossil Fuels, 1980-2006," www.eia. doe.gov/pub/international/iealf/tableh1cco2.xls.

109 미국인들만큼 운전을 ~ 거의 비슷하다: 앞의 책.

110 영국인들은 연평균 ~ 배출하고: 앞의 책.

111 이탈리아인들은 ~ 배출할 뿐이다: 앞의 책.

112 중국인들과 인도인들은 ~ 배출하고 있다: 앞의 책.

113 중국인의 1인당 탄소 ~ 끌어올릴 것이다: 2006년 전체 탄소 배출량은 290억 톤이었다. 우리가 이 전체 숫자에서 2006년 중국의 배출량(13억 1,400만 명 × 1인당 4.58미터톤 = 60억 1,800만 톤)을 뺀 다음에 다시 미국의 1인당 배출량과 같다는 전제 하에 중국의 전체 배출량을 더할 경우(13억 1,400만 명 × 1인당 19.78미터톤 = 총 259억 9,800만 톤) 새로 계산한 전 세계 탄소 배출량은 앞서 계산 때보다 69퍼센트가 늘어난 489억 8,000만 톤에 이른다. U.S. Energy Information Administration, International Energy Annual 2006, table H.1cco2, "World Per Capita Carbon Dioxide Emissions from the Consumption and Flaring of Fossil Fuels, 1980-2006," www.eia.doe.gov/pub/international/iealf /tableh1cco2.xls.

114 그러나 인도와 중국의 에너지 ~ 상쇄될 수 있다: 그 대신에 우리가 프랑스의 1인당 6.60미터톤을 사용한다면 수정 계산된 중국의 탄소 배출량은 86억 6,800만 톤(13억 1,400만 명 × 6.60미터톤)에 이르고, 인도의 탄소 배출량은 73억 3,400만 톤(11억 1,200만 명 × 6.60미터톤)에 이를 것이다. 이렇게 해서 수정 계산한 전 세계 탄소 배출량은 30퍼센트 정도 늘어난 총 378억 8,700만 톤에 이를 것이다. U.S. Energy Information Administration, International Energy Annual 2006, table H.1cco2, "World Per Capita Carbon Dioxide Emissions from the Consumption and Flaring of Fossil Fuels, 1980-2006," www.eia.doe.gov/pub/international/iealf/tableh1cco2.xls.

115 매튜와 나는 미국에서 했던 ~ 분석해 보았다: Zheng 외, "Greenness of China."

116 워싱턴 D.C. 지역의 ~ 갈색 도시 중 하나이다: Glaeser and Kahn, "Greenness of Cities"; 그리고 Zheng 외, "Greenness of China."

117 뭄바이에는 뉴욕 시 ~ 살고 있다: Mumbai, Mumbai Human Development Report 2009, 238; 그리고 American Community Survey, 2008 Data Profile for the City of New York, generated using American FactFinder.

118 콜카타와 방갈로르의 ~ 2만 명 이상이다: Kolkata: "Seoul 6th Most Densely Populated City," Korea Times, Dec. 26, 2007. Bangalore: Annemarie Schneider and Curtis E. Woodcock, "Compact, Dispersed, Fragmented, Extensive? A Comparison of Urban Growth in Twenty-five Global Cities Using Remotely Sensed Data, Pattern Metrics, and Census Information," Urban Studies 45 (Mar. 2008): 659-92, doi:10.1177/0042098007087340.

119 홍콩 건너편에 있는 ~ 1만 5,000명 이상이다: "Around China," China Daily, www.chinadaily.com.cn, Apr. 29, 2010.

120 각각 2,000만 명과 1,700만 명이 거주하고 ~ 광대한 도시들이다: Los Angeles population in 2008 was 3,803,383, and land area is 469 square miles, for a density of 8,109.5 per square mile. American Community Survey, 2008 Data Profile for the City of New York and the City of Los Angeles, generated using American FactFinder.

121 2009년 기준으로 중국의 ~ 30퍼센트가 넘는다: "Chinese Agency Highlights Problems of Rising Car Ownership," BBC Worldwide Monitoring, Asia Pacific, July 19, 2010.

122 한편 인도의 자동차 ~ 주목을 끌었다: Timmons, "A Tiny Car."

9장 | 도시의 성공 방정식

1 행복한 가정은 서로 닮았지만: Tolstoy, Anna Karenina, 3.

2 도쿄는 에도 막부 ~ 하나가 되었다: "Tokyo," Encyclopedia Britannica.

3 그가 죽은 후 ~ 수도가 되었다: "Japan," Encyclopedia Britannica.

4 일본의 쌀 수입의 절반을 막부가 주관했다: Ades and Glaeser, "Trade and Circuses."

5 일본 정부의 중앙집권화가 ~ 그만큼 커졌다: 앞의 책.

6 결과적으로 독재국가에서 ~ 35퍼센트가 모여 산다: 앞의 책.

7 안정적인 민주국가의 ~ 정도만 산다: 앞의 책.

8 18세기 말 에도에는 ~ 하나가 되었다: Seidensticker, Low City, High City, 13.

9 1868년 일어난 메이지 유신 ~ 줄어들지는 않았다: 앞의 책, 26?28.

10 메이지 신정부는 ~ 수도가 되었다: 앞의 책, 26.

11 고대 막부의 성은 ~ 궁이 되었다: 앞의 책, 28-29.

12 일본이 아직 가난에서 ~ 정도로 높았다: Maddison, "Statistics on World Population."

13 그러나 일본 남성들은 ~ 교육을 받았다: France had 6, Netherlands 5.42, and Spain 3.4. Barro and Lee, "Educational Attainment."

14 경제산업성: Chalmers Johnson, MITI and the Japanese Miracle.

15 그런데 경제산업성이 다른 ~ 실패했다: Beason and Weinstein, "Growth, Economies of Scale."

16 그는 인도네시아인을 위한 ~ 인정받지 못했다: Boulger, Life of Sir Stamford Raffles; 그리고 Wurtzburg, Raffles of the Eastern Isles, 16.

17 1817년에 래플스가 ~ 읽히고 있다: Raffles, History of Java; 그리고 Wurtzburg, Raffles of the Eastern Isles, 113-14, 197-98, 569-71.

18 무엇보다 중요한 사실은 ~ 성사시켰다는 점이다: Wurtzburg, Raffles of the Eastern Isles, 256-70, 643-44, 648; 그리고 "Singapore," Encyclopedia Britannica.

19 1850년에 중국의 광시 성에서 ~ 숨졌을지 모른다: Ebrey 외, East Asia, 308.

20 그로부터 12년 뒤 ~ 식민지로 피신했다: Yew, Singapore Story.

21 싱가포르는 693제곱킬로미터의 ~ 둘러싸여 있었다: 앞의 책; population in 1965 from

Maddison, "Statistics on World Population."

22 1965년에 싱가포르의 ~ 불과했다: Maddison, "Statistics on World Population."

23 그러나 이후 40년 동안에 ~ 성장했다: Author's caculations using Maddison, "Statistics on World Population."

24 1960년대에 싱가포르는 ~ 이루어진 국가였다: Yew, *From Third World to First*, 120.

25 오늘날 싱가포르는 1인당 ~ 선진국으로 변신했다: Maddison, "Statistics on World Population."

26 싱가포르 국민들은 카지노에 ~ 지불해야 한다: "The Dragon's Gambling Den," *Economist*, July 10, 2010.

27 1960년에 싱가포르의 성인은 ~ 안 되는 수준이다: Barro and Lee, "Educational Attainment."

28 1995년이 되자 싱가포르의 ~ 성적을 유지했다: Boston College, "Highlights of Results from TIMSS."

29 뜻밖에 얻은 막대한 ~ 많은 기록이 있다: Frankel, "The Natural Resource Curse: A Survey."

30 공무원들의 높은 청렴도를 ~ 높게 처벌했다: Yew, *From Third World to First*, 182-98.

31 세계은행 ~ 갖추고 있다고 평가했다: United Nations Industrial Development Organization, Industrial Development Report 2009, p. 69; 그리고 World Bank, *Connecting to Compete*, 26.

32 최근까지도 싱가포르는 ~ 폐수를 재활용한다: "Singapore's Deep Tunnel Sewerage System Wins Global Water Awards 2009," *Marketwire*, Apr. 28, 2009.

33 세계에서 두 번째로 인구밀도가 ~ 소통이 원활하다: Goh, "Congestion Management."

34 집들이 도시 중심으로부터 ~ 정도가 걸린다: Payscale.com, www.payscale.com/ research/SG/ Country=Singapore/Commute_Time.

35 리콴유는 고층 건물을 ~ 150미터를 넘는다: Emporis.com: Singapore high-rises?www. emporis.com/en/wm/ci/bu/sk/li/?id=100422&bt=5&ht=2&sro=0; London high-rises?www.emporis. com/en/wm/ci/bu/sk/li/?id=100637&bt=5&ht=2&sro=0; 그리고 Paris high-rises?www.emporis.com/en /wm/ci/bu/sk/li/?id=100603&bt =5&ht=2&sro=0.

36 그로부터 35년에 걸쳐 ~ 성장을 경험했으며: Maddison, "Statistics on World Population."

37 현재 사하라 남부 아프리카 ~ 하나가 됐다: 앞의 책.

38 가보로네는 1965년에 ~ 살고 있다: Botswana, "Stats Update Dec. 2009."

39 보츠와나가 거둔 성공은 ~ 천연자원을 이용했다: "Khama, Sir Seretse," *Encyclopedia Britannica*.

40 1965~2000년에 국민들의 ~ 하나가 되었다: Barro and Lee, "Educational Attainment."

41 가보로네는 보츠와나와 ~ 이상이 확대됐다: They do census on the "1" year, so it's 1971-2001. Botswana, table 1.6, "Distribution of Population in Urban Settlements."

42 다른 많은 아프리카 지역들이 ~ 고생하고 있지만: Botswana, "MASA: Anti-Retroviral Therapy."

43 국민들에게 ~ 늘어나고 있다: Dorrington 외, *Demographic Impact of HIV/AIDS*.

44 2000년에 대학 졸업자 수의 ~ 설명할 수 있다: 2000년 미국에선 256개 메트로폴리탄 지역을 대상으로 가장 최신의 종합적 인구 조사가 실시된 해다. 2000년 대졸 이상 학력을 가진 성인들의 비중이 1940년 대졸 이상 학력을 가진 성인들의 비중에 비해서 줄어들 때 결정계수는 53퍼센트이며, 계수는 3이 넘는다. Glaeser 외, "Inequality in Cities."

45 다시 말해서 1940년에 특정 ~ 19퍼센트 미만이었다: Author's calculations using data from U.S. Census Bureau, 1940 and 2000 Census.

518

46　1940년에 특정 지역 ~ 29퍼센트였다: Author's calculations using data from U.S. Census Bureau, 1940 and 2000 Census.

47　윈스럽은 ~ 신세계로 건너왔다: Vaughan, *Puritan Tradition*, 26

48　1635년에 보스턴 라틴 학교를 세웠다: 앞의 책, 27; Boston Latin School, "History (375 Years), Celebrating a Public Treasure," www.bls.org/podium/default.aspx?t=113646.

49　그 다음 해에 그들은 ~ 대학에 배정했다: Morison, *Three Centuries of Harvard*; 그리고 Quincy, History of Harvard.

50　또다른 375파운드와 ~ 하버드가 기증했다: Morison, *Three Centuries of Harvard*, 9.

51　이러한 투자들은 ~ 뛰어난 사회"로 만들었다: McCullough, *Reformation*, 520.

52　1647년에 서인도제도의 ~ 기근이 닥쳤다: Rutman, "Governor Winthrop's Garden Crop."

53　식민지들은 설탕과 ~ 구입할 수 있었다: 앞의 책, 131-32.

54　이 삼각무역에 가장 먼저 ~ 무역 네트워크를 구축했다: 앞의 책.

55　선박 가문 출신이자 ~ 갖고 왔다: "Lowell, Francis Cabot," *Encyclopedia Britannica*.

56　19세기가 되자 ~ 대학들을 세웠다: Tufts: "The Founding of Tufts University," www.tufts.edu/home/get_to_know_tufts/history; Boston College: "History: From the South End to Chestnut Hill," www.bc.edu/about/history.html, Feb. 5, 2010; Boston University: "Timeline," www.bu.edu/timeline; 그리고 Wellesley: "College History," web.wellesley.edu/web/AboutWellesley/CollegeHistory.

57　배너바 부시: "Raytheon: A History of Global Technology Leadership," www.raytheon.com/ourcompany/history.

58　레이시언의 본사: 레이시언 웹사이트에는 128번 도로 인근에 있는 저수지 위치를 확인해 주는 구글 지도가 들어 있다; 주소: Raytheon Company, 870 Winter Street, Waltham, MA 02451-1449.

59　1950~1960년대에 MIT와 하버드 ~ 회사들을 세웠다: Dorfman, "High Technology Economy."

60　전성기에 왕 연구소는 ~ 12만 명을 넘었다: Wang: "An American Tragedy," Economist, Aug. 22, 1992, 56-58. DEC: Edgar H. Schein, *DEC Is Dead, Long Live DEC: The Lasting Legacy of Digital Equipment Corporation* (San Francisco: Berrett-Koehler, 2003), 152.

61　왕과 DEC가 파산하기 ~ 쇠퇴를 예언했다: Saxenian, *Regional Advantage*.

62　보스턴은 1827년에 최초의 사업신탁을 만들었고: Adams, *Boston Money Tree*.

63　1890년대 초에는 ~ 뮤추얼펀드를 만들었다: Markham, *Financial History of the United States*, 324.

64　1886년 MIT 화학자인 ~ 처음으로 시작됐다: Arthur D. Little "About Us/History," www.adl.com/9.html.

65　이보다 더 중요한 사실은 ~ 나왔다는 점이다: Treynor bio: Treynor, *Treynor*, xviii. Black bio: New York Times, Aug. 31, 1995; 그리고 Henriques, "Fischer Black." BCG: Boston Consulting Group, "BCG History: 1963," www.bcg.com/about_bcg/history/History_1963.aspx. Bain: Bain and Company, "History Based on Results," www.joinbain.com/this-is-bain/measurable-results/history-based-on-results.asp.

66　노바르티스의 케임브리지 ~ 위치해 있다: Treffinger, "Alchemy Will Turn a Candy Factory into Biotech Offices."

67　1950~1980년 사이에 인구의 ~ 많았을지 모른다: Gibson, "Population of the 100 Largest

Cities."

68 미니애폴리스 메트로폴리탄 지역의 ~ 자리를 잡았다: U.S. Department of Commerce, Bureau of Economic Analysis, "Personal Income for Metropolitan Areas, 2009," Monday, August 9, 2010. http://www.bea.gov/newreleases/regional/mpi/2010/ pdf/mpi0810.pdf.

69 이곳 성인 중 47.4퍼센트가 ~ 7번째로 높다: U.S. Census Bureau, American Community Survey, 2008 Data Profile for the Minneapolis-St. Paul-Bloomington, MN-WI Metropolitan Statistical Area, generated using American FactFinder.

70 메드트로닉: "Medtronic Annual Revenue Up 8 Percent to $14.6 Billion," May 19, 2009, wwwp.medtronic.com/Newsroom/NewsReleaseDetails.do?itemId=1242677732763&lang=en_US; expansion: www.medtronic.com/about-medtronic/locations/index.htm; employee count: www.med- tronic.com/about-medtronic/diversity/index. htm; history: "Our Story: The Garage Years," www. medtronic.com/about-medtronic/our-story/index.htm.

71 월트 릴레하이: Medtronic, "Our Story: The Pacemaker Years," www.medtronic.com/about-medtronic/our-story/our-first-pacemakers/index.htm.

72 밥 울리히: Wakin, "Hit, Strummed or Plucked."

73 파비아 대학은 ~ 수학자를 훈련시켰다: 교육부 장관을 지냈고 폴리테크니코의 설립자인 프란체스코 브리오스키(Francesco Brioschi)와 나중에 밀라노 대학에 통합된 밀라노 아카데미아의 창업자이자 이탈리아의 통일 후 교육 체계를 잡았던 카사티법(Casati Law)을 공표했으며 역시 교육부 장관을 지냈던 가브리오 카사티(Gabrio Casati)를 말한다. 참고: *The Men of the Time: or Sketches of Living Notables*, 1852, 161.

74 피렐리는 ~ 유럽 여행을 떠났다: Polese, "In Search of a New Industry."

75 첫 번째 타이어를 만들기 ~ 만들고 있었다: 앞의 책.

76 반면 밀라노에 있는 피렐리의 ~ 아이콘이다: Foot, *Milan Since the Miracle*, 118.

77 폰티는 두 종류의 ~ 출간되고 있다: Nelson, *Building a New Europe*, 161-62.

78 그는 폴리테크니코 ~ 의자들을 설계했다: 앞의 책, 58-59; Foot, Milan Since the Miracle, 113.

79 산업은 제2차 세계대전 ~ 줄어들게 만들었다: "Milan," *Encyclopedia Britannica*.

80 밀라노의 인구는 ~ 늘어나기 시작했고는: Istat, Demography in Figures.

81 2008년 현재 밀라노의 1인당 ~ 높은 편에 속한다: 이 경우 내가 말하는 생산성은 1인당 부가가치를 말한다.

82 오늘날 이탈리아 근로자들 ~ 패션 허브이다: Author's calculations using Istat, Regional Accounts.

83 미우치아 프라다 ~ 받은 커플이다: Galloni, "Miuccia and Me"; "Learning from Prada," RFID Journal, June 24, 2002, www.rfidjournal.com/article/view/272/1; 그리고 for Pocone, "Prada, Miuccia," *Britannica Book of the Year, 2003, Encyclopedia Britannica*.

84 밀라노 패션 분야에서 ~ 사례이다: Spindler, "Gianni Versace."

85 15세 이상의 밴쿠버 ~ 18퍼센트에 머문다: Canada: Statistics Canada, Population 15 Years and Over; 그리고 Canada: Statistics Canada, Greater Vancouver.

86 밴쿠버는 종종 ~ 이민을 온다: For instance, Mercer's Quality of Living Worldwide City Rankings, www.mercer.com/qualityoflivingpr#City_Ranking_Tables, or the Economist Intelligence Unit, Global Liveability Report, www.eiu.com/site_info.asp?info_name=The_Global_ Liveability_Report_Press_Release&rf=0; 그리고 Canada: Statistics Canada, Greater Vancouver.

87 밴쿠버의 1월 ~ 더 선선하다: Estimated temperature for Vancouver from a tourism site:
    http://vancouver.ca/aboutvan.htm; U.S. cities temperature from U.S. Census Bureau,
    County and City Data Book 2000, table C-7, "Cities-Government Finances and Climate,"
    www.census.gov/prod/ 2002pubs/00ccdb/cc00_tabC7.pdf.

88 1915년에 브리티시 ~ 산실이 되었다: Morley, *Vancouver*, 33-34, 58-61, 79, 84-89, 145, 222.

89 그러나 이후 밴쿠버의 ~ 가까이가 늘어났다: Vancouver Public Library, "City of Vancouver
    Population."

90 아서 에릭슨(Arthur Erickson) ~ 롭슨 스퀘어(Robson Square)를 설계했다: "A Tribute to
    Arthur Erickson," *AI Architect*, http://info.aia.org/aiarchitect/thisweek09/0612/
    0612n_arthur.cfm; "Arthur Erickson, Lauded Canadian Architect, Dies," Architectural
    Record, 197, no. 7: 24; "Massey, Raymond," *Encyclopedia Britannica*; "Massey, Vincent,"
    Encyclopedia Britannica; "MacMillan Bloedel Building," www.arthurerickson.com/
    txt_macm.html; 그리고 UBC Robson Square, "About Us: History," www.robsonsquare.ubc.ca/
    about/history.html.

91 토론토의 대표적 일간지 ~ 아이콘이 되었다: Martin, " 'Greatest Architect.' "

92 에릭슨으로부터 배우기 ~ 20개 이상 설계했다: Emporis.com, "James KM Cheng Architects
    Inc.," www.emporis.com/application/?nav=company&lng=3&id=101306.

93 쳉이 세운 밴쿠버 ~ 않도록 막아준다: Emporis.com, "Buildings of Vancouver," www.empo-
    ris. com/en/wm/ci/bu/?id=100997.

94 40퍼센트는 해외 출생자이며: Canada: Statistics Canada, Greater Vancouver.

95 24퍼센트는 아시아 출생자이다: Canada: Statistics Canada, Population by Selected Ethnic
    Origins.

96 아울러 밴쿠버 이민자들은 ~ 매우 뛰어나다: Author's calculations using Canada: Statistics
    Canada, Immigrant Status and Period of Immigration; 그리고 Canada: Statistics Canada,
    Educational Portrait of Canada.

97 2006년에 캐나다에 정착한 이민자들 ~ 높은 비율에 해당한다: Galarneau and Morissette,
    "Immigrants' Education."

98 또한 박사 학위를 갖고 있는 ~ 국가에서 태어났다: Canada: Statistics Canada, Educational
    Portrait of Canada.

99 캐나다는 매년 캐나다로 ~ 성장할 수 있다: Canada: Statistics Canada, Components of
    Population Growth.

100 미국과 마찬가지로 캐나다도 ~ 발급해 주고 있다: Becklumb, "Canada's Immigration
    Program."

101 밴쿠버 거주자의 20퍼센트 ~ 낮을 뿐이다: Canada: Statistics Canada, Population by Selected
    Ethnic Origins.

102 대학 인근 지역들에는 ~ 가격에 팔리고 있었다: The Web page www.explorechicago.org/city/
    en/things_see_ do/attractions/tourism/former_home_ of_muhammad.html confirms Ali's
    former address, 4944 S. Woodlawn Ave., Chicago, IL 60615, where he moved to be closer
    to his mentor at the Nation of Islam, Elijah Muhammad.

103 1970~1990년에 시카고 인구는 ~ 가까이 줄었다: Gibson, "Population of the 100 Largest
    Cities."

104 오랫동안 시장을 지냈던 ~ 낮추지는 못했다: Miranda, "Post-machine Regimes."

105 그러나 1990년 이후 시카고는 ~ 잘 받지 못했고: Gibson, "Population of the 100 Largest Cities"; 그리고 U.S. Census Bureau, American Community Survey, 2008 Data Profile for the City of Chicago, generated using American FactFinder.

106 날씨가 나쁘다는 ~ 도시 중 하나였다: U.S. Census Bureau, American Community Survey, 2008 Data Profile for the City of Chicago, generated using American FactFinder.

107 억만장자 헤지펀드 ~ 그곳을 선택했다: This sentence is based on the author's conversation with Mr. Griffin.

108 2002~2008년에 시카고는 ~ 신축을 허가했다: U.S. Census Bureau, Manufacturing, Mining and Construction Statistics, Residential Building Permits, www.census.gov/const/www/permitsindex.html.

109 같은 기간 동안 보스턴은 ~ 신축을 허가했다: 앞의 책.

110 시카고는 크기는 거의 ~ 세 배 이상을 허가했다: 앞의 책.

111 시카고 시민들 중 ~ 살고 있는데: U.S. Census Bureau, American Community Survey, 2008 Data Profile for the Cities of Chicago, New York, and Boston, generated using American FactFinder.

112 인구 조사국 통계를 보면 ~ 39퍼센트 정도 더 높다: U.S. Census Bureau, American Community Survey, 2008 Data Profile for the Cities of Chicago and Boston, generated using American FactFinder.

113 NAR에 따르면 ~ 가격보다 더 낮았다: National Association of Realtors, Median Sales Price of Existing Condo-Coops Homes for Metropolitan Areas for Second Quarter 2010, www.realtor.org/research/research/metroprice.

114 시카고 시내에서 65만 달러만 ~ 얻을 수 있다: Realtor.com, searched Sept. 1, 2010.

115 1990~2009년에 시카고 ~ 새로 지어졌다: Calculations performed by Joseph Gyourko using REIS office real estate market data.

116 시카고 사무실 임대료는 ~ 30퍼센트 정도 쌌다: Calculations performed by Joseph Gyourko using REIS office real estate market data.

117 애틀랜타 메트로폴리탄 지역은 ~ 인구가 불어났다: U.S. Census Bureau, Population Estimates, "Combined Statistical Area Population and Estimated Components of Change: April 1, 2000, to July 1, 2009," www.census.gov/popest/metro/metro.html.

118 애틀랜타의 사무실 공간은 ~ 20퍼센트 더 싸다: Calculations performed by Joseph Gyourko using REIS office real estate market data.

119 이곳의 성인 인구들 중에서 ~ 보스턴보다도 높다: U.S. Census Bureau, American Community Survey, 2008 Data Profile for the Cities of Atlanta, Boston, and Minneapolis, generated using American FactFinder.

120 풀턴 카운티 성인들 중에서 ~ 맞먹는 수준이다: U.S. Census Bureau, American Community Survey, 2008 Data Profile for Fulton County, Georgia; Westchester County, New York; Fairfield County, Connecticut; Santa Clara County, California; 그리고 Middlesex County, Massachusetts; generated using American FactFinder.

121 에모리 대학과 매사추세츠 ~ 시작했다: A Thousand Wheels Are Set in Motion: The Building of Georgia Tech at the Turn of the Century: 1888-1908, "The Hopkins Administration, 1888?1895," www.library.gatech.edu/gtbuildings/hopkins.htm.

122 희망 장학금 프로그램: Kiss and Schuster, "Hope Scholarships."

123 2000~2008년에 풀턴 ~ 빠르게 늘어났다: U.S. Census Bureau, American Community Survey, 2008 Data Profile for Fulton County, Georgia, and the United States; 그리고 U.S. Census 2000, Data for Fulton County, Georgia, and the United States; both generated using American FactFinder.

124 두바이는 1892년에 ~ 도시가 되었다: "Dubayy," Encyclopedia Britannica.

125 제벨 알리(Jebel Ali) 자유무역 지대: 앞의 책.

126 버즈 알 아랍: "Sailing into a New Luxury at Famous Dubai Hotel," Toronto Star, Sept. 11, 2004, Travel.

127 828미터의 다용도 건물: Davis, "Dubai Hits the Heights."

128 두바이 몰 ~ 최대 쇼핑몰 중 하나이다: Official site says one of the biggest in the world: www.thedubaimall.com/en/section/faq; dimensions: www.thedubaimall.com/en/news/media-centre/news-section/the-dubai-mall-opens-largest.html.

129 셰이크 모하메드는 ~ 상업 지구: "Richard Spencer in Dubai: Developer to Resume Work on Dubai's Troubled World," London Daily Telegraph, Dec. 18, 2009, City.

130 두바이랜드: Dubailand is unfinished at the moment. Kolesnikov-Jessop, "Theme Park Developers."

131 그리고 끝내 두바이 정부는 ~ 선언했다: "Dredging the Debt: Dubai's Debt Mountain," Economist, Oct. 31, 2009.

10장 평평한 세계, 점점 높아지는 도시

1 도시는 인간종이 모여 사는 깊은 구렁이다: Rousseau, Émile, 52.

2 19세기 파리에서 모네와 ~ 선택할 수 있다: "Cézanne, Paul," Encyclopedia Britannica; 그리고 "Dan Aykroyd," Blues Brothers Central, www.bluesbrotherscentral.com/profiles/dan-aykroyd.

3 1790~1970년에 단 한 번을 ~ 예외였다: U.S. Census Bureau, 1990 Census of Population and Housing, "1990 Population and Housing Unit Counts: United States," (CPH-2), p. 5, www.census.gov/population/www/censusdata/files/table-4.pdf.

4 아메리칸당: "Know-Nothing Party," Encyclopedia Britannica.

5 KKK: Jackson, Ku Klux Klan.

6 2007년 미국에서 대졸 이상의 ~ 1,000달러에 불과했다: U.S. Census Bureau, Census in Schools, Educational Attainment, www.census.gov/schools/census_for_teens/educational_attainment.html.

7 다시 말해서 대학에 ~ 이상 늘어난다: 앞의 책. 교육 기간에 따른 소득 증가에 대한 경제학 서적들이 대부분 일란성 쌍생아들만을 비교함으로써 숙련된 근로자들의 임금을 끌어올리는 관찰되지 않은 요소들을 고려해 수정하기 위해서 노력해 왔다; 참고: Ashenfelter and Krueger, "Estimates of the Economic Return to Schooling."

8 메트로폴리탄 지역의 대학 ~ 7.7퍼센트 증가한다: Glaeser and Gottlieb, "Place-Making Policies."

9 학교 교육을 1년 더 ~ 놀라운 결과이다: Barro and Lee, "Educational Attainment"; 그리고 Maddison, "Statistics on World Population."

10 "국가가 무지하고 ~ 기대하는 것이다": Padover, Thomas Jefferson on Democracy.

11 민주주의가 교육에 ~ 관계가 존재한다: Glaeser 외, "Why Does Democracy Need

Education?"

12 바르샤바 협정: 앞의 책.

13 국가들 사이의 ~ 확인됐다: Milligan 외, "Does Education Improve Citizenship?"

14 보스턴과 뉴욕에 있는 ~ 내는 것으로 나타났다: Kane 외, Informing the Debate; 그리고 Hoxby and Murarka, "Charter Schools."

15 연구 결과, 좋은 학교들과 ~ 사실이 밝혀졌다: Kane and Staiger, "Estimating teacher impacts on student achievement: An experimental evaluation."

16 1800년에 미국 최대 도시 20곳 중 여섯 곳은: Gibson, "Population of the 100 Largest Cities."

17 다트머스 대학의 경제학자인 ~ 개선됐다는 것을 알아냈다: 뉴올리언스를 떠남으로써 백인과 흑인들 사이의 시험점수 차의 약 37퍼센트만큼의 소득을 거두었다. Sacerdote, "When the Saints Come Marching In."

18 크레센트 시티가 ~ 자금 지원을 제안했다: Heath, "Katrina Claims Stagger Corps."

19 그것은 허리케인 이전에 ~ 마찬가지이다: U.S. Census Bureau, American Community Survey, 2006 Data Profile for the City of New Orleans and the New Orleans MSA, generated using American FactFinder.

20 우리 모두가 뉴올리언스 재즈를 ~ 합리적이지 않다: A recent article estimates $142 billion in federal funds have been spent. Sasser, "Katrina Anniversary."

21 현상 유지 편향: Kahneman 외, "Experimental tests of the endowment effect and the Coase theorem," 1325-48.

22 영향력 편향: Gilbert, Stumbling on Happiness.

23 현재 구불구불하게 놓인 ~ 훌쩍 넘는다: Dennis, "Gas Prices, Global Warming."

24 미국인들 중 60퍼센트 이상인 ~ 정책이다: U.S. Census Bureau, Current Population Survey, Housing Vacancies and Homeownership Annual Statistics: 2009, table 1A, "Rental Vacancy Rates, Homeowner Vacancy Rates, Gross Vacancy Rates, and Homeownership Rates for Old and New Construction," www.census.gov/hhes/www/ housing/hvs/annual09/ ann09ind.html.

25 연소득 25만 달러 이상인 ~ 10배 이상 더 높다: Poterba and Sinai, "Tax Expenditures for Owner-Occupied Housing."

26 도시의 땅값이 비쌀 ~ 임차인들이 살고 있다: U.S. Census Bureau, Data Profile for the United States, Census 2000 Summary File 3, generated using American FactFinder.

27 오바마 대통령은 시어도어 ~ 도움이 되지 못했다: www.recovery.gov/?q=content/ rebuilding-infrastructure.

28 2009년 3월부터 ~ 두 배가 더 높았다: 최근 인구밀도가 높은 주들은 알래스카, 와이오밍, 몬태나, 노스다코타와 사우스다코타이다. U.S. Government, State/Territory Totals by Award Type, www.recovery.gov/Transparency/RecipientReportedData/ Pages/RecipientAward SummarybyState.aspx. Population from U.S. Census Bureau, United States-States, Geographical Comparison Tables, GCT-T1-R, 2009 population estimates generated using American FactFinder.

29 이 5개 주의 인구가 미국 ~ 아닐지 모른다: U.S. Census Bureau, United States-States, Geographical Comparison Tables, GCT-T1-R, Population Estimates, generated using American FactFinder.

30 특히 이것이 경기 침체를 타파하기 ~ 더욱 그렇다: Bureau of Labor Statistics, Regional and

State Employment and Unemployment-December 2009, www.bls.gov/news.release/archives/laus_01222010.htm.

31 지난 20년 동안에 인구 ~ 절반에 불과했다: Glaeser and Gottlieb, "Place-Making Policies."

32 미국 백악관 행정 관리 ~ 적고 있다: White House Office of Management and Budget, Program Assessment: Highway Infrastructure, www.whitehouse.gov/omb/expectmore/summary/10000412.2007.html.

33 이 결론은 현재 미국의 ~ 암시하고 있다: Parry 외, "Automobile Externalities and Policies."

34 "인간다운 지능이 ~ 단초를 마련했다": Pinker, *How the Mind Works*, 192.

Aaseng, Nathan. *Business Builders in Real Estate*. Minneapolis: Oliver Press, 2002.

Acemoğlu, Daron. "Why Do New Technologies Complement Skills? Directed Technological Change and Wage Inequality." *Quarterly Journal of Economics* 113, no. 4 (Nov. 1998): 1055–89.

Achenbach, Joel. *The Grand Idea: George Washington's Potomac and the Race to the West*. New York: Simon & Schuster, 2004.

Adams, Russell B., Jr. *The Boston Money Tree*. New York: Crowell, 1977.

Ades, Alberto F., and Edward L. Glaeser. "Trade and Circuses: Explaining Urban Giants." *Quarterly Journal of Economics* 110, no. 1 (Feb. 1995): 195–227.

Aitken, Hugh G. J. *The Continuous Wave: Technology and American Radio 1900–1932*. Princeton, NJ: Princeton University Press, 1985.

Albion, Robert Greenhalgh. *The Rise of New York Port* [1815–1860]. New York: Scribner's, 1939.

Alexiou, Alice Sparberg. *Jane Jacobs: Urban Visionary*. New Brunswick, NJ: Rutgers University Press, 2006.

Amaker, Norman C. "*Milliken v. Bradley*: The Meaning of the Constitution in School Desegregation Cases." *Hastings Constitutional Law Quarterly* 2, no. 2 (Spring 1975): 349–72.

American Chamber of Commerce Research Association. ACCRA Cost of Living Index—Historical Dataset (1Q1990–2009), Arlington, VA: Council for Community and Economic Research [distributor] version 1, http://hdl.handle.net/1902.1/14823.

American FactFinder, U.S. Census Bureau, http://factfinder.census.gov.

Ankeny, Brent, and Robert Snavely. "Renovate Joe or Build Rink? Wings Likely to Decide by Year's End, Ilitch Says." *Crain's Detroit Business*, June 19, 2006, p. 1.

Ansary, Tamim. *Destiny Disrupted: A History of the World through Islamic Eyes*. New York: PublicAffairs, 2009.

Archer, David, and Stefan Rahmstorf. *The Climate Crisis: An Introductory Guide to Climate Change*. Cambridge University Press, 2010.

Arias, Elizabeth. "United States Life Tables, 2006." *National Vital Statistics Reports* 58, no. 21 (June 28, 2010), Centers for Disease Control and Prevention, www.cdc.gov/nchs/data/nvsr/nvsr58/nvsr58_21.pdf.

Arns, R. G. "The Other Transistor: Early History of the Metal-Oxide Semiconductor Field-Effect Transistor." *Engineering Science and Education Journal* 7, no. 5 (Oct. 1998): 233–40.

Asbury, Edith Evans. "Board Ends Plan for West Village: Residents Win Fight to Save 16 Blocks from Being Bulldozed in 'Deal'; Wagner's Stand Cited: Aides Say His Opposition Bars Project—Lifting of Slum Label Sought." *New York Times*, Oct. 25, 1961.

Ashenfelter, Orley, and Alan Krueger. "Estimates of the Economic Return to Schooling from a New Sample of Twins." *American Economic Review* 84, no. 5 (Dec. 1994): 1157–73.

Bairoch, Paul. *Cities and Economic Development: From the Dawn of History to the Present*, tr. Christopher Braider. University of Chicago Press, 1988.

Bakhit, Mohammad Adnan. *History of Humanity: From the Seventh Century BC to the Seventh Century AD*. Paris: UNESCO; and London: Routledge; 2000.

Ballon, Hillary, and Norman McGrath. *New York's Pennsylvania Stations*. New York: W. W. Norton & Company, 2002.

"Baltimore Tries Drastic Plan of Race Segregation," *New York Times*, Dec. 25, 1910.

Barman, Roderick J. *Citizen Emperor: Pedro II and the Making of Brazil, 1825–1891.* Stanford: Stanford University Press, 1999.

Barr, Jason, Troy Tassier, and Rossen Trendafilov. "Bedrock Depth and the Formation of the Manhattan Skyline, 1890–1915." New York: Columbia University Working Paper, January 2010.

Barro, Robert J., and Jong-Wha Lee. "International Data on Educational Attainment: Updates and Implications." Cambridge, MA: Harvard Center for International Development, Working Paper no. 42, Apr. 2000, www.cid .harvard.edu/ciddata/ciddata.html.

Bascomb, Neal. *Higher: A Historic Race to the Sky and the Making of a City.* New York: Doubleday, 2003.

Baumol, William J. "Entrepreneurship: Productive, Unproductive, and Destructive," *The Journal of Political Economy* 98, no. 5, part 1 (Oct. 1990): 893–921.

Baum-Snow, Nathaniel. "Changes in Transportation Infrastructure and Commuting Patterns in U.S. Metropolitan Areas, 1960–2000." *American Economic Review,* 100, no. 2 (May 2010): 378–82.

———. "Did Highways Cause Suburbanization?" *Quarterly Journal of Economics* 122, no. 2 (2007): 775–805.

Beasley, William G. "The Foreign Threat and the Opening of the Ports." In *The Cambridge History of Japan,* vol. 5, *The Nineteenth Century,* ed. Marius B. Jansen, ch. 4. Cambridge, UK: Cambridge University Press, 1989.

Beason, Richard, and David Weinstein. "Growth, Economies of Scale and Targeting in Japan (1955–1990)." *Review of Economics and Statistics* 78, no. 2 (May 1996): 286–95.

Beatty, Jack. *The Rascal King: The Life and Times of James Michael Curley, 1874–1958.* Reading, MA: Addison Wesley, 1992.

Becker, Gary S. "Crime and Punishment: An Economic Approach." *Journal of Political Economy* 76, no. 2 (Mar.–Apr. 1968): 169–217.

Becklumb, Penny. "Canada's Immigration Program," rev. Sept. 10, 2008. Ottawa: Library of Parliament, Law and Government Division, www2.parl.gc.ca/content/lop/researchpublications/bp190-e.pdf.

Behar, Darren. "Livingstone Wins Fight over £5 Car Charge." *Daily Mail* (London), Aug. 1, 2002.

"Bengal Leads Hunger List, Poor Land-Man Ratio Blamed." *Financial Express,* Apr. 4, 2007.

Beniwal, Vrishti. "Commuting Time in Mumbai the Maximum, Says Study." *Financial Express,* Aug. 16, 2007.

Bennett, Charles G. "City Acts to Save Historical Sites: Wagner Names 12 to New Agency—Architects Decry Razing of Penn Station." *New York Times,* Apr. 22, 1962.

Berger, Joseph. "Hell's Kitchen, Swept Out and Remodeled." *New York Times,* Mar. 19, 2006.

Bernstein, Peter L. *Against the Gods: The Remarkable Story of Risk.* New York: Wiley, 1996.

———. *Wedding of the Waters: The Erie Canal and the Making of a Great Nation.* New York: Norton, 2005.

Berrien, Jenny, and Christopher Winship. "Lessons Learned from Boston's Police-Community Collaboration." *Federal Probation* 63, no. 2 (Dec. 1999), Academic Search Premier, EBSCOhost.

Besley, Timothy, and Robin Burgess. "Can Labor Regulation Hinder Economic Performance? Evidence from India." *Quarterly Journal of Economics* 119, no. 1 (Feb. 2004): 91–134.

Bertaud, Alain. "Mumbai FSI Conundrum: The Perfect Storm—the Four Factors Restricting the Construction of New Floor Space in Mumbai," July 15, 2004, http://alain-bertaud.com/AB_Files/AB_Mumbai_FSI_conundrum.pdf

Bertoni, Steven, Keren Blankfeld, Katie Evans, Russell Flannery, Duncan Greenberg, Naazneen Karmali, Benjamin Klauder, et al. "Billionaires." *Forbes* 185, no. 5: 69–76.

"Billionaires' Favorite Hangouts." *Forbes* 181, no. 6: 120ff.

"The Birth of the University." *History of Stanford.* Stanford University, www.stanford.edu/about/history/index.html (accessed July 20, 2010).

Black, James. "Hamlet Hears Marlowe; Shakespeare Reads Virgil." *Renaissance and Reformation,* 18, no. 4 (1994): 17–28.

Blakely, Rhys. "17 People Die Every Day Commuting to Work in Mumbai, India." *Times* (London), Apr. 1, 2009.

Bloomberg, Michael, and Matthew Winkler. *Bloomberg by Bloomberg.* New York: Wiley, 1997.

Boas, Frederick S. *Shakespeare and His Predecessors.* New York: Scribner's, 1900.

Bond Street Association. http://www.bondstreetassociation.com/.

Boorstin, Daniel Joseph. *The Discoverers.* New York: Random House, 1985.

Boston College. "Highlights of Results from TIMSS" [Third International Mathematics and Science Study], Nov. 1996, http://timss.bc.edu/timss1995i/TIMSSPDF/P2HiLite.pdf.

Boston Latin School. "History (375 Years), Celebrating a Public Treasure," www.bls.org/podium/default.aspx?t=113646.

Boswell, James. *The Life of Samuel Johnson, LL.D.* London: Printed by Henry Baldwin, for Charles Dilly, 1791.

Botswana, Republic of. "MASA: Anti-Retroviral Therapy," www.gov.bw/Global/MOH/Masa_ARV_Program.pdf.

Botswana, Republic of, Central Statistics Office. "Stats Update December 2009." www.cso.gov.bw/images/stories/StatsUpdates/update_dec09.pdf.pdf.

———. Table 1.6, "Distribution of Population in Urban Settlements: 1971–2001 Censuses," www.cso.gov.bw/index
.php?option=com_content&task=view&id=147&Itemid=94.

Boulger, Demetrius Charles. *The Life of Sir Stamford Raffles*. London: Horace Marshall & Son, 1899.

Braunhut, Herman Jay. "Farm Labor Wage Rates in the South, 1909–1948," *Southern Economic Journal* 16, no. 2
(Oct. 1949): 189–96.

Brillat-Savarin, Jean Anthelme. *The Physiology of Taste*, trans. M. F. K. Fisher. New York: Courier Dover Publications,
2002.

Brinkley, Douglas. *Wheels for the World: Henry Ford, His Company, and a Century of Progress*. New York: Viking,
2003.

Brody, Howard, Michael Russell Rip, Peter Vinten-Johansen, Nigel Paneth, and Stephen Rachman. "Map-Making
and Myth-Making in Broad Street: The London Cholera Epidemic, 1854." *Lancet* 356, no. 9223 (July 1, 2000):
64–68.

Bundles, A'Lelia. *On Her Own Ground: The Life and Times of Madam C. J. Walker*. New York: Scribner, 2001.

Burns, E. Bradford. *A History of Brazil*, 3d ed. New York: Columbia University Press, 1993.

Burrough, Bryan, and John Helyar. *Barbarians at the Gate: The Fall of RJR Nabisco*. New York: HarperCollins, 2003.

Burrows, Edwin G., and Mike Wallace. *Gotham: A History of New York City to 1898*. New York: Oxford University
Press, 1999.

Busso, Matias, and Patrick Kline. "Do Local Economic Development Programs Work? Evidence from the Federal
Empowerment Zone Program." *American Economic Journal: Economic Policy*, forthcoming.

"By-the-Bye in Wall Street." *Wall Street Journal*, Dec. 5, 1932.

Cahalan, Margaret Werner. "Historical Corrections Statistics in the United States, 1850–1984." Rockville, MD: U.S.
Department of Justice, Bureau of Justice Statistics, 1986, www.ncjrs.gov/pdffiles1/pr/102529.pdf.

Caillebotte, Gustave. *Paris Street; Rainy Day*, 1877, oil on canvas, 212.2 × 276.2 cm, Charles H. and Mary F. S. Worces-
ter Collection, 1964.336, Art Institute of Chicago, www.artic.edu/artaccess/AA_Impressionist/pages/IMP_4.shtml.

California Department of Public Health. *Los Angeles County's Health Status Profile for 2010*, www.cdph.ca.gov/
programs/ohir/Documents/losangeles.xls.

———. *San Francisco County's Health Status Profile for 2010*, www.cdph.ca.gov/programs/ohir/Documents/sanfran
cisco.xls.

California Department of Water Resources. *California Water Plan Update 2005*, vol. 2, ch. 3, "Agricultural Water Use
Efficiency," /www.waterplan.water.ca.gov/docs/cwpu2005/vol2/v2ch03.pdf; vol. 2, ch. 22, "Urban Water Use Ef-
ficiency," www.waterplan.water.ca.gov/docs/cwpu2005/vol2/v2ch22.pdf (accessed Aug. 11, 2010).

California, Government of. Association of Bay Area Governments, San Francisco Bay Area Housing Needs Plan
2007–2014, www.abag.ca.gov/planning/pdfs/SFHousingNeedsPlan.pdf.

———. California Environmental Quality Act (CEQA), Statute and Guidelines 2009, http://ceres.ca.gov/ceqa/stat.

Canada: Statistics Canada. Components of Population Growth, by Province and Territory, www40.statcan.gc.ca/
l01/cst01/demo33a-eng.htm.

———. Educational Portrait of Canada, 2006 Census: Immigration, "Immigrants Account for a Large Proportion of
Doctorate and Master's Degree Holders, www12.statcan.ca/census-recensement/2006/as-sa/97-560/p13-eng.cfm.

———. Greater Vancouver, 2006 Community Profiles, www12.statcan.gc.ca/census-recensement/2006/dp-pd/
prof/92-591/details/Page.cfm?Lang=E&Geo1=CD&Code1=5915&Geo2=PR&Code2=59&Data=Count&SearchT
ext=Greater%20Vancouver&SearchType=Begins&SearchPR=01&B1=All&Custom=.

———. Immigrant Population by Place of Birth, by Census Metropolitan Area, 2006 Census, Vancouver, www40
.statcan.gc.ca/l01/cst01/demo35g-eng.htm.

———. Immigrant Status and Period of Immigration (9), Work Activity in 2005 (14), Highest Certificate, Diploma
or Degree (7), Age Groups (9), and Sex (3) for the Population 15 Years and Over of Canada, Provinces, Territories,
Census Metropolitan Areas, and Census Agglomerations, 2006 Census—20% Sample Data, www12.statcan.gc.ca.

———. Population 15 Years and Over by Highest Degree, Certificate or Diploma (1986 to 2006 Census), www40
.statcan.gc.ca/l01/cst01/EDUC42-eng.htm.

———. Population by Selected Ethnic Origins, by Census Metropolitan areas, 2006 Census, Vancouver, www40
.statcan.gc.ca/l01/cst01/demo27y-eng.htm.

Canagarajan, Sudharshanv, John Ngwafon, and Saji Thomas. "The Evolution of Poverty and Welfare in Nigeria,
1985–92." Policy Research Working Paper Series 1715. World Bank, 1997.

Cannato, Vincent J. *The Ungovernable City: John Lindsay and His Struggle to Save New York*. New York: Basic Books,
2001.

Card, David. "Estimating the Return to Schooling: Progress on Some Persistent Econometric Problems." *Economet-
rica* 69, no. 5 (Sept. 2001): 1127–60.

"Carlos Slim Helú, Biography of," www.carlosslim.com/biografia_ing.html (accessed Aug. 4, 2010).

Cartledge, Paul. *Ancient Greece: A History in Eleven Cities*. New York: Oxford University Press, 2009.

Carvel, John. *Citizen Ken*. London: Chatto & Windus/Hogarth Press, 1984.

Case-Shiller Home Price Indices, Standard & Poor's, www.standardandpoors.com/indices/sp-case-shiller-home-price-indices/en/us/?indexId=SPUSA-CASHPIDFF--P-US----.

Catan, Thomas. "Spain's Bullet Train Changes Nation—and Fast." *Wall Street Journal*, Apr. 20, 2009.

Chandler, Tertius. *Four Thousand Years of Urban Growth: A Historical Census*. Lewiston, NY: Mellon House, 1987.

Chasteen, John Charles. *Born in Blood and Fire: A Concise History of Latin America*. New York: Norton, 2001.

"Chinese Agency Highlights Problems of Rising Car Ownership," BBC Worldwide Monitoring, Asia Pacific, July 19, 2010.

Chinitz, Benjamin. "Contrasts in Agglomeration: New York and Pittsburgh." *American Economic Review* 51, no. 2 (May 1961): 279–89.

Collins, William J. "The Political Economy of State Fair Housing Laws before 1968," *Social Science History* 30 (2006): 15–49.

Columbia University, Office of Public Affairs. "Nobelist William S. Vickrey: Practical Economic Solutions to Urban Problems," Oct. 8, 1996, www.columbia.edu/cu/pr/96/18968.html.

Congo, République Démocratique du. *Enquête Démographique et de Santé 2007*. Macro International, Calverton, MD, Aug. 2008, www.measuredhs.com/pubs/pdf/FR208/FR208.pdf.

Conn, Steven. *Metropolitan Philadelphia: Living with the Presence of the Past*. Philadelphia: University of Pennsylvania Press, 2006.

Costa, Dora L., and Matthew E. Kahn. "Power Couples: Changes in the Locational Choice of the College Educated, 1940–1990." *Quarterly Journal of Economics* 115, no. 4 (Nov. 2000): 1287–1315.

Couch, Carl J., David R. Maines, and Shing-Ling Chen. *Information Technologies and Social Orders*. New Brunswick, NJ: Transactions, 2006.

Cronon, William. *Nature's Metropolis: Chicago and the Great West*. New York: W. W. Norton, 1991.

Currid, Elizabeth. *The Warhol Economy: How Fashion, Art, and Music Drive New York City*. Princeton, NJ: Princeton University Press, 2007.

Cutler, David M., and Edward L. Glaeser. "Are Ghettos Good or Bad?" *Quarterly Journal of Economics* 112, no. 3 (Aug. 1997): 827–72.

Cutler, David M., Edward L. Glaeser, and Karen Norberg. "Explaining the Rise in Youth Suicide." Chapter in Jonathan Gruber, ed. *Risky Behavior Among Youths: An Economic Analysis*. Chicago: University of Chicago Press, 2001.

Cutler, David M., Edward L. Glaeser, and Jacob L. Vigdor. "The Rise and Decline of the American Ghetto." *Journal of Political Economy* 107, no. 3 (June 1999): 455–506.

Cutler, David M., and Grant Miller. "Water, Water Everywhere: Municipal Finance and Water Supply in American Cities." In *Corruption and Reform: Lessons from America's Economic History*, Edward L. Glaeser and Claudia Goldin, eds., pp. 153–84. Chicago: University of Chicago Press, 2006.

Davey, Monica. "Detroit Mayor's Tough Love Poses Risks in Election." *New York Times*, Sept. 25, 2009.

Davis, Heather Greenwood. "Dubai Hits the Heights Again: World's Tallest Tower Goes over the Top with Luxury Complex." *Toronto Star*, Jan. 7, 2010, Travel.

de Long, J. Bradford, and Andrei Shleifer. "Princes and Merchants: European City Growth Before the Industrial Revolution." *Journal of Law and Economics* 36 (Oct. 1993).

DeNavas-Walt, Carmen, Bernadette D. Proctor, and Jessica C. Smith. U.S. Bureau of the Census, Current Population Reports, *Income, Poverty, and Health Insurance Coverage in the United States: 2008*, September 2009, Table 4: "People and Families in Poverty by Selected Characteristics: 2007 and 2008," p. 14.

Dennis, Jan. "Gas Prices, Global Warming Renewing Interest in High-Speed Rail." Associated Press, Sept. 7, 2007.

Derbyshire, Wyn. *Six Tycoons: The Lives of John Jacob Astor, Cornelius Vanderbilt, Andrew Carnegie, John D. Rockefeller, Henry Ford, and Joseph P. Kennedy*. London: Spiramus, 2008.

Design for London. "Housing for a Compact City," June 2003, www.london.gov.uk/archive/mayor/auu/docs/housing_compact_city_1.pdf.

Diamond, Jared. *Guns, Germs and Steel: The Fates of Human Societies*, rev. ed. New York: Norton, 2005.

Dimbleby, Jonathan. *The Prince of Wales*. Boston: Little, Brown, 1994.

DiPasquale, Denise, and Edward L. Glaeser. "The Los Angeles Riot and the Economics of Urban Unrest." *Journal of Urban Economics* 43, no. 1 (Jan. 1998): 52–78.

Dobbie, Will, and Roland G. Fryer. "Are High Quality Schools Enough to Close the Achievement Gap? Evidence from a Social Experiment in Harlem." National Bureau of Economic Research Working Paper 15473, Nov. 2009.

Doms, Mark, Timothy Dunne, and Kenneth R. Troske. "Workers, Wages, and Technology." *Quarterly Journal of Economics* 112, no. 1 (Feb. 1997): 253–90.

Donohue, John J., III. "Fighting Crime: An Economist's View." *Milken Institute Review*, 1st quarter 2005, http://works.bepress.com/cgi/viewcontent.cgi?article=1016&context=john_donohue.

Donohue, John J., III, and Steven D. Levitt. "The Impact of Legalized Abortion on Crime." *Quarterly Journal of Economics* 116, no. 2 (May 2001): 379–420.

Dorfman, Nancy S. "Route 128: The Development of a Regional High Technology Economy." *Research Policy* 12 no. 6 (1983): 299–316.

Dorrington, R. E., T. A. Moultrie, and T. Daniel. *The Demographic Impact of HIV/AIDS in Botswana*. Gaborone: UNDP and NACA, Botswana, 2006, www.gov.bw/Global/NACA%20Ministry/Demographic_Report.pdf.

"The Dragon's Gambling Den," *Economist*, July 10, 2010.

"Dredging the Debt: Dubai's Debt Mountain," *Economist*, Oct. 31, 2009.

Dreiser, Theodore. *Sister Carrie*. New York: Doubleday, Page & Co., 1900.

Dubai Mall, www.thedubaimall.com/en.

Durack, David T., Robert J. Littman, R. Michael Benitez, and Philip A. Mackowiak. "Hellenic Holocaust: A Historical Clinico-Pathologic Conference." *American Journal of Medicine* 109, no. 5 (Oct. 1, 2000): 391–97.

Durant, Will, and Ariel Durant. *The Story of Civilization*, vol. 4, *The Age of Faith: A History of Medieval Civilization— Christian, Islamic, and Judaic—from Constantine to Dante*, A.D. *325–1300*. New York: Simon & Schuster, 1950.

Duranton, Gilles, and Matthew Turner. "The Fundamental Law of Road Congestion: Evidence from the U.S." University of Toronto Department of Economics Working Paper 370, 2009.

Duranton, Gilles, and Matthew Turner. "Urban Growth and Transportation," (2010). http://individual.utoronto .ca/gilles/Papers/GrowthTransport.pdf.

Dussault, Raymond. "Jack Maple: Betting on Intelligence." *Government Technology*, Apr. 1, 1999.

Ebrey, Patricia, Anne Walthall, and James Palais. *East Asia: A Cultural, Social, and Political History*. Boston: Houghton Mifflin, 2008.

Economist Intelligence Unit, Global Liveability Report, www.eiu.com/site_info.asp?info_name=The_Global_Live ability_Report_Press_Release&rf=0.

Edgerton, Robert B. *The Troubled Heart of Africa: A History of the Congo*. New York: St. Martin's. 2003.

Elliott, Orrin Leslie. *Stanford University: The First Twenty-Five Years*. Palo Alto, CA: Stanford University Press, 1937.

Encyclopædia Britannica Online, www.britannica.com.

Escoffier, Auguste. *Memories of My Life*, trans. Laurence Escoffier. New York: Van Nostrand Reinhold, 1997.

European Automobile Manufacturing Association. *The Automobile Industry Pocket Guide*. "The Trends in Motorisation," data for 2006, www.acea.be/images/uploads/files/20090529_motorisation.pdf.

European Environment Agency. *Urban Sprawl in Europe: The Ignored Challenge*. Report No. 10/2006. Nov. 24, 2006, www.eea.europa.eu/publications/eea_report_2006_10/eea_report_10_2006.pdf.

European Road Federation. *European Road Statistics 2009*, www.irfnet.eu/media/stats/ERF-2009%20European% 20Union%20Road%20Statistics%20BOOKLET_V07_update.pdf.

"'Fairchildren' Who Came to Dominate the World of Technology." *Financial Times* (London), Oct. 31, 2007, Business Life.

Farrell, William E. "D.A.'s Assail Rockefeller Drug Penalties." *New York Times*, Feb. 7, 1973, p. A4.

Federal Bureau of Investigation. *Crime in the United States, 2008*, Sept. 2009, www.fbi.gov/ucr/cius2008/index.html.

Federal Bureau of Investigation. *Famous Cases*. "Willie Sutton," www.fbi.gov/libref/historic/famcases/sutton/ sutton.htm.

Ferguson, Margaret, Mary Jo Salter, and Jon Stallworthy, eds. *Norton Anthology of Poetry*, 5th ed. New York: Norton, 2005.

Ferreira, Francisco H. G., Peter Lanjouwr, and Marcelo Neri. "A Robust Poverty Profile for Brazil Using Multiple Data Sources." *Revista Brasileira de Economia* 57, no.1 (Mar. 2003): 59–92.

Ferrie, Joseph P., and Werner Troesken. "Water and Chicago's Mortality Transition, 1850–1925." *Explorations in Economic History* 45, no. 1 (Jan. 2008): 1–16.

Fischler, Stan. *Subways of the World*. Minneapolis: MBI, 2000.

Fisman, Raymond. "Estimating the Value of Political Connections." *American Economic Review* 91, no. 4 (Sept. 2001): 1095–1102.

Foggo, Daniel. "Ken, the Animal Tester of X Block." *Times* (London), Feb. 17, 2008, Home News.

Folpe, Emily Kies. *It Happened on Washington Square*. Baltimore: Johns Hopkins University Press, 2002.

Foot, John. *Milan Since the Miracle: City, Culture and Identity*. Oxford: Berg, 2001.

47th Street Business Improvement District, The Diamond District, www.diamonddistrict.org/home.html.

Frankel, Jeffrey A. "The Natural Resource Curse: A Survey," National Bureau of Economic Research Working Paper no. 15836, 2010.

Friends of Mammoth v. Board of Supervisors, Sac. No. 7924 Cal. 3d, 8, 247 (Supreme Court of California).

Galarneau, Diane, and René Morissette. "Immigrants' Education and Required Job Skills." Statistics Canada, *Perspectives*, Dec. 2008, www.statcan.gc.ca/pub/75-001-x/2008112/pdf/10766-eng.pdf.

Galatas, Roger, and Jim Barlow. *The Woodlands: The Inside Story of Creating a Better Hometown*. Washington, DC: Urban Land Institute, 2004.

Galloni, Alessandra. "Miuccia and Me." *Wall Street Journal Magazine*, Mar. 2010.

Gandhi, Mahatma. *Mahatma Gandhi: The Essential Writings*, ed. Judith Margaret Brown. New York: Oxford University Press, 2008.

Gans, Herbert J. *The Levittowners: Life and Politics in a New Suburban Community.* New York: Columbia University Press, 1982.

Gari, L. "Arabic Treatises on Environmental Pollution up to the End of the Thirteenth Century." *Environment and History* 8, no. 4 (2002): 475–88.

Gaspar, Jess, and Edward L. Glaeser. "Information Technology and the Future of Cities." *Journal of Urban Economics* 43, no. 1 (Jan. 1998): 136–56.

Gelzinis, Peter. "Commissioner Connecting: Neighbors Notice as Hands-on Meaasures Take Root in Neighborhoods." *Boston Herald*, Aug. 22, 2007, News.

Geolytics Neighborhood Change Database 1970–2000 Tract Data Short Form Release 1.1, CD-ROM. (Brunswick, NJ: Geolytics, 2002.

Gergen, Christopher, and Gregg Vanourek. *Life Entrepreneurs: Ordinary People Creating Extraordinary Lives.* San Francisco: Wiley, 2008.

Geyl, Pieter. *The Revolt of the Netherlands 1555–1609.* London: Cassel, 1932.

Gibson, Campbell. "Population of the 100 Largest Cities and Other Urban Places in the United States: 1790 to 1990." U.S. Census Bureau, Working Paper No. 27, June 1998, www.census.gov/population/www/documentation/twps0027/twps0027.html.

Gibson, Campbell, and Kay Jung. "Historical Census Statistics on Population Totals by Race, 1790 to 1990, and by Hispanic Origin, 1970 to 1990, for Large Cities and Other Urban Places in the United States." U.S. Census Bureau, Population Division, Working Paper No. 76, Feb. 2005; detailed tables for Illinois, Michigan, and New York: "Race and Hispanic Origin for Selected Large Cities and Other Places: Earliest Census to 1990"; and New York—Race and Hispanic Origin for Selected Large Cities and Other Places: Earliest Census to 1990; www.census.gov/population/www/documentation/twps0076/twps0076.html.

Gilbert, Daniel. *Stumbling on Happiness.* New York: Vintage Books, 2007.

Giles, Chris. "A Logical Effort to Ease the London Gridlock." *Financial Times* (London), Jan. 24, 2003, Comment & Analysis.

Gillette, Felix. "Has Tom Wolfe Blown It?" *Village Voice,* Jan. 10, 2007, www.proquest.com.ezp-prod1.hul.harvard.edu.

Gillmor, C. Stewart. *Fred Terman at Stanford.* Palo Alto, CA: Stanford University Press, 2004.

Gin, Alan, and Jon Sonstelie. "The Streetcar and Residential Location in Nineteenth Century Philadelphia." *Journal of Urban Economics,* Elsevier 32, no. 1 (July 1992) 92–107.

Glaeser, Edward L. "Are Cities Dying?" *Journal of Economic Perspectives* 12, no. 2 (Spring 1998): 139–60.

———. "Can Buffalo Ever Come Back?" *City Journal,* Fall 2007.

———. "Green Cities, Brown Suburbs." *City Journal,* Winter 2009.

———. "Growth: The Death and Life of Cities." In *Making Cities Work: Prospects and Policies for Urban America,* Robert P. Inman, ed. Princeton, NJ: Princeton University Press, 2009.

———. "Houston, New York Has a Problem." *City Journal,* Summer 2008.

———. "Preservation Follies." *City Journal,* Spring 2010.

———. "Reinventing Boston: 1640–2003." *Journal of Economic Geography* 5, no. 2 (Nov. 2005): 119–53.

———. "Urban Colossus: Why Is New York America's Largest City?" Federal Reserve Bank of New York, *Economic Policy Review,* Dec. 2005.

Glaeser, Edward L., and Spencer Glendon. "Who Owns Guns? Criminals, Victims, and the Culture of Violence." *American Economic Review* 88, no. 2 (May 1998), Papers and Proceedings of the 110th Annual Meeting of the American Economic Association, 458–62.

Glaeser, Edward L., and Joshua D. Gottlieb. "The Economics of Place-Making Policies." *Brookings Papers on Economic Activity* 2008.1: 155–253.

———. "Urban Resurgence and the Consumer City." *Urban Studies* 43, no. 8 (July 2006): 1275–99.

Glaeser, Edward L., and Joseph Gyourko. "Urban Decline and Durable Housing." *Journal of Political Economy* 113, no. 2 (Apr. 2005): 345–75.

Glaeser, Edward L., Joseph Gyourko, and Albert Saiz. "Housing Supply and Housing Bubbles." *Journal of Urban Economics* 64, no. 2 (Sept. 2008): 198–217.

Glaeser, Edward L., Joseph Gyourko, and Raven E. Saks. "Urban Growth and Housing Supply." *Journal of Economic Geography* 6, no. 1 (Jan. 2006): 71–89.

———. "Why Is Manhattan So Expensive? Regulation and the Rise in Housing Prices." *Journal of Law and Economics* 48, no. 2 (Oct. 1, 2005): 331–69.

Glaeser, Edward L., and Matthew E. Kahn. "From John Lindsay to Rudy Giuliani: The Decline of the Local Safety Net." *Economic Policy Review* 5, no. 3 (Sept. 1999).

———. "The Greenness of Cities: Carbon Dioxide Emissions and Urban Development." *Journal of Urban Economics* 67, no. 3 (May 2010): 404–18.

———. "Sprawl and Urban Growth." In *Handbook of Regional and Urban Economics,* ed. J. Vernon Henderson and Jacques-François Thisse, vol. 4, ch. 56, pp. 2481–2527. Amsterdam: Elsevier, 2004.

Glaeser, Edward L., Matthew E. Kahn, Richard Arnott, and Christopher Mayer. "Decentralized Employment and the Transformation of the American City." Brookings-Wharton Papers on Urban Affairs, 2001.

Glaeser, Edward L., Matthew E. Kahn, and Jordan Rappaport. "Why Do the Poor Live in Cities? The Role of Public Transportation." *Journal of Urban Economics* 63, no 1 (2008): 1–24.

Glaeser, Edward L., Hedi D. Kallal, José A. Scheinkman, and Andrei Shleifer. "Growth in Cities." *Journal of Political Economy* 100 no. 6 (Dec. 1992): 1126–52.

Glaeser, Edward L., William R. Kerr, and Giacomo A. M. Ponzetto. "Clusters of Entrepreneurship." *Journal of Urban Economics*, Special Issue: *Cities and Entrepreneurship*, vol. 67, no. 1 (Jan. 2010): 150–68.

Glaeser, Edward L., and Janet E. Kohlhase. "Cities, Regions, and the Decline of Transport Costs." *Papers in Regional Science* 83, no. 1 (2003): 197–228.

Glaeser, Edward L., Jed Kolko, and Albert Saiz. "Consumer City." *Journal of Economic Geography* 1, no. 1 (Jan. 2001): 27–50.

Glaeser, Edward L., Giacomo A. M. Ponzetto, and Andrei Shleifer. "Why Does Democracy Need Education?" *Journal of Economic Growth* 12, no. 2 (2007): 77–99.

Glaeser, Edward L., Matt Resseger, and Kristina Tobio. "Inequality in Cities." *Journal of Regional Science* 49, no. 4 (Oct. 2009): 617–46, http://ssrn.com/abstract=1487265 or doi:10.1111/j.1467-9787.2009.00627.x.

Glaeser, Edward L., and Bruce Sacerdote. "Why Is There More Crime in Cities?" *Journal of Political Economy* 107, no. 6, part 2 (*Symposium on the Economic Analysis of Social Behavior in Honor of Gary S. Becker*, Dec. 1999): 225–58.

Glaeser, Edward L., and Albert Saiz. "The Rise of the Skilled City." Brookings-Wharton Papers on Urban Affairs, 2004: 47–105.

Glaeser, Edward L., and Raven E. Saks. "Corruption in America." *Journal of Public Economics* 90, no. 6–7 (Aug. 2006): 1053–72.

Glaeser, Edward L., and José Scheinkman. "Neither a Borrower nor a Lender Be: An Economic Analysis of Interest Restrictions and Usury Laws." *Journal of Law and Economics* 41, no. 1 (Apr. 1998): 1–36.

Glaeser, Edward L., Jenny Schuetz, and Bryce Ward. "Regulation and the Rise in Housing Prices in Greater Boston: The Impacts of Regulation on Housing Production and Prices in the Region Based on Data from 187 Communities in Massachusetts." Pioneer Institute for Public Policy Research and Rappaport Institute of Greater Boston Research, Jan. 2006.

Glaeser, Edward L., and Jesse M. Shapiro. "Cities and Warfare: The Impact of Terrorism on Urban Form." *Journal of Urban Economics*, Elsevier 51, no. 2 (March 2002): 205–24.

Glaeser, Edward L., and Andrei Shleifer. "The Curley Effect: The Economics of Shaping the Electorate." *Journal of Law, Economics, and Organization* 21, no. 1 (Apr. 2005): 1–19.

Glaeser, Edward L., and Kristina Tobio. "The Rise of the Sunbelt." *Southern Economic Journal* 74, no. 3 (Jan. 2008): 609–43.

Glaeser, Edward L., and Bryce A. Ward. "The Causes and Consequences of Land Use Regulation: Evidence from Greater Boston." *Journal of Urban Economics* 65, no. 3 (May 2009): 265–78.

Godshalk, David Fort. *Veiled Visions: The 1906 Atlanta Race Riot and the Reshaping of American Race Relations.* Chapel Hill: University of North Carolina Press, 2009.

Goh, Mark. "Congestion Management and Electronic Road Pricing in Singapore." *Journal of Transport Geography* 10, no. 1 (Mar. 2002): 29–38.

Goldberger, Paul. "God's Stronghold at Mammon's Door: After 150 Years, Trinity's Spire Still Looms Amid Wall St. Towers." *New York Times*, May 14, 1996.

Goldin, Claudia, and Lawrence F. Katz. *The Race Between Education and Technology.* Cambridge, MA: Belknap/Harvard University Press, 2008.

Gómez-Ibáñez, José A., and Fernanda Ruiz Nuñez. "Inefficient Cities." Harvard University, Working Paper, Mar. 2007.

Gondola, Ch. Didier. *The History of Congo.* Westport, CT: Greenwood Press. 2003.

Goodman, Grant K. *Japan and the Dutch: 1600–1843.* Richmond, UK: Curzon Press, 2000.

Goodwin, Jason. *Otis: Giving Rise to the Modern City.* Chicago: Ivan R. Dee., 2001.

Greenblatt, Stephen. *Will in the World: How Shakespeare Became Shakespeare.* New York: Norton, 2004.

Greenwald, Richard A. "'More than a Strike': Ethnicity, Labor Relations, and the Origins of the Protocol of Peace in the New York Ladies' Garment Industry." *Business and Economic History* 27, no. 2 (Winter 1998): 318–32.

Groner, Isaac N., and David M. Helfeld. "Race Discrimination in Housing." *Yale Law Journal* 57, no. 3 (Jan. 1948): 426–58.

Guinness World Records 2008. New York: Bantam Dell, 2007.

Gussow, Mel. "Kevin Spacey's New Role, Overseas and Behind the Scenes." *New York Times*, May 25, 2004.

Gyourko, Joseph, and Albert Saiz. "Construction Costs and the Supply of Housing Structure." *Journal of Regional Science* 46, no. 4 (Oct. 2006): 661–80.

Haines, Michael R. "Historical, Demographic, Economic, and Social Data: The United States, 1790–2002," version 1, Feb. 25, 2005, Inter-university Consortium for Political and Social Research, http://hdl.handle.net/1902.2/2896.

Haley, James L. *Sam Houston.* Norman: University of Oklahoma Press, 2004.

Hall, Sir Peter. *Cities in Civilization.* New York: Pantheon Books, 1998.

Hamilton, Alan. "You're Scraping Wrong Part of the Sky, Prince Tells Architects," *Sunday Times* (London), Feb. 1, 2008.

Hamilton, Fiona. "Boris Makes an Early Start with Demands on Action to Cut Crime." *Times* (London), May 5, 2008, Home News.

Harlem Children's Zone. "History," www.hcz.org/about-us/history.

Hartemink, Alfred E. "Soil Map Density and a Nation's Wealth and Income." In *Digital Soil Mapping with Limited Data,* ed. Alfred E. Hartemink, Alex McBratney, and Maria de Lourdes Mendonça-Santos, pp. 53–66. New York: Springer, 2008.

Harvey, Rowland Hill. *Samuel Gompers: Champion of the Toiling Masses.* Palo Alto, CA: Stanford University Press, 1935.

Haughwout, Andrew, Robert Inman, Steven Craig, and Thomas Luce. "Local Revenue Hills: Evidence from Four U.S. Cities." *Review of Economics and Statistics* 86, no.2 (2004): 570–85

Hayden, Dolores. "Building the American Way: Public Subsidy, Private Space." In *The Suburb Reader,* ed. Becky M. Nicolaides and Andrew Wiese. New York: Routledge, 2006.

Heath, Brad. 2007. "Katrina Claims Stagger Corps: La., New Orleans Want $277 Billion." *USA Today,* Apr. 9, 2007, News.

Henig, Jeffrey R., "New York City: Paying the Tab," review of *Political Crisis/Fiscal Crisis: The Collapse and Revival of New York City,* by Martin Shefter. *Washington Post,* Nov. 10, 1985.

Henion, Andy. "People Mover Grows Up: Proposal Would Extend Route to New Center." *Detroit News,* Dec. 23, 2006, Metro A.

Henriques, Diana B. "Fischer Black, 57, Wall Street Theorist, Dies." *New York Times,* Aug. 31, 1995.

Hessel, Evan. "Conspicuous Consumption." *Forbes* 175, no. 6: 180.

Hoksen, Andrew. *Ken: The Ups and Downs of Ken Livingstone.* London: Arcadia Books, 2008.

Holmes, Steven A. "The 1989 Elections: Mayors and Referendums; Voters Say Yea to Incumbents, Nay to More Taxes." *New York Times,* Nov. 9, 1989.

Holmes, Thomas J. "The Effect of State Policies on the Location of Manufacturing: Evidence from State Borders." *Journal of Political Economy* 106, no. 4 (Aug. 1998): 667–705.

Horace. *The Satires and Epistles of Horace,* trans. Smith Palmer Bovie. Chicago: University of Chicago Press, 2002.

Howard, Ebenezer. *Tomorrow: A Peaceful Path to Real Reform.* London: Sonnenschein, 1898.

Howard, Nicole. *The Book: The Life Story of a Technology.* Westport, CT: Greenwood Press, 2005.

Hoxby, Caroline M., and Sonali Murarka. "Charter Schools in New York City: Who Enrolls and How They Affect Their Students' Achievement." National Bureau of Economic Research Working Paper Series, vol. w14852, Apr. 2009, http://ssrn.com/abstract=1376155.

Hoyt, Homer. *One Hundred Years of Land Values in Chicago: The Relationship of the Growth of Chicago to the Rise of Its Land Values, 1830–1933.* Washington, DC: Beard Books, 1933.

Hudgins, Bert. "Evolution of Metropolitan Detroit." *Economic Geography* 21, no. 3 (July 1945): 206–20.

Hyland, William. *Richard Rogers.* New Haven, CT: Yale University Press, 1998.

India, Government of. "Climatological Data of Important Cities." India Meteorological Department, Ministry of Earth Sciences, www.imd.gov.in/doc/climateimp.pdf.

India, Government of, National Crime Records Bureau. *Crime in India 2008,* ch. 2, "Crime in Megacities," http:// ncrb.nic.in.

India, Planning Commission of. "Poverty Estimates for 2004–05," 2007, www.planningcommission.gov.in/news/ prmar07.pdf.

Inglis, Ian. "'Some Kind of Wonderful': The Creative Legacy of the Brill Building." *American Music* 21, no. 2 (Summer 2003): 214–35.

Institut Pasteur. HIV/AIDS research at the Institut Pasteur: "The discovery of the AIDS virus in 1983." http://www .pasteur.fr/ip/easysite/go/03b-000027-00i/the-discovery-of-the-aids-virus-in-1983.

Iriye, Akira. "Japan's Drive to Great-Power Status." In *The Cambridge History of Japan,* vol. 5, *The Nineteenth Century,* ed. Marius B. Jansen, ch. 12, 765–82. Cambridge, UK: Cambridge University Press, 1989.

Istat—Institute of National Statistics (Italy). Demography in Figures, http://demo.istat.it/index_e.html.

————. National Economic Accounts, http://en.istat.it/dati/dataset/20100604_00.

————. Regional Accounts, http://en.istat.it/dati/dataset/20100114_01.

Jackson, Kenneth. *The Ku Klux Klan in the City: 1915–1930.* New York: Oxford University Press, 1967.

Jacob, Sarah. "Now, Social Networking Gets a Voice, Bubbly Allows for Audio Blogging." *Economic Times,* Mar. 23, 2010.

Jacobs, Jane. *The Death and Life of Great American Cities.* New York: Random House, 1961.

————. *The Economy of Cities.* New York: Random House, 1969.

Jaffe, Adam B., Manuel Trajtenberg, and Rebecca Henderson. "Geographic Localization of Knowledge Spillovers as Evidenced by Patent Citations." *Quarterly Journal of Economics* 108, no. 3 (Aug. 1993): 577–98.

Jervis, John Bloomfield. *Description of the Croton Aqueduct*. New York: Slamm and Guion, 1842.

Johnson, Chalmers. *MITI and the Japanese Miracle: The Growth of Industrial Policy, 1925–1975*. Palo Alto, CA: Stanford University Press, 1982.

Johnson, Steven. *The Ghost Map: The Story of London's Most Terrifying Epidemic—and How It Changed Science, Cities, and the Modern World*. New York: Riverhead Books, 2006.

Jordan, David P. *Transforming Paris: The Life and Labors of Baron Haussmann*. New York: Free Press, 1995.

Kahneman, D., J. L. Knetsch, and R. H. Thaler. "Experimental Tests of the Endowment Effect and the Coase Theorem." *Journal of Political Economy* 98 no. 6 (1990): 1325–48. http://www.journals.uchicago.edu/doi/abs/10.1086/261737.

Kain, John F., and Joseph J. Persky. "Alternatives to the Gilded Ghetto." *Public Interest* 14 (Winter 1969): 74–83.

Kain, John F., and John M. Quigley. "Housing Market Discrimination, Home-Ownership, and Savings Behavior." *American Economic Review* 62, no. 3 (June 1972): 263–77.

Kane, Thomas, Atila Abdulkadiroglu, Josh Angrist, Sarah Cohodes, Susan Dynarski, Jon Fullerton, and Parag Pathak. *Informing the Debate: Comparing Boston's Charter, Pilot, and Traditional Schools*. Boston Foundation, Jan. 2009, www.gse.harvard.edu/%7Epfpie/pdf/InformingTheDebate_Final.pdf.

Kane, T. J., and D. O. Staiger. "Estimating teacher impacts on student achievement: An experimental evaluation." National Bureau of Economic Research Working Paper no. 14607, 2008.

Katz, Lawrence F., and Kenneth T. Rosen. "The Interjurisdictional Effects of Growth Controls on Housing Prices." *Journal of Law and Economics* 30, no.1 (1987): 149–60.

Kazadi, Walter, John D. Sexton, Makengo Bigonsa, Bompela W'Okanga, and Matezo Way. "Malaria in Primary School Children and Infants in Kinshasa, Democratic Republic of the Congo: Surveys from the 1980s and 2000," *American Journal of Tropical Medicine and Hygiene* 71, no. 2 suppl. (Aug. 2004): 97–102.

Kellermann, Arthur L., Frederick P. Rivara, Grant Somes, Donald T. Reay, Jerry Francisco, Joyce Gillentine Banton, Janice Prodzinski, Corinne Fligner, and Bela B. Hackman. "Suicide in the Home in Relation to Gun Ownership." *New England Journal of Medicine* 327, no. 7 (Aug. 13, 1992): 467–72

Kennedy, Randy. "New York's Bus Cleanup Brings Other Cities on Board." *New York Times*, June 16, 2002, Metropolitan Desk.

Kiss, Gary, and Elizabeth Schuster. "Hope Scholarships." *Atlanta Journal-Constitution*, Dec, 8, 2008.

Kleck, Gary. *Point Blank: Guns and Violence in America*. Piscataway, NJ: Aldine Transaction, 2009.

Kling, Jeffrey R., Jeffrey B. Liebman, and Lawrence F. Katz. "Experimental Analysis of Neighborhood Effects." *Econometrica* 75, no. 1 (Jan. 2007): 83–119.

Kneebone, Elizabeth. "Job Sprawl Revisited: The Changing Geography of Metropolitan Employment." Metropolitan Policy Program at the Brookings Institute, Apr. 2009, www.brookings.edu/reports/2009/0406_job_sprawl_kneebone.aspx.

Knowles, David. *The Evolution of Medieval Thought*. New York: Vintage Books, 1962.

Kolesnikov-Jessop, Sonia. "Theme Park Developers Turn Their Attention to Asia, Where Business Is Growing." *New York Times*, Dec. 26, 2009, Business/Financial.

Koskoff, David E. *Joseph P. Kennedy: A Life and Times*. Englewood Cliffs, NJ: Prentice-Hall, 1974.

Krueger, Alan B. "How Computers Have Changed the Wage Structure: Evidence from Microdata, 1984–1989." *Quarterly Journal of Economics* 108, no. 1 (Feb 1993): 33–60.

Kumar, Satish. "The Whole Truth of a Home Economy." In *Mahatma Gandhi: 125 Years*, ed. Manmohan Choudhuri and Ramjee Singh. Varanasi, India: Sarva Seva Sangh Prakashan, Gandhian Institute of Studies, 1995.

LaFranchi, Howard. "New Look on the Left Bank in Paris." *Christian Science Monitor*, Aug. 14, 1989.

Landau, Sarah Brandford, and Carl W. Condit. *The Rise of the New York Skyscraper 1865–1913*. New Haven: Yale University Press, 1996.

Langley, Monica. *Tearing Down the Walls: How Sandy Weill Fought His Way to the Top of the Financial World . . . and Then Nearly Lost It All*. New York: Free Press, 2003.

Lay, Maxwell Gordon. *Ways of the World: A History of the World's Roads and of the Vehicles That Used Them*. New Brunswick, NJ: Rutgers University Press, 1992.

Leape, Jonathan. "The London Congestion Charge." *Journal of Economic Perspectives* 20, no. 4 (Autumn 2006): 157–76.

"Learning from Prada." *RFID Journal*, June 24, 2002, www.rfidjournal.com/article/view/272/1.

Lee, Sidney. *A Life of William Shakespeare*. London: Smith Elder, 1898.

Levick, Barbara. *Vespasian*. New York: Routledge, 1999.

Levine, Robert M. *The History of Brazil*. Westport, CT: Greenwood Press, 1999.

———. *Vale of Tears: Revisiting the Canudos Massacre in Northeastern Brazil, 1893–1897*. Berkeley: University of California Press, 1992.

Levinson, Marc. *The Box: How the Shipping Container Made the World Smaller and the World Economy Bigger*. Princeton, NJ: Princeton University Press, 2006.

Levitt, Steven D. "The Effect of Prison Population Size on Crime Rates: Evidence from Prison Overcrowding Litigation." *Quarterly Journal of Economics* 111, no. 2 (May 1996): 319–51.

———. "The Limited Role of Changing Age Structure in Explaining Aggregate Crime Rates." *Criminology* 37, no. 3 (Aug. 1999): 581–98.

———. "Understanding Why Crime Fell in the 1990s: Four Factors That Explain the Decline and Six That Do Not." *Journal of Economic Perspectives* 18, no. 1 (Winter 2004): 163–90.

Lewis, Michael M. *Liar's Poker: Rising Through the Wreckage on Wall Street.* New York: Norton, 1989.

Lillyman, William J., Marilyn F. Moriarty, and David J. Neuman. *Critical Architecture and Contemporary Culture.* New York: Oxford University Press, 1994.

Logan, Robert A. *Shakespeare's Marlowe: The Influence of Christopher Marlowe on Shakespeare's Artistry.* Hampshire, UK: Ashgate, 2007.

Loveless, Tom. *The 2008 Brown Center Report on American Education: How Well Are American Students Learning?* Washington, D.C.: Brown Center on Education Policy, Brookings Institution, 2008.

Lucas, Adam. "The Role of the Monasteries in the Development of Medieval Milling." In *Wind and Water in the Middle Ages: Fluid Technologies from Antiquity to the Renaissance,* ed. Steven A. Walton. Tempe: Arizona Center for Medieval and Renaissance Studies, 2006.

Lychagin, Sergey, Joris Pinkse, Margaret E. Slade, and John Michael Van Reenen. "Spillovers in Space: Does Geography Matter?" National Bureau of Economic Research Working Paper Series, vol. w16188, July 2010.

Lyons, Jonathan. *The House of Wisdom: How the Arabs Transformed Western Civilization.* New York: Bloomsbury, 2010.

Maddison, Angus. "Statistics on World Population, GDP, and Per Capita GDP, 1–2008 A.D." Mar. 2010, links at www.ggdc.net/maddison.

Maier, Thomas. *The Kennedys: America's Emerald Kings.* New York: Basic Books, 2004.

Makielski, Stanislaw J., Jr. *The Politics of Zoning: The New York Experience.* New York: Columbia University Press, 1966.

Markham, Jerry W. *A Financial History of the United States: From Christopher Columbus to the Robber Barons 1492–1900.* Armonk, NY: M. E. Sharpe, 2002.

Marshall, Alex, and David Emblidge. *Beneath the Metropolis: The Secret Lives of Cities.* New York: Carroll & Graf, 2006.

Martin, Sandra. "'The Greatest Architect We Have Ever Produced.'" Toronto *Globe and Mail,* May 22, 2009, p. S8.

Mas, Alexandre, and Enrico Moretti. "Peers at Work." *American Economic Review* 99, no. 1 (Mar. 2009): 112–45.

Mason, Shena. *Matthew Boulton: Selling What All the World Desires.* New Haven, CT: Yale University Press, 2009.

Maurseth, Per Botolf, and Bart Verspagen. "Knowledge Spillovers in Europe: A Patent Citations Analysis." *Scandinavian Journal of Economics* 104, no. 4 (Dec. 2002): 531–45.

McClain, James L. *Japan: A Modern History.* New York: Norton, 2002.

McConnell, Kathryn. "Could the Next Silicon Valley Be in [*sic*] Developing Country? Nonprofit Group Fosters Mentorship Support for High-Potential Businesses." America.gov, Jan. 22, 2009, www.america.gov/st/developenglish/2009/January/20090122143528AKllennoCcM0.4231378.html?CP.rss=true.

McCullough, Diarmaid. *The Reformation.* New York: Penguin, 2005.

McElroy, Joanne, ed. *Key Statistic Bulletin No. 6,* Apr. 2009, Liverpool City Council, www.liverpool.gov.uk/Images/tcm21-151075.pdf.

McNeill, William H. *History of Western Civilization: A Handbook,* 6th ed. University of Chicago Press, 1986.

———. *Plagues and Peoples.* Garden City, NY: Doubleday, 1976.

———*Venice: The Hinge of Europe, 1081–1797* Chicago: University of Chicago Press, 1974.

McWhirter, Cameron. "Homes Give Way to Urban Prairie." *Detroit News,* June 21, 2001.

Meade, Teresa. "'Civilizing Rio de Janeiro': The Public Health Campaign and the Riot of 1904." *Journal of Social History* 20, no. 2 (Winter 1986): 301–22, www.jstor.org/stable/3787709.

Mehta, Stephanie N. "Carlos Slim, the Richest Man in the World." *Fortune,* Aug. 20, 2007.

Men of the Time; or, Sketches of Living Notables. London: David Bogue, 1852.

Mercer's Quality of Living Worldwide City Rankings, www.mercer.com/qualityoflivingpr#City_Ranking_Tables.

Meredith, Robin. "G.M. Buys a Landmark of Detroit for Its Home." *New York Times,* May 17, 1996.

Metropolitan Transit Authority. *Greening Mass Transit and Metro Regions: The Final Report of the Blue Ribbon Commission on Sustainability and the MTA,* www.mta.info/sustainability/pdf/SustRptFinal.pdf.

Meyer, Milton W. *Japan: A Concise History,* 4th ed. Lanham, MD: Rowman & Littlefield, 2009.

Meyer, Stephen Grant. *As Long as They Don't Move Next Door: Segregation and Racial Conflict in American Neighborhoods.* Lanham, MD: Rowman & Littlefield, 2001.

Milgrom, Paul R., Douglass C. North, and Barry R. Weingast. "The Role of Institutions in the Revival of Trade: The Medieval Law Merchant, Private Judges, and the Champagne Fairs." *Economics and Politics* 1 (1990): 1–23.

Miller, Donald L. *City of the Century: The Epic of Chicago and the Making of America.* New York: Simon & Schuster, 1996.

Miller, Matthew, Deborah Azrael, and David Hemenway. "Household Firearm Ownership and Suicide Rates in the United States." *Epidemiology* 13, no. 5 (Sept. 2002): 517–24.

Milligan, Kevin, Enrico Moretti, and Philip Oreopoulous. "Does Education Improve Citizenship? Evidence from the U.S. and the U.K." *Journal of Public Economics* 88, no. 9–10 (Aug. 2004): 1667–95.

Minchinton, Walter E. "Bristol: Metropolis of the West in the Eighteenth Century." *Transactions of the Royal Historical Society*, Fifth Series, vol. 4 (1954): 69–89.

Miranda, Rowan A. "Post-machine Regimes and the Growth of Government: A Fiscal History of the City of Chicago, 1970–1990." *Urban Affairs Review* 28, no. 3 (Mar. 1993): 397–422.

Monkkonen, Eric. *Homicides in New York City, 1797–1999* (and various historical comparison sites; computer file in several formats). Los Angeles: University of California, Los Angeles (producer), 2000; and Ann Arbor, MI: Interuniversity Consortium for Political and Social Research (distributor), 2001.

Moore, Charles. *The Life and Times of Charles Follen Mckim.* Boston and New York: Houghton Mifflin, 1929.

Moore, Jim. "The Puzzling Origins of AIDS." *American Scientist* 92, no. 6 (Nov.–Dec. 2004): 540–47.

Morison, Samuel Eliot. *Three Centuries of Harvard 1636–1936.* Cambridge, MA: Belknap Press/Harvard University Press, 1937.

Morley, Alan. *Vancouver: From Milltown to Metropolis.* Vancouver: Mitchell Press, 1961.

Morris-Suzuki, Tessa. *The Technological Transformation of Japan: From the Seventeenth to the Twenty-first Century.* Cambridge, UK: Cambridge University Press, 1994.

Mott, Frank Luther. *Golden Multitudes: The Story of Best-Sellers in the United States.* New York: Macmillan, 1947.

Mumbai, Office of the Executive President, State Planning Board, Government of Maharashtra. *Mumbai Human Development Report 2009.* New Delhi: Oxford University Press, 2010, http://mhupa.gov.in/W_new/Mumbai%20 HDR%20Complete.pdf.

Mumford, Lewis. *The City in History: Its Origins, Its Transformations, and Its Prospects.* Boston: Houghton Mifflin Harcourt, 1961.

Munn, Mark H. *The School of History: Athens in the Age of Socrates.* Berkeley: University of California Press, 2000.

Murdoch, James. *A History of Japan,* vol. 3., *The Tokugawa Epoch, 1652–1868,* rev. Joseph H. Longford. Hertford, UK: Stephen Austin and Sons, 1996.

Murray, Christopher J. L., Sandeep C. Kulkarni, Catherine Michaud, Niels Tomijima, Maria T. Bulzacchelli, Terrell Iandiorio, and Majid Ezzati. "Eight Americas: Investigating Mortality Disparities Across Races, Counties, and Race-Counties in the United States," Dataset S1. Life Expectancy at Birth by County. *Public Library of Science: Medicine* 3, no. 9 (2006): 1513–24.

Murray, James M. *Bruges, Cradle of Capitalism,* 1280–1390. New York: Cambridge University Press, 2005.

National Advisory Commission on Civil Disorders, Report of the, (Kerner Report), Washington, D.C., 1968.

National Center for Injury Prevention and Control, www.cdc.gov/injury/index.html, and WISQARS (Web-based Injury Statistics Query and Reporting System), www.cdc.gov/injury/wisqars.

National Climatic Data Center. "Mean Number of Days With Maximum Temperature 90 Degrees F or Higher," http://lwf.ncdc.noaa.gov/oa/climate/online/ccd/max90temp.html.

Needels, Karen E. "Go Directly to Jail and Do Not Collect? A Long-Term Study of Recidivism, Employment, and Earnings Patterns Among Prison Releases." *Journal of Research in Crime and Delinquency* 33, no. 4 (Nov. 1996): 471–96.

Nelson, George. *Building a New Europe: Portraits of Modern Architects.* New Haven, CT: Yale University Press, 2007.

Nelson, Richard R., and Edmund S. Phelps. "Investment in Humans, Technological Diffusion, and Economic Growth." *American Economic Review* 56, no. 1–2 (Mar. 1966): 69–75.

Nevins, Allan, and Frank Ernest Hill. *Ford,* vol. 1, *The Times, the Man, the Company;* vol. 2, *Expansion and Challenge, 1915–1933;* vol. 3, *Decline and Rebirth, 1933–1962.* New York: Scribner's, 1954–63.

New York City, Department of City Planning. "About NYC Zoning," http://home2.nyc.gov/html/dcp/html/zone/ zonehis.shtml.

New York City, Department of City Planning, City Planning Commission. Zoning Maps and Resolution, Dec. 15, 1961, www.nyc.gov/html/dcp/pdf/zone/zoning_maps_and_resolution_1961.pdf.

New York City Department of Health and Mental Hygiene, Bureau of Vital Statistics. *Summary of Vital Statistics 2008,* Jan. 2010, http://home2.nyc.gov/html/doh/downloads/pdf/vs/2008sum.pdf; *Summary of Vital Statistics 2007,* http://home2.nyc.gov/html/doh/downloads/pdf/vs/2007sum.pdf; *Summary of Vital Statistics 2000,* http://home2 .nyc.gov/html/doh/downloads/pdf/vs/2000sum.pdf; and *Summary of Vital Statistics 1961,* http://home2.nyc.gov/ html/doh/downloads/pdf/vs/1961sum.pdf.

Nguyen, Lananh. "Online Network Created by Harvard Students Flourishes." *Tufts Daily,* Apr. 12, 2004.

Nicholson, Tom, and James C. Jones. "Detroit's New Towers of Hope." *Newsweek,* Mar. 28, 1977.

Nicolaides, Becky M., and Andrew Wiese, eds. *The Suburb Reader.* New York: Routledge, 2006.

Nolan, Jenny. "How the Detroit River Shaped Lives and History." *Detroit News,* Feb. 11, 1997.

Obama, Barack. "Remarks of Senator Barack Obama: Changing the Odds for Urban America." Washington, DC, July 18, 2007, www.barackobama.com/2007/07/18/remarks_of_senator_barack_obam_19.php.

O'Hare, Greg, and Michael Barke. "The Favelas of Rio de Janeiro: A Temporal and Spatial Snalysis." *GeoJournal* 56, no. 3: 225–40.

Owen, David. *Green Metropolis: Why Living Smaller, Living Closer, and Driving Less Are the Keys to Sustainability.* New York: Riverhead Books, 2009.

Owen, David Elystan. *Canals to Manchester.* Manchester, UK: Manchester University Press, 1977.

Padover, Saul K. *Thomas Jefferson on Democracy.* New York: Appleton-Century, 1939.

Pagden, Anthony. *Worlds at War: The 2,500-Year Struggle Between East and West.* New York: Random House, 2009.

Papayanis, Nicholas. *Planning Paris Before Haussmann.* Baltimore: Johns Hopkins University Press, 2004.

Parry, Ian W. H., Margaret Walls, and Winston Harrington. "Automobile Externalities and Policies." *Journal of Economic Literature* 45, no. 2 (June 2007): 373–99.

Patel, Shirish B. "Dharavi: Makeover or Takeover?" *Economic and Political Weekly* 45, no. 24 (June 12, 2010): 47–54.

Pelfrey, William. *Billy, Alfred, and General Motors: The Story of Two Unique Men, a Legendary Company, and a Remarkable Time in American History.* New York: Amacom, 2006.

Piccadilly Arcade. http://piccadilly-arcade.com/.

Pickney, David H. "Money and Politics in the Rebuilding of Paris, 1860–1870." *Journal of Economic History* 17, no. 1 (Mar. 1957): 45–61.

Pinker, Steven. *How the Mind Works*, 1st ed. New York: Norton, 1997.

Pirenne, Henri. *Medieval Cities: Their Origins and the Revival of Trade*, trans. F. D. Halsey. Princeton, NJ: Princeton University Press, 1952.

Plato. *The Republic of Plato*, trans. Benjamin Jowett and Thomas Herbert Warren, 3d ed. New York: Random House, 1973.

Plaza, Beatriz. "The Return on Investment of the Guggenheim Museum Bilbao." *International Journal of Urban and Regional Research* 30, no. 2 (June 2006).

Plöger, Jörg. "Bilbao City Report." Centre for Analysis of Social Exclusion, Economic and Social Research Council (UK), 2007, http://eprints.lse.ac.uk/3624/1/Bilbao_city_report_%28final%29.pdf (accessed July 29, 2010).

———. "Leipzig City Report." Centre for Analysis of Social Exclusion, Economic and Social Research Council (UK), case report 42, 2007, http://eprints.lse.ac.uk/3622/1/Leipzig_city_report_(final).pdf.

Plunz, Richard. *A History of Housing in New York City.* New York: Columbia University Press, 1990.

Pogrebin, Robin. "Plan for an Upper East Side Tower Meets with Disapproval." *New York Times*, Oct. 17, 2006.

Polese, Francesca. "In Search of a New Industry: Giovanni Battista Pirelli and His Educational Journey Through Europe, 1870–1871." *Business History* 48, no. 3 (2006): 354–75.

Polinsky, A. Mitchell, and David T. Ellwood. "An Empirical Reconciliation of Micro and Grouped Estimates of the Demand for Housing." *Review of Economics and Statistics* 61, no. 2 (May 1979): 199–205.

Portes, Alejandro. "Housing Policy, Urban Poverty, and the State: The Favelas of Rio de Janeiro, 1972–1976." *Latin American Research Review* 14, no. 2 (Spring 1979): 3–24.

Poterba, James, and Todd Sinai. "Tax Expenditures for Owner-Occupied Housing: Deductions for Property Taxes and Mortgage Interest and the Exclusion of Imputed Rental Income." *American Economic Review* 98, no. 2 (May 2008): 84–89.

Power, Garrett. "Apartheid Baltimore Style: The Residential Segregation Ordinances of 1910–1913." *Maryland Law Review* 42 (1983): 289–328.

President's Advisory Panel on Federal Tax Reform, Report of the. "Simple, Fair, and Pro-Growth: Proposals to Fix America's Tax System," Nov. 2005, www.taxpolicycenter.org/taxtopics/upload/tax-panel-2.pdf.

PricewaterhouseCoopers. "Which Are the Largest City Economies in the World and How Might This Change by 2025?" *PricewaterhouseCoopers UK Economic Outlook*, Nov. 2009, https://www.ukmediacentre.pwc.com/imageli brary/downloadMedia.ashx?MediaDetailsID=1562.

Pride, Richard A. "Public Opinion and the End of Busing: (Mis)Perceptions of Policy Failure." *Sociological Quarterly* 41, no. 2 (Spring 2000): 207–25.

Prince of Wales. Speech by HRH the Prince of Wales for the Bali to Poznan Corporate Leaders Group on Climate Change Conference, St. James's Palace, London, July 16, 2008, www.princeofwales.gov.uk/speechesandarticles/a_speech_by_hrh_the_prince_of_wales_for_the_bali_to_poznan_c_1864009205.html.

———. Speech by HRH the Prince of Wales at the 150th Anniversary of the Royal Institute of British Architects (RIBA), Royal Gala Evening at Hampton Court Palace, May 29, 1984, www.princeofwales.gov.uk/speechesand articles/a_speech_by_hrh_the_prince_of_wales_at_the_150th_anniversary_1876801621.html.

———. Speech by HRH the Prince of Wales Titled "Tall Buildings," Invensys Conference, QE2 Centre, London, Dec. 11, 2001, www.princeofwales.gov.uk/speechesandarticles/a_speech_by_hrh_the_prince_of_wales_titled_tall_buildings_in_62434944.html.

Quinn, Thomas C., Jonathan M. Mann, James W. Curran, and Peter Piot. "AIDS in Africa: An Epidemiologic Paradigm." *Science*, New Series 234, no. 4779 (Nov. 21, 1986): 955–63.

Quincy, Josiah. *History of Harvard,* vol 1. New York: Arno, 1977.

"Race Riots." *Encylopedia of Chicago,* http://encyclopedia.chicagohistory.org/pages/1032.html.

Raff, Daniel M. G., and Lawrence H. Summers. "Did Henry Ford Pay Efficiency Wages?" *Journal of Labor Economics* 5, no. 4, part 2 (Oct. 1987): S57–86.

Raffles, Thomas Stamford. *History of Java,* 2 vols. London: Black, Parbury and Allen, 1817.

Ranjan, Amit. "Bixee, Pixrat Acquired . . . First Web 2.0 Acquisition in India." Webyantra, Dec. 5, 2006, www.weby antra.net/2006/12/05/bixeepixrat-acquiredfirst-web20-acquisition-in-india/.

Recovery.gov. Track the Money, www.recovery.gov/?q=content/rebuilding-infrastructure.

Reubens, Beatrice G. "Burr, Hamilton, and the Manhattan Company, Part I: Gaining the Charter." *Political Science Quarterly* 72, no. 4 (Dec. 1957): 578–607.

Rich, Wilbur C. *Coleman Young and Detroit Politics: From Social Activist to Power Broker.* Detroit: Wayne State University Press, 1989.

Rocco, Elena. "Trust Breaks Down in Electronic Contexts but Can Be Repaired by Some Initial Face-to-Face Contact." In *Proceedings of the SIGCHI Conference on Human Factors in Computing Systems,* 496–502. Los Angeles: Special Interest Group on Computer-Human Interaction, 1998.

Rohter, Larry. "Second City Looks Back in Laughter." *New York Times,* Dec. 16, 2009, Arts/Cultural.

Roosevelt, Theodore. *The Rough Riders: An Autobiography* (reprint) Louis Auchincloss, ed. New York: Library of America, 2004.

Rosenthal, Stuart S., and William C. Strange. "Agglomeration, Labor Supply, and the Urban Rat Race." Center for Policy Research, Syracuse University Working Paper no. 106, 2003.

Rosenthal, Stuart S., and William C. Strange. "The Attenuation of Human Capital Spillovers." *Journal of Urban Economics* 64, no. 2 (Sept. 2008): 373–89.

Rousseau, Jean-Jacques. *Émile: or, On Education,* ed. Allan Bloom. New York: Basic Books, 1979.

Routledge, Christopher. *Cains: The Story of Liverpool in a Pint Glass.* Liverpool: Liverpool University Press, 2009.

Rowbotham, Jill. "London's 'Red Ken' Arrives." *Brisbane Courier-Mail* (Queensland, Australia), Sunday, May 12, 1985.

Rowley, Hazel. *Richard Wright: The Life and Times.* New York: Holt, 2001.

Rucker, Walter C., and James N. Upton. *Encyclopedia of American Race Riots.* Westport, CT: Greenwood, 2007.

Ruggles, Steven, J. Trent Alexander, Katie Genadek, Ronald Goeken, Matthew B. Schroeder, and Matthew Sobek. *Integrated Public Use Microdata Series,* ver. 5.0 (machine-readable database). Minneapolis: University of Minnesota, 2010.

Ruskin, John. *The Genius of John Ruskin: Selections from His Writings,* ed. John D. Rosenberg. New York: Routledge, 1980; Charlottesville: University Press of Virginia, 1997.

———. *The Works of John Ruskin.* London: G. Allen, 1903.

Russell, Josiah C. "That Earlier Plague." *Demography* 5, no. 1 (1968): 174–84.

Rutman, Darrett B. "Governor Winthrop's Garden Crop: The Significance of Agriculture in the Early Commerce of Massachusetts Bay." *William and Mary Quarterly,* 3d series, vol. 20, no. 3 (July 1963), 396–415.

Rybczynski, Witold. *A Clearing in the Distance: Frederick Law Olmsted and America in the Nineteenth Century.* New York: Scribner, 1999.

Sacerdote, Bruce. "When the Saints Come Marching In: Effects of Hurricanes Katrina and Rita on Student Evacuees." National Bureau of Economic Research Working Paper No. 14385, Oct. 2008.

Sachs, Jeffrey D. "Breaking the Poverty Trap." *Scientific American,* Sept. 2007.

Sachs, Jeffrey D., and Howard J. Shatz. "U.S. Trade with Developing Countries and Wage Inequality." *American Economic Review* 86, no. 2 (May 1996): 234–39.

"Sailing into a New Luxury at Famous Dubai Hotel." *Toronto Star,* Sept. 11, 2004, Travel.

Saiz, Albert. "The Geographic Determinants of Housing Supply." *The Quarterly Journal of Economics,* 125, no. 3 (Aug. 2010): 1253–96.

Sasser, Bill. "Katrina Anniversary: How Well Has Recovery Money Been Spent?: Money from Charitable Foundations and $142 Billion in Federal Funds Have Produced a Substantial Recovery in Metro New Orleans, Says a Report Released Ahead of Hurricane Katrina Anniversary." *Christian Science Monitor,* Aug. 27, 2010.

Saulney, Susan. "To Save Itself, Detroit Is Razing Itself." *New York Times,* June 20, 2010.

Saunders, Doug. "Slumming It Is Better Than Bulldozing It: Asian Leaders Tearing Down Long-Standing Slums to Build Housing Projects Are Repeating Western Mistakes of the 1950s and 1960s." Focus Column, Reckoning— "Going Ghetto: Urban 'Improvements' That Aren't." Toronto *Globe and Mail,* Jan. 12, 2008.

Saxenian, AnnaLee. *Regional Advantage: Culture and Competition in Silicon Valley and Route 128.* Cambridge, MA: Harvard University Press, 1994.

Schadewald, Bill. "A Speculative Salute to the Allen Brothers." *Houston Business Journal,* Sept. 12, 2008.

Schivelbusch, Wolfgang. "The Policing of Street Lighting." *Yale French Studies,* no. 73, Everyday Life, ed. Alice Kaplan and Kristin Roth, pp. 61–74. New Haven, CT: Yale University Press, 1987.

Schlosser, Julie. "Harder than Harvard." *Fortune,* Mar. 17, 2006.

Schoenbaum, Samuel. *Shakespeare's Lives,* rev. ed. Oxford, UK: Clarendon Press, 1991.

Schultz, Theodore W. "The Value of the Ability to Deal with Disequilibria." *Journal of Economic Literature* 13, no. 2 (June 1975): 827–46.

Seidensticker, Edward. *Low City, High City: Tokyo from Edo to the Earthquake.* New York: Knopf, 1983.

Seuss, Dr. (Theodor Seuss Geisel). *The Lorax.* New York: Random House, 1971.

Shilling, James D., C. F. Sirmans, and Jonathan F. Dombrow. "Measuring Depreciation in Single-Family Rental and Owner-Occupied Housing." *Journal of Housing Economics* 1, no. 4 (Dec. 1991): 368–83.

Shurkin, Joel N. *Broken Genius: The Rise and Fall of William Shockley, Creator of the Electronic Age.* New York: Palgrave Macmillan, 2008.

"Singapore's Deep Tunnel Sewerage System Wins Global Water Awards 2009." *Marketwire,* Apr. 28, 2009.

Skoufias, Emmanuel, and Roy Katayama. "Sources of Welfare Disparities Across and Within Regions of Brazil: Evidence from the 2002–03 Household Budget Survey." World Bank Poverty Reduction Group, Policy Research Working Paper 4803, Dec. 2008.

Small, Kenneth, and Erik Verhoef. *The Economics of Urban Transportation.* New York: Routledge, 2007.

Smith, Adam. *An Inquiry into the Nature and Causes of the Wealth of Nations,* 3d ed. Basel: J. J. Tourneisen and J. L. LeGrand, 1791; New York: Cosimo, 2007.

Smith, Lewis. "Traffic Still Light in London Charge Zone." *Times* (London), Mar. 1, 2003.

Smith, Russell A. "The Taft-Hartley Act and State Jurisdiction over Labor Relations." *Michigan Law Review* 46, no. 5 (Mar. 1948): 593–624.

Spang, Rebecca L. *The Invention of the Restaurant: Paris and Modern Gastronomic Culture.* Cambridge, MA: Harvard University Press, 2000.

Spelman, William. *Criminal Incapacitation.* New York: Plenum Press, 1994.

Spence, Lorna. *A Profile of Londoners by Country of Birth: Estimates from the 2006 Annual Population Survey.* Greater London Authority, Data Management and Analysis Group, DMAG Briefing 2008-05, Feb. 2008, http://static .london.gov.uk/gla/publications/factsandfigures/dmag-briefing-2008-05.pdf.

Spindler, Amy M. "Gianni Versace, 50, the Designer Who Infused Fashion with Life and Art." *New York Times,* July 16, 1997.

Sridhar, Kala Seetharam. "Impact of Land Use Regulations: Evidence from India's Cities." *Urban Studies* 47, no. 7 (June 2010): 1541–69.

Starr, Larry, and Christopher Waterman. *American Popular Music.* New York: Oxford University Press, 2003.

Steinbeck, John. *The Grapes of Wrath.* New York: Viking Press, 1939.

Stern, Seth. "$14.6 Billion Later, Boston's Big Dig Wraps Up." *Christian Science Monitor,* Dec. 19, 2003.

Stevens, J. E. "Anaesthesia in Japan: Past and Present." *Journal of the Royal Society of Medicine* 79, no. 5 (May 1986): 294–98.

Stigler, George Joseph. *The Organization of Industry.* Chicago: University of Chicago Press, 1968.

Strube, Michael J. "What Did Triplett Really Find? A Contemporary Analysis of the First Experiment in Social Psychology." *American Journal of Psychology* 118, no. 2 (Summer 2005): 271–86.

Sturgeon, Timothy J. "How Silicon Valley Came to Be." In *Understanding Silicon Valley: The Anatomy of an Entrepreneurial Region,* ed. Martin Kenny. Palo Alto, CA: Stanford University Press, 2000.

Sudjic, Deyan. "A Thoroughly Modernising Mayor: Ken Livingstone Was a Dogged Opponent of Richard Rogers 20 Years Ago; Now They're the Best of Friends—What's Going On?" *Observer,* July 8, 2001.

Sugita, Genpaku. *Dawn of Western Science in Japan: Ranaku Kotohajime,* tr. Ryozo Matsumoto and Eiichi Kiyooka. Tokyo: Hokuseido Press, 1969.

Sugrue, Thomas J. *The Origins of the Urban Crisis: Race and Inequality in Postwar Detroit.* Princeton, NJ: Princeton University Press, 2005.

Suits, Daniel B. "The Demand for New Automobiles in the United States 1929–1956." *Review of Economics and Statistics* 40, no. 3 (Aug. 1958): 273–80.

Sukehiro, Hirakawa. "Japan's Turn to the West." In *The Cambridge History of Japan,* vol. 5, *The Nineteenth Century,* ed. Marius B. Jansen, ch. 7, 432–98. Cambridge, UK: Cambridge University Press, 1989.

Sutcliffe, Anthony. *Paris: An Architectural History.* New Haven, CT: Yale University Press, 1993.

Swartz, Mimi. "Born Again." *Texas Monthly* 19, no. 10 (Oct. 1991): 46–50.

Tarshis, Arthur. "Thirty-one Commercial Buildings Erected by A. E. Lefcourt in Two Decades." *New York Times,* May 18, 1930, Real Estate.

Taub, Eric A. "Elevator Technology: Inspiring Many Everyday Leaps of Faith." *New York Times,* Dec. 3, 1998.

TAXSIM. National Bureau of Economic Research, Internet TAXSIM Version 8.2 Home Page, www.nber.org/~taxsim/ taxsim-calc8/index.html.

Taylor, George Rogers. *The Transportation Revolution, 1815–1860.* New York: Rinehart, 1951.

Taylor, Philip M. *Munitions of the Mind: A History of Propaganda from the Ancient World to the Present Day.* Manchester, UK: Manchester University Press, 2003.

Thomas, Hugh. *The Slave Trade: The Story of the Atlantic Slave Trade 1440–1870.* New York: Simon & Schuster, 1997.

Thomas, June Manning. "Planning and Industrial Decline: Lessons from Postwar Detroit." *Journal of the American Planning Association* 56, no. 3 (Sept. 1990): 297–310.

Thomas, Lately. *Delmonico's: A Century of Splendor*. Boston: Houghton Mifflin, 1967.

Thompson, Heather Ann. *Whose Detroit? Politics, Labor, and Race in a Modern American City.* Ithaca, NY: Cornell University Press, 2004.

Thoreau, Henry David. *I to Myself: An Annotated Selection from the Journal of Henry David Thoreau,* ed. Jeffrey S. Cramer. New Haven, CT: Yale University Press, 2007.

———. *The Journal of Henry D. Thoreau.* Boston: Houghton Mifflin, 1906.

———. *Walden.* New York: Routledge, 1904.

———. *Walden and Resistance to Civil Government,* ed. Willaim Rossi, 2d ed. New York: Norton, 1996.

Tilly, Charles, Louise Tilly, and Richard Tilly, *The Rebellious Century: 1830–1975.* Cambridge: Harvard University Press, 1975.

Timmons, Heather. "A Tiny Car Is the Stuff of 4-Wheel Dreams for Millions of Drivers in India." *New York Times,* Mar. 24, 2009, Business/Financial.

Tollens, Eric. "Current Situation of Food Security in the D. R. Congo: Diagnostic and Perspectives." Katholieke Universiteit Leuven, Faculty of Agricultural and Applied Biological Sciences, Working Paper, Aug. 2003, www.agr .kuleuven.ac.be/aee/clo/wp/tollens2003b.pdf.

Tolstoy, Leo. *Anna Karenina,* trans. Constance Black Garnett. New York: Random House, 1939.

Treffinger, Stephen. "Alchemy Will Turn a Candy Factory into Biotech Offices." *New York Times,* June 19, 2003, House & Home/Style.

Treynor, Jack L. *Treynor on Institutional Investing.* New York: Wiley, 2008.

"A Tribute to Arthur Erickson." *AI Architect,* http://info.aia.org/aiarchitect/thisweek09/0612/0612n_arthur.cfm.

Triplett, Norman. "The Dynamogenic Factors in Pacemaking and Competition." *American Journal of Psychology* 9, no. 4 (July 1898): 507–33.

Troesken, Werner. "Typhoid Rates and the Public Acquisition of Private Waterworks, 1880–1920." *Journal of Economic History* 59, no. 4 (Dec. 1999): 927–48.

Turak, Theodore. "Remembrances of the Home Insurance Building." *Journal of the Society of Architectural Historians* 44, no. 1 (Mar. 1985): 60–65.

Tyler, Gus. *Look for the Union Label: A History of the International Ladies' Garment Workers' Union.* New York: M. E. Sharpe, 1995.

Ungar, Mark. "Prisons and Politics in Contemporary Latin America." *Human Rights Quarterly* 25, no. 4 (Nov. 2003): 909–34, www.jstor.org/stable/20069699.

U.S. Bureau of Labor Statistics, Economic News Releases, *County Employment and Wages,* "Table 1. Covered establishments, employment, and wages in the 327 largest counties, first quarter 2010." http://www.bls.gov/news .release/cewqtr.t01.htm. Last Modified Date: October 19, 2010.

U.S. Census Bureau, www.census.gov, numerous pages cited in full in individual notes; extensive use was made of American FactFinder, http://factfinder.census.gov.

U.S. Department of Agriculture, Economic Research Services, *Major Uses of Land in the United States, 2002,* "Urban and Rural Residential Uses." http://www.ers.usda.gov/publications/E1B14/eib14g.pdf.

U.S. Department of Agriculture, National Agricultural Statistics Service, Crops by State (95111), cn186629.csv. http://usda.mannlib.cornell.edu/MannUsda/viewDocumentInfo.do?documentID=1269.

U.S. Department of Commerce, Bureau of Economic Analysis, "Personal Income for Metropolitan Areas, 2009," Monday, August 9, 2010. http://www.bea.gov/newsreleases/regional/mpi/2010/pdf/mpi0810.pdf.

U.S. Department of Housing and Urban Development and U.S. Census Bureau, Current Housing Reports, *American Housing Survey for the United States: 2007,* H150/07, Sept. 2008, www.census.gov/prod/2008pubs/h150-07.pdf.

U.S. Energy Information Administration, Department of Energy, Residential Energy Consumption Survey (RECS), www.eia.doe.gov/emeu/recs.

U.S. Energy Information Administration, International Energy Annaual 2006, "H.1co2 World Carbon Dioxide Emissions from the Consumption and Flaring of Fossil Fuels, 1980–2006." www.eia.doe.gov/pub/international/ iealf/tableh1co2.xls.

U.S. Environmental Protection Agency, Environmental Impact Statement Database, www.epa.gov/oecaerth/nepa/ eisdata.html.

United Nations, Department of Economic and Social Affairs, Population Division, World Urbanization Prospects: 2009, File 12, Population of Urban Agglomerations with 750,000 Inhabitants or More in 2009, by Country, 1950–2025. http://esa.un.org/unpd/wup/CD-ROM_2009/WUP2009-F12-Cities_Over_750K.xls.

United Nations Habitat, *State of the World's Cities 2010/2011—Cities for All: Bridging the Urban Divide, 2010.* http:// www.unhabitat.org/pmss/listItemDetails.aspx?publicationID=2917.

Urban Land Institute, Development Case Studies, ULI Award Winner Project Summary, http://casestudies.uli.org/ Profile.aspx?j=7607&p=5&c=7.

Vancouver Public Library. "City of Vancouver Population." www.vpl.vancouver.bc.ca/research_guides/item/6848/ C779.

Vaughan, Alden T. *The Puritan Tradition in America, 1620–1730*. Hanover, NH: University Press of New England, 1997.

Vedder, Richard. "Right-to-Work Laws: Liberty, Prosperity, and Quality of Life." *Cato Journal* 30, no. 1 (Jan. 1, 2010): 171–80.

Vermiel, Sarah E. *The Fireproof Building: Technology and Public Safety in the Nineteenth-Century American City.* Baltimore: Johns Hopkins University Press, 2000.

Vickrey, William S. "Congestion Theory and Transport Investment." *American Economic Review* 59, no. 2 (1969): 251–60.

———. "Pricing in Urban and Suburban Transport." *American Economic Review* 52, no. 2 (May 1963): 452–65.

———. "A Proposal for Revising New York's Subway Fare Structure." *Journal of the Operations Research Society of America* 3, no. 1 (Feb. 1955): 38–68.

———. "Statement on the Pricing of Urban Street Use." In Hearings, U.S. Congress, Joint Committee on Metropolitan Washington Problems, Nov. 11, 1959, pp, 466–77.

Viegas, Jennifer. *Pierre Omidyar: The Founder of Ebay.* New York: Rosen, 2007.

Wakin, Daniel J. "If It's Hit, Strummed or Plucked, It'll Be Here." *New York Times*, Feb. 2, 2008, Arts/Cultural.

Wallis, John Joseph, Price V. Fishback, and Shawn Everett Kantor. "Politics, Relief, and Reform: The Transformation of America's Social Welfare System During the New Deal." In *Corruption and Reform: Lessons from America's Economic History*, ed. Edward L. Glaeser and Claudia Goldin, pp. 153–84. University of Chicago Press, 2006.

Walters, Alan A. "The Theory and Measurement of Private and Social Cost of Highway Congestion." *Econometrica* 29, no. 4 (Oct. 1961): 676–99.

Ware, Leland B. "Invisible Walls: An Examination of the Legal Strategy of the Restrictive Covenant Cases." *Washington University Law Quarterly* 67, no. 3 (1989): 737–72.

Warner, Sam Bass. *The Private City: Philadelphia in Three Periods of Its Growth.* Philadelphia: University of Pennsylvania Press, 1968; repr. 1996.

Watkins, Kevin. "Beyond Scarcity: Power, Poverty and the Global Water Crisis." United Nations Development Programme, Human Development Report, 2006, http://hdr.undp.org/en/media/HDR06-complete.pdf.

Watson, Georgia Butina, Ian Bentley, Sue Roaf, and Pete Smith. *Learning from Poundbury: Research for the West Dorset District Council and Duchy of Cornwall.* School of the Built Environment, Oxford Brookes University, 2004.

Webster, Ben. "Congestion Charge Will Rise to £25 for 'Chelsea Tractors.'" *Times* (London), July 13, 2006, Home News.

Webster, Philip. "Miliband Attacks Prince for Flying to Collect Green Award in New York." *Times* (London), Jan. 20, 2007, Home News.

Weis, René. *Shakespeare Unbound: Decoding a Hidden Life.* New York: Holt, 2007.

Weiss, H. Eugene. *Chrysler, Ford, Durant, and Sloan: Founding Giants of the American Automotive Industry.* Jefferson, NC: McFarland, 2003.

White House Office of Management and Budget, Program Assessment: Highway Infrastructure, www.whitehouse.gov/omb/expectmore/summary/10000412.2007.html.

White, John. *The Birth and Rebirth of Pictorial Space* 2nd ed. Boston: Boston Book and Art Shop, 1967.

Whitford, David. "A Factory Gets a Second Chance." *Fortune* 160, no. 7 (Oct. 12, 2009): 74–80.

Williams, Susan. *Food in the United States, 1820s–1890.* Westport, CT: Greenwood, 2006.

Willis, David K. "The Royal Wedding." *Christian Science Monitor*, July 6, 1981.

Wilkerson, Isabel. "Years Late, Detroit's Monorail Opens." *New York Times*, Aug. 1, 1987.

Wilson, William Julius. *The Declining Significance of Race: Blacks and Changing American Institutions.* Chicago: University of Chicago Press, 1978.

WISQARS (Web-based Injury Statistics Query and Reporting System), www.cdc.gov/injury/wisqars.

Wolfe, Tom. "The (Naked) City and the Undead." *New York Times*, Nov. 26, 2006.

The Woodlands. http://www.thewoodlands.com/masterplan.htm and http://www.thewoodlands.com/greenspace.htm.

The Woodlands Development Company. The Woodlands, Texas Demographics. January 1, 2010. http://www.thewoodlandstownship-tx.gov/DocumentView.aspx?DID=667.

World Bank. *Connecting to Compete: Trade Logistics in the Global Economy.* Washington, DC, 2007.

———. "Nigeria: Expanding Access to Rural Infrastructure: Issues and Options for Rural Electrification, Water Supply, and Telecommunications." Energy Sector Management Assistance Program, Technical Paper 091, 2005, www-wds.worldbank.org/external/default/WDSContentServer/WDSP/IB/2006/04/28/000090341_20060428141651/Rendered/PDF/359940UNI0ESM01ural1Access01PUBLIC1.pdf.

———. World Development Indicators and Global Development Finance, Population in the Largest City (percent of urban population), data extracted July 26, 2010, databank.worldbank.org.

World Health Organization, Global Alert and Response (GAR). "Typhoid Fever in the Democratic Republic of the Congo—Update," Jan. 19, 2005, www.who.int/csr/don/2005_01_19/en/index.html.

Worsley, Giles. "A Model Village Grows Up Gracefully: The Prince of Wales's Pet Project Received a Drubbing When It was First Mooted, But Now Poundbury Is Coming into Its Own." *Daily Telegraph* (London), Jan. 30, 2001.

Wright, Richard. *Black Boy.* New York: Harper & Row, 1945.

———. "I Tried to Be a Communist." *Atlantic Monthly,* Aug. 1944.

Wrigley, Edward Anthony, and Roger S. Schofield. *The Population History of England 1541–1871: A Reconstruction.* Cambridge, MA: Harvard University Press, 1981.

Wurtzburg, C. E. *Raffles of the Eastern Isles.* Singapore: Oxford University Press, 1954, 1986.

Wylie, Jeanie. *Poletown: Community Betrayed.* Urbana: University of Illinois Press, 1989.

Xu, Jiaquan, Kenneth D. Kochanek, Sherry L. Murphy, and Betzaida Tejada-Vera. "Deaths: Final Data for 2007." *National Vital Statistics Report* 58, no. 19 (May 2010), Centers for Disease Control, www.cdc.gov/nchs/data/nvsr/nvsr58/nvsr58_19.pdf.

Yew, Lee Kwan. *From Third World to First: The Singapore Story, 1965–2000.* Tarrytown, NY: Marshall Cavendish, 2000.

———. *The Singapore Story: Memoirs of Lee Kuan Yew.* Singapore Press Holdings, 1998.

Young, Coleman A. *The Quotations of Mayor Coleman A. Young.* Detroit: Wayne State University Press, 2005.

Young, Coleman A., and Lonnie Wheeler. *Hard Stuff: The Autobiography of Coleman Young.* New York: Penguin, 1994.

Young, Robin. "Village Pub Is First to Pull a Michelin Star." *Times* (London), Jan. 19, 2001, Home News.

Zagat 2011 London Restaurants. Zagat Survey, September 2010.

Zagorín, Pérez. *Rebels and Rulers 1500–1660,* vol. 2, *Provincial Rebellion: Revolutionary Civil Wars 1560–1660.* Cambridge, UK: Cambridge University Press, 1982, repr. 1984.

Zheng, Siqi, Rui Wang, Edward L. Glaeser, and Matthew E. Kahn. "The Greenness of China: Household Carbon Dioxide Emissions and Urban Development." National Bureau of Economic Research Working Paper no. 15621, 2009.

도시의 승리

초판 1쇄 2011년 6월 27일
초판 22쇄 2020년 4월 5일
제2판 1쇄 2021년 1월 30일
제2판 9쇄 2024년 10월 5일

지은이 | 에드워드 글레이저
옮긴이 | 이진원
펴낸이 | 송영석

주간 | 이혜진
편집장 | 박신애 **기획편집** | 최예은 · 조아혜 · 정엄지
디자인 | 박윤정 · 유보람
마케팅 | 김유종 · 한승민
관리 | 송우석 · 전지연 · 채경민

펴낸곳 | (株)해냄출판사
등록번호 | 제10-229호
등록일자 | 1988년 5월 11일(설립일자 | 1983년 6월 24일)

04042 서울시 마포구 잔다리로 30 해냄빌딩 5 · 6층
대표전화 | 326-1600 **팩스** | 326-1624
홈페이지 | www.hainaim.com

ISBN 978-89-6574-329-3

파본은 본사나 구입하신 서점에서 교환하여 드립니다.